DAS GROSSE BUCH VOM HOLZBAU

Möbel, Ausstattung, Spielzeug für Haus und Garten

Werkstoffe • Techniken • Anleitungen

MOEWIG

Die Ratschläge und Empfehlungen dieses Buchs wurden von den Autoren nach bestem Wissen und Gewissen erarbeitet und sorgfältig geprüft. Dennoch kann eine Garantie nicht übernommen werden. Eine Haftung der Autoren, des Verlags oder seiner Beauftragten für Personen-, Sach- und Vermögensschäden ist ausgeschlossen.

Abo-Service **selbst ist der Mann**: Tel. 0180/5301417

Bildnachweis: Hans Werner Bastian: 50; Caparol: 223-226; Lars Dalsgaard: 60-63, 240-242, 256-262, 286-296, 304-313, 328-332; Danebrock: 350-353; Garten International: 354-356; Erich H. Heimann: 255; Guido Henn: 88-90, 134-139; Living Art: 70-72, 81-86, 188-190, 264, 265, 319, 326, 327; Objektiv: 78-80, 108-113, 146-150; OSMO Ostermann und Scheiwe: 266-269; Siegfried Stein: 270-273; Visaton: 163 (unten), 169 (rechts), 171 (rechts); Wöhlbier/Doe het zelf/Gor det self: 51, 54, 59 (unten), 65, 69, 74-77, 97 (unten), 129 (unten), 133 (rechts), 145 (rechts), 157 (rechts), 226 (rechts), 227, 243, 265 (unten), 281, 282, 284, 285, 302, 303, 345-349;
alle übrigen Abbildungen: Redaktion selbst ist der Mann, Köln

Redaktion: Hans-Jürgen Reinbold, Karin Reinbold
Texte: Hans Altmeyer, Peter Baruschke, Margarete Grote, Peter Michels, Wolfhild Kostopoulos, Hans-Jürgen Reinbold, Karin Reinbold u.a.
Printed in Italy
ISBN 3-8118-1495-8

Inhalt

Vorwort

Einer der wichtigsten Bau- und Werkstoffe überhaupt ist Holz. Seine weltweite Vorrangstellung – auch im Verhältnis zu Stahl oder Kunststoff – erklärt sich durch seine unbestrittenen Vorzüge. Dieses Material ist leicht zu bearbeiten, besitzt eine hohe Festigkeit bei vergleichsweise geringem Gewicht, bietet gute Wärmedämm-Eigenschaften und zeichnet sich durch die Vielfalt in Farbe, Maserung und Dichte aus. Nicht zuletzt aus diesen Gründen war, ist und bleibt Holz der bevorzugte Werkstoff in der Heimwerkstatt. Dieses „gutmütige" Material ist auch deshalb interessant, weil dem Heimwerker für seine Bearbeitung eine Fülle an Hand- und Elektro-Werkzeugen zu erschwinglichen Preisen angeboten wird.

Nun setzt aber der Einsatz solcher Werkzeuge ein gewisses Maß an Erfahrung voraus. Ein riesiger Maschinenpark dokumentiert aber nicht zwangsläufig einen mit allen Wassern gewaschenen Heimwerker. In der wohldosierten Beschränkung liegt auch hier das Optimum. Aufgabe dieses Buches soll es sein, Sie darüber zu informieren, welche Werkzeuge Sie sich sinnvollerweise zulegen sollten, wie sie einzusetzen sind und – was man damit alles „machen" kann. Natürlich aus Holz.

Neben der Vermittlung von Grundwissen über den Werkstoff Holz, seiner Bearbeitung, das Behandeln seiner Oberflächen und das Verbinden, stellen wir eine Fülle von Themen vor, die Ihnen zeigen, was man alles mit diesem nachwachsenden Rohstoff anstellen kann.

Zur besseren Übersicht, haben wir das vorliegende Buch in vierzehn Kapitel unterteilt. Dabei wurden sowohl einfachste, leicht zu realisierende als auch kompliziertere, zeitaufwendigere Themen berücksichtigt. Da gibt es nützliche Dinge für den Alltag ebenso wie edle Designer-Stücke für Ihre Wohnung. Holz im Garten wird genauso behandelt wie der Boxenbau, Regale, Arbeiten für ein Wochenende, Holzböden und natürlich eine Menge Holzspielzeug für Ihre Sprößlinge.

Viele der vorgestellten Holzbau-Themen sind anhand der Bildfolgen, Zeichnungen und Materiallisten auch für Einsteiger geeignet. Die mit „Profi-Thema" gekennzeichneten Arbeiten sollten erfahrenen Heimwerkern, die über eine entsprechende Ausrüstung verfügen, vorbehalten bleiben.

Schön wäre es, wenn Sie das ein oder andere Thema zum Nachbau anregt und Sie nachher sagen können: „Das habe ich selbst gemacht". Beginnen Sie lieber, falls Sie nicht ganz sicher sind, mit einfachen Arbeiten. Das vermeidet unnötigen Frust. Dann bauen Sie auf Ihrer Erfahrung auf und wagen sich an kompliziertere Geschichten. Die Auswahl ist wahrlich groß genug. Wir wünschen Ihnen dazu viel Freude und Erfolg.

Ihr Redaktionsteam
„selbst ist der Mann"

Kapitel 1

Werkstatt-Technik und Holz

Neben der Beschreibung diverser nützlicher Hand- und Elektro-Werkzeuge erfahren Sie auch einiges über ihre Einsatzbereiche. Eine Übersicht über das Material, das Sie damit bearbeiten können, schließt das Kapitel

INHALT

Grundausstattung des Heimwerkers

Sowenig, wie es genormte Einheits-Heimwerker gibt, sowenig läßt sich der komplette Werkzeugbedarf für dieses emsige Völkchen auf einen Nenner bringen. Es ist jedoch möglich und sinnvoll, die Basisausrüstung für eine funktionelle Hobbywerkstatt zu umreißen

Werkzeugkunde

Handwerkszeug

Während viele Zeitgenossen ihre Aufmerksamkeit in erster Linie den spektakulären Elektrowerkzeugen widmen, weiß der fortgeschrittene Heimwerker, daß ohne gutes Handwerkszeug zahlreiche Vorhaben mißlingen.

1. Messen

Gliedermaßstab

Der Gliedermaßstab (Zollstock) ist ein absolutes Muß für jeden Haushalt. Er sollte aus langfaseriger Weißbuche oder glasfaserverstärktem Polyamid gefertigt sein. Außerdem verfügt ein Qualitäts-Zollstock neben wetterfester Lackierung über ein stabil einrastendes Federgelenk.

Bandmaß

Wer viel in Haus und Hof zu werkeln hat, sollte auch ein 5 Meter langes Stahlbandmaß im Werkzeugkasten haben. Hier ist auf eine kratzfeste Lackierung zu achten. Das Band, das auf den ersten 50 mm eine Millimeterteilung besitzen sollte, muß im ausgefahrenen Zustand arretierbar sein.

Schieblehre

Für Feinstmessungen und die Bestimmung von runden Querschnitten ist die Schieblehre unentbehrlich. Gute Lehren bestehen aus gehärtetem Stahl und verfügen über einen Nonius.

2. An- & Aufreißen

Mit dem präzisen Anreißen steht und fällt das ganze jeweilige Vorhaben.

Wasserwaage

Wichtig für den Innenausbau und das Bauen überhaupt ist eine genaue Wasserwaage mit sicher **verklebten** Libellen. Produkte aus Leichtmetall mit gefrästen Anlegflächen sind Holzwasserwaagen vorzuziehen. Anreißwerkzeuge wollen äußerst sorgfältig behandelt werden, sonst verlieren sie schnell ihre Genauigkeit.

Winkel

Das gilt besonders für genietete Winkel aller Art. Besser sind deswegen geschweißte oder aus einem Stück gefertigte Produkte.

3. Nageln & Klopfen

Das Hammersortiment

Hämmer sind aus keinem Haushalt wegzudenken. Aus dem riesigen Angebot sollte man sich die vier abgebildeten Vertreter anschaffen: einen leichten Schreinerhammer (100 g), einen Latthammer (500 g), einen Fäustel (2,5 kg) und einen Holzhammer. Achten Sie bei Hämmern auf

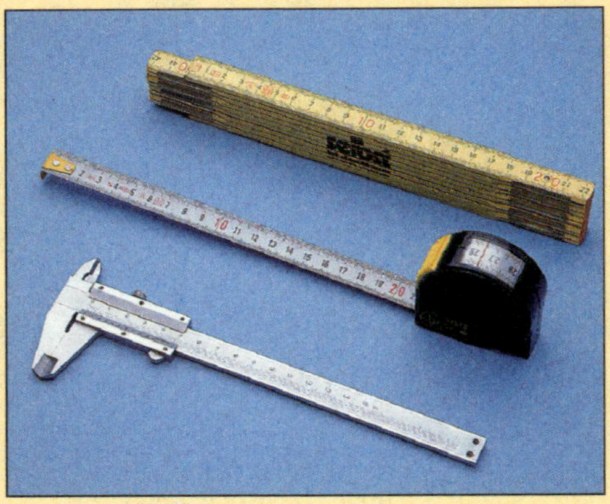

Angemessene Ausstattung: Zollstock mit Gelenken und Endkappen aus Messing (oben), Rollbandmaß mit Fenster zum Ablesen von Innenmaßen (Mitte) sowie die Schieblehre zum Ausmessen von Rundprofilen und Tiefen (unten)

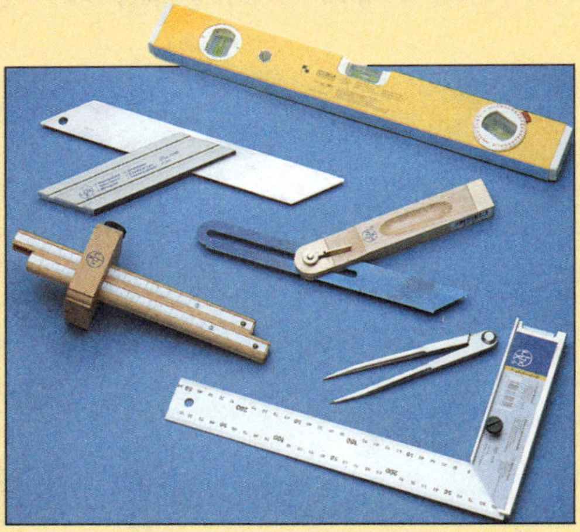

Winkeladvokaten: Wasserwaage, Gehrmaß für 45°-Risse, Stellschmiege für variable Winkel, Streichmaß für kantenparallele Linien, Spitzzirkel für kreisrunde Anrisse und Winkel für das Anzeichnen und Ausrichten rechtwinkliger Linien (von oben nach unten)

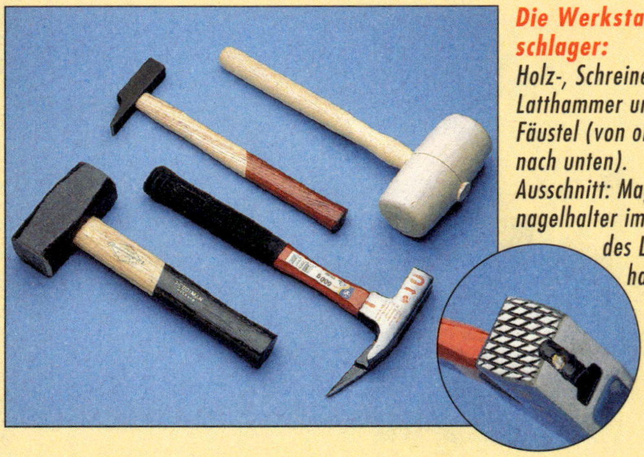

Die Werkstattschlager: Holz-, Schreiner-, Latthammer und Fäustel (von oben nach unten). Ausschnitt: Magnetnagelhalter im Kopf des Latthammers

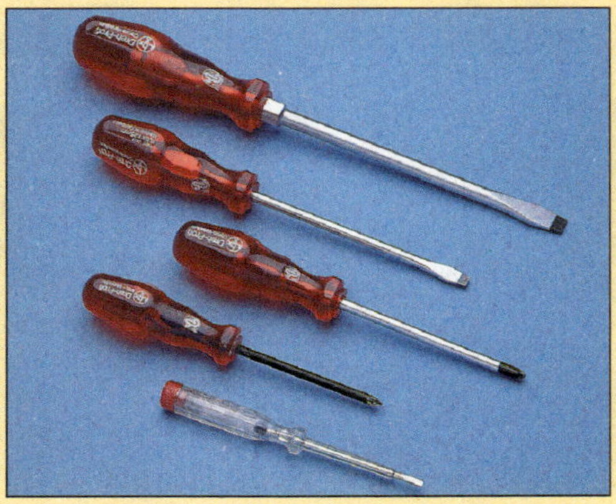

Keine Schraube locker: Für Schlitzschrauben sowie die beiden Kreuzschlitzsysteme Phillips und Pozidriv sollte man jeweils drei Schraubendrehergrößen besitzen. Spannungsprüfer müssen auf jeden Fall für 220 Volt ausgewiesen sein

Packende Werkzeuge: *Greifzange mit Greifgelenk (Wasserpumpenzange), Kneifzange, Seitenschneider und Kombizange (von oben nach unten) dürfen in keinem Werkzeugkasten fehlen*

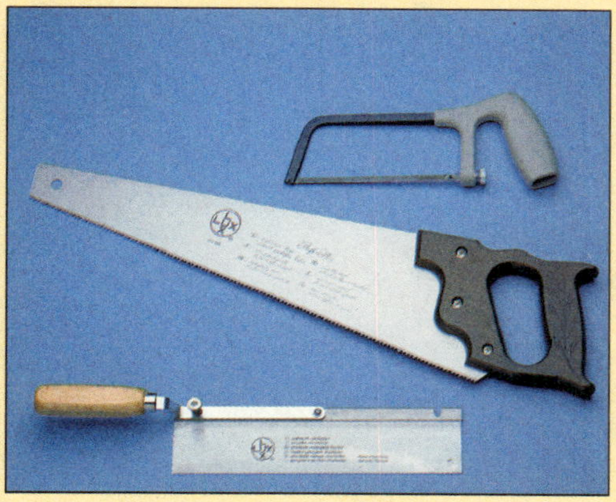

Diese Werkzeuge zeigen die Zähne: *Für Ihre sägensreiche Tätigkeit in Werkstatt, Haus und Hof sollten Sie über eine Metallsäge, einen Fuchsschwanz und eine Feinsäge (von oben nach unten) verfügen*

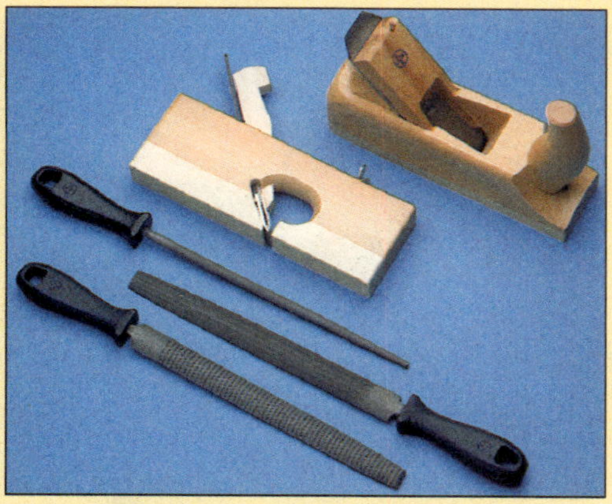

Bringen Werkstücke in Form: *Putzhobel und ggf. der Simshobel, Raspeln und Feilen mit unterschiedlichen Profilen*

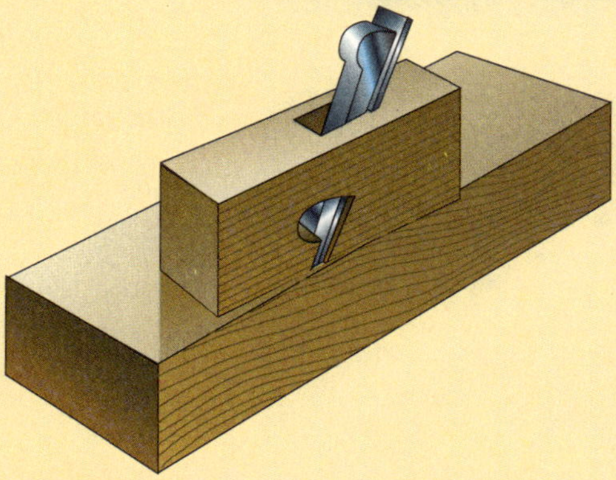

Richtig hobeln: *Gute Arbeitsergebnisse sind nur zu erzielen, wenn man mit der Faser hobelt und das Werkzeug ein wenig schräg zur Arbeitsrichtung führt*

eine sichere Verkeilung zwischen Kopf und Stiel – der Kopf darf kein Spiel haben. Gute Hämmer haben Stiele aus Hickory-Holz oder neuerdings aus Glasfaser. Ebenso gut ist der bei Latthämmern übliche Stahlrohr-Stiel.

Hammerstiele

4. Schraubwerkzeuge

Mindestens je drei verschiedene Größen von Schlitz-, Phillips- und Pozidrivschraubendrehern sowie ein Spannungsprüfer gehören in den Werkzeugkasten. Ebenso sollte sich darin ein Satz Sechskant-Steckschlüssel befinden. Den Reigen der Schraubwerkzeuge beschließt dann eine Gabelschlüssel-Garnitur aus Chrom-Vanadium in den Größen 8, 10, 13, 15, 17 und 19.

Schraubendreher

Steckschlüssel

Schraubenschlüssel

5. Zangen

Weniger für die Holzbearbeitung als vielmehr für Reparatur- und Renovierungsarbeiten im Haus sind Zangen unerläßlich. Eine gute Zange erkennen Sie daran, daß ihr Gelenk leichtgängig ist, aber kein Spiel hat, und daß sich die Griffmäntel nicht abziehen lassen. Die Greifzange mit Gleitgelenk – im Werkstattjargon Wasserpumpenzange genannt – muß über eine Quetschsicherung verfügen; sie verhindert, daß die Griffarme so nahe aneinandergeraten, daß man sich die Finger quetschen kann.

Wasserpumpenzange
Kneifzange
Seitenschneider
Kombizange

6. Sägen & Hobeln

Handsägen sind nach wie vor aus keiner Werkstatt wegzudenken. Allen voran der Fuchsschwanz. Hier kommt es in erster Linie auf die Stahlgüte und die Zahngeometrie des Blattes an. Mit einer kreuz- oder schräggeschliffenen Zahnung machen Sie einen besseren Schnitt (in Holz) als mit den einfach nur ausgestanzten Zacken einer billigen Säge.
Qualitätssägeblätter erkennt man daran, daß sie nach starker Biegung jedesmal in ihre ursprüngliche Lage zurückkehren.
Eine Feinsäge mit umlegbarem Griff (Angel) und eine Metallsäge komplettieren das Handsägensortiment. Für die erste grobe Oberflächenbehandlung von sägerauhen Holzflächen benötigen Sie Raspel und Hobel. Zur

Fuchsschwanz

Feinsäge
Metallsäge

Handwerkszeug

Raspel

Grundausrüstung gehören deshalb je eine Raspel mit rundem und rechteckigem Querschnitt sowie ein Putzhobel für die Bearbeitung von Flächen und ein Simshobel zum Nacharbeiten von Falzen. Es sind auch Universalhobel aus Metall erhältlich, mit denen sich beide Aufgaben erledigen lassen. Gute (und teure) Holzausführungen besitzen eine Sohle aus Pockholz.

Hobel

Feile

Neben Raspeln sollten Sie auch über einen Satz Werkstattfeilen verfügen. Man kommt immer wieder mal in die Verlegenheit, ein Metallstück in die richtige Form bringen zu müssen.

7. Stemmen & Stechen

Stechbeitel

Für leichte Ausstemmarbeiten benötigt man einen Stechbeitel. Da sich diese Werkzeuge auch bei anderen Schnittarbeiten (z.B. dem Bündigschneiden von Furnierkanten) nützlich machen, gehört ein Stechbeitelsatz unbedingt zur Grundausstattung jeder Werkstatt. Gebräuchlich sind die Klingenbreiten 4, 8, 12, 16, 20 und 24 mm. Gute Beitel sind aus gehärtetem Stahl, haben einen Griff aus Weißbuchenholz und verfügen über Metallringe (Zwingen) am oberen wie unteren Griffende. Ziehen Sie Beitel mit angefasten Klingen den rechteckigen Ausführungen vor.

8. Schleifen

Schleifpapier

Schleifklotz

Für den letzten Schliff sorgen geeignete Schleifmittel. Sehr grobes (Körnung 40), grobes (60-80), mittleres (100-120), feines (150-180) und sehr feines (240- 400) Schleifpapier ist blattweise oder als Rollenware erhältlich. Für einen guten Schliff sind mindestens drei verschiedene Körnungen nötig, z.B. 80, 120, 180. Um Flächen schleifen zu können, braucht man noch einen Schleifklotz aus Kork oder Kunststoff (diese oft mit Spannvorrichtung fürs Papier).

9. Spannen & Klemmen

Schraubzwingen

Klemmzwingen

Zum Halten, Spannen und Pressen werden Schraubzwingen benötigt. Und zwar in allen Größen und stets in großer Zahl. Zum Einspannen von Holzwerkstücken haben sich Klemmzwingen mit Exzenterspannvorrichtung (Klemmsia) bewährt.

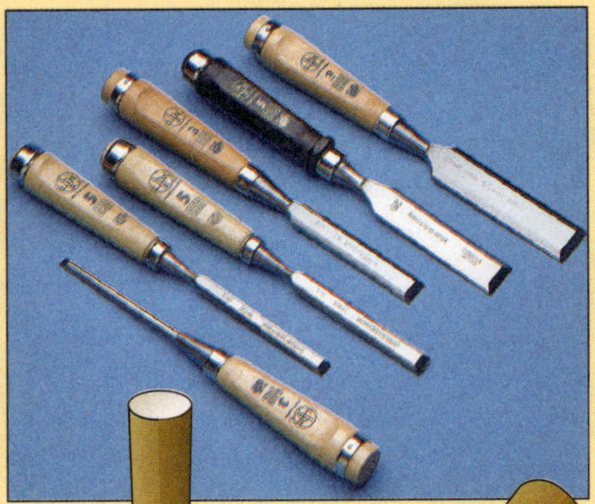

Angepaßt: *Der Beitel sollte immer die gleiche Breite haben wie die auszustemmende Nut. Deshalb benötigt man Stechbeitel in mehreren Größen*

Scharfe Sache: *Fürs saubere Ausputzen von Holzverbindungen müssen Stechbeitel immer scharf sein. Vorsicht: Stets vom Körper weg bewegen*

Aufreibendes Papier: *Bei Profilen und zum Nacharbeiten von Flächen müssen Sie in der Regel Hand anlegen. Dazu benötigen Sie Schleifpapier in verschiedenen Körnungen*

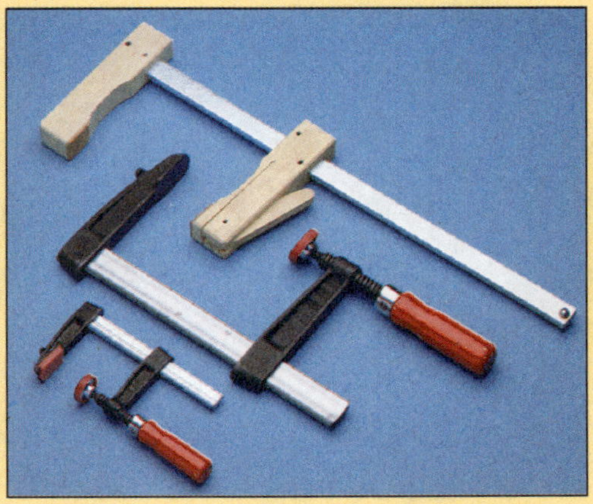

Zwingend erforderlich: *Ohne eine ordentliche Pressung hält der beste Leim nicht. Deshalb sind Schraub- oder Klemmzwingen stets in ausreichender Menge erforderlich*

Wehe, wenn sie fehlen: *Die kleinen, unauffälligen Helfer in der Werkstatt – Gehrungslade, Spachtel (breit und schmal), Teppichmesser, Ahle, Versenker, Leimpinsel, Bleistift*

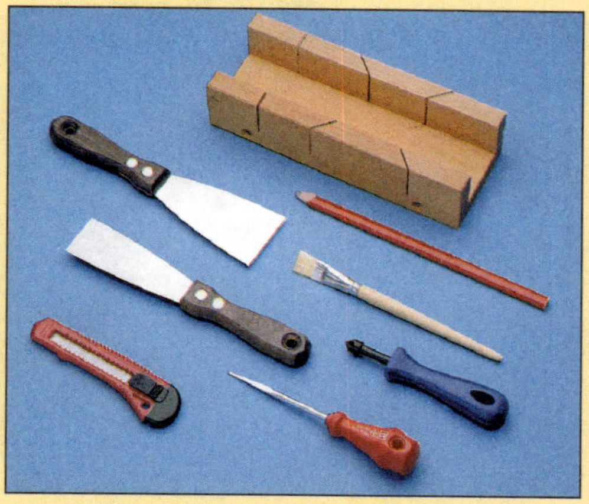

Ohne sie hält nichts: *Leim, Holzkitt, Nägel, Schrauben, Holz- und Kunststoffdübel sind in einer gut sortierten Werkstatt immer in ausreichender Menge vorrätig*

Aber mit Sicherheit: *Für Profis Pflicht, für den Heimwerker ein Muß: Schutzausrüstung mit Ohrschutz, Staubmaske, Schutzbrille und Arbeitshandschuhen*

Für den Notfall: *Eine gute Hausapotheke gibt es komplett zu kaufen. Regelmäßiges Nachsehen und Auffüllen nicht vergessen!*

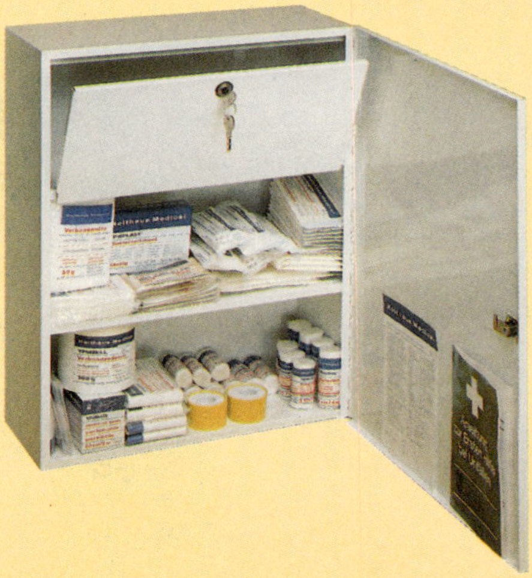

10. Klein, aber wichtig

Unscheinbare Helfer

Nun geht's um die Werkzeuge, von denen man erst Notiz nimmt, wenn man sie vergebens sucht. Das fängt bei so profanen Dingen wie dem Bleistift an, geht über den Versenker und reicht bis zur Gehrungslade. Manches, wie z. B. die Ahle, ist nicht absolut notwendig, erleichtert die Arbeit aber meist erheblich. Und wer verteilt den Leim schon gern per Hand statt mit dem Pinsel.

11. Verbindungsmittel

Klebstoffe

Damit zusammenhält, was zusammengehört, braucht's einen gut sortierten Vorrat an Verbindungselementen und -mitteln. Neben Holzleim und Kontaktkleber sollte man auch einen Zweikomponentenklebstoff im Schrank stehen haben, um Keramik- und Steinwerkstücke verkleben zu können.

Nägel und Schrauben

Ein Sortiment an Nägeln und Holzschrauben in verschiedenen Größen darf ebensowenig fehlen. Wenn Sie vorwiegend mit dem Akkuschrauber arbeiten, gehören sogenannte Universalschrauben (Spanplattenschrauben) in den Sortimentskasten.

Dübel

Mit Kunststoffdübeln in den Durchmessern 5, 6, 8 und 10 mm dürften Sie für alle Befestigungsprobleme in Mauerwerk gerüstet sein. Für die Verwendung mit den scharfkantigen Universalschrauben sollten Sie in jedem Falle Nylondübel einsetzen.

12. Zur Sicherheit

Schutzbrille Arbeitshandschuhe Ohrschützer Staubmaske

Die Bearbeitung von Werkstoffen birgt immer auch ein gewisses Verletzungsrisiko. Dessen sollte man sich stets bewußt sein und mit entsprechender Sorgfalt zu Werke gehen. Bei vielen Arbeiten ist es angebracht, sich mit einer Schutzbrille gegen umherfliegende Splitter u. ä. zu schützen. Oft werden auch Arbeitshandschuhe benötigt. Immer mehr setzt sich darüber hinaus die Erkenntnis durch, daß Lärm und Staub gesundheitsgefährdend sein können. Deswegen gehören Ohrschützer und Staubmaske unbedingt zur Basisausstattung.

Verbandkasten

Für den Fall, daß doch einmal etwas passiert, sollte ein gut bestückter Verbandkasten (evtl. aus dem Kfz-Zubehörladen) stets in erreichbarer Nähe greifbar sein.

Elektrowerkzeuge

1. Bohrmaschine

Leistung → **Ausstattung** →

Das am meisten verwendete und universelle Elektrowerkzeug schlechthin ist fraglos die Bohrmaschine. Zumindest ein Exemplar davon gehört unbedingt in den Werkzeugschrank. Es sollte sich dabei um eine Zweigang-Schlagbohrmaschine mit einer Leistung zwischen 600 und 1000 Watt handeln, damit man nötigenfalls auch in härtere Materialien Dübel setzen kann. Drehrichtungsumkehr und stufenlose Drehzahlvorwahl sind heute obligatorisch und dürfen in keinem Falle fehlen. Ein Schnellspannbohrfutter ist nicht unbedingt erforderlich, erleichtert aber den Wechsel des Einsatzwerkzeugs und damit die Arbeit ungemein.

Sorgt für den rechten Antrieb: *Eine Bohrmaschine ist nicht nur zum Schrauben und Bohren gut. Als universelle Antriebsmaschine macht sie sich bei vielen Arbeiten nützlich. Hier gilt: Je stärker der Motor, desto breiter das Einsatzspektrum, aber um so höher das Gewicht*

2. Schleifer

Schwingschleifer → **Exzenterschleifer** →

Als Schleifgerät gehörte lange Zeit der Schwingschleifer zur Grundausstattung einer Hobbywerkstatt. Der moderne Exzenterschleifer ist aber universeller einsetzbar und verfügt über eine höhere Abtragsleistung bei gleichzeitig feinem Schliffbild. Lediglich auf größeren ebenen Flächen ist ein **schwerer** Schwingschleifer dem Exzenterschleifer überlegen.

Glatte Ergebnisse *erhält man mit beiden. Als Grundausstattung ist der vielseitigere Exzenterschleifer aber dem Schwingschleifer vorzuziehen*

3. Stichsäge

Wenn's um die Ecke oder Kurve gehen soll, dann ist die Stichsäge gefragt. Sie ist die vielseitigste unter den Sägen und sollte deshalb Bestandteil jeder Erstausrüstung sein, wobei die stärkeren Modelle (etwa ab 500 Watt) den schwächeren Maschinen vorzuziehen sind.

Gerade Schnitte →

Präzise gerade Schnitte gehören allerdings nicht zu den Stärken der Stichsäge. Befriedigende Ergebnisse sind hier nur mit Modellen zu erzielen, die über ein gut geführtes Sägeblatt (möglichst tief angebrachte Führungsrolle) verfügen.

Nicht nur für kurvenreiche Strecken: *Bei fast allen (Aus-)Schweifungen des Heimwerkers sorgt die Stichsäge für einen guten Schnitt. Besonders rasant sind dabei Modelle mit Pendelhubeinrichtung*

4. Akkuschrauber

Akkuspannung →

Zum Schrauben und zur Erledigung leichter Bohrmaschinenaufgaben sind Akkuschrauber heute fast unentbehrlich. Maschinen mit 9,6- oder 12-Volt-Akku, Schnellspannbohrfutter und Ein-Stunden-Schnelladegerät bereichern jede Heimwerkstatt.

Arbeiten ohne lange Leitung: *Zum Schrauben und als kleine Bohrmaschine hat sich der Akkubohrschrauber einen festen Platz in der Werkstatt erobert*

Rasante Abschneider: Alle Handkreissägen werden mit Parallelanschlag geliefert. In der Praxis haben sich jedoch Führungsschienen oder exakt gehobelte Leisten als „Wegweiser" besser bewährt

Tiefenwirkung: Mittels Bohrständer wird die Bohrmaschine zum Stationärgerät, das die präzise Bearbeitung eines Werkstücks erlaubt. Im sogenannten Fräsbohrständer läßt sich zudem der Motor einer zweiteiligen Oberfräse mit entsprechendem Spannhals befestigen. Zusammen mit den zugehörigen Anschlägen hat man dann fast schon die Bearbeitungsmöglichkeiten einer ausgewachsenen Stationärfräse

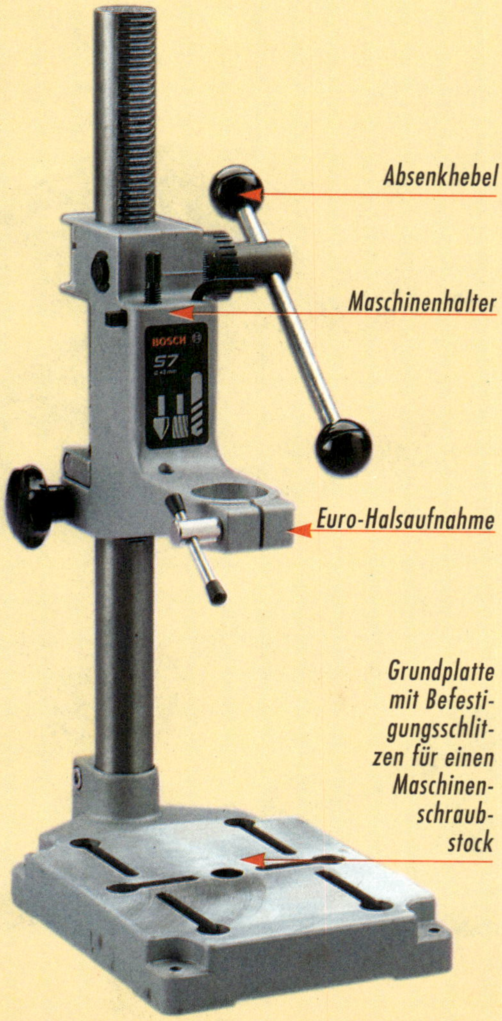

5. Handkreissäge

Sozusagen schon zur gehobenen Grundausstattung kann man die Handkreissäge zählen. Sie ist nicht unbedingt erforderlich, da die Stichsäge deren Aufgaben zur Not auch erledigen kann. Bei geraden Plattenzuschnitten ist sie aber wesentlich exakter und schneller. Wichtige Merkmale sind die Leistung, die mindestens bei 1000 W liegen sollte, sowie die Schnittiefe (in der Grafik mit „a" gekennzeichnet). Mit 50 mm sind Sie hier für die meisten Anwendungen bestens gerüstet (Arbeitsplatten sind oft 45 mm dick).

Leistung

Schnittiefe

6. Einsatzwerkzeuge

Alle Elektrowerkzeuge können immer nur so gut sein, wie das eingesetzte Zubehör. Achten Sie deshalb beim Kauf von Bohrern, Sägeblättern, Bits usw. auf Markenqualität. Für die Bohrmaschine sollte je ein Satz Holz-, Stein- und HSS-Bohrer vorhanden sein. Auch ist es angebracht, immer genügend Ersatzblätter für die Stichsäge vorrätig zu haben. Die Kreissäge sollte mit einem haltbaren, hartmetallbezahnten Universalsägeblatt bestückt sein.

Bohrer

Stichsägeblätter

Kreissägeblatt

7. Allessauger

Nicht nur zum großen Reinemachen ist ein Allessauger in der Werkstatt sehr nützlich. Auch zum Absaugen von Materialstäuben, wie sie bei der Bearbeitung von Werkstücken anfallen, ist er unentbehrlich. Um die gesundheitsgefährdenden Stäube wirkungsvoll einfangen zu können, müssen die Elektrowerkzeuge mit Absaugstutzen und der Saugschlauch mit den entsprechenden Adaptern ausgerüstet sein. Der Staubsauger sollte über eine Leistung von mindestens 1000 Watt und ein mehrstufiges Filtersystem verfügen.

Einsatz mit Elektrowerkzeugen

Ausstattung

8. Bohrständer

Für präzise Bohrungen benötigt man einen Bohrständer mit genormter Euro-Spannhalsaufnahme. Hier kommt es vor allen Dingen auf Stabilität und eine spielfreie Mechanik an. □

1
2
3
4
6
7
8
9
12
13

Holz

Der Stoff, aus dem die Bäume sind, ist eines der wichtigsten Materialien für Heimwerker. Wir geben eine Übersicht

Als natürliches, nachwachsendes Material ist Holz nicht erst in unserer gesundheits- und umweltbewußten Zeit sehr beliebt. Da aber Voll- oder Massivholz – gerade weil es ein Naturstoff ist – immer ‚arbeitet', wird es selten pur verwendet. Erst durch die diversen Verarbeitungsmethoden wird Holz zu dem ansehnlichen, stabilen, maßhaltigen Werkstoff, der sich für den Möbelbau und weitere Heimwerker-Projekte bestens eignet. Spanplatten und andere Holzwerkstoffe, die meist aus Abfällen und starken Ästen gewonnen werden, sorgen daneben für eine nahezu vollständige Nutzung der begrenzten Ressourcen – die Bäume wachsen schließlich nicht in den Himmel. □

1 *Red Cedar-Massivholz: Leichtes, rötliches Holz, das weich, leicht zu bearbeiten und von Natur aus wetterfest ist*

2 *Massivholz Tanne/Fichte: Dieses sehr preiswerte Holz zählt bei uns zu den meistverwendeten*

3 *Leimholz Kiefer: Stäbe aus Vollholz werden zu verwindungssteifen Platten zwischen 19 und 40 mm Stärke verleimt*

4 *Leimholz Tanne/Fichte: Dieses vielseitige Material kann man in Platten-Stärken von 18, 28 und 38 mm bekommen*

5 *Leimholz Buche: Fester als die beiden oben genannten Werkstoffe und wie sie in Größen bis zu 4 x 1,2 m zu bekommen*

6 *Hartfaserplatten: Unter Hitze naß zu Platten von 1,2-6 mm Stärke gepreßte Holzfasern; meist einseitig glatt; bis 5,5 x 2,1 m groß*

7 *Spanplatte mit Echtholzfurnier: (Oft aus Ästen, Resten und Abfällen gewonnene) Holzspäne werden unter Leimzugabe zu Platten gepreßt ...*

8 *... und mit Kunststoff oder (s. 7) Furnier beschichtet. Die Bezeichnung E1/F0 garantiert für Formaldehydfreiheit*

9 *Mitteldichte Faserplatten (MDF): Aus feinstzerfaserten Preßspänen; sehr glatt, gut zu lackieren, leicht zu bearbeiten*

10 *Rohe Spanplatte: Wie die meisten Spanplatten nicht wasserfest; Stärken von 6 bis 70 mm*

11 *OSB-Platte: „Oriented Structural Board" aus kreuzweise verleimten langen Preßspänen besticht v. a. durch seine interessante Oberfläche*

12 *Sperr- oder Furnierholz aus kreuzweise verleimten Holzschichten ist fester und maßhaltiger als Vollholz; in Stärken von 4-50 mm zu haben*

13 *Tischlerplatte: Stäbe aus Vollholz (z. B. Tanne) zwischen zwei Furnierschichten (z. B. Gabun)*

14 *Multiplex: Aus vielen Furnierlagen verleimtes, extrem belastbares Material mit attraktivem Kantenbild; in Stärken bis zu 80 mm erhältlich*

Kapitel 2

Holz bearbeiten und verbinden

Nachdem wir Ihnen eine Mischung sinnvoller Werkzeuge zur Holzbearbeitung vorgestellt haben, erfahren Sie nun, welche Eigenschaften der Werkstoff überhaupt hat, den Sie bearbeiten wollen, und wie man ihn behandelt

INHALT

Holzbearbeitung

Holz ist ein ebenso einfacher wie schwieriger Werkstoff: leicht zu bearbeiten, aber schwer zu beherrschen. Warum das so ist und wie man trotzdem mit diesem faszinierenden und schönen Material zurechtkommt, erfahren Sie in unserem Grundlagenkurs

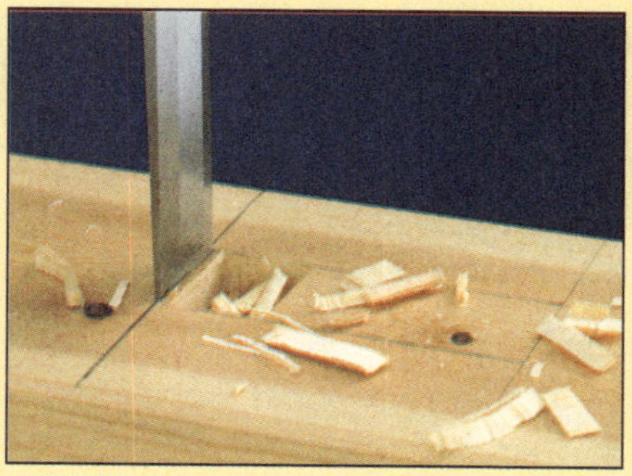

Holzbearbeitung

1. Werkstoff Holz

Ein natürlicher Werkstoff

Im Gegensatz etwa zu den Metallen, Gläsern und Kunststoffen ist Holz ein gewachsener Werkstoff. Dieser Umstand verhilft ihm zu jener Farben- und Strukturvielfalt, die ihn für den Möbelbau so begehrenswert macht. Andererseits führt der natürliche Wuchsvorgang zu unvorhersehbarem Werkstoffverhalten. Um trotzdem zuverlässige und haltbare Holzkonstruktionen anfertigen zu können, sollte man einige der chemischen und physikalischen Besonderheiten dieses natürlichen Werkstoffs kennen.

Die unterschiedlichen Holzzonen

Betrachtet man den Stammquerschnitt eines Baumes (Bild 1.1), so fallen sofort die Jahresringe ins Auge. Sie bestehen aus jeweils zwei Zonen: dem im Frühjahr und Sommer gebildeten Frühholz und dem im Spätsommer und Herbst entstandenen Spätholz. Die äußeren Jahresringe dienen der Wasserversorgung des Baumes. Diesen Teil des Holzes nennt man **Splintholz**, während die innenliegenden Jahresringe, die keine Flüssigkeit mehr transportieren und statt dessen mit Ablagerungsstoffen (Gerb- und Farbstoff, Harz, Wachs, Fett usw.) gefüllt sind, als **Kernholz** bezeichnet werden.

Holz arbeitet

Zersägt man einen Holzstamm in Längsrichtung, entstehen durch die verschiedenen Holzzonen Bretter mit unterschiedlichen Eigenschaften. Das betrifft vor allen Dingen das sogenannte **Arbeiten** des Holzes. Das Arbeiten ist eine Folge des für Holz charakteristischen ‚hygroskopischen' Verhaltens: Je nach Feuchtigkeit der Umgebung nehmen die Holzzellen Wasser auf oder geben Wasser ab. Dieser Mechanismus führt auch im getrockneten Zustand noch dazu, daß Holz **schwindet** oder **quillt**. Das wiederum hat eine ständige Volumenänderung zur Folge, die allerdings je nach Richtung unterschiedliche Ausmaße annimmt.

Volumenänderung

So beträgt der Schwund in Richtung des Faserverlaufs nur etwa 0,1% bis 0,3%, während er in Richtung der Jahresringe bis zu 10% erreichen kann. Das hygroskopische Verhalten führt darüber hinaus auch zu einer Verformung der Bretter. Aufgrund der unterschiedlichen Wasserspeicherfähigkeit in den einzelnen Holzzonen wirft sich das Holz in

Schnitt durch einen Baumstamm

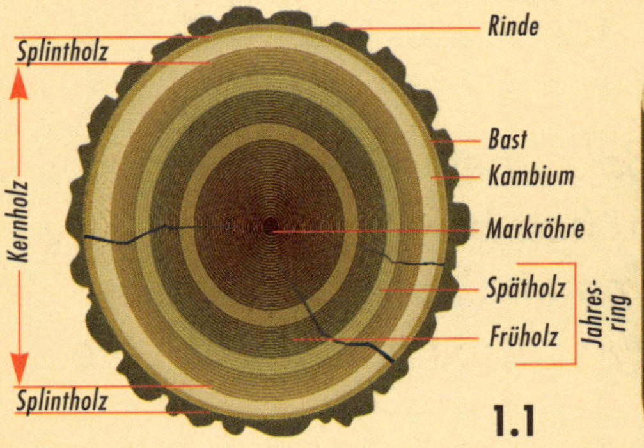

1.1

Tangentialschnitt (Fladerschnitt)

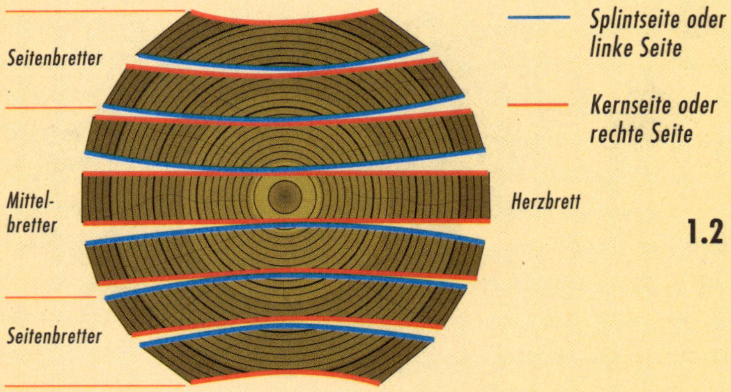

1.2

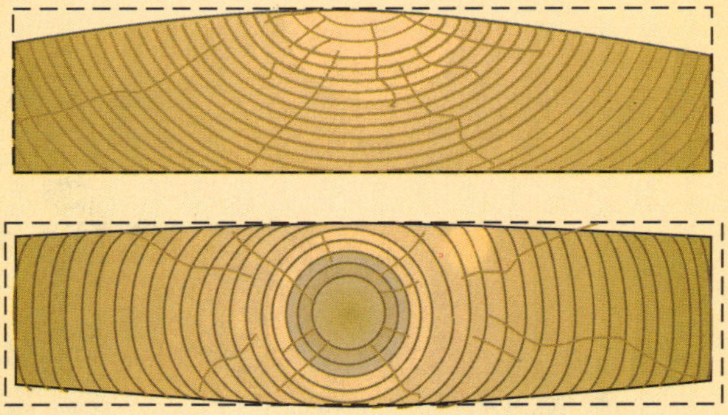

Schwundformen: So verformen sich Bretter in den einzelnen Holzzonen. Oben: Gesamtüberblick. Unten: Mittelbrett und Herzbrett

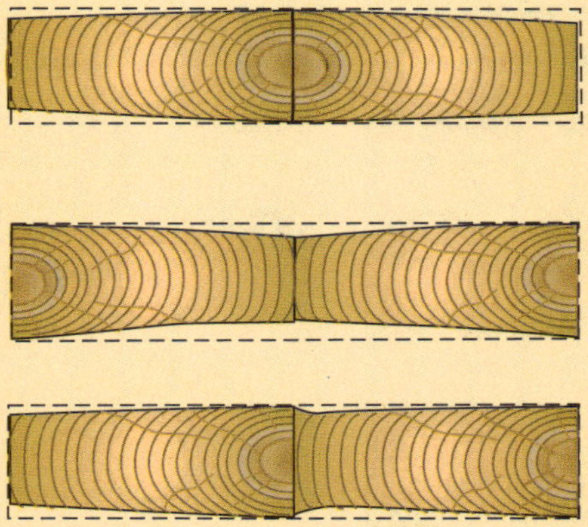

1.3

Verleimen von Vollholzbrettern: Stets sollte Kernholz an Kernholz und Splintholz an Splintholz geleimt werden. Fügt man Splint- und Kernholz zusammen, entsteht eine starke Einkerbung (unten)

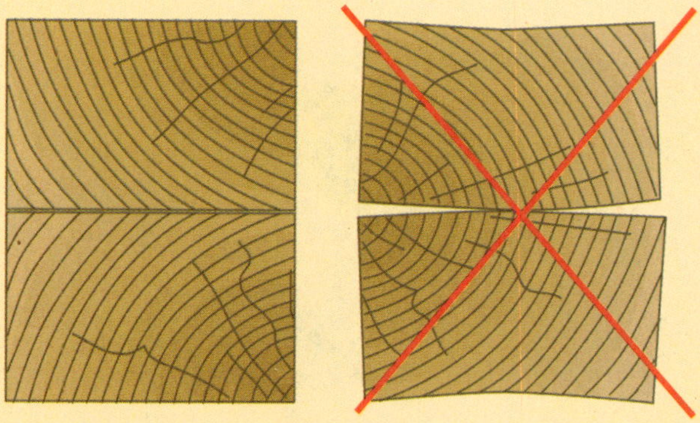

Beim Verleimen von Weichholzbrettern zu starken Bohlen *müssen jeweils die Splintholzseiten zusammengeleimt werden (links)*

1.4

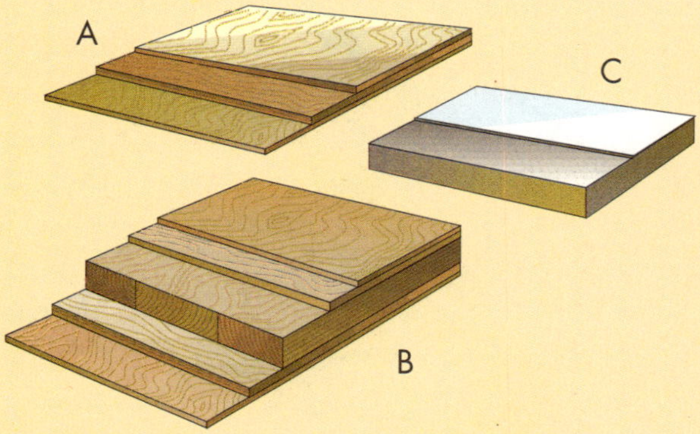

Holzwerkstoffe: *Dreilagiges Furniersperrholz (A), Tischlerplatte (B) und beschichtete Spanplatte (C)*

2.1

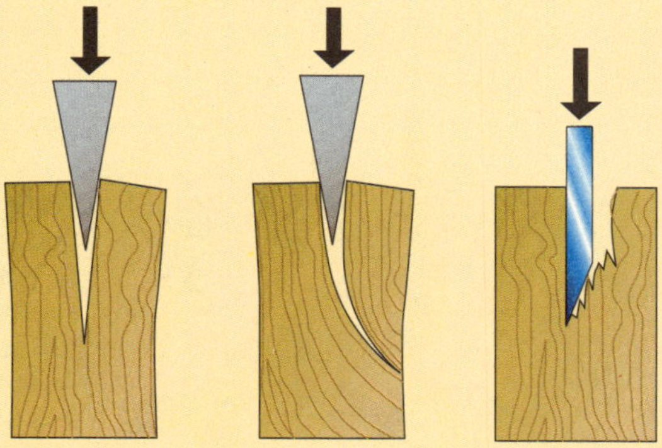

Keilwirkung: *Ein zweiseitiger Keil spaltet das Holz in Richtung des Faserverlaufs. Die einseitige Klinge schneidet den Werkstoff*

2.2

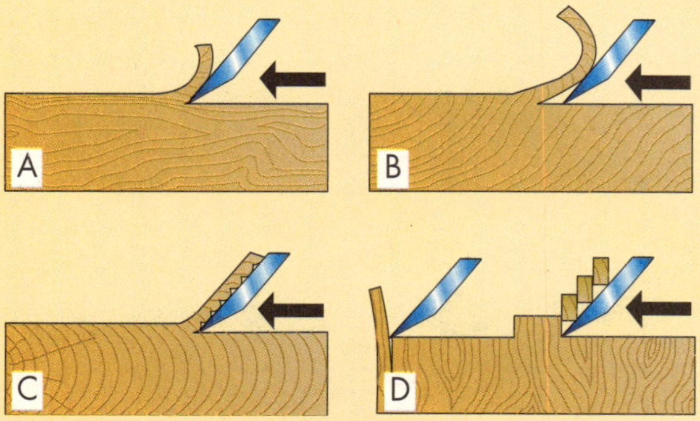

Bearbeitungsrichtung und Faserverlauf: *Schneiden in Richtung der Faser (A), gegen die Faser (B), quer zur Faser (C) und auf Hirn (D)*

Verformung von Vollholz

einer ganz bestimmten Weise: Die Bretter und Bohlen verformen sich stets so, daß die dem Kernholz zugewandte Seite (**Kernholzseite** oder **rechte Seite** genannt) rund und die dem Splintholz zugewandte Seite (**Splintholzseite** oder **linke Seite**) hohl wird. Ein Brett, das die Markröhre einschließt (**Herzbrett**), schwindet jeweils nur an den Außenkanten; das heißt, es wölbt sich nach beiden Seiten (Bild 1.2).

Vollholz zu Brettern verleimen

Bei der Verleimung von Brettern zu Platten müssen die genannten Eigenheiten unbedingt berücksichtigt werden. Hier gilt die Grundregel: Kernholz an Kernholz und Splintholz an Splintholz (Bild 1.3). Außerdem sollten bei massiven Flächen, deren Maserung sichtbar bleiben wird, die rechten Brettseiten (Kernholzseiten) beim Zusammenzeichnen nach oben weisen.

Holzwerkstoffe

Berechenbarer und maßhaltiger als Vollholz sind die sogenannten Holzwerkstoffe. Hier unterscheidet man zwischen **Lagenholz, Verbundplatten, Holzspanwerkstoffen und Holzfaserwerkstoffen** (Bild 1.4).

Lagenholz

Ein typischer Vertreter von Lagenholz ist **Sperrholz**. Es besteht aus kreuzförmig aufeinandergeleimten Schälfurnieren. Je nach Anzahl der Lagen spricht man von dreilagigen, fünflagigen und mehrlagigen **Furnierplatten**. Dickere, viellagige Sperrhölzer werden als **Multiplexplatten** bezeichnet. Sie gibt es in Dicken bis zu 80 mm.

Verbundplatten

‚Verbundplatte' ist der Sammelbegriff für Holzwerkstoffe, die aus einer Mittellage und den beidseitigen Decklagen aufgebaut sind. Bekannt ist hier vor allem die **Tischlerplatte**, die eine Mittellage aus Stäbchen besitzt.

Holzspanwerkstoffe

Holzspanwerkstoffe stellt man aus Holzspänen und Kunstharzleimen unter Einwirkung von Wärme und Druck her. Wegen der Härte des Kunstharzes sollte man zur Bearbeitung dieser Werkstoffe Hartmetall-Werkzeuge einsetzen.

2. Grundformen der Bearbeitung

Keilwirkung

Alle schneidenden Werkzeuge arbeiten mit der Keilwirkung. Das heißt, die Klinge läuft nach unten keilförmig zu. Treibt man eine solche Klinge ins Holz, spaltet sie den Werkstoff. Die Spaltfuge läuft hierbei der Schneide

Holzbearbeitung

voraus und folgt dem Faserverlauf des Holzes (Bild 2.1). Zur präziseren Bearbeitung muß die Spaltwirkung in eine Schneidwirkung umgewandelt werden. Hierzu dient der einseitige Keil. Während die schräge Wange auch hier für die Spaltung sorgt, dringt die gerade Seite immer wieder in die Holzfaser ein und durchschneidet diese.

Faserverlauf und Bearbeitungsrichtung

Schneidende Werkzeuge haben bei gewachsenem Holz je nach Bearbeitungsrichtung unterschiedliche Wirkungen (Bild 2.2): Die Bearbeitung **mit der Faser** führt zu den besten Ergebnissen: Das Eisen schneidet. Lange Späne, eine glatte Fläche und leichte Bearbeitung sind die Folge. Schneidet man **gegen die Faser**, spaltet die Klinge. Das Ergebnis: kurze Späne, rauhe Oberfläche, Einrisse im Holz und Schwergängigkeit. Bei der Bearbeitung **quer zur Faser** reißt das Eisen ins Holz. Auch das ergibt eine rauhe Oberfläche. Am schwierigsten gestaltet sich das Bearbeiten **auf Hirn**: Es entstehen unzusammenhängende Späne. Beim Bestoßen können die Kanten leicht abgespalten werden. Man sollte hier möglichst scharfe Klingen benutzen.

3. Anreißen

Voraussetzung für perfekte Arbeitsergebnisse ist das maßgenaue und präzise Anreißen der Schnittlinien. Bei Vollholzbrettern sollte dies immer auf der rechten Seite (Kernholzseite; s. o.) geschehen.

Rechte Seite liegt oben

Denn diese Seite weist wegen ihrer größeren Widerstandsfähigkeit, der geringeren Feuchtigkeitsaufnahme und der lebendigeren Maserung beim fertigen Möbel immer nach außen. Zudem liegt das Brett mit der (hohlen) linken Seite (Splintholzseite) naturgemäß fester auf dem Arbeitstisch. Zum Anreißen gibt es viele bewährte Hilfsmittel. In Bild 3.1 haben wir die wichtigsten Meß- und Anreißwerkzeuge zusammengestellt. Zu den Anreißwerkzeugen zählen vor allem das Streichmaß und die verschiedenen Zirkel. Als Winkelmeßzeuge kommen unterschiedliche Hilfsmittel zum Einsatz.

Winkel überprüfen

Diese Werkzeuge sollten von Zeit zu Zeit geprüft werden. Dazu legt man den Winkel an einer geraden Brett- oder Platten-

3.1

Anreißwerkzeuge

1 Streichmaß zum parallelen Anreißen
2 Stangenzirkel
3 Eisenzirkel

Meßwerkzeuge

1 Eisenwinkel
2 Stahllineal
3 Gliedermaßstab (Zollstock)
4 Holzwinkel
5 Schmiege
6 Winkellehre

3.2

Parallelriß: *Mit einem Gliedermaßstab kann man mit ein wenig Übung eine exakte parallele Linie anreißen. Der Abstand läßt sich durch die Maßeinteilung leicht kontrollieren*

3.3

Profile übertragen: *Mit einem in Form gebrachten Holzreststück können unregelmäßige Konturen auf das Brett übertragen werden*

3.4

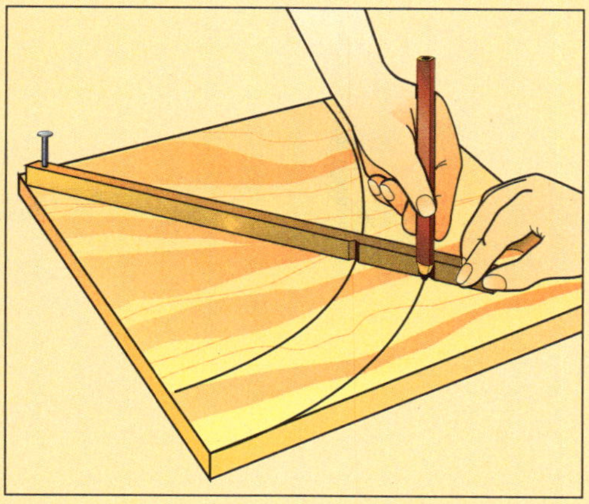

Kreisfunktion: *Mit einer Leiste läßt sich leicht ein Stangenzirkel realisieren: An einem Ende wird ein Achsloch gebohrt, im gewünschten Abstand werden Kerben für den Bleistift eingearbeitet*

3.5

Auch das zieht Kreise: *Knöpfe, Teller, Dosen und ähnliche Gegenstände geben gute Schablonen für kreisrunde Anrisse ab*

4.1

Das Zusammenzeichnen von Brettern am Beispiel einer Tür

Die Tür im fertig montierten Zustand

kante an und zieht entlang der Außenkante seiner Zunge einen Riß. Nach dem Umschlagen des Winkels muß die Zunge mit dem Riß übereinstimmen.

Neben den üblichen Anreißwerkzeugen lassen sich in mancher Situation aber auch sehr gut selbstgebaute Hilfsmittel oder zweckentfremdete Gegenstände einsetzen. Einige dieser Speziallösungen zeigen wir in den Bildern 3.2 bis 3.5. In jedem Fall sollten Sie zum Anreißen einen angespitzten Schreinerbleistift verwenden. Er sorgt für eindeutige Linien. In einigen Fällen ist auch ein scharfer Riß angebracht. Er wird mit einem Spitzbohrer in die Holzfläche ‚graviert'.

Stets einen spitzen Bleistift benutzen

4. Zusammenzeichnen

Beim Bau von Möbeln muß man hin und wieder Holzplatten aus einzelnen Brettern zusammenleimen. Dabei wird in der Regel auch eine Kantenbearbeitung fällig. Um bei all diesen Arbeitsgängen nicht die Übersicht zu verlieren, werden die Bretter erst einmal zusammengezeichnet, d. h. richtig zusammengestellt und mit geeigneten Markierungslinien versehen. Mit dieser Technik vermeidet man übrigens auch bei einfacheren Vorhaben langwierige Suchaktionen nach dem gerade benötigten Brett.

Bild 4.1 zeigt übliche Zeichen für Breiten- und Längsverbindungen. Diese Figuren zeichnet man mit einer weichen Kreide auf die Oberseite der Bretter. Wenn eine Konstruktion aus mehreren gleichartigen Elementen besteht, werden die Einzelteile dieser Elemente zusätzlich mit einer Nummer oder einem Buchstaben markiert. Bei größeren Vorhaben ist es auch sinnvoll, alle Einzelteile mit der Nummer zu versehen, unter der sie in der Stückliste des Bauplans aufgeführt sind.

Nach Stückliste numerieren

Die Markierungen sind ebenfalls hilfreich bei der Anordnung der Bretter, wenn diese zum gemeinsamen Bestoßen (Hobeln der Kanten) übereinandergelegt werden: Man sollte dabei nämlich zwei zusammengehörige Bretter so aufeinanderlegen, daß die Markierung einmal nach oben und einmal nach unten weist. Bei einer nicht ganz rechtwinkligen Kantenbearbeitung gleichen sich dann die Fehler aus.

Kantenbearbeitung

Holzbearbeitung

5. Arbeiten mit dem Beitel

Beitel gehören zur Grundausstattung jeder Werkstatt. Sie werden zum Stemmen von Durchbrüchen und Nuten in Holz benötigt, aber auch für filigrane Oberflächenarbeiten eingesetzt. Für die einzelnen Anwendungen haben sich im Laufe der Zeit verschiedene Beitelformen herausgebildet. Die wichtigsten sind der **Stechbeitel**, der **Hohlbeitel** und der **Lochbeitel**.

Stechbeitel

Stechbeitel dienen in erster Linie dem Ausstemmen von Zinken, Schwalbenschwänzen und Gratnuten sowie zum Einlassen von Beschlägen. Es gibt sie sowohl mit seitlich abgeschrägten Kanten, als auch mit rechteckigem Querschnitt. Letztere halten stärkerer Beanspruchung stand und werden deshalb für robustere Arbeiten eingesetzt. Man nennt diese Werkzeuge **Stemmbeitel**.

Stemmbeitel

Zum Ausstemmen von Zinken und Schwalbenschwänzen sollte man besser zu Stechbeiteln mit angefaster Klinge greifen, weil damit die Ecken sauber ausgestemmt werden können.

Stechbeitel sind in Breiten von 3 bis 50 mm erhältlich. Als Grundausstattung für die gut eingerichtete Werkstatt hat sich in der Praxis ein Satz mit den Breiten 6, 10, 12, 16, 20 und 26 mm bewährt.

Lochbeitel

Lochbeitel sind für das Ausstemmen von Zapfenlöchern optimiert: Da bei dieser Anwendung oft große Kräfte auftreten, ist hier im Gegensatz zum Stechbeitel die Klinge dicker als breit. Außerdem verjüngt sie sich seitlich. Dadurch gleitet die Klinge besser in das Stemmloch ein und verklemmt sich nicht so leicht.

Lochbeitel werden in Breiten von 4 bis 26 mm hergestellt. Gebräuchlich sind davon die Breiten 4, 5, 6, 8, 10, 12, 13 und 16 mm.

Hohlbeitel

Hohlbeitel werden zum Nachstechen von Hohlkehlen und zum Einlassen von runden Beschlagteilen benutzt. Sie werden in Breiten von 4 bis 32 mm angefertigt. Für die unterschiedlichen Anwendungen gibt es Hohlbeitel, bei denen die Schneide innen angeschliffen ist (Form A) und solche, bei denen sie außen angeschliffen ist (Form B). Form A wird zum Ausstemmen von Innenradien eingesetzt, während Form B sich zum Bearbeiten von Außenrundungen eignet.

5.1

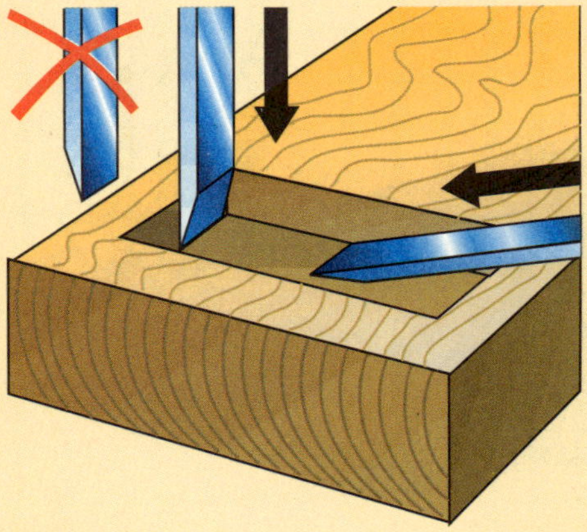

Kanten ausstemmen: *Die senkrechte Fläche wird erst mit der glatten Seite des Beitels abgestochen. Dann stemmt man mit der schrägen Seite der Klinge den Boden gegen die Kante aus*

5.2

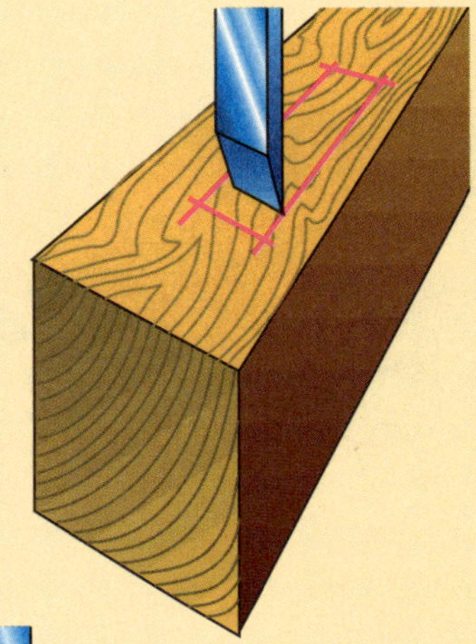

Wahl der Klingenbreite: *Zum Ausstemmen von Zapfenlöchern sollte man immer einen Beitel mit exakt der gleichen Breite wie das auszustemmende Loch wählen*

5.3

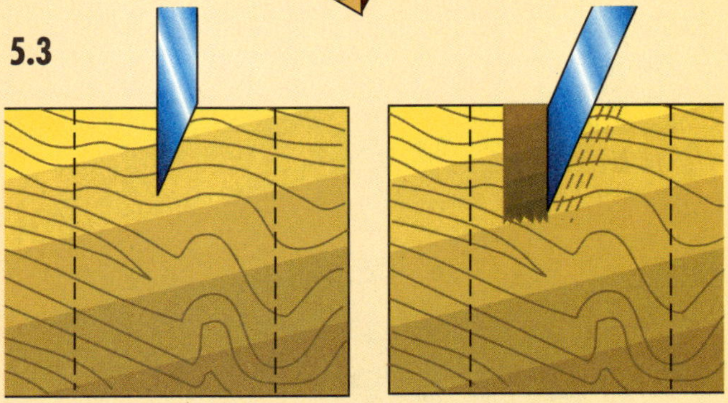

So stemmt man ein Loch: *Der erste Einstich sollte in genügendem Abstand vom Anriß erfolgen. Mit den weiteren Stichen wird das ...*

5.4

... Loch mit der gleichen Tiefe bis kurz vor die Anrißlinien erweitert. Auf die gleiche Weise stemmt man die „zweite Etage" aus

5.5

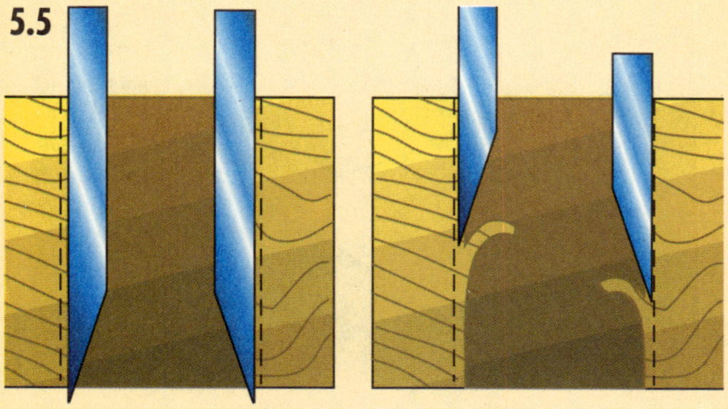

Ist man bei der gewünschten Tiefe angelangt, werden die Kanten senkrecht abgestochen, wobei man sich vorsichtig den Anrissen nähert

5.6

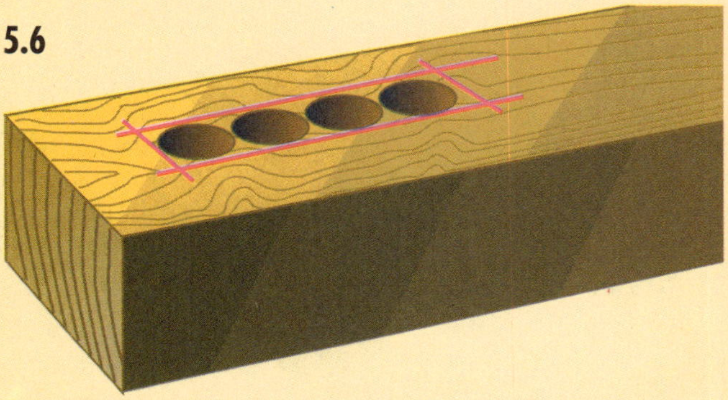

***Bei langen Zapfenlöchern** ist es ratsam, erst einige Löcher mit passendem Durchmesser entlang des gewünschten Ausschnitts zu bohren*

***Nut anfertigen:** Markieren Sie die Nut auf der Oberfläche und den beiden Seiten*

5.7

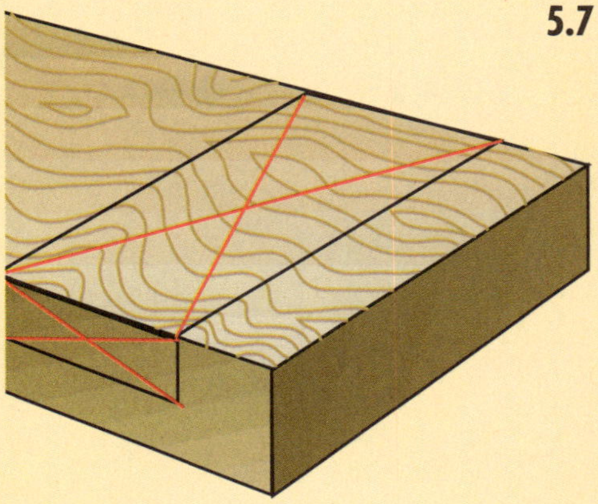

Mit der Rückensäge werden die Seiten der Nut vorsichtig bis auf die angezeichnete Tiefe eingesägt. Achten Sie darauf, die Säge waagerecht zu halten!

5.8

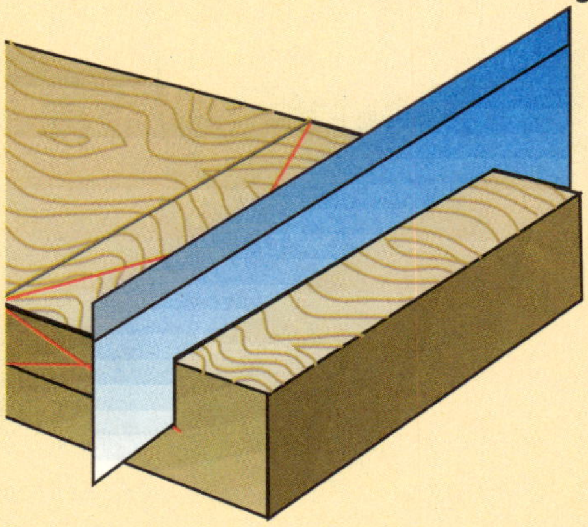

Beitel schärfen

Gute Arbeitsergebnisse lassen sich nur mit scharfen Beiteln erzielen. Stumpfe Klingen müssen deshalb rechtzeitig nachgeschliffen werden. Bei Stech- und Lochbeiteln kann das am üblichen Doppelschleifblock geschehen. Arbeiten Sie nicht mit hohem Anpreßdruck: Wenn die Klingen zu heiß werden (sie laufen braun oder blau an), ändert sich das Werkstoffgefüge und die Klinge wird unbrauchbar.
Kleine Schleifscheiben führen zum Anschleifen einer Hohlfase. Wird die Fase zu hohl, bricht die Schneide leicht aus. Man sollte deshalb Stemmwerkzeuge möglichst immer mit einer geraden Fase versehen. Das läßt sich am besten dadurch erreichen, daß man die Klinge an der seitlichen Fläche der Schleifscheibe schärft. Dabei ist auf jeden Fall eine feste Auflage erforderlich.
Der Keilwinkel (Schneidwinkel) sollte etwa 25° betragen.

Abziehen von Hohlbeiteln

Hohlbeitel legt man zum Abziehen auf eine feste Unterlage und zieht mit einem kleinen Abziehstein über die Fase. Die Spiegelseite (hohle Seite) muß mit einem kleinen halbrunden Abziehstein bearbeitet werden.

Schreinerklüpfel

Das Treibwerkzeug für Beitel ist üblicherweise der Schreinerklüpfel. Dabei handelt es sich um einen Hammer aus Buchenholz. Der hölzerne Schlagkopf schont die Hefte der Stemmwerkzeuge.

Arbeitstechnik

Zum Ausstemmen von Zapfenlöchern sollte man stets einen Beitel mit exakt der gleichen Breite wie das auszustemmende Loch wählen. Der erste Stich erfolgt in einigem Abstand von der ersten Anrißlinie. Mit den folgenden Stichen wird das Loch in Richtung der gegenüberliegenden Anrißlinie erweitert. Tiefere Zapfenlöcher und Durchbrüche stemmt man in mehreren Stufen aus, wobei man jede „Etage“ bis etwa 2 mm vor die Anrißlinien ausarbeitet. Erst zum Schluß werden die Kanten senkrecht abgestochen. Auch dabei arbeitet man sich Stück für Stück an den jeweiligen Anriß heran.

Holzbearbeitung

6. Hobeln

Hobelarten

Unter Hobeln versteht man das Abtrennen eines Holzspanes von einer Holzfläche. Die Werkzeuge dazu werden dementsprechend Hobel genannt. Es gibt viele Arten von Hobeln. Die wichtigsten sind die Rauhbank, der Doppelhobel, Putzhobel, Schlichthobel, Schrupphobel, Zahnhobel, einfacher und doppelter Simshobel.
Der Aufbau all dieser Werkzeuge ist ähnlich. Sie bestehen aus dem Hobelkasten mit dem Spandurchgang oder Maul und Spanloch sowie aus dem Hobeleisen und der Einrichtung zu seiner Befestigung. Der wichtigste Teil dabei ist das Hobeleisen. Mit seiner Schneide wird der Span abgetrennt. Um optimale Ergebnisse zu erzielen, ist die Schneide stets scharf zu halten.

Hobeleisen schärfen

Wenn sie nur wenig stumpf ist und keine Scharten aufweist, kann sie durch Abziehen wieder geschärft werden. Andernfalls muß man sie nachschleifen. Um dabei den jeweiligen Winkel mit der erforderlichen Präzision einhalten zu können, werden für viele elektrische Schleifböcke Schlittenstative als Zubehör angeboten. Mit ein wenig Übung kommt man aber auch mit einer einfachen, ebenen Auflage zu guten Ergebnissen. Beim Schleifen wird das Hobeleisen seitlich hin und her bewegt. Um eine Überhitzung der Schneide und damit ihre Zerstörung zu vermeiden, nur mit mäßigem Druck arbeiten – wenn das Eisen blau oder braun anläuft ist es schon zu spät! Wie bei den Beiteln sollte man den Keilwinkel übrigens auch hier auf etwa 25° anschleifen. Nach dem Schleifen muß das Eisen abgezogen werden; erst dadurch erhält es die richtige Schärfe. Dazu führt man die Fase der Schneide gut aufliegend in kreisender Bewegung so lange über den Abziehstein, bis der vordere Teil der Fase blank und der Schleifgrat vollkommen entfernt ist. Die Spiegelseite (vordere Seite) des Hobeleisens wird nicht abgezogen, sondern nur flach aufliegend über den Abziehstein geführt, um den Grat wieder auf die Fase zurückzudrücken.
Achten Sie beim Einsetzen des Hobeleisens darauf, daß die Schneide nicht zu weit über die Hobelsohle hinausragt und parallel zu ihr verläuft.

5.9 *Mit leichten Schlägen treibt man nun den Beitel vom unteren Anriß her schräg nach oben ins Holz*

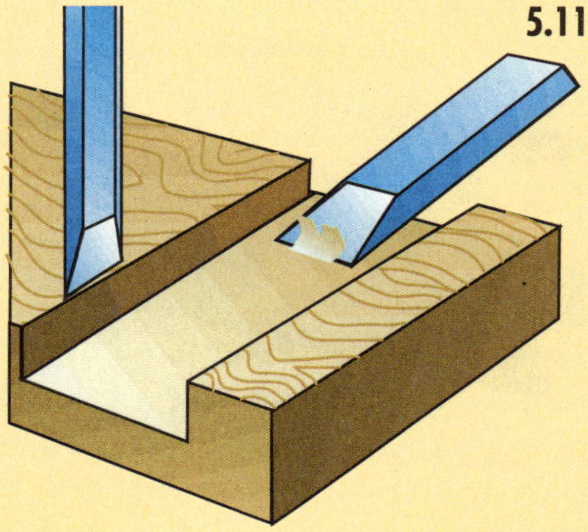

5.11 *Der Rest ist Feinarbeit: Das saubere Ausstechen der Kanten und Flächen*

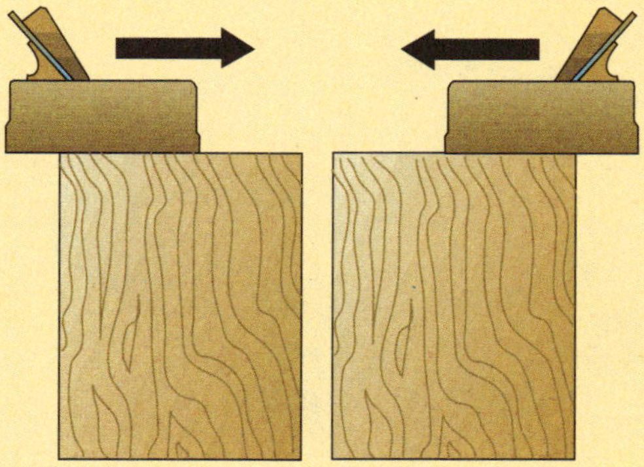

Kantenenden hobeln: *Um das Einreißen und Abspalten der Fasern am Ende einer Kante zu verhindern, sollten Sie immer vom Kantenende aus zur Mitte hin arbeiten*

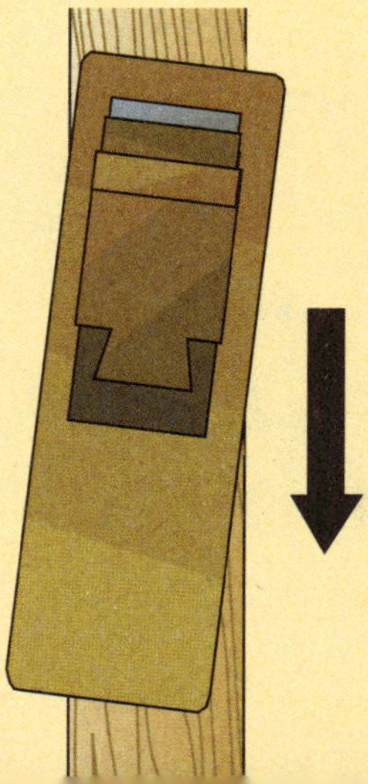

Durch eine leicht schräge Führung des Hobels unterstützen Sie die Schnittwirkung des Hobeleisens. Hierbei ist allerdings eine sichere Führung erforderlich

Anschließend wird die Nut mit horizontalen Schnitten ausgestemmt

5.10

Zum Nivellieren des Nutgrundes eignet sich eine Raspel hervorragend

5.12

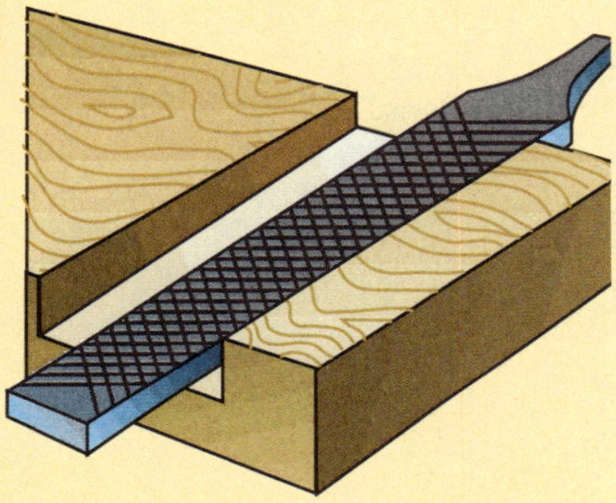

Kante hobeln: *Führen Sie den Hobel, indem Sie mit der linken Hand an der Längsseite des Brettes entlangfahren. Achten Sie dabei auf Holzsplitter!*

6.1

Die Hobelsohle muß fest auf dem Brett aufliegen, damit der Span geschnitten wird und sich die Fasern nicht spalten. Die vordere Hand drückt also, während die hintere schiebt

6.2

Furnierpresse

Beim Furnieren von großen Flächen wie Schranktüren oder Schubladenfronten müssen Heimwerker meist kapitulieren, da wohl in den seltensten Fällen eine Furnierpresse zur Verfügung steht. Mit etwas Aufwand kann man sich eine solche Vorrichtung aber selbst bauen: Dafür benötigen Sie zunächst einmal Kanthölzer von 40 x 40 mm Querschnitt und einer Länge von 500 mm. Diese werden nun zu den Stirnseiten hin 4-6 mm abgehobelt, so daß über die gesamte Länge ein gleichmäßiger Bogen entsteht. Jetzt streicht man das Trägermaterial beidseitig mit Leim ein und legt das Furnier auf. Darüber kommen dann eine Schicht Zeitungspapier und Zulagen. Im Abstand von 300-400 mm werden die Kanthölzer festgespannt. Die Schraubzwingen zieht man an, bis die Kanthölzer außen aufliegen. So entsteht über der Fläche ein gleichmäßig großer Druck.

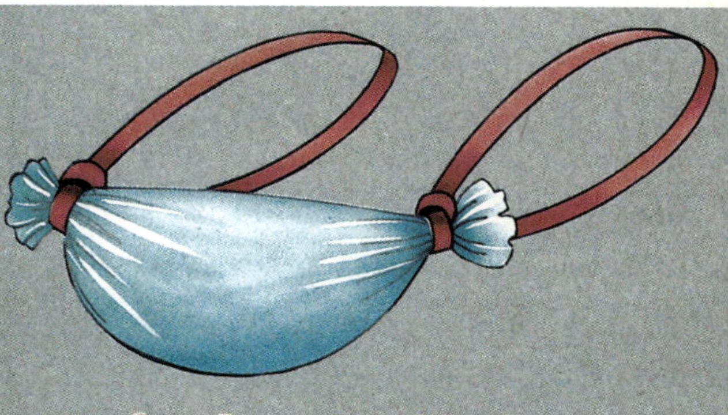

Einfacher Mundschutz

Gerade beim Schleifen von Holz, aber auch bei anderen Tätigkeiten ist das Tragen einer Atemschutzmaske sehr empfehlenswert. Wenn man jedoch eine braucht, ist gerade keine da! Eine billige und gute Lösung besteht aus einem Papiertaschentuch und zwei Gummibändern, die sich wohl in jedem Haushalt finden lassen. Das Taschentuch wird an beiden Enden mit den Gummiringen zusammengefaßt. Deren Enden hängt man sich dann hinter die Ohren.

Holzbearbeitung

7. Sägen

Eine der grundlegenden Techniken bei der Bearbeitung von Holz ist das Sägen. Hierunter versteht man das Abtrennen und Auswerfen kleiner Holzspäne durch Hin- und Herbewegen der Sägen – genauer: der Sägeblätter. Das sind Streifen aus gehärtetem Werkzeugstahl, die mit geeigneten Zähnen versehen sind. Diese Sägezähne haben die Form eines Keils, deren Zahnspitze wie die Schneide eines schmalen Hobeleisens wirkt. Je nach Säge – und damit je nach Anwendungsfall – besitzen die Zähne jedoch eine unterschiedliche Form. Der wichtigste Unterschied liegt dabei im Keilwinkel. Der bestimmt nämlich, ob die Säge auf Zug, Stoß oder in beiden Richtungen arbeitet. Letzteres ist der Fall, wenn der Schnittwinkel 120° beträgt und der Sägezahn somit ein gleichseitiges Dreieck bildet. Die meisten Sägen hierzulande arbeiten jedoch **auf Stoß**, d. h. ihre Zähne besitzen einen Winkel kleiner als 120°. Man unterscheidet hier zwischen Sägen die **„schwach auf Stoß“** (Schnittwinkel etwa 100°), **„auf Stoß“** (Schnittwinkel etwa 90°) und **„stark auf Stoß“** (Schnittwinkel unter 90°) schneiden. Mit der Verkleinerung des Schnittwinkels nimmt sowohl die Sägewirkung als auch der erforderliche Kraftaufwand zu. Ähnliches gilt auch für die Größe der Zähne: Je größer sie sind, desto rascher der Sägefortschritt, aber um so größer auch der Kraftaufwand. Außerdem wird der Schnitt grob und unsauber. Wo ein sauberer, feiner Schnitt nötig ist, verwendet man deshalb Sägen mit kleiner Bezahnung. Ausschließlich **auf Zug** arbeitet hierzulande übrigens nur die Gratsäge, ein Spezialwerkzeug zum Einschneiden von Gratnuten. Allerdings werden auch in unseren Breiten immer häufiger japanische Handsägen angeboten, die traditionell auf Zug schneiden.

Auch bei Sägen hängt das Arbeitsergebnis in starkem Maße von der Schärfe und dem Zustand der Schneiden ab. Da heutzutage fast nur noch gehärtete Blätter verwendet werden, die sich von Hand nicht nachschleifen lassen, beschränkt sich die Wartung auf das Kontrollieren und rechtzeitige Auswechseln des Sägeblattes.

Sägezähne

Auf Stoß und auf Zug

Auf Stoß

Auf Zug

Sägen mit Anschlag: *Um mit einem Fuchsschwanz gerade Schnitte auszuführen, sollte man einen Anschlag (z. B. eine ebene Latte) zur Hilfe nehmen*

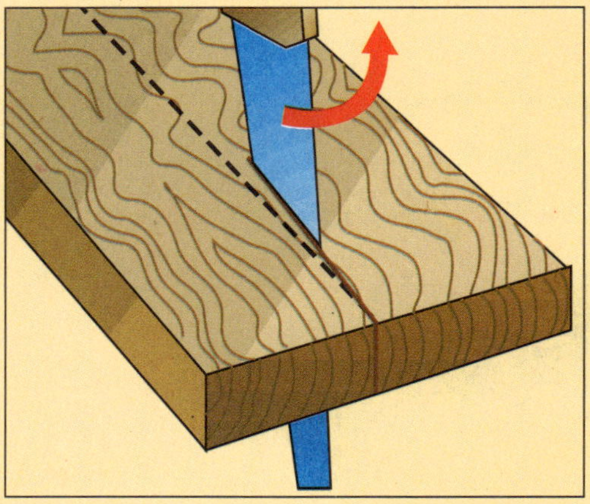

Kurskorrektur: *Wenn die Säge beim Schnitt aus der Spur läuft, korrigieren Sie die Richtung durch sanftes (!) Beidrehen des Sägeblattes*

Spaltkeil: *Um ein Verklemmen des Sägeblattes zu verhindern, kann man ein Holzbrettchen in den Sägespalt klemmen. Nutzen Sie immer die volle Länge des Sägeblattes*

Ausschnitt sägen: *Bei Innenausschnitten bohrt man erst Löcher in die Ecken und sägt dann mit der Stichsäge die Form aus. Bei Bedarf werden die Kanten mit einem Fuchsschwanz nachgearbeitet*

Holzverbindungen

Gute Verbindungen sind das A und O jeder Kastenkonstruktion. Ohne sie wären weder die einfachste Kiste noch das nobelste Möbel denkbar. Im letzten Beitrag des Grundlagen-Kapitels zeigen wir die Verbindungstechniken, mit denen man sowohl das eine wie auch das andere fachgerecht zusammenhält

Kasten-Eckverbindungen

Holzverbindungen

Grundregel: Die Nagellänge sollte immer das 2,5fache der Dicke des zu befestigenden Teils betragen

Nageltechnik

Nagelköpfe verstecken

Haltbarkeit der Nagelverbindung steigern

1. Genagelte Eckverbindungen

Während genagelte Konstruktionen bei vielen „First-Class-Heimwerkern“ äußerst verpönt sind, weiß der Profi-Schreiner die Drahtstifte sehr wohl sinnvoll einzusetzen. Und dabei handelt es sich nicht immer nur um einfache Kisten und Regale, für die aufwendige Verbindungstechniken geradezu abwegig sind: Auch bei Möbeln der feineren Art werden Nägel oft als zusätzliche Sicherung eingesetzt.

Das Problem der Drahtstifte liegt darin, daß ihr Schaft glatt ist und sie sich deshalb in Richtung der Nagelachse leicht herausziehen lassen. Um die Haltbarkeit einer Verbindung zu erhöhen, sollte man die Nägel deshalb abwechselnd schräg einschlagen (1.1). Muß nahe an der Kante genagelt werden, besteht die Gefahr, daß die Nagelspitze das Holz spaltet. Man kann dem entgegenwirken, indem man die Spitze vorher mit einem leichten Hammerschlag staucht (1.2). Unter der stumpfen Spitze werden die Holzfasern dann zerdrückt und nicht auseinandergekeilt. Da sich Nägel niemals mit der erforderlichen Präzision setzen lassen, stören sichtbare Nagelköpfe meist das Erscheinungsbild eines Möbels. Man versucht deshalb, die Drahtstifte weitestgehend aus dem Sichtfeld zu verbannen. Das einfachste Mittel dazu ist, Nägel mit den kleinen Stauchköpfen zu verwenden und diese mit einem Senkstift oder dem Kopf eines weiteren Nagels im Holz zu versenken (1.4). Der entstandene Krater wird dann später zugespachtelt. Noch eleganter ist es, den Drahtstift unter einem aufgestemmten Span zu verstecken (1.5). Wenn dieser Span dann anschließend wieder festgeleimt wird, ist von der Nagelung wirklich nichts mehr zu sehen.

Da Nägel im Hirnholz nicht so gut halten wie im Langholz, sieht man bei Transportkisten, Lagerregalen und ähnlichen Konstruktionen, bei denen es auf große Haltbarkeit der Verbindung ankommt, Eckleisten vor. Die Haltbarkeit kann dann noch gesteigert werden, indem man die Nägel durch die Eckleiste ganz durchschlägt und ihre Spitzen auf der anderen Seite mit Hilfe eines Profileisens winklig umschlägt (1.6).

1.1 **Schräg nageln:** Durch eine schwalbenschwanzförmige Nagelung wird die Haltbarkeit der Verbindung erhöht

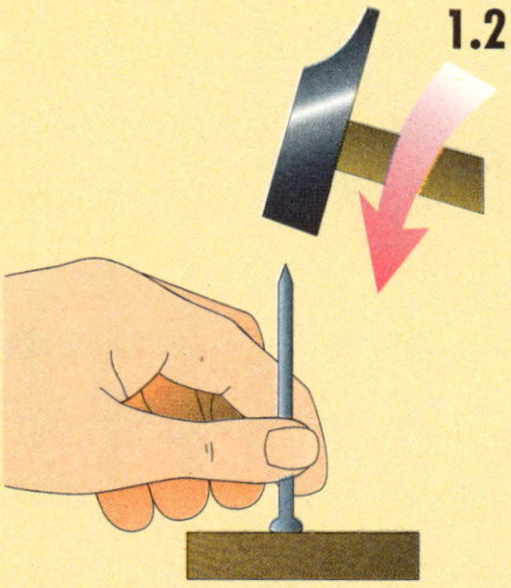

1.2 **Eine gestauchte Nagelspitze** verhindert das Spalten des Holzes

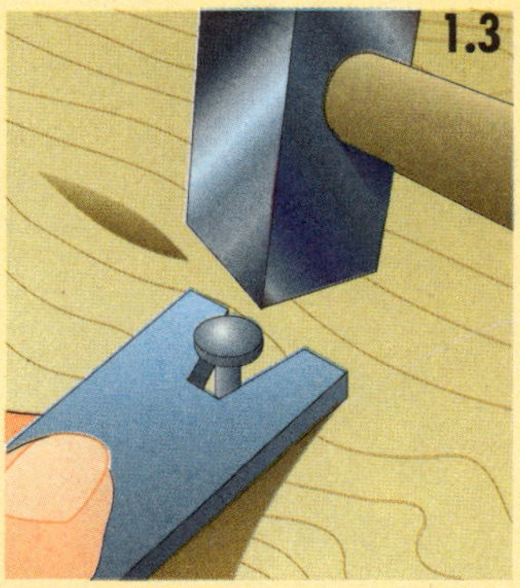

1.3 **Daumenschoner:** Ein Pappstreifen hält kleine Nägel in Stellung

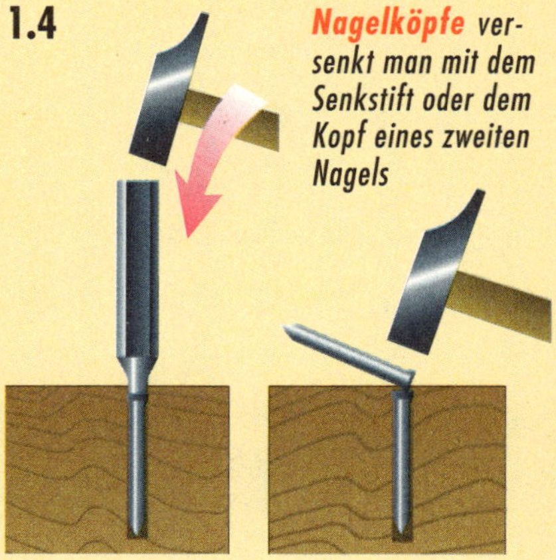

1.4 **Nagelköpfe** versenkt man mit dem Senkstift oder dem Kopf eines zweiten Nagels

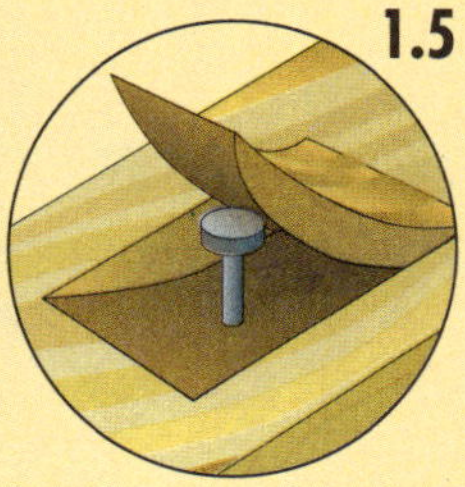

1.5 **Unsichtbar** wird eine Nagelung, wenn sie unter einem Span angebracht wird, den Sie mit dem Beitel aufspalten und hinterher wieder verleimen

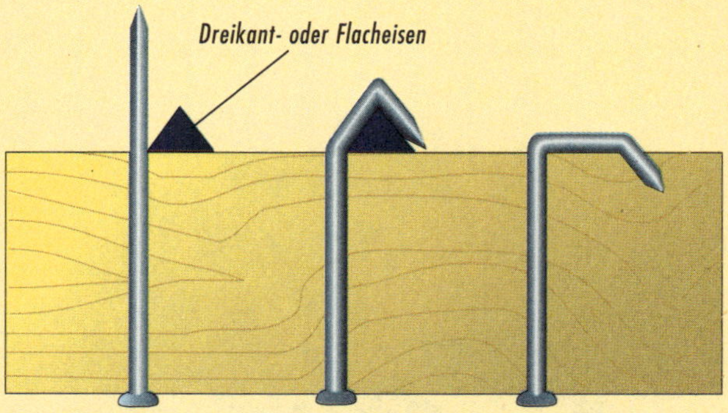

1.6 **Klammernagelung:** Große Haltbarkeit bietet eine Verbindung, bei der die Nägel durch- und auf der anderen Seite umgeschlagen werden

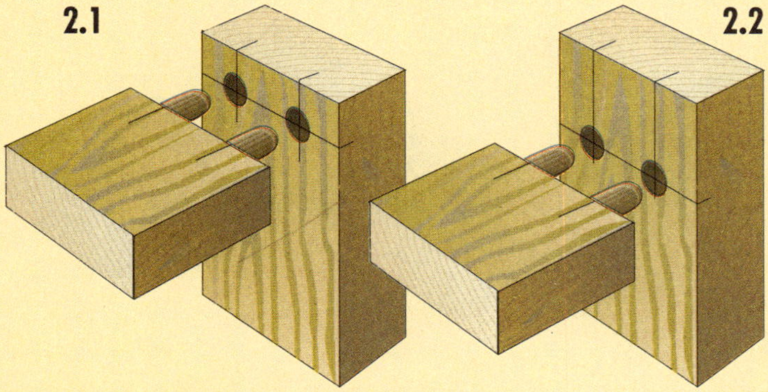

Verbindungen mit Runddübeln lassen sich relativ einfach herstellen. Die erforderlichen Bohrungen erfordern aber höchste Präzision

2.3

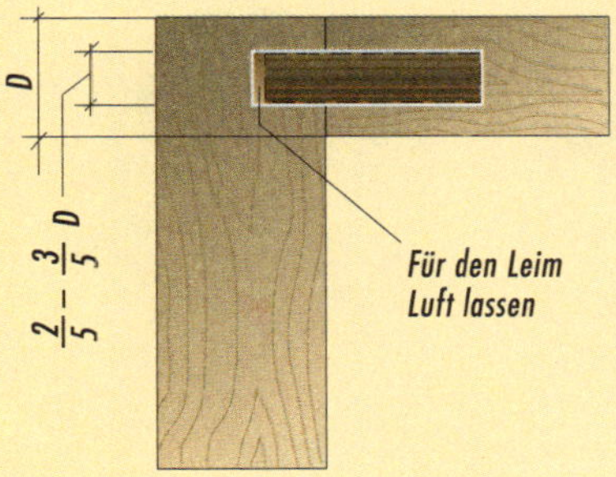

Anatomie einer Dübelverbindung

2.4

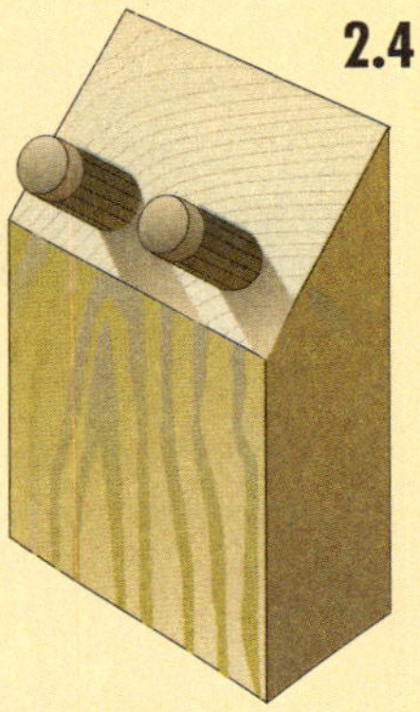

Dübelverbindung bei Gehrungen

2.5 *Dübelbohrungen markieren: Schlagen Sie Drahtstifte an den vorgesehenen Dübelstellen ins Holz und knipsen Sie diese jeweils 2-3 mm über der Brett-Oberfläche ab. Dann wird das zu befestigende Brett ...*

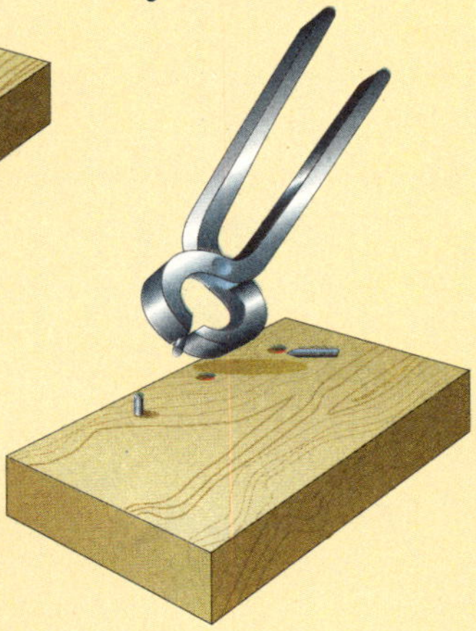

... an Ort und Stelle angepreßt, so daß sich die Nägelstümpfe eindrücken. Nachdem die Drahtstifte entfernt wurden, bohrt man an den markierten Stellen senkrecht ins Holz

2. Gedübelte Eckverbindungen

Dem Nageln eng verwandt ist das Dübeln. Es kann zur Verbindung von Möbelteilen aus Vollholz, Sperrholz und Spanplatten eingesetzt werden. Vornehmlich verwendet man Dübel beim Zusammenbau von Zargen (2.1) und von Zwischenböden (2.2). Handelt es sich um eine Gehrung, sollten die Dübel im unteren Drittel der Gehrungsfläche und senkrecht zu ihr gesetzt werden (2.4).
Der Vorteil einer gedübelten Eckverbindungen liegt darin, daß sie durch die runde Form und durch die Abstände der Dübel das Holz der zu verbindenden Teile nur sehr wenig schwächt. Darüber hinaus läßt sie sich mit relativ wenig Aufwand realisieren, so daß sie gerade für Heimwerker sehr attraktiv ist. Man bekommt die Holzdübel als Stangenware oder gebrauchsfertig abgelängt. Sie sollten aus zähem Hartholz (Buche oder Esche) gefertigt sein.
Die Schwierigkeit der gedübelten Eckverbindung liegt darin, daß die Bohrungen der beiden zu befestigenden Teile exakt übereinanderliegen und zudem genau in der Flucht stehen müssen. Außerdem muß die „Anatomie" der Verbindung stimmen. Das heißt, man muß den richtigen Dübeldurchmesser wählen ($^{2}/_{5}$ bis $^{3}/_{5}$ der Holzdicke) und so tief bohren, daß noch ein kleiner Leerraum für den Leim verbleibt (2.3).
Ohne Hilfsvorrichtungen sind alle diese Forderungen kaum zu erfüllen. Der Handel bietet deshalb Dübelhilfen an, die die Handbohrmaschine genau führen und sicherstellen, daß die Bohrungen präzise sitzen. Zumindest bei der Markierung der Dübelbohrungen kann man sich allerdings auch selbst gut helfen (2.5): Nachdem die Dübelpunkte angerissen sind, schlägt man dort möglichst senkrecht kleine Drahtstifte ein. Diese werden knapp über der Oberfläche mit einer Kneifzange abgeknipst. Dann drückt man das zu befestigende Gegenstück auf diese Nagelstümpfe und erhält somit die Markierungspunkte für die Bohrungen. Auf dem ersten Wekstück dienen die Löcher, die nach dem Herausziehen der Drahtstifte zurückbleiben, als Markierung. Nun muß natürlich noch sichergestellt werden, daß die Bohrung senkrecht erfolgt.

Einsatzgebiet

Vorteile der Dübeltechnik

Voraussetzungen

Der korrekte Dübeldurchmesser

Hilfsmittel

Markierung der Bohrungen

Grundregel: Der Durchmesser eines Dübels sollte immer $^{2}/_{5}$ bis $^{3}/_{5}$ der Holzdicke des zu befestigenden Teils betragen

Holzverbindungen

3. Gefederte Eckverbindungen

Feder-Arten

Grundregel: Die Federdicke sollte nicht mehr als $^1/_4$ bis $^1/_3$ der Bodendicke betragen und nicht tiefer als $^4/_{10}$ der Seitendicke eingenutet werden

Mit Hilfe einer Feder lassen sich sowohl Außenecken als auch Zwischenböden mit Seitenwänden verbinden. Für Außenecken von Spanplattenkörpern ist diese Verbindungstechnik allerdings nicht geeignet. Die Feder kann eingesägt bzw. ausgefräst sein (3.3) oder aus einem Streifen Querholz, Furnierplatte oder Holzfaser bestehen (3.1). Besonders die Lamello-Feder (3.2) erfreut sich wachsender Beliebtheit, da sie ein gewisses Spiel zuläßt und somit relativ unproblematisch zu verabeiten ist. Darüber hinaus werden Spezialmaschinen und Vorsatzgeräte für Winkelschleifer angeboten, die die Anwendung der ovalen Flachdübel nochmals erleichtern. Bei Außenecken muß die Feder genau in die zugehörige Nut passen, da ein zu strammer Sitz diese bereits beim Zusammenbau sprengen könnte.

Lage der Feder

Bei Zwischenböden kann die Feder oben oder unten ausgeformt sein. Es ist allerdings zu bedenken, daß starke Belastung bei einer oben angeschnittenen Feder die Aufspaltung des Holzes bewirken kann, während sie bei der unten angesetzten Feder womöglich dazu führt, daß sich eine sichtbare Fuge bildet.

3.1

Eckverbindungen mit eingesetzter Feder: Die Feder kann aus Querholz, Furnierplatten oder Holzfaserplatten ausgeschnitten werden

3.2

Lamello-Feder: Der ovale Flachdübel ist leicht zu verarbeiten

3.3

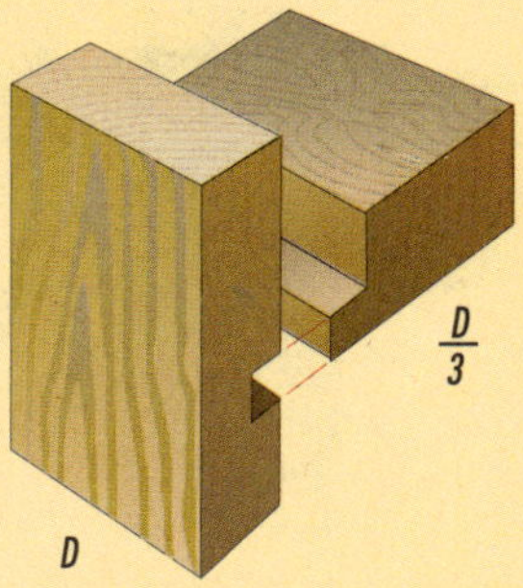

Eingeschnittene bzw. angefräste Feder

4. Gegratete Eckverbindungen

Einsatzgebiet

Das Einsatzgebiet gegrateter Eckverbindungen beschränkt sich auf T-förmige Plattenverbindungen aus Vollholz. Man unterscheidet zwischen zweiseitigem und einseitigem Grat (4.1).

Lage von Nut und Grat

Die Nut wird immer in das durchgehende Teil eingefräst, während man den Grat am stumpf auftreffenden Teil ausarbeitet. Er wird angefräst oder mit dem Grathobel angeschnitten und erhält eine Schräge von 75-80°.

4.1

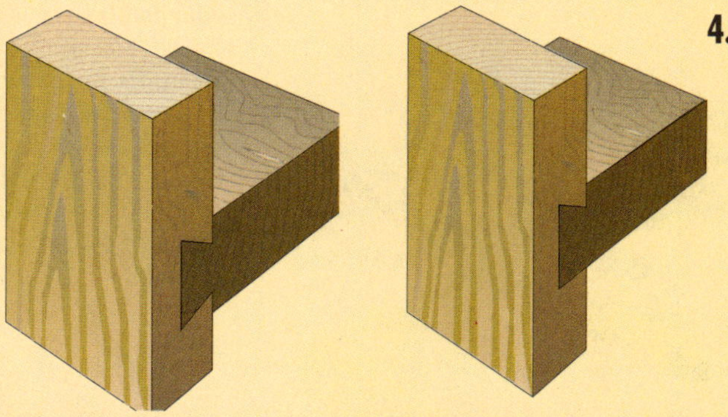

Der zweiseitige Grat dient häufig der Befestigung von Mittelseiten

Der einseitige Grat wird hauptsächlich bei Zwischenböden eingesetzt

5. Gezinkte Eckverbindungen

Die Königsdisziplin in der Holzverbindungstechnik ist ohne Frage die Zinkung. Sie ist ebenso zweckmäßig wie optisch reizvoll. Allerdings erfordert sie einigen Aufwand in der Herstellung.

5.1

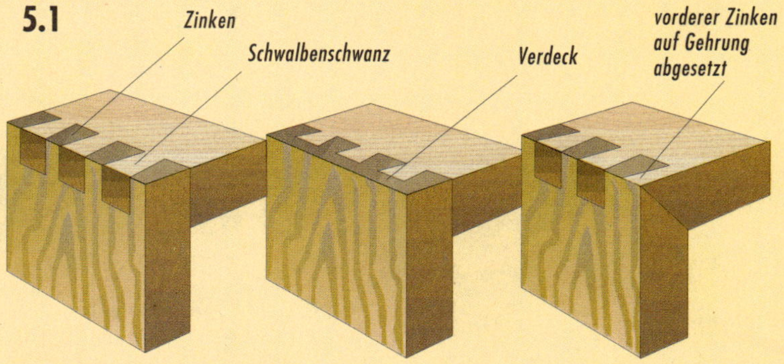

Zinkungsarten: Einfache Zinkung (links), halbverdeckte Zinkung (Mitte). Bei der rechts abgebildeten Variante wird eine Gehrung angeschnitten

5.2

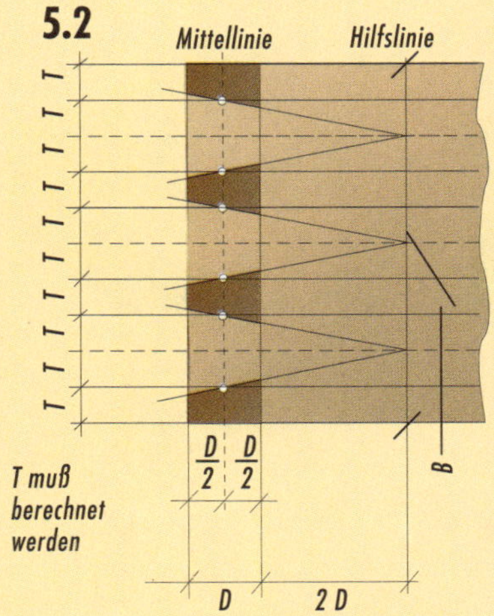

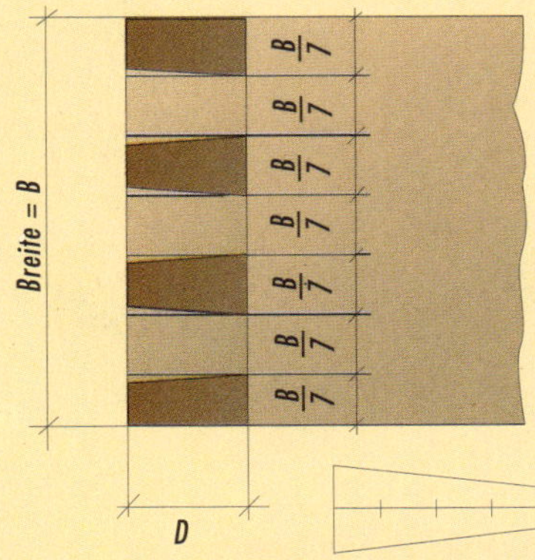

Die Konstruktion der Zinken *kann auf zwei Arten erfolgen. Bei der ersten wird zunächst die Dicke des Brettes (D) auf der Oberfläche angerissen. Im Abstand von ½ D zeichnet man die sogenannte Mittellinie ein, und im Abstand 3xD die Hilfslinie. Nun wird die Anzahl der Schwalben nach der Formel*

$$\frac{\text{Holzbreite (B)}}{3 \times \frac{1}{2} D}$$

berechnet. Das Ergebnis wird auf eine gerade Zahl abgerundet und dazu die Anzahl der Zinken (= Anzahl der Schwalben + 1) addiert. Durch diese Summe teilt man nun die Holzbreite und erhält damit den Wert (T). Die obere Abbildung zeigt, wie mit diesen Maßen Zinken und Schwalbenschwänze konstruiert werden. Die zweite Möglichkeit ist einfacher: Die Holzbreite wird durch eine ungerade Zahl geteilt, so daß die Teilung etwa der Holzdicke entspricht. Von den Teilstrichen ist die gezeigte Schmiege jeweils nach außen abzutragen.

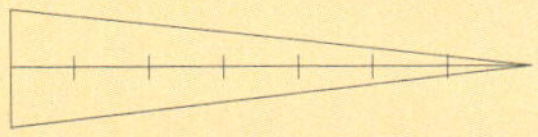

Zinkenschmiege. Teilung 1:7 (bei Hartholz) oder 1:6 (bei Weichholz)

5.3

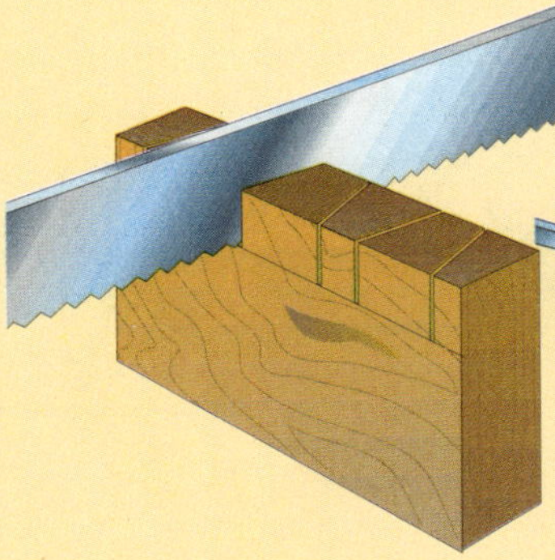

Zinken aussägen: *Achten Sie auf die senkrechte Führung des Sägeblattes*

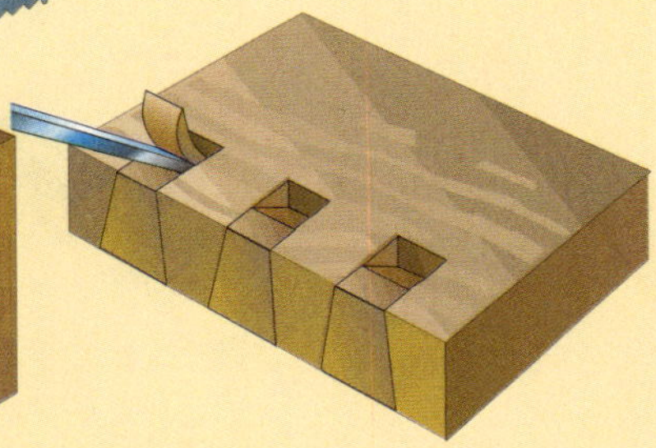

Zinken ausstemmen: *Auf der 1. Seite nicht ganz durchstemmen*

5.4

2. Seite bearbeiten: *Das Holz muß fest aufliegen und darf nicht federn*

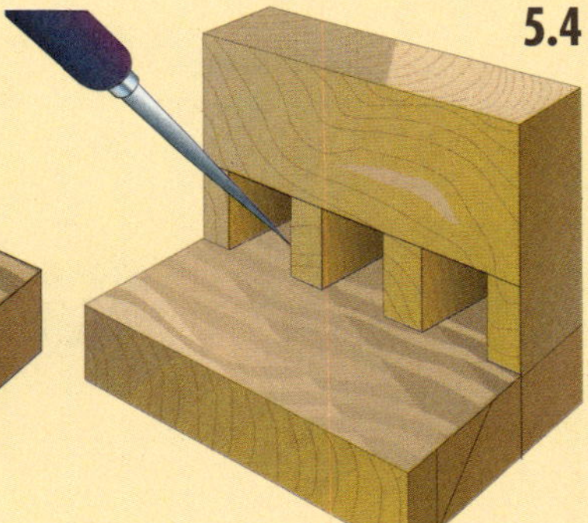

Schwalbenschwänze anreißen: *Der Spitzbohrer sorgt für klare Linien*

Einsatzgebiet

Die gezinkte Eckverbindung besteht aus der Verzahnung keilförmiger Zapfen, die als Zinken bzw. Schwalbenschwänze bezeichnet werden. Sie wird vor allen Dingen bei der Verbindung von Vollholzflächen eingesetzt, weil sie die verbundenen Teile ungehindert quellen und schwinden läßt.

Zinkungsarten

Es gibt mehrere Zinkungsarten. Die gebräuchlichsten sind die einfache und die halbverdeckte Zinkung (5.1). Auch die Fingerzinkung, auf die wir später eingehen, kommt sehr häufig zur Anwendung.

Kriterien bei der Zinkenteilung

Die Kunst des Zinkens beginnt mit dem Anreißen der Schnittlinien. Da bei dieser Verbindungsart auch der optische Gesichtspunkt eine sehr wichtige Rolle spielt, muß man die Einteilung äußerst sorgfältig vornehmen.

Belastungsrichtung

Auch ist es wichtig, sich vorher darüber klar zu sein, welches Teil der Verbindung wie und vor allen Dingen in welche Richtung belastet wird. Danach richtet sich nämlich, wo die Zinken und wo die Schwalbenschwänze anzubringen sind. So wäre es etwa ungünstig, eine Schubladenfront als Schwalbenstück auszulegen, da sich dieses Teil bei Zugbelastung relativ leicht vom Zinkenstück abziehen läßt.

Zum Anreißen der Zinken haben sich zwei Vorgehensweisen bewährt (5.2). Erfahrene Schreiner nehmen die Einteilung aber auch nach freien Stücken vor. Wichtig ist nur, daß die Zinken nicht zu schräg werden, da sonst durch die entstehenden spitzen Winkel an den Schwalbenschwänzen das Holz zu kurz wird und beim Zusammenstecken leicht absplittert.

Geeignete Sägen

Wenn die Zinken angerissen sind, werden diese eingesägt. Und zwar so, daß die Risse auf der Zinkenseite stehen bleiben. Als Werkzeug kommt bei schwachem Holz ein feinzahniger Fuchsschwanz zum Einsatz, während man bei stärkerem Holz zur Absetzsäge greifen sollte.

Ausstemmen der Zinken

Nach dem Sägen werden die Zwischenräume ausgestemmt. Dazu empfiehlt es sich, die einzelnen Werkstücke (falls mehrere zu zinken sind) treppenförmig übereinanderzulegen und mit einer Zwinge auf die Hobelbank zu spannen. Das Ausstemmen erfolgt zuerst grob und nur bis etwar zur Hälfte der Holzdicke. Anschließend arbeitet man die Kanten entlang des Anrisses

Holzverbindungen

genau senkrecht nach (5.3). Nun werden die Werkstücke umgedreht und von der Gegenseite fertig ausgestemmt. Die so angefertigten Zinken dienen jetzt als Schablone zum Anreißen der Schwalbenschwänze. Verwenden Sie hierzu einen Spitzbohrer oder einen scharf angespitzten Bleistift (5.4). Die Schwalbenschwänze werden wie die Zinken ausgesägt und ausgestemmt, wobei hier genau auf dem Riß gearbeitet wird – das heißt, der Riß bleibt zur Hälfte stehen.

Ausstemmen der Schwalbenschwänze

Nachdem sämtliche Innenseiten verputzt und geschliffen sind, können die Bretter verleimt und unter Verwendung eines Hartholz-Klotzes mit einem Hammer zusammengeklopft und anschließend rechtwinklig ausgerichtet werden (5.5).

Halbverdeckte Zinkung

Obwohl die Zinkung optisch äußerst reizvoll ist, kann sie bei manchen Möbeln bzw. Möbelteilen störend wirken. Bei Schubladenfronten etwa ist sie in der Regel unerwünscht. In diesen Fällen fertigt man eine halbverdeckte Zinkung an. Der Anriß kann auch hier nach den beschriebenen Methoden (5.2) konstruiert werden. Allerdings muß man dann statt der Holzdicke die Höhe der Zinken einsetzen.

Austemmen der Zinken

Das Aussägen der Zinken gestaltet sich hier etwas schwieriger, da die Säge von der Innenseite des Werkstücks und zudem schräg angesetzt werden muß. Die von der Säge nicht erfaßbaren Ecken sticht man mit dem Beitel nach (5.6). Bei Weichholz ist es hilfreich, die Ecken mit einer alten Ziehklinge oder mit einem Stück Sägeblatt vorzuschlagen. Das erleichtert die Stemmarbeit.

Grundregel: Bei der halbverdeckte Zinkung sollte die Dicke des Verdecks etwa $^1/_4$ bis $^1/_3$ der Holzdicke betragen

Nachdem man das Verdeck sorgfältig nachgestochen hat, werden auch hier mit dem Zinkenstück die Schwalbenschwänze aufgerissen. Diese sägt und stemmt man dann nach gleichem Muster aus wie bei der einfachen Zinkung. Bevor die Verbindung zusammengeklopft wird, sollten Sie die Eckstücke mit Hilfe eines kleinen hölzernen Anschlagwinkels sauber absetzen (5.8).

Einfache Zinkung mit auf Gehrung abgesetztem Zinken

Die Optik einer Zinkung kann in manchen Fällen noch verbessert werden, indem man an der vorderen, sichtbaren Kante eine Gehrung einarbeitet. Dazu wird der entsprechende Zinken auf Gehrung abgesetzt und am Schwalbenteil ein passendes Gegenstück angeschnitten (5.1).

5.5

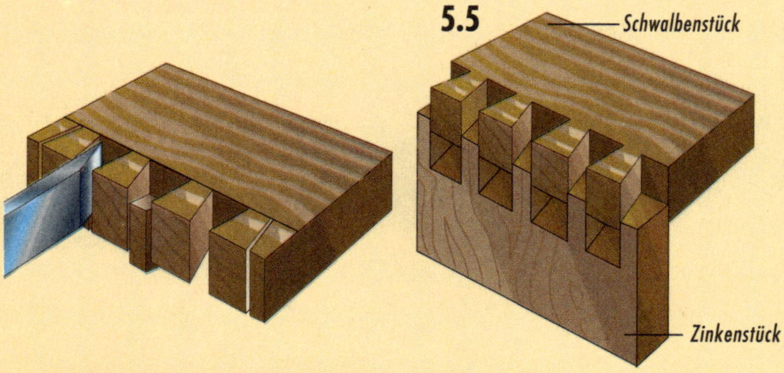

Schwalbenschwänze ausstemmen: *Mit einem Beitel arbeitet man die Schwalbenschwänze aus und klopft dann die Verbindung zusammen*

5.6

Einsägen und Ausstemmen der Zinken bei der halbverdeckten Zinkung: *Der Sägeschnitt muß mit dem Beitel nachgestemmt werden*

5.7

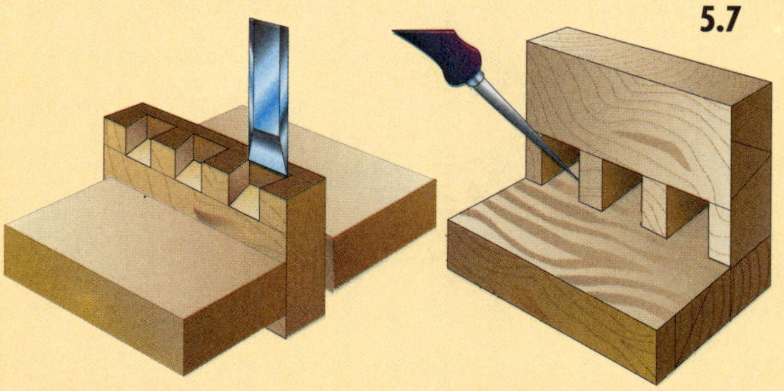

Verdeck nachstechen **Schwalbenschwänze anreißen**

5.8

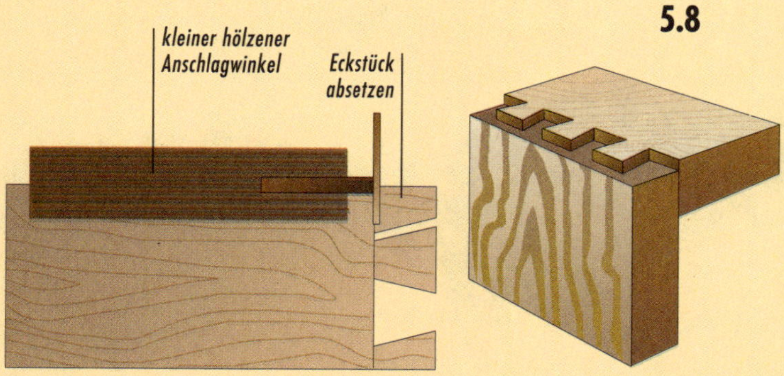

Ausstemmen der Schwalbenschwänze: *Beim Absetzen des Eckstücks sorgt ein Anschlagwinkel für saubere Kanten*

6.1

Gehrungszinkung: Diese Eckverbindung ist sehr attraktiv, erfordert aber zusätzlichen Aufwand

6.2

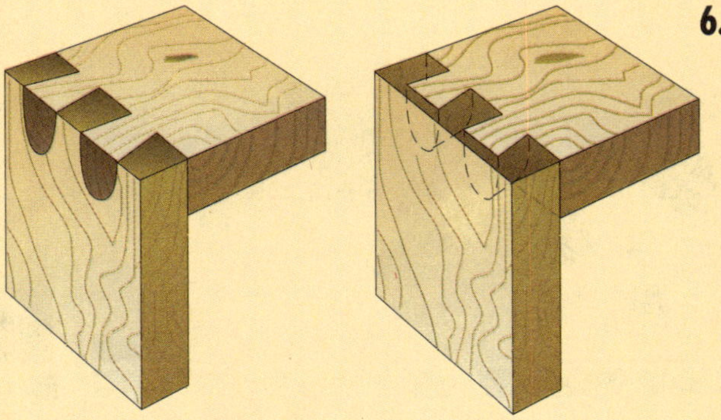

Maschinenzinkung: Mit Oberfräse und Zinklehre lassen sich sowohl die einfache Zinkung als auch die halbverdeckte Zinkung anfertigen

6.3

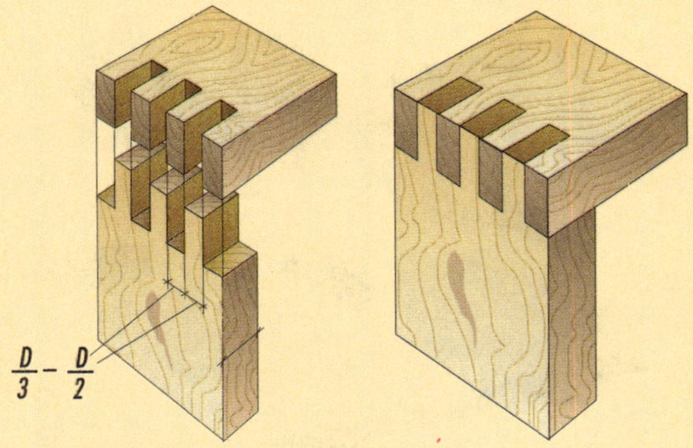

Fingerzinkung: Diese Zinkungsvariante eignet sich aufgrund ihrer parallel verlaufenden Linien besonders gut für die maschinelle Herstellung

6.4

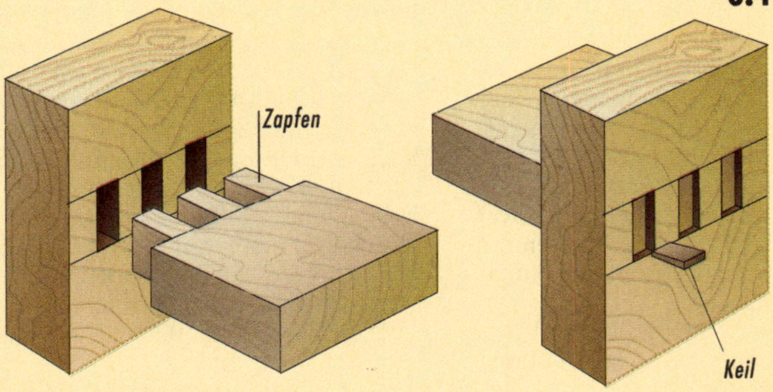

Fingerzapfen: Die Zapfenlöcher müssen von Hand ins Holz gestemmt werden. Zum besseren Halt kann man die Zapfen zusätzlich verkeilen

6. Sonderformen der Zinkung

Gehrungszinkung

Bei der doppelt verdeckten Zinkung (auch Gehrungszinkung genannt) sind die Zinken und Schwalbenschwänze rundherum unsichtbar (6.1).
Dazu werden das Verdeck der Zinken und das der Schwalbenschwänze auf Gehrung zusammengepaßt. Die Herstellung dieser Eckverbindung ist ziemlich aufwendig und erfordert höchste Sorgfalt. Wenn am fertigen Möbel später nur eine Seite sichtbar ist, erspart man sich meist das Zuschneiden der Gehrung auf der hinteren Seite.

Maschinenzinkung

Obwohl die Zinkung für viele der Inbegriff traditioneller Handarbeit ist, dringen auch hier Maschinen immer weiter vor. Besonders für Heimwerker bieten diese Geräte die Möglichkeit, auch ohne jahrelange Fachausbildung gute, sachgerechte Verbindungen herzustellen. So kann man mit einer Oberfräse und der passenden Zinkenfräsvorrichtung ohne große Übung und relativ schnell sowohl die einfache als auch die halbverdeckte Zinkung anfertigen (6.2).

Fingerzinkung

Noch besser läßt sich mit Hilfe von Maschinen die sogenannte Fingerzinkung (6.3) herstellen. Da hier alle Schnitte parallel verlaufen, kann man die Zinken außer mit einer Fräse auch mit einer Kreissäge ausschneiden.
Allerdings ist die Fingerzinkung bei weitem nicht so stabil wie die anderen Zinkungsarten, da sie sich nicht verkeilt. Auch muß sie je nach Werkstück aufwendig eingespannt werden, da sie beim Zusammenbau nicht von selbst anzieht. Die Zinken sollten hier jeweils eine Breite von einem Drittel bis zur Hälfte der Holzdicke aufweisen.

Fingerzapfen

Das Pendant zur Fingerzinkung beim Einbau von Zwischenböden sind die Fingerzapfen (6.4). Hier müssen die Zapfenlöcher von Hand in die Seitenteile gestemmt werden. Für eine saubere Arbeit ist es erforderlich, die Durchbrüche vorher auf beiden Brettseiten genau anzureißen.
Um die Haltbarkeit der Fingerzapfenverbindung zu steigern, kann man die Zapfen von außen verkeilen. Dabei muß unbedingt darauf geachtet werden, daß die Keile quer zur Holzfaser des Seitenteils eingetrieben werden.

Grundkurs Kleben

Bei Bastelarbeiten wie beim Spielzeug- oder Möbelbau muß immer wieder geklebt werden. Hier zeigen wir Ihnen, worauf Sie achten müssen, damit Klebeverbindungen auch dauerhaft halten

Klebstoffe stellen eine dauerhafte Verbindung zwischen zwei Teilen her. Die dabei aufgetragene Klebschicht härtet je nach Art des Klebers entweder durch Trocknung oder durch eine chemische Reaktion aus und hält so die Materialien dauerhaft zusammen. Zwei physikalische Faktoren beeinflussen die Haltbarkeit einer Verklebung: die Adhäsion und die Kohäsion.

Unter Adhäsion (Grenzflächenhaftung) versteht man den engen molekularen Kontakt zwischen den Oberflächen verschiedener Teile. Adhäsionskräfte wirken beispielsweise, wenn ein nasses Blatt Papier an einer Glasscheibe hängenbleibt, dort sozusagen „anklebt“.

Eine hohe Adhäsion bzw. Haftung eines Klebstoffs am zu verklebenden Material erreichen Sie stets dann, wenn zwischen der Oberfläche des Werkteils und dem Klebstoff ein möglichst inniger Kontakt entsteht. Die Klebflächen müssen deshalb sauber, fett- und staubfrei sein. Durch Anrauhen mit grobem Schleifpapier wird die Adhäsion noch verbessert, weil sich dabei die Oberfläche des Materials deutlich vergrößert.

Kleber ist im frischen Zustand relativ flüssig, daher benetzt er die – mikroskopisch gesehen – stark zerklüftete Oberfläche des Werkstoffs vollständig und

stellt ein ideales Brückenmedium zwischen den zu verbindenden Teilen dar. Nur ist diese Verbindung nicht belastbar. Erst nachdem der Klebstoff im engen Kontakt zu den Klebeflächen durch Trocknung oder chemische Reaktion erstarrt ist, kann die Verbindung auch mechanisch belastet werden.
Wie stabil der nun dauerhaft hergestellte Kontakt zwischen den verklebten Werkstoffen ist, hängt von der Kohäsion, nämlich der inneren Festigkeit des Klebstoffs nach dem Erstarren ab.

Vorbereitung der Klebeflächen

Ganz unabhängig davon, welchen Klebstoff Sie wählen, sollten Sie stets folgende Grundregeln beachten:

- Oberfläche von Rost, Farbresten und anderen Fremdstoffen reinigen
- Oberfläche durch Schleifen anrauhen
- Klebeflächen gegebenenfalls gründlich entfetten (geeignet sind z. B. Aceton, Alkohol oder Nitroverdünner)
- Klebestellen trocknen lassen
- Vorbereitete Flächen nicht mehr berühren, um die Übertragung von Hautfett zu vermeiden
- Klebstoff gleichmäßig und dünn auftragen (bei Kontaktklebern die vorgeschriebene Ablüftzeit beachten)
- Schmutz und Staub von frisch mit Klebstoff bestrichenen Flächen fernhalten (Schleifarbeiten unterbrechen).

Die physikalischen Grundlagen der modernen Klebetechnik

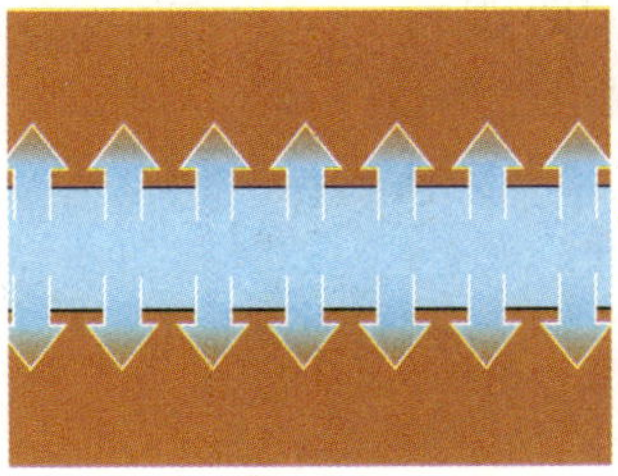

Die beim Kleben wirksamen Adhäsionskräfte in der schematischen Darstellung

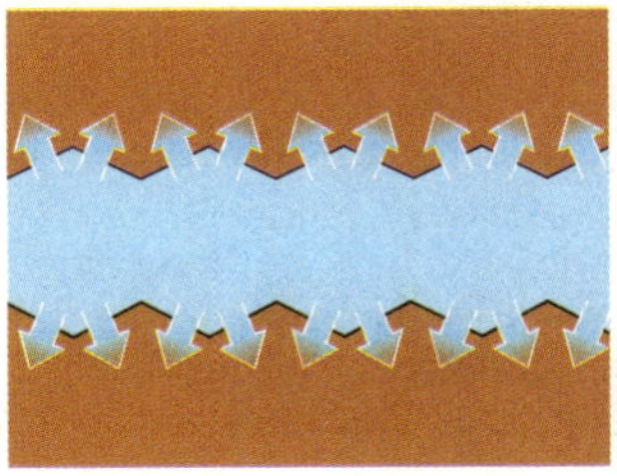

Sie verbessern die Adhäsion, wenn Sie die Oberfläche der Werkstücke anrauhen

Die Endfestigkeit des Klebstoffs, die sogenannte Kohäsion, bestimmt die Stabilität der Verbindung

Klebstoff-Arten

Ein Klebstoff erstarrt, wenn – je nach Klebertyp – das darin enthaltene Wasser bzw. Lösemittel verdunstet, wenn eine chemische Reaktion stattfindet oder wenn der Kleber erkaltet. Letzteres gilt bei der Heißklebepistole.

Kontaktkleber muß dünn und gleichmäßig aufgetragen werden. Warten Sie dann einige Minuten ab, bis sich beide Klebeflächen „trocken" anfühlen

Entscheidend für die Stabilität der Verbindung ist nun der Anpreßdruck, nicht die Anpreßdauer. Wirkungsvoll sind Hammerschläge auf eine Zulage

In vielen Fällen kann man auf lösemittelhaltige Kleber nicht verzichten. Vor allem, wenn es schnell gehen soll bzw. wenn Papier verklebt wird, das sich bei Aufnahme von Wasser wellen würde.
Dichte (nicht poröse) Werkstoffe wie Kunststoffe oder Porzellan klebt man am besten mit Kontaktklebern. Dabei werden beide Klebeflächen dünn und gleichmäßig mit Klebstoff bestrichen.
Anschließend dürfen Sie die Teile aber nicht gleich zusammenfügen: Zunächst muß das im Klebstoff enthaltene Lösemittel ablüften. Erst wenn sich die Klebeflächen „trocken" anfühlen, preßt man die Flächen mit kurzem, aber möglichst hohem Druck zusammen.

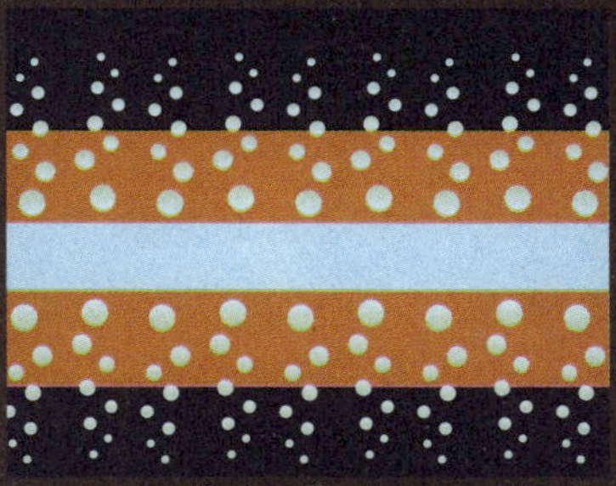

Bei porösen Werkstoffen kann das Lösemittel durch das Material entweichen

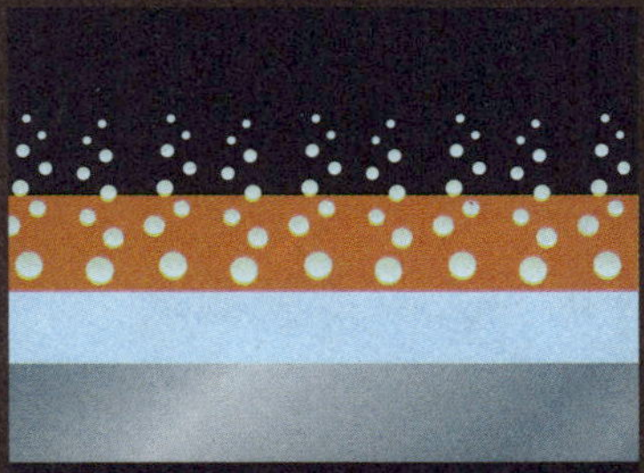

Ist eine Klebefläche „dicht", entweicht das Lösemittel nur in einer Richtung

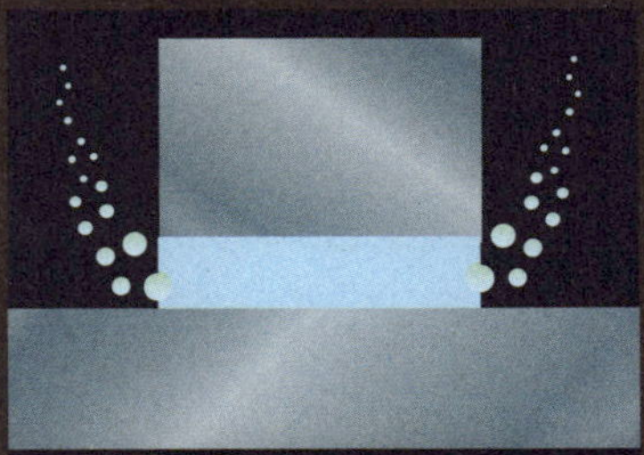

Sind beide Flächen „dicht", muß das Lösemittel seitlich abwandern können

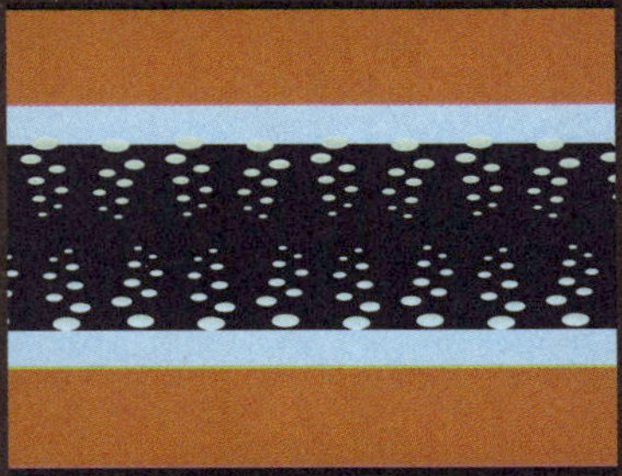

Kontaktkleber müssen ablüften, bevor man die Klebeflächen zusammenpreßt

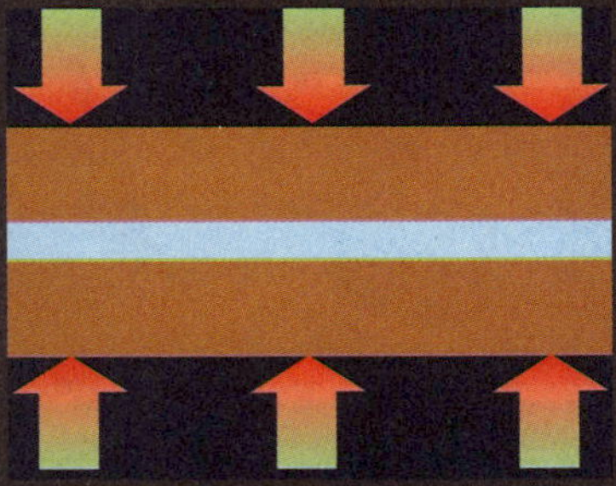

Hoher Anpreßdruck verbessert die Belastbarkeit von Kontaktklebungen

Die im Haushalt häufig verwendeten Alleskleber sind heute durchweg auch in umweltfreundlichen, lösemittelfreien Varianten erhältlich. Sogar Kontaktkleber gibt's mittlerweile auf Wasserbasis. Sogenannter Sekundenkleber (Cyanacrylat) bietet sich für kleine Klebeflächen an, die sehr schnell belastbar sein müssen. Diese Kleber gehören allerdings nicht in die Hände von Kindern!
Die meisten Kunststoffe lassen sich verkleben, wenn man ihre Oberfläche leicht anlöst. Mit dieser Methode arbeiten die sogenannten Kunststoffkleber.
Der klassische Kleber für Holz und alle Holzwerkstoffe ist der sogenannte Weißleim, ein Dispersionskleber, bei dem in Wasser verteilte Kunstharze den eigentlichen Klebstoff bilden.

Sekundenkleber verbindet zerbrochene Porzellanteile im Nu wieder miteinander. Vorsicht: Dieser Kleber gehört auf keinen Fall in Kinderhände

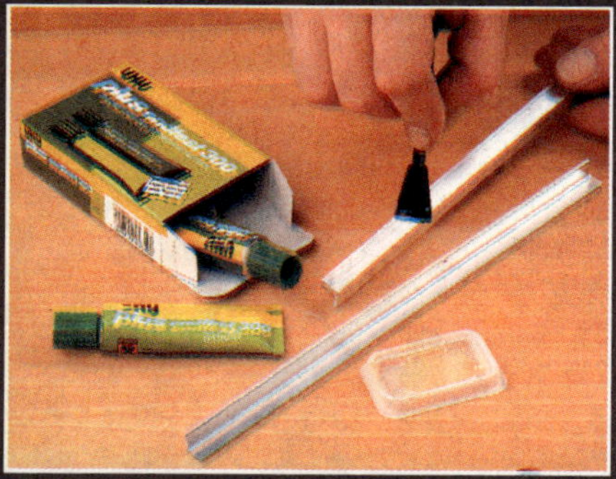

Mit Zwei-Komponenten-Klebern, die man vor Gebrauch anmischt, lassen sich harte Materialien wie Glas, Porzellan oder Metall sehr gut verbinden

Kunststoffkleber lösen die Oberfläche des Materials leicht an. Tabellen der Hersteller zeigen, welcher Kleber für welchen Kunststoff geeignet ist

Die Beanspruchung geklebter Verbindungen

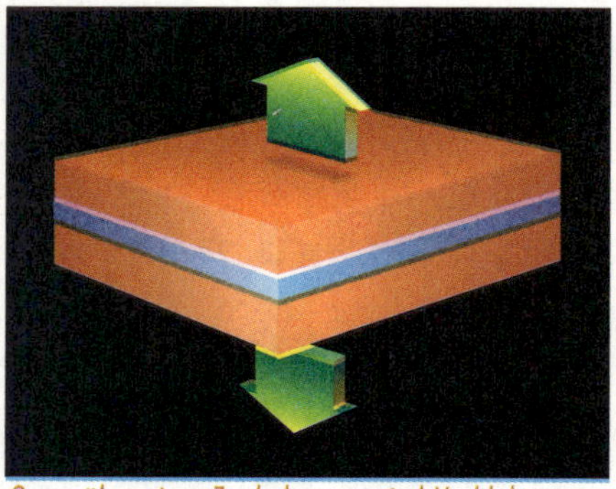

Gegenüber einer Zugbelastung sind Verklebungen relativ stabil. Die angreifende Kraft wird gleichmäßig auf die gesamte Klebefläche verteilt

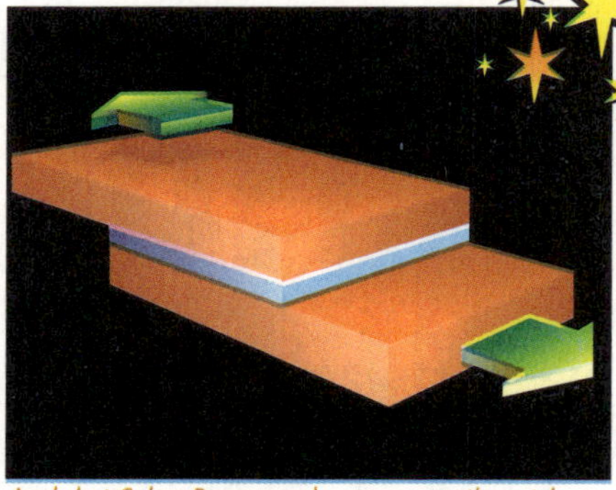

Auch bei Scher-Beanspruchungen verteilen sich die Kräfte günstig. Eine solche Verklebung wird sich bei sorgfältiger Ausführung kaum lösen

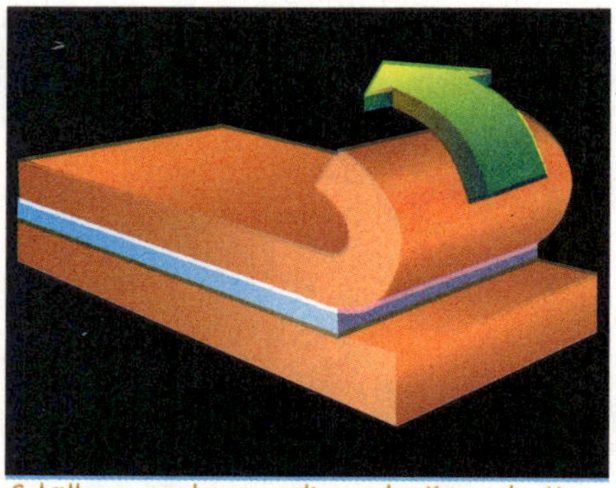

Schälbeanspruchungen, die an der Kante der Verklebung angreifen, sind gefährlich. Hier halten relativ wenige Adhäsionsbrücken die gesamte Last

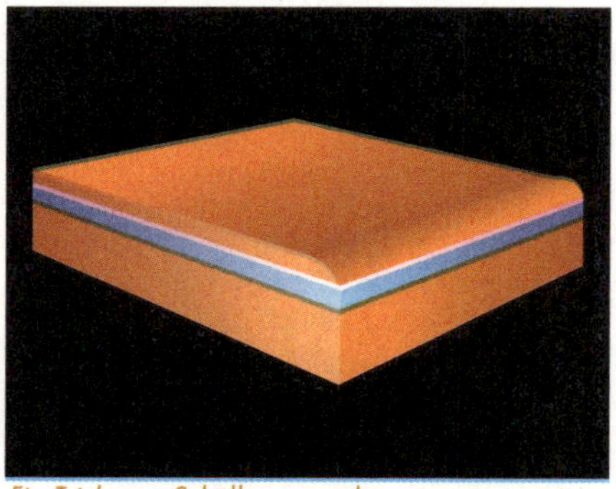

Ein Trick, um Schälbeanspruchungen zu vermeiden: Die Kante des aufgekebten Teils wird abgerundet, um so die Angriffsfläche zu verkleinern

Besserer Halt

Wenn Sie eine Verklebung sorgfältig ausgeführt haben, dann sorgen Millionen kleinster Adhäsionsbrücken zwischen dem erstarrten Kleber und den Oberflächen der Werkstoffe für eine hochbelastbare Verbindung.
Bei Zug- und Scher-Belastungen (siehe die beiden Grafiken ganz oben) wird die Kraft gleichmäßig auf die gesamte Klebefläche verteilt. Bei einer sogenannten Schälbeanspruchung (dritte Grafik) greifen die Kräfte jedoch konzentriert an der Außenkante der Verbindung an. Dabei müssen relative wenige Adhäsionsbrücken im Kantenbereich die gesamte Last aufnehmen. Die Klebestelle kann bei einer solchen punktuellen Belastung leicht brechen. Abhilfe schaffen hier Verstärkungen wie ein zusätzlich aufgeklebter versteifender Randstreifen.
Besonders gefährdet sind schmale Klebeverbindungen, bei denen verhältnismäßig kleine Klebeflächen großen Belastungen standhalten müssen (rechts oben). Hier können Sie die Belastbarkeit deutlich erhöhen, indem Sie die Klebeflächen durch Schäftung vergrößern (rechts Mitte) oder die Klebung durch aufgelegte Laschen stabilisieren (rechts unten).

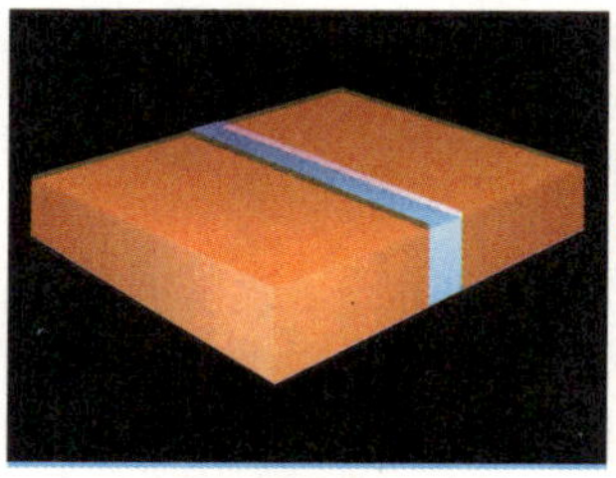

Bei schmaler Klebefläche ist die Bruchgefahr besonders groß

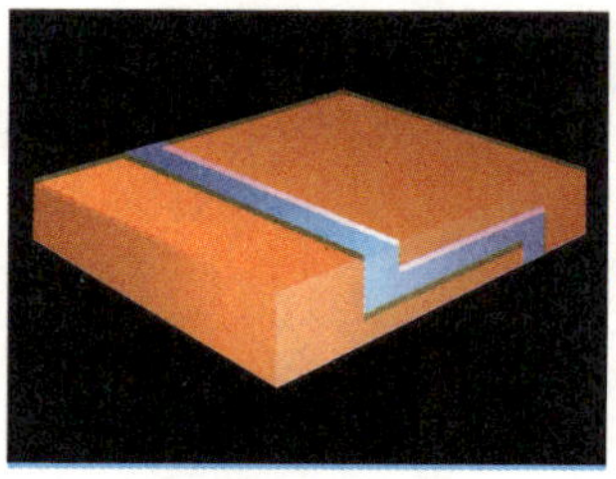

Eine abgestufte Schäftung vergrößert die Klebefläche

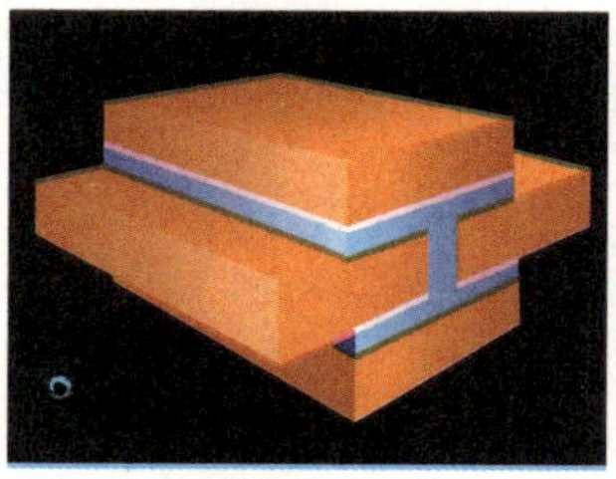

Optimal: Die Sicherung einer Klebung durch beidseitig aufgelegte Laschen

Holzoberflächen

Holzoberflächen vermitteln Naturnähe und setzen mit ihrer gemaserten Struktur gestalterische Akzente. Ohne Oberflächenschutz ist die Schönheit allerdings durch Staub, Schmutz, Sonnenlicht und Holzschädlinge gefährdet. Mit konstruktiven Maßnahmen und der richtigen Oberflächenbehandlung machen Sie Möbel sowie Holzbauten im Freien dauerhaft attraktiv

Werkzeuge und Hilfsmittel für die Holzbehandlung:

1 Schale und Schwamm zum Wässern 2 Schutzhandschuhe für die Arbeit mit Beize und Ballen 3 Schleifpapiere verschiedener Körnung dienen der Vorbehandlung, Zwischenschliffe mit Körnung 220 4 Schleifschwamm für enge Profile und Kanten 5 Meßbecher und Spatel (metallfrei) zum Anmischen von Pulverbeize 6 Pipette zum Abtönen von Flüssigbeize 7 Glas- oder Kunststofftopf, erleichtert den Pinselauftrag von Beize 8 Flachpinsel für Lasuren oder Öl 9 Vertreiberpinsel ohne Metallanteile verbessert die Egalisierung der Beize 10 Rundpinsel verschiedener Größe: Für Schnellschliffgrund und Lasuren Naturborsten, für Öl Kunsthaar 11 Fusselfreier Stoffballen zum Mattieren 12 Bürste mit Lederstegen für den Wachsauftrag

Holzbehandlung innen

1. Vorbereitung

Neben der Auswahl der für die vorgesehene Nutzung passenden Holzart entscheidet die Oberflächenbehandlung darüber, wie lange ein Möbelstück oder eine Holzkonstruktion dem „Zahn der Zeit" widersteht. Während im Außenbereich vor allem Feuchtigkeit, Sonne und Holzschädlinge berücksichtigt werden müssen, ist für die Behandlung von Möbeln entscheidend, wie intensiv sie genutzt werden und welchen Temperatur- und Feuchtigkeits-Schwankungen sie – etwa in Küche oder Bad – ausgesetzt sein werden.

Vorbereitung: Schleifen und entstauben

Beginnen Sie erst mit der Oberflächenbehandlung, wenn das Holz ausreichend trocken ist und Sie alle Flächen fertig geschliffen und, zum Beispiel mit einer Bürste, gründlich entstaubt haben.

Holz wässern

Wenn Sie das Holz mit einer Beize färben wollen, sollten Sie die Oberfläche zuerst wässern, um die Holzporen für die Beize aufnahmefähig zu machen. Tragen Sie kaltes Leitungswasser mit einem Schwamm gleichmäßig auf (Bild 1.1). Die sich durch das Wasser aufstellenden Holzfasern kann man nach dem Trocknen an der rauhen Oberfläche erkennen, sie werden mit feinem Schleifpapier der Körnung 220 per Hand abgeschliffen (1.2).

Zwischenschliff

Benutzen Sie keinen Schleifklotz und üben Sie bei diesem Zwischenschliff nur wenig Druck auf das Schleifpapier aus, um die Fasern nicht wieder herunterzudrücken. Auch nach dem Zwischenschliff wird die Oberfläche mit einer Bürste entstaubt, damit kein Staub in den Holzporen zurückbleibt.

2. Beizen

Beizen können Sie entweder gebrauchsfertig kaufen oder als Pulverbeize mit warmem Wasser anmischen. Metallfreie Pinsel und Gefäße verhindern Verfärbungen durch Oxidation.

Beize vorher ausprobiern

Da Beize je nach Holzart unterschiedlich stark färbt, sollte die Tönung an verdeckter Stelle ausprobiert werden. Die Lösung wird mit einem breiten Pinsel satt und möglichst gleichmäßig aufgetragen (2.1).

Gleichmäßige Färbung

Um eine ausgeglichene Färbung zu erreichen, egalisieren Sie die Beize gleich danach mit dem sogenannten Vertreiberpinsel. Bei größeren senkrechten

Wässern: *Soll das Holz gebeizt werden, muß man es zuerst wässern. Dabei stellen sich die Holzfasern auf. Nach dem Zwischenschliff kann die Beize nun gleichmäßig in die Poren dringen*

Schleifen: *Gleich, welchen Schutzüberzug Sie wählen – nach der Grundierung ist ein Zwischenschliff mit feinem Schleifpapier nötig. Aufgestellte Fasern werden dabei entfernt*

Beizen: *Mit einem breiten Flächenpinsel die Beize satt auftragen und danach mit dem Vertreiber großflächig egalisieren*

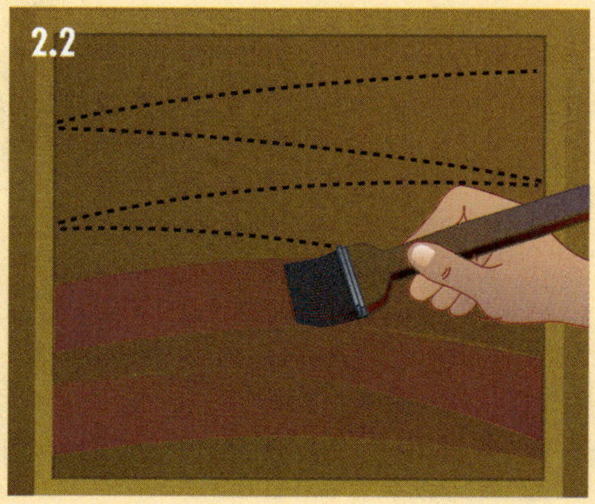

Verteilen: *Sollen größere senkrechte Flächen gebeizt werden, von unten beginnen und in schnellen, gleichmäßigen Zügen auftragen, damit die Beize nicht über noch unbehandeltes Holz herunterläuft*

Holzbehandlung innen

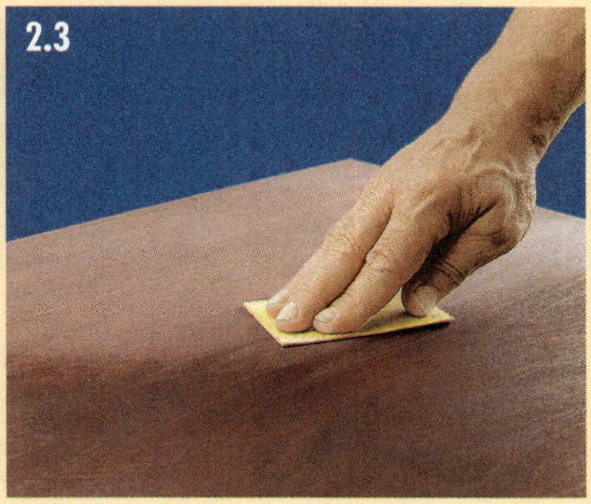

2.3

Zwischenschliff: *Auch zwischen den einzelnen Aufträgen von Beize und Grundierungen das Holz leicht anschleifen, um die Fläche zu glätten*

3.1

Lasieren: *Die klassische Holzbehandlung in Innenräumen. Wasserlösliche Mittel enthalten inzwischen erheblich weniger chemische Lösungsmittel*

3.2

Ölen: *Schützt nicht so gut gegen Kratzer, bietet aber guten Hitze- und Feuchtigkeits-Schutz: zum Beispiel bei Küchenplatten, die mit Lebensmitteln in Kontakt kommen*

3.3

Wachsen: *Aufgrund der geringen Schutzwirkung nur geeignet für Flächen, die wenig benutzt werden. Wachs erzeugt einen warmen, matten Glanz und erhält die Holzstruktur besonders gut*

Senkrechte Flächen beizen

Flächen mit schnellen, waagerechten Pinselzügen von unten nach oben arbeiten, damit herunterlaufende Beize keine Farbnasen auf dem noch unbehandelten Holz hinterlassen kann (2.2). Sie können Beize auch mit dem Ballen auftragen, den Sie aus einem fusselfreien Tuch um einen Stoffrest oder Watte herum faltenfrei zusammenbinden.

Ballenauftrag

Mit dem Ballen erreicht man eine besonders gleichmäßige, seidige Oberfläche. Tragen Sie bei diesem „Mattieren“ mit dem Ballen jedoch unbedingt Schutzhandschuhe. Nach dem Trocknen wird die Oberfläche mit einem leichten Zwischenschliff geglättet (2.3).

3. Oberflächenschutz

Soll die Oberflächenstruktur des Holzes sichtbar bleiben, so verwendet man in Innenräumen vor allem Lasuren, Öle und Wachse, um Möbel und Täfelungen zu behandeln. Eine lasierte Oberfläche bietet den besten Schutz vor Staub und Kratzern, weil die Lasur eine feste Schicht auf dem Holz bildet (3.1).

Holz mit Lasur behandeln

Lasuren lassen sich am besten mit einem Naturhaar-Pinsel auftragen. Als Grundierung nimmt man Schnellschliffgrund, der das Eindringen des Anstrichs in tiefere Holzschichten begrenzt und die Fasern aufstellt. Nach einem Zwischenschliff tragen Sie dann ein bis zwei Schichten Lasur auf.

Wasserlösliche Lasuren

Obwohl die Umwelt- und Schadstoffdiskussion inzwischen schon zu wasserlöslichen Lasuren geführt hat, die bei der Trocknung deutlich weniger Lösungsmittel an die Raumluft abgeben, wird auch die Behandlung mit Öl und Wachs immer beliebter. Beide Verfahren bieten allerdings praktisch keinen Schutz gegen Kratzer. Während Holzöl tief einzieht und unempfindlich gegen Feuchtigkeit und Hitze ist, bietet Wachs nur bei wenig beanspruchten Möbeln einen ausreichenden Schutz gegen Staub und oberflächliche Verschmutzung.

Ölen

Öl zieht tief in das Holz ein, deshalb wird die Oberfläche immer wieder erneut mit Öl getränkt, bis sie weitgehend gesättigt ist (3.2). Doch auch danach muß die gute Tiefenwirkung des Öls mit erneuten Behandlungen erkauft werden – allerdings in größer werdenden Abständen. Öl trägt man mit einem weichen Kunst-

Holzbehandlung innen

Überschüssiges Öl abwischen

haarpinsel oder einem Ballen satt auf. Nach etwa 20 Minuten nicht eingezogenes Öl mit einem Lappen abnehmen, sonst trocknet die Oberfläche später nicht ab und klebt. Lappen und Ballen danach ausgebreitet trocknen lassen (Selbstentzündung, s. Kasten unten). Nach 24 Stunden ist die Fläche trocken und kann nach einem Zwischenschliff erneut behandelt werden. Rohes Holz sollten Sie mindestens dreimal ölen, danach ist eine Auffrischung nach einigen Monaten ratsam.

Wachsen

Wachs tragen Sie zu Beginn ebenfals mehrmals hintereinander mit Tuch oder Bürste entlang der Maserung auf. Spezielle Wachs-Bürsten mit eingearbeiteten Lederstreifen (3.3) reiben das Wachs besonders gut in die Holzporen. Auch eine Wachsbehandlung sollte ein- bis zweimal im Jahr wiederholt werden.

Kalken

Eine besonders effektvolle, aber aufwendigere Behandlung, die sich gut mit Beize kombinieren läßt, ist das Kalken von Möbeloberflächen. Dabei entsteht je nach Beiz- oder Holzfarbe eine graue bis milchigweiße Oberfläche, die Maserung bleibt dunkler und wird dadurch betont. Einen besonders starken Effekt erzielen Sie, wenn Sie das Holz zuvor dunkel beizen. Nach Trocknung wird dann Füllgrund aufgetragen, der die Poren versiegelt und dort die Farbe fixiert.

Kontrast von Beize und Weiß

Erst danach erfolgt ein Zwischenschliff. Nun tragen Sie sogenannte Porenpaste mit einem Ballen quer zur Maserung auf. Überschüssige Paste nehmen Sie mit einem Tuch längs der Maserung wieder ab. Nach einer Trockenzeit von 3-4 Stunden erfolgt mit 240er Körnung ein Feinschliff. Nach vollständiger Trocknung – am besten über Nacht – können Sie die Oberfläche dann entweder mit Lasur behandeln oder klar lackieren.

4. Gesundheit

Beachten Sie bei allen Arbeiten die Grundregeln für den Arbeitsschutz, denn schließlich wollen Sie Möbel imprägnieren und nicht Ihre Lunge. Arbeiten Sie in gelüfteten Räumen: selbst Öle und Wachse enthalten meist Lösungsmittel, die zwar nicht gleich krank machen, aber Kopfschmerzen verursachen können. Wenn es geht, sollten Sie deshalb auf Balkon oder Hof arbeiten.

3.4

Mattieren: *Mit einem Ballen lassen sich besonders gleichmäßige, matt glänzende Oberflächen herstellen. Beim Beizen mit dem Ballen unbedingt Handschuhe tragen!*

3.5

Kalken: *Nach dem Beizen wird die Fläche zunächst mit Füllgrund gestrichen. Nach Trocknung und einem weiteren Zwischenschliff ...*

3.6

... sogenannte Porenpaste quer zur Maserung auftragen. Sofort danach überschüssige Paste mit einem Lappen längs zur Maserung abwischen, nach Zwischenschliff lackieren

Sicherheitstips

- *Reinigen Sie Ihre Hände niemals mit Lösungsmitteln, sondern benutzen Sie geeignete Reinigungsmittel.*
- *Beachten Sie die Sicherheitshinweise auf den Verpackungen. Tragen Sie beim Beizen Schutzhandschuhe.*
- *Ölgetränkte Lappen und Ballen niemals offen liegenlassen – sie können sich von selbst entzünden. Entweder im verschließbaren Behälter aufbewahren oder draußen ausgebreitet trocknen lassen.*
- *Farben, Lacke und Lasuren sowie Lösungsmittel nicht direkt im Hobbykeller aufbewahren: Brandgefahr!*
- *Arbeiten Sie nur in gut gelüfteten Räumen – insbesondere beim Umgang mit lösungsmitelhaltigen Anstrichmitteln!*

Holzbehandlung außen

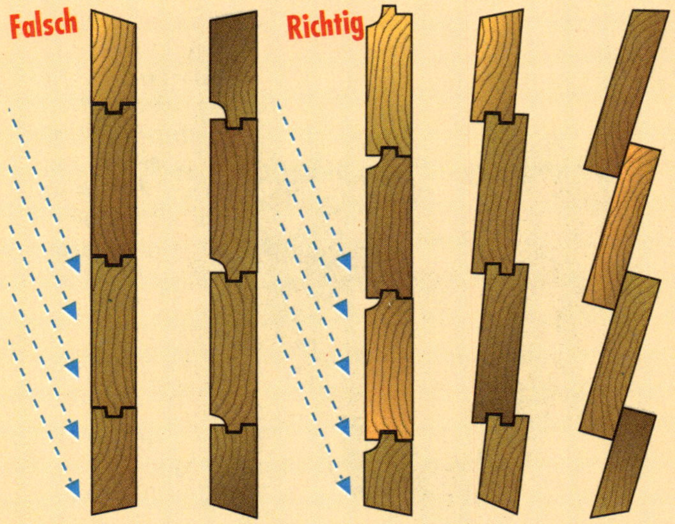

***Fugen schützen:** In direkt bewitterte Ritzen dringt Feuchtigkeit ein, die nur schwer abtrocknet. Tropfkanten und versetzte Fugen lassen das Wasser schnell ablaufen und erschweren ein Eindringen ins Holz*

5.1

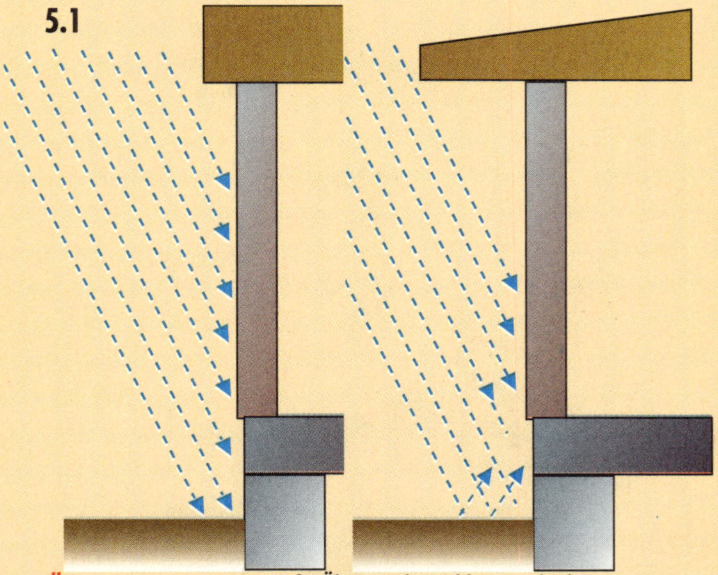

***Überstand schaffen:** Große Überstände verkleinern die bewitterte Fläche, ein hoher Sockel schützt Holzbeplankungen vor Spritzwasser von unten. Ein kleiner Wand-Überstand über dem Sockel wirkt als Tropfkante*

5.2

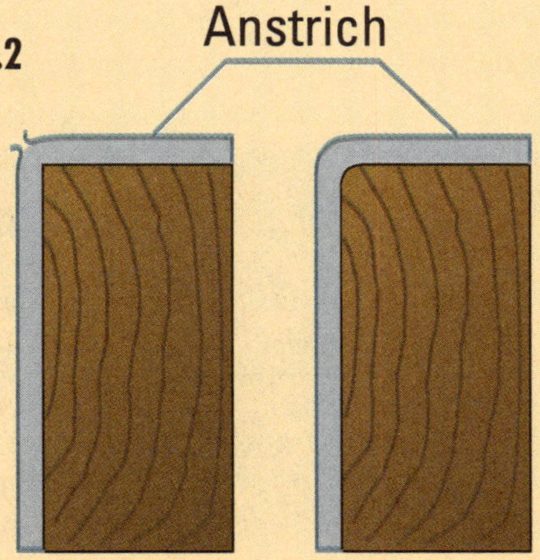

***Ecken vermeiden:** An Ecken und Kanten platzt der Schutzanstrich leichter ab, Rundungen fördern den Wasser-Abfluß*

5. Außenschutz

Holz im Außenbereich kann durch chemische Oberflächenbehandlungen nur bedingt dauerhaft vor den Folgen der Witterung geschützt werden. Zwar ist ein Schutzanstrich des Holzes vor allem gegen Schädlinge und Sonneneinstrahlung Voraussetzung für lange Haltbarkeit. Wichtiger ist es jedoch, das Holz mit konstruktiven Maßnahmen vor direktem Regen und stauender Nässe zu bewahren. Ist der Kontakt von Holzbauteilen mit Wasser unvermeidlich, so muß für einen schnellen Abtransport der Feuchtigkeit gesorgt werden, damit das Wasser an den imprägnierten Flächen abperlen kann. In horizontalen Fugen und Vorsprüngen bleibt Wasser stehen, es bilden sich Feuchtigkeitsnester (links). Stehendes Wasser sickert durch die Kapillarkraft allmählich in das Holz ein und bewirkt unweigerlich ein Aufquellen. Traufkanten und versetzte Holzlagen bieten dem ablaufenden Wasser dagegen keine Widerstände.

Große Dachüberstände bieten den besten Schutz gegen die Einflüsse der Witterung. Sowohl direkte Beregnung als auch die UV-Strahlung der Sonne werden so am effektivsten von Wandkonstruktionen ferngehalten (5.1). Zusätzlich müssen Wandverkleidungen aus Holz hinterlüftet werden, damit auch die aus dem Mauerwerk austretende Feuchtigkeit abgeführt werden kann. Ein ausreichend hoher Stein- oder Betonsockel entkoppelt Holzbauwerke von direktem Erdkontakt und schützt gleichzeitig vor Spritzwasser (5.1). Außenbauteile, die dem Niederschlag ausgesetzt sind, sollten keine scharfen Kanten und Ecken aufweisen, weil hier der Anstrich weniger gut haftet und aufplatzen würde (5.2). Hirnholzflächen sollten abgedeckt werden, weil gerade sie das Wasser besonders gut aufnehmen und speichern. Das gleiche gilt für konstruktive Elemente wie Zapfen- oder Stoßverbindungen: Aus ihren Ecken und Ritzen trocknet das Wasser nur langsam ab. Auch Oberflächenrisse des „arbeitenden“ Holzes nehmen besonders viel Feuchte auf – deshalb sollten Sie dicke Holzbauteile aus Brettschichtholz zusammensetzen, um großen Rissen vorzubeugen.

Anstrich schützt nur bedingt

Konstruktiver Holzschutz

Wasserabfluß erleichtern

Dachüberstand

Hinterlüftung

Verbindungen abdecken

Vorbeugung gegen Risse

Holzbehandlung außen

Kein Kontakt mit dem Erdreich

Holzbauteile auf Anker stellen

Außen kein Öl oder Wachs

Eine Fäulnisbildung des Holzes wird auch durch einen direkten Kontakt mit anderen feuchten Stoffen wie zum Beispiel Erdreich gefördert. Graben Sie deshalb Holzbauteile nie direkt in das Erdreich ein, denn gegen die Zersetzungskraft des dauerhaft feuchten Bodens knapp unter der Oberfläche hilft kein noch so gründlicher Holzschutz. Einen gewissen Feuchte-Schutz erreichen Sie schon, wenn Sie das Bauteil mit Steinen und Kies vor direktem Erdkontakt bewahren – verankern Sie das Holz erst tiefer direkt im Erdreich, damit dort Feuchtigkeit abgeleitet wird (6.1). Erheblich besser ist es jedoch, das Holz vom Untergrund zu entkoppeln, zum Beispiel mit Metallankern, die aufgeschraubt oder in ein Betonfundament eingelassen werden (6.2).

Im Außenbereich werden Sie um biozide (also giftige) Substanzen im Anstrich nicht herumkommen. Bestes Anstrichmittel sind Lasuren mit Fungiziden (gegen Pilze) oder Insektiziden (gegen Insekten) – je nachdem, wie stark die Konstruktion gefährdet ist. Lasuren sind Lacken überlegen, weil sie auch in die Holzoberfläche eindringen und nicht nur einen oberflächlichen Film bilden, der aufbrechen und abblättern kann. Öl- und Wachsüberzüge sind außen nicht sinnvoll: Sie werden ab- und ausgewaschen und verhindern nicht, daß Holzschädlinge sich ausgerechnet Ihre neue Pergola als leckeren Happen aussuchen.

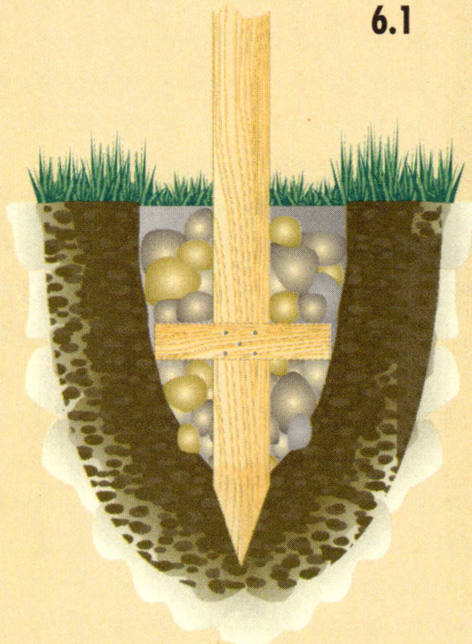

6.1 ***Drainage:*** *Holzkonstruktionen niemals direkt ins Erdreich eingraben, sondern mit Stützkreuzen in ein Steinbett einlassen. Pfosten sollen bis ins Erdreich hinabreichen, um die Wasserableitung zu ermöglichen*

6.2 ***Entkopplung:*** *Noch besser – und auch erheblich stabiler – sind spezielle Pfostenanker, die das Holz vor der Erdfeuchte und vor Spritzwasser optimal schützen. Die Anker werden auf Betonfundamente gedübelt oder direkt eingegossen*

Wann ist chemischer Holzschutz unvermeidbar?

Umgebungs-Bedingungen	Gefahren	Konstruktive Maßnahmen	Anstrich
Räume sind stetig beheizt und belüftet	Parkettkäfer (selten)	Flächen möglichst hinterlüften	wie Möbel
gelegentliche höhere Luftfeuchte	Nagekäfer, Schimmel in Feuchtenestern	Zwangslüftung	kein Klarlack, außen ggf. Vorbehandlung mit bioziden Inhaltsstoffen
ständige Feuchtigkeitsbelastung	Eiablage von Insekten, Pilzsporen, UV-Strahlung	Zwangslüftung	außen Schutzanstriche mit biozider Wirkung, Schutz gegen UV-Belastung
extreme Feuchte	alle obigen	möglichst anderen Werkstoff wählen	auch Schutzanstriche mit biozider Wirkung haben nur begrenzte (Dauer-)Schutzwirkung

Holzoberflächen *restaurieren*

Unter einer schäbigen Lackoberfläche steckt nicht selten eine schöne Holzstruktur, der Sie mit den richtigen Arbeitstechniken und etwas Geduld zu neuem Glanz verhelfen. Am Beispiel eines schlichten Kaffeehaus-Stuhls zeigen wir Ihnen, wie Sie vermeintlichen Sperrmüll wieder salonfähig machen

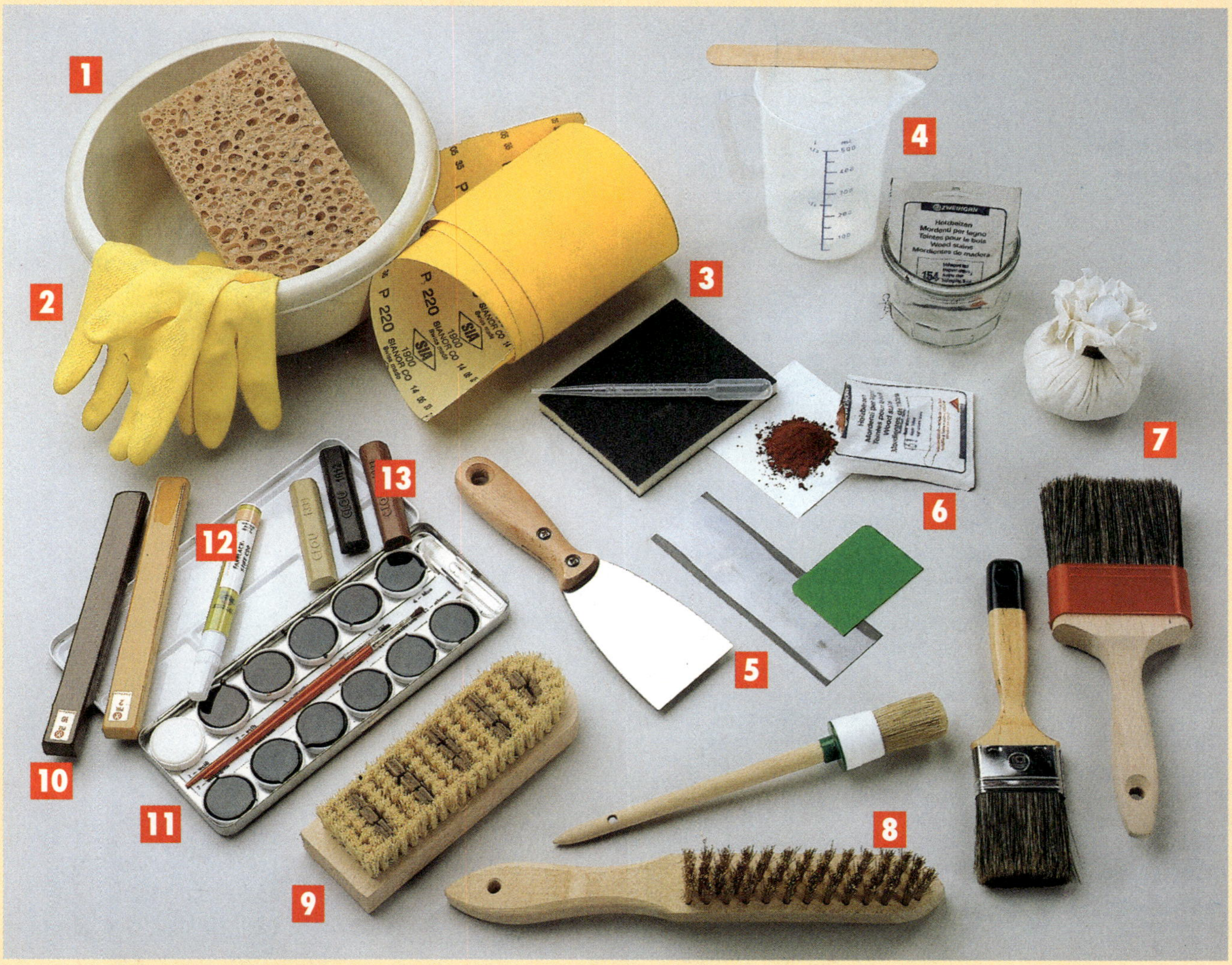

Werkzeuge und Hilfsmittel für die Holzbehandlung

1 Schale und Schwamm zum Wässern *2* Handschuhe schützen vor aggressiven Stoffen *3* Feines Schleifpapier für den Zwischenschliff, für enge Profile auf einem Schwamm *4* Meßbecher, Spatel und Topf (metallfrei) zum Anmischen und Auftragen von Pulverbeize *5* Spachtel und Ziehklingen erleichtern die Farbentfernung *6* Pulverbeize zum Anmischen mit Wasser *7* Ballen, Pinsel und metallfreier Vertreiberpinsel für Beize, Lasuren oder Öl *8* Messing-Drahtbürste zum Ausbürsten der Holzporen, zum Beispiel nach dem Abbeizen *9* Bürste mit Lederstegen für den Auftrag von Holzwachs *10* Schellack-Stäbe zum Reparieren begrenzter Kratzer *11* Retuschier-Farbkasten und *12* Reparaturstift für Farbkorrekturen *13* Wachs-Stifte zum Auffüllen von Rissen

Holzoberflächen *restaurieren*

Vorbereitung: Alle Einzelteile demontieren

Defekte Teile nachbauen

Abbeizen

Hände und Augen schützen!

Abbeizer lange einwirken lassen

1. Vorbereitung

Wenn Sie sich schon gar nicht mehr erinnern können, aus welchem Holz Ihre Kommode bestand, als Sie das Stück vor Jahren das erste Mal farbig lackiert haben, oder wenn Ihr Küchentisch inzwischen allzu deutliche Gebrauchsspuren aufweist, dann sollten Sie diese Möbel einmal gründlich überarbeiten.
Erster Arbeitsschritt ist die möglichst vollständige Demontage aller Einzelteile. Verschraubungen sollten Sie lösen, gedübelte und geleimte Verbindungen, soweit noch belastbar, lieber belassen (1.1). Eventuell sind Schraubenköpfe unter alten Lackschichten verborgen – kratzen Sie diese Stellen ruhig frei, denn der Lack muß sowieso ab. Mit dem Abbau verringern Sie die Anzahl von Fugen und Winkeln am Möbel und erleichtern sich das Abbeizen erheblich – außerdem gewinnen Sie einen Überblick darüber, welche Teile repariert oder eventuell ersetzt werden müssen. Leimen Sie defekte Teile jedoch noch nicht zusammen (1.2). Denn zunächst kommt der aufwendigste Schritt der Renovierung: Alte Farb- und Lackschichten müssen nach und nach bis auf das rohe Holz abgetragen werden.

2. Anstrich entfernen

Dafür gibt es mehrere Arbeitsverfahren: Die klassische Methode ist das Abbeizen. Mit mehr oder weniger aggressiven chemischen Substanzen werden dabei Farb- und Lackschichten angelöst und danach mechanisch entfernt. Die abzubeizende Holzfläche wird möglichst waagerecht gelegt und 2-3 Millimeter dick mit dem Abbeizer eingetupft oder -gepinselt (2.1). Dabei unbedingt Schutzhandschuhe und eine Schutzbrille tragen! Das gelartige Mittel soll die Fläche satt bedecken (2.2). Nach längerem Einwirken (am besten über Nacht) ist die Abbeize beinahe aufgetrocknet und kann nun mit Spachtel oder Ziehklinge abgetragen werden (2.3). Feine Kanten oder Verzierungen reinigen Sie am besten mit einer Messing-Drahtbürste. Dicke Lackschichten werden allerdings auf diese Weise oft nur teilweise entfernt, dann müssen Sie mehrmals hintereinander abbeizen.

1.1

Demontage: *Zunächst sollten Sie das Möbelstück so weit wie möglich zerlegen, damit erleichtern Sie sich alle weiteren Arbeitsschritte. Schrauben – soweit noch in Ordnung – aufbewahren*

1.2

Analyse: *Jetzt können Sie feststellen, welche Teile beschädigt sind und eventuell ausgetauscht werden müssen. Reparieren Sie jedoch defekte Leimstellen erst nach dem Abbeizen*

2.1

Abbeizer auftragen: *Tragen Sie unbedingt Schutzhandschuhe und eine Schutzbrille. Den Abbeizer mit einem Pinsel in kurzen Strichen satt auftragen ...*

2.2

... und einwirken lassen. Spätestens wenn das Mittel aufgetrocknet ist, mit der Farbentfernung beginnen

2.3

Farb-Abtrag: *Mit Spachtel oder Ziehklinge läßt sich der Abbeizer am besten entfernen. Mit einer Messingbürste nacharbeiten. Falls nötig, müssen Sie mehrfach abbeizen*

2.4

Mechanik: *Manchmal reicht auch eine Abziehklinge allein, um die Farbschicht abzuschaben. Bei Profilen oder Kanten leisten „artfremde" Werkzeuge, wie Schraubendreher oder Beitel, gute Dienste*

3

Reparaturen: *Erst am „rohen" Möbel werden jetzt defekte Verbindungen verleimt. Dabei aus Restholz passende Beilagen zuschneiden und Leimstellen mit Zwingen sichern*

4.1

Wässern: *Soll das Holz wieder gebeizt werden, ist es zunächst zu wässern, denn nach dem Abbeizen ist die Oberfläche so „roh", als wäre sie neu*

Kleinteile mit der Ziehklinge bearbeiten

Sind die alten Farbschichten nicht allzu dick, lassen sie sich manchmal schon rein mechanisch lösen. Gut geeignet sind dazu Ziehklingen, die es auch in verschiedenen Rundformen und mit Kehlungen gibt (2.4). Vor allem bei kleineren Teilen kommen Sie so schneller zum Ziel. Kleinflächige Farbreste und Unebenheiten entfernen Sie danach am besten mit Schleifpapier.

Keine Heißluft anwenden

Vorsicht mit Schleifmaschinen

Nicht zu empfehlen ist das Abbrennen von Farben mit einer Heißluftpistole. Abgesehen davon, daß dabei giftige Gase freiwerden, könnte durch die hohen Temperaturen das Holz geschädigt werden, Furniere und Verleimungen lösen sich. Vorsichtig sollten Sie auch mit Maschinen zum schnelleren Abschleifen von Farbresten sein. Nur mit größeren Bandschleifmaschinen erhalten Sie eine ebene Oberfläche. Achten Sie – vor allem bei furnierten Hölzern – auf einen gleichmäßigen und langsamen Abtrag, und setzen Sie auf jeden Fall eine Staubmaske auf.

3. Zusammenbau

Leim für feste Verbindungen

Korrekten Sitz der Teile prüfen

Beizen gegen Schattierungen

Erst wenn die alte Farbe entfernt ist, werden defekte oder ausgerissene Verbindungen neu verleimt. Ersetzen Sie jetzt auch fehlende Leisten oder Einzelteile, damit nach der anschließenden Oberflächenbehandlung das ganze Möbelstück wieder wie „aus einem Guß" erscheint. Benutzen Sie weißen Holzleim und zwingen Sie die Klebestellen über Nacht zusammen – aus Restholz gefertigte Zulagen fixieren die Einzelteile auch an Rundungen oder Ecken (3). Überschüssigen Leim gleich abwischen und nach Trocknung abschleifen, denn er nimmt weder Beize noch Lasur an und bildet dann helle Flecken. Danach wird das Möbelstück wieder zusammengebaut. Klemmende Schubladen oder wackelnde Tischbeine sollten vor dem Schutzanstrich korrigiert werden. Das derart restaurierte Möbelstück kann behandelt werden, als bestünden seine Oberflächen aus neuem Holz (siehe voriger Beitrag ab Seite 39). Vor allem bei zuvor gebeizten Möbelstücken wird man sich allerdings wieder für eine dunkle Tönung entscheiden, denn die Beize sitzt sehr tief in den Holzporen und ist kaum vollständig zu entfernen. Einfache Kommoden

Holzoberflächen *restaurieren*

und Küchenschränke wurden oft aus verschiedenen Hölzern gefertigt – ungebeizt würden sie scheckig wirken. Eine dunkle Beize, wie wir sie angewandt haben, gleicht diese Unregelmäßigkeiten wieder aus.

3. Oberflächenschutz

Wässern

Zwischenschliff

Beizen und Vertreiben

Leimstellen und Risse angleichen

Wachskitt

Ölfarben

Schutzanstrich

Auch abgebeizte Holzflächen müssen vor dem Beizen zunächst gewässert werden (4.1). Danach folgt ein leichter Zwischenschliff von Hand in Maser-Richtung mit 220er Schleifpapier (4.2). Tragen Sie nun die Beize mit einem metallfreien Flachpinsel auf – nur für Stäbe oder Leisten sollten Sie einen Rundpinsel verwenden (4.3). Egalisieren Sie die Beize mit langen Pinselstrichen, oder nutzen Sie bei größeren Flächen einen speziellen Vertreiberpinsel. Nach dem Trocknen der Beize erkennen Sie, welche Stellen die Beize eventuell nicht oder ungleichmäßig angenommen hat. Hier können Sie mit Farbe oder Kitt nachhelfen.

Hell und uneben gebliebene Leimstellen füllen Sie am besten mit etwas farblich passendem Wachskitt, den Sie mit einem kleinen Holz-Spatel in die Fugen drücken. Da der Kitt keine Beize annimmt, darf er erst nach dem Beizen angewandt werden. Lasuren oder Lacke haften dagegen auf dem Kitt wie auf Holz (6.1). Risse können Sie auch mit Schellack füllen: Mit einer heißen Messerspitze wird etwas Schellack von einer farblich passenden Stange abgeschmolzen und in den Riß getropft. Für oberflächliche kleine Farbkorrekturen eignen sich am besten Retuschierfarben, die Sie selbst mischen und deshalb genau anpassen können (6.2). Große hellere Flächen sollten Sie dagegen noch einmal dünn mit Beize nachfärben.

Damit sich die Mühe für lange Zeit gelohnt hat, erfolgt am Schluß der Möbelrenovierung der Auftrag eines Schutzüberzuges, der das Holz vor Schmutz, Kratzern und Flecken bewahrt. Für unseren Stuhl haben wir eine Lasur gewählt, die speziell für den Ballenauftrag (Ballenmattierung) geeignet ist und nach mehrmaliger Behandlung eine seidig glänzende Oberfläche erzeugt. Der Unterschied zu einem historischen polierten Möbel ist nur für den Fachmann erkennbar. □

Schleifen: *Gleich, welchen Schutzüberzug Sie wählen – nach Wässern oder Grundieren ist ein Zwischenschliff mit feinem Schleifpapier nötig. Aufgestellte Fasern werden dabei entfernt*

Beizen: *Mit einem breiten Flächenpinsel die Beize satt auftragen und danach mit dem Vertreiber großflächig egalisieren. Schlanke Streben wie hier am besten mit einem Rundpinsel bearbeiten*

Kitten: *Klebe- und Fehlstellen können Sie mit farbigem Wachskitt ausfüllen. Wählen Sie die Farbe notfalls etwas dunkler, um das Nachdunkeln des Holzes auszugleichen*

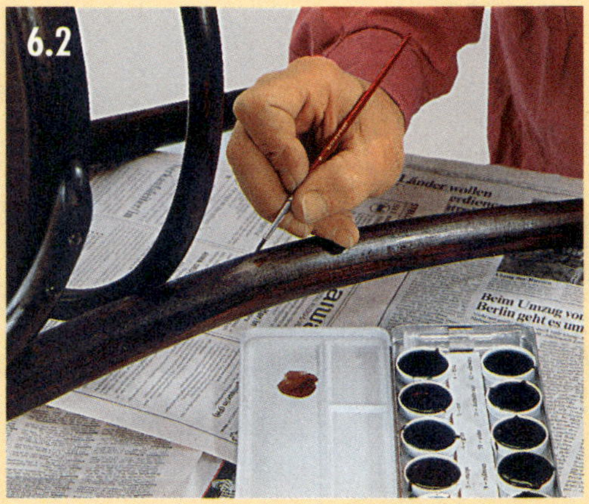

Farbkorrektur: *Farbschattierungen werden am besten mit Ölfarbe ausgeglichen. Sie haftet gut und läßt sich idurch Mischen leicht anpassen. Erst zum Schluß wird die Oberfläche mit einem Schutzanstrich versehen*

Kapitel 3

Nützliche Dinge für den Alltag

Ob es nun gilt, neuen Stauraum zu erschließen, praktische Ablagehilfen zu schaffen oder Ordnung in Ihren Werkzeugpark zu bringen, hier finden Sie einige Vorschläge, bei denen sich Material- und Zeitaufwand in Grenzen halten

INHALT

Ein praktischer Helfer

Türstopper

Sie können natürlich auch einen ganz einfachen Keil benutzen – doch wir präsentieren die Luxus-Version

Attraktive Varianten: Beim Stopper im Holz-Look hat die Kugel 30 mm, bei der lackierten Ausführung 40 mm Durchmesser

Viele Türen haben die unangenehme Eigenschaft, daß sie häufig genau dann ins Schloß fallen, wenn man es nun gar nicht will. Ist Durchzug die Ursache, gibt es meist einen heftigen Knall, womöglich geht noch eine Glasfüllung zu Bruch – und nicht selten steht der Wohnungsbesitzer ganz verdattert im Hausflur und kommt ohne Zweitschlüssel nicht mehr in seine eigenen vier Wände. Das alles muß nicht sein, wenn Sie einen solchen hübschen Türstopper Ihr eigen nennen. Aus einem Stück Multiplex (120 x 50 mm groß und 20 mm dick) haben Sie ihn schnell hergestellt.

Auf 70 mm Länge wird das Holz gleichmäßig so abgeschrägt, daß die Spitze auf etwa 3-5 mm Stärke ausläuft. Dann bohren Sie in die erhöhte Fläche mit dem 20-mm-Forstnerbohrer eine Vertiefung, um dort eine Holzkugel als Griff einleimen zu können. □

1 *Mit Hilfe der Stichsäge läßt sich der rechteckige Rohling (120 x 50 mm) aus dem Rest einer Multiplex-Platte heraustrennen*

2 *In den später erhabenen Teil des Türstoppers wird mit dem Forstnerbohrer ein Sackloch von 20 mm Durchmesser gebohrt*

3 *Zum Abschrägen der Fläche setzen Sie den stationär aufgebauten Bandschleifer ein. Die Spitze muß auf 3-5 mm Dicke auslaufen*

4 *Soll das Holz eine farbige Lackierung erhalten – wir haben Sprühlack mit Granit-Effekt benutzt –, wird die Kugel später eingeleimt*

5 *Bei der schlichteren Klarlack-Variante kann der Kugelgriff schon vor der abschließenden Oberflächenbehandlung angebracht werden*

Trio mit 12 Beinen

Mit dem schicken Tischgespann aus Kiefer-Leimholz können Sie in Ihrer Wohnung effektvolle Akzente setzen

Übereinandergestapelt oder getrennt: Unsere drei kleinen Tische mit ihren langen, schlanken und nach unten schmal zulaufenden Beinen sind mit Sicherheit ein dekorativer Schmuck für jede Wohnung. Sie können aber ebenso als nützliche Ablagefläche dienen – neben der Couch, für das Telefon oder andere Kleinigkeiten. Die beiden größeren Tische des Trios sind schnell gebaut: Zunächst das Kiefernholz für die Beine so hobeln, daß sie nach unten hin dünner werden. Beginnen Sie dafür etwa 60 mm ab dem oberen Ende (beim kleinsten Tisch erst ab 140 mm). Unten sollten die Füße zwischen 20 und 25 mm breit sein. Anschließend verdübeln Sie die Tischbeine mit den Zargen. Damit die Tischplatte richtig plan liegt, muß das Untergestell oben bündig sein. Die Zargen sind etwa 2 mm innerhalb der Beine plaziert. Für den kleinsten Tisch müssen Sie an Vorderzarge und Laufleisten jeweils eine Ecke von zirka 14 x 14 mm ausklinken (siehe Zeichnung), damit die Teile zwischen die Tischbeine passen. Achten Sie beim Bau der Schublade darauf, daß die Frontplatte oben auf einer Höhe mit Seitenteilen und Rückwand liegt, unten aber mit der Kante der Vorderzarge abschließt. Die Frontplatte wird ebenfalls um die Stärke der Seitenteile ausgeklinkt. □

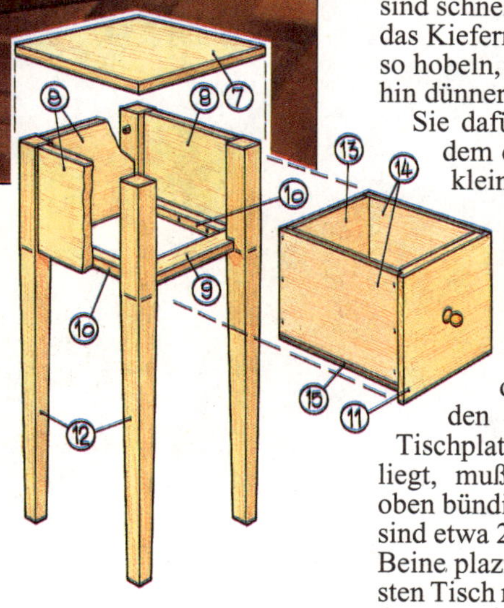

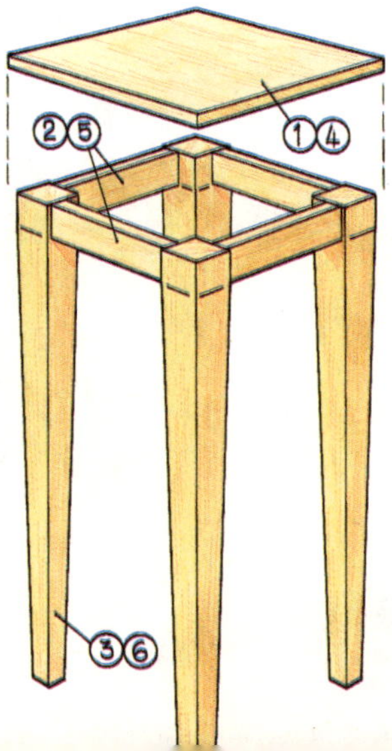

Originalmaße der drei Tische: 440 x 440 x 600 mm, 330 x 330 x 530 mm und 230 x 230 x 450 mm

EINKAUFSZETTEL

Pos.	Anz.	Bezeichnung	Maße in mm	Material
		großer Tisch:		
①	1	Tischplatte	460 x 460	Kiefer-Leimholz
②	4	Zargen	350 x 45	18 mm dick
③	4	Tischbeine	585 lang	Kiefer 45 x 45 mm
		mittlerer Tisch:		
④	1	Tischplatte	340 x 340	Kiefer-Leimholz
⑤	4	Zargen	240 x 45	18 mm dick
⑥	4	Tischbeine	515 lang	Kiefer 45 x 45 mm
		kleiner Tisch:		
⑦	1	Tischplatte	230 x 230	Kiefer-Leimholz
⑧	3	Zargenbretter	150 x 140	18 mm dick
⑨	1	Vorderzarge	178 x 30	
⑩	2	Laufleisten	148 x 30	
⑪	1	Frontplatte	148 x 139	
⑫	4	Tischbeine	435 lang	Kiefer 35 x 35 mm
⑬	1	Rückwand	128 x 111	Sperrholz
⑭	2	Seitenteile	170 x 111	10 mm dick
⑮	1	Boden	160 x 148	

Spanplatten-Schrauben; Nägel; Holzdübel ∅ 8 x 40 mm; Holzleim. Materialkosten (komplett) rund 170 Mark (in Fichte ca. 30% weniger)

›Stand-by‹ für Ihre Handtücher

Schöne Handtücher müssen sich nicht im Schrank verstecken. Wenn Sie sie auf solch einem prächtigen Gestell präsentieren, sind sie zudem stets einsatzbereit

Dekorative Stellagen, wie sie schon zu Großmutters Zeiten großen Anklang fanden, liegen wieder voll im Trend. Unser schicker Holzständer für Frotteetücher kann bald auch in Ihrem Bad zu Diensten sein.

Zur Herstellung des Handtuchhalters verwendeten wir Kiefernholz (siehe Einkaufszettel). Zuerst müssen Sie das Holz auf die angegebenen Maße zuschneiden. Bevor Sie die Teile nacheinander in die Drechselbank einspannen, alle Bohrungen für die spätere Aufnahme der Rundstangen mit einem Zentrumsbohrer einbringen. Bei unserem Handtuchständer bestehen die Säulen aus zwei Teilen: Die oberen Säulenenden erhielten einen gedrechselten Zapfen, die beiden Aufsätze jeweils das Zapfenloch. Wenn Sie eine Drechselbank bis 95 cm Spitzenweite besitzen, können Sie die Säulen in einem Stück fertigen. Sie beginnen mit dem Drechseln der unteren Profile. Die Säulen verjüngen sich nach oben und erhalten Kugeln als Abschluß. Die Auflagefläche der Fußteile (100 mm) anzeichnen und die Ecken abdrehen, bis an allen Seiten eine gerade Fläche von 22 mm Breite stehen bleibt. Am oberen langen Säulenteil zwei gleiche Profile mit einem Abstand von 10 Zentimetern drehen und einen Zapfen (Verbindung zum Aufsatz) stehen lassen. Zwischen den Profilen, wo später die Kopfteile eingedübelt werden, mit dem Beitel beidseitig eine Fläche ausstemmen, die der Größe des Kopfteils (100 mm lang, 20 mm breit) entspricht. So erhalten Sie eine gute Auflage. Jetzt geht es ans Drechseln der Aufsätze und an die Fertigung des Zapfenlochs mit dem Zentrumsbohrer. Nachdem auch diese Arbeiten erledigt sind, erhalten Kopf- und Fußteile als Dekor ein Profil mit dem Hohlkehlfräser (siehe Foto 9). Danach alles fein schleifen. Nun die Fuß- und Kopfteile eindübeln und die beiden Säulen durch die Rundstangen zum Untergestell verbinden. Zum Schluß das letzte Rundholz in die beiden Aufsätze leimen und das Teil auf das Untergestell aufsetzen. □

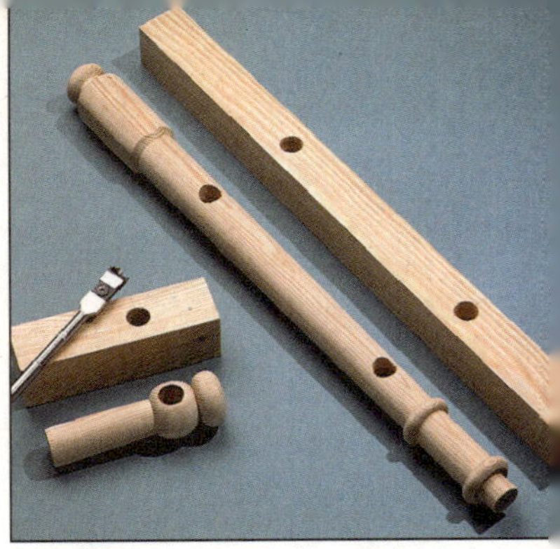

1 *Die viereckigen Stollen erhalten zuerst mit dem Zentrumsbohrer die Bohrlöcher, die später die Rundstangen aufnehmen*

5 *Nun kommt die Formröhre zum Einsatz: Mit ihr wird die Verzierung gedreht – hie[r] die untere Abschlußkugel der Säule*

9 *Die Profile an Kopf- und Fußteilen wurden mit dem Hohlkehlfräser gefertigt. In jedes Teil werden zwei Dübel eingesetzt*

TIP

Wer keine Drechselvorrichtung besitzt, kann die viereckigen Säulen auch mit einem Handhobel zu einem Achteck aushobeln oder alle Seiten gleichmäßig abrunden. Bei diesen Varianten werden die Profile weggelassen.

2 *Auf den unteren Teil der Säule die Fläche zum Anbringen der Fußteile aufzeichnen, die stehen bleibt. Beim anschließenden ...*

3 *... Drechseln wird zum größten Teil die Schrupppröhre eingesetzt. Mit ihr werden die alle Kanten nun grob abgedreht*

4 *Das Stück so weit abdrehen, bis auf allen Seiten eine Fläche von 22 mm Breite stehen bleibt, die als Ansatz zum Aufleimen dient*

6 *Auf unserem Foto gut zu erkennen: Der Übergang vom Fußteil zur Säule verläuft konisch, verjüngt sich also nach oben hin*

7 *Oben zwei Profile und einen Zapfen fertigen. Zwischen den Profilen beidseitig eine Fläche in der Stärke der Kopfteile ausstemmen*

8 *In die Kopfteile Löcher bohren, Dübelfix einsetzen und jeweils den Mittelpunkt an den ausgestemmten Flächen fixieren*

10 *Zum Verleimen der Fußteile mit den Säulen müssen Sie vier Holzzulagen verwenden. So lassen sich die Teile besser spannen*

11 *Noch einmal im Detail: Es zeigt die Verbindung der Säule mit dem Aufsatz. Zuerst die Seitenteile mit den Rundstäben verbinden, ...*

12 *... dann die letzte Rundstange in die vorbereiteten Aufsatzlöcher montieren und das Teil komplett auf die beiden Zapfen leimen*

Unserer Zeichnung und dem Einkaufszettel können Sie alle Einzelheiten und Details entnehmen, die zur Herstellung des Handtuchständers nötig sind

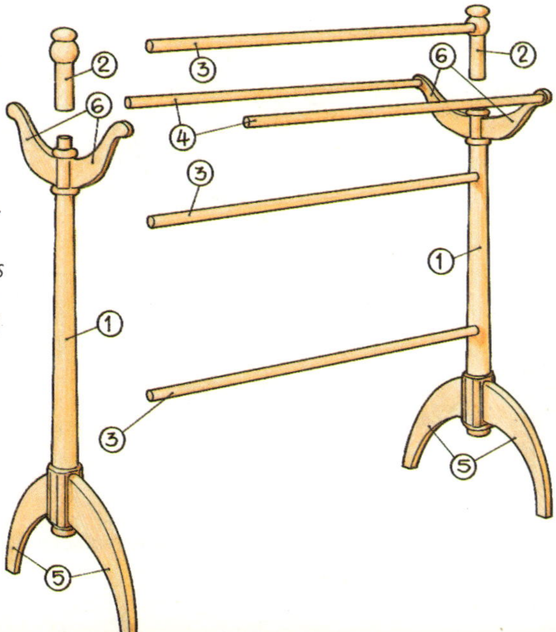

EINKAUFSZETTEL

Pos.	Anz.	Bezeichnung	Maße in mm	Material
①	2	Säulen	700 lang	Kiefer 65 x 65 mm
②	2	Aufsätze	180 lang	Kiefer 60 x 60 mm
③	3	Rundstangen	690 lang	Kiefer ∅ 24 mm
④	2	Rundstangen	700 lang	
⑤	4	Fußteile	340 x 110 *)	Kiefer 22 mm dick
⑥	4	Kopfteile	240 x 90 *)	Kiefer 20 mm dick

Holzdübel ∅ 10 x 40 mm; Holzleim.

Materialkosten rund 80 Mark

*) = Rohmaße, exakte Maße ergeben sich bei der Fertigung (Maserungsverlauf diagonal)

Schmuckstück

Hier können sich Ihre Raritäten sehen lassen: Die traditionelle Sammler-Vitrine bildet den stilvollen Rahmen

Kleiner Vitrinenschrank

Gefällt Ihnen die Vitrine? Dann sollten Sie sich bald ans Werk begeben – um so eher können Sie all die Dinge, die Ihnen lieb und wert sind, staubgeschützt hinter Glas präsentieren.
Sie beginnen die Arbeiten mit dem Zusammensetzen des Korpus'. Die beiden Seitenwände, oberer und unterer Boden werden miteinander verdübelt. Danach nageln Sie die Sperrholz-Rückwand an.
Nun kann es an die Inneneinteilung des Vitrinenschränkchens gehen (siehe kleine Zeichnung unten). Dazu schneiden Sie die benötigten Teile entsprechend unseren Maßen zu. Die beiden langen Fachböden (3) und die Zwischenwände (5) erhalten jeweils zur Hälfte Einschnitte in der Stärke der Bretter, damit sie ineinandergesteckt werden können. Die kleineren Teile, wie die zwei Fachböden (4) und die Zwischenwand (6), werden dagegen mit Nägeln an den entsprechenden Positionen (siehe Zeichnungen) befestigt. Nachdem das Innenteil fertiggestellt ist, schiebt man es in den Korpus ein. Der Stabilität wegen wird das Innengestell von außen zusätzlich durch die Rückwand und an den Seitenwänden befestigt. Dazu werden die Nagelköpfe versenkt und anschließend verspachtelt.
Jetzt steht schon einmal der „Rohbau". Der nächste Schritt ist das Zuschneiden aller angegebenen Rahmen-, Zier-, Glas- und Kranzleisten. Die unteren Kranzleisten (18) und (19) erhalten eine Profilierung. Die Rundung der vorderen Kanzleiste (20) sollte man vorher auf das Holz zeichnen und anschließend mit der Stichsäge ausschneiden. Danach verbinden Sie alle Teile miteinander und befestigen den Kranz auf dem Korpus. Jetzt wird die Schrankür entsprechend der Zeichnung auf der rechten Seite zusammengebaut.
Nachdem der Rahmen fertiggestellt ist, setzen Sie die Scheibe ein, die wiederum mit Glasleisten von innen befestigt wird. Scharniere, Möbelknopf, Magnetschnäpper und Aufhängehaken vervollständigen die kleine Vitrine. □

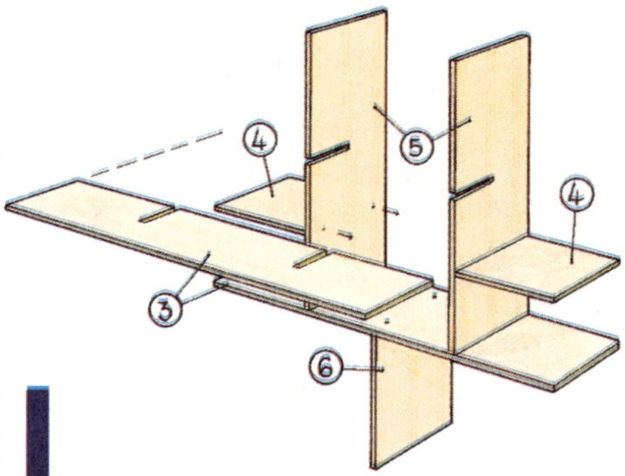

Die kleine Zeichnung zeigt das „Innenleben" des Vitrinenschranks. Gut zu erkennen: Die Zwischenwände werden zum Teil ineinandergesteckt oder miteinander vernagelt

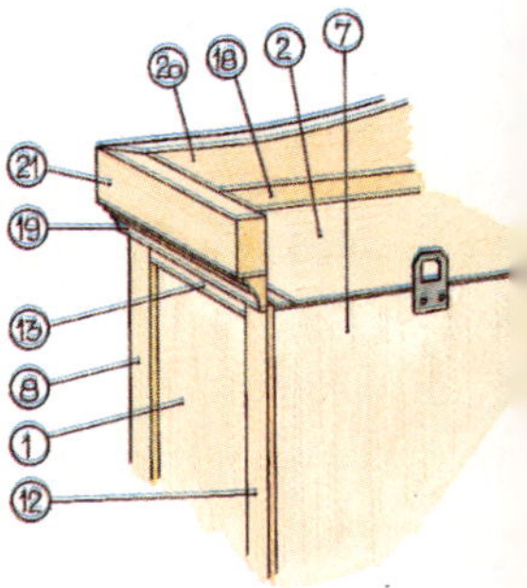

In unserem Detail ist der Aufbau des Vitrinen-Aufsatzes zu sehen. Die Kranzleisten (18) und (19) erhalten zusätzlich eine Profilierung

EINKAUFSZETTEL

Pos.	Anz.	Bezeichnung	Maße in mm	Material
①	2	Seitenwände	650 x 150	Sperrholz
②	2	Böden	576 x 150	12 mm dick
③	2	Fachböden	576 x 150	Sperrholz
④	2	Fachböden	175 x 150	8 mm dick
⑤	2	Zwischenwände	420 x 150	
⑥	1	Zwischenwand	198 x 150	
⑦	1	Rückwand	650 x 600	Sperrholz 3 mm dick
⑧	2	Rahmenleisten	662 lang	Kiefer 18 x 18 mm
⑨	2	Rahmenleisten	612 lang	
⑩	2	Rahmenleisten	622 lang	Kiefer 36 x 18 mm
⑪	2	Rahmenleisten	500 lang	
⑫	2	Zierleisten	662 lang	Kiefer 18 x 7 mm
⑬	2	Zierleisten	135 lang	
⑭	2	Glasleisten	550 lang	Kiefer 12 x 7 mm
⑮	2	Glasleisten	500 lang	
⑯	2	Glasleisten	550 lang	Kiefer 7 x 7 mm
⑰	2	Glasleisten	500 lang	
⑱	1	Kranzleiste	664 lang	Kiefer 35 x 25 mm
⑲	2	Kranzleisten	178 lang	
⑳	1	Aufsatz	674 lang	Kiefer 140 x 30 mm
㉑	2	Seitenaufsätze	183 lang	Kiefer 70 x 30 mm

1 Glasscheibe, 2 mm dick, 552 x 497 mm; 3 Scharniere; 1 Möbelknopf; 1 Magnetschnäpper; 2 Aufhängeösen mit Schrauben; Nägel; Holzleim.

Materialkosten (ohne Glas) rund 100 Mark

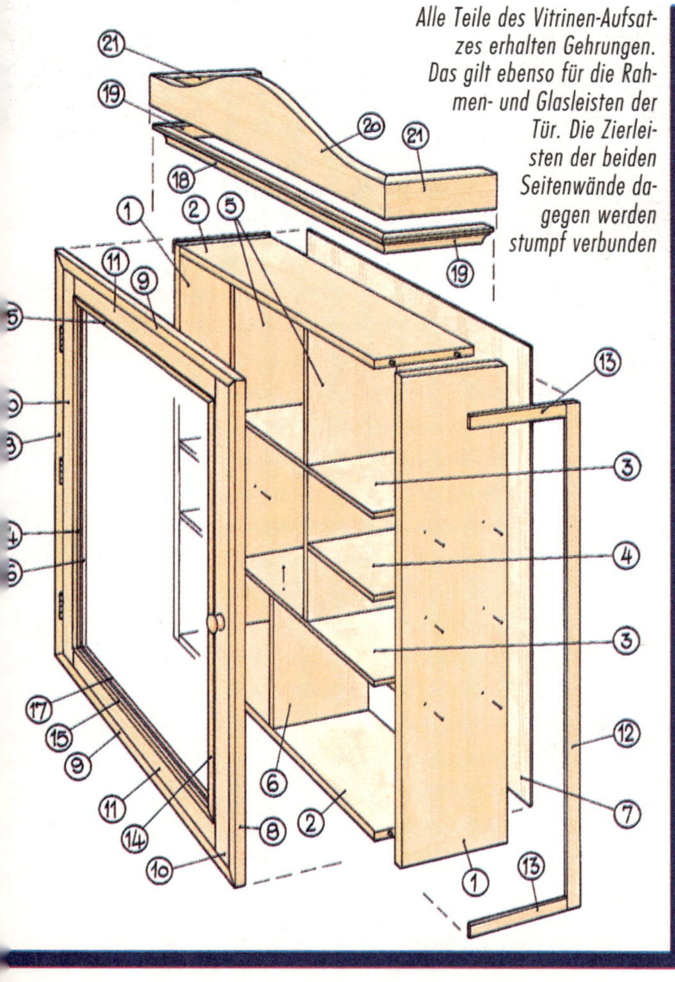

Alle Teile des Vitrinen-Aufsatzes erhalten Gehrungen. Das gilt ebenso für die Rahmen- und Glasleisten der Tür. Die Zierleisten der beiden Seitenwände dagegen werden stumpf verbunden

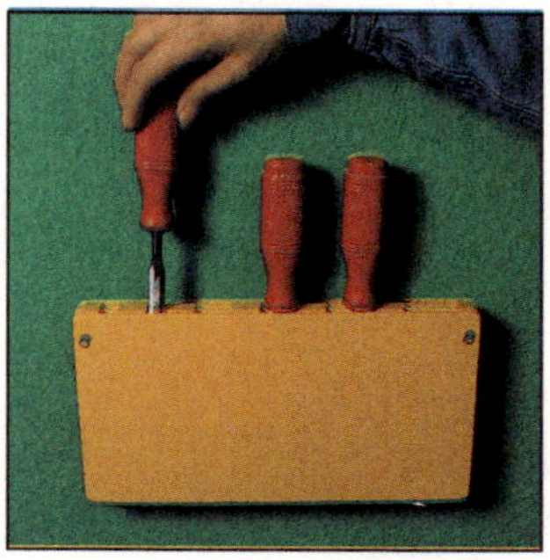

Der kleine Werkzeughalter läßt sich auch aus Resthölzern fertigen

Praktischer Halter

Wenn Sie Kleinteile wie Schraubendreher immer gleich zur Hand haben möchten, ist unser Werkzeughalter – in Greifnähe des Arbeitsplatzes angebracht – eine nützliche Hilfe. Sie benötigen für die Anfertigung nur wenig Material, und er ist im Nu hergestellt. Rückseite und Frontwand werden miteinander verleimt. Dazwischen sitzen schmale Stege in der benötigten Anzahl. Das fertige Teil von beiden Seiten schleifen und als Abstandshalter rückseitig zwei Dachlattenstücke anbringen.

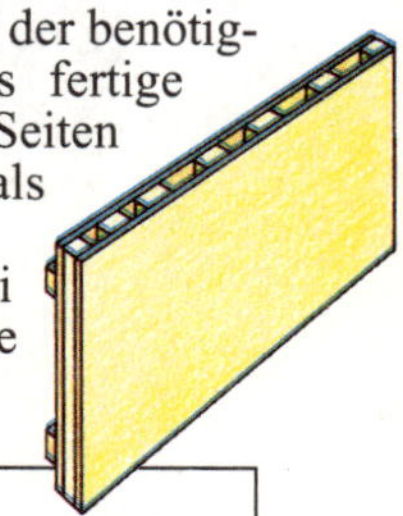

Material:
Sperrholz, 6 mm dick: 1 Rückseite, 300 x 150 mm. Sperrholz, 4 mm dick: 1 Frontwand, 300 x 150 mm. Zwischenstege nach Wahl, ca. 20 mm dick. 2 Dachlattenstücke als Abstandshalter zur Wand; Holzleim.

Werkzeug:
Stichsäge; Schleifpapier

Materialkosten:
rund 12 Mark

Für jeden Spiegel geeignet

Die Farbe des Ablagebrettes sollte sich nach dem Umfeld richten

Manch einem Wohnungsspiegel fehlt eine richtige Ablage, um Utensilien wie Kosmetik-Artikel, Notizbuch, Schlüssel oder andere Dinge zu deponieren. Mit unserem Vorschlag möchten wir diesem Mißstand abhelfen.

Das Spiegelbrett ist aus 15-mm-Multiplex gefertigt. Länge und Tiefe der Ablage richten sich nach der Spiegelbreite. Die Maße der seitlichen Abstufungen vorher auf der Platte anzeichnen und mit der Stichsäge ausschneiden. Träger-Rippen und Eckträgerleiste fertigen und alles an der Wand befestigen.

Material:
Multiplex, 15 mm dick:
1 Ablagebrett, Länge = Spiegelbreite + 200 mm;
2* Trägerrippen (Dreiecke), 100 x 100 mm;
(* je nach Länge des Ablagebrettes 3 Stück)
Kiefer-Leiste, 20 x 20 mm:
1 Eckträgerleiste, Länge richtet sich nach dem Rippenabstand; Spanplatten-Schrauben; Holzleim.

Werkzeug:
Stichsäge; Bohrmaschine; Schleifpapier

Materialkosten:
Preisangabe nicht möglich, da Maße frei wählbar

Für moderne Küchen

Messer

Einen sauberen Schnitt machen Sie, wenn Sie Ihre Messer in unserem Block aus Buche aufbewahren: Er kombiniert Sicherheit mit pfiffigem Design und erlaubt stets einen schnellen Zugriff

1 Die sechs Aufnahmenplatten erhalten mit der Oberfräse jeweils eine Nut in der Breite des entsprechenden Messers

2 Die Aufnahmeplatten seitlich der Nuten mit Leim versehen, die Aufdoppelungen dagegensetzen und dann festzwingen

3 Um die Messerscheiden mit gleichförmigen Abschrägungen zu versehen, sollten Sie eine einfache Säge-Schablone anfertigen

4 Darin schneiden Sie erst die eine, dann die andere Seite zu und erhalten so beliebig viele paßgenaue Einzelstücke

5 Damit alle Bohrungen zur Aufnahme des Rundholzes akkurat sitzen, die Mitte anzeichnen, dann eine Ecke abrunden

Gutes Werkzeug braucht der Hobby-Koch. Damit die teuren Messer nicht beschädigt werden, trotzdem rasch zur Hand sind und keine Verletzungsgefahr darstellen, brauchen Sie einen sicheren Aufbewahrungsort. Unser Messerblock bietet all diese Vorzüge und bringt mit seiner verblüffend einfachen Schwenkmechanik auch ein optisches Schmankerl in die Küche.

Als Material verwendeten wir massive Buche in unterschiedlichen Dicken. Sie beginnen die Herstellung mit dem Fräsen der Nuten in den Aufnahmeplatten. Da Küchenmesser verschieden breite Schneiden besitzen, müssen auch die Nuten unterschiedlich ausfallen. Sie sollten sich also nach den vorhandenen Maßen richten (im Einkaufszettel haben wir die Breiten unserer Messer zugrunde gelegt).

Durch Verleimen der Aufnahmeplatten mit den Aufdoppelungen entstehen dann die einzelnen Messerscheiden. Diese verlaufen nach unten hin schmaler. Damit sie alle wie „aus einem Guß“ werden, sollten Sie eine Schablone (siehe Foto 3 und 4) herstellen, nach der die seitlichen Abschrägungen geschnitten werden. Bevor Sie die Löcher mit dem Forstner-Bohrer einbringen, muß genau die Mitte markiert werden. So ist garantiert, daß alle Fräslöcher paßgenau sitzen. Damit man die einzelnen Scheiden zur Entnahme der Messer später problemlos nach vorne schwenken kann, werden die Scheiden unten an der Vorderseite einseitig abgerundet.

Nun geht es ans Fertigen des Gestells. Es besteht aus drei Teilen: dem Boden und zwei Seitenteilen. Das Halbrund jeweils mit der Stichsäge ausschneiden und die entsprechenden Bohrungen zur Aufnahme der Rundhölzer einbringen. Den genauen Sitz der großen und der kleinen Löcher entnehmen

block

Immer griffbereit präsentieren sich die Messer samt Abziehstahl in den schwenkbaren Messerscheiden

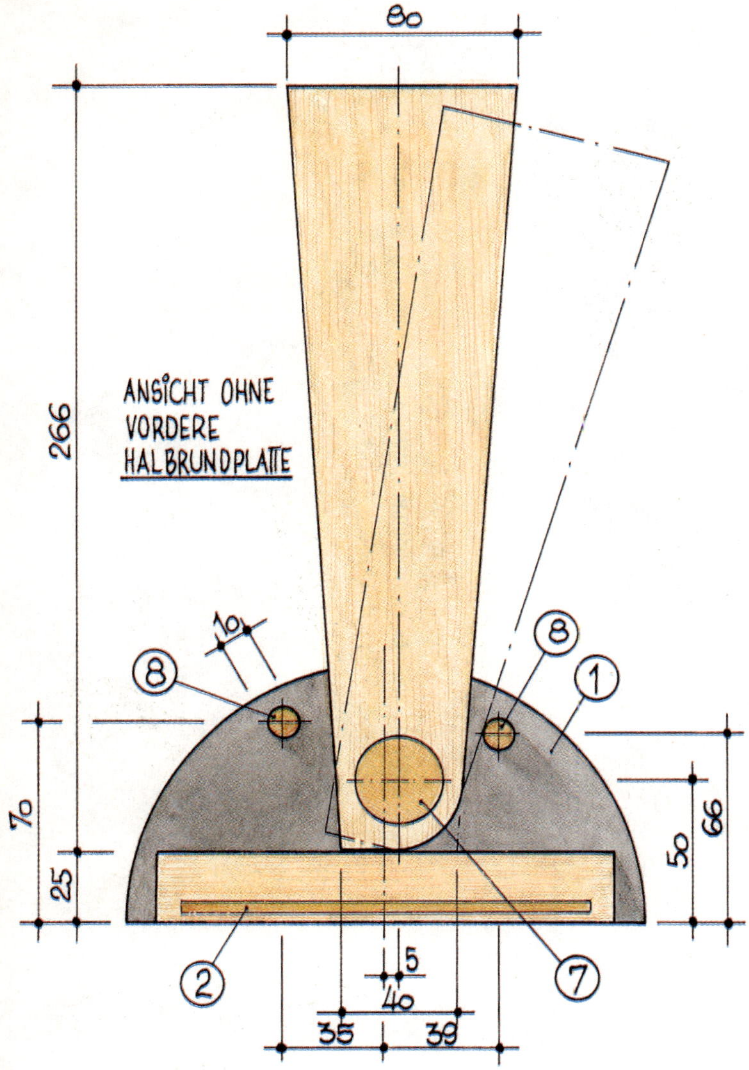

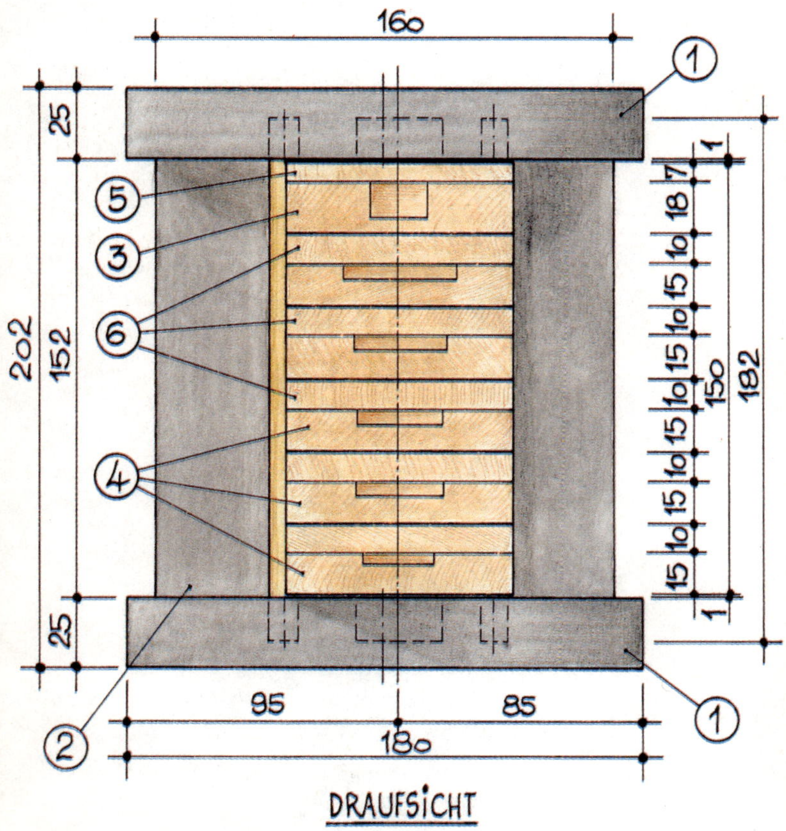

Unser Block nimmt fünf bis sechs Messer auf

Sie der oberen Zeichnung auf der linken Seite. Anschließend müssen Sie die Nuten zur Aufnahme der Flachdübel vorbereiten, die die Verbindungen zwischen Boden und Seitenteilen herstellt. Bevor Sie nun mit dem Verleimen beginnen, sollten Sie zur Probe erst einmal alle Teile miteinander verbinden und die Messerfächer auf die 30-mm-Rundstange fädeln. Vielleicht ist ja noch die eine oder andere kleine Korrektur nötig. Ist das nicht der Fall, alle Teile noch einmal schleifen und mit der gewünschten Oberflächenbehandlung beginnen. Wir haben das Gestell schwarz gebeizt, weil sich dies mit dem Ton des Buchenholzes besonders gut verträgt und der Block dadurch sehr edel wirkt. Nachdem alles durchgetrocknet ist, kann man schließlich den Messerblock zusammenfügen. □

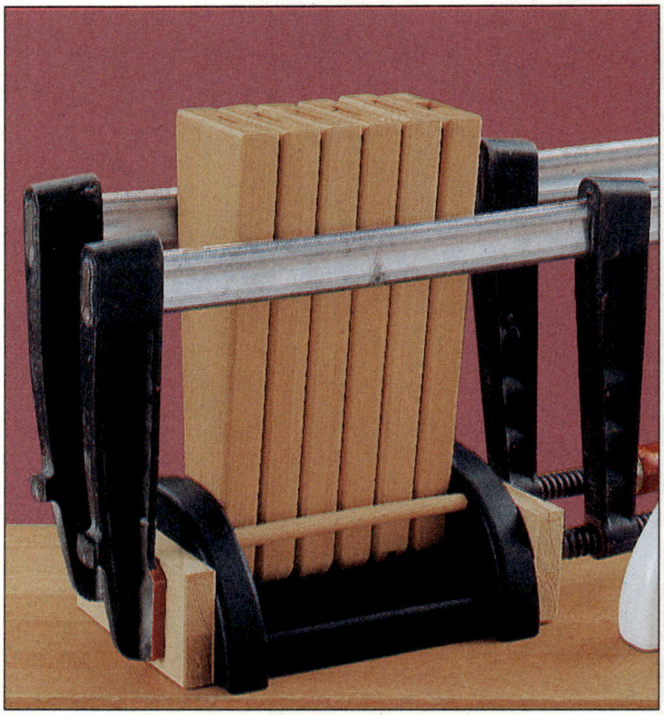

12 *... und anschließend unter Leimangabe die Seitenteile endgültig mit dem Boden verbinden. Das geschieht mit Hilfe von Zwingen und Holzzulagen*

EINKAUFSZETTEL

Pos.	Anz.	Bezeichnung	Maße in mm	Material
①	2	Halbrundplatten	180 x 90	Buche 25 mm dick
②	1	Boden	160 x 152	
③	1	Aufnahmeplatte	266 x 80	Buche 18 mm dick
④	5	Aufnahmeplatten	266 x 80	Buche 15 mm dick
⑤	1	Aufdopplung	266 x 80	Buche 7 mm dick
⑥	5	Aufdopplungen	266 x 80	Buche 10 mm dick
⑦	1	Rundholz	182 lang	Buche 30 mm ∅
⑧	2	Rundhölzer	182 lang	Buche 10 mm ∅

Flachdübel; Holzleim; Beize.

Materialkosten rund 45 Mark

③ = Nutmaß: 20 x 12 mm;

④ = Nutmaße (1 je Platte): 40 x 5; 32 x 5; 30 x 5 (2x); 25 x 4 mm

6 *Mit dem im Bohrständer eingespannten Forstner-Bohrer (Durchmesser 30 mm) nun die präzise plazierten Löcher herstellen*

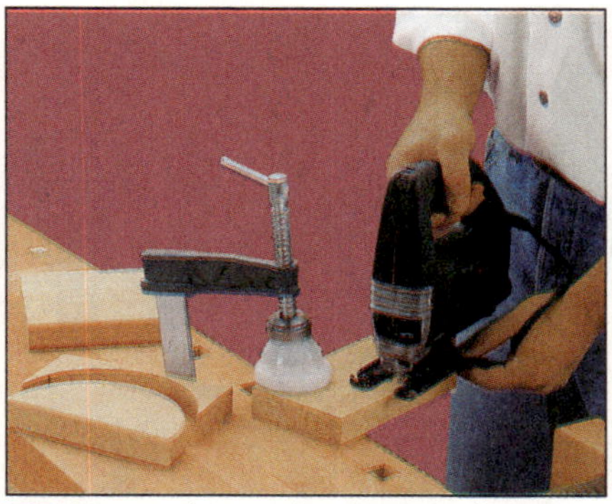

7 *Weiter geht's mit dem Untergestell: Die Rundungen der Seitenteile aufzeichnen, dann mit der Stichsäge ausschneiden*

8 *Hier kommt wieder die Oberfräse zum Einsatz: Ein Abrund-Fräser mit Anlaufring bricht gleichmäßig alle Kanten*

9 *Durch Flachdübel wird der Boden mit den Seitenteilen verbunden. Vorher aber die Bohrungen für die Rundstäbe herstellen*

10 *Der Messerblock sollte erst probehalber zusammengesetzt werden, um noch eventuelle Korrekturen vorzunehmen zu können*

11 *Alle Teile nochmals fein schleifen und dann mit der gewünschten Oberflächenbehandlung beginnen. Gut durchtrocknen lassen ....*

Ordnung auf Rädern

Mobile Möbel können sehr praktisch sein. Wie unser Schubfach-Container: Häufig benutzte Gegenstände sind an einem festen Ort untergebracht, aber trotzdem überall im Haushalt zur Hand.

Zur Herstellung des Utensils benötigen Sie einen unteren und einen oberen Boden, zwei Seitenwände und eine Rückwand. Außerdem zwölf seitliche und sechs hintere Führungsleisten. Alle Führungsleisten erhalten mit Hilfe der Oberfräse eine Nut, die dem Rand der Kunststoff-Schalen entspricht (sie müssen später gleiten können).

Im hinteren Bereich (Zeichnung) werden die Leisten auf Gehrung geschnitten. Den Sitz der Führungen auf Seiten und Rückwand sehr sorgfältig anzeichnen, vorbohren und dann befestigen. Die Seitenwände, die Rückwand und die Bodenplatten unter Leimangabe mit Spanplatten-Schrauben verbinden. Die Gehrungen der Leisten verleimen Sie ebenfalls. Schließlich die Möbel-Lenkrollen montieren – die feststellbaren sollten vorne sitzen.

Unser Rollcontainer mit den farbigen Kunststoff-Schalen bietet reichlich Platz

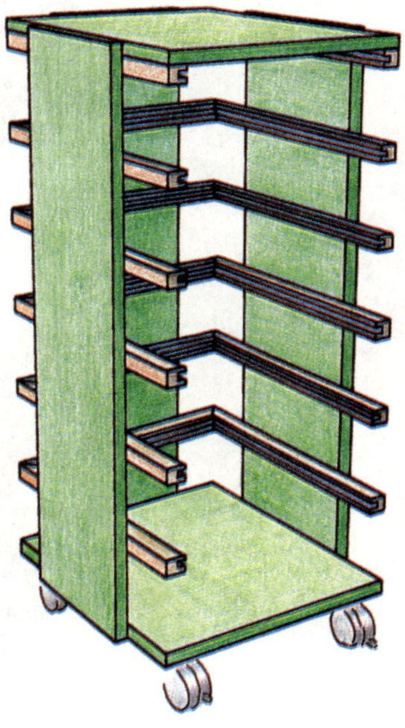

Soll der Korpus farbig werden, muß man vor dem Montieren lackieren

Material:
Spanplatte, 19 mm dick: 2 Böden, 390 x 340 mm; 2 Seitenwände, 750 x 200 mm; 1 Rückwand, 750 x 200 mm. Buche-Leisten, 20 x 20 mm: 12 Führungsleisten, 390 mm lang; 6 Führungsleisten, 340 mm lang. Dazu: 4 bewegliche Möbelrollen (zwei feststellbar); Spanplatten-Schrauben; Holzleim.

Werkzeug:
Stichsäge; Bohrmaschine; Beitel; evtl. Oberfräse; Schleifpapier

Materialkosten:
rund 90 Mark (ohne Kunststoff-Schalen)

Nützlicher Helfer

Werkstatt-Wagen

Mit lenkbaren Rollen ist diese „Werkstatt auf Rädern" leicht beweglich. Zur Überwindung von Stufen und Schwellen wird das Oberteil einfach angekippt

Sind Sie bei der Befestigung einer einfachen Wandlampe auch schon dreimal ums halbe Haus gerannt, um den fehlenden Dübel und dann den größeren Schraubendreher zu holen? Dann haben wir den richtigen Helfer für Sie: Dieser Werkstatt-Wagen hält Werkzeuge und Material stets bereit

Was hilft einem die schönste Werkstatt mit Lochwänden, Regal und übersichtlichem Werkzeugschrank, wenn man doch immer wieder an anderen Stellen Reparaturen oder Montageaufgaben zu bewältigen hat?

Bei unserer Beschäftigung mit der zweckmäßigen Gestaltung von Arbeitsräumen haben wir auch patente Lösungen für den Transport von Werkzeugen und den verschiedenen Materialien ausfindig gemacht – beispielsweise diesen recht einfach zu bauenden Werkstatt-Wagen, den Sie sowohl im Hobbykeller als auch rund ums Haus für die Ablage häufig gebrauchter Arbeitsgeräte einsetzen können. Da der Trolley mit wenig Aufwand zu fertigen ist, wäre er sicher ein erster Schritt, Ihren Werkzeugpark endlich übersichtlich zentral zu ordnen.

Sowohl in der Werkstatt als auch „unterwegs" in Haus und Hof hat das Gefährt gegenüber einem Werkzeugkasten mehrere Vorteile: Mit seiner offenen Bauweise bleiben Kleinteile und Geräte stets im Blick, sie können außerdem meist ohne Bücken entnommen werden. Auch bei umfangreicher Füllung muß niemand das Gewicht des Inhalts tragen, denn selbst Stufen und Schwellen sind durch leichtes Kippen leicht rollend zu überwinden. Der Bau unserer fahrenden „Mini-Werkstatt" ist denkbar

Nützlicher Diener an wechselnden Arbeitsorten: Geräte, Material und Zubehör ist stets zur Stelle und kann ohne Bücken erreicht werden

Eine herausnehmbare Werkzeugtrage erhöht die Flexibilität zusätzlich: Kleinteile und Werkzeug sind auch im Garten oder auf dem Dachboden parat

1 Sägen Sie alle Bretter der Rahmenkonstruktion zu und legen Sie die Stützen im richtigen Winkel auf dem Boden aus. Mit einem Hilfsbrett können Sie dann die Winkelschnitte direkt anzeichnen

2 *Danach leimen Sie die unteren Verbindungsbretter an die Stützen und fixieren die Verbindungen mit jeweils zwei Schrauben. Zwingen oder Spanngurte sind dann nicht nötig. Achten Sie aber beim Verleimen ...*

5 *Die Trage erhält dagegen je zwei halbrunde Vertiefungen in den seitlichen Wangen, die Sie am besten mit einem Hilfsbrett einbohren. An dieser Stelle halten später Dübel die Trage im Rahmen*

Stauraum auf Rollen – trotz einfacher Verbindungen ist der Wagen sehr stabil

Am besten läßt sich der Werkstatt-Wagen mit vier Lenkrollen manövrieren – ihre Trägerplatten werden einfach unter die Streben geschraubt

3 ... darauf, daß die Verbindungen rechtwinklig sind. Nach dem gleichen Prinzip werden die Schubladen gebaut. Ihr Boden wird ebenfalls stumpf aufgeleimt und mit Nägeln fixiert

4 Nach Abbinden des Leims und Farbgestaltung nach Wunsch werden die Schubladen von innen an den Rahmen geschraubt. Je zwei versetzte Schrauben geben dem Wagen später hohe Stabilität

einfach – Sie benötigen dazu nicht einmal unbedingt Elektrowerkzeuge.
Sogar der Einkauf gestaltet sich unkompliziert – im wesentlichen werden hier zwei Holzdimensionen benötigt: Grundgestell und Staufächer bauen Sie aus Fichtenbrettern im Querschnitt von 70 x 20 mm, das Griffbrett für die Lade ist etwas breiter. Außerdem benötigen Sie 6 mm starkes Sperrholz für die Fachböden und einen kurzen Rundstab, aus dem die Auflager für die Lade entstehen.
Zunächst werden die Bretter für die Seitenwangen des Rahmens abgelängt und auf dem Boden ausgelegt. Mit einem Restbrettchen können Sie dann die Maße der vier Tragholme anzeichnen, ohne Winkel berechnen zu müssen. Nur auf der Unterseite wird die Konstruktion später mit Querbrettern stabilisiert – oben sorgen die verschraubten Fächer für ausreichenden Halt.
Die am Mittelgriff herausnehmbare Lade ruht auf vier Rundstab-Zapfen, die jeweils auf der Innenseite halb in den Rahmen eingelassen werden. Damit die Lade aus diesen Haltern nicht seitlich herausrutschen kann, werden an ihrer Unterseite mit Hilfe einer Zulage passende Aussparungen gebohrt – am besten mit einem Fräsbohrer. □

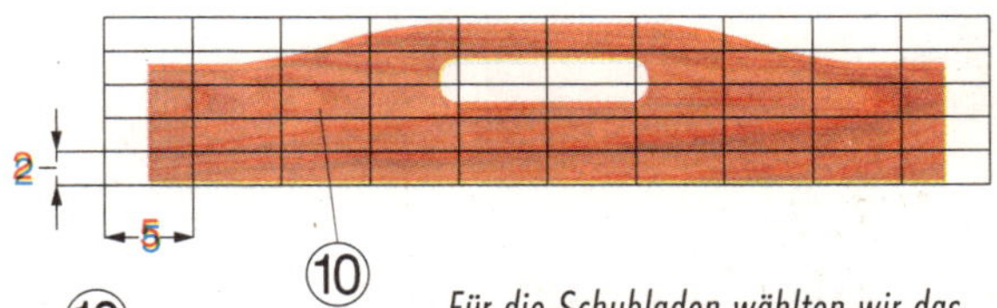

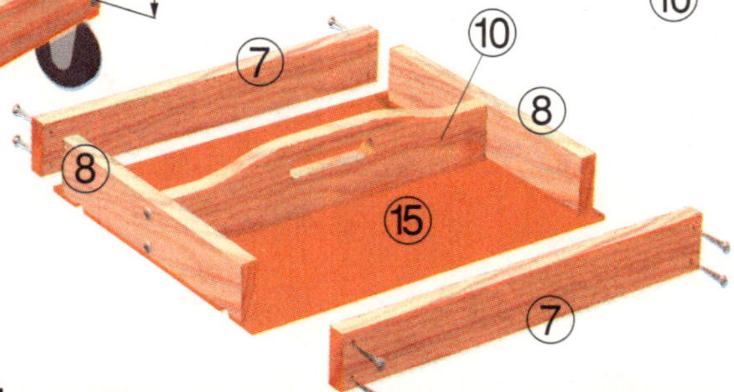

Für die Schubladen wählten wir das einfachste Bauprinzip mit stumpfen Leimverbindungen, die wir zusätzlich vernagelt haben. Wenn Sie mehr Wert auf ein professionelles Outfit legen, können Sie die Ecken natürlich auch zinken und für den Schubladenboden eine Nut fräsen

EINKAUFSZETTEL

Pos.	Anz.	Bezeichnung	Maße in mm	Material
①	4	Stützbretter	1116 lang *	Kiefer massiv 70 x 20 mm
②	8	Längsbretter	500 lang	
③	2	Querbretter	560 lang	
④	2	Querbretter	460 lang	
⑤	2	Querbretter	360 lang	
⑥	2	Querbretter	170 lang	
⑦	2	Längsbretter	495 lang	
⑧	2	Querbretter	360 lang	

Pos.	Anz.	Bezeichnung	Maße in mm	Material
⑨	2	Querträger	500 lang	
⑩	1	Griffbrett	455 lang	Kiefer 90 x 20 mm
⑪	1	Kastenboden	500 x 600	Sperrholz 6 mm dick
⑫	1	Kastenboden	500 x 500	
⑬	1	Kastenboden	500 x 300	
⑭	1	Kastenboden	500 x 210	
⑮	1	Kastenboden	495 x 400	
⑯	4	Rundholzstücke	25 lang	Kiefer ∅ 16 mm

* = endgültige Form der Brettenden bei Montage anpassen;
4 Lenkrollen mit Anschraubplatte, Bauhöhe 100 mm, Rad 75 mm ∅
einschl. Befestigungsmaterial; Spanplatten-Schrauben;
wasserfester Holzleim. Materialkosten rund 170 Mark

Kapitel 4

Regale

Sie sind bei einer Wohnungs-Einrichtung überhaupt nicht wegzudenken: Regale. Ihre Formen, Farben, Arten und Designs sind ebenso vielfältig wie der individuelle Geschmack. Wir stellen Ihnen eine breite Palette vor

INHALT

Kinder-leicht ...

... und schnell gebaut sind unsere Wandborde für das Reich, in dem sonst häufig König Chaos regiert – das Kinderzimmer

Platz für Bücher oder Lieblings-Stofftiere bieten die Wandborde – nicht nur im Kinderzimmer

Zum Bemalen eignet sich Plakafarbe besonders gut. Streichen Sie unbedingt beide Seiten, sonst wölbt sich die Pappe

Ordnung und Kinderzimmer sind zwei Dinge, die sich erfahrungsgemäß fast gänzlich ausschließen. Darum sind unsere Wandborde auch nicht dazu gedacht, Stauraum zu schaffen. Sie sollen vielmehr ein Platz sein, an dem das eine oder andere Lieblingsstück dem Chaos am Boden entgehen kann. Der Bau ist völlig unkompliziert und selbst von handwerklichen Laien zu bewältigen. Lediglich eine Stichsäge ist von Vorteil. Die Regalböden haben jeweils die Maße 500 x 160 x 18 mm. Wenn Sie Restholz verwenden, brauchen Sie sich auf diese Größe jedoch nicht festzulegen. Das gleiche gilt für die Stützen, die aus 140 x 160 x 18 mm großen Stücken geschnitten werden. Zunächst runden Sie die vorderen Kanten der Böden ab. Die Stützen werden 25 mm vom Rand entfernt mit der Unterseite verdübelt und verleimt. Nach dem Abbinden werden alle Kanten und Oberflächen fein geschliffen und lackiert. Für die Ornamente können Sie farbigen Fotokarton verwenden oder normale Pappe, die Sie selbst anmalen. Zur Befestigung des Regals müssen Sie zwei Schraubhaken in der Wand verankern. Auf dem Bord die Abstände markieren, Löcher bohren und das Regal einhängen. □

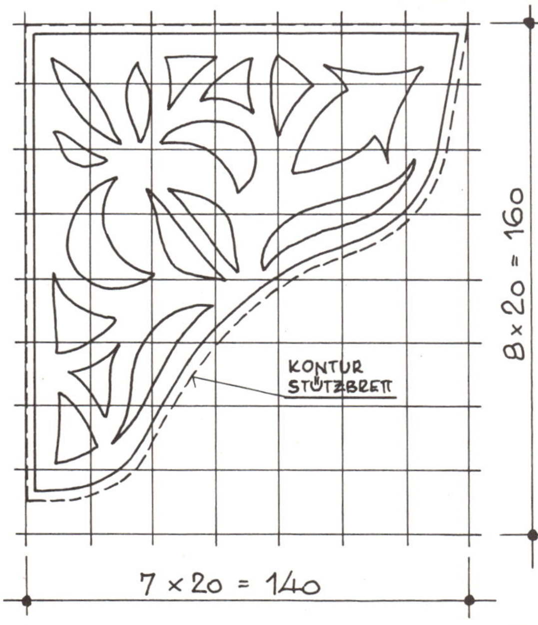

Für die Stützen fertigen Sie am besten eine Schablone aus Pappe. Die Ornamente lassen sich mit dem Cutter problemlos ausschneiden. Sie werden auf die Innen-und Außenseiten der Stützen geklebt. Verwenden Sie lösemittelfreien Kleber – der greift den Lack nicht an

Regale? – Regale! Das ist ein Thema. Und weil das so ist, werden wir Ihnen auf den folgenden Seiten Typen vorstellen, von denen Sie bisher nur träumen konnten. Einen kleinen Querschnitt sehen Sie hier

DEKORATIV

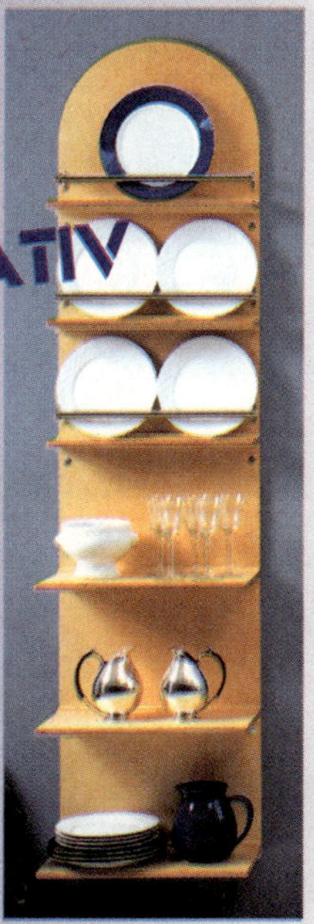

SCHRÄG

Schnörkellos

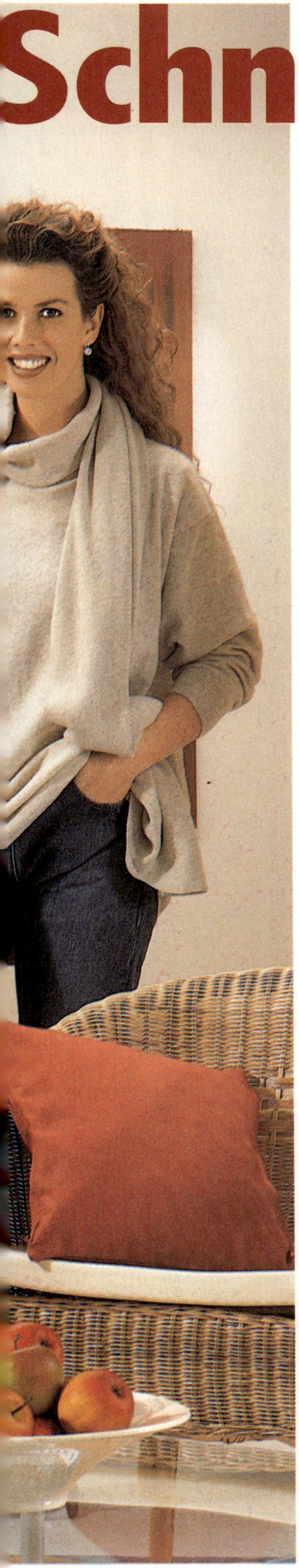

Gleich das erste Stück unserer großen Regal-Strecke zeichnet sich durch klare Linien und eine edle Holzoberfläche aus. Eine wahre Augenweide für Puristen. Die fünf offenen Regalfelder bieten natürlich nicht nur Platz für ›Meyers Enzyklopädie‹

Kirschbaum ist eine in Europa häufig anzutreffende Holzart mit feinporiger und gleichmäßiger Oberflächen-Struktur. Unserem Regal wollten wir dieses Outfit gönnen. Nur mit massivem Kirschbaumholz zu arbeiten, wäre jedoch recht teuer geworden. Die preiswertere Lösung war kirschbaumfurnierte Spanplatte. Dadurch reduzierte sich der Massivholzverbrauch auf die Anleimerleisten für die später sichtbaren Schnittkanten der Spanplatten. Die Rückwand besteht aus einer Sperrholzplatte, die ebenfalls kirschbaumfurniert ist.
Der gesamte Korpus ist recht einfach konzipiert. Mit Hilfe der Explosions-Zeichnung und der beiden Details auf der nächsten Seite dürfte Ihnen der Aufbau auch keine Probleme bereiten. Den Gehrungen zwischen den um 45° geneigten Kranzblenden allerdings

1

Die Verbindungen zwischen beiden Seitenwänden und der Boden- bzw. Kopfplatte werden mit jeweils fünf eingeleimten Flachdübeln verstärkt

2

Mit Hilfe einer Schablone setzt man die Bohrungen für die Bodenträger. Sie beginnen oben und unten mit einem Abstand von etwa 150 mm

3

Der Sockel von unten. Die Verbindung zwischen der Bodenplatte und den Sockelblenden wird durch die eingesetzten Eckverbinder verstärkt

4

Das Ganze von der ‚guten' Seite. Die Anleimerleisten, die das Kopfholz der furnierten Tischlerplatte kaschieren, haben eine breite Fase

5

Hier wird deutlich, wie die um 45° geneigte Kranzblende mit der Kopfplatte verschraubt wird. Auch diese Anleimerleisten sind stark gefast

6

Diese Ansicht von hinten auf den Korpus zeigt die in Falze eingelassene Rückwand und den Aufbau der Kranzblende mit der Anleimerleiste

7

Auch hier noch einmal die ‚gute' Seite. Die Gehrungen der geneigten Kranzblendenteile erfordern bei der Fertigung eine erhebliche Präzision

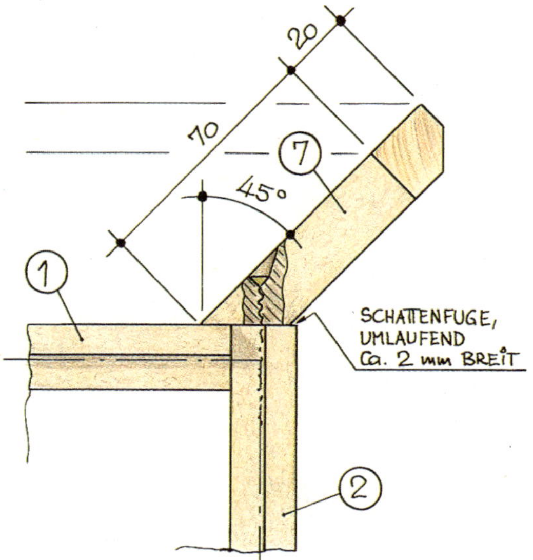

DETAIL KRANZBLENDE
(VON HINTEN – OHNE RÜCKWAND)

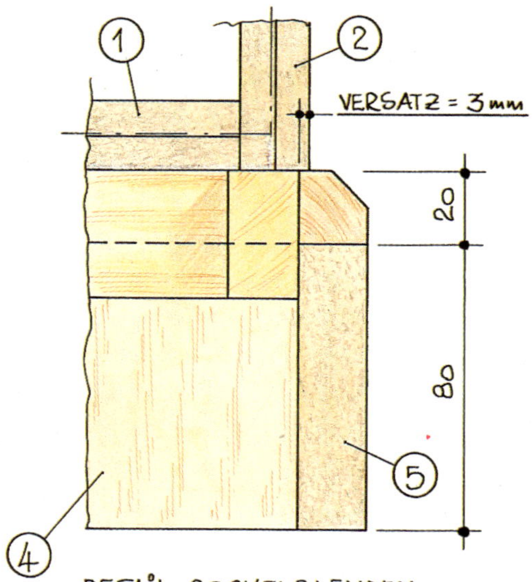

DETAIL SOCKELBLENDEN
(VON HINTEN – OHNE RÜCKWAND)

sollten Sie besondere Aufmerksamkeit schenken. Um eine formschlüssige Verbindung zu erhalten, gehen Sie wie folgt vor: Das Sägeblatt der stationären Kreissäge (ohne die geht es hier nicht) auf 30° Neigung feststellen. Dann führen Sie das Werkstück mit einem Winkel von 35° an das Blatt und schneiden es ab. Bei der vorderen Kranzblende ist höchste Präzision gefragt. Die Längen der Seitenteile können Sie nachher anpassen. Zur Sicherheit haben wir umlaufend eine Schattenfuge vorgesehen (Detail links außen). Das Detail rechts daneben zeigt, daß das Gewicht des Korpusses teilweise (3 mm Versatz) auf den Sockelblenden ruht, um die Eckverbinder zu entlasten. Informationen zur Behandlung der Oberfläche finden Sie beim Thema ‚Kanapee' auf Seite 152. □

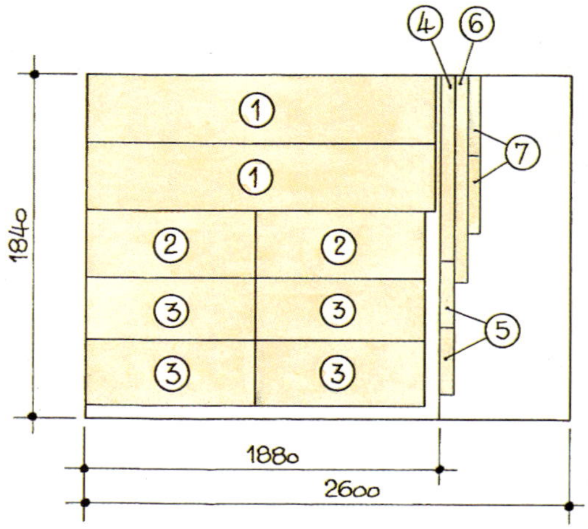

ZUSCHNITTPLAN

Der Zuschnittplan links soll Ihnen helfen, eine handelsübliche Tischlerplatte mit möglichst geringem Verschnitt zu nutzen. Wichtig dabei ist, daß – vor den Längsschnitten – der Schnitt quer zur Maserung bei 1,88 m erfolgt

EINKAUFSZETTEL

Pos.	Anz.	Bezeichnung	Maße in mm	Material
①	2	Boden-/Kopfplatte	910 x 352	Spanplatte 19 mm dick, kirschbaumfurniert
②	2	Seitenwände	1865 x 352	
③	4	Einlegeböden	909 x 337	
④	1	Sockelblende	980 x 80	
⑤	2	Sockelblenden	376 x 80	
⑥	1	Kranzblende	1100 x 70 *	
⑦	2	Kranzblenden	420 x 70 *	
⑧	1	Rückwand	1845 x 928	Sperrholz 5 mm, kirschbaumfurniert

* = Längen bei Montage anpassen;

Anleimerleisten Kirschbaum massiv 20 x 19 mm, ca. 4 lfd. m (Pos. 4 bis 7); Anleimerleisten Kirschbaum massiv 19 x 8 mm, ca. 9,5 lfd. m (Pos. 1 bis 3); Eckverbinder Kiefer 35 x 20 mm, ca. 1,7 lfd. m (Sockelblenden); 16 Bodenträger; Spanplatten-Schrauben; Flachdübel; Holzleim.

Materialkosten rund 370 Mark

Pure Style

Schlicht und schnörkellos – das paßt zu jedem Einrichtungsstil

Schön einfach ist der Zusammenbau – aber noch schöner ist, daß man dazu nur einen Nachmittag braucht

Schlicht und dennoch wirkungsvoll, lautet die Devise dieses Wandbordes. Und mit rund 25 Mark ist es zudem sehr preisgünstig. Für die Montage benötigen Sie lediglich einen Akkuschrauber, denn die Spanplatten können Sie sich im Baumarkt zuschneiden lassen. Auf der Zeichnung erkennen Sie, wie die einzelnen Teile miteinander verschraubt und verleimt werden. Die Schraubenköpfe müssen Sie versenken und anschließend verspachteln. Zu guter Letzt das Bord grundieren und an der Wand anbringen. Die folgende Wandgestaltung bleibt wie immer Ihrer Phantasie und Ihrem Geschmack überlassen. □

Materialliste:

Spanplatte 16 mm dick

2 Böden	1000 x 200 mm,
1 Frontblende	1000 x 60 mm,
2 Seitenteile	184 x 60 mm,
2 Zwischenstege	140 x 60 mm;

Kantholz 60 x 40 mm

1 Wandträger	960 mm lang;

dazu Spachtelfarbe; Kunststoff-Dübel; Spanplatten-Schrauben; Holzleim.
Materialkosten rund 25 Mark

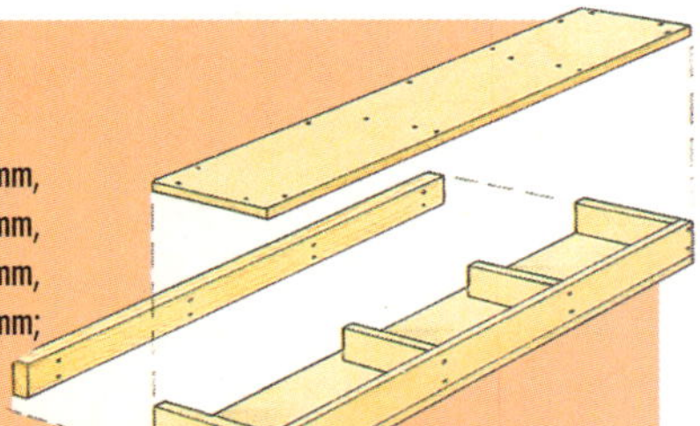

1

Das Kantholz bringt man waagerecht an der Wand an. Wählen Sie die Dübel nach dem Gewicht, welches das Bord später tragen soll

2

Der Korpus wird auf den Wandträger gesetzt. Die Spachtelmasse an den Kanten gleicht Unebenheiten aus und sorgt für Haftung an der Wand

3

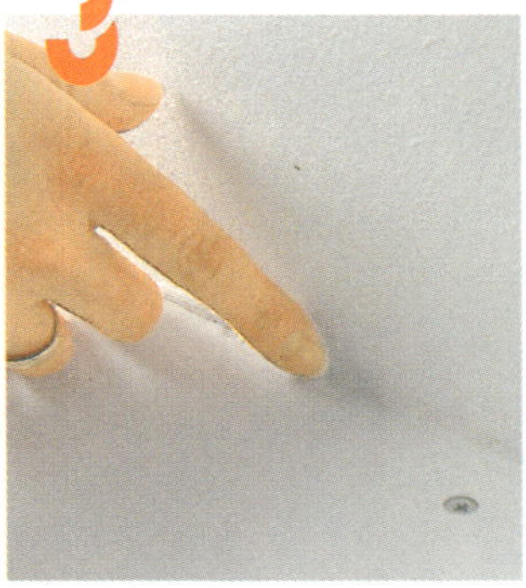

Das Bord mit dem Wandträger verschrauben, dabei die Schrauben versenken. Die Köpfe und die Fuge werden zugespachtelt und geglättet

4

Für schöne Farbeffekte gibt es spezielle Rollen im Handel. Leuchtende Farben sind an einer einzelnen Wand besonders wirkungsvoll

Anlehnungs-bedürftig

Akkurat an der Wand stehende Regale gibt es zur Genüge. Dieses hier lehnt lässig am Gemäuer und besticht durch zwei verschiedene Holzarten

1

Nach dem Zuschneiden der Holme bringen Sie mit einem 16-mm-Nutfräser Löcher für die abgerundeten Innenecken in die Böden ein

Unser Regal ist zwar ganz schön schräg, hat aber dadurch hinsichtlich seiner Funktion nichts eingebüßt. Die Holme, Stützwangen, Querverbinder und Böden sind aus Buche-Leimholz (19 mm) gefertigt. Im Kontrast dazu stehen die Distanzstücke zwischen den Holmen. Sie bestehen aus Kiefer-Leimholz gleicher Stärke.

Die Herstellung des Regals ist denkbar einfach. Sie beginnen mit dem Zuschneiden der Holme und dem Ablängen der Distanzstücke. Für beide Arbeitsschritte verwenden Sie eine Handkreissäge mit Führungsschiene. Die Regalböden werden mit der Stichsäge in Form gebracht. Auch hier ist die Führungsschiene vorteilhaft. Dann vergrößern Sie die Rasterzeichnung und übertragen diese anhand einer Schablone auf die Leimholzbretter der Stützwangen. Das Wellenprofil läßt sich leichter ausschneiden, wenn Sie auf ein Kurvensägeblatt verzichten. Bei dieser Holzstärke könnte damit der Schnitt verlaufen. Durch den abgeschalteten Pendelhub wird das Ausfransen der Schnittkanten vermindert. Mit dem

2

Wer makellos gerade Kanten haben möchte, schneidet die Ecken der Böden am besten mit der Stichsäge und einer Führungsschiene aus

3

Das Wellenprofil der Stützwangen wird ebenfalls mit der Stichsäge ausgeschnitten. Leichter geht's mit abgeschaltetem Pendelhub

4

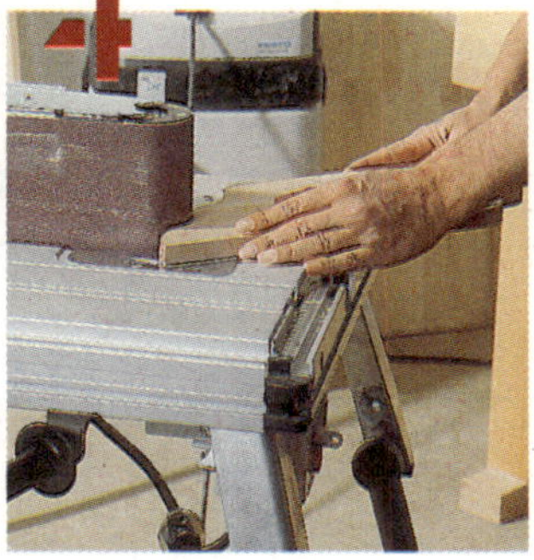

Um die Kanten der Stützwangen zu glätten, ist der stationäre Bandschleifer ideal. Die Schleifwalze in der Bohrmaschine tut es aber auch

5

Die unteren Kanten der Regalböden werden nun mit der Oberfräse angefast. Achten Sie hierbei besonders auf die gerundeten Innenecken

6

Die Distanzstücke werden mit den äußeren Holmen verschraubt. Um Ungenauigkeiten zu vermeiden, passen Sie die Stützwangen ein

7

Beim Verleimen und Spannen der inneren und äußeren Holme schützen Holz-Zulagen die Oberfläche vor Kratzern und Druckstellen

Karten- und Briefbox

Unsere kleine Box hilft Ihnen, bei der Korrespondenz ein wenig Ordnung zu halten. Über dem Schreibtisch angebracht, haben Sie alle Utensilien stets griffbereit, die Sie zum Briefe- oder Kartenschreiben benötigen. Die einzelnen Teile nach den angegebenen Maßen aus 8-mm-Sperrholz mit der Stichsäge ausschneiden. Anschließend fein schleifen und unter Leimangabe stumpf zusammennageln. Die Nagellöcher verspachteln, wieder schleifen, eine Grundierung auftragen und lackieren.

Material:
8-mm-Sperrholz:
1 Frontwand, 240 x 85 mm; 1 Bodenplatte, 240 x 45 mm; 3 Wände, 85 x 160 mm; 1 Rückwand, 240 x 160 mm; Nägel; Holzleim.

Werkzeug:
Stichsäge; Hammer; Schleifpapier

Materialkosten:
ca. 15 Mark

Einfach herzustellen und nützlich im Gebrauch: Das Kästchen mit Zwischeneinteilung nimmt einiges an Material auf

Ein Rasterkästchen unserer Zeichnung mißt 15 x 15 mm

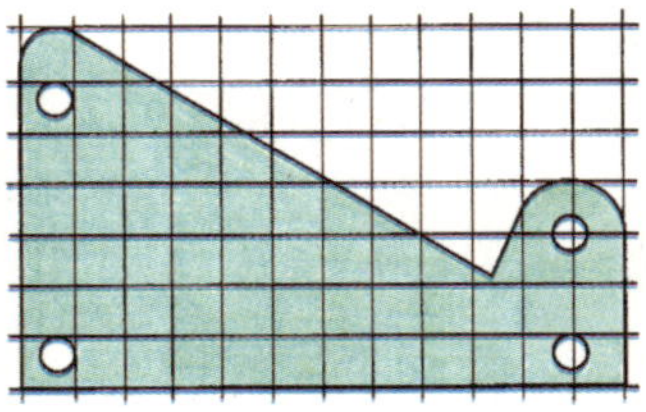

Unsere Rasterzeichnung zeigt das Seitenteil, welches Sie zweimal aus der Sperrholzplatte aussägen müssen. An den gekennzeichneten Stellen werden die Bohrungen für die Rundhölzer eingebracht, die man dann unter Leimangabe in die beiden Seitenteile einfügt. Ein farblich zur Küche passender Anstrich macht den Halter komplett.

Kochbuch-Halter

Beim Zubereiten von Speisen und Backwaren ist es oft nicht ganz einfach, das Kochbuch unbeschadet – das heißt ohne häßliche Fett- oder andere Flecken – über die Runden zu bringen. Eine gute Möglichkeit, diesem Problem aus dem Weg zu gehen, bietet unser Kochbuch-Halter, den Sie recht preiswert aus Resthölzern fertigen können.

Material:
10-mm-Sperrholz: 2 Seitenwände, 180 x 105 mm. Kiefer-Rundhölzer, ∅ 10 mm: 4 Querstreben, 200 mm lang. Holzleim;

Werkzeug:
Stichsäge; Forstner-Bohrer; Schleifpapier

Materialkosten:
ca. 5 Mark

REGALE / REGALE /

Schwingschleifer werden nun alle Flächen und geraden Kanten fein geschliffen. Beim folgenden Zusammenbau der inneren Holme müssen Sie besonders auf den richtigen Winkel der Querverbinder achten. Lehnt das Regal im 15°-Winkel an der Wand, müssen die Querverbinder senkrecht zum Boden zeigen. Nun verleimen Sie die äußeren mit den inneren Holmen. Stützwangen und Regalböden werden zum Schluß in das Gerüst gehängt. Um den Charakter der Hölzer zu betonen, haben wir farbloses Wachs zur Endbehandlung benutzt. Sie hätten es lieber farbig? Dann empfehlen wir Lasuren in Kontrastfarben. Steht das Regal auf einem glatten Untergrund wie Fliesen oder Parkett, sollten Sie es zur Sicherheit mit Winkeln an der Wand befestigen. Gleiches gilt auch, wenn kleine Kinder im Haushalt leben. □

Kontakt:
Holz: O. A. Lüghausen KG – 1001, Wilhelmstr. 146, 53721 Siegburg

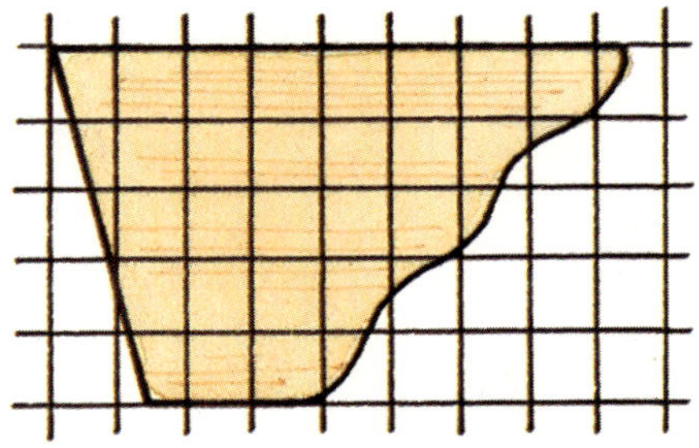

Fertigen Sie sich am besten eine Schablone aus Pappe in Form des Wellenprofils an. So geht das Übertragen auf das Leimholz leicht von der Hand. Ein Kästchen entspricht 30 x 30 mm

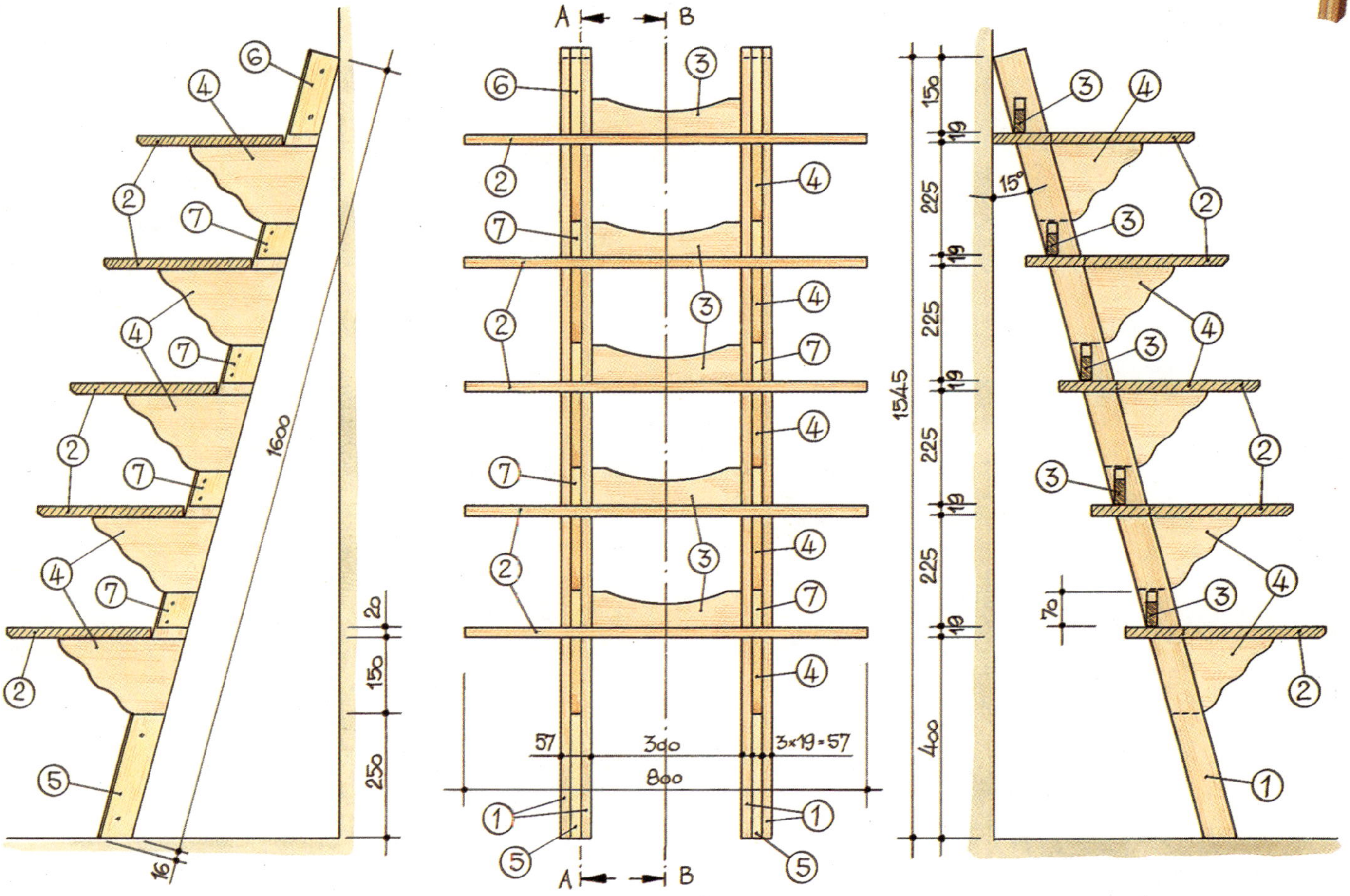

EINKAUFSZETTEL

Pos.	Anz.	Bezeichnung	Maße in mm	Material
①	4	Holme	1620 x 60 *	Buche-Leimholz 19 mm dick
②	5	Böden	800 x 400	
③	5	Querverbinder	300 x 70	
④	10	Stützwangen	250 x 150	
⑤	2	Distanzstücke	280 x 55 *	Kiefer-Leimholz 19 mm dick
⑥	2	Distanzstücke	180 x 55 *	
⑦	8	Distanzstücke	100 x 55 *	

* = Längenmaße sind bei Montage anzupassen; Spanplatten-Schrauben; Holzdübel; Holzleim. Materialkosten rund 410 Mark

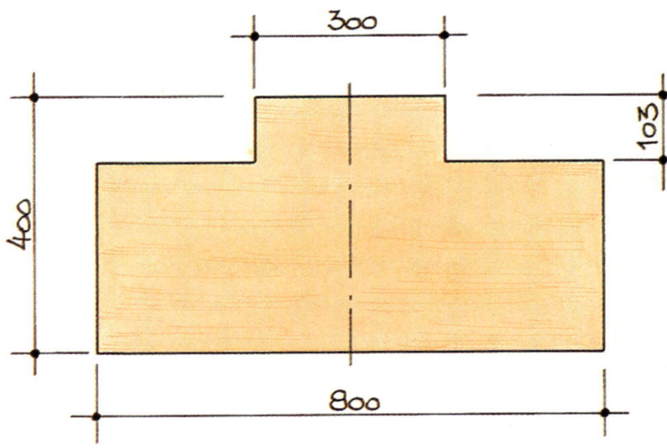

Im Detail: Ein Regalboden mit genau bemaßten Ausklinkungen

GLAS-klar

Ein deckenhoher Raumteiler läßt sich oft nur als teure Sonderanfertigung realisieren. Oder mit einem Bausatz: Sehen Sie selbst

Kontakt: Parador, Erlenweg 106, 48653 Coesfeld, Tel. 0 25 41 / 73 62 13

1

Die senkrechten Regalstollen bilden die tragenden Säulen des Möbel-Systems. In jeden Stollen werden zwei Gewindeschrauben eingelassen

2

Durch Herausdrehen der Spanner wird der Stollen nun zwischen Wand und Boden fixiert. Das Montagewerkzeug liegt dem Möbelbausatz bei

Die meisten Regal-Systeme lassen sich in der Breite variieren, doch wer die volle Raumhöhe nutzen möchte, muß für eine Schreiner-Sonderanfertigung tief ins Portemonnaie greifen – oder sehr lange suchen. Das Möbelsystem „MachArt" von Parador ist auch für solche Problemlösungen ausgelegt. Neben den vielfältigsten Einsatzmöglichkeiten (zum Beispiel als Möbel unter der Schräge), ist der für Heimwerker einfache Aufbau ein weiterer Pluspunkt des Regalsystems. Die Kosten für den exklusiven Raumteiler belaufen sich auf ca. 1100 Mark. □

6

Der Clou bei diesem System: Die Türen lassen sich von beiden Seiten öffnen. Für den Bodenabschluß gibt es eine spezielle Sockelblenden

3

Bevor jetzt der gegenüberliegende Regalstollen aufgestellt wird, müssen Sie das Möbel-Element lot- und waagerecht ausrichten

4

Sind beide Stollen aufgestellt, können Sie die massiven Konstruktionsböden mit den Bodenträgern sowie das Schranktür-Scharnier anbringen

5

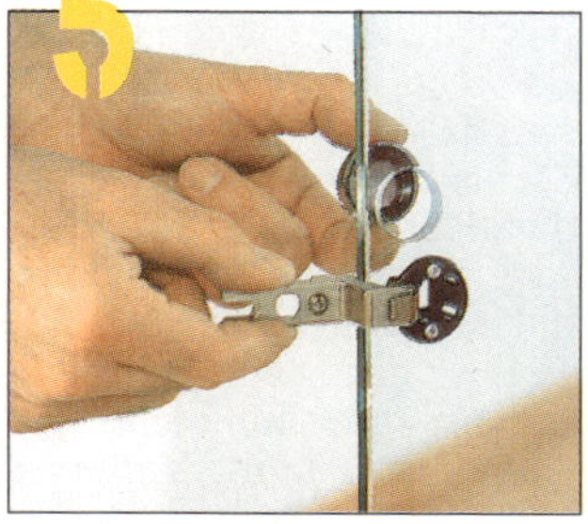

Die Glasscheiben sind im Bereich der Topfbänder werkseitig ausgespart. Die Scharniere lassen sich zusätzlich in der Höhe und der Tiefe einstellen

Simple Wandregale

Einfacher geht's nun wirklich nicht mehr: drei kleine Ablagen für (fast) jede Wand. Bauzeit: ein Tag. Material: MDF, Kiefer-Leimholz, und Multiplex

Es muß ja nicht immer gleich ein kompliziertes Meisterstück werden, was da in der Heimwerkstatt entsteht. Oft sind es gerade die kleinen Dinge, mit denen man sich selbst und anderen die größte Freude macht.

Drei verschiedene Materialien haben wir für diese Regale eingesetzt. Für alle Varianten gilt, daß die Stützbretter meist aus Restholz herzustellen sind. Vielleicht finden Sie einen Schreiner oder Holzhändler, der Ihnen sogar die Ablagebretter als Restholz gegen ein geringes Entgelt überläßt. Bei dem Multiplex-Regal (Variante 1) wird nur die 18 mm dicke Viertelscheibe mit dem Ablagebrett verschraubt und verleimt. Die Schrauben versenkt man und verspachtelt die Löcher mit passendem Holzkitt. Die übrigen Viertelscheiben werden nur verleimt. Die zweite Variante besteht aus Kiefer-Leimholz. Die Befestigung ist gleich. Die Oberflächengestaltung bleibt natürlich Ihnen überlassen, aber

Hier erkennt man sie gut: die Abstufungen der Viertelkreis-Durchmesser untereinander

auch hier sollten Sie die Schrauben versenken und sauber verspachteln.
Bei der Variante 3 übertragen Sie zunächst die Konturen auf 18 mm dickes Multipex (kann auch MDF sein). Dann das Werkstück aussägen, verschrauben und verleimen. Die Schrauben werden wiederum versenkt und verspachtelt, die Oberflächen nach Ihren Ideen und Vorstellungen gestaltet.
Für alle Wandregale können Sie die verschiedensten Aufhänger (rechts) verwenden. Diese Bleche sollten aber so eingelassen werden, daß sie unsichtbar bleiben. □

Auch dieses Regal wird durch zwei Bretter gestützt. Ihre Konturen entnehmen Sie bitte der Rasterzeichnung unten rechts

Nur zwei Bretter stützen dieses Regal. Die stufenförmige Kontur ist optimal mit einer Bandsäge herzustellen (beide Bretter gleichzeitig). Falls Sie eine Stichsäge benutzen, schneiden Sie besser jedes Brett einzeln

Variante 1

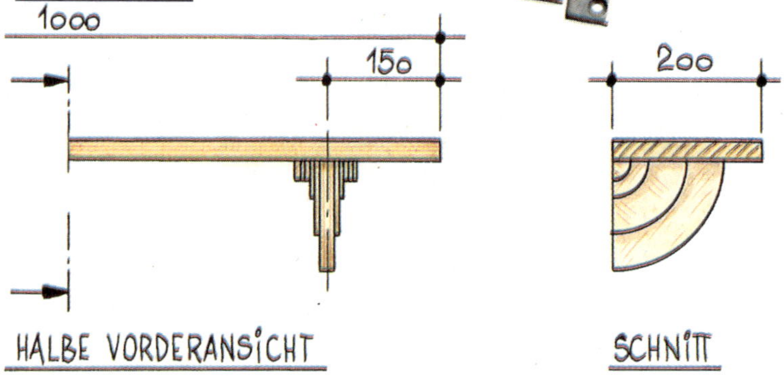

Variante 2

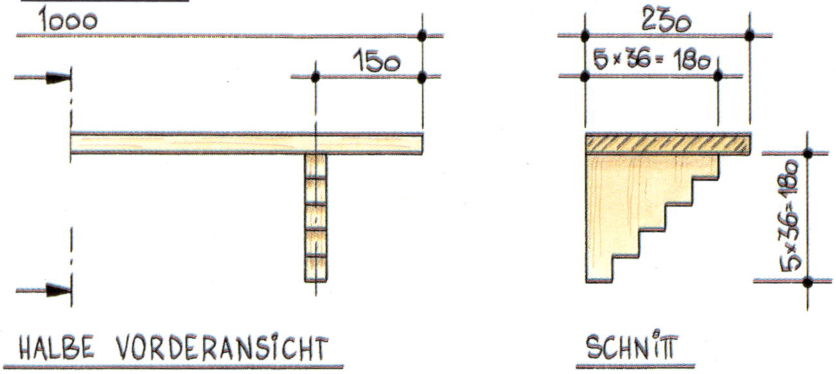

Variante 3

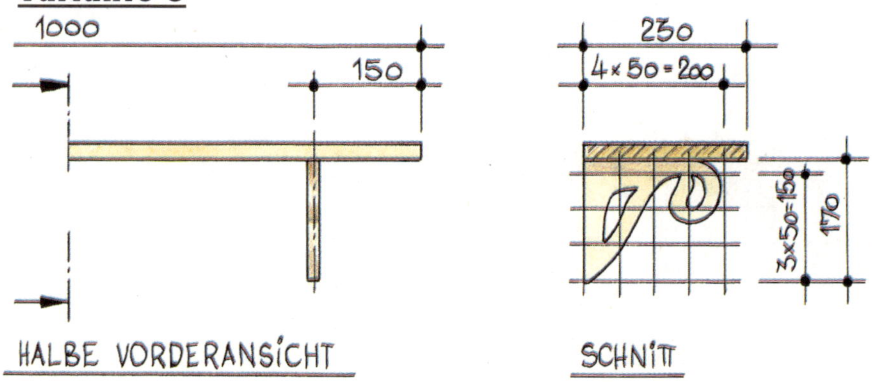

Materialliste:

Variante 1

1 Ablagebrett,	Birke-Multiplex 22 mm dick,	1000 x 200 mm,	
2 Stützbretter,	Birke-Multiplex 18 mm dick,	150 x 150 mm,	
4 Viertelscheiben,	Birke-Multiplex 6 mm dick,	100 x 100 mm,	
4 Viertelscheiben,	Birke-Multiplex 6 mm dick,	50 x 50 mm,	
12 Viertelscheiben,	Birke-Multiplex 6 mm dick,	25 x 25 mm,	

dazu: 2 Aufhänger; Spanplatten-Schrauben; Holzleim.

Variante 2

1 Ablagebrett,	Kiefer-Leimholz 30 mm dick,	1000 x 230 mm,
2 Stützbretter,	Kiefer-Leimholz 30 mm dick,	180 x 180 mm,

dazu: 2 Aufhänger; Spanplatten-Schrauben; Holzleim.

Variante 3

1 Ablagebrett,	MDF 22 mm dick,	1000 x 230 mm,
2 Stützbretter,	Birke-Multiplex 18 mm dick,	195 x 170 mm,

dazu: 2 Aufhänger; Spanplatten-Schrauben; Holzleim.

Nach drei Seiten offen präsentiert sich das schicke Regal aus Birke-Multiplex: Aufnahmebereit für dekorative Teller und andere Dinge

Teller-Regal

Für alle, die Porzellan sammeln oder ihr schönstes Service in angemessenem Rahmen präsentieren möchten, wird dieses moderne Regal wie gerufen kommen

Auf unserem attraktiven, hohen Wandregal kommen all Ihre Schätze so richtig zur Geltung. Beim Regalbau haben Sie zwei Möglichkeiten: Sie können es so fertigen, wie auf unserem Foto zu sehen ist, dort enden der letzte Boden und die Verstärkungsleiste bündig mit der Rückwand, und das Bord ist nur mit der Wand verschraubt. Die andere Möglichkeit erkennen Sie auf unserer Zeichnung: Hier ist die Rückwand 170 mm länger und steht zusätzlich auf dem Boden auf. Festgeschraubt wird in beiden Fällen mit 8-mm-Dübeln, Unterlegscheiben und Sechskant-Schrauben.

Zuerst müssen Sie die Rückwand und die sechs Böden zuschneiden. Den oberen Abschluß der Rückwand bildet eine Rundung, die mit der Stichsäge ausgeführt wird. Dann alle Kanten fein schleifen. Mit der Oberfräse rundet man die Vorderkanten der Böden sanft ab. Anschließend werden die einzelnen Böden mit jeweils vier Spanplatten-Schrauben durch die Rückwand hindurch verschraubt. Vorher jedoch müssen die Verstärkungsleisten aufgeleimt werden. Wer das Wandregal mit schwereren Dingen belasten möchte, sollte die unteren Leisten entsprechend dicker wählen (z. B. 40 x 40 mm). □

1

Alle Vorderkanten der Regalbretter bekommen eine formschöne Rundung, die mit der Oberfräse hergestellt wird. So kommt die Schichtverleimung des Materials besonders gut zur Geltung

2

Die Verstärkungsleisten leimt man auf die Böden. Alle sechs Regalbretter werden jeweils mit vier durch die Rückwand geführten Spanplatten-Schrauben befestigt

3

Im Detail: Drei „Relings" aus Stahlrohr sorgen später für den aufrechten Stand der Teller. Die Stahlrohr-Enden werden mit passend zugeschnittenen Rundholzstücken verschlossen

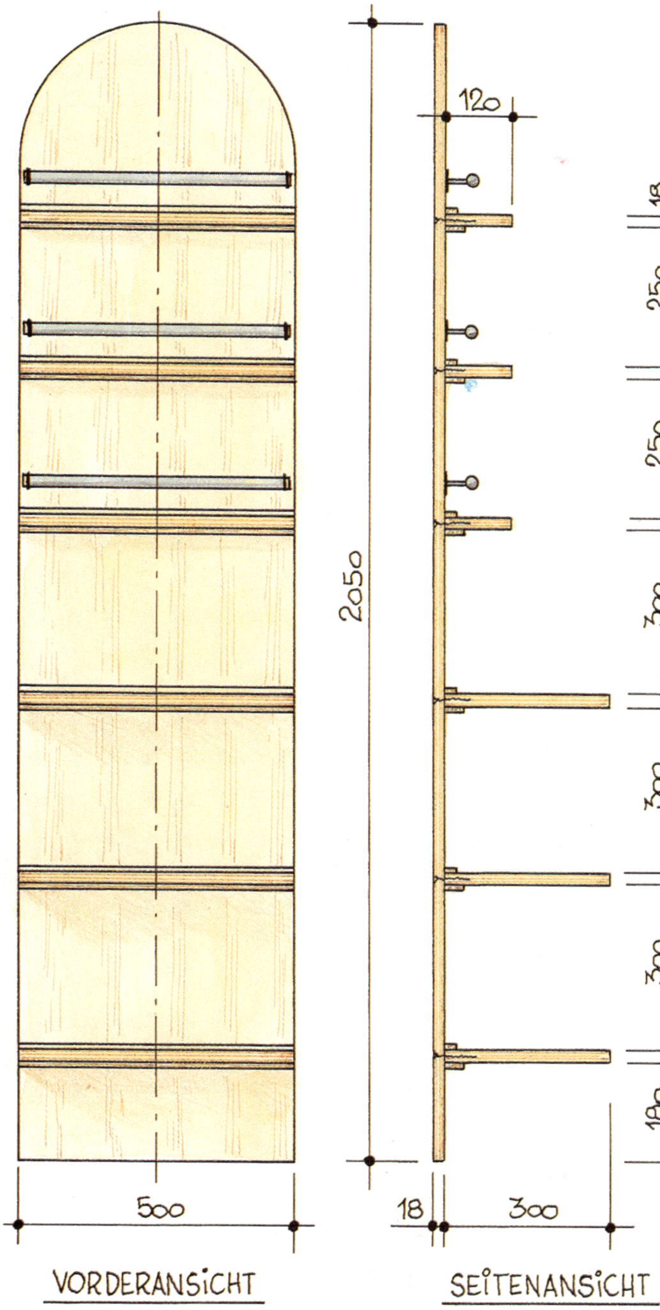

Als Oberflächenbehandlung empfehlen wir nur einen Klarlackauftrag, damit die Birke-Maserung ihre Wirkung voll entfalten kann

Materialliste:

Birke-Multiplex, 18 mm dick	
1 Rückwand	2050 x 500 mm
3 Böden	500 x 300 mm
3 Böden	500 x 120 mm
Kiefer, 35 x 10 mm	
6 Verstärkungsleisten	500 mm lang
Kiefer, 20 x 10 mm	
6 Verstärkungsleisten	500 mm lang

Dazu: 3 Stahlrohre, ∅ 16 x 490 mm lang (verchromt), einschl. Befestigungsmaterial; Material für die Wandbefestigung; Rundholzstücke (zum Verschließen der Rohrenden); 24 Spanplatten-Schrauben, 5,0 x 60 mm (vier pro Boden); Holzleim.

Materialkosten rund 110 Mark

Anbau erwünscht

Je nach Lust und Laune oder nach Platzbedarf können Sie hier weitere Elemente hinzufügen und so Ihre ganz persönliche Anbauwand gestalten

Und wenn Ihnen der Aufbau nicht mehr gefällt, dann kommt das Schubkasten-Element eben nach oben, die Regale nach rechts und der Rolltisch ans Fenster. Ganz einfach, ganz schnell. Genauso schnell und einfach gestaltet sich der Bau der einzelnen Elemente. Die Zeichnungen auf der übernächsten Seite verdeutlichen

Mobilität, soweit das Kabel reicht: Der Tisch auf Rollen ist ein Multi-Talent und hier gerade als HiFi-Möbel im Einsatz

Kontakte: HiFi-Geräte: Quelle, 90750 Fürth; Tapete: Rasch, 49662 Bramsche; Holzboden: JAW, 48231 Warendorf

das Bauschema, die Einkaufszettel liefern die Maße. Die können selbstverständlich auch variiert werden, schließlich soll sich das System Ihren Bedürfnissen anpassen und nicht umgekehrt.
Bevor Sie anfangen, sollten Sie erst einen genauen Plan Ihrer Wunsch-Anbauwand fertigen. Schneiden Sie die einzelnen Elemente aus Papier, dann können Sie nach Herzenslust schieben, bis alles paßt. Wenn Sie wissen, welche und wieviele Bauteile Sie vorerst benötigen, geht es an die eigentliche Arbeit. Haben Sie die Platten zugeschnitten gekauft, kann es gleich losgehen, ansonsten müssen Sie sie noch mit der Handkreissäge zuschneiden. Bei unbehandeltem Holz werden die Teile geschliffen und anschließend lasiert oder gewachst. Danach werden sie verleimt. Spannbänder sorgen dabei für den richtigen Halt. Wenn der Korpus steht, wird die Tür mit Scharnieren montiert. Soll das ganze ein Schubladen-Element werden, befestigen Sie statt dessen innen die Rollschubführungen, auf denen die Schubkästen laufen.
Beim Kombinieren der verschiedenen Teile müssen Sie unbedingt auf die Standfestigkeit des Aufbaus achten. Ein Turm offener Würfel kann schnell kippen, wenn er falsch belastet wird. Solche Teile am besten auf der Rückseite miteinander verschrauben. Das verleiht Stabilität, ohne die Mobilität zu beeinflussen.

Beginnen Sie mit dem Einbringen der Dübellöcher in die verschiedenen Teile. Ein Bohrständer erweist sich bei dieser Arbeit als sehr hilfreich

Die Seitenwände werden nun mit der Rückwand und der Bodenplatte verleimt und anschließend eingespannt

Bei Variante 2 montieren Sie an der Vorderseite die Nähtisch-Scharniere. Zwei Magnetschnäpper sorgen dafür, daß die Tür nicht aufklappt

Hier wird eines der Schubkasten-Elemente zusammengeleimt. Die Zargen sind schon vorgefertigt und werden nur noch abgelängt

Variante 1

Variante 2 und 3

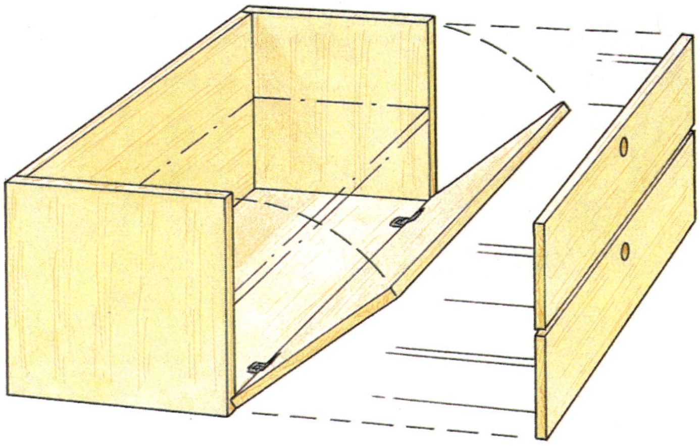

Alle hier gezeigten Varianten sind ausbaufähig und wandelbar. So kann Vorschlag 1 beispielsweise ohne Rollen als Regal-Element genutzt werden

Kontakte:
Holz: O. A. Lüghausen KG – 1001, 53721 Siegburg;
Beschläge: Robbi, 49326 Melle;
Lasur: Auro, 38002 Braunschweig
Werkzeug: Dewalt, 65510 Idstein

Gut durchdachte Bausteine lassen Raum für Kreativität

Materialliste:

Buche-Leimholz 19 mm dick

Variante 1

1 Kopfplatte	682 x 360 mm oder 682 x 280 mm,	
2 Seitenwände	360 x 360 mm oder 280 x 280 mm,	
1 Rückwand	682 x 341 mm oder 682 x 261 mm;	

dazu: 4 Kugel-Möbelrollen ∅40 mm mit Gewindebolzen; Holzdübel; Holzleim.

Variante 2

1 Bodenplatte	682 x 360 mm,
2 Seitenwände	360 x 360 mm,
1 Rückwand	682 x 341 mm,
1 Klappe	710 x 355 mm;

dazu: 1 Einlegeboden 680 x 340 mm und Bodenträger (auf Wunsch); 2 Nähtisch-Scharniere; 2 Magnetschnäpper; Holzdübel; Holzleim.

Variante 3

1 Bodenplatte	682 x 360 mm,
2 Seitenwände	360 x 360 mm,
1 Rückwand	682 x 341 mm,
2 Schubladenblenden	710 x 173 mm;

dazu: Schubkastenzargen und -böden; Rollschubführungen (Vollauszug); Holzdübel; Holzleim.

U-Form

Materialliste:

2 Seitenwände	240 x 240 mm,
1 Kopfplatte	240 x 200 mm;

dazu: Holzdübel; Holzleim.

offener Würfel

Materialliste:

1 Seitenwand	360 x 360 mm,
1 Seitenwand	341 x 341 mm,
1 Kopfplatte	360 x 341 mm;

dazu: Holzdübel; Holzleim.

Anlehn-Regal

Ein bißchen verrückt

Reichlich schräg wirkt dieses ungewöhnliche Ordnungsmöbel. Doch auch wenn es hier an rechten Winkeln ein wenig mangelt, steht es ›wie eine 1‹

1 *Den Bogen mit einem Radius von 1100 mm zeichnen Sie an, indem Sie eine ausreichend lange Latte als Hilfszirkel verwenden*

2 *Vor dem Ausschneiden bohrt man Löcher für die Fixierungder Halte-Arme, die Gewindestangen und die hinteren Trägerschrauben vor*

3 *Nun schneiden Sie den Bogen langsam mit einer Stichsäge aus. Sauberer wird der Schnitt bei abgeschaltetem Pendelhub*

Nur etwa 120 Mark müssen Sie für unser Anlehnregal einplanen. Dafür bekommen Sie im Möbelmarkt bestenfalls eine Lattenkonstruktion im Obstkisten-Design. Da lohnt es sich wirklich, im Hobbykeller ein paar Stunden Arbeit aufzuwenden – und die gestaltet sich nicht einmal besonders schwierig.

Sie beginnen mit der Herstellung der gerundeten Seitenwangen. Das Bogen-Segment zeichnen Sie mit einem Hilfszirkel an (Foto 1) Vor dem Ausschneiden sollten Sie sämtliche Bohrungen einbringen: Für die beiden stabilisierenden Gewindestangen bohren Sie mit 8 mm ∅. Die Bodenhalterungen hängen mit Ösen an Gewindeschrauben. Wenn Sie hier mit 3 mm ∅ vorbohren, können Sie diese Schrauben stramm ins MDF eindrehen. Für die hintere Boden-Aufhängung bohren Sie ebenfalls mit 3 mm ∅. Hier werden M4-Schrauben durch die Seitenwände in entsprechende Bohrungen der Regalböden geführt (in der Draufsicht rechts markiert), die Köpfe versenkt und später verspachtelt.

Die Böden erhalten nach vorne hin Ausklinkungen, damit Platz für die Rundstäbe bleibt. Die

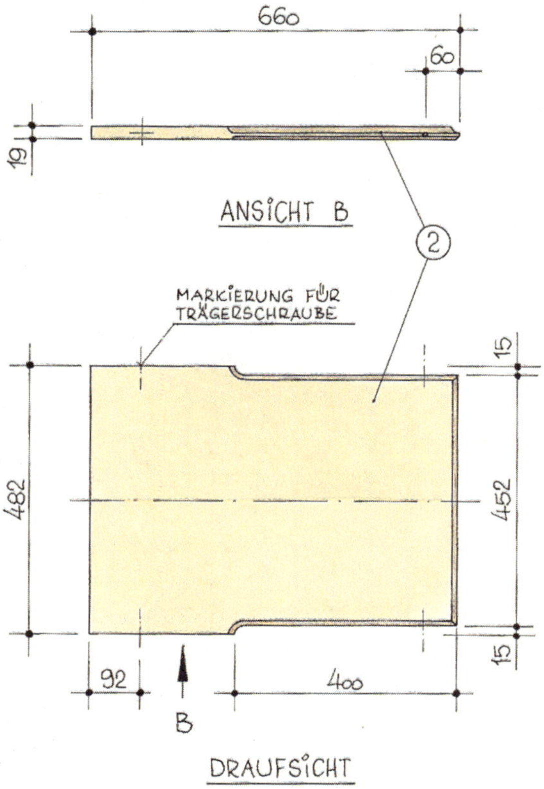

Im vorderen Teil sind die Böden beidseitig um 15 mm ausgeklinkt, so daß die Bodenträger parallel zu den Regalseiten verlaufen können

4 *Praktisch zum Glätten der Kanten ist ein stationärer Bandschleifer. Eine Schleifwalze in der Ständer-Bohrmaschine genügt aber auch*

5 *Mit der Oberfräse und einem Fase-Fräser brechen Sie die Kanten an den Rundungen der beiden Seitenteile des Regals*

6 *Die Ausklinkung an den Böden läßt sich leichter herstellen, wenn Sie zunächst bis auf halbe Stärke einen Falz einfräsen*

7 *Nun fräst man in den ausgeklinkten Bereichen oben und unten eine dekorative Hohlkehle an die Boden-Kanten*

8 *Vor der Endbehandlung der Oberfläche sollten Sie die Böden und Seitenteile mit feinem Schleifpapier gründlich glätten*

Gebeiztes und lackiertes MDF wirkt edel und sehr dekorativ

Bohrungen in diesem Bereich müssen Sie vor dem Anfräsen der Hohlkehlen ausführen. Bauen Sie das Regal vor dem Lackieren probeweise auf. Stabilisiert wird die Konstruktion durch zwei Gewindestäbe M8, auf die außen Hut- und innen Sechskantmuttern gedreht werden – jeweils mit Beilegscheiben. Paßt alles, nehmen Sie die Konstruktion wieder auseinander und veredeln sie mit Beize, farbloser Grundierung und einem Klarlack. □

9 *Nun hängen Sie die Böden probeweise ein. Ösen an den Enden der Rundhölzer werden von Schrauben in Seiten und Böden gehalten*

EINKAUFSZETTEL

Pos.	Anz.	Bezeichnung	Maße in mm	Material
①	2	Seitenwände	1697 x 400	MDF 19 mm dick
②	4	Böden	660 x 482	
③	8	Rundhölzer	420 lang	Buche ∅ 6 mm

2 Gewindestangen M8 x 545 mm lang; 4 Hutmuttern M8, hohe Form, DIN 1587; 4 Sechskant-Muttern M8; 8 Scheiben 8,4; 16 Einschraubösen; 24 Zylinderkopf-Gewindeschrauben M4 x 30 mm.

Materialkosten rund 120 Mark

10 *Die Endbehandlung erfolgt in drei Schritten: Das MDF zunächst im gewünschten Ton beizen, dann grundieren und zum Schluß lackieren*

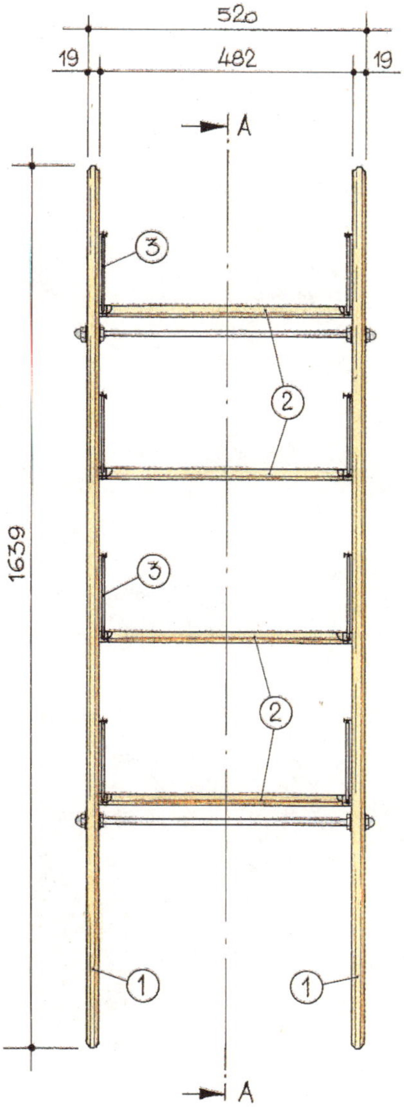

VORDERANSICHT

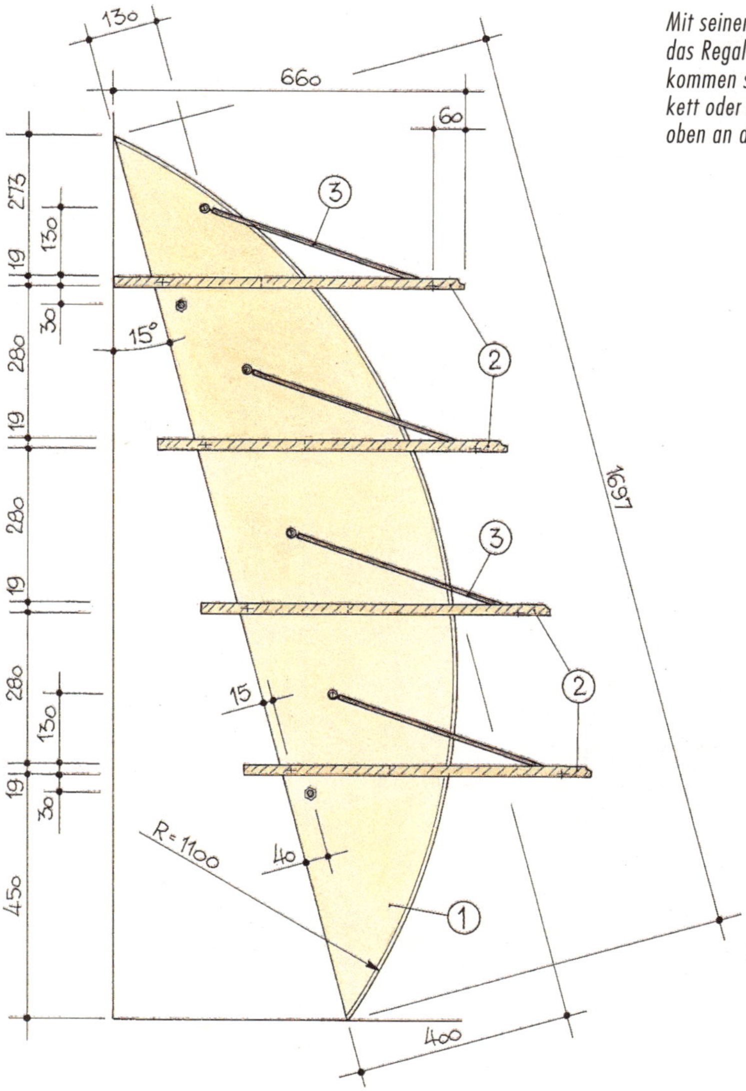

SCHNITT A÷A

Mit seinen 15° Neigung steht das Regal auf Teppichböden vollkommen sicher. Haben Sie Parkett oder Fliesen, sollten Sie es oben an der Wand befestigen

ODYSSEE
CAMERAWORKS

Regal mit schräger MDF-Rückwand

Alles im Lot?

Wer sagt, daß Regale immer rechtwinklig sein müssen? Sie sollen schließlich nicht nur zweckmäßig, sondern auch dekorativ sein – und gerade solch ungewöhnliche Ideen sind es doch, die Heimwerker herausfordern

Zuallererst sollen Regale natürlich praktisch sein – also viel Platz bereithalten. Aber sie sollen nicht nur eine funktionelle Ablagefläche darstellen, sondern auch dem Auge etwas bieten. Eine solche gelungene Kombination von Schönheit und Nutzwert stellt unser ein wenig schräges Modell dar, das zudem durch die Verwendung von zwei verschiedenen Holzwerkstoffen auffällt. Die massive Rückwand besteht aus 19 mm starkem MDF, während die Regalböden aus Multiplex gefertigt sind. Beide Materialien haben besondere Eigenschaften, durch die sie sich gut für die Verwendung im Regal eignen. MDF ist die Abkürzung für „Medium Density Fiberboard – Mitteldichte Faserplatte". Dieser moderne Holzwerkstoff aus feinstzerfaserten Preßspänen ist in Stärken von 8 bis 32 mm erhältlich. MDF läßt sich gut lackieren – es bietet aufgrund seiner feinen Struktur und glatten Oberfläche beste Voraussetzungen für ein perfektes Finish. Allerdings ist MDF ein Material, das an den Kanten nicht die gleiche Dichte aufweist wie auf der Platten-Oberfläche. Aus diesem Grund bedarf es einer speziellen Isolierung der Kanten, da sonst die Farbe aufgesogen wird. Am wirksamsten verhindert man dies mit einem Zwei-Komponenten-Lack (zum Beispiel PUR- oder DD-Lack).
Multiplex ist ein aus vielen Furnierlagen verleimtes und dadurch extrem belastbares, maßhaltiges Material, das unter anderem im Modell- und Fahrzeugbau eingesetzt wird. Es ist in Stärken bis zu 80 mm in gut sortierten Holzhandlungen erhältlich. Multiplex fällt vor allem durch sein attraktiv gestreiftes Kantenbild auf.
Zum Bau des schrägen Regals benötigen Sie folgende Werkzeuge: Eine Stich- oder eine Kreissäge, wenn Sie das Material selbst zuschneiden möchten; außerdem Bohrmaschine oder Akku-Bohrschrauber, Oberfräse mit Fasefräser, Schwing- oder Exzenterschleifer, Schraubendreher, Lackroller und Pinsel, Meßwerkzeug und Reißzeug, Leim und Holzdübel. Eine Dübellehre hilft, die zusammengehörigen Löcher in Regalböden und Stützleisten

1 *In die bereits fertig zugeschnittene Rückwand aus 19 mm starkem MDF bohrt man Löcher für die Verschraubungen mit den Regalböden*

2 *Die Regalböden aus extrem stabilem 18-mm-Multiplex werden an den beiden Schmalseiten und vorne mit der Oberfräse angefast*

3 *Die Stützleisten sind aus jeweils zwei rechtwinklig verleimten Leisten angefertigt. Dabei sorgen Zwingen für den notwendigen Druck*

4 *Die Rückwand legt man am besten auf die Werk- bzw. Hobelbank, wenn es an das Festschrauben der fünf Regalböden geht*

5 *Die Stützleisten sind mit den Regalböden fest verleimt und verdübelt. Hier werden die dazu nötigen Dübellöcher in die Böden eingebracht*

6 *Ein besonderes Stil-Merkmal unseres Regals sind die beiden Deko-Kugeln unten rechts und oben links. Sie werden mit Dübeln befestigt*

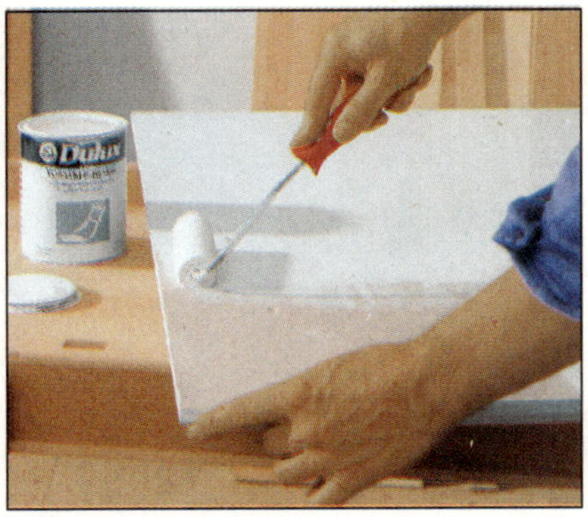

7 *Für das makellos glänzende Finish der MDF-Rückwand ist die Glätte der Fläche wichtig. Zunächst wird eine Grundierung aufgetragen*

8 *Der Zwischenschliff nach dem Trocknen der Grundierung trägt wesentlich dazu bei, daß die Oberfläche der Rückwand glatt ausfällt*

9 *Zum Auftragen des Lacks eignet sich am besten ein Roller. Der feinporige Polyesterschaum garantiert für glänzende Ergebnisse*

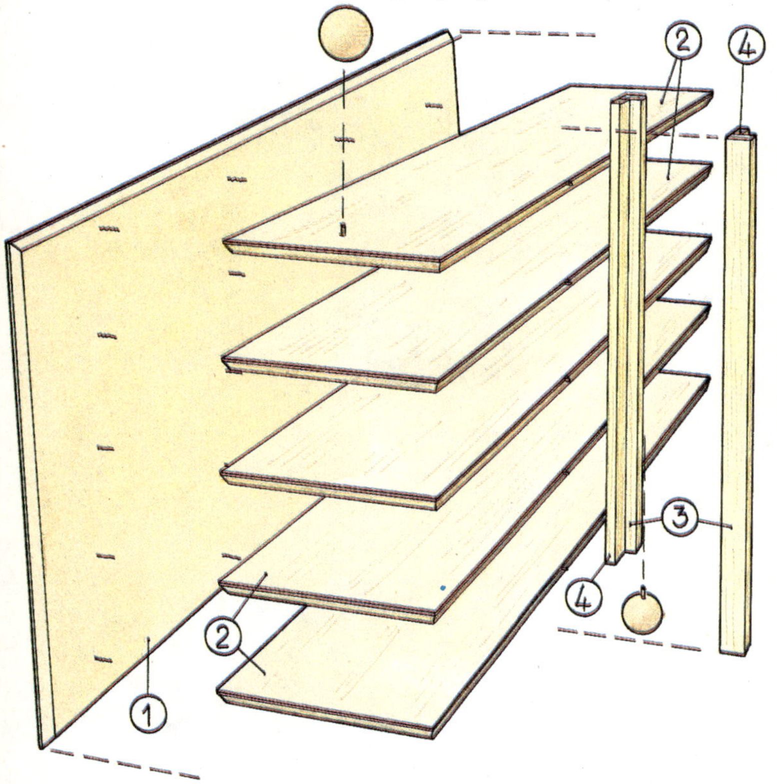

10 *Die schöne Schichtstruktur der Multiplex-Regalböden, die an den Kanten gut sichtbar ist, soll nicht durch Farbe verdeckt werden. Sie erhalten zum Schluß nur einen schützenden Auftrag aus klarem Lack*

EINKAUFSZETTEL

Pos.	Anz.	Bezeichnung	Maße in mm	Material
①	1	Rückwand	1400 x 950	MDF 19 mm dick
②	5	Böden	1200 x 400	Multiplex 18 mm dick
③	2	Stützleisten	1148 lang	Kiefer 50 x 20 mm
④	2	Stützleisten	1148 lang	Kiefer 30 x 20 mm

2 Holzkugeln ∅ 100 mm; Spanplatten-Schrauben; Holzdübel; Holzleim. Materialkosten rund 190 Mark

akkurat zu setzen. Die Bohrungen in die MDF-Platte und in die Multiplex-Kanten fallen exakt senkrecht aus, wenn man dazu einen Bohrständer bzw. ein mobiles Bohrstativ verwendet. Wenn Sie bei der Rückwand ein wirklich perfektes Finish erzielen wollen, sollten Sie eine druckluftgetriebene Farbspritzpistole verwenden, um den Lack aufzutragen – so erzielen Sie eine absolut glatte Oberfläche. Wer es nicht ganz so bunt liebt, hat auch die Möglichkeit, die Rückwand zu beizen und anschließend mit klarem Lack zu überziehen – das sieht sehr edel aus.

Damit die Rückwand genau parallel zur Wand steht, an der sich das Regal befindet, empfiehlt es sich, oben zwei Restholzstücke anzuleimen, die so dick wie die Fußleisten sind. Auf diese Weise ist der Abstand zur Wand unten und oben gleich. □

Die Regalböden sind von der Rückseite her unsichtbar mit der Rückwand aus MDF verschraubt. Man kann sie aber auch verleimen und dübeln

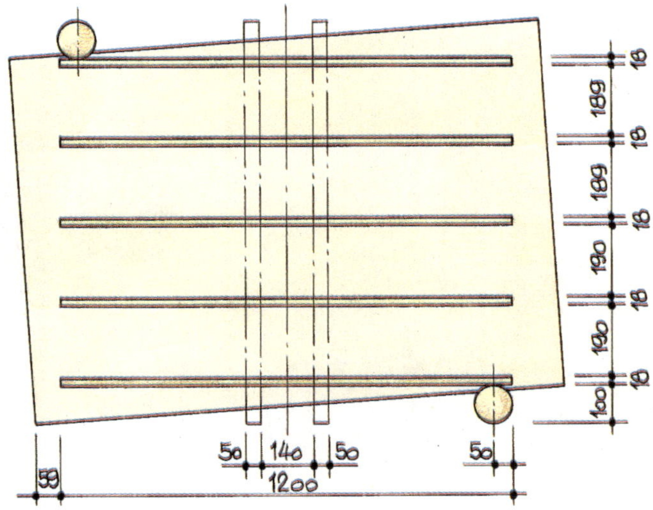

Auch wenn unser Regal etwas aus dem Rahmen fällt, bleibt doch alles im Lot

Kapitel 5

Holzarbeiten für ein Wochenende

Das ohnehin begrenzte Freizeit-Kontingent der arbeitenden Mitbürger ist oft auch noch in verschiedene Disziplinen aufzuteilen. Da kommen doch unsere Projekte, die an einem Wochenende zu erledigen sind, gerade recht

INHALT

Briefkasten

Große Klappe und viel dahinter

Eine große Klappe braucht er auch. Schließlich sollen nicht nur Urlaubsgrüße und schmale Briefe, sondern auch die Zeitung und natürlich das »selbst ist der Mann«-Heft in den Kasten passen

Gerade der Eingangsbereich eines Hauses sollte einladend und persönlich gestaltet sein. Und damit die Individualität beim Briefkasten nicht plötzlich aufhört, stellen wir Ihnen hier ein ganz besonders schönes Exemplar dieser Gattung vor. Gebaut wird es aus Lärchenbohlen, die Ihnen ein Schreiner aushobeln kann. Alternativ können Sie auch Kiefer-Leimholz verwenden, das Sie sich im Baumarkt zuschneiden lassen. Als erstes werden die Seitenwände, genau wie Kopf- und Fußplatte, für die Flachdübelverbindung vorbereitet. Ein Winkelschleifer mit Flachdübelvorsatz reicht dabei völlig aus. Als Winkelanschlag dient Ihnen das Reststück einer Platte, das Sie in die Hobelbank einspannen oder mit Schraubzwingen am Tisch befestigen. Wenn Ihnen das Werkzeug zur Flachdübelverbindung fehlt, greifen Sie auf einfache Runddübel zurück. Damit die Löcher dafür gerade werden, benötigen Sie allerdings einen Bohrständer. Nun müssen Sie die oberen Kanten der Seitenteile abrunden. Das fällt mit dem Bandschleifer mit Winkelanschlag nicht weiter schwer. Anschließend werden alle Kanten mit einem 10-mm-Abrundfräser bearbeitet. Das Kugellager des Fräsers stellt sicher, daß auch die Rundung exakt abgetastet wird. Bevor Sie die Teile miteinander verleimen, legen Sie die Position der Anschlagleiste fest und bohren mit Hilfe der Dübellehre 8-mm-Löcher in die Seitenteile und die Leiste. Jetzt noch die Klappenlager und die Briefklappe befestigen – und schon sieht das Werkstück wie ein Briefkasten aus. Die Herstellung der Tür ist durch die Nut- und Feder-Verbindung ein bißchen knifflig.

Weiter auf Seite 90

1 *Die Seitenwände werden mit Kopf- und Bodenplatte verbunden. Dafür fräsen Sie mit dem Winkelschleifer samt Flachdübelvorsatz die Nuten für die Dübel ein. Als Abstandhalter für die Oberkante dient eine 10-mm-Sperrholzplatte, die beim Fräsen einfach untergelegt wird*

2 *Fräsen Sie den hinteren Falz an den Seitenteilen in mehreren Etappen. So vermeiden Sie, daß das Holz splittert. Sicheren Halt findet die Oberfräse im Bohrständer*

Ein Wochenende reicht völlig aus für den Bau

3 Mit Dübelfixen können Sie die Position der Anschlagleiste auf den Seitenteilen ganz einfach festlegen

4 Nun werden alle fünf Teile miteinander verleimt. Verwenden Sie dabei unbedingt wasserfesten Holzleim. Wenn Sie Klemmzwingen benutzen, können Sie auf Holzzulagen verzichten

5 Für den Klappmechanismus lassen Sie die Senkkopf-Gewindeschrauben bündig in die Klappenlager ein. In die Seiten der Briefklappe wird je ein 4 mm starkes Loch eingebracht. Damit es exakt senkrecht wird, müssen Sie die Bohrmaschine in den Bohrständer einspannen

6 Die Klappenlager stecken Sie zusammen mit den Unterlegscheiben auf die Enden der Briefklappe und verleimen die Lager mit den Seitenwänden

7 Nun geht's an den Bau der Tür. Die Feder arbeiten Sie mit einem breiten Nutfräser heraus. Die Nuten werden mit einem Scheiben-Nutfräser eingebracht. Danach fasen Sie die Kanten auf der Sichtseite mit einem V-Nut-Fräser an

8 Zuerst verleimen Sie die drei waagerechten Brettchen, schneiden eine Seite auf 45° zu und fräsen dort eine Feder. Nun die übrigen Stücke verleimen und die Tür nach dem Abbinden auf das endgültige Maß zuschneiden

9 Jetzt wird das Loch für das Briefkasten-Zylinderschloß eingebracht. Benutzen Sie dafür einen passenden Forstner-Boher (hier 20 mm) und den Bohrständer

10 Das Klavierband befestigen Sie zuerst an der Tür und verschrauben es dann im geöffneten Zustand mit dem Boden

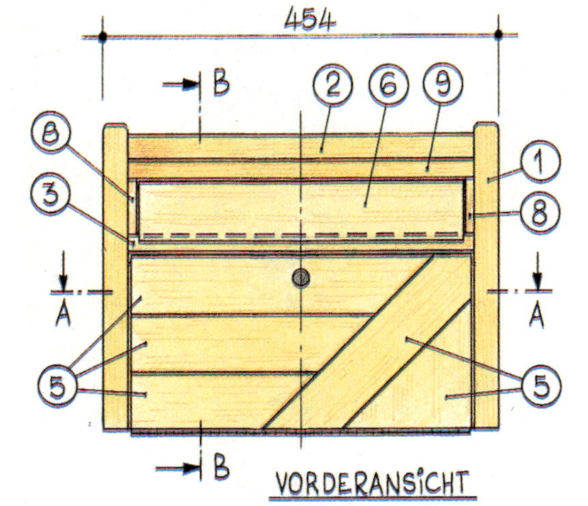

VORDERANSICHT

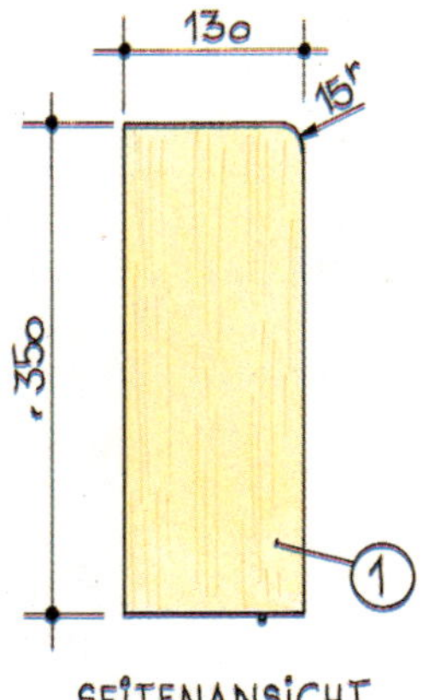

SEITENANSICHT

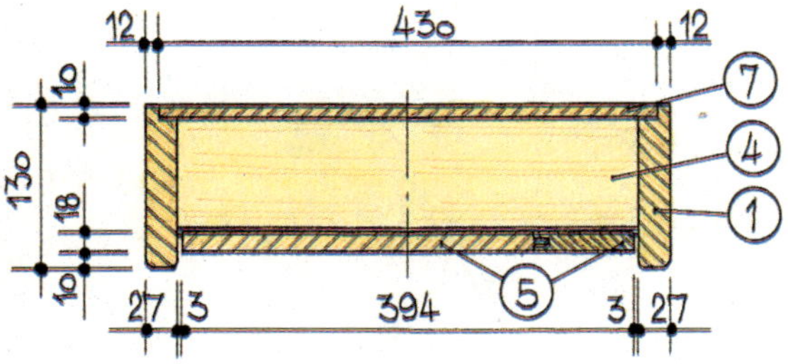

SCHNITT A÷A

In den Zeichnungen und im Einkaufszettel finden Sie alle Maße, die Sie für den Bau des Briefkastens benötigen

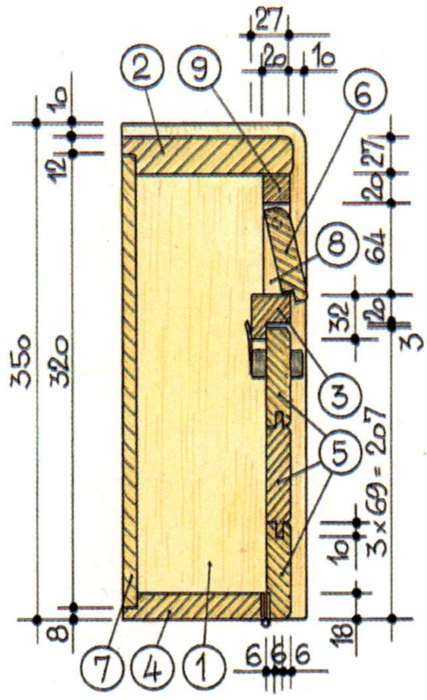

SCHNITT B÷B

EINKAUFSZETTEL

Pos.	Anz.	Bezeichnung	Maße in mm	Material
①	2	Seitenwände	350 x 130	Lärche 27 mm dick
②	1	Kopfplatte	400 x 122	
③	1	Anschlagleiste	400 x 32	
④	1	Bodenplatte	400 x 100	Lärche 18 mm dick
⑤	1	Tür	394 x 207*	
⑥	1	Briefklappe	377 x 66	
⑦	1	Rückwand	430 x 320	Sperrholz 10 mm
⑧	2	Klappenlager	64 lang	Lärche 20 x 10 mm
⑨	1	Frontleiste	400 lang	Lärche 20 x 20 mm

* = aus mehreren Brettern zusammengesetzt

2 Senkkopf-Gewindeschrauben M4 x 40 mm mit Scheiben; 1 Klavierband, 32 mm geöffnet, 390 mm lang; 1 Briefkasten-Zylinderschloß; Flachdübel; Holzdübel; Spanplatten-Schrauben; wasserfester Holzleim.

Materialkosten rund 55 Mark

Der Mühe Lohn: Der Briefkasten ist fertig. Beim farbigen Gestalten des Kastens kommt es ganz auf Ihren Geschmack an. Wetterfest muß der Lack oder die Lasur in jedem Fall sein

Wetterfester Lack hält den Briefkasten fit

Erst schneiden Sie das Dreieck zu, danach alle weiteren Brettchen. Diese am besten etwas länger lassen und erst nach dem Verleimen auf das genaue Maß kürzen. Nachdem Sie alle Nuten und Federn gefräst haben, werden die Sichtkanten der Vorderseite mit einem V-Nut-Fräser gebrochen. Den 45°-Winkel der waagerechten Bretter reißen Sie an und schneiden ihn mit der Stichsäge zu. Die Schnittkanten werden mit Feile oder Hobel geglättet. Anschließend fräsen Sie die Feder. Das Dreieck versehen Sie ebenfalls mit einer Feder, während das mittlere Teil zwei Nuten bekommt. Haben Sie die Tür auf ihr Endmaß zugeschnitten, bringen Sie mit einem breiten Nutfräser den Falz für das Klavierband ein. Das Loch für das Zylinderschloß wird mit einem Forstner-Bohrer eingebracht. Die Größe richtet sich dabei nach dem Schloß-Durchmesser. Zuletzt montieren Sie Tür und Klavierband am Boden und setzen die Rückwand ein.

Verbleibt nur noch die Frage, in welchen Farben Sie Ihren neuen Briefkasten gestalten möchten. Wichtig ist vor allem die Witterungsbeständigkeit der Farbe, damit Sie und Ihr Briefträger auch noch lange Zeit Freude an dem Schmuckstück haben. □

Am Wochenende gebaut und am Montag morgen schon in Gebrauch

1 Mit Säge und Gehrungslade alle Bretter präzise auf Maß schneiden (siehe Zeichnung)

2 Alle zugeschnittenen Bretter mit Leim verbinden und dann mit Klebestreifen fixieren

3 Die Diagonalbretter nacheinander mit dem Akku-Schrauber an der Unterseite befestigen

4 Zum Schluß montieren Sie die vier beweglichen Möbelrollen auf den Diagonalstreben

Für Kübelpflanzen & Co

Mobiler Untersatz

Oft sind größere Blumenkübel allein schon durch ihre eigene Masse so schwer, daß sie sich kaum noch transportieren lassen. Kommt das Gewicht der Pflanzen und der Erde noch hinzu, wird das Bewegen fast unmöglich. Abhilfe schafft hier ein Untersetzer mit beweglichen Möbelrollen, der schnell angefertigt ist. Zudem wirkt unser praktisches Rollbrett durch seine auf Gehrung geschnittenen Einzelteile auch sehr dekorativ.

Noch ein kleiner Tip zur Holzbearbeitung: Alle Kanten der Gehrungen wurden mit einem Hobel gebrochen. Wir haben als Material Rote Zeder genommen – so ist der mobile Untersatz ohne Oberflächenbehandlung auch für Garten oder Terrasse geeignet. Sie können statt dessen aber auch druckimprägnierte Kiefer verwenden. □

Materialliste:
Rote Zeder, 89 x 21 mm: ca. 3,5 lfdm (Maße nach Zeichnung)
Dazu: 4 bewegliche Möbelrollen mit Platte, 47 x 47 mm, Bauhöhe ca. 40 mm; Spanplatten-Schrauben; wasserfester Holzleim.

Werkzeug:
Gehrungslade, Hobel, Feinsäge oder Fuchsschwanz, Akku-Bohrschrauber

Materialkosten:
rund 50 Mark

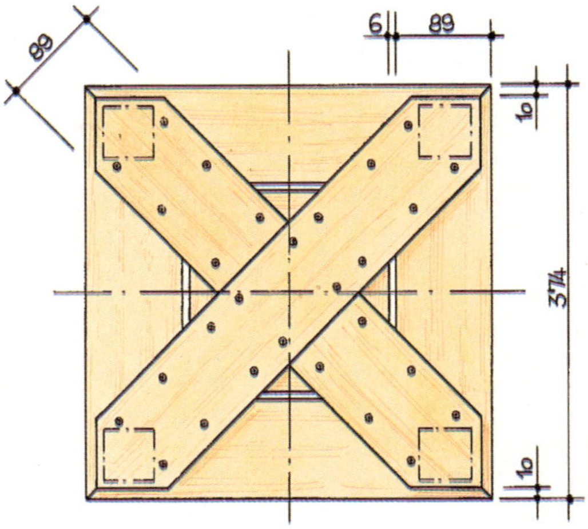

ANSICHT VON UNTEN

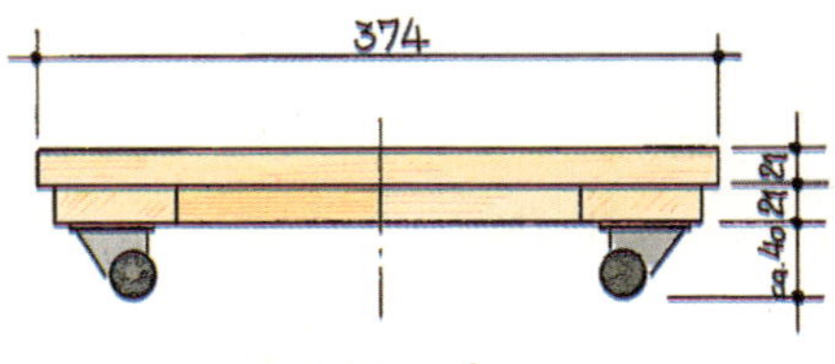

VORDERANSICHT

ALLEN JONE
GRAFIKAUSSTELLUNG SEPT - OKT
GALERIE BURKHARD H EIKELMA
4300 ESSEN ISENBERGPLATZ EMILIENSTRA

Stein oder nicht Stein ...

... das ist hier die Frage. Die Antwort bekommen Sie, sobald Sie unsere schmucke Säule anheben. Spätestens am Gewicht merkt man, daß der Werkstoff MDF und nicht Granit heißt

Anders als ihr antikes Vorbild besteht unsere Säule nicht aus Stein, sondern aus mitteldichter Faserplatte (MDF). Der Eindruck einer Granitoberfläche wird durch einen speziellen Sprühlack erzeugt, den Sie in Baumärkten erhalten. Dort finden Sie auch den Werkstoff MDF, den Sie sich gleich nach den im Einkaufszettel angegebenen Maßen zuschneiden lassen können. Da außer dem Akku-Schrauber und ggf. einer Oberfräse kein Werkzeug benötigt wird, ist unsere Säule auch für Einsteiger mit kleiner Ausstattung gut geeignet. Beachten Sie, daß die angefasten Kanten der Kopf- und Bodenplatten vor demLackieren mit einer speziellen Isolierung abgesperrt werden müssen, um ein übermäßiges Aufsaugen der Farbe zu verhindern. Wer ein künstlerisches ‚Händchen' hat, kann die Oberfläche der Säule auch marmorieren oder Krakelee-Strukturen mit einem feinen Pinsel aufmalen. □

1 *Die Seitenwände werden unter Leimzugabe miteinander verschraubt. Leisten verdecken später die stumpfe Verbindung*

2 *Die Kanten der Boden- und Kopfplatten mit Oberfräse oder Raspel anfasen, die Teile verleimen und mittig verschrauben*

3 *Hier wird der Korpus auf die Bodenplatte gestülpt. Die Kopfplatte ebenfalls mit Leim bestreichen und obenauf setzen*

4 *Nach dem Abbinden des Leims die Eck- und Zierleisten in regelmäßigen Abständen mit kleinen Metallstiften anbringen*

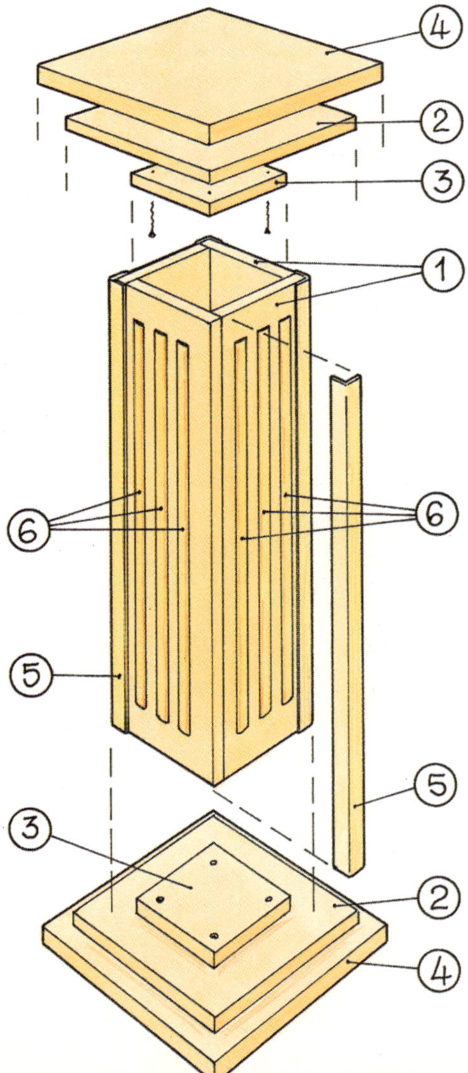

Der Aufbau unserer Blumensäule ist denkbar einfach. Bis auf die Eck- und Zierleisten werden alle Teile miteinander verleimt und anschließend verschraubt

Zum Schluß bekommt unsere Säule noch die granitartige Oberfläche. Versiegelt wird diese mit einer dicken Schicht Klarlack

EINKAUFSZETTEL

Pos.	Anz.	Bezeichnung	Maße in mm	Material
①	4	Seitenwände	580 x 131	MDF 19 mm dick
②	2	Zwischenplatten	210 x 210	
③	2	Führungsplatten	111 x 111	
④	2	Boden-/Kopfplatte	270 x 270	MDF 28 mm dick
⑤	4	Eckleisten	580 lang	Kiefer 25 x 5 mm
⑥	12	Zierleisten	500 lang	Kiefer 20 x 5 mm

Spanplatten-Schrauben; wasserfester Holzleim.
Materialkosten rund 50 Mark

Pflanzgefäße im

Jugend-Stil

Ihren Vorbildern um die Jahrhundertwende nachempfunden sind die beiden formalen Pflanzgefäße: Blumenständer und -ampel. Aus einfachen Leisten gefertigt, wirken sie dennoch stilvoll

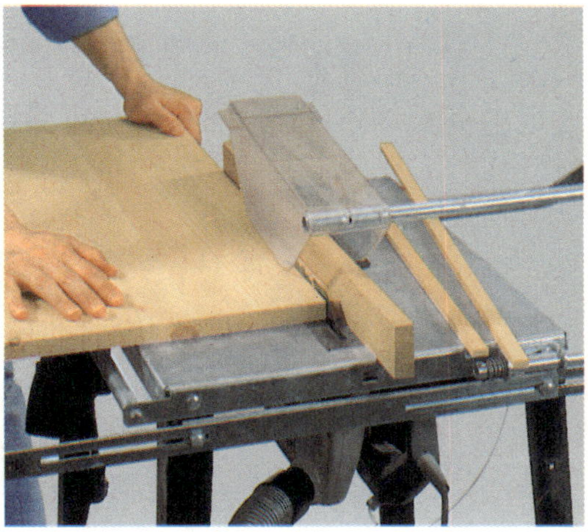

1 *Wer sich die Leisten selbst zuschneiden möchte – hier aus 18 mm Leimholz –, sollte über einen Sägetisch verfügen*

2 *Zum Abrichten bietet sich eine solche Dickenhobel-Einrichtung für den Elektrohobel an. In dem Fall ist eine Maßzugabe erforderlich*

Die Kunst liegt in der Beschränkung, heißt es nicht zu Unrecht. Bestes Beispiel sind unsere formschönen Pflanzgefäße: ein filigraner Blumenständer und die dazu passende Hängeampel. Selbst Einsteiger können sich an den Nachbau wagen, so simpel ist die Konstruktion. Allerdings empfiehlt es sich in diesem Fall, fertige Leisten aus dem Baumarkt zu verwenden. Das Zuschneiden aus einer Leimholzplatte und das Abrichten (Fotos 1, 2) erfordert nämlich etwas Übung. Außerdem lohnt sich die Anschaffung einer Dickenhobel-Einrichtung nur dann, wenn man sie häufig einsetzt, also auf keinen Fall für kleine Projekte wie dieses. Unsere Preisangaben im Einkaufszettel beziehen sich jedoch auf die Verwendung von Kiefer-Leimholz, das selbst zugeschnitten wird, nicht auf fertig gekaufte Leisten!

Beim Einsatz der Dickenhobel-Einrichtung ist eine geringe Maßzugabe erforderlich, um auf das angegebene Endmaß zu kommen. Die Zapfenlöcher in den Eckstützen bringt man mit der in den Bohrständer eingespannten Oberfräse und einem Nutfräser ein. Zunächst werden mehrere Löcher nebeneinander eingefräst und dann durch Verschieben des Pfostens zu einem Langloch aufgefräst. Die Querstreben hingegen werden mit einem einseitigen Zapfen versehen. Dabei ist die in Foto 4 abgebildete Zuführlade unerläßlich. Sie klemmt das zu bearbeitende Stück ein. Durch Vorschieben der Lade wird dann der erforderliche Hochkantschnitt ausgeführt.

3 *Die Zapfenlöcher mit einem Nutfräser (10 mm) in die Eckstützen einbringen. Dazu die Oberfräse in den Bohrständer spannen, mehrere Löcher nebeneinander setzen und zum Langloch auffräsen oder -stemmen*

4 *Die Querzargen werden mit einem einseitigen Zapfen versehen. Der dazu erforderliche Einschnitt ist nur mit einer solchen Zuführlade gefahrlos einzubringen*

Nach dem Schleifen kann man das Gerüst aus Eckstützen, Querstreben und Bodenplatte wasserfest verleimen. Klemmzwingen mit Korkunterlagen sorgen für den nötigen Druck

Jugend-Stil

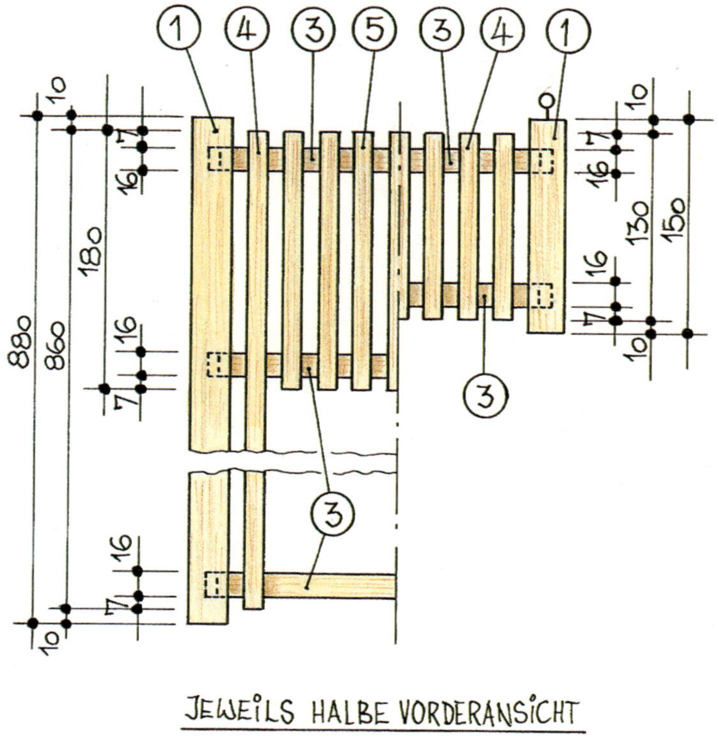

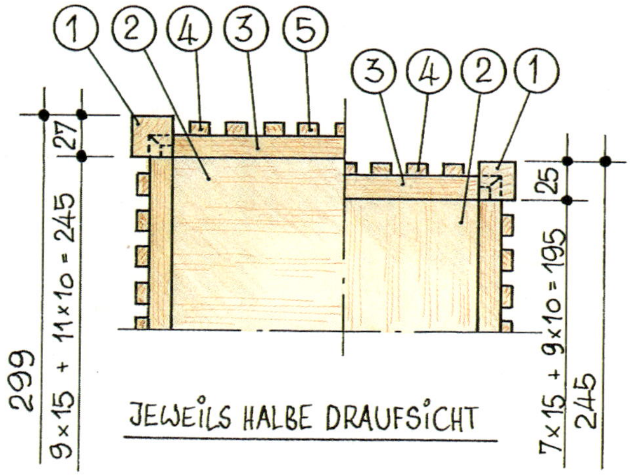

Für den Anstrich haben wir ein offenporiges, wasserabweisendes Produkt verwendet. Mit seinem hohen Naturöl-Anteil dringt es tief in das Holz ein und verbindet sich mit der Holzoberfläche. Deshalb reißt dieser Anstrich nicht und blättert auch nicht ab. Dennoch sollten Sie die Pflanzgefäße keinesfalls der Staunässe aussetzen. Es empfiehlt sich, die Bodenplatte zusätzlich mit einem Untersatz oder einer Folie zu schützen, falls die Pflanzen ohne Übertopf in den Ständer oder die Hängeampel gestellt werden. Selbstverständlich lassen sich nach demselben Konstruktionsprinzip auch größere Pflanzgefäße für Terrasse oder Balkon herstellen. In dem Fall sollten Sie allerdings auf witterungsbeständige Hölzer zurückgreifen. □

EINKAUFSZETTEL

Pos.	Anz.	Bezeichnung	Maße in mm	Material
		BLUMENSTÄNDER		
①	4	Eckstützen	880 lang	Kiefer 27 x 27 mm
②	1	Bodenplatte	245 x 245	Kiefer 16 mm dick
③	12	Querstreben	277 lang	Kiefer 16 x 16 mm
④	8	Gitterleisten	860 lang	Kiefer 15 x 8 mm
⑤	28	Gitterleisten	180 lang	
		BLUMENAMPEL		
①	4	Eckstützen	150 lang	Kiefer 25 x 25 mm
②	1	Bodenplatte	195 x 195	Kiefer 16 mm dick
③	8	Querstreben	227 lang	Kiefer 16 x 16 mm
④	28	Gitterstreben	130 lang	Kiefer 15 x 8 mm

Spanplatten-Schrauben; Schraubösen; wasserfester Holzleim.
Materialkosten (Blumenständer) rund 30 Mark
Materialkosten (Blumenampel) rund 20 Mark

Kontakt: Farbe: OSMO, Postfach 6340, 48033 Münster, Telefon 0251/692-0

5 *Das ‚Absetzen' des Zapfens wird dann am Queranschlag des Sägetischs vorgenommen. Anschließend schrägt man die Zapfen auf 45° ab*

6 *Die Bodenplatte wird mit Flachdübeln an den Querstreben fixiert – mit dem Winkelschleifer und einem entsprechenden Flachdübel-Vorsatz kein Problem*

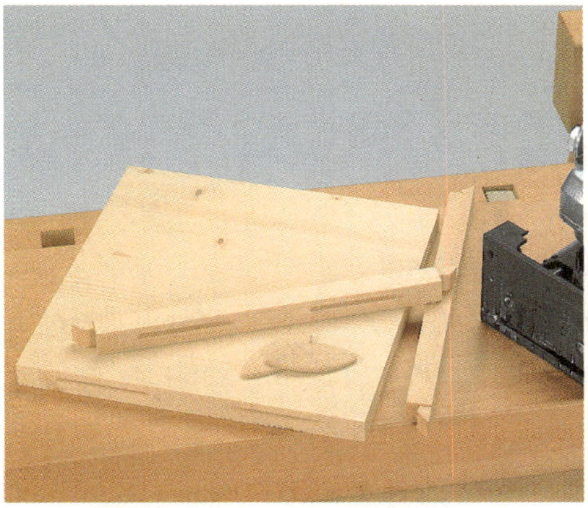

7 *Die Gitterleisten fixiert man mit kleinen Spanplatten-Schrauben. Die Leisten unbedingt vorbohren! Eine 10-mm-Leiste dient als Abstandshalter*

8 *Die Blumenampel ist von der Konstruktion her völlig identisch mit dem Blumenständer. Hier müssen lediglich Schraubösen in die Pfosten eingedreht werden*

9 *Für die Oberflächenbehandlung haben wir ein umweltfreundliches und zugleich widerstandsfähiges Produkt verwendet. Es läßt sich hervorragend verarbeiten*

Ein Ruheplatz für müde Füße: die Fußbank aus Birken-Sperrholz

Omas Fußbänkchen

Praktische Dinge, die seit vielen Jahrenzehnten bekannt sind, verschwinden manchmal in der Versenkung, obwohl sie von gutem Nutzen sind. So geschehen mit Großmutters Fußbänkchen, das erst in letzter Zeit wieder eine Renaissance erlebt.

Wir haben unser Fußbänkchen aus Birken-Sperrholz gefertigt, 15 und 10 mm dick. Die Konturen der Bankwangen und der Kantenbretter mit Bleistift auf das Holz aufzeichnen und anschließend sorgfältig mit der Stichsäge ausschneiden. Alle Bohrungen (siehe Zeichnung) für die Dübel herstellen und anschließend das Griffloch ausschneiden. Zuerst die Fußplatte unter Leimangabe mit den Bankwangen verdübeln, dann beidseitig die Kantenbretter befestigen.

Zur Oberflächenbehandlung eignet sich beim Fußbänkchen ein Wachsauftrag oder ein Überzug mit Klarlack

Material:
15-mm-Birken-Sperrholz:
1 Fußplatte, 320 x 190 mm;
2 Bankwangen, 190 x 120 mm. 10-mm-Birken-Sperrholz: 2 Kantenbretter, 320 x 45 mm.
Holzdübe, ∅ 8 x 40 mm;
Holzleim.

Werkzeug:
Stichsäge; Bohrmaschine; Hammer; Schleifpapier

Materialkosten:
ca. 15 Mark

Kapitel 6

Vom Stehpult bis zum Designer-Stück

Für den Nachbau der Möbelstücke, die wir Ihnen in diesem Kapitel vorstellen, reicht ein Wochenende bestimmt nicht. Von Vorteil wären außerdem eine gut bestückte Werkstatt und ein gewisses Maß an heimwerkerischer Erfahrung

INHALT

PROFI-Thema

Zeigen Sie Stehvermögen

Stehpult

1 Alle verleimten Verbindungen werden zusätzlich durch Dübel verstärkt. Dübellehre, Markierspitzen und Tiefenanschlag am Bohrer sind Voraussetzung für ein präzises Arbeitsergebnis

2 Die vorgefertigten Elemente vor dem Zusammenbau: beide Seitenteile mit Stollen, Seitenwänden und Querzargen, die Längszarge, Zwischenboden mit Versteifungen und oberer Zwischenboden mit Rückwand

3 So sieht das Untergestell nach dem Zusammenbau der in Bild 2 vorgefertigten Teile aus. Während des Leimabbindens fixieren Schraubzwingen (mit Zulagen) oder Spannbänder die einzelnen Elemente

4 Als nächster Schritt erfolgt die Montage der Arbeitsplatte. An ihr sind bereits die Kippleisten (11) und die Querleiste (9) befestigt. Die zusammengebaute große Schublade wird jetzt auf Gängigkeit geprüft

5 Die Kurven der beiden oberen Seitenwände sind exakte Viertelkreise. Geschnitten werden sie mit einer Stichsäge (mit Kurvenblatt, ohne Pendelhub) entlang der zuvor mit einem Zirkel aufgezeichneten Markierung

6 Bei langen Schnitten mit einem Kurvenblatt kann es vorkommem, daß die Schnittfläche nicht besonders ansehnlich wird. Eine Nachbearbeitung mit der eingespannten Schleifwalze löst dieses Problem leicht

7 Um die Lauffähigkeit der oberen kleinen Schubladen zu erhöhen, werden im Bereich ihrer jeweiligen Seitenwände selbstklebende Umleimerstreifen aufgebügelt

Sie wollten schon immer mal Ihre Korrespondenz im Stehen erledigen? Bitte schön, wir liefern Ihnen dazu hier den passenden Bauvorschlag.

Wie meist bei unseren anderen Möbelthemen auch, sollten Sie über die Möglichkeit verfügen, lange Sägeschnitte präzise auszuführen.

Besonders angebracht ist dies bei den vier Stollen, von denen jeder aus drei Lagen des 18 mm dicken Leimholzes besteht. So ergibt sich ein quadratischer Querschnitt von 54 mm Kantenlänge, da auch die Materialbreite diesem Maß entspricht. Den weiteren Aufbau entnehmen Sie bitte der Explosions-Zeichnung auf der nächsten Seite.

Die Rückwand (23) ist so bemessen, daß sie umlaufend eingefalzt und so an den Trägerteilen auch fixiert werden kann. Der Zwischenboden (4) erhält auf der Unterseite zwei Versteifungsleisten. Sie verhindern, daß sich der Boden durchbiegt (‚schüsselt').

Nach der Fertigstellung fehlen zur Einweihung nur noch die diversen Schreib-Utensilien – und schon geht's los. □

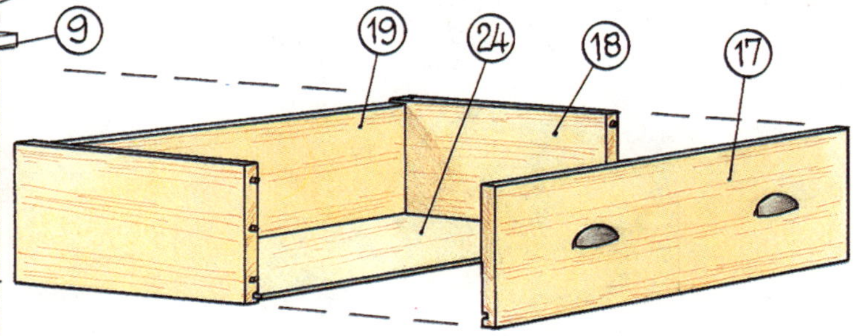

Die Rückwand der großen Schublade (unten) ist etwas niedriger als die beiden Seitenwände. So wird ein Scheuern an der Querleiste (9) weitgehend verhindert

Der Schubladenboden ist in den beiden Seitenwänden und der Schubladenfront eingenutet. Er wird unter der Rückwand durchgeschoben und durch Nägel oder kleine Schrauben an ihr fixiert

Jetzt fehlen nur noch die Kopfplatte (16) die Rückwand (23) und die vier Schubladen. Dann geht es an die Oberflächenbehandlung. Wie immer Sie dieses Möbel behandeln wollen – ob deckend oder transparent –, beginnen Sie mit Einlaßgrund und schließen Sie mit zwei Endanstrichen ab. Vergessen Sie aber nicht die Zwischenschliffe

Kontakte: Holz: O. A. Lüghausen KG – 1001, Wilhelmstr. 146, 53721 Siegburg; Buche-Landhausdielen, Step 7000: Parador; Accessoires: Ikea

EINKAUFSZETTEL

Pos.	Anz.	Bezeichnung	Maße in mm	Material
①	4	Stollen	982 x 54 *	Fichte-Leimholz 18 mm dick
②	1	Längszarge	564 x 50	
③	2	Querzargen	277 x 50	
④	1	Zwischenboden	636 x 349	
⑤	2	Versteifungen	300 x 35	
⑥	1	Zwischenboden	600 x 349	
⑦	1	Rückwand	564 x 200	
⑧	2	Seitenwände	277 x 200	
⑨	1	Querleiste	564 x 54	
⑩	2	Führungsleisten	277 x 18	
⑪	2	Kippleisten	295 x 18	
⑫	1	Arbeitsplatte	700 x 400	
⑬	2	Seitenwände	385 x 280	
⑭	1	Zwischenboden	636 x 186	
⑮	2	Zwischenstege	186 x 80	
⑯	1	Kopfplatte	700 x 200	
⑰	1	Schubladenfront	560 x 160	
⑱	2	Seitenwände	321 x 160	
⑲	1	Rückwand	524 x 143	
⑳	3	Schubladenfronten	196 x 77	
㉑	6	Seitenwände	158 x 77	
㉒	3	Rückwände	160 x 63	
㉓	1	Rückwand	654 x 298	Kiefer-Sperrholz 4 mm dick
㉔	1	Schubladenboden	542 x 330	
㉕	3	Schubladenböden	178 x 167	

* bestehen aus je drei Lagen 18-mm-Leimholz;

5 Muschelgriffe; Umleimerstreifen zum Aufbügeln (Schubladen-Laufhilfen); Spanplatten-Schrauben; Holzdübel; Holzleim.

Materialkosten rund 280 Mark.

Praktisch, schön, extravagant

Couchtische à la carte

Aus dem einen läßt sich das Heimkino herausklappen, der andere stellt Schönes oder Seltenes in seiner Lade unter Glas zur Schau, und der dritte zeigt vorwitzig vier verschiedene Beine

Dieser Tisch enthält Fernsehen im Kinoformat

Einen Diaprojektor kennen Sie. Stellen Sie sich vor, statt eines Dias befindet sich darin ein durchsichtiger Minibildschirm mit einem bewegten LCD-Bild. Also eins, das wie eine Taschenrechneranzeige aufgebaut ist, bloß viel feiner und in Farbe. So funktioniert ein Videoprojektor. Die Apparate sind nun nicht mehr nur für Präsentationen oder Kinos, sondern allmählich auch zum Privatgebrauch attraktiv. Immerhin bietet das von uns gewählte Modell für knapp 3000 Mark bereits bei dreieinhalb Metern Abstand zur Wand eine Bilddiagonale von mehr als zwei Metern. Zusammen mit einem Videorecorder, der nicht nur für die Filmwiedergabe, sondern auch den Fernsehempfang zuständig ist, bekommt der Fernsehabend so ganz neue Dimensionen. Wir haben uns das dafür passende Möbel ausgedacht. Alles was Sie sonst noch für den Kinoabend daheim brauchen, sind eine weiße Wand, den nötigen Abstand, kühle Getränke und ein paar nette Freunde. Und Stichsäge sowie Bohrmaschine und ein wenig Geschick ...

2 Die Dübellöcher mit Dübellehre und Tiefenanschlag einbohren, die Gegenlöcher mit Dübelfixen markieren und in der gleichen Weise einbringen. Den Knopf haben wir im Baumarkt erstanden

1 Schneiden Sie zuerst aus Buche-Systemrahmen die Rohlinge der Beine zu. Dann aus Hartfaserplatte die Schablone für die Beinform fertigen. Bohren Sie die Dübellöcher und schneiden die Innenseiten der Beine zu

3 Bauen Sie als nächstes das Innere des Tischkastens auf der Bodenplatte auf. Achtung: nur stecken, noch nicht leimen, ...

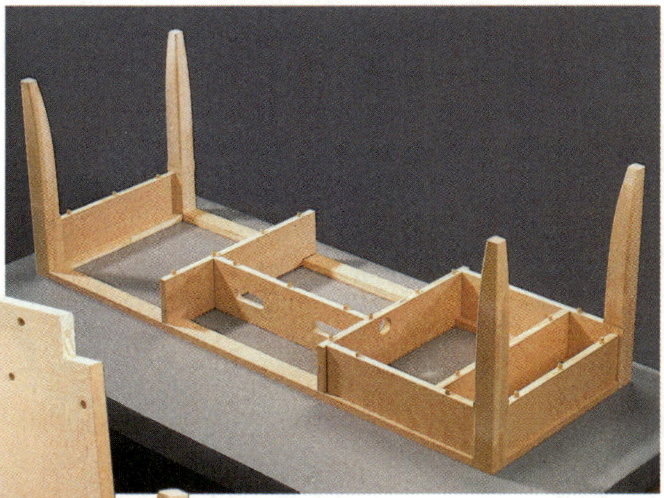

4 ... denn zuerst bauen Sie die Zarge. Ist der Leim trocken, Zwischenwände einsetzen und verleimen. Im Bild rechts das Projektorfach, in der Mitte das für den Recorder

5 Nun legen Sie die Bodenplatte auf. Lohn für exakte Arbeit: Jedes Dübelloch sitzt! Links zu sehen: Die Laufleisten der beiden Schubladen

Die beiden aufgeleimten Anschlagklötzchen verhindern, daß die Schubladen (vorne in der Zeichnung) unkontrolliert durchgeschoben werden können

8 *Schneiden Sie eine 4-mm-Leichtmetallplatte (21 x 21 cm) so zu, daß sich der Bügel des Projektor-Höheneinstellers noch benutzen läßt. Zwei Löcher einbohren: ins obere eine Schraube eindrehen und glattfeilen. Diese greift in eine Vertiefung im Gerät und hält es in Position. In das untere das Gerät mittels Mutter im Gewinde des Gerätebodens verschrauben. Klavierband an die Platte nieten und auf die Klappe schrauben. Der Projektor wird so beim Schließen der Klappe vorn von zwei gekröpften Schubriegeln gehalten*

6 *Tischplatte und Klappe zusägen, dann mit 30-mm-Forstnerbohrer und Stechbeitel die Vertiefungen für die Nähtischscharniere einlassen. Am besten zuerst an einem Abfallstück probieren!*

7 *Auf der Klappenunterseite wird der Projektor so befestigt, daß er beim Schließen neben dem Videokassettenfach verschwindet, sich in der Höhe verstellen und abnehmen läßt*

EINKAUFSZETTEL

Pos.	Anz.	Bezeichnung	Maße in mm	Material
①	4	Tischbeine	500 lang	Buche 52 x 52 mm
②	1	Tischplatte	1000 x 600	Buche-Tischlerplatte
③	1	Klappe	600 x 500	19 mm dick
④	1	Bodenplatte	1404 x 504	
⑤	2	Längszargen	1300 x 52	
⑥	2	Querzargen	400 x 52	
⑦	2	Querzargen	400 x 110	
⑧	2	Längszargen	400 x 110	
⑨	1	Querzarge	442 x 129	
⑩	2	Querzargen	504 x 129	
⑪	1	Längszarge	462 x 129	
⑫	2	Frontblenden	396 x 104	
⑬	4	Seitenteile	211 x 104	
⑭	2	Rückwände	358 x 87	
⑮	2	Böden	376 x 220	Sperrholz 4 mm dick

1 Führungsleiste 21 x 21 x 400 mm lang, Buche; 2 Anschlagklötzchen 25 x 20 x 10 mm; 2 Laufleisten 25 x 3 x 440 mm lang; 2 Möbelknöpfe ∅35 x 25 mm; 2 Nähtisch-Scharniere, Messing, einschl. Befestigungsmaterial; Spanplatten-Schrauben; Holzdübel ∅8 x 30 mm; Holzleim. ***Materialkosten rund 330 Mark***

Kontakte Sharp-Videoprojektor, Universum-Videorecorder: Quelle, Postfach 4000, 90717 Fürth, 0180/331 00. Möbel, Leuchten, Teppiche, Accessoires: Ikea-Einrichtungshäuser, 0180/551 52. Glasplatte: VGG Glashandel Köln, Bonner Straße 242, 50968 Köln, 0221/38 05 64. Systemrahmen Buche, Kiefer: Lüghausen, Wilhelmstraße 146, 53721 Siegburg, 02241/543-0. Fliesen: Jasba, Im Petersborn 2, 56244 Ötzingen, 02602/682-0

Erschaffen Sie sich unter der Glasplatte Ihre eigene Welt ...

Es gibt Sachen, die lassen sich einfach nicht an die Wand hängen. Dabei hätten Sie's nun wirklich verdient. Für alle, die solche schönen Erinnerungen oder kostbaren Sammlerstücke stilvoll präsentieren möchten, haben wir den Vitrinentisch entworfen, der einfach nachzubauen ist. Die flache Schublade unter der Glasplatte läßt sich nach beiden Seiten öffnen und gibt Ihrer Phantasie die richtige Bühne.

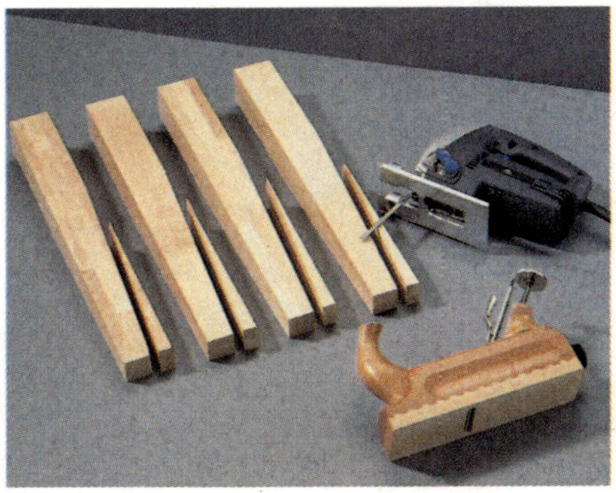

1 *Hobeln Sie falls nötig die Buche-Systemrahmen, die wir für die Beine verwendet haben, quadratisch. Schrägen Sie dann die Innenseiten der Beine mit der Stichsäge an*

2 *Die Außenkanten sollten Sie mit der Oberfräse ein wenig abrunden, nachdem Sie die Löcher für die Dübel gebohrt haben*

3 *So ist die Zarge zusammengesetzt. Arbeiten Sie beim Bohren der Löcher stets mit Dübellehre und Tiefenanschlag*

4 *Bestreichen Sie die Steckverbindungen mit Leim und fügen das Gestell zusammen. Pressen Sie es am besten über Nacht mit Zwingen und Spanngurt zusammen*

5 *Die Nuten mittels Oberfräse und Nutfräser einschneiden. Damit der Schubladenboden nicht durchhängt, haben wir ihn aus 6-mm-Sperrholz gebaut*

6 *Tisch feucht abreiben und trocknen lassen. Mit 220er Papier handschleifen. Mit Füllgrund streichen. Erneut schleifen. Antikwachs auftragen und mit der Wurzelbürste glätten*

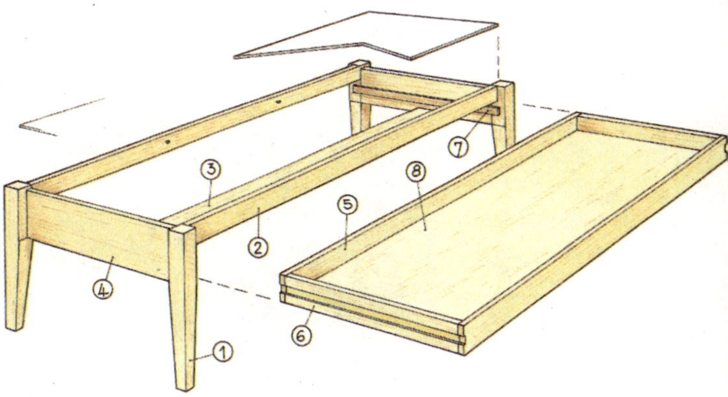

Ein Tip noch zum Schluß: Damit diese extrem breite Schublade gut gleitet, sollten Sie Nuten und Laufleisten mit Wachs einreiben

EINKAUFSZETTEL

Pos.	Anz.	Bezeichnung	Maße in mm	Material
①	4	Tischbeine	450 lang	Buche 52 x 52 mm
②	2	Längszargen	1100 x 50	Buche-TiPla
③	1	Längszarge	1100 x 80	19 mm dick
④	2	Querzarge	500 x 145	
⑤	2	Längszargen	1096 x 80	
⑥	2	Querzargen	500 x 80	
⑦	2	Laufleisten	538 lang	Buche 22 x 9 mm
⑧	1	Schubladenboden	1076 x 518	Sperrholz 6 mm dick

1 Glasplatte (Planilux) 8 mm dick, 1180 x 498 mm; 4 Bodenträger; Umleimer; Spanplatten-Schrauben; Holzdübel ∅8 x 30 mm; Holzleim.

Materialkosten (ohne Glasplatte) ***rund 160 Mark***

Absurd? Verrückt? Komisch? Auf jeden Fall gedrechselt

Es muß nicht immer altdeutsch werden, wenn Drechseln ins Spiel kommt. Ein wenig zum Schmunzeln bringen wollen wir Sie und Ihre Gäste mit diesem gemütlichen Couchtisch. Und um Ihre Phantasie anzuregen, haben wir nicht nur vier verschiedene Beine daruntergeschraubt, sondern auch gleich zwei Platten entworfen. Aber natürlich können Sie auch alles ganz anders machen ... □

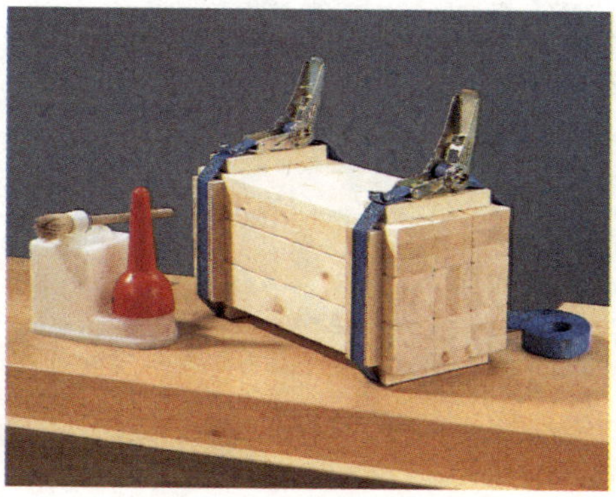

1 Leimen und spannen Sie neun auf Länge gesägte Kiefer-Systemrahmen über Nacht zusammen. Zulagen (mit Doppelklebeband fixieren) nicht vergessen

2 Durchmesser einzeichnen und Block bis an den Kreis rundhobeln. Das Loch für die Vierzackspitze wegen der Werkstücklänge mit dem Forstnerbohrer tiefer einbohren

3 Dann mit der Schruppröhre zylindrisch auf den maximalen Durchmesser drehen, mit Außentaster kontrollieren. Mittels Abstechstahl die schmalste Stelle markieren

4 Vor dem Drechseln mit Bleistift die vorstehenden Stellen des Drechselmusters und mit dem Meißel die Einschnitte markieren. Die Profile bestimmen Sie nach Wunsch

Die Beine werden von oben unter die auf Gehrung geschnittenen Rahmenbretter geschraubt. Danach von unten die fertige Tischplatte festschrauben

Tip: Die Fliesen sollten mindestens die Abriebklasse III haben, damit Ihr Tisch Kollisionen ohne Macken übersteht

5 Wir haben Beine und Kantenleisten grau gebeizt und mit Porenpaste eingerieben. Die Maserung tritt hervor, wenn Sie mit feinem Sandpapier nachschleifen

6 Fläche und Innenrand doppelt klarlackieren. Fliesenkleber nach und nach mit Zahnspachtel auftragen, Fliesen mit Abstandskreuzen fixieren und dann verfugen

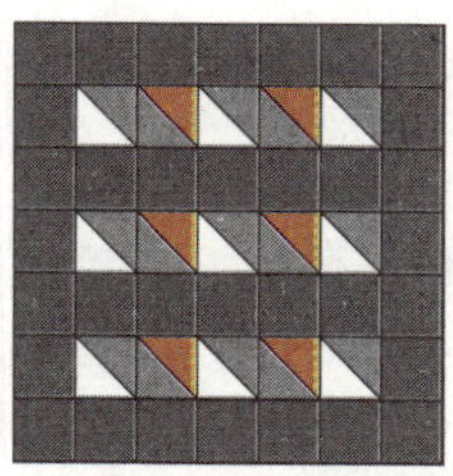

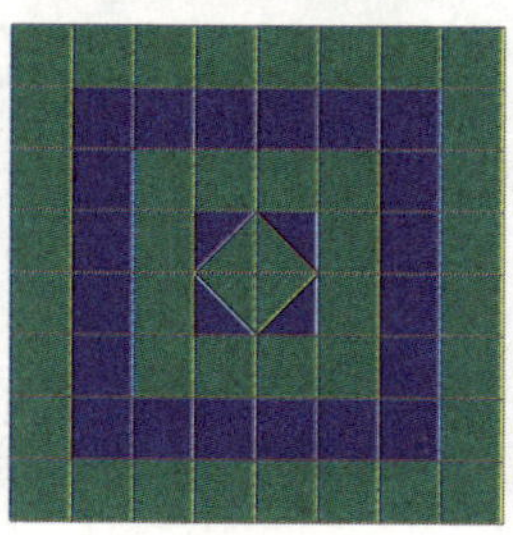

Materialliste

aus Systemrahmen (Kiefer 56 x 56 mm), 9x je Tischbein
4 Tischbeine 400 mm lang;

Spanplatten 19 mm dick
1 Tischplatte 840 x 840 mm*;
4 Rahmenbretter 840 x 180 mm*;

Kiefer 50 x 15 mm
4 Kantenleisten 870* mm lang;
(* Maße für größere Plattenvariante!)

dazu: ca. 0,7 m² Fliesen, Kleber, Fugenmasse; Spanplatten-Schrauben; Holzleim.

Materialkosten:
(ohne Fliesen und Kleber) rund 300 Mark

junges WOHNEN

Variable Elemente zum Spielen, zum Stapeln, zum Drehen

Möbel-Zaub

Mobil sein, heißt die Devise, die Dinge nach Lust und Laune verändern, mit Möbeln und Accessoires spielen und neue Wohnsituationen schaffen. Genau dazu laden unsere Kombimöbel ein

Für alle, die das Stapelprinzip zwar toll, das ‚Outfit' unserer Möbel aber allzu schrill finden, gibt es eine Nobel-Variante aus Buche, Glas und Edelstahl. Die stellen wir Ihnen auf Seite 113 vor

Zugegeben, neu ist die Idee nicht, aber phantastisch umgesetzt – und bezahlbar. Namhafte Möbelhersteller verdienen sich ‚eine goldene Nase' mit ihren System- und Stapelmöbeln, bei uns kommen Sie viel preiswerter dran – und das Design ist weitaus origineller.

Der Grundgedanke unserer Designerin war, verschiedene Einzel-Elemente zu kreieren, die sich ganz nach Bedarf und Situation ohne großen Aufwand umstellen, anbauen, variieren und erweitern lassen. Mal frei im Raum, mal an der Wand lang, mal als Barschrank mit ausziehbaremTablett, mal als Schreibplatz mit integrierter Arbeitsplatte. Mit Zierblenden in Zickzack- oder Bogenform oder auch ganz ohne. In schrillen Farben oder ganz puristisch im Edellook. Als Grundmaterial haben wir in allen Fällen Dreischichtplatten in Buche natur verwendet, für Tisch- und Tablettbeine massives Buchenholz. Wer von vornherein weiß, daß er die Möbel farbig lackieren wird, kann auch auf preiswertere Materialien wie beispielsweise Tischlerplatte ausweichen. Diese hat zudem

Klein, aber oho: Die Mini-Bar kann sich sehen lassen – zumindest, was die Optik betrifft. Für den Inhalt müssen Sie schon selbst sorgen

Möbel-Zauber

den Vorteil, daß sie wesentlich leichter ist – bei Stapelmöbeln ein deutliches Plus. Nachteil ist allerdings, daß Sie dann – im Unterschied zur Dreischichtplatte – Umleimer verwenden sollten.
Eines müssen Sie auf jeden Fall beachten: Verwenden Sie andere Materialien, ändert sich unter Umständen auch die Materialdicke. In diesem Fall müssen die in den beiden Einkaufszetteln (S. 111/113) angegeben Maße entsprechend abgeändert werden!
Bei einer deckenden Oberflächenbehandlung sollte zuerst Grundierung, dann zweimal Lack aufgetragen werden.

Eins und eins und eins ... muß nicht immer drei ergeben. Mit unseren Kombimöbeln gibt es noch weit mehr Spielmöglichkeiten. Hier einige Beispiele

1 *Zunächst schneidet man die Einzelteile laut Einkaufszettel mit Handkreissäge und Führungsanschlag zu. Hier werden die Bohrungen für die Korpus-Verbindungsbeschläge eingebracht*

3 *Die Türfronten sind zugeschnitten. Mit einem 35-mm-Forstnerbohrer (Bohrmaschine im Bohrständer) bringt man nun die Löcher für die Federscharniere ein. Auch hierfür gibt es eine Schablone (Kontakte S. 113)*

5 *Der Türeinbau: Das Federscharnier an der Tür auf die vorher aufgebrachte Kreuzplatte schieben und festschrauben. Die Scharniere öffnen sich im Winkel von 95-110° (dreidimensional verstellbar)*

7 *Für die Zickzack- bzw. die Bogenblende fertigt man eine Pappschablone an und überträgt die Konturen auf das Holz. Mit der Stichsäge lassen sich die Blenden präzise ausschneiden*

2 Das Aufschrauben der Kreuzmontageplatte für die Türscharniere. Hier wurde ein innenliegender Anschlag verwendet; eine Bohrschablone mit den erforderlichen Maßangaben liefert der Hersteller mit

4 So einfach läßt sich der Korpus zusammenbauen: Sind Verbindungsbeschlag und Einschraubdübel fixiert, braucht man Seitenwände und Boden nur noch zusammenzustecken und mit dem Schraubendreher festzuziehen

6 Die 45-x-45-mm-Tischbeine ablängen, an zwei Seiten einschneiden und mit dem Stechbeitel ausklinken. Stehen bleibt je ein Quadrat von 25 x 25 mm

8 Die Blenden erhalten einen Gehrungsschnitt und werden dann mit einer Flachdübelfräse genutet. Die Längsnut für die 4-mm-Glasplatte schneidet man mit der Handkreissäge (mit Parallelanschlag) ein

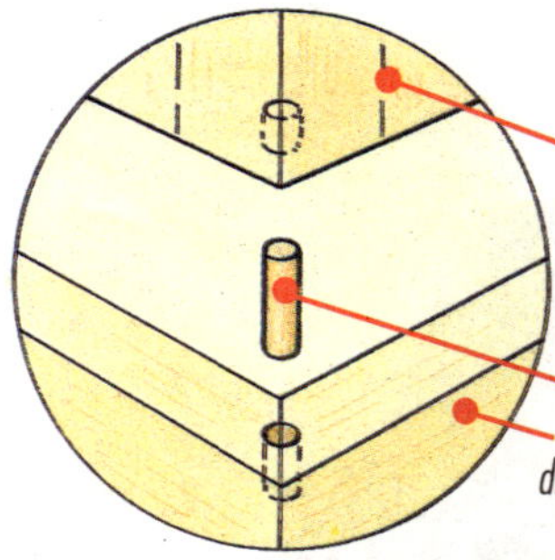

So können die einzelnen Elemente miteinander verbunden werden. Die gestrichelten Linien oben gelten für die Tisch-/Tablettbeine; Holzdübel ∅ 6 x 30 mm; Dies kann entweder der Tablettrand, die Tischeinfassung oder der Schrank sein

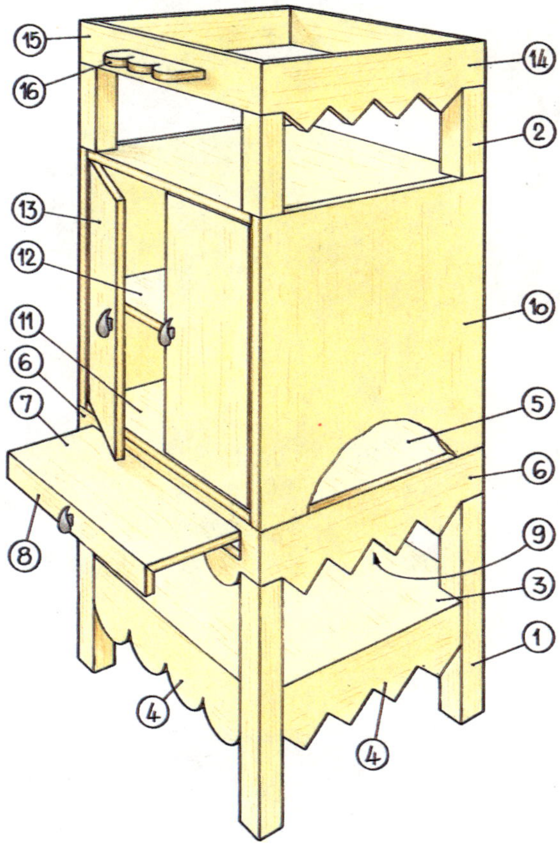

EINKAUFSZETTEL

Pos.	Anz.	Bezeichnung	Maße in mm	Material
①	4	Tischbeine	445 lang	Buche massiv
②	4	Tablettbeine	210 lang	45 x 45 mm
③	1	Bodenplatte	500 x 500	Dreischichtplatte
④	4	Zierblenden	410 x 100	Buche natur
⑤	1	Bodenplatte	460 x 460	20 mm dick
⑥	4	Zierblenden	500 x 150*	
⑦	1	Tablettauszug	480 x 404	
⑧	1	Auszugblende	404 x 54	
⑨	2	Laufleisten	460 x 40	
⑩	2	Seitenwände	500 x 500	
⑪	2	Bodenplatten	500 x 460	
⑫	1	Einlegeboden	460 x 455	
⑬	4	Türen	457 x 227	
⑭	2	Zierblenden	500 x 150	
⑮	2	Zierblenden	500 x 100	
⑯	2	Griffbretter	200 x 75	

* 1x mit Ausschnitt 405 x 55 mm;

1 Glasplatte 4 mm dick, 473 x 473 mm (Tablettboden); 4 Paar Topfscharniere für innenliegende Türen; 8 Bodenträger (davon 4 als Stopper für den Tablettauszug); 5 Zier-Möbelgriffe; Spanplatten-Schrauben; Holzleim.

Materialkosten rund 350 Mark

Möbel-Zauber

Wichtig ist der Zwischenschliff nach jedem Arbeitsgang. Möchte man die Holzstruktur betonen, empfiehlt es sich, das Möbelstück zu wachsen oder farblos zu lasieren.
Wie die einzelnen Elemente miteinander verbunden werden, zeigt die Detailzeichnung auf Seite 111 oben. Je nachdem, welche Teile miteinander kombiniert werden sollen, wird in den Tablettrand, die Tischeinfassung oder den Schrank ein Holzdübel (∅6 x 30 mm) eingelassen; die Tisch- bzw. Tablettbeine erhalten eine entsprechenden Bohrung. □

9 *Die Laufleisten für die Tablettauszüge werden unter Leimzugabe von innen mit den Seitenbrettern verschraubt*

10 *Nachdem die Tischplatte fertiggestellt und eingesetzt ist, werden die Tischbeine mit den Seitenbrettern verschraubt*

11 *Der Tisch ist zusammengebaut. Nun wird der Tablett-Auszug eingepaßt. Die Auszugsblende wurde vorher befestigt*

12 *Damit der Tablettauszug nicht herausfallen kann, werden Stopper angebracht, in diesem Fall sind es einfache Bodenträger*

13 *Vor dem Zusammenbau sollten alle Teile gestrichen werden, entweder deckend oder transparent. Edel sieht auch eine gewachste Oberfläche aus*

Zauber-Möbel

Multifunktion im weitesten Sinne: Ob im Wohn- oder Küchenbereich, als universelles Büro- oder Badmöbel – die Edelvariante aus naturbelassenem Buchenholz in Kombination mit Chrom und Glas macht überall eine gute Figur. Bewußt wurde hier auf Zickzack- oder Bogenblenden verzichtet – puristisch in der Form sollte das Designermöbel sein. Was durch die verchromten Relingstangen und die geradlinigen Möbelgriffe noch unterstrichen wird.

Die Glastüren mit den entsprechenden Bohrungen für die Griffe gibt man beim örtlichen Glasermeister in Auftrag (hilfreich ist ein Blick ins Branchenbuch). Die Glastürscharniere (170° für einliegende/innenliegende Türen mit Klemmfedern ohne Glasbohrung) gibt es in gut sortierten Baumärkten bzw. im Fachhandel. Die erforderlichen Schrauben und Schablonen werden vom Hersteller direkt mitgeliefert.

Der Glasboden ruht auf Bodenträgern. Dafür bringt man zuvor an den Seitenwänden in der gewünschten Höhe Bohrungen ein. Für die Relingrohre müssen die Tischbeine ausgebohrt werden (19 mm). □

Kontakte:
Holz: Holzprodukte Markt Wald, Bahnhofstr. 36, 86865 Markt Wald;
Beschläge: Robbi Beschläge GmbH & Co., Postfach 1180, 49313 Melle;
Holzleim: UHU GmbH, Hermannstr. 7, 77813 Bühl/Baden;
Farben: Farbwerke Remmers, 49624 Löningen;
Werkzeug: Dewalt GmbH, Black & Decker Straße, 65510 Idstein

EINKAUFSZETTEL

Pos.	Anz.	Bezeichnung	Maße in mm	Material
①	4	Tischbeine	445 lang	Buche massiv
②	4	Tablettbeine	210 lang	45 x 45 mm
③	1	Bodenplatte	500 x 500	Dreischichtplatte
④	1	Bodenplatte	460 x 460	Buche natur
⑤	4	Seitenbretter	500 x 100*	20 mm dick
⑥	1	Tablettauszug	480 x 404	
⑦	1	Auszugblende	404 x 54	
⑧	2	Laufleisten	460 x 40	
⑨	2	Seitenwände	500 x 500	
⑩	2	Böden	500 x 460	
⑪	4	Seitenbretter	500 x 100	

* 1x mit Ausschnitt 405 x 55 mm;

Glasplatten 4 mm dick: 1x 473 x 473 mm (Tablettboden), 1x 470 x 460 mm (Einlegeboden) und 4x 453 x 225 mm (Türen); 4 Paar Topfscharniere für innenliegende Glastüren; 8 Bodenträger (davon 4 als Stopper für den Tablettauszug); 4 verchromte Relingrohre ∅18 x 425 mm; 7 Möbelgriffe verchromt, Bohrungsmaß 352 mm; Spanplatten-Schrauben; Holzleim.

Materialkosten rund 630 Mark

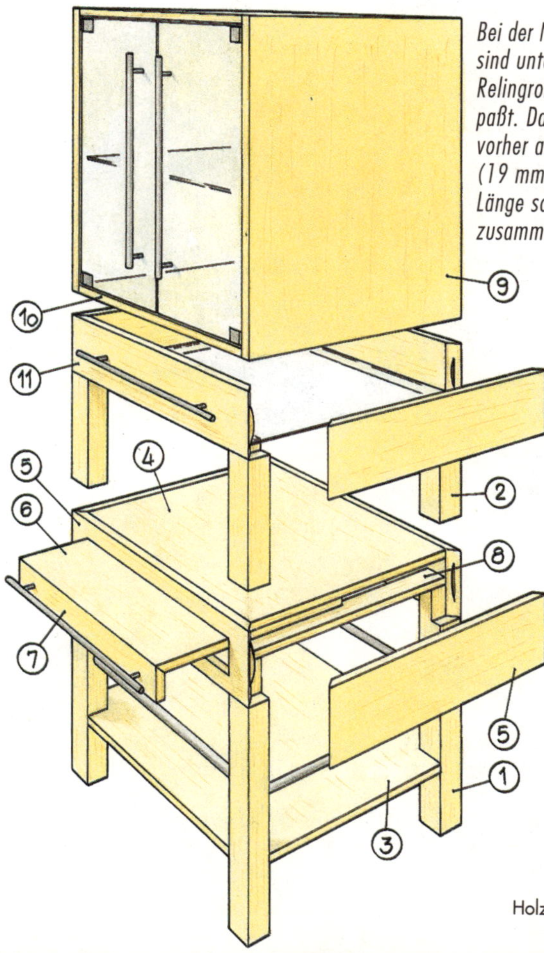

Bei der Naturvariante sind unten am Tisch Relingrohre eingepaßt. Dafür die Füße vorher ausbohren (19 mm), Rohre auf Länge schneiden, zusammenbauen

Teilbar: Etagenbett für Kinder

Schlaf-Kombinati

Unser zeitlos attraktives Kinderbett bietet zweifachen Nutzen: Man kann es nicht nur als doppelstöckigen Spiel- und Schlafplatz verwenden, sondern auch in zwei einzelne Betten teilen

Aus Kiefer-Leimholz besteht unser Etagenbett, das sich zum Schlafen und Träumen ebensogut eignet wie zum Spielen und Toben. Außer vier Linsenkopf-Bettbeschlägen und einigen Schrauben haben wir für den Bau keinerlei Metall verwendet; die meisten Verbindungen halten durch Leim, Flach- oder Holzdübel. Für den festen Zusammenhalt der zwei übereinander stehenden Betten sorgen insgesamt acht Dübel. Die dafür nötigen Löcher bohren Sie am besten mit einer Bohrlehre, um die erforderliche Genauigkeit zu gewährleisten. Durch geschickte Kombination der jeweils unterschiedlich hohen Kopf- und Fußteile kann man das Etagenbett auch in zwei einzelne Schlafstätten verwandeln.

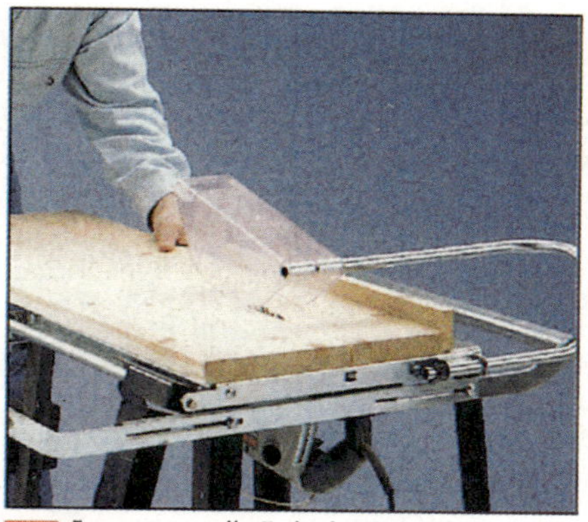

1 *Erst müssen alle Teile des Etagenbettes ausgeschnitten werden. Am besten geht das auf der Tischkreissäge, aber man kann auch ...*

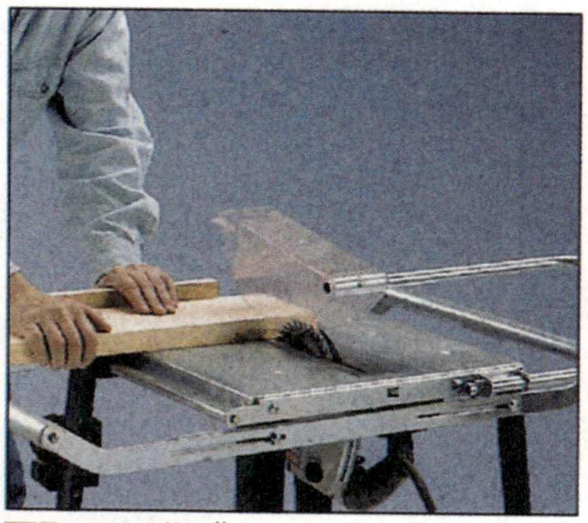

2 *... eine Handkreissäge (mit Führungsschiene!) benutzen bzw. sich die Teile beim Händler nach Maß zuschneiden lassen*

3 *Vor der weiteren Bearbeitung sollten Sie alle Kanten runden. Ein Fräser mit Anlaufring erlaubt die reibungslose Führung der Oberfräse*

Alle Kanten des Schlafmöbels haben wir sorgfältig gerundet; dabei leistet die Oberfräse gute Dienste. Sie kommt auch zum Einsatz, wenn es an das Einlassen der Bettbeschläge geht: Ein Nutfräser und der fest montierte Anschlag machen sich hier bezahlt. Die Ecken der Aussparung für die Beschläge müssen allerdings nach guter alter Art mit dem Beitel ausgestemmt werden. Für die lange Linsenkopfschraube in den Längsbrettern (7), deren Kopf in den Bettbeschlag greift, müssen Sie ein passendes Loch vorbohren. Außerdem sollten Sie je zwei Schrauben durch die Längs- und Stützbretter treiben, um die Verbindung noch zu verstärken.
Beim Verleimen der Kopf- bzw. Fußteile benötigt man einige lange Zwingen und Zulagen, um das Holz vor Beschädigungen zu schützen. Sie müssen unbedingt darauf achten, daß die Zwingen die Stützbretter nicht zusammendrücken, damit diese und die Stirnbretter auch genau rechtwinklig zueinander stehen. Sollen die beiden Betten übereinander plaziert werden, sorgen die zwei hohen Kopfteile beim unteren für ausreichende Bewegungsfreiheit des Benutzers. Nach dem Zusammenbau – mit Hilfe der acht Holzdübel zwischen den Stützbrettern – versieht man das obere Bett noch mit den Kantenleisten. Die Leiter aus dem Stützbrett (6) und den Sprossen baut man zum Schluß. Dazu wird das Stützbrett mit je zwei Schrauben an den Längsbrettern befestigt. Jetzt können die Besitzer ihre Schlafstatt mühelos entern. ☐

4 *Beim Einbringen der Schlitze für die Flachdübel in die Stützbretter (1) und (2) sorgt eine 19-mm-Zulage unter dem Vorsatzgerät ...*

5 *... für den nötigen Versprung der Bretter, während die Schlitze in den Stirnbrettern (3) und (4) ohne Unterlage gefräst werden*

9 *... Löcher für 8-mm-Holzdübel. Diese Dübel werden nicht verleimt, damit man die Betten später auch noch auseinandernehmen kann*

10 *Die Tragleisten (9) sollten mit den Längsbrettern (7) nur verschraubt werden, um sie gegebenenfalls einfach versetzen zu können*

Nach Wunsch: ein Etagenbett oder zwei einzelne Betten

EINKAUFSZETTEL

Pos.	Anz.	Bezeichnung	Maße in mm	Material
①	4	Stützbretter	950 x 138	Kiefer-Leimholz 30/32 mm dick
②	4	Stützbretter	670 x 138	
③	4	Stirnbretter	960 x 220	
④	4	Stirnbretter	960 x 150	
⑤	4	Stirnbretter	960 x 70	
⑥	1	Stützbrett	1620 x 138	
⑦	4	Längsbretter	2000 x 190	
⑧	1	Längsbrett	1320 x 138	
⑨	4	Auflagerleisten	2000 x 40	
⑩	2	Kantenleisten	1380 x 50	
⑪	5	Sprossen	426 x 50	

4 Bettbeschläge; Spanplatten-Schrauben; Holzdübel; Flachdübel; Holzleim. Materialkosten rund 900 Mark

Oberflächen-Veredelung mit Holzöl

Wir haben alle Oberflächen unseres Etagenbettes mit Holzöl veredelt. Dazu schleift man das angefeuchtete Holz und grundiert es. Das Holzöl wird mit einem Pinsel aufgetragen und der Überschuß mit einem fusselfreien Stoffballen entfernt. Nach 24 Stunden Trocknen kann man einen zweiten Auftrag vornehmen. Holzöl sorgt nicht nur für einen schönen Anblick, es schützt die Oberfläche auch nachhaltig.

6 Eine Oberfräse mit Nutfräser und Anschlag sowie ein Stechbeitel helfen beim Einlassen der Bettbeschläge in die Stirnbretter (3)

7 Nach sorgfältigem Schliff und Kantenrunden kann man die Bretter (1), (3), (4) und (5) exakt rechtwinklig miteinander verleimen

8 Um die beiden Betten sicher übereinander stellen zu können, bohren Sie in die Stützbretter (1) oben und (2) unten je zwei ...

11 Linsenkopf-Bettbeschläge verbinden Stirn- und Längsbretter. Als zusätzliche Sicherung dienen je zwei Schrauben durch die Pfosten

12 Mit der Oberfräse im Bohrständer arbeitet man die Aussparungen der Sprossen für die Stützbretter in mehreren Fräsgängen aus

13 Die Sprossen werden mit Holzdübeln in den Aussparungen gesichert. Diese Dübel nicht verleimen, damit man sie demontieren kann!

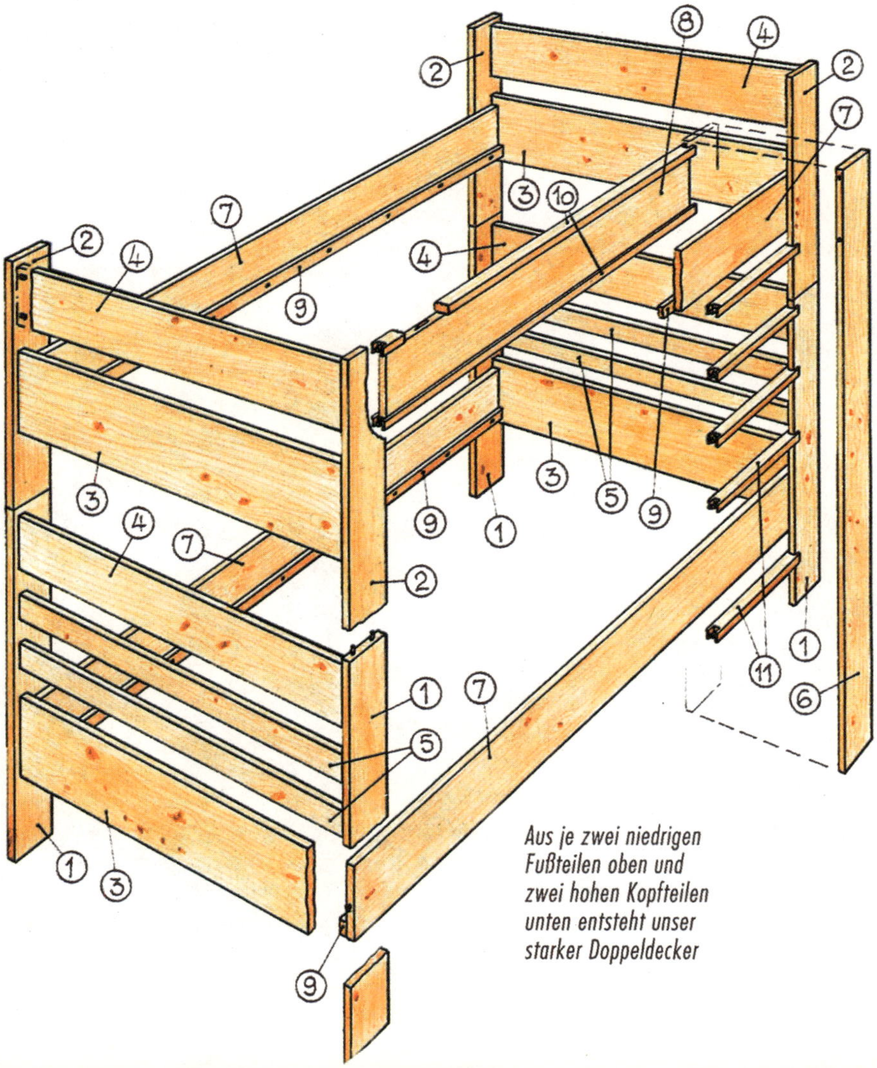

Aus je zwei niedrigen Fußteilen oben und zwei hohen Kopfteilen unten entsteht unser starker Doppeldecker

14 Aus Längsbrett (8) und 2 Kantenleisten (19) entsteht die Brüstung für das obere Bett. Die Leisten werden wie die Sprossen ausgespart

15 Aus eins mach zwei: Durch die Kombination eines niedrigen Fuß- mit einem hohen Kopfteil realisiert man ein einzeln stehendes Bett

Die Schranktüren aus OSB-Platten (Bauspanplatten) weisen eine interessante Struktur auf, die durch die farbige Lasur betont wird. Das Tüpfelchen auf dem i: Eingelegte Alu-Quintett-Blechstreifen

Ein Schrank – drei Varianten

er Aufwand, oße Wirkung

Ein Schönheitsprogramm ganz besonderer Art haben wir einem schlichten Ikea-Schrank angedeihen lassen. Und siehe da, das häßliche Entlein mauserte sich zum stolzen Schwan

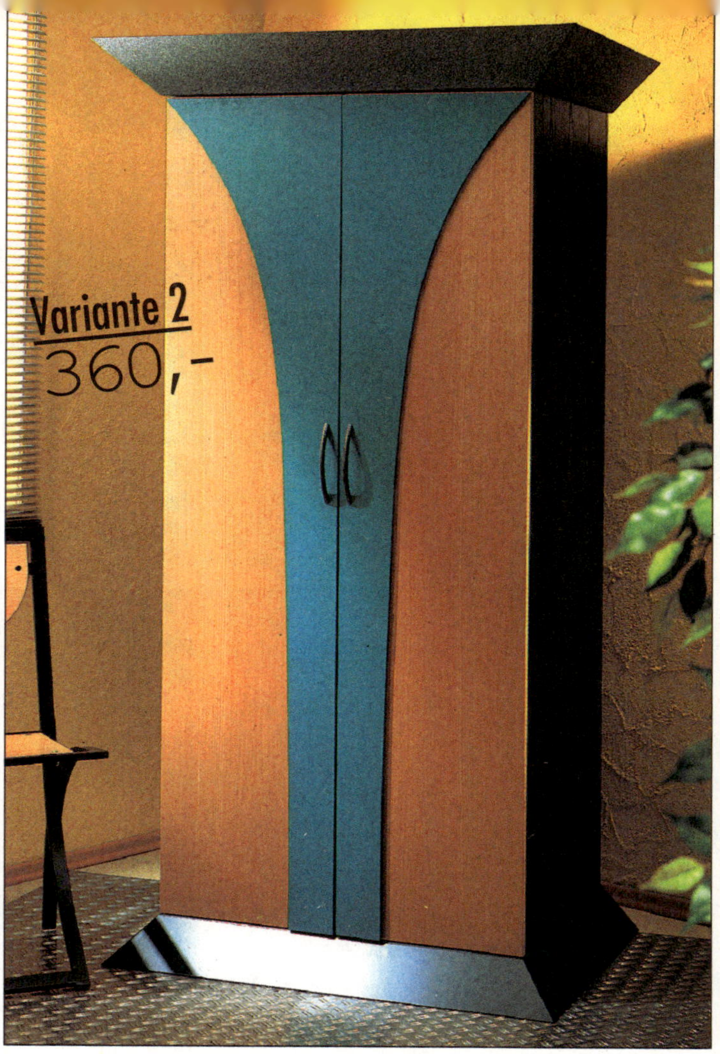

Einmal ist nicht genug, dachten wir uns, als wir das Ergebnis der ‚Schönheitspflege' beim ersten Modell begutachteten. Aus dem schlichten weißen Allerweltsschrank war mit ein paar Handgriffen ein todschickes, extravagantes Designerstück geworden. Und das reizte zu neuen Taten. Im Handumdrehen entstanden zwei weitere interessante Varianten – wiederum basierend auf dem Ikea-Modell ‚Finn'. Alle drei Entwürfe haben eines gemein: Sie lassen sich rasch und relativ preiswert realisieren. Die Preise auf dieser Seite beinhalten das komplette Material für die Verschönerungsaktion, nicht jedoch den Schrank. Ähnliche Modelle dürften sich ohnehin in fast jedem Haushalt finden. Und die in den Materiallisten auf Seite 121 angegebenen Maße lassen sich problemlos anpassen.
Wichtig ist, daß Sie vor Arbeitsbeginn prüfen, mit welchen Topfbändern Ihr Schrank ausgestattet ist. Viele Billigmodelle sind mit einfachen Kunststoff-Topfbändern ausgerüstet, die das Gewicht der neugestalteten Türen nicht mehr tragen würden. Solche Exemplare sollten Sie durch moderne Metallbänder ersetzen (siehe Seite 120 oben).
Bei der ersten Variante (großes Foto) haben wir das Alu-Quintett-Blech mit doppelseitigem Klebeband fixiert. Damit es perfekt sitzt, unbedingt eine extra starke Klebequalität wählen! Wer das Blech später einmal auswechseln möchte, kann es auch mit einigen Flachkopfschrauben befestigen.
Die Türaufdoppelungen bei Variante 2 werden ebenfalls mit extra starkem Klebeband fixiert. Vom Aufleimen ist abzuraten, weil die Gefahr besteht, daß sich die Tür danach verzieht. Leimen sollte man grundsätzlich nur dann, wenn beide Seiten der Türe gleich ‚beleimt' werden. Wichtig beim Aufbügeln des Umleimers ist das Nachreiben mit einem Holzklotz, damit der noch heiße Umleimer unter Druck erkalten kann. Zum Abschneiden von Echtholz-Umleimer eine Feile verwenden – keinesfalls Stecheisen oder Cutter! – und die Kanten mit dem Schleifklotz brechen. Sonst kann das Furnier je nach Faserverlauf einreißen und ist dann unbrauchbar. □

TIP

Falls Ihr vorhandener Schrank Kunststoff-Topfbänder besitzt, sollten Sie diese durch neue, moderne Metallbänder (hier Aufclips-Montage) ersetzen. Sie sind stabiler und gewährleisten auch noch nach Jahren einen optimalen Sitz der Türen. Die 3-D-Verstellung der Bänder erleichtert das Einstellen und somit den korrekten Sitz. Bei einer Türgröße wie hier von 171 x 40 cm müssen Sie drei bis vier Bänder einsetzen. Ein Bohrständer mit Anschlag und ein 35-mm-Forstnerbohrer ermöglichen absolut exaktes Arbeiten.

Variante 1 290,-

1 *Auf die Tür wird die gewünschte Form aufgezeichnet und ca. 4 mm tief mit der Oberfräse und einem Nutfräser – hier 20 mm – ausgehoben. Dabei erst freihändig ohne Anschlag …*

2 *… von außen bis kurz vor die aufgezeichnete Linie fräsen. Für die ‚Feinarbeit' eine Führungsleiste als Anschlag verwenden. Das Alu-Quintett-Blech wird entsprechend der …*

3 *… ausgefrästen Form mit der Stichsäge (Metallsägeblatt) zugeschnitten. Die Kanten dann mit einer Feile brechen und mit Schleifpapier nachglätten (Verletzungsgefahr!)*

4 *Nach einem sorgfältigen Schliff der OSB-Platte (erst mit 100er Körnung, anschließend mit 180er und 240er) kann die Platte farbig lasiert werden. So kommt die interessante …*

5 *… Struktur der OSB-Platte besonders gut zur Geltung. Nach dem Trocknen wird das Alu-Quintett-Blech mit extra starkem doppelseitigem Klebeband aufgeklebt oder verschraubt*

Variante 3 200,-

1 *Aus einer MDF-Platte, die ca. 5 cm größer ist als beide Türen zusammen, wird zuerst die Treppenform der Türen grob ausgeschnitten. Eine Stichsäge mit Kurvenblatt verwenden*

2 *Erst dann schneidet man die genaue Kontur aus. Zur Kontrolle beide Türen wieder gegeneinanderlegen und prüfen, ob die Konturen übereinstimmen. Außenmaße anzeichnen*

3 *Damit man die Sockelteile anfertigen kann, müssen erst einige Teile mit einer 45°-Schräge versehen werden. Mit Kreissäge und Anschlagschiene läßt sie sich exakt und …*

4 *… sicher zuschneiden. 45°-Schrägen kann man aber auch mit Hilfe der Oberfräse herstellen. Nur ist hier die Größe der Schräge von der Schneidenlänge des Fräsers abhängig*

5 *Der Stufensockel besteht aus fünf MDF-Platten, die wie ein Mauerwerk ineinandergreifen und dadurch sehr stabil sind. Sie werden miteinander verschraubt (vorbohren, versenken)*

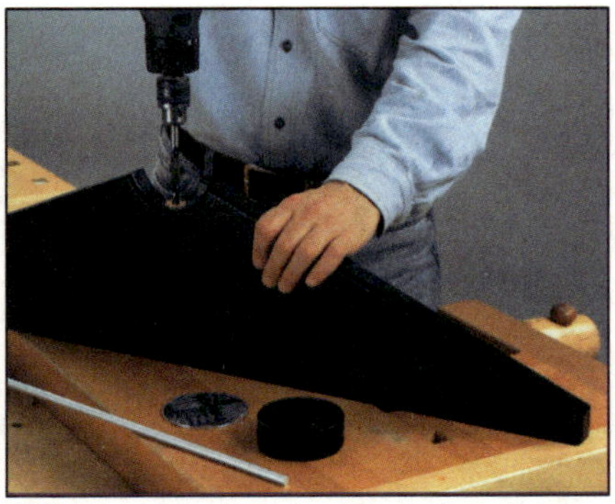

6 *Als ‚Krönung' wird ein 8-mm-Alu-Stab mit einem Kreis aus MDF und aufgeklebtem Alu-Quintett-Blech aufgesteckt. Beim Bohren Holzbohrer mit Zentrierspitze verwenden*

Variante 2 360,-

1 *Bei der zweiten Variante wird auf eine Buche-Tischlerplatte ein Umleimer aufgebügelt. Damit der noch heiße Umleimer unter Druck erkalten kann und dadurch seine optimale ...*

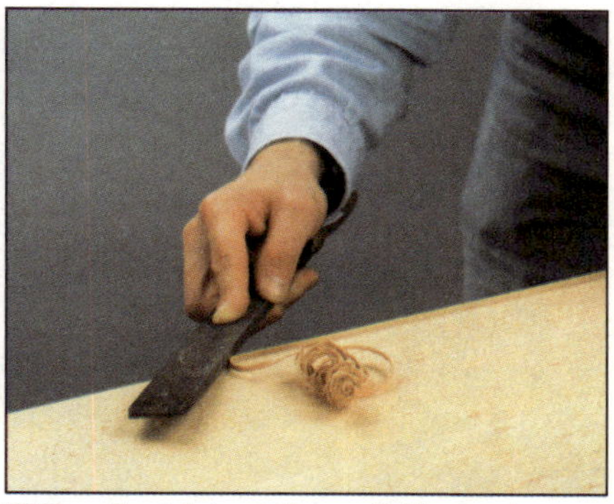

2 *... Festigkeit erhält, empfiehlt es sich, mit einem Holzklotz nachzureiben. Echtholz-Umleimer keinesfalls mit dem Stecheisen oder Cutter abschneiden, sondern abfeilen ...*

3 *... und die Kanten mit einem Schleifklotz brechen. Die Auflagen aus dünnem Sperrholz, Multiplex oder MDF aussägen. Dabei die Teile wie oben ineinanderlegen (Verschnitt)*

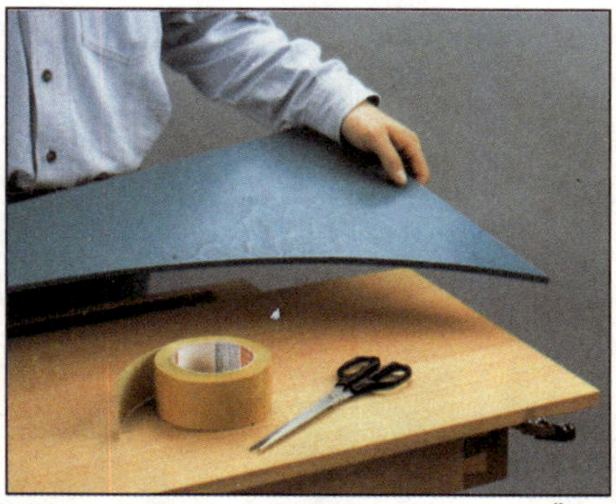

4 *Nach dem Lackieren der Auflagen bzw. Ölen der Türen kann man auch hier wieder extrastarkes Klebeband zum Fixieren verwenden. Vom Aufleimen ist abzuraten (Verziehen)*

Lackieren

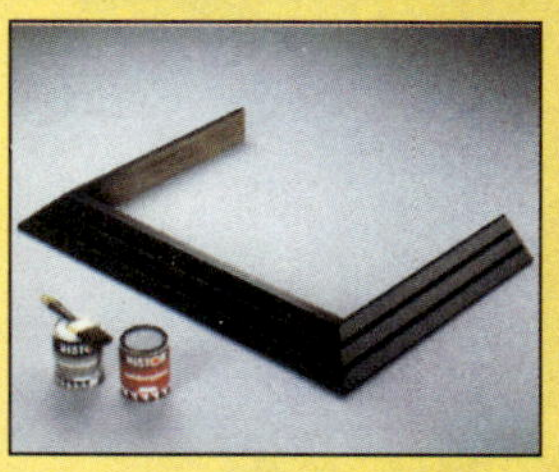

Entscheidend beim Lackieren von MDF ist das Isolieren der Kanten und Fräsungen. Trotz der hohen Plattendichte saugen diese den Lack ohne eine Isolierung förmlich auf. Daher werden die Kanten mit einem 2K-Lack bestrichen, der im Verhältnis 1:2 angemischt wird, und nach dem Trocknen feingeschliffen (oben). Danach sollte ein Füllgrund aufgebracht werden. Erst nach sorgfältigem Zwischenschliff (240er Körnung) wird der Farblack aufgetragen (Mitte). Der ‚Granit-Look' kommt aus der Sprühdose. ‚Fleck-Stone' läßt sich auf jedes Material aufbringen, ohne daß zuvor die Oberfläche angerauht werden muß. Um Material zu sparen, Holzoberflächen in der Grundfarbe vorlackieren (unten)

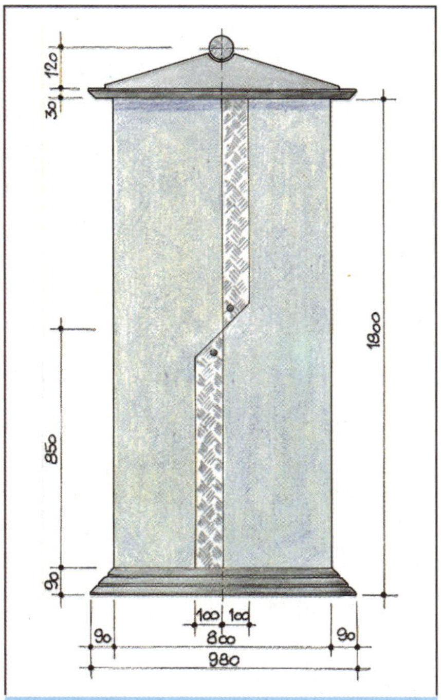

MDF, 30 mm dick:
Sockelleisten, Kopfplatte, Giebelaufsatz, Zierblechträger
OSB-Platte, 19 mm dick:
Türen
Alu-Quintett-Blech, 2,5 mm dick:
Türbleche, Kopfzierblech
dazu:
8 Türbänder ‚Top-Safe' (Robbi), 2 Möbelknöpfe, 1 Alu-Rohrstück (Fixierung Zierblechträger), doppelseitiges Klebeband, Holzleim

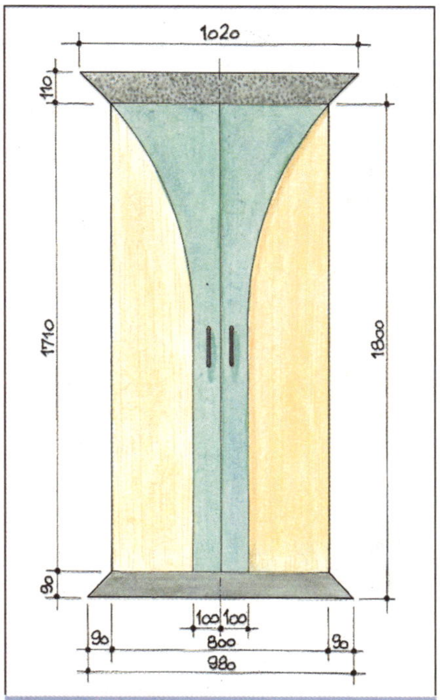

MDF, 30 mm dick:
3 Lagen für Kranzaufsatz
MDF, 19 mm dick:
1 Lage Kranzaufsatz, Sockelbretter
Buche-Tischlerplatte, 19 mm dick:
Türen
Sperrholz, max. 10 mm dick:
Türaufdopplungen
dazu:
8 Türbänder ‚Top-Safe' (Robbi), 2 Möbelgriffe, Spanplatten-Schrauben, Holzleim

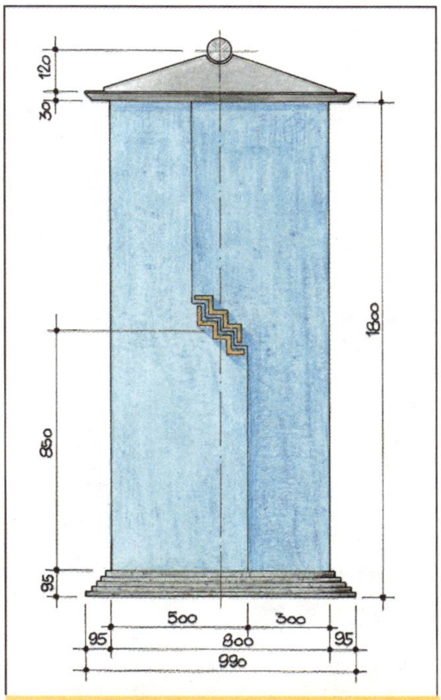

MDF, 30 mm dick:
Kopfplatte, Giebelaufsatz, Zierblechträger
MDF, 19 mm dick:
Türen, Sockelleisten
MDF, 16 mm dick:
Griffe
Alu-Quintett-Blech, 2,5 mm dick:
Kopfzierblech
dazu:
8 Türbänder ‚Top-Safe' (Robbi), 1 Alu-Rohrstück (Fixierung Zierblechträger), Spanplatten-Schrauben, Holzleim

Der Himmel auf Erden

Ein prachtvolles Himmelbett nach guter alter Art – aus grundsolidem Kiefernholz, mit großer Liegefläche, einer zierlichen Sprossen-Galerie und vier kunstreich gedrechselten Ecksäulen. Das gibt es kaum im Laden

Vielleicht finden Sie solch eine noble Schlafstatt ja doch in einem Möbelhaus – allerdings müssen Sie zum Erwerb dann auch schon über ein Portemonnaie von königlichem Zuschnitt verfügen. Falls Ihre Geldquellen nicht ganz so üppig sprudeln, Sie aber dennoch gerne fürstlichen Schlafkomfort genießen möchten, können Sie das Prunkbett auch selbst herstellen. Sie brauchen dazu eine Drechselbank, einige Werkzeuge und etwas handwerkliches Geschick. Folgen Sie unserer Anleitung, und Sie können bald „mit Blick auf den Himmel" nächtigen. Beginnen Sie mit dem Zuschnitt der Platten für Kopf- und Fußende. Da die großen Teile schwer zu bewegen sind, sollten Sie dazu die Stichsäge verwenden. Zum Einschneiden der Zierleisten (19) empfiehlt sich eine Handsäge mit einem möglichst dünnen Sägeblatt, damit die Schnitte, die das Biegen erleichtern, später nicht mehr zu sehen sind.

Kontakt: Bettwäsche: Descamps; 79206 Breisach; Modulo Roc: Modulo Dekorative Steine GmbH, 64665 Alsbach-Hähnlein

PROFI-Thema

Alles im Rahmen – der Bett-Korpus

1 Die geschweiften Kopf- und Fußplatten zuschneiden und die Schnittkanten – z. B. mit der Schleiftrommel – rundum schön glätten

2 Damit sie sich der Rundung der Platten gut anpassen können, schneidet man die Leisten (19) etwa alle 40 mm ca. 5 mm tief ein

3 Vier Kantenzwingen üben auf die Leiste (19) den gleichmäßigen Druck aus, der für eine einwandfreie Verleimung unentbehrlich ist

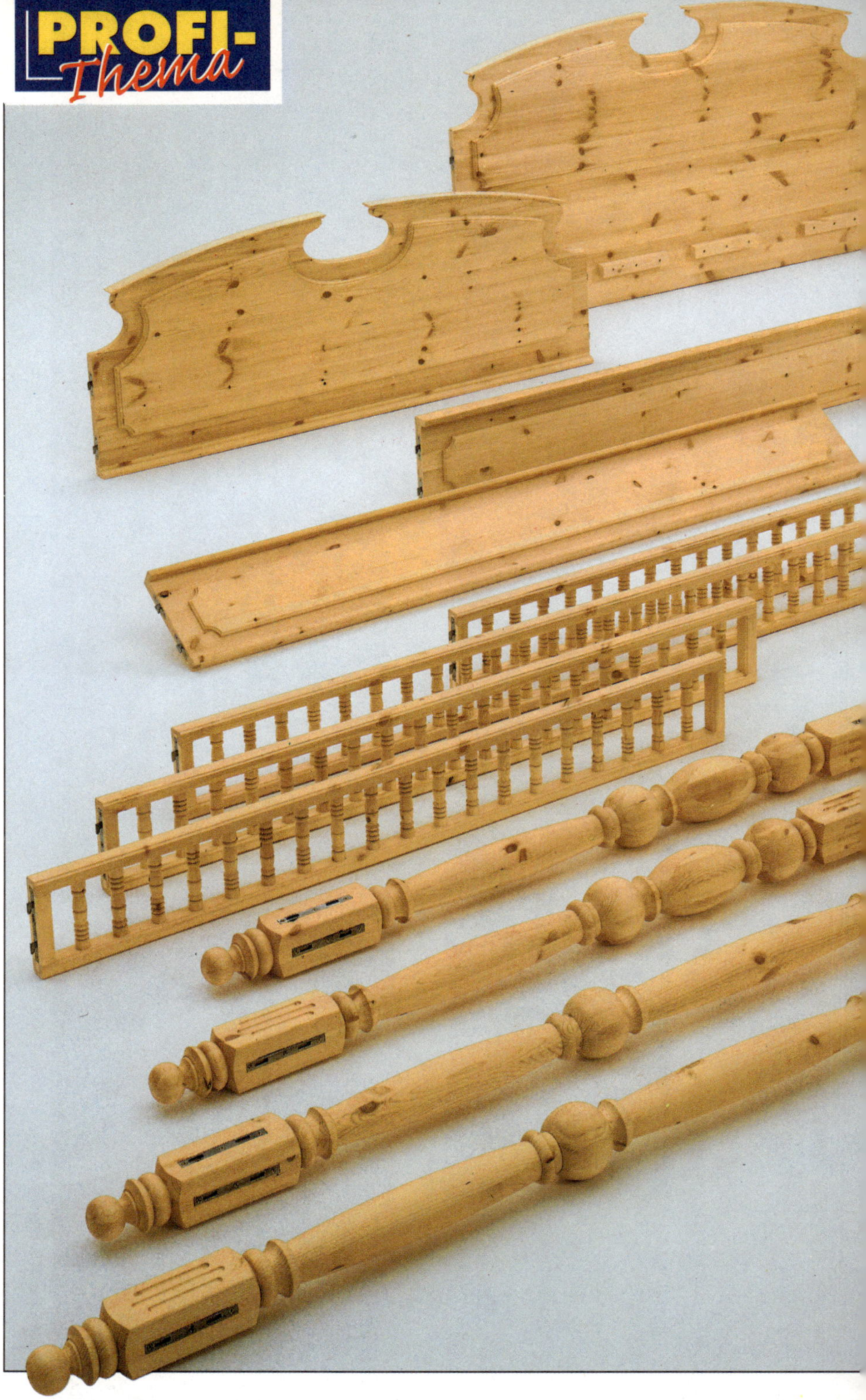

4 Mit einer Flachdübelfräse und zwei Zulagen erhalten Sie in den Längszargen eine breite, durchgehende Nut für die Buchenleisten

5 Die Aussparungen für die Füllungsbretter (16) nimmt man am besten mit einer Oberfräse vor. Die Füllungsbretter nur einleimen

6 Die Bettverbinder müssen bündig eingelassen werden. Mit dem Beitel grob ausstemmen; der Grundhobel sorgt für gleichmäßige Tiefe

Das Drechseln der Sprossen – Teil I

Mit der Bohrvorrichtung der Drechselbank bringen Sie zwei Löcher genau mittig in die Rohlinge ein

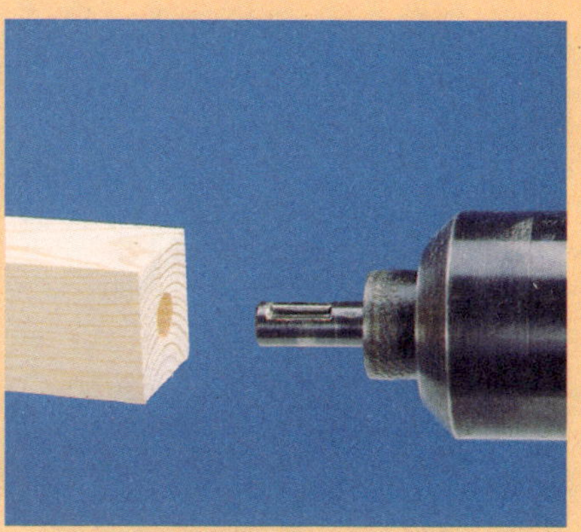

Beim Drechseln sitzt hier der Spannzapfen, später dann die Holzdübel zur Befestigung in der Galerie

Mit hochkant gehaltener Schrupprröhre werden die Kanten des Rohlings eingeschnitten, um dann ...

... mit flach angesetzter Röhre abgetragen zu werden. Dabei nicht zuviel Holz auf einmal abnehmen

Beim Schlichten mit dem Meißel dürfen Sie das Werkstück nur mit der Schneiden-Mitte bearbeiten

Stahlnägel in einer Maßleiste markieren auf dem Zylinder genau die Abstände der einzelnen Formen

Die Markierstriche werden bei laufender Maschine mit der Meißelspitze in den Rohling gestochen

Bei wechselnder Stellung der Eisen schneiden Sie die Formen nur mit der Maserung. Nicht schaben!

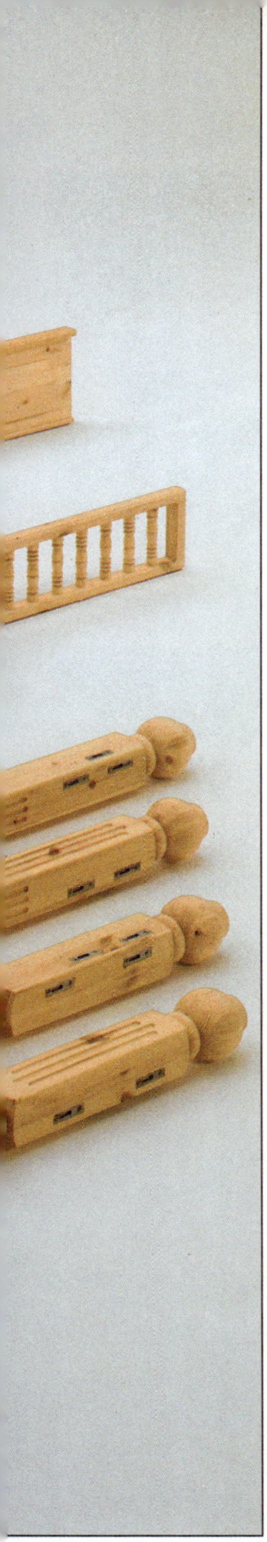

Aus nur zwölf Elementen besteht unsere prunkvolle Liegestatt: aus je vier Ecksäulen und Galerie-Teilen, den beiden Längszargen sowie Kopf- und Fuß-Platte. Sollten Sie kein Schloß mit weitläufigen Fluren und breiten Flügeltüren bewohnen, dürfte die einfache Demontage sich spätestens beim nächsten Umzug als nützlich erweisen. Um das Zusammensetzen zu erleichtern, sollten Sie die Lage der vier Galerieteile (rechts vorn, links hinten etc.) darauf notieren

7 *Die Abschluß- bzw. Zierleisten werden einfach stumpf auf die Kanten der Längszargen geleimt. Vermeiden Sie dabei Druckstellen!*

Die Zierleisten haben wir beim Anleimen mit vier Kantenzwingen aufgepreßt. Sollten Sie solche Spezialzwingen nicht besitzen, können Sie auch je zwei gegeneinander gesetzte Keile vorsichtig unter vier normale Zwingen drücken. Benutzen Sie bei Teilen, die später sichtbar bleiben, immer Zulagen oder gepolsterte Zwingen, um störende Eindrücke zu vermeiden. In die Stirnseite der Längszargen werden Buchenleisten geleimt, die den Bettverbindern den nötigen Halt geben. Diese breiten, durchgehenden Nuten fräst man in drei Gängen – erst ohne, dann mit einer bzw. zwei untergelegten Zulagen. Die Füllungsbretter in den Längszargen sind aufgeleimt. Im später durch die Lattenroste und Matratzen verdeckten Bereich kann man sie auch von innen anschrauben, wodurch das Verleimen erleichtert wird: Die Schrauben bewirken hier den nötigen Anpreßdruck, so daß sich Zwingen erübrigen.

Schablonen, kleine Kniffe und Tricks – gewußt wie!

Die Aussparungen in den Zargen haben wir ausgefräst. Dieser Aufwand wäre bei den Spiegelplatten, die die Kopf- und Fußplatten verzieren, allerdings stark übertrieben: Nicht nur, daß die Platten dadurch unnötig geschwächt würden, sondern vor allem die enorme Menge des abzutragenden Materials hat uns bewogen, die Spiegel vollflächig aufzuleimen. Wenn Sie das Bett später mit dem Kopfteil an der Wand aufstellen, können Sie die größere Spiegelplatte auch von hinten festschrauben. Die 88 Sprossen erhalten noch vor dem Drehen je zwei 8-mm-Bohrungen. In diese leimt man nach dem Drechseln Holzdübel für die Verbindung mit den Längs- und Querleisten. (Falls Sie auf besondere Stabilität Wert legen, können Sie statt 8 x 30 mm großer Dübel 10 x 40 mm große verwenden.) Eine selbstgebaute Unterlage in der richtigen Höhe und mit einem seitlichen Anschlag erleichtert das exakt mittige Bohren wesentlich. Bei der Fertigung der Maßleiste, die zum Drechseln der Sprossen unerläßlich ist, haben wir Stahl-

Das Drechseln der Sprossen – Teil II

Hat man eine Sprossenseite profiliert, orientiert man sich auf der anderen Seite an deren Formen

Zu guter Letzt stechen Sie in die schon fast fertige Sprosse mit der Meißelspitze noch eine Zierkerbe

Entfernen Sie die Handauflage und schleifen Sie – mit 150er Körnung – bei hoher Geschwindigkeit

Bei geringem Tempo auf der Maschine grundieren. Zwischenschliff mit 220er Körnung vornehmen

Sind sämtliche Sprossen grundiert, geschliffen und getrocknet, wird das Wachs aufgetragen und nach der Trockenzeit von zwei bis drei Stunden mit Hilfe einer Bürste poliert. Ein zweiter Auftrag erhöht den Glanz

Sprossen-Galerie

1 *Reißen Sie auf den Leisten (10) und (11) die Löcher für die Holzdübel an und führen Sie die Bohrungen auf dem Bohrständer aus*

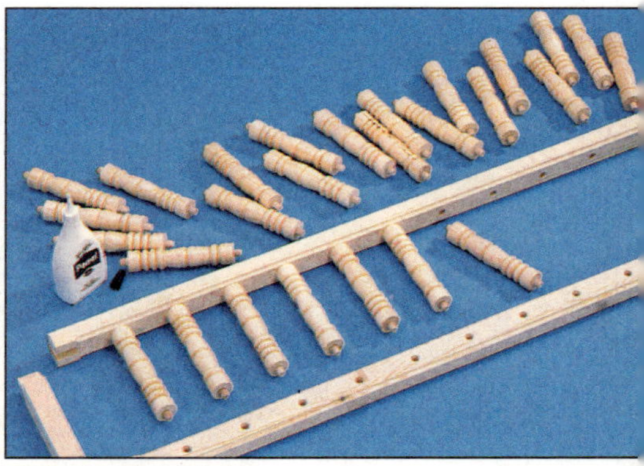

2 *Mit Holzdübeln leimt man die asymmetrisch geformten Sprossen zwischen die Leisten – jede zweite Sprosse auf dem Kopf stehend*

nägel in das Kantholz geschlagen und deren Köpfe abgekniffen. Die Nägel legt man auf die Handauflage und drückt sie leicht gegen die Rohlinge – die dadurch gekratzten feinen Linien braucht man nur noch mit einem Bleistift nachzuziehen. Vorsicht: Nehmen Sie für diesen Zweck nur Stahlnägel, da sich gewöhnliche Drahtstifte unbemerkt verbiegen könnten. Das Ergebnis wäre wenig ansehnlich! Der Durchmesser der kugelförmigen Teile ist größer als der Rest der Ecksäulen. Damit man an den dünneren Partien nicht riesige Mengen Material abtragen muß, haben wir für die Kugeln die Rohlinge verdickt, wie es in den Fotos (1) und (8) auf dieser Seite zu sehen ist. Wenn Sie alle Elemente des Bettes fertiggestellt haben und an die Montage gehen, müssen Sie darauf achten, die Bettverbinder möglichst wenig zu belasten. Die fast zwei Meter langen Zargen bilden Hebel, mit denen man die Verbinder ohne Mühe ausreißen könnte! Selbstklebende Schaumstoffstreifen auf den Tragleisten sorgen für garantiert ungestörte Nachtruhe. In diesem Bett werden Sie schlafen wie in Abrahams Schoß ... □

Ecken verstärken

Wenn das Bett montiert ist und korrekt im Winkel steht, werden in die Aussparungen der Auflagerleisten in den Ecken Montagebänder geschraubt. Diese sorgen nicht nur dafür, daß der Rahmen weiterhin im Winkel bleibt: Sie schützen die Bettverbinder auch davor, herausgehebelt zu werden, wenn man das Bett einmal verschiebt oder sonstwie bewegt. Da diese Verbinder praktisch die ganze Last des Himmelbetts tragen, wäre Sparsamkeit an dieser Stelle unangebracht!

Fester Stand – die Ecksäulen

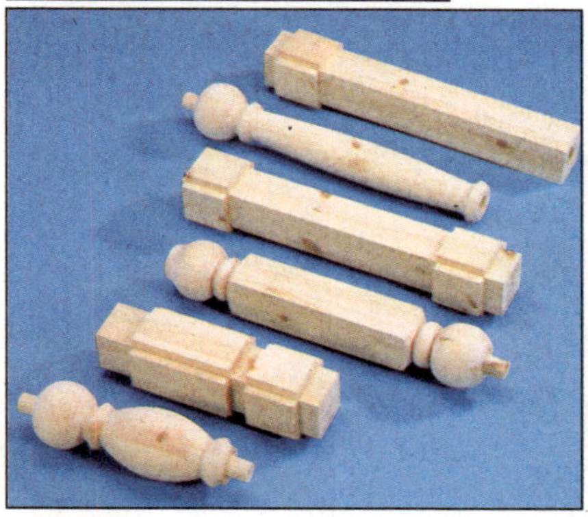

1 *Rohlinge und die aus ihnen gedrehten Teile (2), (4) und (5) der Ecksäulen. Beachten Sie die Verdickungen für die Kugelformen!*

2 *Aus den aufgeleimten Verdickungen werden zunächst Zylinder gedreht. Die Aufleimungen geben den Durchmesser dieser Zylinder vor*

3 *Mit einem Greifzirkel lassen sich die größeren Durchmesser – an stehender Maschine – leichter abtasten. Stimmen die Zylindermaße?*

4 *Damit die Säulen gleich hoch ausfallen, muß man exakt die Maße der Zapfen einhalten, die die Einzelteile fest miteinander verbinden*

5 *Beim Ausarbeiten der verschiedenen Wölbungen immer von der Mitte nach den Seiten abwärts drehen – nie gegen die Maserung!*

6 *Um gleichmäßige Proportionen zu erlangen, wechseln Sie bei der Bearbeitung zwischen der rechten und der linken Seite des Rohlings*

7 *Die doppelt vorhandenen Teile müssen gleich ausfallen. Es kommt dabei nicht auf Millimeter an, aber ein gutes Augenmaß ist gefragt*

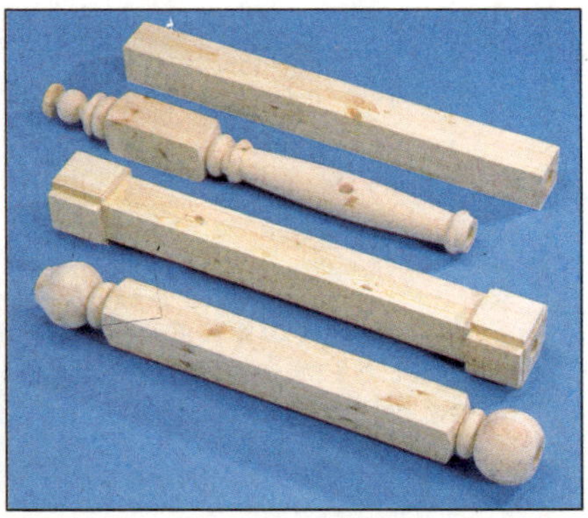

8 *Bei den Teilen (1) und (5) bleibt die Vierkant-Form zum Teil erhalten. Zum Schluß werden noch dekorative Hohlkehlen gefräst*

Die Montage in übersichtlichen Schritten

Endmontage: Setzen Sie erst die Kopfplatte zwischen die beiden Ecksäulen und hängen Sie dann – sehr vorsichtig! – die Längszargen in die Verbinder

Wenn der untere Teil des Bettes fest verbunden ist, kann man die vier Teile der Galerie einsetzen. Bewegen Sie die Säulen dabei so wenig wie möglich

EINKAUFSZETTEL

Pos.	Anz.	Bezeichnung	Maße in mm	Material
①	2	Ecksäulen	950 lang	Kiefer 90 x 90 mm/
②	2	Ecksäulen	715 lang *	∅ 120 mm
③	2	Zwischensäulen	720 lang *	Kiefer ∅ 120 mm
④	2	Zwischensäulen	486 lang *	Kiefer ∅ 120 mm
⑤	4	Ecksäulen	894 lang	Kiefer 90 x 90 mm
⑥	88	Sprossen	140 lang	Kiefer ∅ 28 mm
⑦	1	Kopfplatte	1580 x 885	Kiefer-Leimholz
⑧	1	Fußplatte	1580 x 590	30 mm dick
⑨	2	Längszargen	1980 x 241	
⑩	2	Längsleisten	1980 x 40	
⑪	2	Querleisten	1580 x 40	
⑫	8	Rahmenleisten	180 x 40	
⑬	12	Auflagerleisten	250 x 40	
⑭	1	Spiegelplatte	1460 x 385	Kiefer-Leimholz
⑮	1	Spiegelplatte	1460 x 440	19 mm dick
⑯	2	Füllungsbretter	1860 x 141	
⑰	1	Zierleiste	1580 x 19	
⑱	2	Abschlußleisten	1980 x 50	
⑲	4	Zierleisten	665 lang	Kiefer 45 x 10 mm
⑳	2	Zierleisten	1980 lang	Kiefer 15 x 8 mm

3 lfdm Buche-Leisten 20 x 15 mm; 4 Montagebänder 407 mm lang; Bettbeschläge: 8 x mit 2 Haken und 16 x mit 1 Haken; Spanplatten-Schrauben; Holzdübel ∅ 8 x 30 mm; Holzleim.

Materialkosten rund 1290 Mark

* Maße einschl. Zapfen

Kontakt: Leimholz: 1001 Lüghausen, 53721 Siegburg; Lattenroste, Matratzen: Hülsta, 48702 Stadtlohn; Kerzenleuchter, Korbtruhe: Yellow Möbel, 50939 Köln

Verstellbare Lattenroste erlauben es nicht nur, nach königlicher Manier Gäste im Bett sitzend zu empfangen – auch das Frühstück im Bett wird zum Genuß

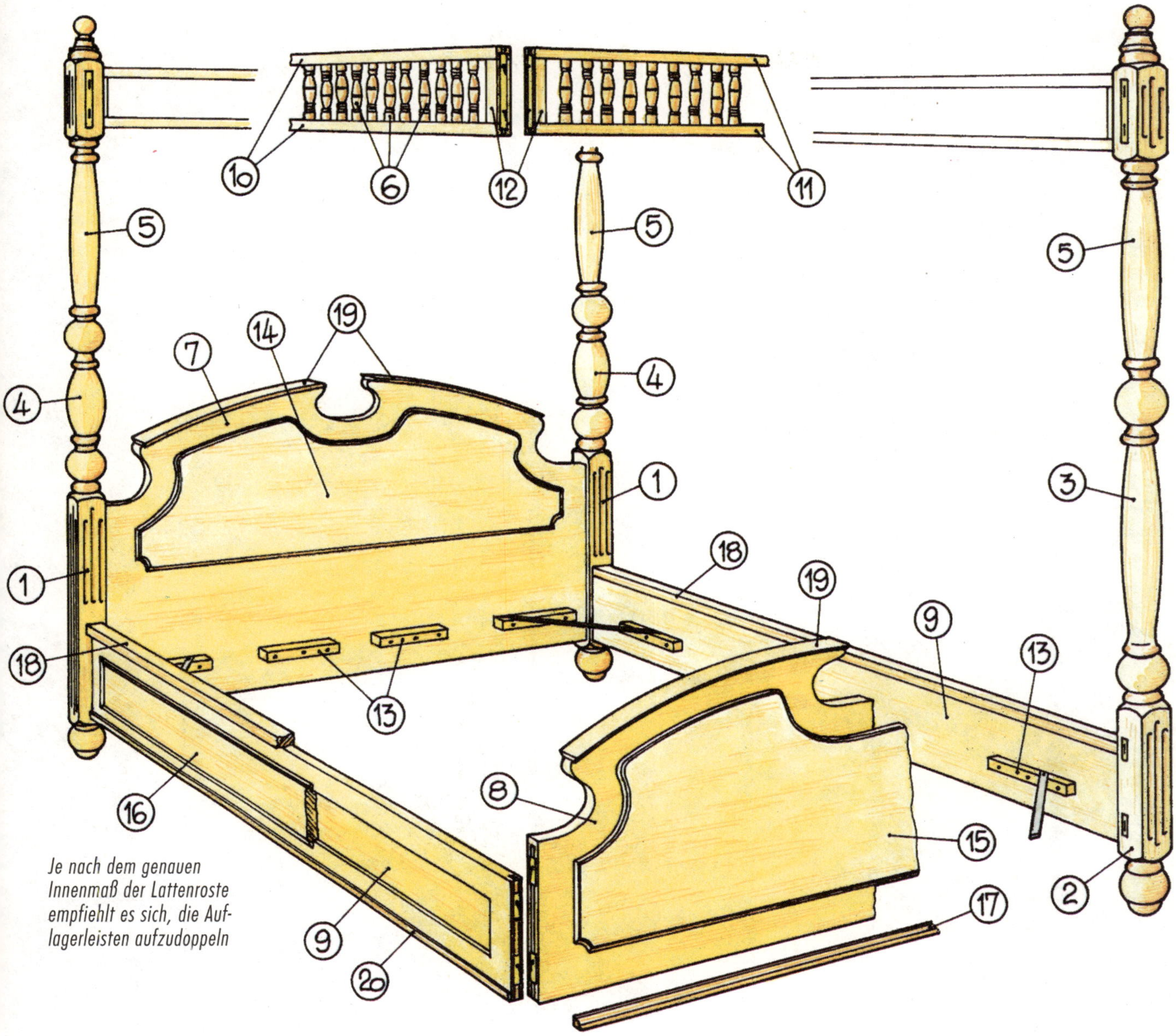

Je nach dem genauen Innenmaß der Lattenroste empfiehlt es sich, die Auflagerleisten aufzudoppeln

Ausreichend Platz für Kleidungsstücke im Eingangsbereich

Garderobe mit Beleuchtung

Nur wenig Raum nimmt die Garderobe mit verdeckter Beleuchtung in einem schmalen Flur ein. Außerdem läßt sich die Länge ganz nach Ihren Raummaßen gestalten. Die Abstandsbretter sollten Sie alle 150 cm montieren. Auch die Anzahl der Leuchtkörper richtet sich nach Ihrem Längenmaß. Wichtig ist, daß Sie die Montage durch einen Elektriker vornehmen lassen. Die zwei Blenden werden durch Spanplatten-Schrauben mit den Abstandshaltern verbunden. Die einfachen Garderobenhaken in der benötigten Menge nun so auf die Rückseite der unteren Blende schrauben, daß sie von vorne nicht zu sehen sind. Alle Teile schleifen und entweder im Naturton belassen oder mit einem zu Ihrem Umfeld passenden Farbauftrag versehen. An den Abstandsbrettern die Aufhängehaken montieren und die Garderobe dann an die Flurwand dübeln.

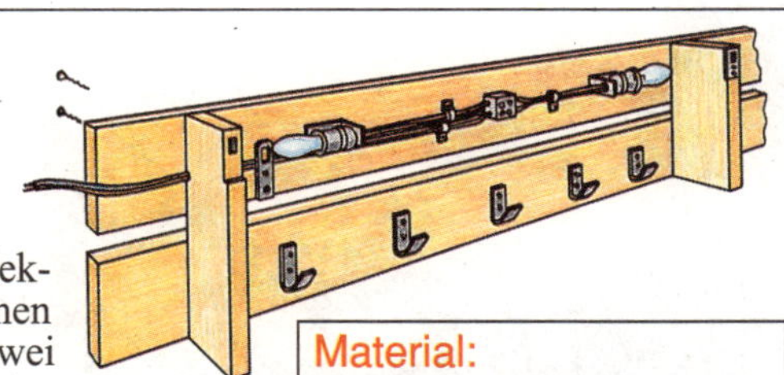

Material:
Kieferbretter, 95 x 21 mm: 2 x Blende (Länge nach Raummaßen); Abstandsbretter, 220 mm lang (alle 1,5 m montieren); einfache Garderobenhaken (Anzahl nach Bedarf, mit kurzen Schrauben); Beleuchtung nach Bedarf; Aufhängehaken; Dübel; Spanplatten-Schrauben 5,0 x 60.

Werkzeug:
Stichsäge; Schraubendreher; Schleifpapier

Materialkosten:
ca. 25 Mark pro lfdm.

Geräumiger Schrank aus Fichten-Holz

Landhaus-Stil

Die Anforderungen an Ihre schreinerischen Fähigkeiten halten sich bei diesem hübschen Schrank in Grenzen. Dafür bietet er beinahe grenzenlosen Stauraum für Vorräte, Wäsche, Geschirr oder andere Utensilien

Fichte ist das Grundmaterial für unseren schönen blauen Schrank, der mit seinem gediegenen Design hervorragend zum immer noch hochaktuellen Landhaus-Stil paßt. Noch besser: Wenn Sie ein paar Tricks und Kniffe beachten, werden Sie mit dem Nachbau keine großen Schwierigkeiten haben.

Die Korpusteile sind solide verdübelt, ansonsten ist der Schrank größtenteils verschraubt und verleimt. Etwas Fingerspitzengefühl verlangen die Verzierungen, die viel zum traditionellen Erscheinungsbild des Schrankes beitragen. Die stufigen Abplattungen an den Platten (1) und der Türfüllung stellt man mit der Oberfräse her, wobei man die Breite und Tiefe der Stufen durch die Einstellung des Fräsanschlags und die Höhenjustierung der Maschine bestimmt. Die Füße sehen recht kunstvoll aus, bestehen aber aus drei simplen abgerundeten Holzscheiben und einem Stück Dübelstab. Die Zierteile (2) lassen sich am besten an der Bandsäge schweifen. Für die Konturen finden Sie auf der nächsten Seite eine Rasterzeichnung, bei

Der Korpus steht. Relativ einfach konstruiert, läßt er sich auch mit einem weniger umfangreichen Maschinenpark nachbauen. Das Endergebnis allerdings wird Ihre Freunde staunen lassen

1 Die Korpusteile haben wir mit Hilfe von Holzdübeln verbunden. Dübellehre und -spitzen sind dabei sehr hilfreich

2 Die Zierfräsungen an den Platten (1) und der Türfüllung stellen Sie mit der Oberfräse her. Sie muß im Bohrständer eingespannt werden

3 Auch die Verzierungen in den Eckbrettern (8) bringt man mit der Oberfräse ein. Der Parallelanschlag sorgt dabei für gerade Nuten

4 Ganz ohne teure Auszugmechanik: Die Führungen der Schubkästen sind einfach und preiswert aus Holz konstruiert

5 Die Kästen selbst werden stumpf verleimt und verschraubt. Der Boden wird von hinten in die umlaufende Nut geschoben

6 So sitzen die Schubkästen im Schrank (von hinten gesehen. Zur Rückwand bleibt etwas Luft, damit die Kästen nicht dort anschlagen

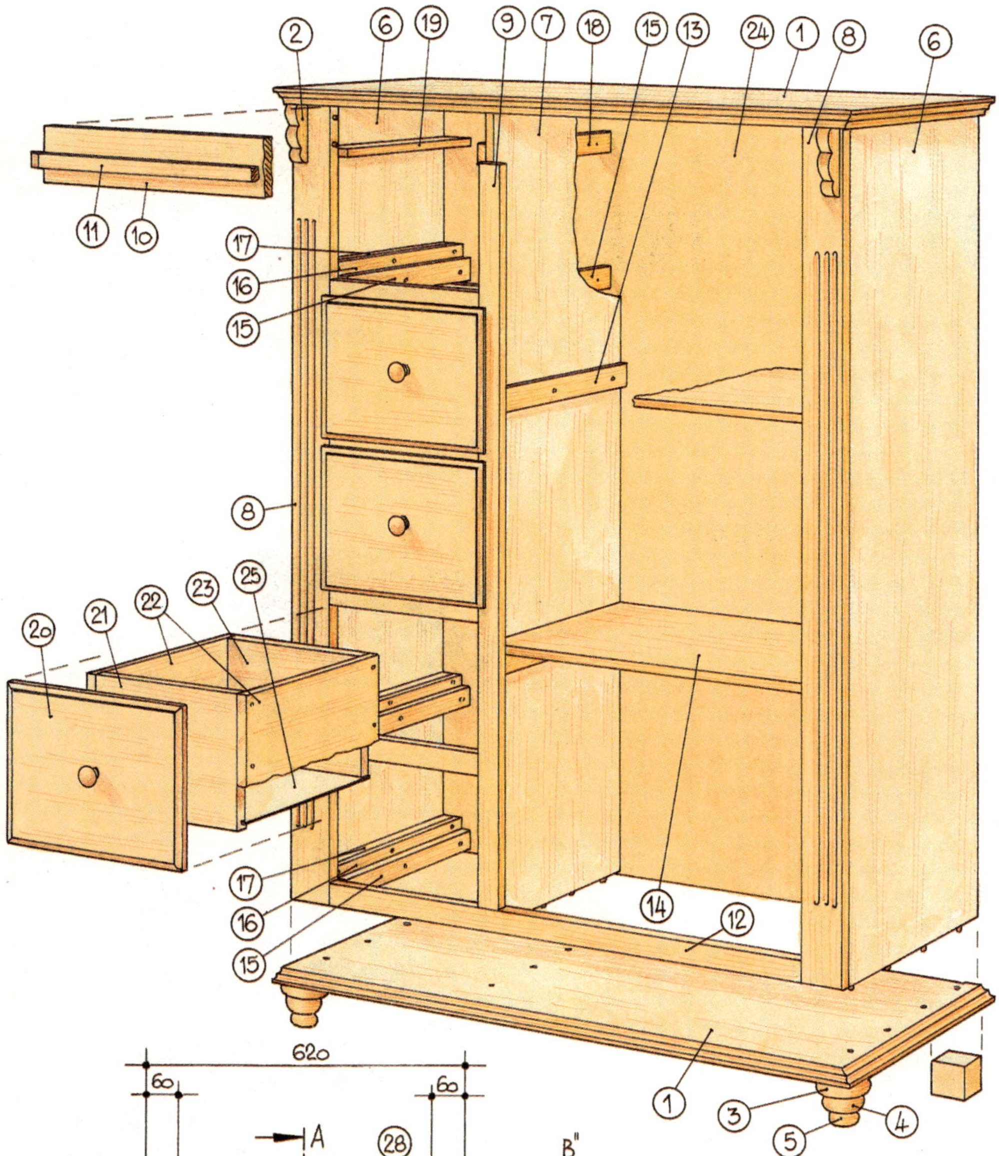

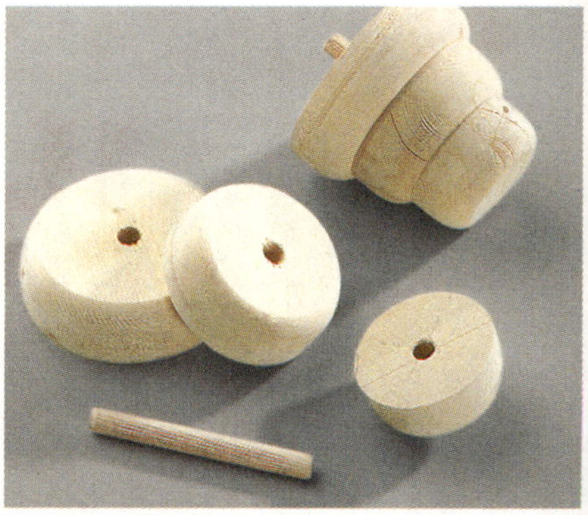

7 Die Füße haben wir aus je drei Holzscheiben und einem Dübel zusammengesetzt. Es kommen hier auch Drechselfüße in Frage

8 Die Türkonstruktion mit Rahmen, Füllung und aufgesetzten Halteleisten. Die Füllung wird wie die Platten (1) stufenweise abgeplattet

9 Das Flechtwerk besteht aus Bügelfurnierstreifen, die erst festgesteckt und nach dem Aufbringen der Fixierleisten beschnitten werden

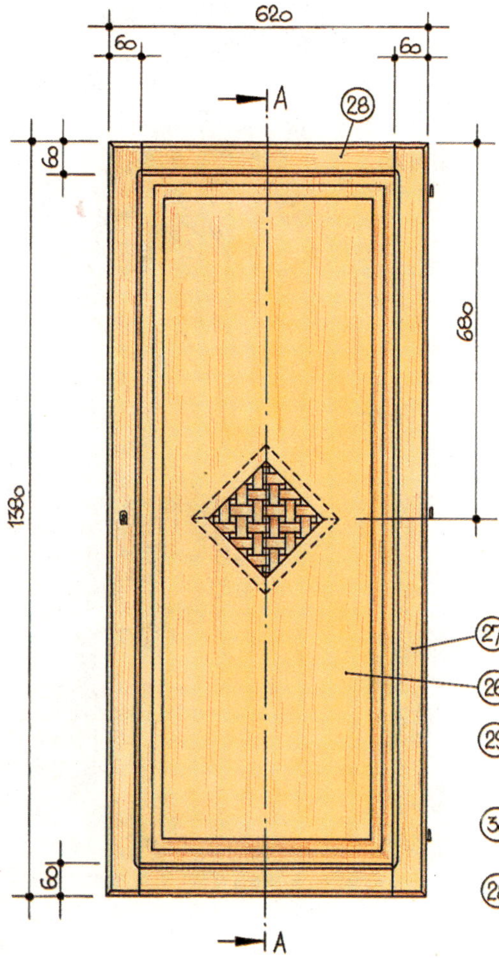

VORDERANSICHT TÜR

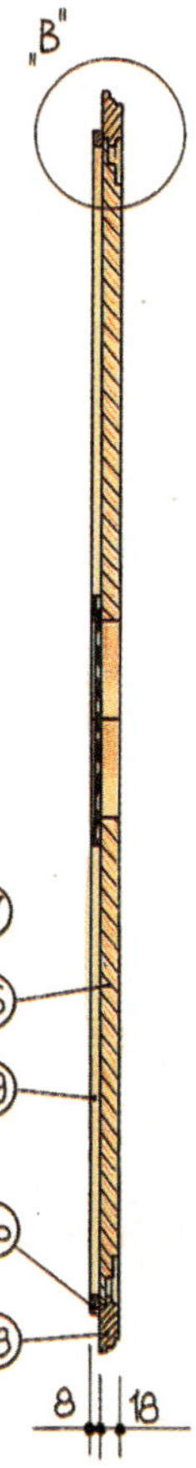

SCHNITT A÷A

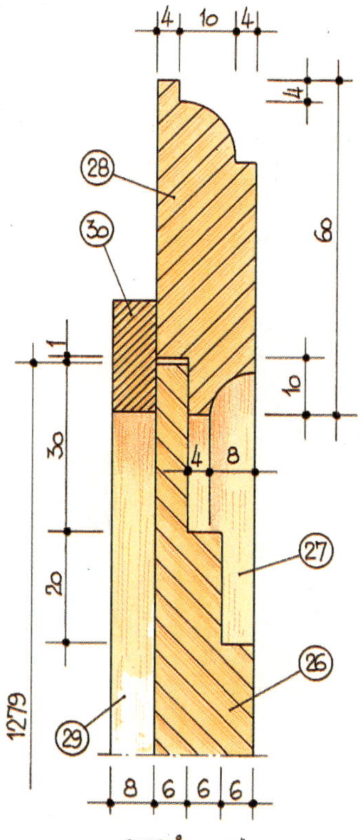

DETAIL „B"

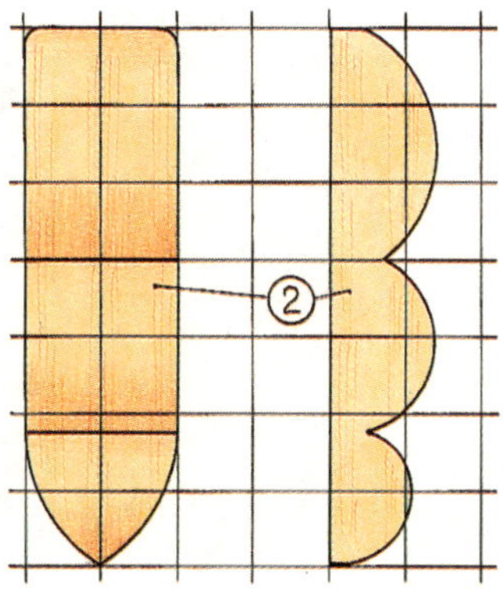

VORDER- und SEITENANSICHT

Drei stilvolle Einbohrbänder halten die Tür. Hier kommt es auf das genaue Anzeichnen der Bohrpunkte an

EINKAUFSZETTEL

Pos.	Anz.	Bezeichnung	Maße in mm	Material
①	2	Boden-/Kopfplatte	1166 x 400	Fichte-Leimholz 28 mm dick
②	2	Zierteile	140 x 40	
③	2	Fußscheiben	100 ∅	
④	2	Fußscheiben	80 ∅	
⑤	2	Fußscheiben	60 ∅	
⑥	2	Seitenwände	1490 x 344	Fichte-Leimholz 18 mm dick
⑦	1	Zwischenwand	1490 x 340	
⑧	2	Eckbretter	1490 x 75	
⑨	1	Frontleiste	1360 x 45	
⑩	1	Frontbrett	940 x 90	
⑪	1	Zierleiste	960 lang	Fichte 20 x 8 mm
⑫	1	Frontleiste	940 x 40	
⑬	4	Trägerleisten	335 x 40	
⑭	2	Einlegeböden	680 x 338	
⑮	10	Laufleisten	335 x 42	
⑯	5	Führungsbretter	335 x 60	
⑰	10	Distanzleisten	335 x 34	
⑱	1	Kippleiste	335 x 40	
⑲	1	Kippbrett	335 x 70	
⑳	5	Frontblenden	315 x 260	
㉑	5	Frontplatten	256 x 236	
㉒	10	Seitenwände	340 x 236	
㉓	5	Rückwände	256 x 221	
㉔	1	Rückwand	1510 x 1074	Hartfaser 3,2 mm dick
㉕	5	Schubladenböden	332 x 276	
㉖	1	Türfüllung	1279 x 518	Fichte-Leimholz 18 mm dick
㉗	2	Rahmenbretter	1380 x 60	
㉘	2	Rahmenbretter	500 x 60	
㉙	2	Füllungsleisten	1300 lang	Fichte 20 x 8 mm
㉚	2	Füllungsleisten	540 lang	

2 Fußklötze 70 x 60 x 84 mm hoch; 4 Querstege zwischen den Schubladen, Fichte-Leimholz 18 mm dick, 295 x 40 mm; 3 Einbohrbänder (Messing); 5 Möbelknöpfe Kiefer ∅35 x 30 mm; 1 Aufschraubschloß; 1 Schlüsselschild (Messing); Kiefer-Umleimer 22 mm breit (zum Aufbügeln); Leistenreste zum Fixieren der Umleimer; Dübelstäbe ∅10 mm (für Fußscheiben); Spanplatten-Schrauben; Holzdübel; Holzleim.

Materialkosten rund 550 Mark.

der ein Kästchen 20 x 20 mm entspricht. Für das Flechtwerk schließlich haben wir Bügelfurnier von der Rolle verwendet. Da die Streifen sich immer etwas biegen, müssen Sie je zwei gegeneinanderbügeln und können so mit glatten Streifen flechten. Wir haben uns für einen blau lasierenden Anstrich entschieden, einige markante Teile jedoch lediglich klar lackiert. So ergibt sich ein reizvoller Kontrast, der dem Möbel gut zu Gesicht steht. □

Kontakt: Holz: O. A. Lüghausen KG – 1001, Wilhelmstraße 146, 53721 Siegburg, ✆ 02241/543-1001

Gut vorbereitet für Reparaturen aller Art sind Sie mit unserem fahrbaren Helfer: Die große Ablage- und Stellfläche erleichtert Ihnen das Arbeiten

Arbeitswagen

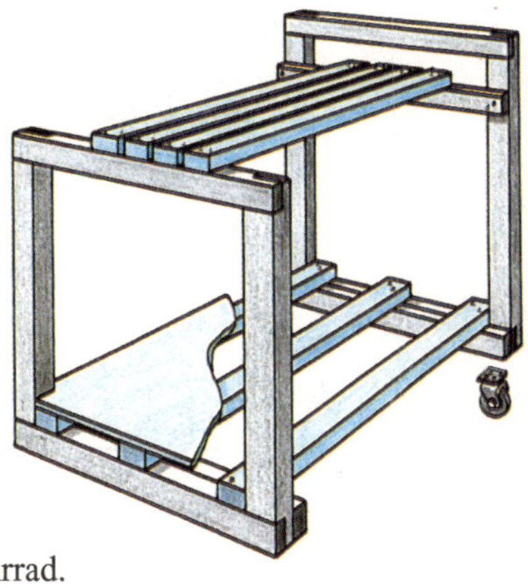

Wenn die Tage länger und wärmer werden, ist man wieder eher motiviert, Arbeiten in Angriff zu nehmen, die den Winter über liegen geblieben sind. Wie zum Beispiel eine längst fällige Schönheitsreparatur an Auto, Motorrad oder Fahrrad. Ein praktischer Arbeitstisch, der zudem auch fahrbar ist, kann Ihnen dies erleichtern. Zuerst müssen Sie die Stützen (2x 850 mm und 2x 700 mm lang) mit den Querträgern (4x 600 mm) zu den seitlichen Rahmen zusammenfügen. Die Verbindung erfolgt hierbei durch Überblattung. Zwei weitere Querträger unten von innen dagegensetzen. Damit alle Auflagerleisten später in der Waagerechten sind, erhält das höhere Rahmenteil einen zusätzlichen Träger (siehe Zeichnung). Anschließend die drei Längsträger (900 mm lang) unten und die neun Auflagerleisten oben anschrauben. Die Ablageplatte an den Ecken ausklinken und einsetzen. Zum Schluß müssen Sie nur noch die vier Laufrollen anbringen.

Material:
Kieferleisten, 60 x 40 mm:
2 Stützen, 850 mm lang;
2 Stützen, 700 mm lang;
7 Querträger, 600 mm lang;
3 Längsträger, 900 mm lang.
Kieferleisten, 50 x 30 mm:
9 Auflagerleisten, 900 mm lang. Wasserfest verleimtes Sperrholz, 12 mm dick:
1 Ablageplatte, 900 x 550 mm. 4 Laufrollen (zwei feststellbar), Bauhöhe ca. 70 mm (komplett mit Befestigungsmaterial); Spanplatten-Schrauben; wasserfester Holzleim.

Werkzeug:
Stichsäge; Stechbeitel und Handkreissäge; Akku-Schrauber; Schleifpapier

Materialkosten:
rund 100 Mark

Möbelfronten

Aller guten Dinge sind drei

Ein häßliches Entlein mausert sich zum stolzen Schwan – und das gleich dreimal. In unserem Fall heißt dies, daß ein einfacher, 100 cm breiter Küchen-Unterschrank zum tollen Designer-Stück wird. Nach der Devise ›kleiner Aufwand – große Wirkung‹ zeigen wir drei interessante Varianten

Ausgediente Möbel kann man ganz einfach zum Sperrmüll geben. Mit etwas Phantasie, handwerklichem Geschick und ein bißchen Zeit können aber auch kleine ‚Kunstwerke' daraus entstehen – frei nach dem Motto: ‚Jedes Stück ein Unikat'. Das macht nicht nur Spaß, es schont auch den Geldbeutel und kommt letztendlich der Umwelt zugute.

Variante 1: 290 Mark

Dynamisch: Diagonal versetzte Schubladenkästen, diagonal verlaufende Plattenstützen und Füße sowie eine ‚schwebende' Abdeckplatte

Variante 2: 180 Mark

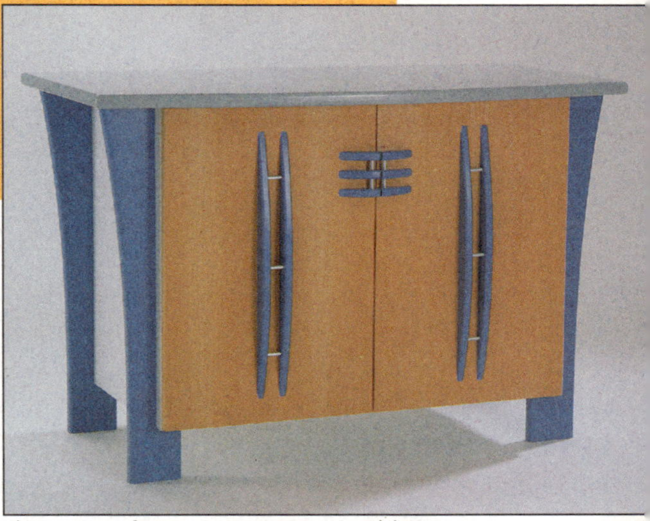

Elegant: Bogenförmige Seitenstützen sowie dekorative Griff- und Zierbögen, die mit 8-mm-Alustäben verbunden sind

Variante 3: 100 Mark

Statisch: Treppenförmig ausgefräste Kanten an der Abdeckplatte, Füße in Stufenform sowie treppenförmig angeordnete Quadrate

Schubkastenbeschläge: Robbi, 32130 Enger-Oldinghausen; Dekorwachs: Osmo, 48155 Münster; Granit-Effekt-Spray: Dupli-Color, 74855 Haßmersheim

Variante 1: 290 Mark

1 Für die Seitenwände der Schubladen-Gehäuse zwei beschichtete Spanplatten mit Umleimer versehen. Die Überstände sauber abstechen

2 Die Platten mit Flachdübeln in den Korpus leimen oder verschrauben. Die Löcher muß man dann allerdings mit Wachskitt verschließen

3 Vor dem Verleimen sollten die Schubkastenbeschläge fixiert werden, sonst ist die Montage mit dem Akkuschrauber nicht mehr möglich

4 Die Seitenwände der Schubkästen erhalten mit der Oberfräse eine 17 mm breite und 6 mm tiefe Nut für die Schubkastenbeschläge

5 Nuten für den Boden fräsen. Die Schubkastenrückwand so zuschneiden, daß sich später der Boden problemlos darunter einschieben läßt

6 Türen entsprechend den angefertigten Schubladengehäusen ausklinken. Ungeübte sollten Parallelanschlag oder Führungsleiste verwenden

7 Die so entstandene Winkelform erhält an ihrer kurzen Seite je zwei Topfbänder. Bohrständer mit Anschlag und Forstnerbohrer verwenden

Für die Schubkästen müssen die Türen ausgeschnitten werden

Wir haben uns einen alten Küchen-Unterschrank vorgenommen und zur Kommode umfunktioniert. Was bei der ersten Variante mit etwas mehr Aufwand verbunden war, bei den beiden anderen aber rasch von der Hand ging. Variante I bekam nämlich nicht nur ein flottes Qutfit, sondern auch ein neues Innenleben in Form von zwei diagonal angeordeneten

1. Variante: Diagonal versetzte Schubkästen (ca. 290 Mark)

Gehäuse für Schubladen: weiß beschichtete Spanplatte, 16 mm dick

Schubladen-Korpusse: MDF 16 mm dick und Sperrholz 4 mm dick

Türen: MDF 19 mm dick

Abdeckplatte: MDF 30 mm dick

Schubladen-Fronten: Alu-Quintettblech

Füße und Plattenstützen: Massivholz 90 x 90 mm

dazu: 6 Paar Rollschub-Auszüge; 4 Topfbänder; 2 Möbelknöpfe; schwarze Dekorfolie (Korpus); Umleimer; Spanplatten-Schrauben; Flachdübel; Holzleim.

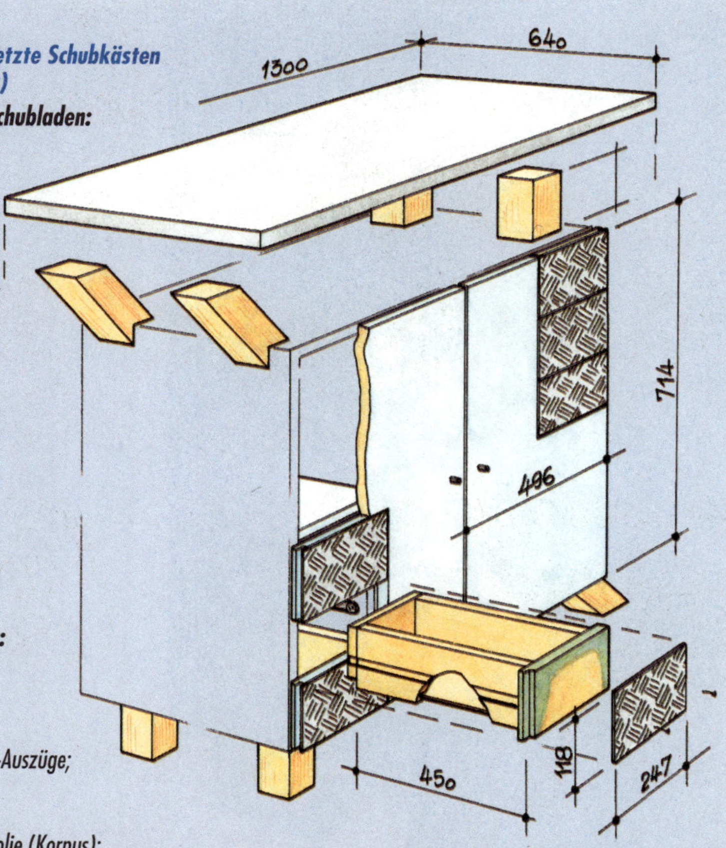

Die angegebenen Maße beziehen sich auf einen 100 cm breiten, 72 cm hohen und 55 cm tiefen Küchen-Unterschrank

Als Griffmulde dient ein seitlicher Falz in den Schubkastenfronten

8 *Die Schubkastenfronten erhalten einen seitlichen Falz, der später als Griffmulde dient. (Schutzvorrichtung zur Demonstration entfernt)*

9 *Alu-Quintettblech für die Schubladenfronten mit der Stichsäge und einem Leichtmetall-Sägeblatt zuschneiden. Dabei alle Teile aus einem exakt auf Breite geschnittenen Blechstreifen schneiden und durchnumerieren. Bei der Montage die Stücke wieder zu einem Muster zusammenfügen*

10 *Das Quintettblech mit zwei vernickelten Spanplattenschrauben auf der Frontblende fixieren. Deutlich zu erkennen ist hier die Griffmulde*

11 *Alle Türfronten, Sockel und Füße sind mit farbigem Dekorwachs behandelt. Füllgrund und Kantenisolierung (MDF) sind nicht erforderlich*

2. Variante: Bogengriffe (ca. 180 Mark)

Abdeckplatte, Seitenstützen:
MDF 30 mm dick

Griff- und Zierbögen:
MDF 16 mm dick
und 8-mm-Alu-Rohr

Türen:
Buche-Tischlerplatte
19 mm dick

dazu:
4 Topfscharniere;
Buche-Umleimer;
Spanplatten-Schrauben;
Holzleim.

Die angegebenen Maße beziehen sich auf einen 100 cm breiten, 72 cm hohen und 55 cm tiefen Küchen-Unterschrank

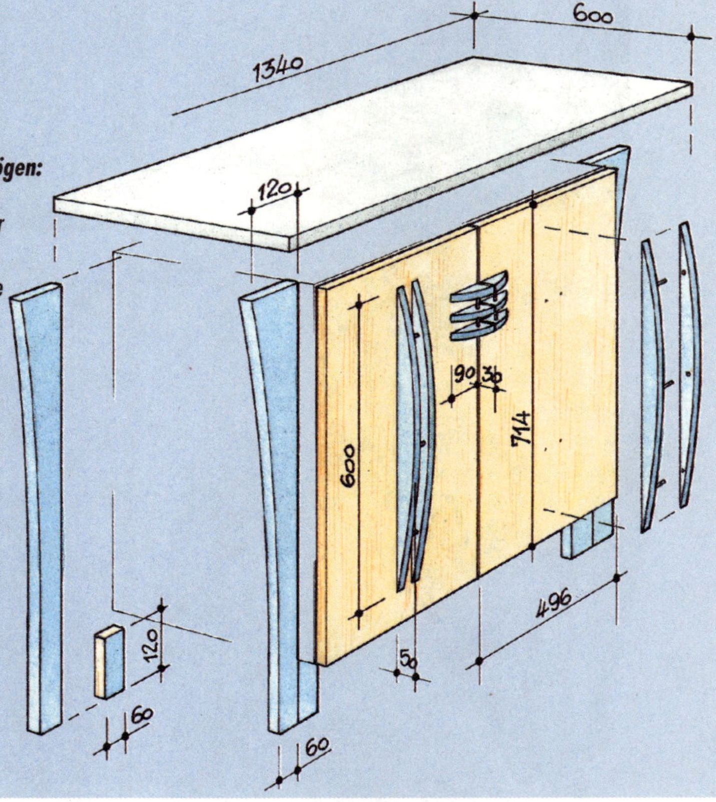

Variante 2: 180 Mark

12 *Die schrägen Füße (45°) schneidet man am besten mit der Bandsäge zu. Sie erlaubt auch bei dickeren Hölzern exakt winklige Schnitte*

Die Türfronten erhalten bogenförmige Zierelemente

Schubladenkästen. Die Kombination von farbig gewachstem MDF und Alu-Quintettblech sowie die ‚schwebende' Abdeckplatte und die Diagonale von Füßen und Plattenstützen machen dieses Stück zu etwas ganz Besonderem. Variante II glänzt durch bogenförmige Seitenstützen, Griffe und Zierbögen (MDF) an den Türfronten (Buche-Tischlerplatte).

1 *Zuerst 12 x 6 cm breite MDF-Stücke an die Fußunterseite leimen. Das spart Material und man erhält die richtige Aussparung für den Korpus*

2 *Die ‚Verbreiterung' mit der Stichsäge bogenförmig ausschneiden und die Kanten mit dem Bandschleifer glätten. Anschlag verwenden*

3 *Dann die Kanten mit einem Abrundfräser mit Kugellager bearbeiten. Die Kanten, die später am Korpus anliegen, dabei nicht abrunden*

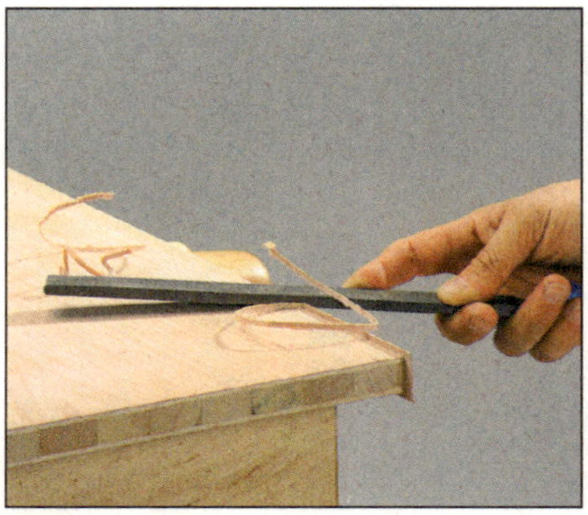

4 *Im Gegensatz zum Kunststoff-Umleimer wird der aus Echtholz mit einer Flachfeile bearbeitet, auf keinen Fall mit Stecheisen oder Cutter*

5 *Die Türfronten erhalten bogenförmige Zierelemente, die mit 8-mm-Alustäben verbunden werden (Bohrständer und Anschlag)*

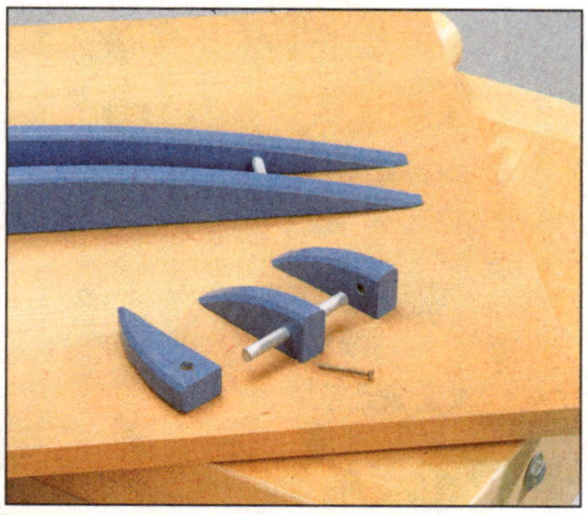

6 *Den Griff ebenso herstellen. Von innen verschrauben, Löcher mit Wachskitt verschließen. Mit farbigem bzw. Klarwachs behandeln*

3. Variante: Stufenfüße (ca. 100 Mark)

Abdeckplatte, Stufenfüße: MDF 30 mm dick

Türen, Fußplatten: MDF 19 mm dick

dazu: 4 Topfbänder; 2 Möbelknöpfe; Spanplatten-Schrauben; Flachdübel; Holzleim.

Die angegebenen Maße beziehen sich auf einen 100 cm breiten, 72 cm hohen und 55 cm tiefen Küchen-Unterschrank

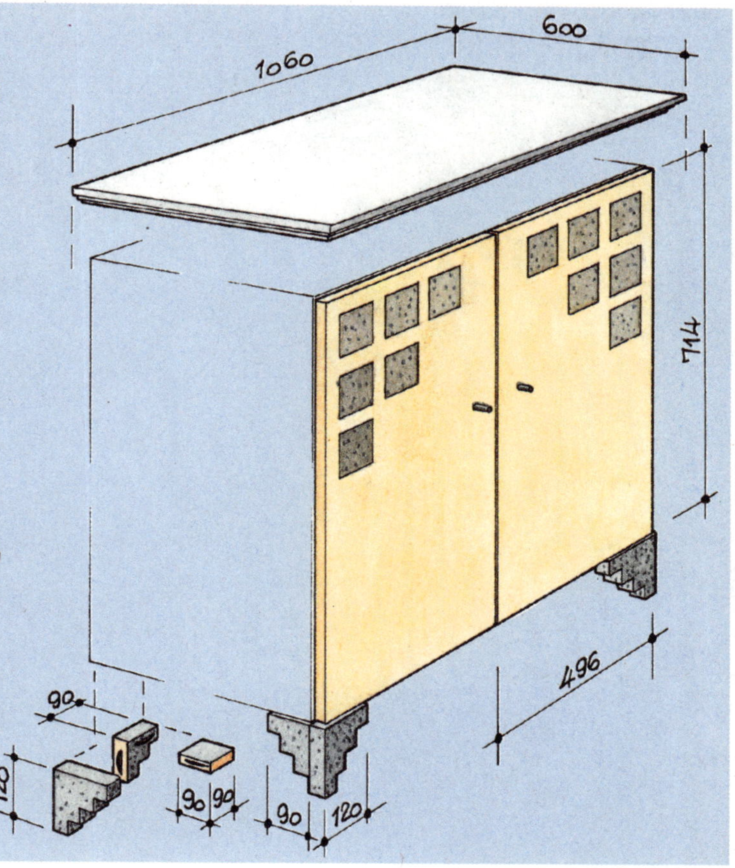

Die Abdeckplatte fräst man an den Kanten treppenförmig aus

Bei der dritten, der preiswertesten Variante, wird lediglich die Abdeckplatte an den Kanten treppenförmig ausgefräst. Auch die Füße (entweder aus MDF oder Holzresten) sägt man treppenförmig aus. Das Tüpfelchen auf dem i sind dann die ebenfalls in Stufen angeordneten, aufgesprühten Quadrate. Dafür haben wir Granit-Effekt-Spray verwendet. Wichtig hierbei ist, daß man das zum Abkleben erforderliche Klebeband bereits nach etwa zwei Stunden vorsichtig entfernt, damit die gewachste Oberfläche nicht angegriffen wird. Alle Türfronten, Sockel und Füße sind mit farbigem bzw. klarem Dekorwachs behandelt. Es läßt sich kinderleicht verarbeiten und hat darüber hinaus den Vorteil, daß sich bei MDF die sonst erforderliche Kantenisolierung erübrigt. Auch ein Füllgrund ist nicht nötig. Um eine gleichmäßig deckende Oberfläche zu erzielen, reicht ein zwei- bis dreimaliger Auftrag aus. Allerdings sollte ein Zwischenschliff mit 240er Schleifpapier erfolgen. Es empfiehlt sich, Dekorwachs mit einem Schaumstoffröllchen aufzutragen. Man erzielt so eine glattere Oberfläche und vermeidet Pinselspuren. □

Variante 3: 100 Mark

1 *Hier wird eine 30-mm-MDF-Platte an den Kanten treppenförmig ausgefräst. Dazu ein breites Brett an den Anschlag der Oberfräse schrauben*

2 *Die Füße, ebenfalls aus MDF, mit der Stichsäge stufenförmig aussägen, mit Flachdübeln verleimen und mit Granit-Effekt-Spray behandeln*

3 *Die Türen aus 19-mm-MDF mit Topfbändern versehen und mit farbigem Dekorwachs behandeln. Nach dem Trocknen mit Klebeband Quadrate abkleben. Für gleiche Abstände sorgt eine aufgelegte Leiste. Quadrate mit Granit-Effekt-Spray besprühen. Klebeband nach ca. 2 Stunden entfernen*

PROFI-Thema

Riesentisch für große Familien

Tische von der Stange gibt's in den hier gefragten Dimensionen selten. Und eine exklusive Spezialanfertigung ist kaum erschwinglich

Seit der Antike kennt man Tische als Gegenstände aus horizontaler Platte und tragendem Untergestell. Versehen mit zum Teil raffinierten Konstruktions-Merkmalen konnte ein Tisch sowohl sehr reich verzierter Bestandteil einer luxuriösen Wohnungs-Einrichtung als auch schlichtes, dem reinen Gebrauchszweck angemessenes Objekt sein.

In der Gotik war die verbreitetste Form der Bocktisch, bei dem eine Platte auf zwei Böcken ruhte. Nach den Mahlzeiten räumte man die Teile einfach beiseite, man 'hob die Tafel auf'.

Das sollte man aber bei dem Prachtexemplar, das wir Ihnen hier vorstellen, tunlichst vermeiden. Mit seiner stolzen Größe von 220 x 97 Zentimetern lädt es nämlich nicht nur zum Essen, sondern auch zum Spielen mit der Familie oder einfach nur zum Klönen in großer Runde ein.

Davor allerdings stehen ein Besuch in einer gut sortierten Holzhandlung und ein leicht ausgedehnter Aufenthalt in Ihrer hoffentlich geräumigen Heimwerkstatt an. Das Zuschneiden der Tischplatte, der Zargen und der Tischbeinteile setzt ein Werkzeug voraus, das selbst bei diesen Dimensionen noch exakt arbeitet. Nicht zu unterschätzen ist daneben auch der Kraftaufwand, den das Bewegen der Platte erfordert. Empfehlenswert ist deshalb, die Teile gleich beim Holzhändler nach den Maßen im Einkaufszettel (Seite 145) zuschneiden zu lassen.

„Wir brauchten einen Tisch, der unsere wachsende Familie durchs Leben begleitet"

Wir haben alle sichtbaren Bauteile aus Amerikanisch Ahorn und die nicht sichtbaren aus Kiefer-Leimholz gefertigt. Amerikanisch Ahorn wählten wir aufgrund seiner überaus markanten Holzstruktur, die nach der Oberflächenbehandlung besonders ausgeprägt zur Geltung kommt. Der Nachteil dieses Holzes ist sein stolzer Preis. Ungefähr 500 Mark lassen sich einsparen, wenn man – auch das geht aus dem Ein-

Das Prunkstück in einem adäquaten Ambiente. Viel Platz benötigt der Tisch um sich herum. Die oft übliche Miniküche hätte wirklich schlechte Karten

Eine klassische Holzverbindung: Schwalbenschwanz-Zinken

auch das geht aus dem Einkaufszettel hervor – das Amerikanisch Ahorn durch Buche ersetzt. Das Innenleben besteht auch bei dieser Version aus Kiefer-Leimholz.

Besondere Aufmerksamkeit bei der Herstellung dieses gewichtigen Möbelstücks erfordern die zahlreichen Zapfenverbindungen zwischen den Zargen und den mächtigen Tischbeinen. Welche einzelnen Arbeitsschritte dazu notwendig sind, zeigt die Fotofolge auf diesen Seiten.

Es liegt auf der Hand, daß bei diesem Objekt eine gewisse handwerkliche Erfahrung nützlich ist. Nicht zuletzt auch, um die einzelnen Maße der Zapfen- oder Zinkenverbindungen richtig einschätzen zu können. Einschlägige Fachliteratur hilft dabei mit ausführlichen Anleitungen.

Um die Materialkosten im genannten Rahmen zu halten, sind auch die Tischbeine aus jeweils drei Lagen des gleichen Holzes wie die Zargen gefertigt. Dazu werden die Lagen flächig verleimt und bis zum Aushärten des Leims mit Zwingen fixiert.

Um die Längsseiten der Einzelbretter bündig zu halten, sichern zwei Zwingen mit Zulagen sie gegen seitliches Verrutschen (Foto 1). Überflüssige Arbeit ersparen Sie sich durch das sofortige Entfernen des herausquellenden Leims mit einem feuchten Tuch. Erst einmal ausgehärtet, ist der Leim wesentlich hartnäckiger und seine Beseitigung ungleich mühsamer.

Wenn zum Herstellen der Schlitze für die Zargenzapfen in den Tischbeinen eine Langloch-Bohrvorrichtung (wie im Kasten rechts oben beschrieben) zur Verfügung steht, ist das natürlich der Idealfall. Eine handwerklich interessante, aber aufwendigere Alternative ist das Herausarbeiten von Hand mit einem (scharfen) Beitel.

Auch in diesem Fall setzt man mehrere Bohrungen unmittelbar nebeneinander. Die verbleibenden Grate werden jetzt aber mit dem Beitel entfernt. Die abschließende Feinarbeit erfolgt dann mit einer Flach-Schlichtfeile.

Da diese Schlitze jedoch um einiges schwieriger herzustellen sind als die Zapfen an den Längs- und Querzargen, ist es ratsam, zunächst die

Viel Sorgfalt erfordert das Ausschneiden der Öffnungen für die Schubladen in den beiden Querzargen. Eine feste Werkstückauflage ist dabei unerläßlich

1 *Ein Tischbein besteht aus jeweils drei Lagen des Ahornholzes. Der beim Pressen herausquellende Leim ist sofort feucht zu entfernen*

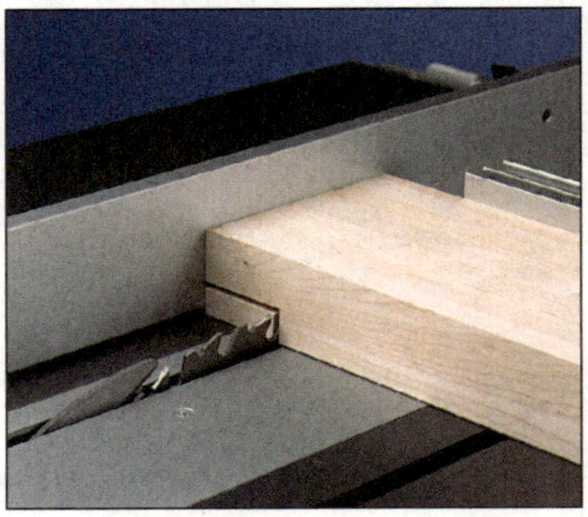

3 *... sind obligatorisch. Voraussetzung für eine saubere Zapfenausbildung ist die absolut präzise Höhen-Justierung des Kreissägeblatts*

7 *Ein bißchen Feinarbeit muß sein: Alternativ zur Oberfräse lassen sich die Verzierungen in den Tischbeinen auch so herausarbeiten*

11 *Um die exakte Höhe des Scheibenfräsers zu gewährleisten, ist die Fräse millimetergenau zu unterfüttern (z. B. mit einer Holz-Zulage)*

Stationärgeräte: Schlitze fräsen wie ein Profi

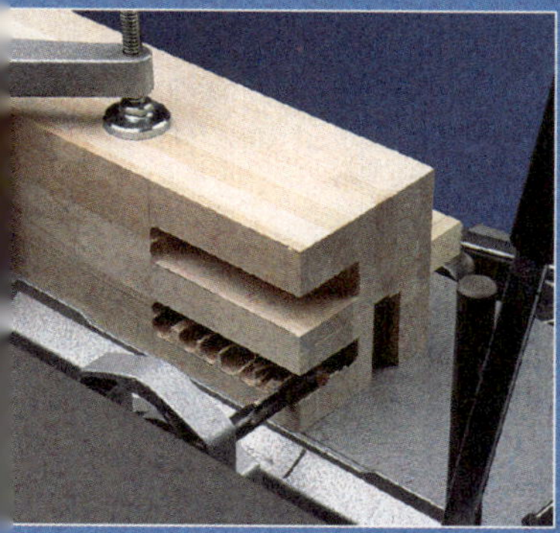

Mit einer Langloch-Bohrvorrichtung ist auch das Herstellen der Schlitze kein Problem. Die mehrfach vorgebohrten Tischbeine werden – auf einen Schlitten gespannt – langsam am starr justierten Bohrer (!.) vorbeigeführt

2 Zur Herstellung der Zapfen an den Längs- und Querzargen eignet sich eine stationäre Kreissäge. Gute Führung und eine ruhige Hand …

4 Das geht ohne Maschinenpark: Das Runden der zugeschnittenen Zapfen ist erforderlich, damit sie in die Schlitze passen

5 Das Ausschneiden der Schubladenöffnungen erfolgt mit der Stichsäge. Bohrungen an den Eckpunkten erleichtern die Sägeblattführung

6 Verletzungsgefahren vermeiden: Mit der Oberfräse und eingespanntem Viertelstabfräser werden die Kanten abgerundet

8 Ein Tischbein, zwei Längszargen (rechts) und eine Querzarge vor dem Zusammenbau. Die präzisen Zapfenmaße markieren Sie vorher

9 Durch geschicktes Kombinieren der Schraubzwingen (Zulagen nicht vergessen!) werden Zargen und Beine nacheinander verbunden

10 Fixierklötzchen, die mit der Tischplatte verschraubt werden, greifen in die Zargen-Nuten ein. Die Verbindung ist immer wieder lösbar

12 Die Laufleisten (10) sind in den Querzargen verzapft und mit den Zwischenwänden (9) in entsprechenden Aussparungen verleimt

13 Die Zwischenwände sind durch Federn und Nuten mit den Längszargen verbunden. Die Tischplatte dient beim Einleimen als Anschlag

14 Nachdem das Gerüst des Tisches montiert ist, erhalten alle äußeren Zargen Zierleisten, die mit Hilfe von Schraubzwingen fixiert werden

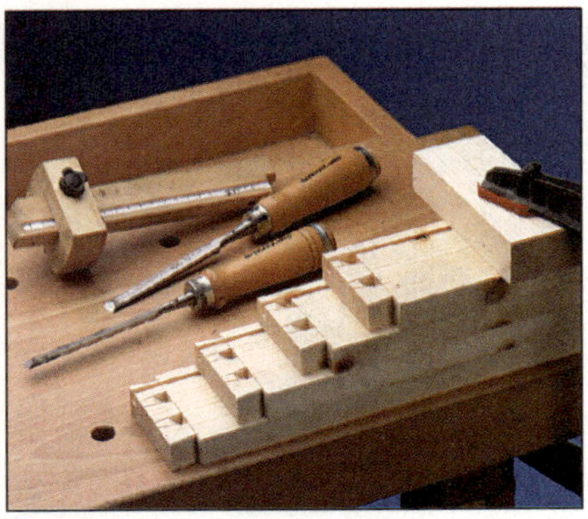

17 *Nach guter alter Tischlertradition werden die Zinken der Schubladen mit scharfen Beiteln exakt aus dem Material herausgearbeitet*

18 *Eine Besonderheit ist das verdeckte Zinken, das hohe Verbindungs-Stabilität garantiert und zudem die Sichtblende unbeschädigt läßt*

19 *Die durch die Leisten (10) und (11) geführte Schublade schlägt an die Zwischenwand (9) und läßt sich bündig zur Front einschieben*

Ein ohne Zweifel imposantes Möbelstück mit stattlichen Ausmaßen. Fehlt nur noch eine gründlich schützende Oberflächenbehandlung

Die Fixierklötzchen (7) haben – anders als die Klötzchen (6) – die Feder in der Mitte, da sie über den Schubladen sitzen und deren Lauf so nicht behindern können

Oberflächenbehandlung vom Feinsten

Wir haben den angefeuchteten Tisch geschliffen, dann mit Einlaßgrund und flüssigem Holzwachs behandelt. Das Wachs wird zweimal mit einem weichen breiten Pinsel (mit Zwischenschliff) aufgetragen. Eine Alternative dazu ist die Verwendung von Holzöl. Um eine ansehnlich glänzende Oberfläche zu erzielen, sollte auch hier das Holz befeuchtet und geschliffen werden. Nach dem Trocknen erfolgt der Ölauftrag. Zum Entfernen des überschüssigen Holzöles verwendet man einen flusenfreien Stoffballen. Das beschleunigt den Trocknungsvorgang wesentlich. Ein erneutes Schleifen bereitet die Oberfläche für den nächsten Ölauftrag vor. Je öfter dieses wiederholt wird, desto intensiver wird der Glanz und um so nachhaltiger ist der Oberflächenschutz.

Tischbeine zu bearbeiten und dann alle Zapfen dem jeweils zugehörigen Schlitz in den Tischbeinen anzupassen.
Da der Riesentisch insgesamt ziemlich schwer wird, ist die Tischplatte lösbar mit dem Untergestell verbunden. Als Verbindungselemente dienen hierbei Fixierklötzchen, die unterschiedlich ausgebildet sind: Bei den zehn an den Längsseiten sind die Federn einseitig angeordnet, bei den vier über den Schubladen sitzen sie in der Mitte, damit sie den Lauf der Schubladen nicht beeinflussen.
Übrigens kann man diesen Tisch selbstverständlich auch aus Kiefer-Leimholz fertigen. Dann sind aber einige Maße anzupassen, und die Tischplatte gibt's nicht am Stück. □

EINKAUFSZETTEL

Pos.	Anz.	Bezeichnung	Maße in mm	Material
①	4	Tischbeine *)	720 lang	Ahorn 126 x 126 mm
②	1	Tischplatte	2200 x 970	Amerik. Ahorn
③	4	Längszargen	1980 x 120	42 mm dick
④	2	Querzargen	750 x 120	
⑤	2	Frontplatten	488 x 78	Amerik. Ahorn
⑥	10	Fixierklötzchen	60 x 40	19 mm dick
⑦	4	Fixierklötzchen	60 x 40	
⑧	2	Griffleisten	100 x 20	
⑨	2	Zwischenwände	670 x 120	Kiefer-Leimholz
⑩	4	Laufleisten	590 x 50	19 mm dick
⑪	4	Führungsleisten	556 x 20	
⑫	4	Distanzhalter	120 x 47	
⑬	4	Schubladenseiten	593 x 78	
⑭	2	Rückenteile	488 x 68	
⑮	2	Böden	588 x 468	Sperrholz 4 mm dick
⑯	2	Zierleisten	1880 lang	Amerik. Ahorn
⑰	2	Zierleisten	650 lang	8 x 8 mm

Spanplatten-Schrauben; Holzleim.
Materialkosten rund 2100 Mark; komplett in Buche rund 1500 Mark
*) aus je drei Lagen Amerikanisch Ahorn 42 mm dick

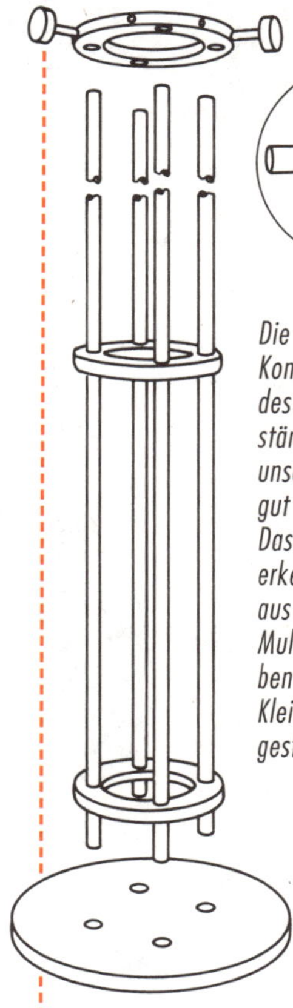
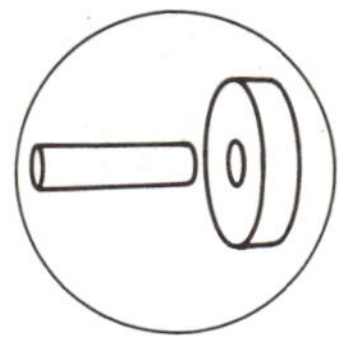

Die einfache Konstruktion des Garderobenständers ist aus unserer Zeichnung gut ersichtlich. Das Detail läßt erkennen, wie aus Dübeln und Multiplex-Scheiben die acht Kleiderhaken hergestellt werden

Moderne Garderobe

Nicht jeder Flur bietet ausreichend Platz für eine große Garderobe. Mit einem solch schlanken Modell wie unserem schicken Garderobenständer können Sie dagegen auch auf engstem Raum nichts falsch machen. Zum Herstellen werden folgende Teile aus 18-mm-Birke-Multiplex benötigt: 1 Bodenplatte, ∅ 400 mm, 2 Zwischenringe ∅ 180/120 mm; 1 oberer Ring, ∅ 200/120 mm; 8 Scheiben, ∅ 50 mm. Außerdem brauchen Sie: 4 Stützen, 1800 mm lang, 16-mm-Rundholz; 8 Kleiderhaken, 75 mm lang, 12-mm-Holzdübel. Die Rundstäbe müssen Sie durch die beiden Zwischenringe führen: Der erste ist 5 Zentimeter von der Bodenplatte entfernt, der zweite sitzt 50 Zentimeter höher. Ein farbiger Anstrich macht das Teil komplett.

Durch sein schlankes Format findet der Garderobenständer überall Platz

Für private Briefe und Zeitungslektüre reicht dieser Schreibplatz völlig aus – ein Regal und Schubladen sorgen für Ordnung. Mit zwei Handgriffen ...

Für Mantel und Stifte

Im Wohnzimmer macht ein Schreibtisch oft keine gute Figur, an anderer Stelle steht er meist im Weg. Geben Sie doch den häuslichen Papierkram statt dessen gleich an Ihrer Garderobe ab!

... macht sich das ‚Büro' unsichtbar. Hinter dem Spiegel finden Mäntel und Jacken Platz

1 *Nachdem die Leimholzplatten mit der Kreissäge auf Maß geschnitten sind, werden zunächst Falze für die Rückwand ausgefräst*

2 *Danach schrauben Sie an den Seitenwänden Zapfen für die Verbindungsbeschläge in 5-mm-Löcher ein. Die Schrankböden ...*

3 *... an der Stirnseite mit 8-mm starken Bohrungen zur Aufnahme dieser Zapfen versehen. Bauen Sie dafür eine kleine Bohrlehre*

4 *Ein Bohrständer mit Tiefenanschlag sorgt für präzise Sacklöcher mit 25 mm Durchmesser für die Verbindungs-Gehäuse*

5 *Flachdübel verleihen der Konstruktion zusätzliche Stabilität; die Schlitze werden mit einem Flachdübelfräser hergestellt*

6 *Für zusätzliche Regalbretter bohren Sie mit Tiefenanschlag 5-mm-Sacklöcher, in die dann Bodenträger eingeschlagen werden*

Schreibzeug im Küchenschrank, Akten im Schlafzimmer und Zeitungen unterm Bett – damit ist jetzt Schluß, auch wenn der geeignete Stellplatz für einen Schreibtisch fehlt. Denn mit unserem dezent versteckten Schreibplatz in der Garderobe machen Sie im Handumdrehen die Diele zum Büro.

Dabei ist die Konstruktion dieses pfiffigen Kombi-Möbels überraschend einfach: Alle Bauteile sind aus Buchen-Leimholz gefertigt, das Sie im Baumarkt kaufen können. Die Verbindungen werden mit speziellen Beschlägen hergestellt, bei Zuschnitt und Montage kann daher auf stationäre Maschinen verzichtet werden. Zusätzlicher Vorteil: Bei Renovierung oder Umzug wird der Garderoben-Schreibplatz mit dem Schraubendreher wieder in seine Einzelteile zerlegt und kann dann leicht transportiert werden.

Entsprechende Verbindungsbeschläge kennen Sie aus großen Wäscheschränken oder Mitnahme-Möbeln: Die

7 Danach wird der Korpus zusammengesetzt. Zuerst die Schrankböden auf die Verbindungszapfen setzen und verschrauben, ...

8 ... danach die andere Seitenwand aufsetzen. Vor Montage der Rückwand werden mit einem Stechbeitel die Falzecken angeglichen

12 Passende Vollauszüge für die Schubladen in den Korpus einbauen. Vor der Montage der Schubkästen ...

13 ... werden zunächst die Griffe an die Frontblenden montiert. Die Köpfe der Montageschrauben müssen versenkt werden

Möbelbeschläge erleicht

Schließlich werden alle Teile nach der Zeichnung auf Seite 150 zusammengebaut. Möbelbeschläge und Topfscharniere schaffen professionelle Verbindungen

18 Die Schreibplatte schrauben Sie mit speziellen Klapp-Konsolen aus Metall am Korpus fest

19 Mit einem Putzhobel können Sie Ungenauigkeiten an den Kanten leicht ausgleichen

9 *Danach die Rückwand einsetzen, Schraublöcher vorbohren und die Rückwand mit dem Korpus verschrauben*

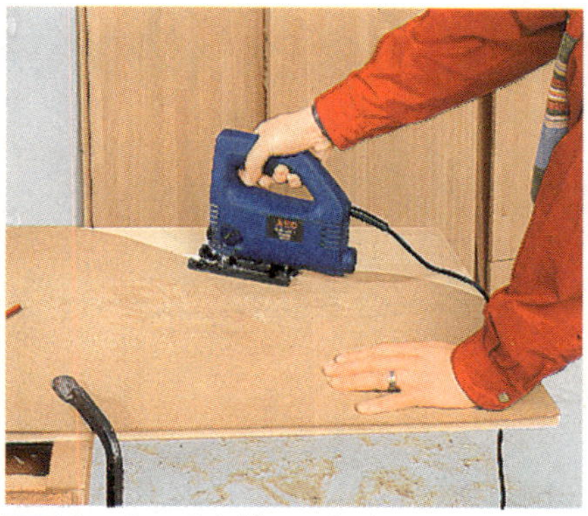

10 *Eine Papp-Schablone gibt den Konturen der Klapp-Wand den richtigen Schwung. Die Kanten danach mit der Oberfräse abrunden*

11 *Für die Schubladen können Sie fertig gekaufte Schubkastenzargen passend ablängen und mit Flachdübeln verleimen*

14 *Frontblenden auf die Schubkastenzargen aufleimen und verschrauben, dann die kompletten Schubladen einbauen*

15 *Die untere Rollenhalterung wird aus Restholz zusammengeleimt. Längere Schrauben an der Rollenträgerplatte erhöhen die Stabilität*

16 *Für die Topfbänder an der Klappwand werden am Bohrständer mit Tiefenanschlag 35-mm-Sacklöcher gebohrt*

n den Zusammenbau – und spätere Umzüge

17 *Bevor die Klappwand montiert wird, schrauben Sie die beiden 14-mm-Aluminiumstangen auf und fixieren den Spiegel mit doppelseitigem Spiegel-Klebeband*

an den Seitenwänden aufgeschraubten Bolzen greifen durch Löcher in mit dem Forstnerbohrer hergestellte Aussparungen der Schrankböden ein und werden hier von eingedrehten Gehäusen mit Schneckengewinde gehalten. Diese Art der Verbindung aus dem professionellen Möbelbau ist sehr stabil und läßt sich ohne Verschleiß an den hölzernen Bauteilen beliebig oft lösen und wieder fixieren.

Das Möbel bleibt natürlich nur dann demontierbar, wenn Sie an den Nahtstellen auf eine Verleimung verzichten. Dort, wo Flachdübel der Kostruktion eine höhere Stabilität verleihen, sollten Sie daran denken und die Dübel-Plättchen nur einseitig einleimen. Bei den (abnehmbaren) Schubladen ist Leim dagegen unentbehrlich.

Durch das Maß der Spiegelkonsole können Sie die Garderobe leicht an unterschiedliche Deckenhöhen oder – wie in unserem Beispiel – an einen Zwischenboden anpassen. □

Alle Bauteile und deren Maße im Überblick

Um die Holzstruktur zu betonen, können Sie die Oberfläche mehrfach mit Holzöl behandeln. Für die Arbeitsplatte sollten Sie dann Hartöl verwenden

EINKAUFSZETTEL

Pos.	Anz.	Bezeichnung	Maße in mm	Material
①	1	Arbeitsplatte	600 x 600*	Buche-Leimholz
②	1	Kopfplatte	320 x 250	27 mm dick
③	1	Seitenwand	2100 x 450	Buche-Leimholz
④	1	Seitenwand	1670 x 450	19 mm dick
⑤	1	Rückwand	1660 x 345	
⑥	2	Böden	450 x 327	
⑦	1	Klappwand	1580 x 600	
⑧	2	Seitenwände	1670 x 250	
⑨	1	Rückwand	1660 x 270	

Pos.	Anz.	Bezeichnung	Maße in mm	Material
⑩	1	Kopfplatte	252 x 250	
⑪	1	Bodenplatte	252 x 231	
⑫	3	Einlegeböden	250 x 230	
⑬	2	Seitenwände	710 x 300	
⑭	1	Sockelblende	212 x 110	
⑮	3	Frontblenden	240 x 195	
⑯	1	Sockelblende	327 x 110	
⑰	2	Frontblenden	355 x 195	
⑱	1	Dopplungsleiste	400 x 30	

2 Klapp-Konsolen, 400 mm; 3 Eckscharniere 180° mit Feder; 5 Paar Kugelpräzisions-Vollauszüge; je 1 Alu-Stange ∅14 mm, 2000 und 1860 mm lang; 2 Kegelaufsätze (bei Montage anpassen); 5 Möbelgriffe (verchromt); Möbel-Verbindungsbeschläge; 1 Spiegel 1270 x 350 mm; doppelseitiges Spiegel-Klebeband; 1 Transport-Bockrolle, Bauhöhe ca. 110 mm; 1 Rollenlager (aus Restholz - bei Montage der Rolle anpassen); Massivholz-Schubkastenzargen (bei Montage exakt einpassen); Hartfaser für Schubkastenböden (bei Montage anpassen); Bodenträger; Flachdübel (Schaubkastenzargen); Holzleim.

Materialkosten (Buche-Leimholz) rund 1730 Mark
Materialkosten (Fichte-Leimholz) rund 1270 Mark

* verleimt aus 3 Platten je 200 mm breit

Starke Stücke

Mit einfachen Mitteln stellen Sie in kurzer Zeit attraktive Buchstützen her

Modernes Design hält hier Gartenbücher in aufrechter Stellung. Drei unterschiedliche Buchstützenformen stehen zur Auswahl – wenn auch Sie ein Bücherfreund sind, sollten Sie sich gleich ans Werk begeben. Als Material zur Fertigung der Stützen verwendeten wir die die Reste einer 16er Buche-Tischlerplatte (19er ist ebenfalls möglich). Unseren Zeichnungen können Sie alle Maße entnehmen, die zur Herstellung erforderlich sind.

Es werden jeweils zwei Lagen Holz aufeinandergeleimt. So erhalten die Stützenpärchen später einen sicheren Stand. Zuerst die Platten aufeinanderleimen, anschließend die Form der ausgesuchten Stützen auf das Holz zeichnen und mit der Stichsäge zuschneiden. Jeweils zwei Dübel verbinden die beiden Teile der Stützen miteinander. Dazu die Löcher mittig auf dem großen Stück einbringen, Gegenbohrung und Dübel am Kopfholz des Formteils anbringen. Noch nicht verleimen.

Zuerst alle Kanten fein schleifen und anschließend sorgfältig mit Buche-Umleimer versehen. Nun das Holz mit einem Schwämmchen gut wässern und nach dem Trocknen die aufgerichteten Fasern fein abschleifen. Dann alle Einzelteile mit einem Einlaßgrund versehen und nochmals schleifen. Die großen Teile haben wir mit einem Seidenglanzlack zweifach (wiederum mit Zwischenschliff) gestrichen. Die kleineren Formstücke dagegen´wurden farblich abgesetzt. Alles gut durchtrocknen lassen und die Buchstützenteile miteinander verleimen. □

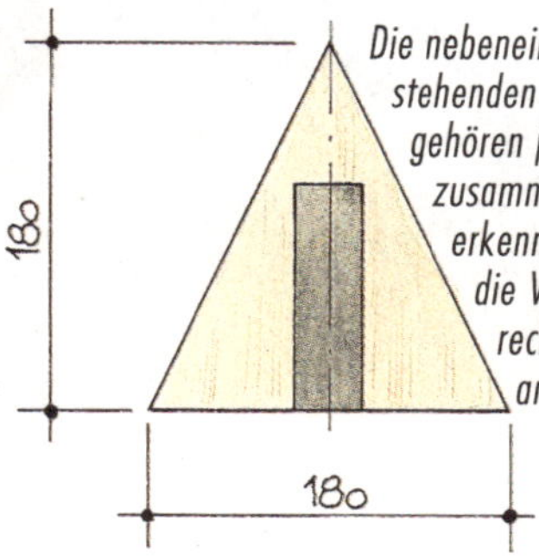

Die nebeneinander stehenden Zeichnungen gehören jeweils zusammen: Links erkennen Sie die Vorder- und rechts die Seitenansicht

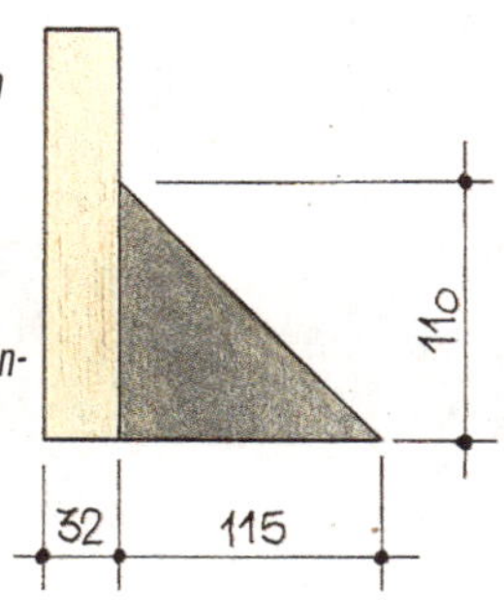

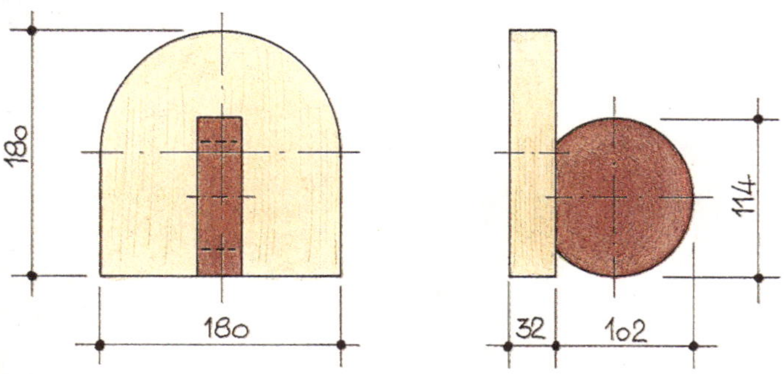

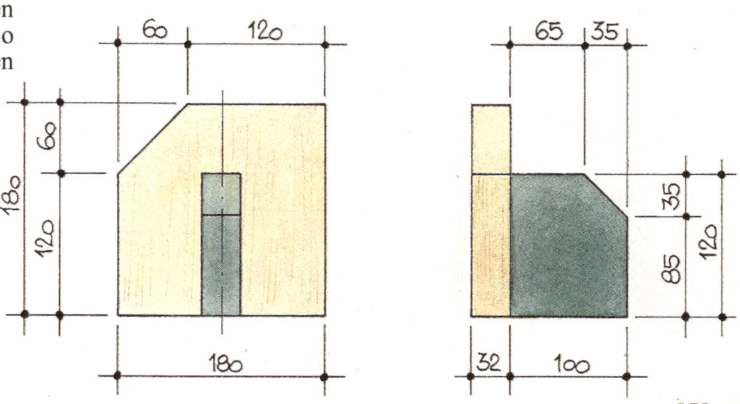

Aus Kirschbaum-Bohlen

Kanapee

Klassisch, schlicht, edel.
Attribute eines außergewöhnlichen Möbels.
Seine Abmessungen sind ebenso
imponierend wie die exquisite Ausstrahlung
und sein verblüffender Preis

Laminatboden:
‚Step 7000'
von Parador

Armlehnen

1 Besondere Sorgfalt ist bei der Herstellung der Sprossenzapfen erforderlich. Die Neigungen an den Enden sind exakt einzuhalten. Mit der Hilfskonstruktion ist das aber kein Problem

2 Erst nachdem alle Zapfen abgesetzt sind, erfolgt das Ausschneiden der geschweiften Konturen. Bei diesem Arbeitsgang ist ein optimales Ergebnis nur mit einer stationären Bandsäge zu erreichen

3 Für den Feinschliff der gesägten Flächen führt man die Werkstücke an rotierenden Schleifwalzen vorbei. Dieses Führen sollte möglichst gleichmäßig erfolgen. Sonst entstehen Dellen in der Oberfläche

4 Diese Einzelteile gehören zu einer Armlehne. Alle Zapfenverbindungen werden verleimt. Die zwei vorderen Längszargen sind mit Doppelzapfen in den Seitenbrettern verankert. Das ergibt eine höhere Stabilität

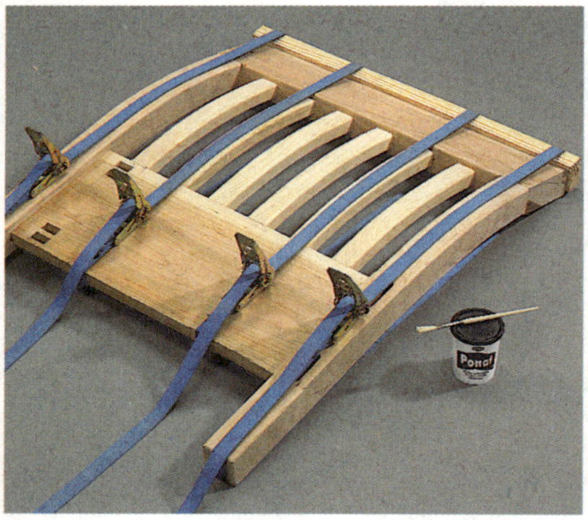

5 Zum Fixieren solcher Verbindungen sind Spannbänder besser geeignet als Zwingen. Die obere Zulage verhindert zum einen Eindrücke im Werkstück und verteilt zum anderen den Spanndruck gleichmäßiger

6 Dieses Werkzeug nennt der Fachmann Rauhbank oder Langhobel. Um irreparable Ausrisse im Holz zu vermeiden, arbeitet man mit kurzer Schnittiefe und nimmt lieber mehr Arbeitsgänge in Kauf

Um beim Spannen ein ‚Aufbäumen' der geschweiften Teile zu verhindern, spannt man ein ausreichend dickes Brett unter den Bogen

Mit 210 Zentimetern Länge liegt es also voll im Trend, unser Kanapee. Und nicht nur damit: Das Material, edles Kirschbaumholz, gehört zu den favorisierten Hölzern der Saison. Durch den klassischen, fast schon puristischen Stil kommt es hervorragend zur Geltung. Daß auch die Ergonomie stimmt, versteht sich von selbst. Die Polsterauflage in Profi-Ausführung tut ein Übriges für den Sitzkomfort.

Wir empfehlen Ihnen, anhand der Informationen, die Sie in der hier abgebildeten Fotofolge, der Explosions-Zeichnung auf Seite 159 und dem Einkaufszettel erhalten, eine originalgroße (Maßstab 1:1) Zeichnung der geschweiften Konturen anzufertigen. Berücksichtigen sollten Sie auch die Winkel, die bei den Neigungen von Rücken- und Armlehnen (beide ca. 23°) oder den Sprossen entstehen. Sicher werden Sie verstehen, daß zur Herstellung dieses anspruchsvollen Möbels Stichsäge und Bohrmaschine allein

Das Abrichten von Holzbohlen

Nach dem Teilen der Bohle (längs) ist nun die unbesäumte Seite (als Parallelschnitt mit Zugabe) zu entfernen. Der Schiebestock ist obligatorisch. Der Absaugschlauch wurde für das Foto abgenommen

Dann wird eine breite Seite plan gehobelt, um eine exakte Seitenführung für den nächsten Arbeitsschritt zu schaffen. Die zuvor geschnittene Kante dient dabei als Führungskante am Maschinenanschlag

Nun erfolgt das Abrichten auf die exakte Breite. Die bereits abgerichtete Flachseite sollte dabei mit leichtem Druck gegen die Maschinenführung bewegt werden, um ein Kippen zu verhindern

Die endgültige Brettdicke ergibt sich beim Durchschieben in der Dickenhobel-Einrichtung. Falls der restliche Materialabtrag zu groß ausfallen sollte, sind mehrere Arbeitsgänge zu absolvieren

Massives Kirschbaumholz findet man nicht gerade im Standardsortiment eines Baumarktes. Der Weg zum Schreiner oder zum Holzhandel lohnt sich aber schon deshalb, weil man beim Kauf von unbesäumten Bohlen, verglichen mit maßgerecht zugeschnittenen Brettern, erhebliche Kosten einsparen kann. Ein entsprechend ausgerüsteter Maschinenpark ist natürlich Voraussetzung für die fachgemäße Verarbeitung. Falls Sie sich jedoch dem Möbelbau verschrieben haben, ist das ja sowieso kein Thema. Welche Überraschungen Bohlen manchmal bereithalten, lesen Sie auf Seite 157

Schubladen mit Zinken

Alle Teile einer Schublade: Frontblende, Seitenteile, Rückwand, Boden und Möbelknopf mit Dübel

Um die Optik der Schubladenfront ‚ruhig' zu halten, arbeitet man mit (aufwendigeren) verdeckten Zinken

Die Verbindungen zwischen den beiden Seitenteilen und der Rückwand erfolgen mit durchgehenden Zinken

Die Sitzplatte ist noch nicht eingelegt. So erkennt man die Anschläge sowie die Lauf- und Kippleisten

Zinkungen sind Kantenverbindungen, die man ausschließlich für Vollholz einsetzt. Sie werden von Hand oder maschinell gefertigt. Handgearbeitete Zinken sind als klassische Holzverbindungen formschön und haltbar, aber aufwendig in der Herstellung. Maschinenzinken werden gebohrt oder gefräst. Das Zinken beginnt mit dem Anschneiden am Kopfholz und dem Ausstemmen der Aussparungen für die Schwalben. Die Schwalben werden angerissen, indem man die Zinken auf das Gegenstück aufsetzt. Wichtig sind die Proportion Schwalben/Zinken (2/3 zu 1/3) und die Schlankheit der Schwalben. Sind sie zu schräg, schert womöglich das Holz ab.

1

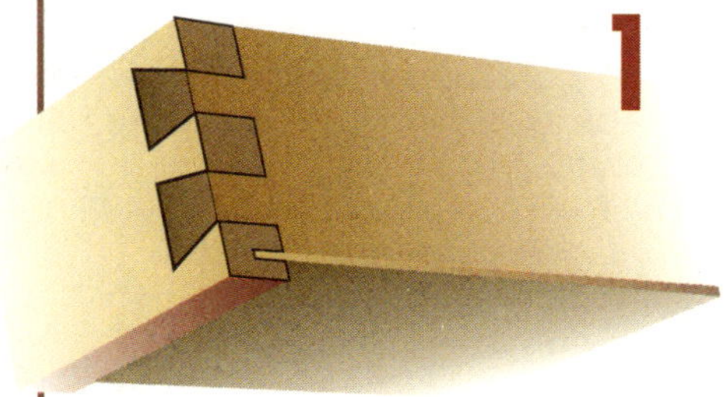

Hier sind die durchgehenden Zinken bei der Verbindung zwischen Rückwand und Seitenteil noch deutlicher zu erkennen. Der Schubladenboden wird unter der Rückwand durchgeschoben und an ihr – ohne Leim – fixiert

2

Aufwendiger als durchgehende sind verdeckte Zinken. Sie setzt man immer dann ein, wenn eine Holzfläche nicht durch das Kopfholz der Schwalben gestört werden soll. Ihre Herstellung erfordert viel handwerkliches Geschick

1 Mit dieser Langloch-Bohrvorrichtung werden die Schlitze für die Zapfen der hinteren, oberen Längszarge eingebracht. Über ein Hebelsystem wird das Werkstück zum Bohrer bewegt

2 Die Zapfen der Mittelstege und Querzargen sind um 45° abgeschrägt. Damit ist gewährleistet, daß deren Enden sich beim Zusammenbau – konstruktionsbedingt – nicht ‚im Weg stehen'

4 Nachdem die vorgefertigten Armlehnen mit dem Korpus verbunden sind, folgt das exakte Einpassen der Rückenlehne. Zu diesem Zweck wird die provisorisch montierte Rückenlehne ...

5 ... an die Armlehne herangeführt. Mit Hilfe einer passenden Konturschablone überträgt man die sich ergebende Kurve auf die Rückenlehne und längt diese der Markierung entsprechend ab

Die Verbindungen zwischen den Armlehnen und der Rückenlehne erfordern besondere Sorgfalt

Auch beim Verleimen der Armlehnen mit dem Korpus nutzt man Spannbänder zum Fixieren der Verbindungen. Zum Schutz der Werkstück-Ecken dienen Kantenschoner aus Kunststoff

nicht ausreichen. Im Idealfall sollten Sie über einige stationäre Maschinen verfügen: Tischkreis- und Bandsäge, Schleifmaschine, Abricht- und Dickenhobel mit einer Langloch-Bohrvorrichtung als Zubehör. Diese Vorrichtung ist eventuell durch eine Oberfräse zu ersetzen. Der Aufwand an Hilfsmitteln, um die Oberfräse auf der schmalen Zarge sowie Rücken- oder Armlehnen sicher zu führen, wäre aber in Relation zur Aufgabe ziemlich groß.

Begonnen wird mit der Herstellung der vier Eckstützen und aller Sprossen. Bei den Sprossen ist zu beachten, daß sie kostruktionsbedingt ein oberes und ein unteres Ende haben. Das heißt, die Krümmung ist zwar immer gleich, aber die Winkel der Auflageflächen sind verschieden. Das ist bei der Montage unbedingt zu berücksichtigen, da sonst

3 *Die Verbindung zwischen den Mittelstegen, Längs- und Querzargen wird mit Spannbändern fixiert, während der Leim aushärtet. Beim Ausrichten ist unbedingt auf Rechtwinkligkeit der Teile zu achten*

6 *Zur Stabilisierung der Verbindung werden zusätzlich zwei 100 mm lange Dübelstangen eingesetzt. Die Bohrungen dafür werden erst bei der Montage eingebracht*

Holzschädlinge und ihre Bekämpfung

Der Hausbock (hier seine Larven) können erheblichen Schaden an Möbeln, Holzeinbauten usw. anrichten. Für nachhaltige Abhilfe sorgen spezielle Mittel (links). Wichtig: Vor Gebrauch sind die Verarbeitungshinweise zu lesen und auch penibel anzuwenden!

Zu den Holzschädlingen gehören zahlreiche Insekten, die durch Kahlfraß oder Unterbindung der Saftleitungsbahnen den Bäumen die Lebensmöglichkeit nehmen oder durch das Fressen von Gängen das Nutzholz für technische Zwecke ungeeignet machen. Unterschieden werden Schädlinge des lebenden Baumes (Forstinsekten) und des gefällten, geschnittenen oder bereits verarbeiteten Nutzholzes. Forstinsekten sind beispielsweise verschiedene Falter- und Wespenarten oder der Borkenkäfer. Die schlimmsten Schädlinge des verarbeiteten Holzes sind der Poch- oder Klopfkäfer und der Hausbock, oft großer Holzwurm genannt. Seine wirksame Bekämpfung ist auch mit den heutigen Mitteln nur bis zu einer gewissen Objektgröße möglich

Eine angenehme Arbeitshöhe bietet unser nützlicher Sägetisch

Praktischer Sägetisch

Wenn Sie Ihre heimwerkerischen Fähigkeiten im eigenen Hobbyraum einsetzen, ist eine stabile Arbeitsfläche wichtig. Sie muß die richtige Höhe besitzen und auch schwerere Elektro-Geräte tragen können. Ein praktischer Unterbau, der genau diese Voraussetzungen erfüllt, ist unser Sägetisch. Wenn Sie den richtigen Standort in Ihrer Werkstatt gefunden haben, sollten Sie sich gleich das Material besorgen und mit dem Bau beginnen. Sie benötigen folgende Teile aus Kiefer:
4 Beine (Stollen), 50 x 50 mm, 880 mm lang; 4 untere Verstrebungen: 2 á 55 x 35 mm, 730 mm lang; 2 á 55 x 35 mm, 660 mm lang; 4 obere Verstrebungen, 2 á 55 x 35 mm, 570 mm lang; 2 á 55 x 35 mm, 500 lang; 2 Kantenleisten, 30 x 10 mm, 600 mm lang; 2 Kantenleisten, 30 x 10 mm, 620 mm lang; 1 Spanplatte, 600 x 600 mm, 22 mm dick; Schrauben, Holzleim.

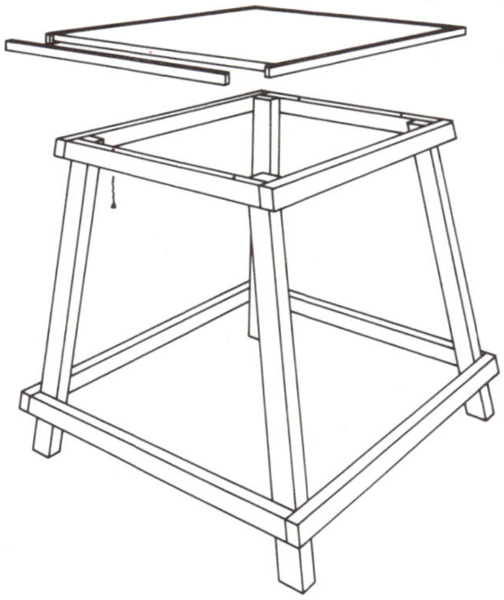

1 *Zunächst fixiert man beidseitig je eine Lage Vlies mit Hilfe eines Sprühklebers auf dem Schaumstoffkern. Dann wird rundherum eine Lage Diolen-Vlies aufgeklebt*

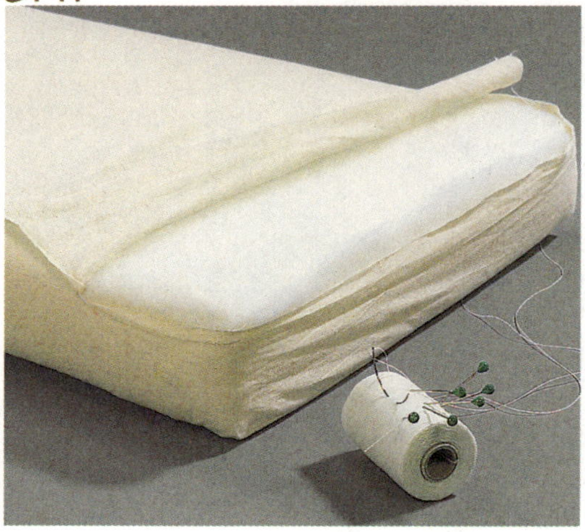

2 *Die Nesselhülle aus zwei ‚Platten' und dem ‚Boden' (das ist der umlaufende Steg) passend zuschneiden und vernähen. Ein Stück einer Seite bleibt offen, um den Schaumstoff mit dem Vlies einschieben zu können*

3 *Das offen gebliebene Nahtstück wird dann auch geschlossen, in kurzen Abständen mit großen Stecknadeln fixiert und anschließen endgültig zugenäht*

4 *Auch der Polsterstoff wird in Platten und Boden (mit jeweils etwa 1 cm Überstand) zugeschnitten. Hier kommen aber die Kederstreifen dazu. Sie werden mit Stoffstreifen und Kederschnur auf einer ...*

5 *... Nähmaschine mit speziellem Kederfuß gefertigt. Diese Streifen näht man dann umlaufend einseitig an eine Platte. Mit der anderen Kederseite wird nun umlaufend der Boden vernäht*

6 *Auch die zweite Platte erhält – bis auf eine schmale Seite für den Reißverschluß – einen Kederstreifen. Der wiederum wird auf der anderen Seite mit der Platte vernäht*

zwischen Sprossen und Zargen unansehnliche Fugen entstehen. Für Eckstützen und Sprossen gilt: Alle Zapfen fertigen und dann erst die Kurven ausschneiden.
Der aufwendigste Arbeitsgang ist zweifellos das Herstellen der langen Wölbungen bei Rücken- und Armlehnen. Da Kirschbaum in alle Richtungen wächst, müssen Sie beim Hobeln unbedingt auf die Maserung achten und sehr vorsichtig zu Werke gehen. Zu Anfang können Sie noch mit einem Schrupphobel arbeiten. Je näher Sie aber der endgültigen Kontur kommen, desto geringer sollte die Schnittiefe des Langhobels (Rauhbank) sein. Sonst gibt es

Das brauchen Sie an Material für das Polstern: Polyester-Schaumstoff, Diolen-Vlies, Nessel, Polsterstoff, Kederschnur, Nähgarn, Reißverschluß, Sprühkleber, Stecknadeln

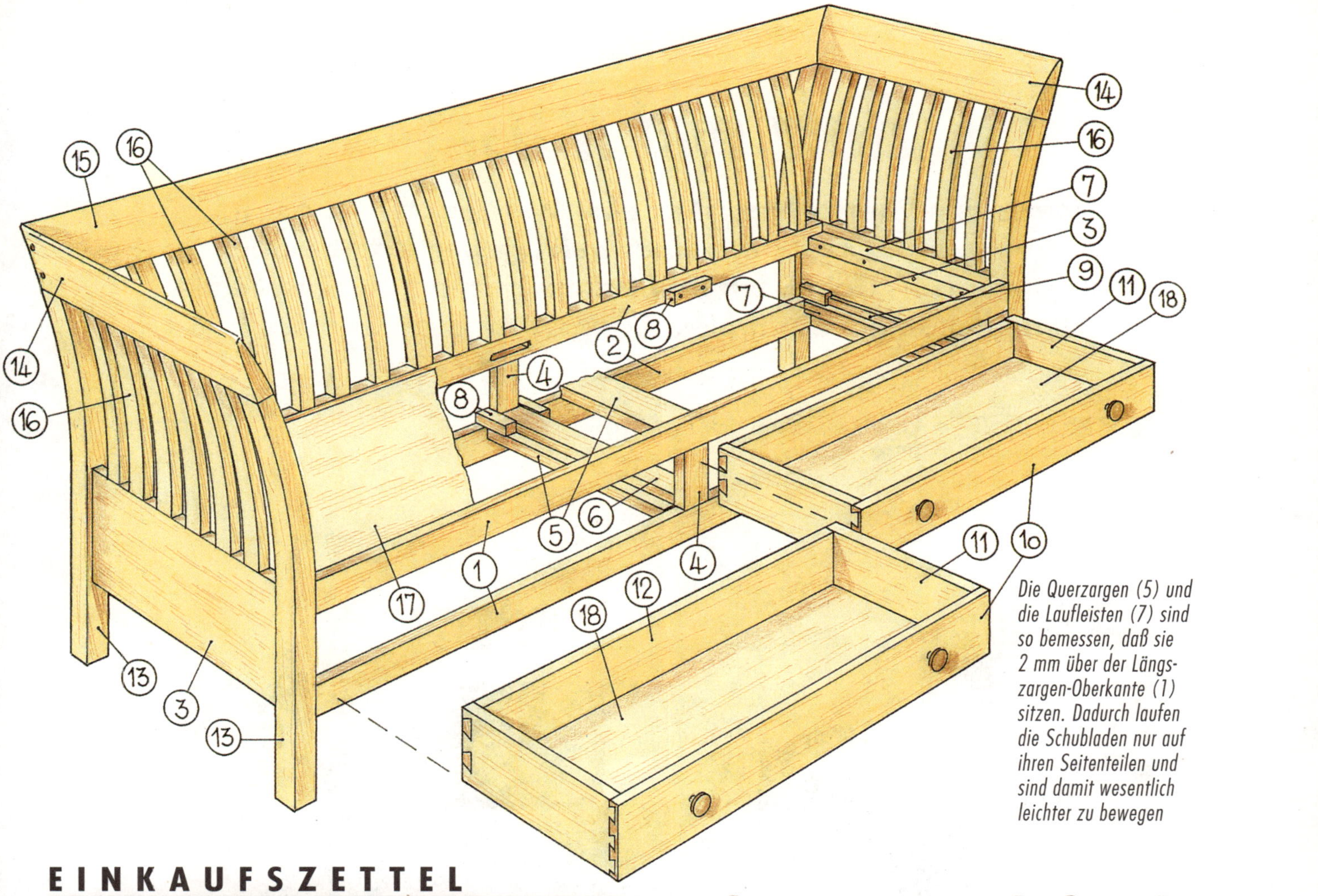

Die Querzargen (5) und die Laufleisten (7) sind so bemessen, daß sie 2 mm über der Längszargen-Oberkante (1) sitzen. Dadurch laufen die Schubladen nur auf ihren Seitenteilen und sind damit wesentlich leichter zu bewegen

EINKAUFSZETTEL

Pos.	Anz.	Bezeichnung	Maße in mm	Material
①	2	Längszargen	1840 x 60 *	Kirschbaum massiv
②	2	Längszargen	1868 x 60 *	28 mm dick
③	2	Seitenbretter	578 x 240 *	
④	2	Mittelstege	160 x 60 *	
⑤	2	Querzargen	549 x 110 *	
⑥	1	Führungsbrett	509 x 60	
⑦	4	Lauf-/Kippleisten	509 x 42	
⑧	8	Auflager/Anschläge	125 x 28	
⑨	2	Führungsleisten	384 lang	Kirschbaum 20 x 14
⑩	2	Frontblenden	866 x 116	Kirschbaum massiv
⑪	4	Seitenteile	434 x 116 *	20 mm dick
⑫	2	Rückwände	866 x 96 *	
⑬	4	Eckstützen	770 x 110 *	Kirschbaum massiv
⑭	2	Armlehnen	650 x 135	56 mm dick
⑮	1	Rückenlehne	2200 x 130	Kirschbaum massiv
⑯	32	Sprossen	385 x 50	38 mm dick
⑰	1	Sitzplatte	1825 x 505	TiPla 13 mm dick
⑱	2	Schubladenböden	844 x 429	Sperrholz 5 mm dick

* = in den Längen sind Zapfen oder Zinken enthalten;

4 Möbelknöpfe ∅50 x 25 mm dick; Spanplatten-Schrauben; 4 Dübelstangen ∅10 x 100 mm; 4 Holzdübel ∅8 x 30 mm; Holzleim.

Materialkosten rund 700 Mark

für das Polstern:
Polyester-Schaumstoff 90 mm dick, 1800 x 500 mm; ca. 4,5 m^2 Diolen-Vlies; ca. 2,5 m^2 Nessel; ca. 3,3 m^2 Polsterstoff; Sprühkleber.

Materialkosten rund 340 Mark

Nehmen Sie sich für das Finish ausreichend Zeit

irreparable Ausrisse im Holz. Die Feinarbeit erfolgt mit dem Schwingschleifer (80er-120er Papier) und durch Handschliff mit einem 240er Papier.
Der Oberflächen-Behandlung sollten Sie besondere Aufmerksamkeit schenken. Sie gibt den buchstäblich letzten Schliff. Gehen Sie dabei wie folgt vor: Alle später sichtbaren Flächen schleifen und gut entstauben, eine Schicht Einlaßgrund auftragen und zwischenschleifen. Dann kommt der erste Endlackauftrag, seidenmatt und 10% verdünnt. Wieder schleifen (220er Papier) und die zweite Lackschicht auftragen. Und dann bewundern Sie Ihr Werk, Sie haben allen Grund dazu. □

Kapitel 7

Holz und Musik

Professionell betrachtet ist er eine Wissenschaft für sich: der Boxenbau. Es gilt, mit einer gelungenen Kombination aus attraktiven Gehäusen und bestmöglichem technischem Innenleben ein optimales Klangerlebnis zu zaubern

INHALT

Neu definiert

Raumklang

Ungewöhnliche Boxen liefern ein ungewöhnliches Hör-Erlebnis. Aufgesetzte Kegel zwingen den Schall, sich ringförmig auszubreiten. Das Resultat: Ein Klang-Ereignis der besonderen Art

Der Massivholzkegel, der den Hochtöner aufnimmt, spreizt den Schall des Tieftöners. Das aufgeklebte Teil hat den gleichen Effekt für den Hochtöner

Die justierbaren kegelförmigen Füße stehen nur mit der Spitze auf den zugehörigen Platten. Dies sorgt für die schalltechnische Entkopplung vom Boden

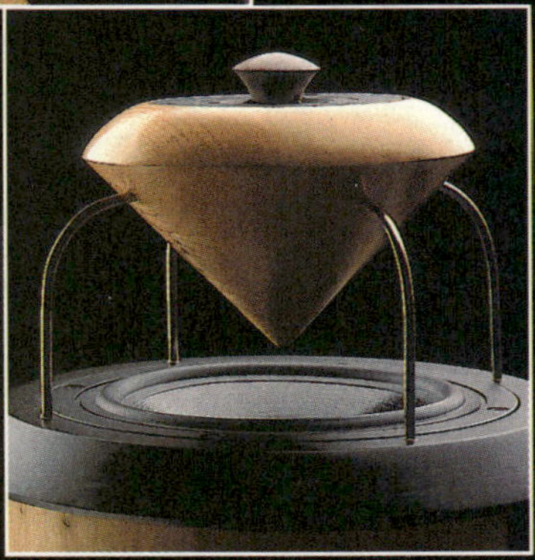

Dieser Blickwinkel zeigt deutlich, wie der Kegel mit dem Hochtöner und dem Klebeaufsatz wie auf ‚Spinnenbeinen' über dem Tieftöner schwebt

Das ideale Material für die Boxengehäuse: 9,5 mm dickes, biegsames MDF

Lautsprecher-Boxen gibt es in unzähligen Varianten, allen möglichen Formen und in nahezu jeder erdenklichen geometrischen Figur. Ziemlich selten jedoch dürften Exemplare wie die unseren sein. Sie sind, außer dem voluminösen Klang, den sie bieten, auch ziemlich designpreisverdächtig (nur sehr böse Zungen reden hier von einem Standaschenbecher!). Aufgebaut haben wir sie aus biegsamem und normalem MDF, massivem Kirschholz, dem dazu passenden Furnier und natürlich imponierender Technik.

1 *Um die exakte Breite der MDF–Platte zu ermitteln, greift man auf dieses Hilfsmittel zurück: Den schmalen Streifen MDF (müssen Sie opfern) legt man um eine Scheibe, die den exakten Gehäuse-Innendurchmesser hat*

Das Gehäuse

2 *Das MDF wird mit einem Cutter längs aufgetrennt und mit einem Hobel so bearbeitet, daß sich die Röhre straff ohne Fuge schließt*

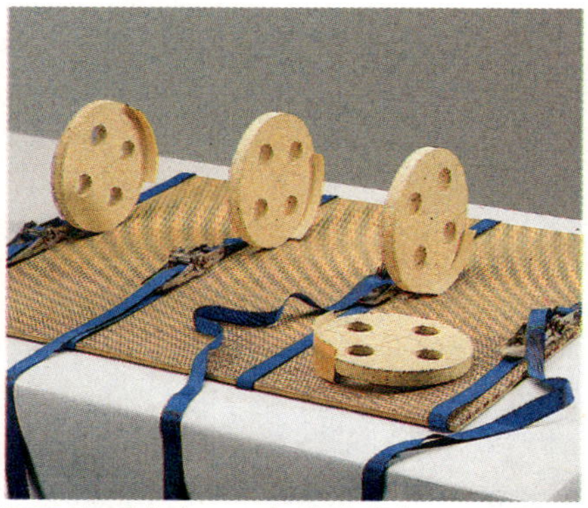

3 *Vier Scheiben sind erforderlich, um ein Gehäuse zu fertigen. Sie dienen vorübergehend als Montagehilfe. An der Nahtstelle der ...*

4 *... MDF–Platte erhalten sie Silikonpapierstreifen, damit sie sich nicht mit dem Kleber verbinden. Später werden die Scheiben ...*

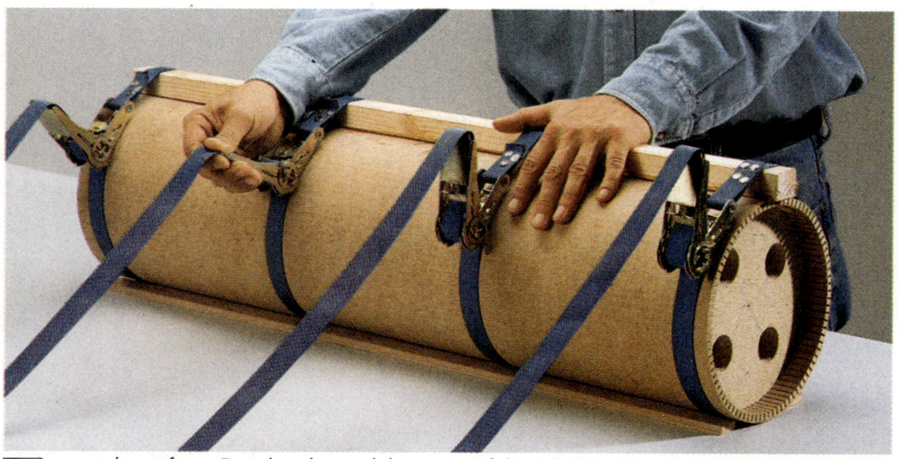

5 *... wieder entfernt. Zunächst aber wird das Gehäuse bis zum Aushärten des Klebers mit vier Spannbändern fixiert. Sie sollten genau auf den Scheiben sitzen, weil dort der größte Gegendruck vorhanden ist. Eine starke Vierkantleiste übt zusätzlichen Druck auf die gesamte Naht ...*

6 *... der MDF-Platte aus. Auch sie wird durch einen Silikonpapierstreifen davor bewahrt, eine Verbindung mit der Klebernaht einzugehen*

Drechseln

Für die Drechsel-Profis unter Ihnen, liebe Leser, brauchen wir sicherlich nicht näher auf die verschiedenen Spanntechniken einzugehen, die wir bei den Kegeln und Scheiben eingesetzt haben. Zu deren Werkzeug-Repertoire gehört ohnehin eine stationäre Drechselbank samt umfangreichem Zubehör. Darin enthalten ist natürlich auch ein (nicht gerade billiges, aber effektives) Spannfutter. Bleibt also noch die Möglichkeit, ein Zapfen- oder ein Schraubfutter zu verwenden. Beide erfordern Sorgfalt beim Spannen des Drechsel-Rohlings. Beim Zapfenfutter müssen Konus und Gegenkonus die exakt gleiche Neigung haben, um eine ‚saugende' Mitnehmerverbindung zu schaffen. Sonst wird der Rohling zum BFO (bekanntes Flugobjekt) – nicht ganz ungefährlich! Diese Spannvariante eignet sich beispielsweise für den Kegel (Bild unten). Nicht geeignet ist sie für das Drehen der Fuß- und Kopfplatten. Die Materialdicke reicht nicht aus, um einem Zapfen ausreichend Haftreibung zu bieten. Deshalb ist ein Schraubfutter die richtige Wahl. Es ist aber unbedingt darauf zu achten, daß der Rohling flächenbündig am Futter anliegt.

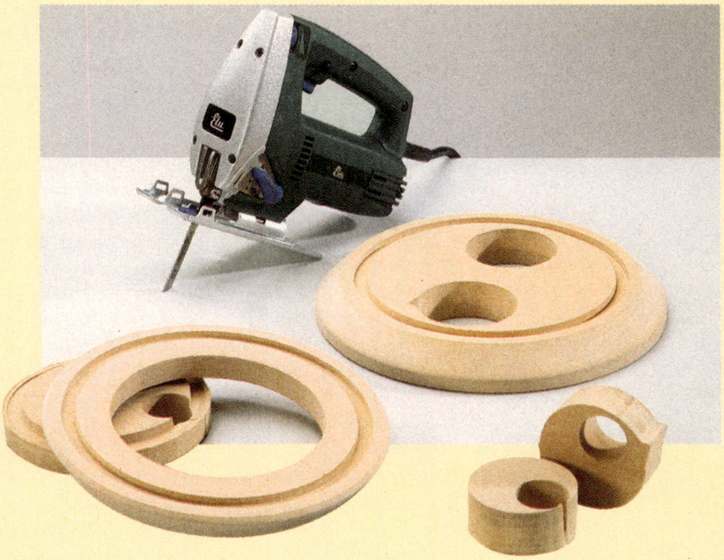

Mit Stichsäge und eingespanntem Kurvenblatt schneidet man die Öffnungen in die Kopfplatte (für Tieftöner) und Fußplatte (für Terminal und Baßreflexrohr). Für den Blatteinstich wird vorgebohrt

Um den Kegel zu drehen, fixiert man den Holzrohling mit einem Zapfen- oder einem Spannfutter

Kopf- und Fußplatten werden mit einem Schraubfutter fixiert. Gedrechselt wird quer zur Achse

Auch die umlaufenden Nuten sind gedrechselt. Fixiert wird auch hier mit einem Schraubfutter

Achteck

Wer den Umgang mit biegsamem MDF scheut oder sich fürs Drechseln nicht erwärmen kann, sollte einmal über diese Alternative mit achteckiger Grundfläche nachdenken. Wichtig dabei ist aber, daß das Gesamtvolumen möglichst nicht verändert wird. Sonst kann das unter Umständen negative Auswirkungen auf das Gesamt-Klangbild haben. Außerdem sind die langen Gehrungen (22,5°) auf beiden Seiten eines jeden der insgesamt acht Wandelemente pro Boxengehäuse sehr präzise zu schneiden, um die erforderliche Dichtigkeit der Boxengehäuse sicher zu gewährleisten.

Ästhetik pur! Das zierliche Äußere der 'Fontana' erinnert eher an ein Kunstwerk als an eine Box. Dennoch präsentiert sie sich mit einer beeindruckend stabilen Klangwiedergabe. Die technische Ausrüstung entspricht der der runden Version

Noch sitzt die Montagescheibe im Gehäuse. Dessen Stabilisierung erfolgt später durch die Nuten in den Kopf- und Fußscheiben

Unterstreicht das exklusive Outfit: Echtholz-Furnier

Die Fertigung der Gehäuse ist nicht ganz einfach. Sie erfordert neben handwerklichem Geschick auch einige Geduld. Die vier Scheiben, die nur als Montagehilfe dienen, erhalten mit der Lochsäge jeweils vier Löcher. Dadurch können sie nach dem Aushärten des Epoxidharzes, mit dem die MDF-Naht geklebt wird, wieder mühelos aus dem fertigen Zylinder entfernt werden.
Voraussetzung dafür ist aber, daß sowohl die Scheiben als auch die mitgespannte Vierkantleiste im Bereich der Klebenaht unbedingt mit Silikonpapier zu schützen sind. Sonst ist das Herausnehmen nur noch durch Zerstören der MDF-Hülle möglich.
Die beiden Leisten, die die Nahtstellen der Furnierstücke verstärken, sind an beiden Enden genau so viel kürzer, wie das Gehäuse jeweils in den Nuten von Kopf- und Fußplatte verschwindet.
Erst wenn die Zylinder furniert sind, nimmt man eine der äußeren und die beiden inneren Montagescheiben heraus. Die offene Gehäuseseite wird nun in die Nut der Fußplatte eingeleimt. Dann entfernt man auch die letzte Scheibe.

7 *Das Furnier neigt an den Stoßstellen dazu, sich zu lösen. Die aufgeklebte Leiste verhindert dies und wirkt zudem als Stil-Element*

8 *Diese Utensilien sollten vorhanden sein, wenn Sie sich mit Echtholzfurnier beschäftigen: Cutter zum exakten Trennen, Kleber für die richtige Haftung und die Rolle zum Andrücken*

Technik

Den ungewöhnlichen Aufbau der ‚Fontana'-Lautsprecherbox müssen wir etwas näher erläutern. In der von uns vorgestellten Version sind in der Kopfplatte vier Anschlußbuchsen so eingelassen, daß sie die Messingbeine des Kegels aufnehmen und die Kontakte herstellen (Abb. unten rechts). Nur zwei nebeneinanderliegende Buchsen besitzen Löt-/Steckfahnen. Von oben gesehen liegt Minus (–) links und Plus (+) rechts daneben. Das heißt, daß nur in *einer* Position des Kegels der Hochtöner angesteuert wird. Ein Verpolen ist so ausgeschlossen. Voraussetzung für eine optimale Funktion ist natürlich die analoge Verdrahtung des Hochtöners im Kegel.

Da es mit einer feinen Lötspitze kaum möglich ist, die beiden Messing-Rundstäbe so stark zu erhitzen, daß sie das Lot annehmen, sollten Sie das metallische Innenleben passender Lüsterklemmen für die Verbindungen zum Hochtöner verwenden (kl. Foto unten). Bei einer Variante zu der vorgestellten Ausführung sitzen die Buchsen auf der Kopfplatte. Die Abstandsbolzen liefert Visaton mit.

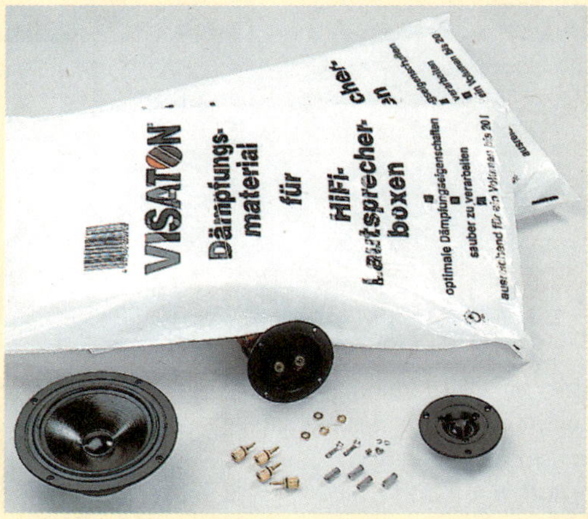

Dies alles gehört zum Lautsprecher-Bausatz für eine Box. Der komplette Bausatz (Hoch- und Tietöner, Frequenzweichen mit Terminals, Dämpfungsmaterial und Kleinteile) ist im Visaton-Fachhandel unter dem Namen ‚Fontana' für 735 Mark zu erwerben

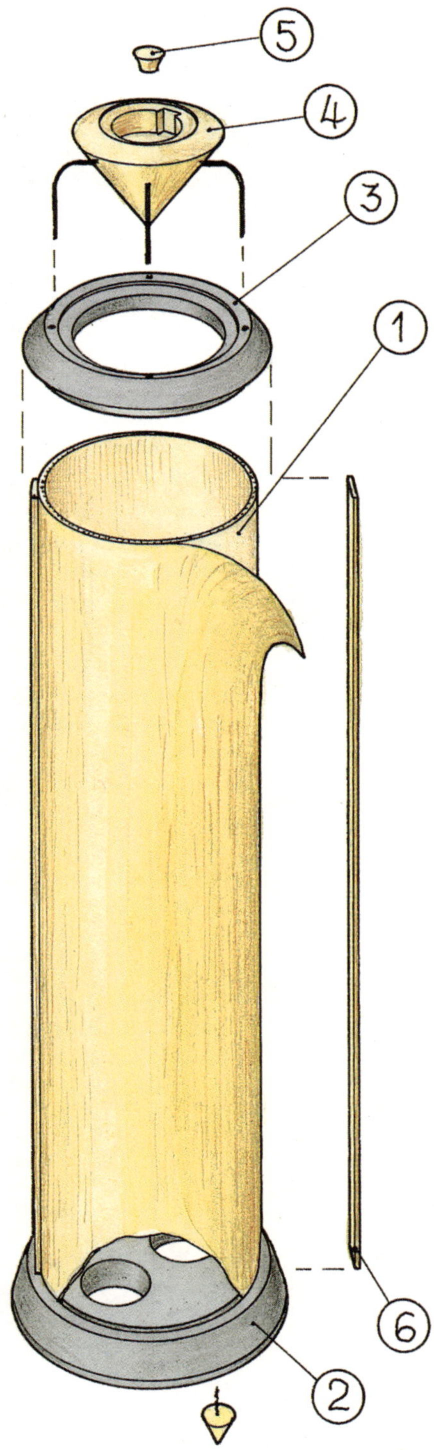

In der Explosionszeichnung links haben wir der Übersichtlichkeit halber auf die Darstellung des technischen Innenlebens verzichtet

In die Kopfplatte werden von unten die vier Anschlußbuchsen eingeklebt (Sekundenkleber). Zwei der Buchsen erhalten Löt- bzw. Steckfahnen. Die Belegung ist im Kasten ‚Technik‘ auf Seite 164 beschrieben. Der Hochtöner wird also wie folgt versorgt: Kabel von der Frequenzweiche zu den Steckfahnen, über die Messingbeine zum Kegel, im Kegel über Drahtverbindung zwischen Lüsterklemme und Hochtöner-Anschlüssen.

Die Durchmesser der Messingbeine sind so gewählt, daß sie formschlüssig in den Innendurchmesser der Buchsen passen und so die Kontakte herstellen. Zur Sicherheit sollten Sie die Enden der Rundstäbe etwas anrauhen. Hilfe beim Boxenbau bieten Ihnen die Bauvorschlagshefte von Visaton . Und wenn Sie es dann geschafft haben, lehnen Sie sich zurück und genießen den phänomenalen Klang der Rundumstrahler. □

Ganz schön cool: Modernste HiFi-Spitzentechnik in einem klassisch streng gestylten Outfit

EINKAUFSZETTEL

Pos.	Anz.	Bezeichnung	Maße in mm	Material
①	2	Gehäusesäulen	850 x 765 *	Biege-MDF 9,5 mm
②	4	Fußscheiben	280 x 280	MDF 16 mm dick
③	4	Kopfscheiben	250 x 250	MDF 12 mm dick
④	2	Kegel	147 x 147	Kirschbaum 105 dick
⑤	2	Klebeaufsätze	34 x 34	Kirschbaum 13 dick
⑥	4	Abschlußleisten	840 lang	Kirschbaum 15 x 5

* = Rohmaß, bei Montage anpassen;

8 Messing-Rundstäbe ∅4 x 175 mm lang; 4 Kirschbaum-Furnierstreifen 850 x 360 mm; 8 Messingkegel ∅25 x 32 mm hoch; Epoxidharz; Holzleim.

Materialkosten rund 350 Mark
Lautsprecher-Bausatz 735 Mark

Hilfsmittel: 8 Spanplatten-Scheiben 19 mm dick, ∅207 mm; 2 Klemmleisten 40 x 20 x 850 mm lang; doppelseitigtes Klebeband.

Kontakte: Holz: O. A. Lüghausen KG – 1001, Wilhelmstr. 146, 53721 Siegburg; Boxen-Bausätze: Visaton, Ohligser Straße 29-31, 42781 Haan, Versandhandel VC Mailorder-Service, Lehn 51-53, 42655 Solingen oder Visaton-Fachhandel; Holzkegel und Klebeaufsätze: Fa. Dezibel, Am Frühlingsberg, 02708 Schönbach; Sessel und CD–Regale: Yellow Möbel, Hohe Straße 41-53, 50667 Köln

Da steckt Musik drin

Mit achtlos aufgetürmten CD-Bergen neben der Stereoanlage ist jetzt ein für allemal Schluß: Unser fröhlich bunter und dennoch schlichter CD-Turm hilft Ihnen dabei, das ›musikalische‹ Chaos in geordnete Bahnen zu lenken

1 *Da die selbstgefertigte sowie die fertige Säule innen hohl sind, benötigen Sie zum Schneiden der Nuten einen Mitnehmer, der aus Reststücken angefertigt wird*

2 *Außer dem Anreißzirkel und dem Meißel kommen beim Herstellen des CD-Ständers noch ein Abstechstahl und eine Schieblehre zum Einsatz*

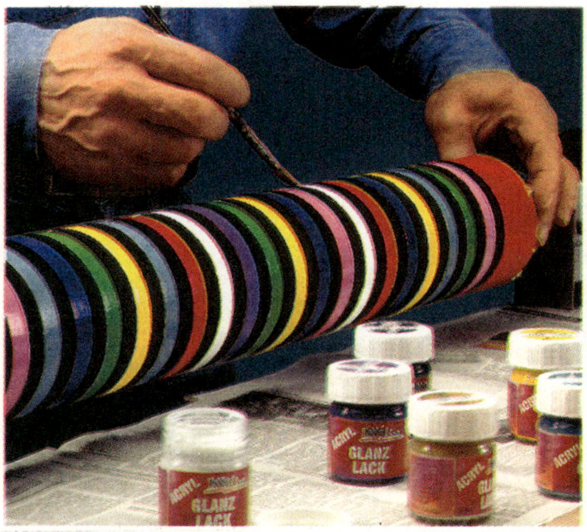

3 *Damit die Farben leuchten, haben wir nach dem Grundieren Acryl-Glanzlack aufgetragen. Zuerst die Nuten schwarz, dann den Rest bunt streichen*

Der runde CD-Turm ist nicht nur ein prima Ordnungshalter, sondern auch ein echter Hingucker. Nicht zuletzt wegen seiner bunten Lackierung.
Der CD-Ständer ist ganz einfach nachzubauen, vorausgesetzt, Sie besitzen einen Drechselvorsatz für die Bohrmaschine. Wir nahmen den Rest einer Säule aus Fichtenholz (im Handel 250 cm lang erhältlich). Sie können die Säule aber natürlich auch selbst herstellen, indem Sie zwei verschiedene Arten von Kanthölzern verleimen (siehe Einkaufszettel und kleine Zeichnung unten). Wenn Sie selbst verleimen, muß man das Werkstück, bevor es in die Drechselvorrichtung gespannt wird, an allen vier Ecken stark abschrägen. Nachdem Sie die noch etwas kantige Säule eingespannt haben, muß zunächst der Zylinder gedreht werden. Auf der runden Säule markiert man nun die Abstände der Einschnitte mit dem Anreißzirkel. Mit der Meißelspitze die einzelnen Stücke anritzen und mit dem Abstechstahl ausdrehen. Die richtige Tiefe von 15 mm messen Sie dabei mit der Schieblehre aus. Bedenken Sie bei der Arbeit, daß Ihr Werkstück innen hohl ist und Sie nur eine gewisse Tiefe zur Verfügung haben.
Nach dem Schleifen wird das Teil grundiert und mit Acryl-Lack gestrichen. Drehen Sie die Säule beim Streichen mit der Hand weiter oder lassen Sie die Maschine langsam laufen, so erhalten Sie ein sauberes Ergebnis. Kopf- und Bodenplatte werden aus 18 mm dickem Multiplex ausgeschnitten. Die Schrägung der Kanten erhält man, indem das Sägeblatt auf 45° gestellt wird. Damit die Kanten nicht ausfransen, sollten Sie den Schnitt vorher mit einem Cutter anritzen. Zusätzlich erhält die Kopfplatte eine Nut in der Größe einer CD-Ecke, die man mit dem Stechbeitel ausstemmt. Nach dem Schleifen werden auch die Platten grundiert und mit Metallic-Lack gestrichen. Die Bodenplatte wird nun von unten gegen die Säule geschraubt. Die Kopfplatte müssen Sie mit Hilfe eines Klötzchens unter Leimzugabe auf den Turm stecken. □

So werden die Holzleisten verleimt, abgeschrägt und dann gedreht

EINKAUFSZETTEL

Pos.	Anz.	Bezeichnung	Maße in mm	Material
①	1	Säule	710 lang	Fichte ∅ 100 mm *
②	1	Bodenplatte	∅ 205	Multiplex
③	1	Kopfplatte	∅ 150	18 mm dick

* = selbst verleimt aus Fichte, 710 mm lang: 2x 105 x 35 mm und 2x 35 x 35 mm;

Holzleim.

Materialkosten rund 65 Mark

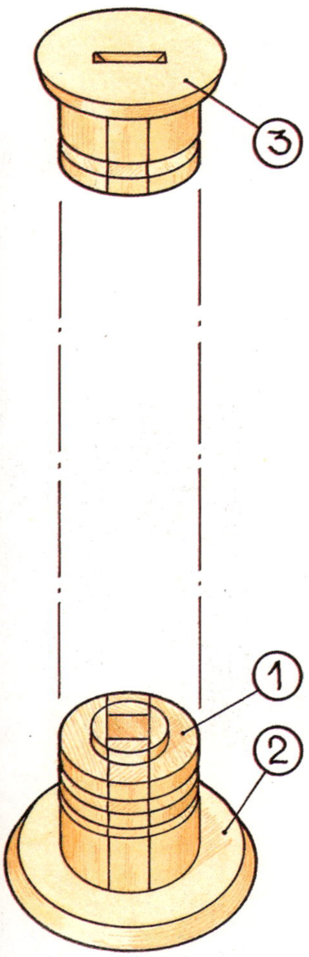

*23 schwarz-
lackierte Nuten
weist unser
Schmuckstück zur
Aufnahme
der CDs auf*

Boxengehäuse aus MDF

Power Tower

Sie haben richtig gelesen: Hinter dem, was hier wie aus Stein gehauen wirkt, verbergen sich Gehäuse aus mitteldichter Faserplatte. Das Geheimnis: Effektvolles Granitspray

Ein bißchen erinnern sie an die *twin towers* in New York bei heraufziehendem Gewitter. Und zweifellos würde sich ein ausgewachsenes Gewitter mit diesen Power-Boxen beängstigend realistisch anhören.

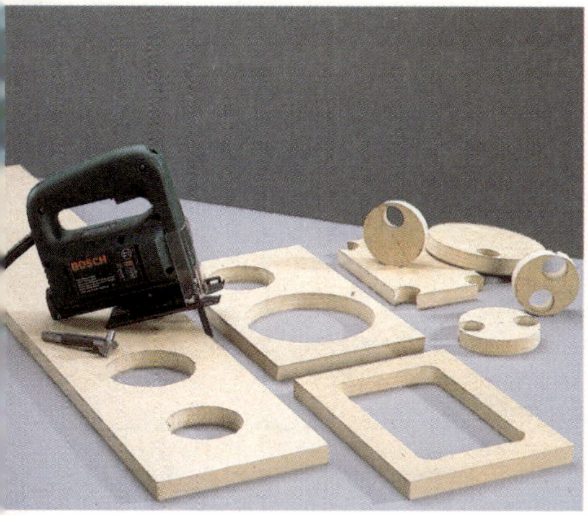

1 *Eines der wenigen Elektro-Werkzeuge, die zum Bau der Boxen-Gehäuse erforderlich sind, ist die Stichsäge. Mit ihr schneidet man die erforderlichen Öffnungen in Rück- und Schallwand sowie im Trägerrahmen aus*

2 *Ein kleiner Trick erleichtert das präzise Verleimen der drei Versteifungen im Gehäuse: Die Konturen der Stege an den richtigen Positionen markieren, außen neben der Linie Nägel einschlagen und die Stege unter …*

3 *… Leimzugabe in die Zwangsführung einsetzen. Mit der gegenüberliegenden Seitenwand verfährt man genauso. Nachdem der Leim abgebunden hat, können die Nägel, soweit sie erreichbar sind, wieder entfernt werden*

4 *Alle Verbindungen der Bauteile sind verleimt und genagelt. Nur die Bodenplatten werden (ohne Leim!) verschraubt. Aufgrund der drei Versteifungen im Gehäuse sind die Baßreflexrohre sonst nicht mehr zu montieren*

Neben den technischen Informationen unten finden Sie weitere auf Seite 171

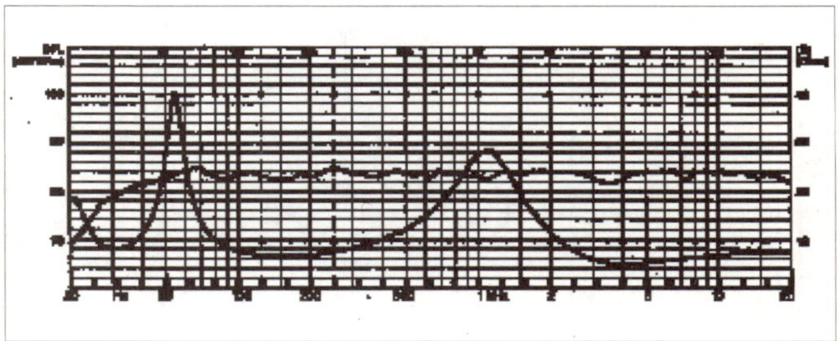

Das ist die Frequenzkurve der Alpha 170. Die etwa waagerecht verlaufende Linie zeigt, daß der Schalldruckverlauf sehr gleichmäßig ist. Die andere Linie ist die Impedanzkurve. An ihr läßt sich die Baßreflexabstimmung von 30 Hz ablesen

Technische Daten:

Nennbelastbarkeit:	70 W
Musikbelastbarkeit:	100 W
Impedanz:	8 Ω
Übertragungsbereich:	25 – 30000 Hz
Mittl. Kennschalldruck:	84 dB (1W/1m)
Trennfrequenz:	2000 Hz
Gehäuseprinzip:	Baßreflex
Gehäusemaße:	
Nettovolumen:	40 Liter
Außenmaße (H x B x T):	1000 x 220 x 300 mm

Statt einer Oberfräse haben wir den guten alten Handhobel für die Fasen an den Seitenwänden eingesetzt. Gearbeitet wird in langen, gleichmäßigen Zügen (nicht ruckartig). Dabei das Hobelmesser vor den eingeschlagenen Nägeln schützen

5

EINKAUFSZETTEL

Pos.	Anz.	Bezeichnung	Maße in mm	Material
①	2	Vorderwände	680 x 182	MDF 19 mm dick
②	2	Schallwände	330 x 182	
③	4	Seitenwände	1000 x 300	
④	2	Rückwände	1000 x 182	
⑤	2	Bodenplatten	260 x 180	
⑥	2	Trägerrahmen	262 x 182*	
⑦	2	Kopfplatten	201 x 182	
⑧	2	Versteifungen	262 x 100	
⑨	4	Versteifungen	182 x 100	

* umlaufend 30 mm breit;

Spanplatten-Schrauben (nur für lose Bodenplatten); Nägel; Holzleim.

Materialkosten rund 70 Mark

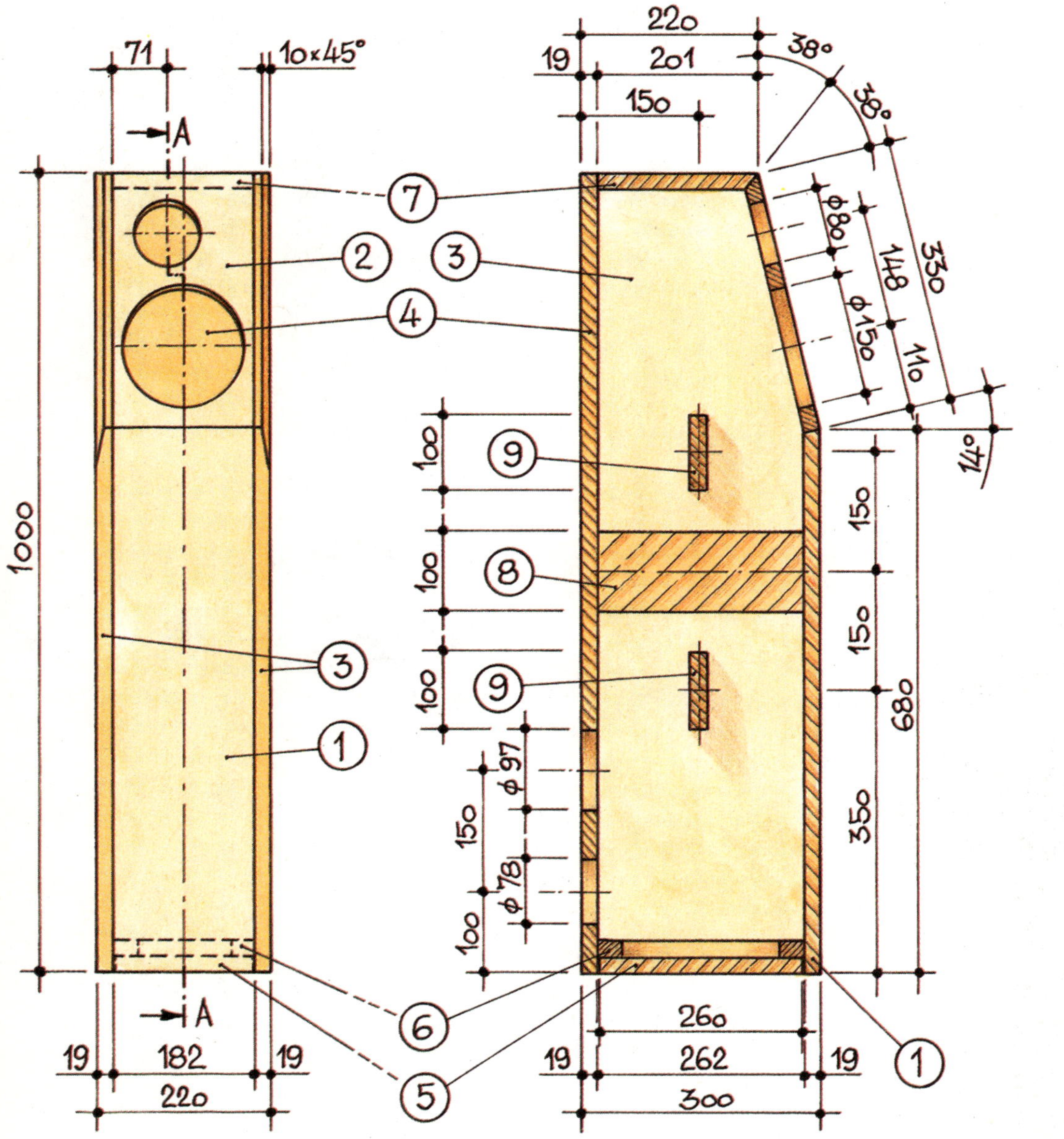

Der Schnitt A–A rechts neben der Vorderansicht ist ein Stufenschnitt. Erkennbar ist dies an der versetzten Schnittlinie in der Vorderansicht zwischen den beiden Chassis-Öffnungen der Schallwand. So rücken die Öffnungen wieder in die projizierte Zeichenebene, in der auch die Mittelachse der Versteifung (8) liegt. Die Versteifungen (9) sitzen mit ihrer Mittelachse ebenfalls mittig auf den Seitenwänden

Über die Klangeigenschaften der 40-Liter-Boxen informieren wir Sie genauer in dem Kasten auf der rechten Seite. Zunächst aber wollen wir uns mit dem Aufbau und der Oberflächenbehandlung der Gehäuse beschäftigen.

Gefertigt sind sie aus 19 mm dickem MDF, das bis auf die Gehrung zwischen Kopfplatte und Schallwand stumpf verleimt und genagelt wird. Lediglich die Bodenplatte jeder Box bleibt lose, das heißt, sie wird mit dem Trägerrahmen nur verschraubt.

Wer sich das Herstellen der genannten Gehrungen ersparen will, sollte folgendermaßen vorgehen: Die Kopfplatte (7) mit einer möglichst sauberen 14°-Schräge zur Schallwand (2) hin versehen und die Schallwand mit geringem Überstand bündig zu den Seitenwänden einsetzen. Der Überstand wird dann mit dem Handhobel der Kopfplatten-Fläche angepaßt. Sollte diese Verbindung nicht formschlüssig gelingen, müssen Sie die Lücken beispielsweise mit Silikon verschließen. Das Gehäuse muß absolut dicht sein, sonst gerät die ausgetüftelte akustisch-technische Perfektion ins Wanken.

Der Oberflächen-Behandlung sollten Sie einige Zeit widmen. Aber seien Sie sicher: Es lohnt sich. Der erste Schritt ist das gewissenhafte Verspachteln der leicht versenkten Nagelköpfe und aller unsauberen Holzverbindungen. Nach dem völligen Durchtrocknen folgt ein Zwischenschliff mit 220er-Papier und eine weiße Grundierung. Dem nächsten Zwischenschliff schließt sich der erste Sprühauftrag an. Zuvor sind jedoch die Qualitäten

Die Technik

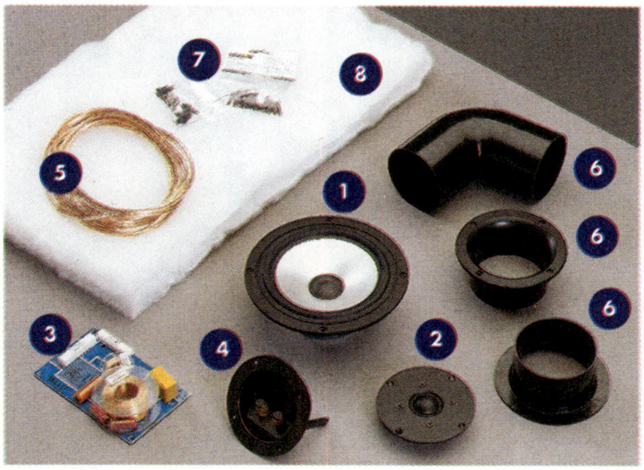

Die Alpha 170 von Visaton ist eine 2-Wege-Box, in der ein Tieftöner und eine Hochtongewebekalotte (2) eingesetzt werden. Das Baßreflexgehäuse liefert eine verblüffend tiefe untere Grenzfrequenz von 25 Hz. Der Tieftöner mit seiner hinterlüfteten Zentrierung und dem sehr großen linearen Hub bürgt dabei für eine druckvolle und präzise Baßwiedergabe. Das Besondere an dieser Box ist die schräge Schallwand. Der nach hinten versetzte Hochtöner erhält so die gewünschte zusätzliche Laufzeit. Seine asymmetrische Plazierung minimiert Reflexionen an den Schallwandkanten und erzeugt ein homogenes Schallfeld. Dies wiederum wirkt sich positiv auf das Abstrahlverhalten aus. Das Resultat sind eine außergewöhnliche Dynamik und ein sehr ausgewogener Klang bei 100 Watt Musikbelastbarkeit. Außer den genannten Chassis gehören zu einer Box: Frequenzweiche (3), Anschlußklemme (4), Kabel (5), Baßreflexrohrteile (6), Befestigungsmaterial (7) und 2,5 Beutel Dämpfungsmaterial (8).

40 Liter Rauminhalt, 1000 mm Höhe und eine eindrucksvolle Baßwiedergabe

professioneller Barmixer gefragt: Die Granitspraydosen (Granitstyle) sind nämlich zwei bis drei Minuten lang intensiv zu schütteln, bevor in gleichmäßigen Zügen und mit möglichst gleichmäßigem Abstand zum Objekt der erste Auftrag erfolgt.
Jetzt gönnen Sie den Boxen eine etwa einstündige Ruhepause, bevor die zweite Granitschicht aufgesprüht wird. Der letzte Schritt vor dem Bestücken ist ein Klarlack-Auftrag. Auch der wird gesprüht, nicht gepinselt. Sonst wird's nichts mit dem wie aus Stein gemeißelten Outfit. □

Kontakte
Boxen-Bausätze:
Visaton, Ohligser Straße 29-31, 42781 Haan;
Versandhandel durch
VC Mailorder-Service, Lehn 51-53, 42655 Solingen;
oder im Visaton-Fachhandel

Der Tieftöner

Diesen nicht ganz alltäglichen Blick in ein High-Tech-Lautsprecher-Chassis muß man wirklich in Ruhe genießen. Hier wird deutlich, welcher technische Aufwand für eine optimale Musikwiedergabe erforderlich ist.
Mit den Pionierexemplaren der Lautsprecher hat das wirklich nichts mehr zu tun. Der schwarze Rahmen (Korb) befestigt und zentriert den Schwingeinsatz und das Magnetsystem.
Er dient außerdem zum Einbau in das Boxengehäuse. Die Zentriermembran (gelbe Wellenlinien) hält den Spulenträger (graues Gebilde in der Mitte) zentrisch im Luftspalt. Die Membran (graue Fläche im Korb) versetzt die angrenzende Luft in Schwingungen.
Die Sicke, das ist der oben an der Membran umlaufende, im Querschnitt halbkreisförmige Ring, hält die Membran mit möglichst konstanter Federwirkung in ihrer vorgegebenen Bewegungsrichtung.

Das ist der Trend

Heim-KINO

Können Sie sich vorstellen, die unglaublichen Geräuschkulissen von ›Jurassic Park‹ oder ›Titanic‹ in Ihrem eigenen Wohnzimmer zu erleben? In der gleichen atemberaubenden Kinosound-Qualität? Wie das funktionieren soll, fragen Sie? Warten Sie nur ab, wir zeigen Ihnen mal was

Klangerlebnisse der besonderen Art gehören – bringt man sie mit dem heimischen Fernseher in Verbindung – eher zur rühmlichen Ausnahme. Besonders bei älteren Geräten gibt man sich leicht mit dem zufrieden, was die internen Lautsprecher bislang geboten haben. Und das ist im günstigsten Fall mehr oder minder gute Stereo-Qualität. Nicht die Spur von einem satten Raumklang, durch den gerade die aktuell produzierten Filme auch zu Hause zum beeindruckenden Sound-Erlebnis werden. Die Zeitspanne zwischen Kinostart und Video-Angebot wird ohnehin immer kleiner.

Zu den Mehrkanal-Systemen, die solche Effekte ermöglichen, zählen beispielsweise Dolby® Surround Prologic, das AC-3 (Dolby® Digital), THX® oder MPEG-2. Diese Kodierungsverfahren bzw. Standards unterstützen zwischen vier und sieben (meist fünf) Tonkanäle.

Wir können an dieser Stelle nicht auf die Spezifikationen der genannten Verfahren eingehen, empfehlen aber dem interessierten Leser das Heft ‚Heimkino-Bauvorschläge' im Visaton-Fachhandel (für 18,90) oder direkt bei Visaton

Möbel: IKEA; Fernseher, Video: Quelle; Buche-Laminat: Parador; Tapete (Rauhfaser 52): Erfurt

Der Center

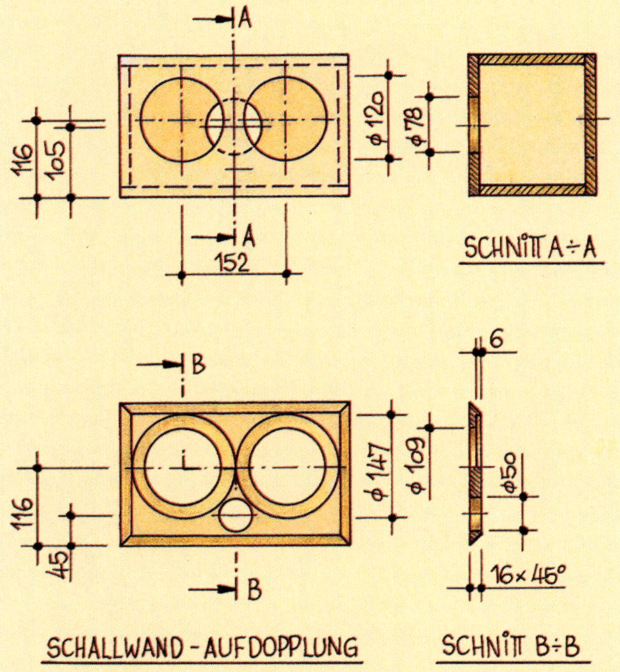

Die Zeichnungen stellen das Gehäuse (oben) und die Schallwand-Aufdoppelung (unten) dar. Die Durchmesser sollten Sie einhalten

1 *Hier sind das rohe Gehäuse und die technische Bestückung für einen der drei benötigten Frontlautsprecher gezeigt. Der Center wird in der Mitte plaziert, die beiden Mainspeaker jeweils rechts und links davon*

2 *Ganz ohne Maschinen geht es nicht. Mit Hilfe einer zentrierten Oberfräse arbeitet man den erforderlichen Durchmesser in der entsprechenden Tiefe heraus (siehe Zeichnungen), bevor der innere Bereich ausgesägt wird*

3 *Ehe die Öffnungen für die Lautspecher-Chassis ausgesägt werden, dreht man die gefräste Seite des Werkstücks nach unten. So ergibt sich für die Stichsäge (mit Kurvenblatt) eine akzeptable Auflage*

(20 Mark bar) zu erwerben. Mit ausführlichen Beschreibungen und vielen Skizzen informiert das Heft detailliert über Einsatz- und Aufstellmöglichkeiten der verschiedenen Heimkinoboxen. Außerdem werden gängige Fachbegriffe zum Thema leicht verständlich erläutert.

Zum CineTOP System 130, das wir Ihnen hier einschließlich der selbstgebauten Boxen vorstellen, gehören folgende Lautsprecher: ein Center, zwei Main (gleiche Bestückung wie Center), zwei Dipols und ein Subwoofer. Die Gehäuse für Center, Main und Dipol haben wir aus 16 mm dickem MDF hergestellt, das des Subwoofers aus 19er MDF. Die acht Schallwand-Aufdoppelungen sind 16 mm dick. Sie werden in allen Fällen vollflächig mit der jeweiligen Schallwand verleimt.

Nur die Subwoofer-Box ist komplett verleimt (mit Flachdübeln). Hier sind die verbleibenden Öffnungen groß genug, um die Technik einbauen zu können. Alle übrigen Gehäuse werden verleimt und verschraubt, wobei die jeweiligen Rückwände abnehmbar bleiben sollten, um die Boxen bestücken zu können. Die Chassisöffnungen alleine lassen ein komfortables Hantieren im Boxeninneren nicht zu. Grundsätzlich gilt, daß die Ausfräsungen für die Kragen der Lautsprecher-Chassis in den Schallwand-Aufdoppelungen *vor* dem Heraussägen der Öffnungen vorgenommen werden. Sonst ist die Oberfräse kaum noch exakt zentrisch

Materialliste:

MDF 16 mm dick:

1	Schallwand-Aufdoppelung	340 x 210 mm,
1	Schallwand	340 x 210 mm,
2	Boden/Kopfplatte	340 x 158 mm,
1	Rückwand	340 x 210 mm,
2	Stirnwände	178 x 158 mm;

dazu:
Spanplatten-Schrauben; Holzleim.
Materialkosten rund 20 Mark;

Visaton-Lautsprecher-Bausatz
CT Center 130, rund 320 Mark,
Visaton-Frequenzweiche
CT Center 130, rund 80 Mark.

Einbau des Hochtöners SC 4 ND

Der Hochtöner SC 4 ND wird siebenmal benötigt. Er sitzt in Center, Mainspeaker (2x) und Dipol (4x). An seiner Rückseite befindet sich eine Gewindebohrung, mit deren Hilfe über einen Gewindestift die Befestigung in einer 16 mm dicken Schallwand-Aufdoppelung möglich ist

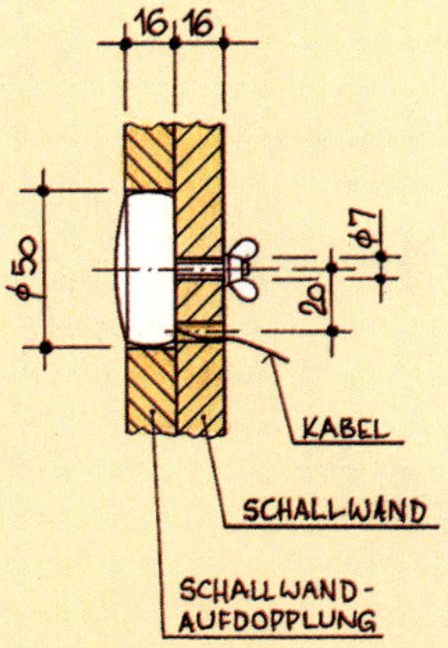

Der Dipol

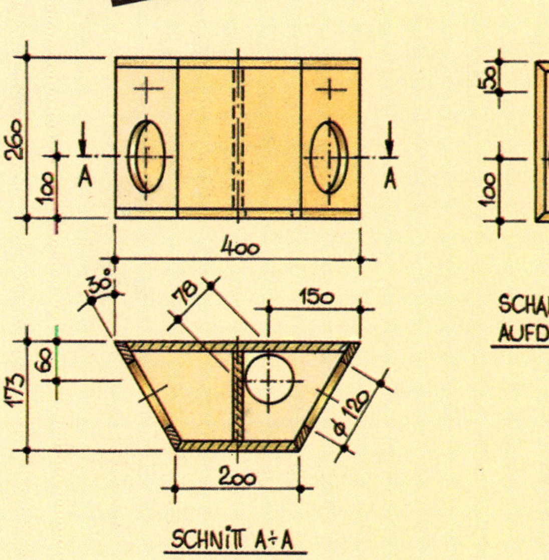

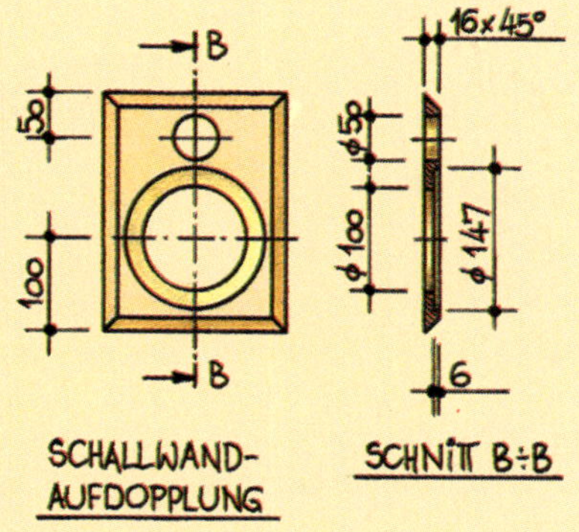

Das Dipol-Gehäuse wird durch eine Trennwand in zwei geschlossene Kammern geteilt. Die Öffnung für das Anschlußterminal liegt aufgrund der Frequenzweichen-Aufteilung immer im Frontgehäuse (Richtung Mainspeaker)

zu führen. Halten Sie sich bezüglich der Frästiefen und der Durchmesser an die Angaben in den Zeichnungen. Sonst gerät die optische Qualität aus den Fugen. Und das könnte auch die tollste Lackierung nicht mehr ausbügeln. Apropos Lackierung: Um die Oberflächen-Qualität zu erreichen, die unsere Boxen aufweisen (s. Aufmacherfoto), sind mehrere Arbeitsgänge erforderlich. Als erstes sind die noch sichtbaren Schnittkanten der MDF-Platten zweimal satt mit Einlaßgrund zu behandeln. Danach erfolgt ein Zwischenschliff sowie das Verspachteln der Schraubenlöcher und aller übrigen Unebenheiten. Nach weiterem Zwischenschliff wird jedes Gehäuse komplett grundiert und zweimal mit der Rolle endlackiert (wieder mit Zwischenschliff). Wenn man besonders glatte Oberflächen erzielen will, sollte man für das Finish einen Kunstharzlack der Acryl-Variante vorziehen. Nachdem die letzte Lackschicht völlig durchgetrocknet ist, geht es an das Bestücken sämtlicher Boxen.

Materialliste:

MDF 16 mm dick:

2 Schallwand-Aufdoppelungen	260 x 200 mm,
3 Schallwände/Front	228 x 200 mm,
2 Boden/Kopfplatte	400 x 173 mm,
1 Trennwand	228 x 141 mm,
1 Rückwand	363 x 228 mm;

dazu:
Spanplatten-Schrauben; Holzleim.
Materialkosten rund 25 Mark;

Visaton-Lautsprecher-Bausatz
CT Dipol 130 rund 550 Mark,
Visaton-Frequenzweiche
CT Dipol 130 rund 220 Mark.
Die Dipol-Bestückung ist aber nur paarweise (für beide Boxen) erhältlich.

1 *Diese Teile sind zum Aufbau einer Dipol-Box erforderlich. Jede Gehäusehälfte wird gleich bestückt mit Tieftöner, Hochtöner und Frequenzweiche. Nur das Anschlußterminal gibt es einmal für beide Seiten*

3 *Die Gehäusewände werden unter Leimzugabe (außer der Rückwand) miteinander verschraubt, die Schrauben versenkt und die Löcher verspachtelt. Die Schallwand-Aufdoppelungen leimt man zum Schluß vollflächig auf*

2 *Die vielen Schrägschnitte müssen sehr exakt erfolgen. Auch die Gehrungen setzen ein präzises Arbeiten voraus. Es ist deshalb ratsam, die Handkreissäge an einer Schiene entlang zu führen*

4 *Die beiden Gehrungen der Schallwände sind nur stumpf verleimt. Bis zum Aushärten des Leims fixiert man die Verbindungen mit breiten Klebestreifen. Herausquellenden Leim sofort mit feuchtem Lappen entfernen*

Der Subwoofer

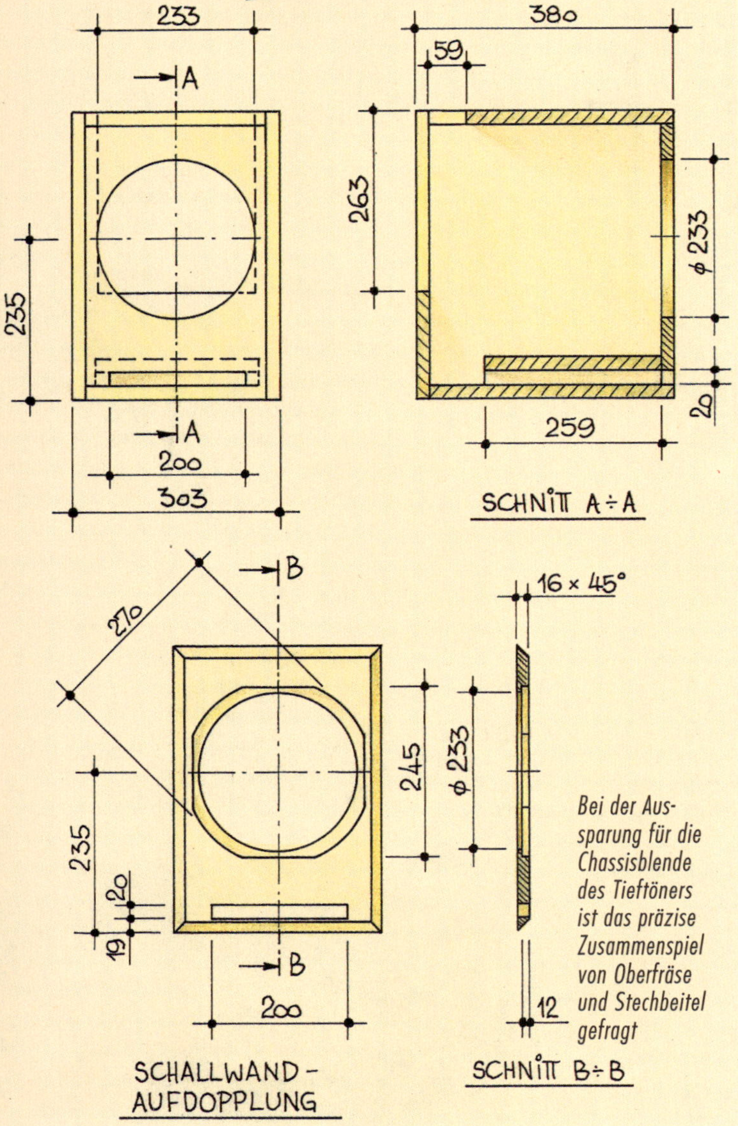

Bei der Aussparung für die Chassisblende des Tieftöners ist das präzise Zusammenspiel von Oberfräse und Stechbeitel gefragt

1 *Das größte Gehäuse (ca. 30 Volumen-Liter) steht dem Subwoofer zu. Zur Bestückung dieser Box gehören der Tieftöner und das Aktivsubwoofermodul ASM 100. Eine Frequenzweiche ist hier nicht erforderlich*

2 *Die Rückwände von Dipol- und Centerbox sind nur verschraubt, um die Technik installieren zu können. Das Gehäuse des Subwoofers wird komplett (mit Flachdübeln) verleimt. Die Zugangsöffnungen sind groß genug zum Hantieren*

Damit Sie wissen, auf was Sie sich mit dem System Cine-TOP 130 einlassen, hier vorab schon mal einige Informationen zum Klangteppich, auf den Sie sich freuen können.
Der Center 130 ist für normale Wohnzimmer einsetztbar. Stellt man ihn senkrecht, kann er auch als Hauptlautsprecher für ein kompaktes Heimkino-System verwendet werden. Er braucht dann aber Subwoofer-Unterstützung. Durch sein perfektes Rundstrahlverhalten und den ausgewogenen Klang verlieren Filmdialoge nichts von ihrer Natürlichkeit.
Bei dem Dipol 130 handelt es sich um einen Lautsprecher für die wandnahe Aufstellung (oder Aufhängung), der den THX®-Vorgaben entspricht. Aufgrund des speziellen Verhaltens dieses Dipols wird ein vollkommen gelöstes Diffusschallfeld erzeugt, das den Zuhörer völlig einhüllt. Der Subwoofer ASM T-25 eignet sich trotz seines relativ geringen Gehäuse-Volumens von 30 Litern ausgezeichnet zur Tiefbaß-Unterstützung für die verschiedensten Heimkino-Systeme. Und das zu einem attraktiven Preis.
Unter Berücksichtigung der genannten Aspekte fällt Ihnen die Entscheidung für Ihr persönliches Heimkino-Supersounderlebnis sicher nicht allzu schwer. Zumal davon auszugehen ist, daß die zukünftig produzierten Filme in immer besserer Tonqualität angeboten werden und damit auch die Video-Versionen nach optimaler Tonwiedergabe verlangen. ☐

Materialliste:

MDF 19 mm dick:

1 Schallwand	380 x 265 mm,
2 Seitenwände	418 x 361 mm,
2 Boden/Kopfplatte	361 x 265 mm,
1 Tunnelbrett	259 x 238 mm,
2 Tunnelbrettleisten	259 x 20 mm;

MDF 16 mm dick:

1 Schallwand-Aufdoppl.	418 x 303 mm;

dazu:
Flachdübel; Holzleim.

Einbaurahmen für Aktivsubwoofermodul ASM 100:
2x 246 x 100 mm, TiPla 16 mm dick,
1x 201 x 40 mm, TiPla 16 mm dick,
1x 201 x 45 mm, Sperrholz 8 mm dick.

Materialkosten rund 50 Mark;

Visaton-Lautsprecher-Bausatz ASM T-25 rund 810 Mark

Kontakte:
Boxen-Bausätze:
Visaton, Ohligser Straße 29 – 31, 42781 Haan;
Versandhandel VC Mailorder-Service, Lehn 51-53, 42655 Solingen
oder Visaton-Fachhandel

Kapitel 8

Innendekoration mit Holz

Profilholz gehört zu den von Heimwerkern am häufigsten verarbeiteten Materialien für Wandverkleidungen im Wohnbereich. Unsere Beispiele werden ergänzt durch Informationen zu Auswahl, Planung und Verarbeitung

INHALT

Holzverkleidungen

Wände und Decken werden wieder häufiger mit Massivholz verkleidet – eine Folge des anhaltenden Trends zu natürlichen Materialien. Wir zeigen Ihnen, wie Sie Holzpaneele richtig planen und befestigen, und geben Tips, damit Feuchtigkeit und wechselnde Temperaturen dem natürlichen Werkstoff möglichst wenig anhaben können

Auswahl

Paneele werden mit oder ohne Feder angeboten, gewölbt oder flach, beschichtet oder naturbelassen. Wir nennen die Einsatzgebiete

Planung

Decken abhängen, Dämmung einbauen, Kabel verstecken – wir zeigen, wie Sie mehrere Probleme auf einen Schlag lösen können

Verarbeitung

Mit den richtigen Arbeitstechniken und Hilfsmitteln können Sie Wand- und Deckenverkleidungen selbst montieren. Wir sagen Ihnen, wie

Verbindung: *Profilholz läßt sich mit Nut und Feder zusammenfügen (oben), doppelt genutete Hölzer benötigen eine lose Feder – gebeizt oder aus anderem Material gefertigt, bietet sie reizvolle Effekte*

2.1

Variabel: *Verschieden gefräste Profile schaffen unterschiedlich strukturierte Oberflächen und eröffnen einen breiten Spielraum für die Gestaltung*

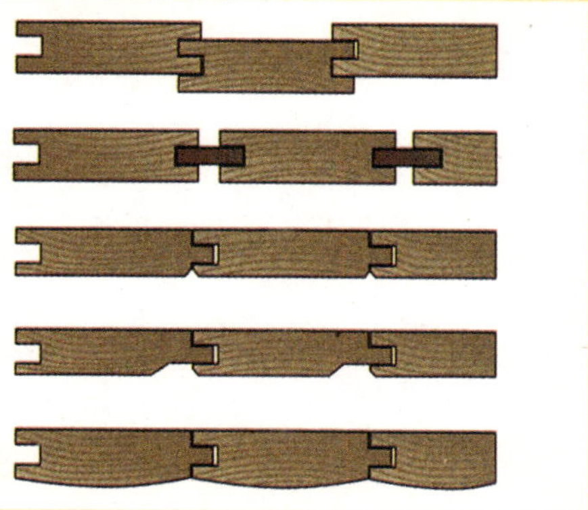

2.2

2.3

2.4

2.5

Verlegewerkzeug: *Für den rechtwinkligen Zuschnitt bauen Sie sich am besten eine Sägelehre (3.1). Zulagen schonen die Holzkanten beim Zusammenschlagen (3.2), spezielle Haltezangen erleichtern die Verarbeitung an der Decke*

Montage: *Je nach Verlegerichtung können Sie die Paneele verdeckt nageln (von oben): In der Nut (Federseite voran), auf der Feder (Nutseite voran), mit speziellen Halteklammern oder schräg über der Feder*

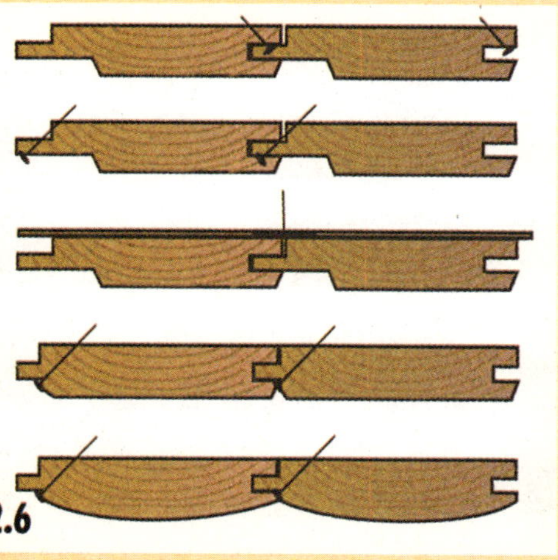

2.6

1. Das Material

Echtholz oder MDF-Basis

Massives Profilholz wird in der Regel aus den Nadelhölzern Fichte, Kiefer, Lärche und Douglasie gefertigt. Mit verschiedenen Oberflächenbehandlungen lassen sich Struktur und Farbgebung sowie die Widerstandsfähigkeit gegen Feuchtigkeit und mechanische Beanspruchung stark beeinflussen. Daneben sind für den Einbau in Innenräumen furnierte oder bedruckte Paneele auf der Basis von MDF-Material erhältlich, die durch eine werksseitige Oberflächenbehandlung auch für den Einbau in Räumen mit erhöhter Feuchtigkeit geeignet sind.

Massivholz ist vor dem Einbau zu behandeln

Massivholzprofile sollten einige Tage vor der Montage im vorgesehenen Raum gelagert werden. Unbehandelte Hölzer sollten Sie vor dem Einbau streichen. Besonders geeignet sind hierfür Lasuren oder Wachs. Nur im Außenbereich dürfen Holzschutzmittel eingesetzt werden.

2. Montagearten

Profilarten

Gebräuchliche Massivholzprofile werden mit Nut und Feder ineinandergesteckt, es gibt aber auch doppelt genutete Profile, die mit einer dazu passenden Feder verbunden werden (2.1). Die Verwendung einer losen Feder erlaubt Farb-, Material- und Schattenkontraste – die genuteten Profilbretter können jedoch auch versetzt direkt miteinander montiert werden (2.2 oben). Varianten bei den Nut- und Federprofilen entstehen durch geriffelte oder gerundete Oberflächen sowie durch besonders gefräste Federn, die den Verlauf der Schalung mehr oder weniger stark betonen (2.2). Bei der Auswahl des Profils sollte man deshalb mehrere Schalungsbretter zusammenstecken, um einen Eindruck von der Flächenwirkung der Profilhölzer zu gewinnen.

Nagler und Haltezangen erleichtern die Montage

Für die Verlegung von Paneelbrettern ist kein spezielles Werkzeug notwendig. Ein Nagler verhindert allerdings unschöne Schlagstellen durch unpräzise Hammerschläge, spezielle Haltezangen erleichtern die Deckenmontage von Paneelen erheblich (2.5). Für das exakt rechtwinklige Ablängen der Paneele bewährt

Verdeckte Nagelung oder Montage mit Clips

Eine Lattung ist als Grundlage unentbehrlich

Abstand der Latten max. 1m

Eckanschlüsse zuerst planen!

sich eine Kapp- und Gehrungssäge – ist sie nicht vorhanden, behilft man sich am besten mit einem selbst gebauten Anschlag für die Kreissäge (2.3).
Die Montage der Paneele an der Unterkonstruktion erfolgt entweder mit einer verdeckten Nagelung direkt durch Nut oder Feder des Profilholzbretts (2.6) oder mit speziellen Befestigungsclips, die in die Nut des Brettes greifen und auf die Lattung genagelt werden.

3. Lattung und Anschlüsse an Ecken

Ob Sie die Paneele vertikal, horizontal, quer oder in Mustern an Wand oder Decke befestigen wollen – immer bildet eine Lattung die Grundlage für Ihre Holzverkleidung. Das entstehende Luftpolster schützt das Holz vor schnellem Klimawechsel und verbessert die Dämmeigenschaften. Außerdem können Sie im Hohlraum der Lattung zusätzlich Elektro- oder Wasserinstallation verbergen. Wählen Sie an Innenwänden einen Lattenabstand zwischen 50 und 100 cm und richten Sie die Lattung immer im 90°-Winkel zur geplanten Beplankung aus. An Decken sowie generell im Außenbereich sollten die Latten nur einen Abstand von 40 bis 65 cm haben, da hier höhere Lasten auftreten.
Auf der Lattung lassen sich die passend abgelängten Paneele dann leicht befestigen. Besondere Aufmerksamkeit erfordert jedoch die Gestaltung von Ecken. Planen Sie deshalb schon vor der Montage der Lattung, wie diese Bereiche später aussehen sollen. Außenecken stellen Sie am einfachsten mit einer vertikalen Montageleiste als stumpfe Schattenfuge her (3.1), bei vertikaler Montage werden dazu Nut bzw. Feder der Anschlußpaneele entfernt. Einfach herzustellen sind ebenfalls Eckanschlüsse mit sichtbar montierten Eckleisten. Bei horizontaler Montage können Sie die Schattenfuge auch direkt in die Ecke legen, dazu werden die Paneele im Eckbereich um 45° angeschrägt (3.4). Allerdings ist diese Variante technisch anspruchsvoll und erfordert hohe Genauigkeit. Eine Alternative bietet die Abdeckung der Eckbereiche mit Deckleisten – leichte Unregelmäßigkeiten beim Ablängen werden so kaschiert.

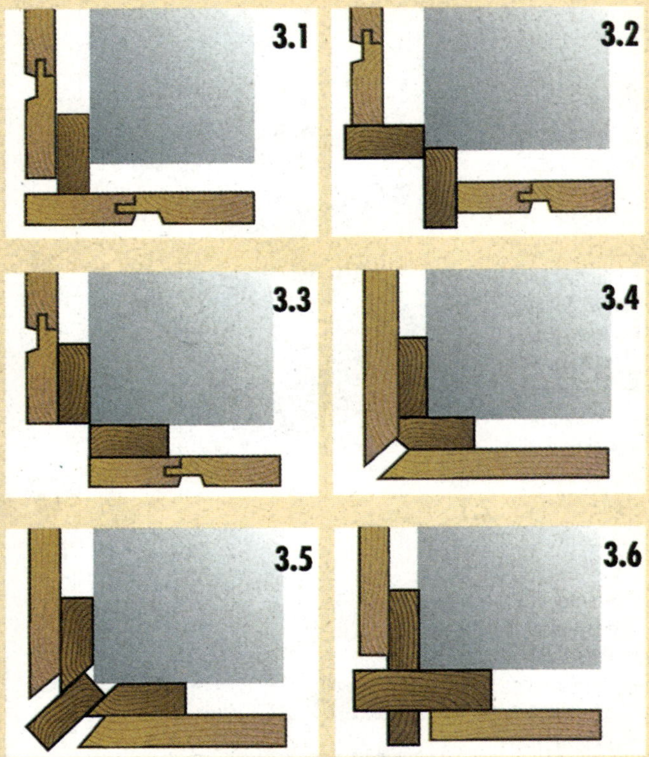

Gestaltung von Außenecken:
Je nach Montage der Unterlattung erhalten Sie mit horizontal montierten Unterleisten Schattenfugen (3.1, 3.4), sichtbare Ecken (3.2, 3.3) oder nutzen die Montageleisten als sichtbares Gestaltungselement (3.5, 3.6).

Gestaltung von Innen-Ecken:
Innen- und Außenecken sollten ähnlich ausgeführt werden. Stoßen die Innenlatten stumpf oder im 45°-Winkel aufeinander, so sollten Sie die Außenecken mit Gehrungsschnitt zusammenfügen (3.7- 3.10). Alternativ können Sie stumpfe Anschlüsse mit Deckprofilen versehen (3.11, 3.12).

4. Deckenanschluß und optische Effekte

4.1

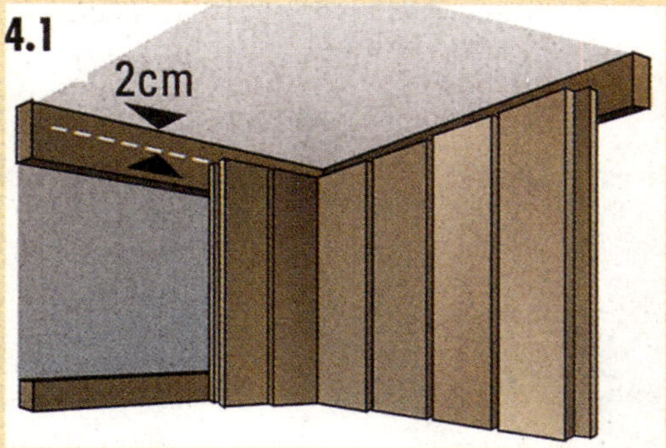

Schattenfuge: *Setzen Sie die oberste Konstruktionslatte direkt unter der Decke an. Mit einer Schattenfugenfräse längen Sie die Profilbretter gleichmäßig ab*

4.2

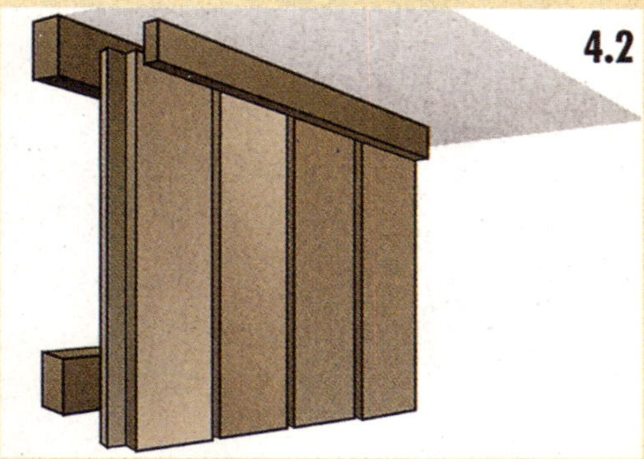

Decklatte: *Wenn Sie keine Schattenfugenfräse haben, können Sie den Deckenanschluß auch mit einer Blende versehen – kleine Längenunterschiede fallen so nicht auf*

4.3

Installation: *Planen Sie neue Elektro- und Wasserleitungen bei der Unterlattung ein – der entstehende Hohlraum bietet sogar speziellen Lichttrafos genügend Raum*

4.4

Abhängung: *Zu hohe Decken lassen sich mit Paneelen unsichtbar machen – mit einer Luke versehen, wird zusätzlicher Stauraum nutzbar*

5.1

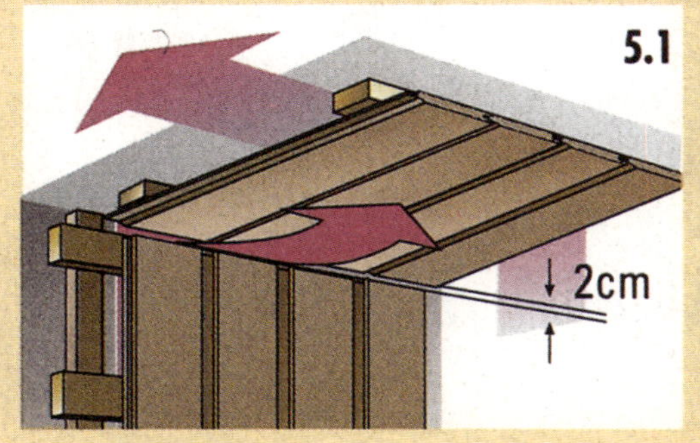

Konterlattung: *Bei Feuchtebelastung muß die Luft hinter den Paneelen zirkulieren können. Dies wird am besten durch eine um 90° versetzte zweifache Lattung erreicht.*

Schattenfuge herstellen

Um den wuchtigen Eindruck einer mit Holz verkleideten Wand abzumildern, können Sie dem Deckenanschluß mit einer Schattenfuge eine gewisse Leichtigkeit verleihen. Das obere Konstruktionsholz wird dazu dunkel oder schwarz gebeizt und – an der Hinterkante angefast – direkt unter der Decke montiert. Die Paneele müssen dann exakt abgelängt montiert werden oder werden später mit einer Schattenfugenfräse angeglichen (4.1). Alternativ können Sie kleine Unregelmäßigkeiten in der Länge der Paneele auch hier mit einem Deckbrett verstecken – mit Kehlung versehenen Leisten mildern dabei einen klobigen Eindruck.

»Verstecke« in der Lattung

Holzverkleidungen sind sehr gut geeignet, um nachträglich angebrachte Installationen oder auch zu hohe Decken sowie eine Wärmedämmung zu verstecken. Allerdings muß man für diese Zwecke die Unterkonstruktion besonders vorbereiten: Für abgehängte Decken wird die Lattung mit einer Hilfskonstruktion aus Holz (4.4) oder mit speziellen Lochbändern aus Metall abgehängt. Bei einer verdeckten Elektro- oder Wasserinstallation sollten Sie die Stellen, an denen Dosen, Schalter oder Hähne befestigt werden sollen, mit zusätzlichen Latten verstärken. Über Bereichen, die später noch zugänglich sein müssen, etwa Sicherungskästen oder Wasserzählern, müssen Sie Revisionsklappen vorsehen: aus Paneelholz gebaut und mit Scharnieren oder Halteclips versehen, fallen sie später in der Wand kaum auf.

Revisionsöffnungen

5. Vorkehrungen bei Feuchtigkeit

Konterlattung bei Feuchtigkeit

In allen Räumen mit zeitweise höherer Luftfeuchtigkeit, etwa in Bädern oder Kellern, und im Außenbereich muß hinter der Holzverkleidung für einen stetigen Luftaustausch gesorgt werden. Dies wird am sichersten mit einer um 90° gegeneinander versetzten doppelten Unterlattung, einer sogenannten Konterlattung, erreicht. Im Boden- und Deckenbereich müssen außerdem Lüftungsschlitze (zum Beispiel als Schattenfuge) freigehalten werden,

Luftaustausch bei Dämmung

Sonderfall: Stülpschalung

Außenschalung mit mindestens 20 mm Stärke

Wasser muß möglichst schnell abfließen

Holz außen mit pigmentierter Lasur behandeln

damit die Luft ungehindert hinter der Verkleidung zirkulieren und feuchte Luft austreten kann.
Besonders wichtig ist der Luftaustausch an der Außenseite von Außenwänden, denn durch Temperaturwechsel kann sich Feuchtigkeit im Inneren der Verkleidung niederschlagen, die dann möglichst schnell von der hindurchströmenden Luft abtransportiert werden muß. Dies gilt insbesondere für Holzverkleidungen mit eingelegter Dämmung: Der Dämmstoff sollte vollständig von der Grundlattung aufgenommen werden, während ein Restbereich der Grundlattung und die Konterlattung eine ausreichende Luftzirkulation gewährleisten (5.2).
Nur bei besonders konstruierten Außenverschalungen kann auf eine Konterlattung als Unterkonstruktion verzichtet werden – weil die Holzbekleidung selbst eine Querlüftung ermöglicht. Dies ist zum Beispiel bei der sogenannten Stülpschalung der Fall, einer horizontalen Montage von Holzbrettern auf einer einfachen Vertikal-Lattung. Der Luftaustausch erfolgt dabei durch die Hohlräume der wie Dachpfannen übereinander befestigten Bretter (5.3; 5.4). Diese Lage der Holzverschalung gewährleistet auch einen schnellen Abtransport von Regenwasser – durch einen schrägen Anschnitt kann zusätzlich ein schnelles Abtropfen ermöglicht werden (5.4). Verdeckt eingefügte Leisten erfüllen den gleichen Zweck (5.5). Werden Profilpaneele verwendet, so müssen diese mindestens 20 mm dick sein und dürfen nicht an der Außenseite mit der Nut nach oben angebracht sein – dort eingedrungenes Wasser könnte nicht ablaufen und führte unweigerlich zu Schimmelbildung im Holz (5.6; 5.7).
Holz im Außenbereich muß außerdem stets mit geeigneten Anstrichen vor Feuchtigkeit geschützt werden, dies gilt auch für die Lattung. Alle Holzteile, die dem Sonnenlicht ausgesetzt sind, werden am besten mit einer pigmentierten Lasur behandelt. Große Dachüberstände und großzügige Sockel im Bodenbereich (mindestens 30 cm Abstand) schützen vor stauender Nässe und dauerhafter UV-Belastung. Nur wo das Holz dennoch häufig naß wird, läßt sich ein chemischer Holzschutz oft nicht umgehen. Da Holzschutzmittel nicht länger als einige Jahre verläßlich schützen können, muß dann regelmäßig nachbehandelt werden. □

5.2

Dämmung: *Bei einer nachträglichen Außenbekleidung bietet sich der gleichzeitige Einbau einer zusätzlichen Dämmung an. Auch dabei sollte allerdings genügend Raum für eine Hinterlüftung bleiben*

5.3

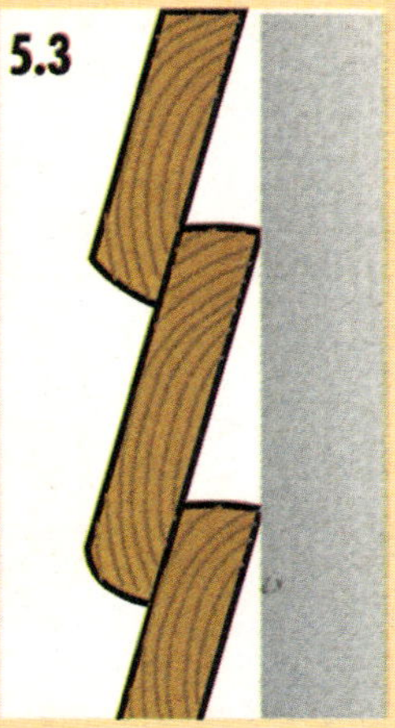

5.4

5.5

5.6

5.7

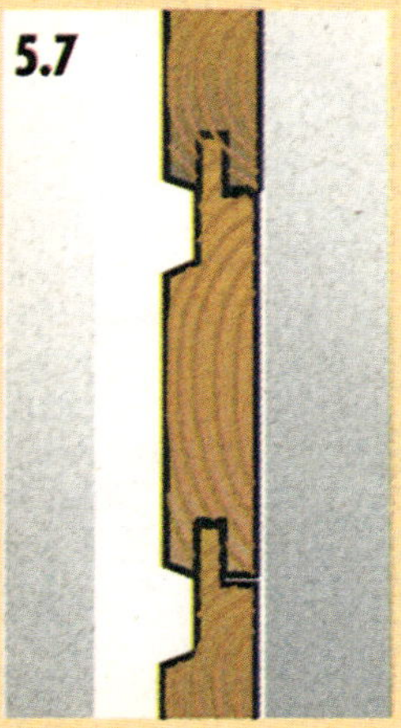

5.8

Stülpschalung: *Die Stülpschalung erlaubt eine Hinterlüftung mit nur einfacher Unterlattung; zudem wird Wasser über die schuppenartige Außenseite schnell abgeführt. Stülpschalungen können aus unbesäumten (5.3) oder besäumten Brettern bestehen. Zusatzlatten vergrößern (5.5), beidseitig genutete Profilbretter verkleinern den Versatz der Bretter an der Wand (5.6). Bei Verwendung von Nut und Feder soll die Feder stets oben montiert werden, damit kein Schlagwasser in die Nut eindringen kann – dabei ist außerdem eine Konterlattung erforderlich*

Räume gliedern

Vom Sockel bis zur Türumrahmung

Früher wurden halbhohe Wandvertäfelungen sowie Umrahmungen von Türen und Durchgängen sehr häufig als Gestaltungsmittel der Innenarchitektur benutzt.
Daß man beides auch mit modernen Paneelen und ohne großen Aufwand realisieren kann, beweist das letzte Beispiel. Die Unterkonstruktion für die beiden Säulen rechts und links der Tür war aus ein paar Latten schnell zusammengezimmert. Der entstehende Hohlraum kann noch für zwei kleine Wandschränke genutzt werden.
Die entstehenden Außenecken sind für das Paneelsystem kein Problem: Hier werden rechtwinklige Faltleisten in die Nuten gesteckt. Wir haben für die Ecken den Ton der Wandvertäfelung gewählt.

1 *Die Skelette für die Säulen wurden aus Latten gebaut. Man dübelt sie rechts und links neben der Tür an die Wand*

2 *Wer den konstruktiven Aufwand nicht scheut, kann eine Seite des Gerüstes zur Schranktür machen, um den Innenraum der Säule zu nutzen*

3 Die waagerecht angebrachten Wandpaneele werden oben mit einer Dekorleiste abgedeckt

4 Zur Befestigung der Fußleiste dienen verdeckt angeschraubte Halteclips

5 Rund um die Füße der Säulen müssen die Leisten exakt auf Gehrung geschnitten werden

Lösungen aus dem Baukasten

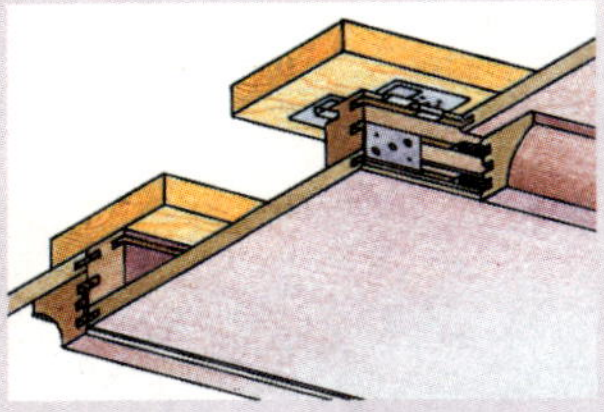

Zur Herstellung von Zierbalken bei Deckenvertäfelungen gibt es die hier gezeigte Konstruktionsleiste mit doppelter Nut und Feder

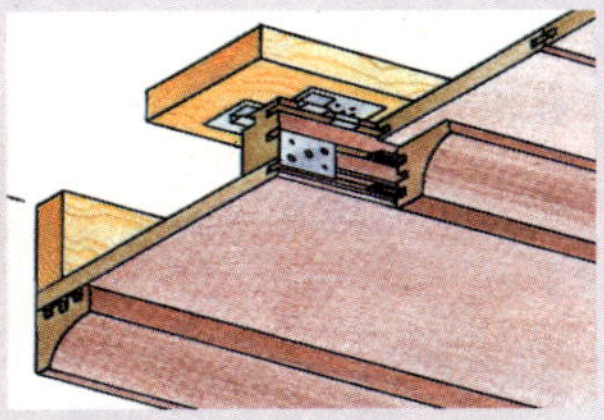

Mit der gleichen Leiste läßt sich auch ein sauberer Randabschluß herstellen. Zur Abdeckung von Sockeln ist sie ebensogut geeignet

So kann beispielsweise ein Kanal für Heizungsrohre, nachträglich verlegte Kabel oder sonstige Installationsleitungen entstehen

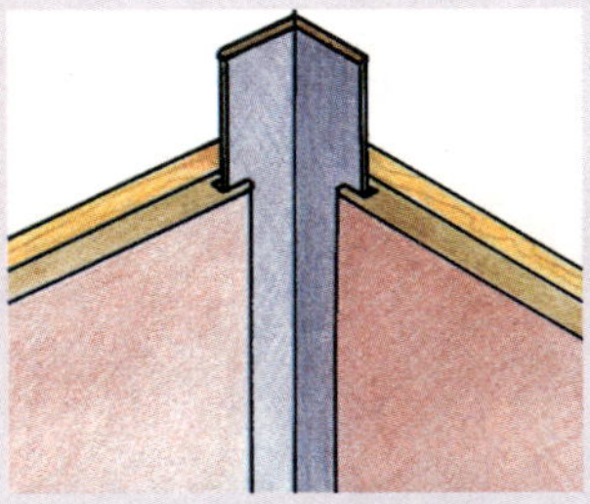

In jedem beliebigen Winkel können Sie Ihre Paneelverkleidungen auch um die Ecke führen. Die Faltleiste paßt sich der Außenecke an

Die Problemfälle beim Verarbeiten von Paneelen entstehen meist an den Abschlüssen, Übergängen, Ecken und Kanten. Doch durch das gut aufeinander abgestimmte Zubehör an Verbindungsbeschlägen, Funktions- und Dekorleisten lassen sich bei dem hier vorgestellten Paneelsystem auch anspruchsvolle Konstruktionen problemlos realisieren. Einige Beispiele zeigen die Zeichnungen links.
Man kann Zierbalken bei Deckenvertäfelungen herstellen, Heizungsrohre elegant verkleiden und Außenecken dekorativ mit Winkelleisten gestalten. Besonders viele Möglichkeiten werden beim Decken-, Sockel- und Bodenabschluß geboten.
Beim Zuschneiden der Abschlußleisten ist stets besondere Sorgfalt geboten, da die Dekoroberfläche leicht ausreißt. Am besten den Sägeschnitt vorritzen.

Montage-Tip für den Innenausbau

Wo es darum geht, Leisten, Friese oder sonstige Dekor-Elemente an Wand bzw. Decke zu befestigen, kann nicht immer mit Nagel- oder Dübelverbindungen gearbeitet werden. In solchen Problemfällen kann der pastöse Kleber „Pattex Montage" aus der Dosier-Kartusche für festen Halt sorgen. Trotz hoher Anfangshaftung kann der Sitz des zu montierenden Teiles noch einige Minuten lang korrigiert werden. Materialspannungen gleicht der flexible Kleber aus.

Wand- und Decken-Paneele

Farbige Aussichten

Verschnitt ist unnötig und zudem teuer. Daher sollte die Wandgestaltung schon bei der Bestellung der Wand- und Decken-Paneele exakt geplant sein

Paneele lassen sich ohne viel Aufwand verarbeiten. Neu auf dem Markt sind farbige Verkleidungen für ein noch schöneres Ambiente

Wem eine neue Tapete nicht ausreicht, der kommt an einigem gestalterischen Aufwand kaum vorbei. Die Entscheidung für eine echte Umbaumaßnahme fällt dem Heimwerker jedoch leichter, wenn z. B. das Abhängen einer Decke aus technischen Gründen (etwa zur Dämmung) ohnehin durchgeführt werden sollte oder wenn man Beleuchtungselemente integrieren möchte. Die erste und wichtigste Grundregel lautet bei einer solchen Umbaumaßnahme: Die Decke und der Raum sind als eine Einheit zu betrachten. Es wird kaum gut aussehen, wenn der Heimwerker etwa die Decke eines rustikal eingerichteten Wohnzimmers in modernen Farbkombinationen beplankt. Hilfreich sind hier die im Holzfachhandel eingesetzten Planungs-Computer. „Oscar" heißt das Programm, bei dem man seinen Grundriß eingibt und am Rechner die unterschiedlichen Wand- und Decken-Kombinationen ausprobiert. Das Erstellen eines solchen Planes ist sinnvoll, da

1 *Da auch Einbauleuchten geplant waren, empfahl sich eine Unterkonstruktion aus gehobelten Latten, die man einzeln mit ...*

2 *... Hilfe einer Wasserwaage ausrichtet. Kunststoff-Abstandsklötze (gibt es in jedem Baumarkt) erleichtern die Ausgleichsarbeit*

3 *Jedes Paneelbrett wird an drei Stellen befestigt. Achtung: je nach Anbieter benötigen Sie spezielle Klammern, die nicht in ...*

4 *... Baumärkten erhältlich sind. Die Paneele befestigen Sie nun auf der Konterlattung mit Hilfe von Schraubnägeln und einem Fixnagler*

Die Unterkonstruktion hält zwar auf, doch sie bildet die solide Basis für eine gerade Paneel-Fläche

Je genauer die Konterlattung, desto besser sitzen die Paneele

man neben einer exakten Verlegeanleitung auch eine detaillierte Mengenaufstellung erhält. Dies spart Kosten, denn nur wenige Betriebe nehmen überzählige Paneele zurück. Darüber hinaus sollte sich der Heimwerker im klaren sein, welchen optischen Eindruck er mit der Umbaumaßnahme erzielen möchte: Soll der Raum höher wirken, dann sind helle Paneele empfehlenswert. Von Vorteil ist es auch, wenn Decken- und Wandlösungen zwar in unterschiedlichen Farben, aber dennoch zum gleichen Preis an den Endverbraucher abgegeben werden. Die hier vorgestellten Paneele „Sanssouci" von Osmo kosten im Holzfachhandel z. B. je Quadratmeter 35 Mark. Einen ganz entscheidenden Einfluß auf die Raumwirkung hat die Beleuchtung: Hier sind die unterschiedlichsten Leuchten im Angebot. Neu sind die

Hier kommt Farbe ins Spiel

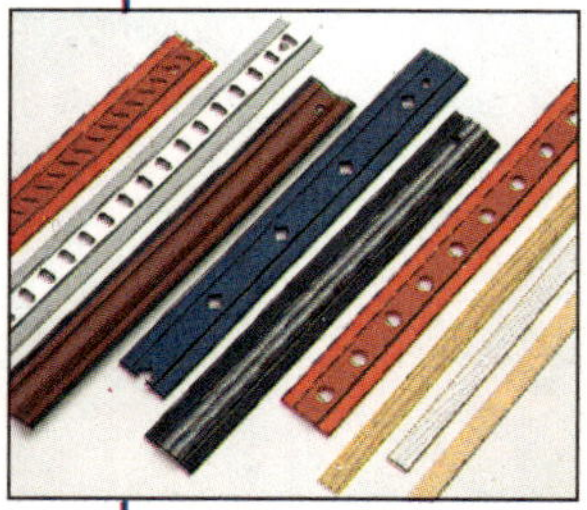

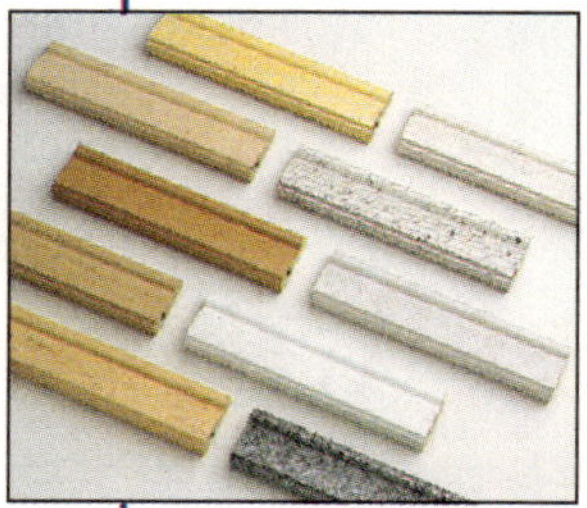

Neben einem Phantasie-Dekor-Programm für Individualisten bietet der Hersteller bei den neuen „Sanssouci"-Paneelen auch klassische Holzdekore. Die Maße: Dicke x Breite = 12 x 165 mm. Die Deckbreite beträgt 157 mm. Dabei werden die Paneele in verschiedenen Längen angeboten: 260, 330, 410 und 524 cm. Ebenfalls im Programm: Federn (Bild Mitte) aus Lochblechen, Kunststoff und Holz, die weitere Kreativ-Möglichkeiten bieten. Eine saubere Lösung sind auch die Leisten für unterschiedliche Einsatzgebiete: Neben Abschlußleisten für Wand- und Deckenschrägen gibt es Eck-, Falt- und Hohlkehlleisten in verschiedenen Farben, Längen und Mustern. Die Abschlußleisten werden mit einem Clip-System an den Paneelen befestigt und müssen nur aufgesteckt werden. Dank dieser Methode können Sie die 2,70 Meter langen Deckenleisten ohne fremde Hilfe selbst anbringen.

5 An einigen Stellen müssen die Paneele in unterschiedlichen Längen verarbeitet werden. Lassen Sie beim Zuschnitt 3 mm Luft, ...

6 ... die Fuge wird durch eine Abschlußleiste verdeckt. Den Zuschnitt führen Sie sauber mit einer Kapp- und Gehrungssäge durch

7 Reststücke können Sie mit Anfangs-Krallen fixieren. Auch hier gilt: Die Wand-Paneele dürfen nicht an die Holzkonstruktion stoßen

8 Das Zuschneiden der einzelnen Paßstücke erfolgt mit Hilfe einer Stichsäge. Arbeiten Sie von der Rückseite, um Ausrisse zu vermeiden

Die Kosten für den Elektriker entfallen bei diesem System

Hochvolt-Systeme (230 V), die zwar in der Anschaffung teurer werden, doch ohne zusätzlichen Trafo auskommen. Besonders einfach und ausgereift präsentiert sich die Niedervolt-Technik. Durch den flachen Aufbau – der Trafo ist lediglich 18 Millimeter hoch – läßt sich die Stromquelle auch nachträglich zwischen die Lattung schieben. Zudem ist das 12-Volt-System in Reihe geschaltet. Das bedeutet: Wird eine weitere Lichtquelle benötigt, schalten Sie einen Trafo dazu und haben so Reserven z. B. für einen weiteren Spot. Die Preise: Ein Trafo (20 bis 105 Watt) kostet 120 Mark. Für die Niedervolt-Lampen werden – je nach Modell – zwischen 36 und 80 Mark verlangt. □

Kontakte:
Deckenverkleidungen, Paneele, Leuchten: OSMO GmbH & Co, Postfach 6340, 48033 Münster, Telefon 02 51 / 69 20.

Die Trafo-Leistung ist erweiterbar. Das Niedervolt-System läßt sich in den Decken- und Wandverkleidungen nachrüsten. Mittlerweile werden auch baugleiche Hochvolt-Lampen (ohne Trafo) angeboten

Einen besseren Eindruck von der Ausleuchtung erhalten Sie, wenn Sie die Niedervolt-Lampen vor der Paneel-Verlegung zur Probe aufhängen. Als Faustformel gilt: Je 80 cm reicht ein Strahler zu 20 Watt aus

1 *Die Position wird markiert und das Loch mit einer Lochsäge ausgeschnitten. Einen Vorsatzbohrer können Sie beim Holzhändler leihen*

2 *Die Trafos sind dünn. Mit einer Tiefe von nur 18 mm passen Sie hinter jede Lattung. Die Wattzahl läßt sich beliebig erweitern*

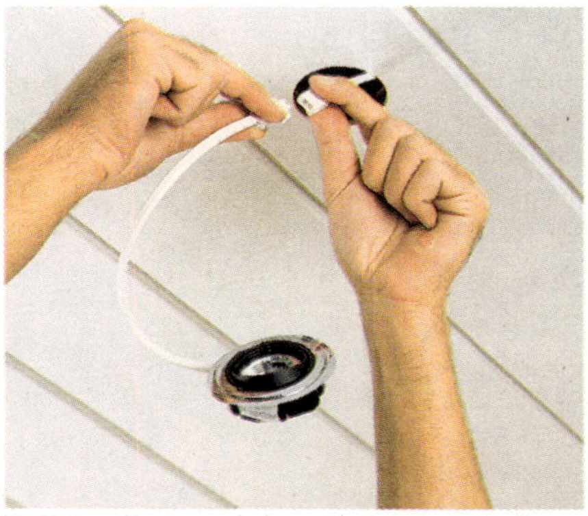

3 *Aus dem vorgebohrten Loch lassen Sie das stromführende Verbindungskabel hängen. Die Lampen befestigen Sie erst zum Schluß*

4 *Mit dem Vorsatzbohrer lassen Sie auch die Wanddosen ein. Halten Sie die Maschine gut fest, um ein Verrutschen zu vermeiden*

Wandgestaltung mit Schieberegal

Zeigen Sie Profil

Der Clou unseres Wand-Kunstwerks: Das Regal läuft auf Schienen und läßt sich über die gesamte Wandbreite verschieben

Mit seiner diagonalen Profilholz-Oberfläche fügt sich das Regal harmonisch in das geometrische Muster der Wandverkleidung ein. Nichts deutet auf seine Lauftalente hin. Denn seinen Fortbewegungsmechanismus verbirgt es dezent hinter den Kulissen – die vorgehängte Wandkonstruktion macht's möglich.

Und so gehen Sie beim Bau vor: Als Träger für die Regalprofile dient 19 mm dicke mitteldichte Faserplatte (MDF), auf die das Verlegemuster maßstabsgerecht aufgezeichnet wird. Berücksichtigen Sie dabei, daß ein zusammengestecktes Nut- und Feder-Profil um die Einstecktiefe der Feder schmaler ist als ein Einzelprofil. Nach dem aufgezeichneten Verlegeschema schneidet man nun Profile und Abschlußleisten zu und

1 *Zunächst werden die Vollholzprofile für das Schieberegal mit der Kappsäge zugeschnitten. Die Längenmaße entnehmen Sie dem ...*

2 *... Verlegemuster, das Sie vorher auf eine MDF-Platte gezeichnet haben. Diese dient als Trägerplatte für die Massivholzprofile*

3 *Dann sägt man die Abschlußleisten für die gezackte Kante des Schieberegals mit der Kappsäge zu. Auf präzise Gehrungsschnitte achten!*

4 Die Holzprofile auf der Grundplatte auslegen und die Abschlußleisten probeweise anpassen, aber noch nicht befestigen, denn ...

5 ... vorher müssen ihre Oberflächen mit feinem Schleifpapier geglättet werden. Mit dem Bandschleifer geht das natürlich am schnellsten

6 Schneiden Sie mit einer Stichsäge das vorher angezeichnete Zackenprofil der Grundfläche aus. Legen Sie dann die Profile wieder aus ...

7 ... und fixieren Sie sie mit Schraubzwingen. Die Trägerplatte umdrehen und die Holzprofile von der Rückseite her anschrauben

8 Auch die Schiebetür-Beschläge verschraubt man an der Regal-Rückseite. Verwenden Sie hier Führungen für äußere Türen

9 Mit einem Flachpinsel trägt man die Farblasur auf die Profil-Oberflächen auf. Antrocknen lassen und ein zweites Mal lasieren

Halterungen für Regalböden

Die Klemmkonsolen vermitteln den Eindruck, als ob das Glasbord frei schwebte. Halterungen wie diese gibt es inzwischen in vielen verschiedenen Formen im Fachhandel und in gut sortierten Baumärkten. Achten Sie beim Kauf darauf, daß die Halterung für die geplante Regalbodenstärke geeignet ist. Die angegebene maximale Gewichtsbelastung bezieht sich in der Regel auf ein Halterungselement.

Man schraubt die Klemmkonsole an, setzt das Glasbord ein und dreht die Gewindestifte, bis die Druckscheiben das Bord festhalten

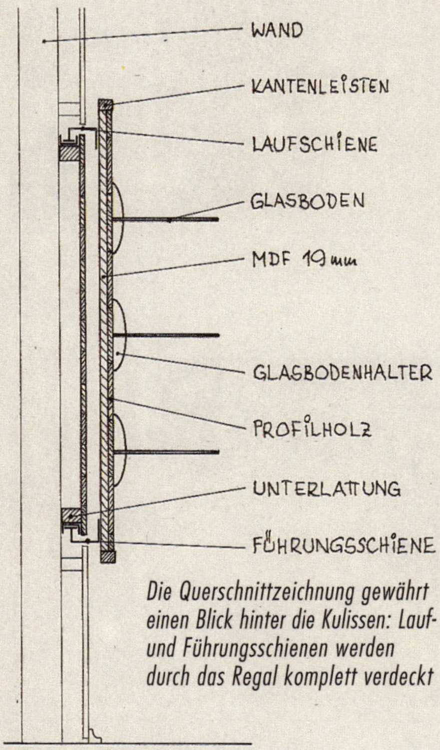

Die Querschnittzeichnung gewährt einen Blick hinter die Kulissen: Lauf- und Führungsschienen werden durch das Regal komplett verdeckt

SCHNITT A÷A

10 *Die Abschlußleisten mit Holzleim einstreichen und mit dünnen Stiften fixieren, bis der Leim angetrocknet ist. Danach zweimal lasieren*

11 *In Höhe des obersten und untersten waagerechten Mittelteil-Profils verschraubt man die Führungsschienen mit der Unterlattung*

12 *Die Profilhölzer für die Wandverkleidung werden mit einer Farblasur zweimal deckend gestrichen. Dazu nimmt man einen Flachpinsel*

13 *Mit Paneelklammern befestigt man die Wandprofile. Ein Distanzholz zwischen Längs- und Querbeplankung sichert den geraden Abschluß*

baut das so zusammen, wie auf den Fotos 3 bis 9 gezeigt.

Vor dem Verlegen der waagerecht verlaufenden Wandbeplankung werden die obere Lauf- und die untere Führungsschiene an die Unterlattung geschraubt. Dann befestigt man die lasierten Profile mit Paneelklammern an einer senkrechten Lattenkonstruktion. Bringen Sie das oberste Querprofil zu diesem Zeitpunkt noch nicht an. Es würde das spätere Einhängen des Regals erschweren. Bevor man die senkrechten Profilhölzer verlegt, sollte man eine 1,5 cm starke Holzlatte als Distanzhilfe auf die obere Laufschiene legen. Sie gewährleistet einen geraden unteren Abschluß der Längsbeplankung sowie einen gleichmäßig breiten Zwischenraum für die Schiebebeschläge. Zum Schluß wird das Regal in Lauf- und Führungsschienen eingehängt. Dann erst schiebt man das letzte Profil des Mittelteils hinter dem Regal durch und befestigt es endgültig. □

Lasuren: Sadolin, 20038 Hamburg
Klemmkonsolen: HDM, Beschläge und Führungsschienen: Häfele: erhältlich in Baumärkten und Fachhandel

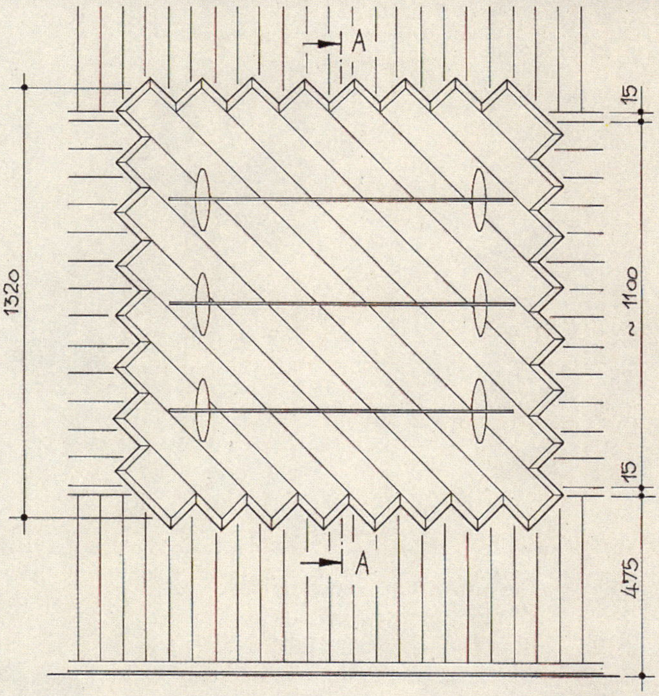

VORDERANSICHT

Zwischen senkrechter und waagerechter Wandbeplankung muß ein Zwischenraum von etwa 15 mm für die Schiebe-Beschläge eingehalten werden

Materialliste

Grundplatte Schieberegal: MDF 19 mm dick;
Wandbeplankung: Profilhölzer Nordische Fichte 11 x 96 mm;
Beplankung Regal: Profilhölzer Nordische Fichte 14 x 121 mm: ;
Kantenleisten Regal: gehobelte Fichte 20 x 35 mm;
komplette Unterlattung: gehobelte Fichte 34 x 54 mm;
dazu:
3 Glasböden, 6 mm dick, 1050 x 300 mm;
Klemmkonsolen für 4-20 mm dicke Böden, 10 kg Tragkraft;
kompletter Schrankschiebetürbeschlag
Doppellaufschiene, 39 mm breit (Schieberegal oben);
Doppelführungsschiene, 52 mm breit (Schieberegal unten);
Spanplatten-Schrauben, Dübel, Nägel, Profilholzklammern.

So kommt Farbe aufs Holz

Wand- und Deckenverkleidungen aus Holz wurden früher meist nur klar lackiert oder gewachst. Heute liegen farbig gestaltete Holzoberflächen im Trend

Auf Anhieb erscheint die Palette der Anstrichstoffe, mit denen Sie Farbe aufs Holz bringen, ziemlich unübersichtlich. Auch die von den Herstellern verwendete Terminologie ist zum Teil recht verwirrend.

Man kann die Anstrichstoffe am besten von ihrer Wirkung her beschreiben. So erzielt man durch Beizen farbige Holzoberflächen, deren Struktur vollständig erhalten bleibt. Daneben gibt's Beschichtungen, die nicht nur Farbe aufbringen, sondern gleichzeitig einen mehr oder weniger starken Film bilden. Hier reicht die Palette von transparenten Lasuren mit geringer Filmbildung bis hin zu Lacken mit hohem Festkörperanteil, unter denen die Holzstruktur gänzlich verdeckt wird.

WACHSEN

1 *Die Holzoberfläche muß vor dem Wachsauftrag sauber und trocken sein. Bei Bedarf mit mittlerer Körnung leicht anschleifen*

2 *Anschließend trägt man das Dekorwachs unverdünnt mit einem breiten Flachpinsel auf. Danach etwa zwölf Stunden trocknen lassen*

3 *Um besonders hochwertige Oberflächen zu erzielen, wird vor dem zweiten Anstrich mit 240er Körnung zwischengeschliffen*

4 *Zuletzt erfolgt der deckende Wachsauftrag. Nach weiteren 12 Stunden können die Bretter an Wand oder Decke verarbeitet werden*

Neben den Eigenschaften sind es die Inhaltsstoffe, nach denen man Holzanstriche unterscheidet. Der Hauptbestandteil kann beispielsweise Wachs sein.
Die Oberflächenbehandlung von Holz mit natürlichen Wachsen hat eine lange Tradition. Reines Bienenwachs etwa wird seit jeher für nicht beanspruchte Möbeloberflächen eingesetzt. Für widerstandsfähigere Beschichtungen verwendet man Carnaubawachs aus Wachspalmen, mineralische Erdwachse und moderne synthetische Wachse. Die heute im Innenausbau üblichen Dekorwachse werden mit pflanzlichen Ölen angemischt. Nach dem Trocknen bilden sie eine wischfeste Beschichtung.

Sogar Dielenböden können mit hochwertigen Dekorwachsen beschichtet werden. An der Decke gliedern farbige Abstufungen die Fläche (rechts)

DECKENDER ANSTRICH

Während Holzverkleidungen in trockenen Innenräumen nur eine veredelnde Oberflächenbehandlung benötigen, beispielsweise durch Wachse oder Lasuren, sollte man in Feuchträumen wie der Küche und vor allem dem Badezimmer besser deckende Anstriche wählen. Hier bieten sich sogenannte Dickschicht-Lasuren oder auch deckende Acryl-Lacke an.
Während farbige Dünnschicht-Lasuren keinen oder nur einen sehr dünnen Film auf der Holzoberfläche bilden, haben Dickschicht-Lasuren einen deutlich höheren Festkörpergehalt und ergeben Filmdicken, die einer Lackierung nahezu gleichkommen. Für die farbige Gestaltung innen verbauter Hölzer, die einen zusätzlichen Schutz vor Spritzwasser und Feuchtigkeitsaufnahme benötigen, bietet sich natürlich in erster Linie die breite Palette der in allen gängigen Tönen erhältlichen deckenden Acryl-Lacke an.
Der Erst-Anstrich sollte vor der Montage erfolgen. Dabei die Schnittkanten gut einlassen, da hier am ehesten Feuchtigkeit aufgenommen wird. Auch die Rückseiten müssen sorgfältig gestrichen werden. Profilbretter im Nut- und Federbereich allerdings nur sehr dünn vorbehandeln, damit sie sich gut zusammenfügen lassen.

Weißer Acryl-Lack schützt die Profilbretter sicher gegen die Feuchtigkeitsbelastung im Bad

1 Der erste allseitige Lackauftrag erfolgt vor dem Einbau der bereits auf die erforderliche Länge zugeschnittenen Profilbretter

2 Beim Schlußanstrich der an der Decke montierten Bretter müssen Sie den Flachpinsel stets in Längsrichtung führen

DISPERSIONS-FARBEN

Als Dispersion bezeichnet man die sehr feine Verteilung von nicht löslichen Teilchen in einer Flüssigkeit, ohne daß sich diese entmischen und absetzen. Wir kennen diesen Begriff in erster Linie von den wasserhaltigen Dispersionsfarben, die für Wand- und Deckenanstriche im Innenbereich verwendet werden. Diese Anstriche können auf Putz, Mauerwerk, Beton, Gipskarton, Tapeten und natürlich auch Holz aufgetragen werden. Mit den in vielen Abstufungen erhältlichen Dispersions-Abtönfarben lassen sich alle gewünschten Farben problemlos anmischen.

Holzverkleidungen kann man mit Dispersionsfarben deckend streichen. Sehr attraktiv wirkt die Oberfläche aber auch, wenn man die Farbe aufbringt und dann mit einem Lappen so abreibt, daß die Struktur der Maserung wieder weitgehend zum Vorschein kommt.

Anstriche müssen jedoch nicht vollflächig erfolgen. So können einzelne werkseitig vorbehandelte Paneele angeschliffen und mit unterschiedlich abgetönter Dispersionsfarbe gestrichen werden. So läßt sich eine großflächige weiße Deckenverkleidung durch farblich zu der Einrichtung passende Elemente auflockern und gliedern (rechts).

1 *Mit den im Bau- und Heimwerkermarkt erhältlichen Dispersions-Abtönungen lassen sich alle gewünschten Farben leicht anmischen*

2 *Werden besonders kräftige Farben gewünscht, tragen Sie die Abtönung ganz einfach unverdünnt auf die Verkleidungsbretter auf*

3 *Wirkt wie eine gebürstete Oberfläche: Durch Abreiben mit einem Lappen kommt die Struktur der Holzmaserung wieder zum Vorschein*

4 *Dünn mit einem Lappen aufgeriebene Dispersionsfarbe läßt die Struktur der Paneelbretter wie unter einer Lasur erscheinen*

HOLZÖLE

Mit Leinöl selbst gemischt

Lasuren und Ölfarben, wie sie vor der Erfindung der modernen Nitro- und Kunstharzlacke allgemein üblich waren, werden heute nur noch von Naturfarbenherstellern angeboten. Mit ein wenig Experimentierfreude können Sie solche Anstrichstoffe auch selbst anmischen. Geben Sie Farbpigmente Ihrer Wahl (im Malerbedarf kaufen) ganz einfach in Leinölfirnis.

Profilholz farbig gestalten

Der schönste Baustoff für die Raumgestaltung ist Holz. Mit ein wenig Mut zu Form und Farbe machen Sie aus bisher tristen Wänden regelrechte Kunstwerke

Die Verkleidung der Giebelwand in unserer Beispielwohnung wurde mit Massivholzprofilen einmal nicht nach der althergebrachten Methode senkrecht montiert. Statt dessen dominiert eine an der linken Dachschräge orientierte Linienführung Hier wurden 25 mm dicke Profilbretter angebracht und im unteren Bereich mit schmaleren, senkrecht befestigten Hölzern kombiniert. Unterbrochen wird das Ganze durch einen metallunterlegten Winkel. Der Heizkörper, der sich nicht versetzen ließ, wird von einer Lattenkonstruktion verdeckt, deren Rippen sich ebenfalls an der Dachschräge ausrichten. Einen besonderen Akzent setzt die runde Form einer nach eigenem Entwurf gestalteten Lampe, die ein Elektromeister angefertigt hat. Die verschieden strukturierten und gegeneinander abgegrenzten

1 Verwenden Sie Rahmendübel zur Durchsteck-Montage. Dann können Sie durch die Latten direkt ins Mauerwerk bohren

2 Der Dübel mit vorgesteckter Schraube wird durch leichte Hammerschläge bündig eingetrieben. Dann die Schraube mit einigen Umdrehungen anziehen

3 So präsentiert sich die entsprechend dem Verlegemuster angebrachte Unterkonstruktion. Die Latten laufen immer quer zur Verlegerichtung der Bretter

4 Zuerst werden die schrägen Bretter angebracht. Rechts oben sorgt ein aufgeschraubtes Edelstahlblech für den optischen Abschluß

5 Der Linie des Blechs folgend, wird der Ausschnitt am schrägen Brett mit einer Schmiege angerissen und dann vorgeritzt, damit der ...

6 ... Sägeschnitt nicht ausreißt. Führen Sie das Blatt der Sichsäge im Abfallholz direkt neben der Ritzlinie. Ohne Pendelhub arbeiten

7 Die senkrechten Massivholzprofile sind schmaler und außerdem nur 19 mm dick. Deshalb muß die Unterkonstruktion vor ihrer Befestigung um 6 mm aufgefüttert werden. Man hält die Bretter einzeln an, markiert die gewünschte Länge mit einem Bleistiftstrich und durchtrennt sie mit der Stichsäge

8 Beim Ablängen der Profilbretter wird von der linken Seite gesägt, damit der Schnitt auf der Sichtseite eine saubere Kante erhält

9 Die Befestigungsklammer erst ins Holz drücken und festnageln, wenn die Feder des Bretts vollständig in die Nut getrieben ist

10 Die Kanten der Segmente werden mit Winkelleisten abgedeckt, so daß die Schnittflächen nicht mehr sichtbar sind. Mit Hilfe ...

11 ... der Sägelade lassen sich exakte 45°-Gehrungen zuschneiden. Die Raminholzleisten erst nach dem Ablängen und Schleifen ...

12 ... beizen, damit auch die Schnittkanten eingefärbt werden. Gut antrocknen lassen und dann mit Senkkopfstiften aufnageln

13 *Beide Kanten mit je einer Leiste abdecken, damit sich ein sauberer Übergang ergibt. Beim Zuschnitt unterschiedliche Längen beachten*

14 *Die Kanthölzer für die Heizkörperverkleidung werden auf 45° zugeschnitten. Alu-T-Profile sollen die Hölzer verwindungssteif machen*

15 *In die Rückseiten der Streben fräsen Sie 15 mm tiefe Schlitze, in die sich die stabilisierenden Aluprofile einschieben lassen*

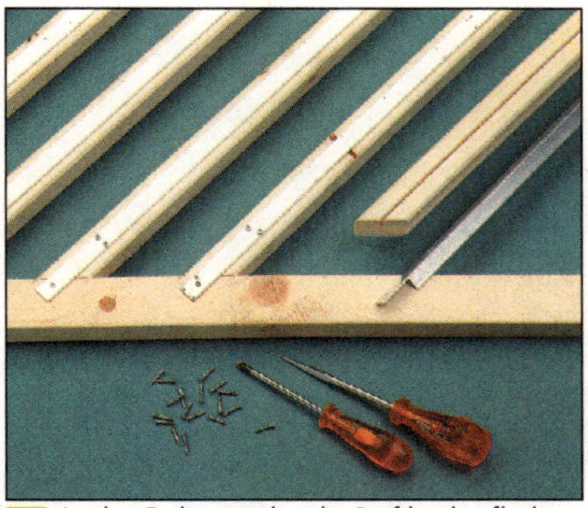

16 *An den Enden werden die Profile abgeflacht, um die überstehenden Laschen mit den Rahmenhölzern verschrauben zu können*

17 *Um den Thermostatregler des Heizkörpers erreichen zu können, versieht man das Verkleidungsgitter noch mit einem Griffloch*

18 *Weil das Gitter bei Bedarf abnehmbar sein muß, befestigen Sie es seitlich mit leicht lösbaren Schrauben an der Wand*

Zuletzt wird die vom Elektriker montierte Wandlampe mit ihrer Abdeckung aus Acrylglas versehen

farbigen Flächen wirken wie eine überdimensionale Grafik. Rundum sorgt eine Schattenfuge für einen sauberen Abschluß der Holzverkleidung.

Eingefräste Alu-Profile stabilisieren das Heizungsgitter gegen Verwinden. Es ist mit zwei lösbaren Schrauben befestigt, so daß man es zur Heizkörperentlüftung leicht abnehmen kann.

Gebeizt werden die Bretter für die verschiedenen Wandbereiche vor der Verarbeitung. Nach der Montage erhält die gesamte Holzfläche dann einen schützenden Überzug aus wasserfestem Edelwachs. Die Beiztöne und die natürliche Maserung werden dadurch hervorgehoben. Die Wachsbehandlung schützt die Bretter überdies auch vor dem Quellen, Schwinden oder Reißen, hervorgerufen durch wechselnde Raumtemperaturen.

Wenn Sie auch in Ihrer Wohnung eine oder mehrere Wände farbig mit Holz gestalten wollen, erleichtern sorgfältig ausgeführte Skizzen die Planung. Bedenken Sie auch, daß die Einrichtung sich der Struktur und Farbgestaltung der Wände anpassen muß, sonst geht der erwünschte optische Reiz verloren.

Kapitel 9

Holzböden

Der Trend, für Bodenbeläge im Wohnbereich Holz zu wählen, ist unverkennbar. Nicht zuletzt aufgrund der enormen Produkt-Auswahl (Fertigparkett, Laminate und Massivholz etc.) ist sachgerechte Information vonnöten

INHALT

Holzlamellenboden

Eine Idee der Amerikaner: der Fertigholzboden aus verleimten Kiefernlamellen

Holz ist in Amerika der Baustoff Nummer eins. Neben massiven Balken und Brettern verwendet man dort aber auch eine Vielzahl von Holzwerkstoffen, die aus Fasern, Spänen oder Lamellen verleimt werden. Grundlage des hier vorgestellten Fertigholzbodens ist die sogenannte OSB-Platte, ein für verschiedenste Bereiche des Innenausbaus verwendbarer Werkstoff aus dreischichtig kreuzweise verleimten Kiefernlamellen. Er vereint ein umweltfreundliches Herstellungsverfahren mit sehr guten statischen Eigenschaften und einer interessanten Oberflächenstruktur.
Wenn Sie's bunt mögen: Der Hersteller bietet dieses Produkt auch in fünf verschiedenen, miteinander kombinierbaren Farben an.

Eine Alternative zu Bodenbelägen aus gewachsenem Holz stellt die dreischichtig verleimte Lamellen-Platte aus Amerika dar

So »schwimmt« Parkett

Spezialschaumstoff

Wellpappe

Vorhandener Teppichboden

Schwimmend verlegte Holzböden benötigen eine Unterlage, die leichte Unebenheiten ausgleicht. Ein vorhandener, kurzfloriger Teppichboden erfüllt den gleichen Zweck.

1 Material und Verlegewerkzeug: Mit Hammer, Nageleisen, Zulage, Leim, Stichsäge und Bleistift kommen Sie problemlos zurecht

2 Vor allem bei großen Räumen sinnvoll: Den Plattenverlauf bei jeder Reihe mittels Schnurschlag kontrollieren

3 So werden Paßstücke im Randbereich angerissen: Ein Brett bündig auf das vorletzte legen, dann ein weiteres bis an die Wand schieben

4 Exakte Ausklinkungen lassen sich am besten herstellen, indem man eine Pappschablone anfertigt und die Form aufs Brett überträgt

Arten-Vielfalt

Aus dem breiten Spektrum der verschiedenartigen Holzbodenbeläge stellen wir Ihnen die gängigsten vor. Lesen Sie hier, worin sie sich unterscheiden und wo ihre starken und schwachen Seiten liegen

Moderne Holzbeläge sind robust und halten einiges an Beanspruchung aus. Nässe und scheuernden, feinkörnigen Sand mögen sie allerdings nicht. Letzteres gilt auch für die sehr abriebfesten Oberflächen von Laminat und Echtholzböden. Darum sollten Sie in Naß- und Eingangsbereichen lieber einen anderen Belag wählen. Die Reinigung mit einem gut ausgewrungenen feuchten Lappen vertragen sie allerdings problemlos. Von Zeit zu Zeit empfiehlt sich eine Behandlung mit speziellen Pflege- und Reinigungsmitteln

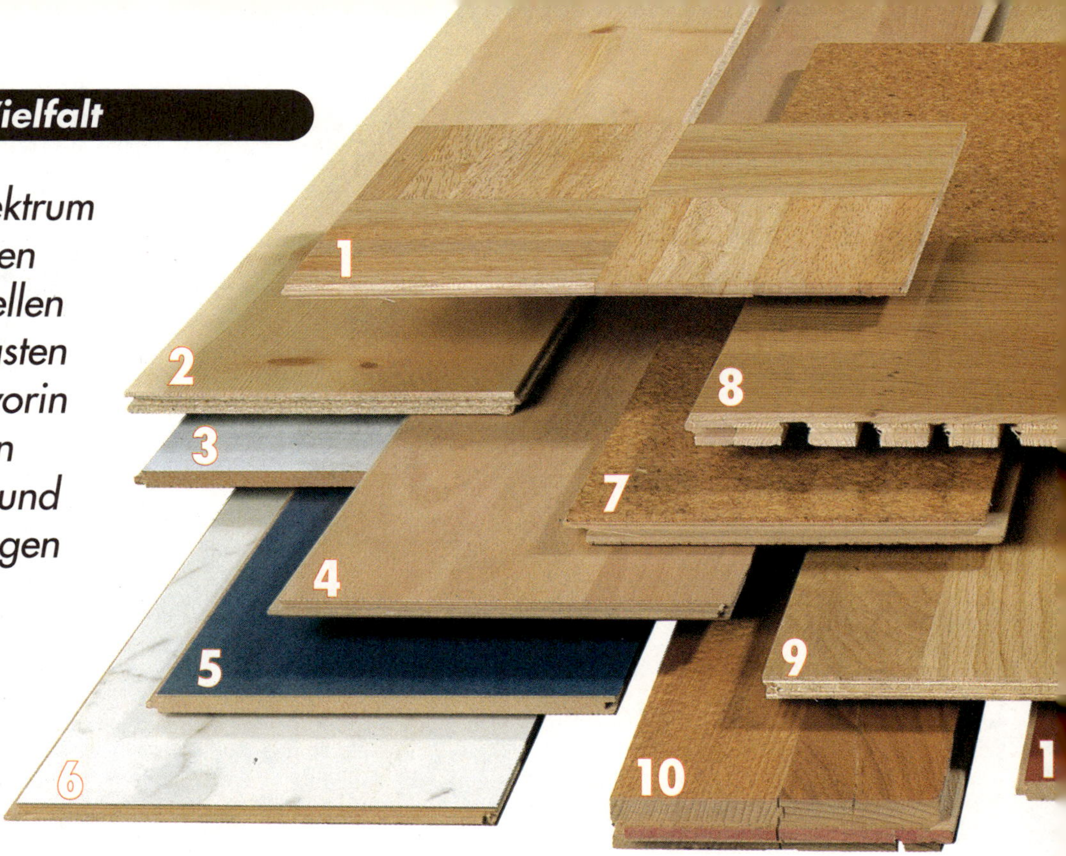

1 Massives Mosaikparkett (für vollflächiges Verkleben) 2 Mehrschicht-Parkett (Design: Landhausdiele) 3 Laminat 4 Laminat mit Buche-Dekor 5 Laminat mit blauem Holzdekor 6 Laminat (Marmor-Dekor) 7 Korkparkett 8 Mehrschichtiges 2-Stab-Tafelparkett 9 Mehrschichtparkett (Hevea, 3-Stab-Schiffsbodenmuster) 10 Massivholzdielen, fertig oberflächenbehandelt mit Öl/Wachs 11 Laminat (farbiges Holzdekor) 12 massive Hobeldiele, unbehandelt 13 Mehrschicht-Parkett Ahorn (3-Stab-Schiffsbodenmuster) 14 Mehrschichtparkett Eiche (3-Stab-Schiffsbodenmuster) 15 Laminat, Terrazzo-Design 16 Massivholzdiele, mit Wachs fertig oberflächenbehandelt

Fertigparkett

Nomen est omen – größter gemeinsamer Nenner aller Fertigparkette ist die werkseits fertig behandelte Oberfläche. Entweder mit herkömmlicher Lackversiegelung oder Öl und/oder Wachs **Aufbau:** Die meisten handelsüblichen Fertigparkette sind Mehrschicht-Elemente. Durch diesen Aufbau erreicht man eine höhere Formstabilität – wobei jeder Hersteller sein spezielles Fertigungs-Know-how einbringt. Die meisten Parkette sind dreischichtig aufgebaut, manche setzen sich aber auch aus mehr Lagen zusammen. Das links im Querschnitt dargestellte Parkett zeigt beispielhaft das Aufbau-Prinzip: Kernstück ist eine Mittellage aus „Rifts", eine Holzschicht mit stehenden Jahresringen, die sehr belastbar ist. Als unteren Gegenzug verwendet man meist ein Weichholz-Furnier mit quer zur Mittelschicht verlaufender Faserrichtung. Bei der oberen Nutzschicht zählen – neben der Optik – Holzqualität, Dicke und Oberflächenbehandlung. **Vorteil:** Ab Nutzschichtdicken von 3 bis 4 mm läßt sich ein Parkett mehrmals abschleifen. Bei der Neuversiegelung hat man die Wahl zwischen einer konventionellen Behandlung z. B. mit Wasserlacken oder Öl und/oder Wachs. Letzteres erfordert intensivere Pflege, bietet aber den Vorteil, daß sich Schäden partiell wegschleifen und nachwachsen lassen (s. unten links). **Nachteil:** Der Vorteil der Langlebigkeit geht mit dem Nachteil einer höheren Materialdicke einher. Daher scheidet Parkett bei der Renovierung manchmal aus. **Besonderheit:** Die bis ca. 10 mm dicken tafelförmigen Mosaik-Massivparkette werden vollflächig verklebt. Landhausdielen (s. rechts) ab ca. 21 mm können auch auf Lagerhölzern verschraubt werden.

Furnierte Böden:

Die Böden mit echtholzfurnierter Oberfläche sind noch relativ neu auf dem Markt. Man kann sie als einen Kompromiß zwischen Parkett und Laminat bezeichnen. **Aufbau:** Die dielenförmigen Platten sind dreischichtig aufgebaut. Eine Trägerplatte aus Holzwerkstoff, meist aus HDF, bildet die druckfeste Mittelschicht. Ein Furnier aus Echtholz dient als sichtbare Auflage, die durch eine harte und abriebfeste Versiegelung geschützt ist. Als unterer Gegenzug kommt z. B. Kiefernfurnier oder Kraftpapier zum Einsatz. **Vorteil:** Die Oberfläche hat die Ausstrahlung eines echten Parketts. Echtholzböden sind aufgrund geringer Plattenhöhen von 7 bis 8 mm der ideale Renovierungsbelag. **Nachteil:** Die Furnierschicht kann nicht – wie beim Parkett – nachgeschliffen werden. **Besonderheit:** Einige Hersteller bieten Reparatursets zum Ausbessern kleinerer Kratzer in der Versiegelung an. Zur Reinigung und Pflege sollten Sie – wie bei Parkett und Laminat – Spezialreiniger verwenden (Bild rechts).

Massivholzdielen:

Hier unterscheidet man zwischen Hobeldielen und den neueren Landhausdielen. **Aufbau:** Hobeldielen sind massive, mit Nut und Feder versehene Bretter meist aus Nadelholz mit unbehandelter Oberfläche; Dicken: ca. 19 bis 35 mm. Landhausdielen können massiv oder mehrschichtig aufgebaut sein, mit herkömmlich versiegelten oder Wachs/Öl-Oberflächen; Dicken: ca. 14 mm (schwimmende Verlegung) bis 22 mm (auf Lagerhölzern). **Vorteil:** Ideal auf Holzbalkendecken beim Dachgeschoßausbau und als Estrich-Ersatz auf Betondecken (selbsttragend auf Lagerhölzern, s. Bild oben), Hobeldielen: preiswert, gut geeignet für Öl/Wachs-Behandlung (Bild unten). **Nachteil:** hohe Konstruktionen aufgrund der Materialdicke, leichte Fugenbildung bei Klimaschwankungen. **Besonderheit:** Massivholzdielen werden in der Regel durch die untere Nutwange entweder mit Holzspanplatten oder quer ausgelegten Lagerhölzern (ab 22 mm Dielendicke) verschraubt oder genagelt. Sie dürfen dann aber nicht an Nut und Feder verleimt werden.

Laminat:

Als Laminat-Dekore werden vorrangig Holz-, aber auch Steinreproduktionen eingesetzt. **Aufbau:** Ein Laminat besteht aus mehreren Schichten. Trägermaterial ist eine druckfeste Holzfaserplatte aus MDF (mitteldichte Holzfaser), HDF (hochverdichtete Holzfaser) oder Spanplatte, die auf der Oberseite mit einer robusten Melaminharz-Beschichtung versehen ist. Sie schützt das darunterliegende Dekorpapier. Ein Laminat-Gegenzug an der Unterseite dient als Spannungsausgleich. **Vorteil:** Durch geringe Aufbauhöhen (ca. 8 mm) ideal bei der Renovierung. Unempfindlichkeit gegen Zigarettenglut, Chemikalien, Lichteinstrahlung. Die große Dekorvielfalt ermöglicht unkonventionelle Bodengestaltung. **Nachteil:** Laminat kann man nicht abschleifen. Leicht ‚unechte' Wirkung bei Holzdekoren, da die Reproduktionen absolut identisch sind. **Besonderheit:** Unterschiedliche Abriebfestigkeiten. Je nach Raum für private Nutzung ausreichend: 6000 bis 10 000 Umdrehungen.

Parkett: Pardio Parkett-Studio, Möbel: Yellow, 50939 Köln, Tapete: Rauhfaser Erfurt, 42391 Wuppertal

Parkettböden für Heimwerker

Nach klassischem Vorbild

Früher war ein Parkettboden das Privileg von Königen und Fürsten. Heute kann jedermann den edlen Belag selbst verlegen. Wir zeigen, worauf es dabei ankommt

Es gibt nicht viele Dinge, die mit dem Alter an Schönheit und Ausstrahlung gewinnen. Ein Parkett gehört jedoch zweifellos dazu. Das beweisen die bis zu 300 Jahre alten Tafel- und Intarsienböden, die man jetzt noch in vielen Schlössern bewundern kann. Damals standen sie für Reichtum und Adel. Heute ist ein Parkett-Fußboden für fast jedermann erschwinglich. Trotzdem hat er sich etwas vom früheren Nimbus bewahrt: Immer noch zählt er zu den edelsten Bodenbelägen.

Seit es fertig oberflächenbehandelte Parkette gibt, ist auch die Verarbeitung keine hohe Handwerkskunst mehr. Beim Fertigparkett hat man die traditionellen Parkettarten wie z. B. Stäbe, Riemen und Tafeln zu größeren rechteckigen oder quadratischen Einheiten zusammengefaßt und mit Nut und Feder versehen. Die gebräuchlichste und für den Heimwerker am besten geeignete Verarbeitungstechnik ist die schwimmende Verlegung, die wir auf den nächsten Seiten Schritt für Schritt beschreiben. Außerdem kann Fertigparkett auf Lagerhölzern vernagelt (s. Zeichnung auf Seite 205) oder vollflächig am Boden verklebt werden. Letzteres ist bei Fertigparkett aber eher die Ausnahme. Der Unterboden muß dazu eine ausreichende Druck- und Haftungsfestigkeit besitzen und sehr eben sein.

Bei der schwimmenden Verlegung hingegen kann man kleine Unebenheiten mit einer dünnen Trittschall-Dämmschicht ausgleichen. Auch bei harten Böden ist sie erforderlich. Viele Parkett-Hersteller bieten geeignete Dämm-Materialien als Zubehör an. Stellen Sie bei Ihrem Unterboden größere Niveaudifferenzen fest, kommen Sie jedoch um den Einsatz von Ausgleichsmassen nicht herum.

Vor dem Verlegen sollte das Parkett mindestens 12 Stunden Gelegenheit haben, sich an das Raumklima seines zukünftigen Zuhauses zu gewöhnen. Bei Temperaturen von 18 bis 20 °C und einer Luftfeuchtigkeit von 50 bis 60 % fühlt es sich am wohlsten. Bei längslaufenden Mustern wie den Schiffsboden-Dielen, deren Verarbeitung wir auf Seite 205 zeigen, sollten die Reihen parallel zum natürlichen Lichteinfall liegen. So fallen die Fugen später kaum auf. Für ein harmonisches Gesamtbild ist außerdem wichtig, daß die

Traditionelle Muster

Würfelmuster mit Mosaikparkett

Stabparkett im Schiffsboden-Verband

Stabparkett im Würfelmuster

Stabparkett, im Fischgrät-Verband verlegt

Intarsienparkett

Dielenreihen genau dem Verlauf der Wand folgen bzw. beim Fischgrätmuster diagonal zur Wand liegen. Dies entscheidet sich mit der Ausrichtung der ersten Reihe. Ist die Wand krumm, müssen die exakte Flucht mit Hilfe eines Abstandhalters auf dem Parkett markiert und die Dielen entsprechend zugeschnitten werden. Damit sich die an Nut und Feder verleimte Parkett-Bodenplatte seitlich ausdehnen kann, ist eine umlaufende Dehnungsfuge von 10 bis 15 mm bei der schwimmenden Verlegung äußerst wichtig. Gleich bei der ersten Reihe muß sie berücksichtigt und mit Distanzklötzchen gesichert werden. Gehen Sie beim Zusammenschlagen der eingeleimten Elemente mit viel Gefühl vor, arbeiten Sie von der Dielenmitte nach außen. Schiffsboden-Dielen werden endlos verlegt. Man beginnt die Reihen immer mit dem Reststück der vorherigen. So entsteht automatisch eine fugenversetzte Anordnung, und es fällt kaum Verschnitt an. Sind die ersten Reihen verlegt, sollten Sie den Leim über Nacht aushärten lassen. Am nächsten Tag haben Sie dann einen festen Anschlag, und die Arbeit geht schneller von der Hand.

Unter der Parkett-Oberfläche

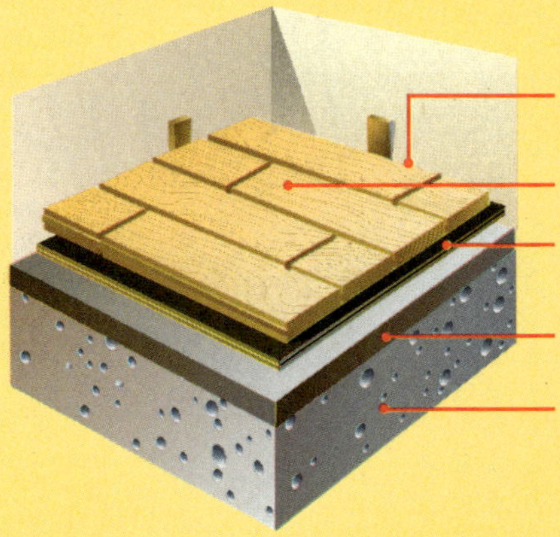

Ein ebener Untergrund ist der Idealfall – egal, ob es sich um den blanken Estrich oder z.B. um einen Fliesenbelag handelt: Hier ist nur eine dünne, elastische Zwischenschicht nötig. Materialien wie Rippenpappe, Kork oder Filz dämmen den Trittschall und gleichen kleine Unebenheiten aus.

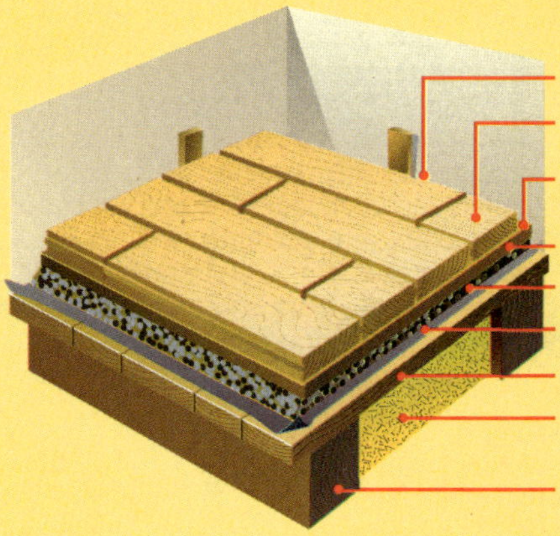

Mehr Aufwand verlangt ein stark unebener Untergrund. In diesem Fall sind es alte, ausgetretene Dielen auf einer Holzbalkendecke. Eine Schüttung sorgt für den notwendigen Niveau-Ausgleich. Als Abdeckung eignen sich Holzweichfaserplatten. Bei Parkett unter 19 mm ist zusätzlich eine Spanplattenauflage nötig.

Ebene Untergründe

Bei kleineren Unebenheiten und harten Böden braucht nur eine elastische Zwischenschicht verlegt zu werden. Die Stöße dürfen nicht überlappen

Niveau-Ausgleich in Naß-Bauweise mit selbstverlaufendem Fließspachtel: Dem ‚Verteilungsprozeß' muß man mit der Glättkelle ein wenig nachhelfen

Bei größeren Unebenheiten ist eine Trockenschüttung empfehlenswert. Das aufgeschüttete Material zieht man zwischen Spezialschienen ab. Zum ...

... gleichmäßigen Verdichten der Trockenschüttung eignen sich auf Stoß verlegte Holzweichfaserplatten. Keinesfalls direkt auf die Schüttung treten!

Grundvoraussetzung: eben, trocken, elastisch

Ob Sie einen ausreichend ebenen Verlegeuntergrund haben, stellen Sie am einfachsten mit einer Richtlatte fest. Bei kleineren Niveau-Toleranzen reicht eine etwa 2 mm starke Auflage aus Rippenpappe, Filz, Kork oder PE-Schaumfolie als Ausgleich. Auch bei harten Untergründen – z.B. auf Estrichen, Fliesen, Spanplatten oder Holzdielen – ist diese elastische Zwischenschicht erforderlich. Sie hat hier die Aufgabe, den Trittschall zu dämpfen. Idealer Verlegeuntergrund ist übrigens ein kurzfloriger, sauber verlegter Teppichboden. Weist Ihr Boden Unebenheiten von mehr als 4 mm auf einen Meter auf, reichen die erwähnten Dämmauflagen nicht mehr aus. Niveau-Unterschiede bis 10 mm egalisieren Sie am einfachsten mit selbstverlaufendem Fließspachtel. In ganz schweren Fällen ist das Aufbringen einer Trockenschüttung zu empfehlen. Wichtig ist auch, daß der Untergrund trocken ist. So sollten frische Estriche mindestens 4, besser noch 6 Wochen austrocknen, bevor ein Parkettboden verlegt wird.

1 Richten Sie die erste Dielenreihe ohne Verleimung mit Hilfe einer Richtschnur in einer Flucht aus. Distanzklötzchen sichern die ...

2 ... Dehnungsfuge zur Wand. Beim Einleimen der Nuten ist ein gleichmäßiger, ununterbrochener Auftrag wichtig. Denn der ...

3 ... wasserfeste Leim soll die Fugen vor dem Eindringen von Feuchtigkeit schützen. Mit Hilfe eine Zulage schlägt man die Elemente ...

4 ... in die Nut- und Feder-Verbindung. Herausquellender Leim läßt sich mit einem feuchten Schwamm leicht wegwischen. Beim ...

5 ... Zuschneiden der Endstücke einer Reihe muß die Dehnungsfuge berücksichtigt werden. Mit dem Zugeisen setzt man die Diele ein

6 Wie dieses Endstück läßt sich auch die letzte Reihe ohne großes Messen einpassen. Legen Sie die Diele bündig auf die vorletzte ...

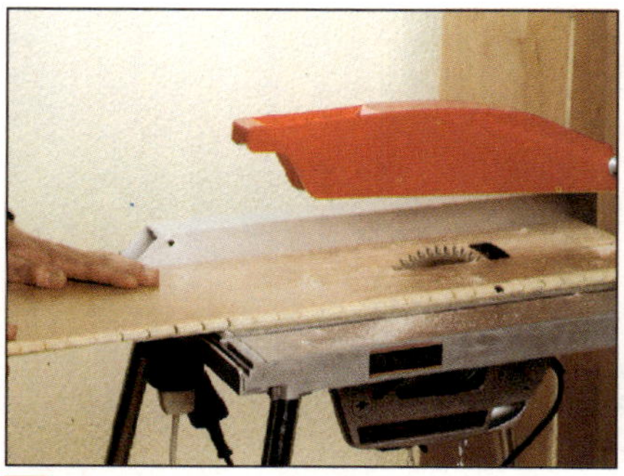

7 ... Reihe und richten Sie ein weiteres Brett auf den erforderlichen Wandabstand aus. Die Diele entlang der Markierung zuschneiden

8 Das eingeleimte Endstück wird mit leichten Hammerschlägen auf das Zugeisen eingesetzt. Bei komplizierteren Zuschnitten und ...

9 ... Aussparungen – wie z.B. für Treppenstützen oder Heizkörperbefestigungen – hilft eine Schablone aus Pappe oder Papier

Türzargen ablängen

Bei der Verlegung Ihres Parkettbodens treffen Sie zwangsläufig auf das Problem Türzarge. Hier haben Sie zwei Möglichkeiten. Die erste: Sie sägen eine entsprechende Aussparung in die Holzdiele. Dabei muß die Dehnungsfuge um die Zarge herumgeführt werden. Es bleibt also ein sichtbarer Spalt. Besser ist es, die Türzargen zu kürzen. Benutzen Sie zum Ablängen eine Feinsäge. Eine umgedrehte Diele dient als Abstandsmaß. Das Parkett-Element muß sich druckfrei unter die Zarge schieben lassen

Parkettdielen vernageln

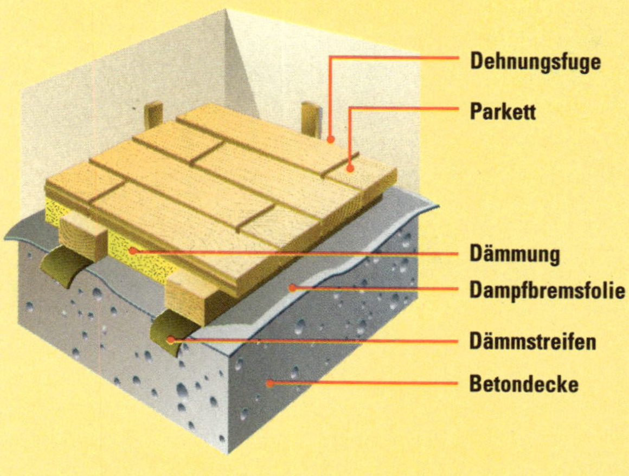

Parkettdielen ab 22 mm Stärke können auch von oben schräg durch die Feder mit Lagerhölzern vernagelt werden. Die Konstruktion ist direkt auf der Rohdecke aufgebaut. Deshalb darf die Dampfbremsfolie nicht vergessen werden, die sonst unterm Estrich liegt. Für guten Trittschallschutz unerläßlich: die Dämmstreifen unter den Lagerhölzern. Die Hölzer werden in Abständen zwischen 30 und 50 cm ausgelegt

Die große Auswahl, die der Fertigparkett-Markt heute bietet, läßt kaum einen Wunsch offen, macht aber angesichts des Preisspektrums von etwa 30 bis über 200 DM/m² die Auswahl nicht gerade einfach. Nicht nur das Design bestimmt den Preis. Formstabilität, Paßgenauigkeit und Nutzschichtdicke der Elemente spielen die entscheidendere Rolle. Generell haben mehrschichtige Parkettdielen Vorteile in puncto Formstabilität. Sie neigen weniger zu Schwund und Verwindungen als massive Elemente. Allerdings bietet sich Massivparkett in Stärken unter 10 mm an, wenn z. B. bei Renovierungen die Aufbauhöhe des Bodens begrenzt ist. Bei Mehrschicht-Parkett sollten Sie unbedingt auf die Stärke der Nutzschicht achten. Um sie mehrmals abschleifen zu können, muß sie mindestens 3 bis 4 mm dick sein. Als Nutzschicht eignen sich viele Hölzer unterschiedlicher Härte. Das in Deutschland meistverwendete Parkettholz, die Eiche, zeichnet sich durch besondere Eindruckfestigkeit aus. Ähnlich hart sind Esche und Buche. Aber auch Weichhölzer halten normalen Raumbelastungen sehr gut stand. Wichtiger für die Haltbarkeit ist die Versiegelung. Die meisten Fertigparkette sind heute mit abriebfesten, leicht zu pflegenden Lacken versiegelt. Zunehmend besinnt man sich allerdings wieder auf die klassischen Vorbilder, die ausschließlich mit Öl und Wachs behandelt wurden. Solch ein Oberflächenschutz hebt die Holzstruktur hervor, ist aber feuchtigkeitsempfindlich und verschleißt schneller. Einmal im Jahr sollte man das Holz nachwachsen. Übrigens, eine Behandlung mit Öl und Wachs bietet sich – neben wasserlöslichen Lacken – auch zur Neuversiegelung des Parketts nach einem Abschliff an. □

Fischgrätmuster verlegen

Neben dem Schiffsboden- gehört der Fischgrätverband zu den Klassikern unter den Parkettmustern. Die kleineren Stäbe bringen es allerdings mit sich, daß man nicht so schnell an Boden gewinnt wie mit den auf der vorherigen Seite gezeigten, großformatigen Dielen. Zudem sind viele Zuschnitte erforderlich, da der Fischgrätverband diagonal zu den Raumachsen verlegt wird. Es gibt rechte und linke Stäbe. Sie sollten sie sortiert bereitlegen, bevor Sie mit der Arbeit beginnen.

1 *Kappen Sie zunächst die Ecken der wandseitigen Stäbe im 45°-Winkel. Es erspart späteres Einpassen von Endstücken. Die Schmiege …*

2 *… erleichtert das Maßnehmen. Verleimen Sie im Wechsel rechte und linke Stäbe zu einer Doppelreihe aus 8 bis 10 Elementen*

3 *Das fertige Anfangsstück wird nun in die Raumecke gelegt und ausgerichtet. Dehnungsfuge berücksichtigen! Dann verleimt man …*

4 *… jeweils reihenweise rechte und linke Stäbe. Für solche Paßstücke braucht man die Stichsäge. Sägen Sie die Bretter von unten zu, …*

5 *… um ein Aussplittern zu vermeiden. Jede Doppelreihe endet mit einem dreieckigen Paßstück. Setzen Sie es mit dem Zugeisen ein!*

Saubere Übergänge und Abschlüsse

Zum Überdecken der Dehnungsfugen an Übergängen zu anderen Belägen (links), an Wänden (Mitte) und Heizungsträgern gibt es eine große Auswahl an Produkten. Die meisten Parketthersteller bieten zum Bodenbelag passende Sockelleisten und Rosetten an. Ob die Sockelleisten direkt in der Wand verdübelt oder an Clips befestigt werden – in jedem Fall ist beim Zuschneiden eine Gehrungslade sehr empfehlenswert. Auch bei Übergangsschienen haben Sie die Qual der Wahl: Die Systeme bestehen in der Regel aus einem Basisprofil, das im Boden verdübelt wird, und einer Abdeckschiene, die man auf das untere Profil aufsteckt. Auch zum Überbrücken unterschiedlicher Einbauhöhen gibt es spezielle Schienensysteme.

Parkett im Querschnitt

Die meisten handelsüblichen Fertigparkette sind Mehrschicht-Elemente. Durch diesen Aufbau vermindert man die für Massivholz typische Eigenschaft zu Schwund und Verwindungen bei klimatischen Veränderungen. Die Parkett-Elemente erhalten eine höhere Formstabilität. Die hier im Querschnitt gezeigte Schiffsboden-Diele zeigt das Aufbau-Prinzip: Kernstück ist eine Mittellage aus „Rifts", eine Holzschicht mit stehenden Jahresringen, die sehr belastbar ist. Als unteren Gegenzug verwendet man meist ein Weichholz-Furnier mit quer zur Mittelschicht verlaufenden Faserrichtung. Bei der oberen Nutzschicht zählen – neben der Optik – Holzqualität, Dicke und Oberflächenbehandlung.

Checkliste für den Kauf

Beim Kauf von Fertigparkett sollten Sie sich über Folgendes informieren:
Aufbau: Sind die Elemente mehrschichtig aufgebaut oder massiv?
Nutzschicht: Hier sind Holzart und vor allem die Dicke wichtig.
Paßgenauigkeit: Stecken Sie einige Muster-Dielen zusammen. Überprüfen Sie die Paßgenauigkeit der Nut- und Feder-Verbindung. Außerdem müssen die Oberkanten der Elemente bündig abschließen.
Oberflächenbehandlung: Mit Lacken versiegelt oder mit Öl und Wachs?
Verarbeitung: Für welche Verlegeart ist das Parkett geeignet?
Fußbodenheizung: Ist die Eignung für das Parkett bescheinigt?
Zubehör: Gibt es Sockelleisten und Rosetten im passenden Parkettdekor?
Verlege- und Pflegeanleitung: i.d.R. bei Qualitätsware selbstverständlich

Schöne Räume mit Fertigparkett

Gut sortierte Muster-Vielfalt

Der Variantenreichtum bei Parkettböden kommt nicht allein durch die Verwendung verschiedener Hölzer und Muster zustande. Jede Holzart unterteilt man darüber hinaus nach optischen Kriterien, sogenannten Sortierungen. Sie sind für Eiche genormt, werden aber auch auf andere Holzarten übertragen. ‚Eiche-Natur' setzt Splint- und rißfreie Oberflächen ohne auffallende Struktur- und Farbdifferenzen voraus. Bei ‚Eiche-Gestreift' hingegen ist ein fester Splint erlaubt, grobe Strukturunterschiede jedoch nicht. Erst die Sortierung ‚Eiche-Rustikal' ist charakterisiert durch betonte Farben, Äste und eine lebhafte Holzstruktur.

Ruhig und unaufdringlich: 1-Stab-Schiffsboden Birke ‚London' (Kährs, 136 DM)

Elegant: Ahorn exquisit mit Dekostab (Haro, ca. 147 DM/m²)

Stark strukturiert: Parkett Räuchereiche ‚Rotterdam' im Flechtmuster (Kährs, 157 DM/m²)

Klassisch: Tafelboden Eiche (Pardio, ca. 128 DM/m²)

3
3
3
1
3
2
1
1
1
2
3
1
4
1
1
1
1
4
1
1
1
1
6

Laminate

Als robuste Fußbodenbeläge, die man leicht selbst verlegen kann, werden Paneele aus Laminaten immer beliebter. Wir werfen hier einen Blick auf das reiche Angebot

Laminate bestehen im wesentlichen aus vier Schichten: Den Kern bildet meist eine Platte aus Hochverdichteter Faser (HDF) – seltener Spanplatte –, die dem Paneel Härte und Zähigkeit verleiht. Darauf werden unter Druck und Hitzeeinwirkung eine Dekor- sowie eine Melaminharzschicht aufgepreßt. Das Harz sorgt für die Strapazierfähigkeit des Belags, der ja täglich mit Füßen getreten wird. Er hält Zigarettenglut, Pfennigabsätzen und Stuhlrollen stand; für Feuchträume sind Laminate allerdings nicht geeignet. Auf der Rückseite sind die Paneele zum Spannungsausgleich mit einer weiteren Harzschicht versehen (s. Foto rechts oben), damit sie sich nicht verziehen. Die Dekore werden aufgedruckt, weshalb den Gestaltungsmöglichkeiten kaum Grenzen gesetzt sind: Zahlreiche Holzreproduktionen, aber auch ‚Marmor' oder ‚Granit' sind ab etwa 50 Mark/m² zu haben. Soll es ein besonders robuster Belag sein, z. B. für Büros oder viel begangene Flure, müssen Sie schon um die 90 Mark anlegen. Die mit Nut und Feder ausgestatteten Laminatpaneele können Sie auf den meisten Untergründen leicht selbst verlegen. Dafür gibt es Zubehör wie Verlegewerkzeug, Sockelleisten und Reiniger.

1 *Witex bietet unter den Namen ‚Floor', ‚Young' und ‚Project' Laminate für verschiedene Einsatzbereiche an: ‚Floor' ist die Kollektion für den gesamten Heimbereich. ‚Young' zeichnet sich aus durch auffälligere Farben und richtet sich eher an die jüngeren Anwender. Die neue Marke ‚Project' ist besonders strapazierfähig ausgeführt und eignet sich gut für Büros und andere Räume, in denen Böden hoch beansprucht werden. Die Paneele sind 8 x 194 x 1285 mm groß; der Kern besteht aus HDF.*

2 *Auch Sibatex bietet Beläge für den Privat- und den gewerblichen Bereich an. Alle kommen in den Maßen 8,1 x 190 x 1290 mm: Homefloor ist als Belag für Wohnräume weniger robust als das für stark frequentierte Räume vorgesehene Novafloor, was sich natürlich auch im Preis ausdrückt.*

3 *Der Bodenbelag Resofloor kommt vom Hersteller der bekannten Arbeitsplatten (Resopal). Durch die geringe Stärke (7,2 x 193 x 1205 mm) eignet er sich besonders zur nachträglichen Verlegung und Renovierung.*

4 *Von C. E. Meyer kommt ‚Quick Step' mit einer Vielzahl von Dekoren; unser Foto zeigt z. B. Ahorn Lavendel, Buche und Merbau Schiffsboden. Die Maße sind 8 x 190 x 1200 mm.*

5 *Tritty ist ebenfalls in zwei verschieden haltbaren Qualitäten erhältlich: Die Linie ‚100' für den privaten, die 300er hingegen für den Objekt-Bereich. Die Maße spiegeln es wieder; während die 100er Paneele 8 x 195 x 1282 mm messen, fallen die 300er dickfelliger aus: 9 x 190 x 1205 mm.*

6 *Der schwedische Hersteller Perstorp verwendet als einziger für das Trägermaterial nicht hochverdichtete Faser, sondern eine praktisch formaldehydfreie Spanplatte (E 1). Auch hier gibt es zahlreiche Dekore in zwei Produktlinien: Sie heißen ‚Marvella' (für das Heim; hier mit dem Dekor Erle abgebildet) und ‚Pergo' (für die besonders starke Beanspruchung; hier Sommerbirke). Diese Paneele haben von allen hier gezeigten die geringste Stärke; ihre Maße betragen 7 x 200 x 1200 mm – das bedeutet weniger Aufwand beim Verlegen.*

Laminat und Fertigparkett

Gut aufgelegt

Parkett und Laminat stehen seit Jahren ganz oben in der Käufer-Gunst. Ihr großer Vorteil: Auch der Laie kann sie selbst verlegen. Wir zeigen, worauf es dabei ankommt und wie man auch knifflige Stellen meistert

Was ist besser, Parkett oder Laminat? Diese Frage hören wir häufig auch von unseren Lesern. Die Antwort: Es kommt drauf an. Sicher ist ein mehrschichtig aufgebautes Fertigparkett mit mehrmals abschleifbarer Nutzschicht der hochwertigere Belag und meist eine Investition fürs Leben. Sie hat aber ihren Preis. Für ein gutes Parkett muß man schon 60 bis 80 Mark pro m² auf die Ladentheke legen. Die man z. B. als Mieter einer Wohnung nicht unbedingt ausgeben möchte. Hier kann das preiswertere Laminat eine Alternative sein. Auch bei Renovierungen gibt man den nur ca. 8 mm dünnen Dielen mitunter den Vorzug. Um beim Verlegen böse Überraschungen zu vermeiden, sollten Sie beim Kauf sehr genau auf einige Qualitätsmerkmale achten, wie z. B. exakte Paßgenauigkeit der Nut- und Feder-Elemente. Wählen Sie ein Laminat auf druckfestem Trägermaterial, wie MDF oder HDF. Für eine originalgetreue Holz-Optik wichtig: Die Reproduktionen auf dem Dekorpapier sollten nicht Diele für Diele identisch sein. Geschützt wird das Papier durch die äußerst strapazierfähige, klare Melaminharz-Schicht, deren Abriebfestigkeit zukünftig – ähnlich wie bei Fliesen – durch Nutzungsklassen beschrieben wird.
Für Feuchträume allerdings sind weder Laminat noch Parkett geeignet. Ebensowenig mögen sie schmirgelnde Beanspruchungen durch Sandkörner. Filzgleiter unter den Möbeln schützen davor. Und noch eine Gemeinsamkeit: Fertigparkett verlegt man genau so wie unser ‚Birke'-Laminat auf den nächsten Seiten.

Sind die ersten Laminat- oder Parkett-Reihen verleimt, geht der Rest fast wie von selbst

Untergrund-Behandlung

Lesen Sie auf Seite 214, welche Voraussetzungen der Unterboden erfüllen muß, damit der Belag lange hält und auch noch gut aussieht

Möbel und Accessoires: Ikea Deutschland

Die schwimmende Verlegung

Dielenböden mit Nut und Feder werden in der Regel ‚schwimmend' verlegt. Was das heißt und wie das geht, zeigen wir auf den Seiten 212 und 213

Lösungen für Treppenstufen

Was macht man, wenn eine Stufe die Verlegefläche unterbricht? Oder eine ganze Treppe neu belegt werden soll? Lesen Sie die Seiten 215/216

Parkett verkleben

Früher wurden Parkette vollflächig verklebt. Auch heute ist das hier und da noch sinnvoll. Und auch das können Sie selbst. Wir zeigen es auf Seite 217

Wie für Heimwerker gemacht:

Die heute bei Laminat und den meisten Fertigparketten übliche ‚schwimmende Verlegung' beherrscht auch jeder handwerklich geschickte Laie – wenn er weiß, worauf es ankommt. Das Aufbauprinzip: Die rundum verleimten Elemente bilden eine zusammenhängende Bodenplatte, die nur lose auf dem Untergrund liegt und weder Wände noch andere aufragende Bauteile berühren darf. Durch die etwa 10 mm breiten Dehnungsfugen – die man während der Verlegung mit Hilfe kleiner Holzkeile einhält – ist gewährleistet, daß der Boden bei Temperatur- und Feuchteschwankungen ungehindert ‚arbeiten' kann. Neben den Randfugen sind zwei weitere Dinge für Haltbarkeit und Stabilität des Bodens entscheidend: eine fugenversetzte Anordnung und das lückenlose, fugendichte Verleimen der Elemente. Verlegen Sie die ersten drei Reihen im sogenannten halben Verband. Der Fugenversatz entspricht dabei einer halben Dielenlänge. Danach beginnt man die Reihe jeweils mit dem Endstück der vorherigen, so daß kaum Verschnitt anfällt. Ob man den wasserfesten Weißleim wie in unserem Fall auf die Oberseite der Feder oder in die Nut gibt, richtet sich nach der Angabe des Bodenherstellers. In jedem Fall muß er durchgehend und gleichmäßig aufgetragen werden. Klopfen Sie die Dielen stets mit Hilfe einers Schlagklotzes fugendicht zusammen, damit Sie die Feder nicht beschädigen.

1 *Bei krummen Wänden die erste Reihe gerade vor der Wand auslegen und die exakte Flucht mit Hilfe eines ...*

2 *... Abstandhalter markieren. Elemente entsprechend zuschneiden. Geben Sie den Leim durchgehend auf die ...*

5 *Mit Spanngurten fixiert man die frisch verleimten Reihen. Holzkeile sichern die Dehnungsfuge zur Wand*

6 *Am Ende der Reihe markieren Sie den Wandabstand minus Dehnungsfuge auf der Element-Rückseite ...*

9 *Deren Breite markieren Sie mit einer Hilfsdiele auf der Rückseite des Elements, das bündig auf der letzten Reihe ...*

10 *... liegen muß. Ein Tip: Falls einzelne Laminat-Dielen nicht ganz fugendicht verleimt wurden, hilft Reparaturpaste*

Laminat und Parkett müssen sich vor der Verlegung etwa zwei Tage an ihr künftiges Raumklima gewöhnen

Die richtige Pflege

Oberflächenversiegelte Holzböden wie Laminat und Fertigparkett brauchen nach der Verlegung normalerweise keine spezielle Nachbehandlung. Eventuelle Leimreste lassen mit Parkettleim-Entferner beseitigen. Für die tägliche Reinigung reichen Besen oder Staubsauger. Festen Schmutz entfernen Sie am besten mit einem leicht angefeuchteten Putzlappen. Verwenden Sie aber so wenig Wasser wie möglich, und reiben Sie nasse Stellen trocken. Bei hartnäckigen Flecken, z. B. durch Filzschreiber, Farbe, oder Öl, Spezialreiniger verwenden, die es für Parkett und Laminat gibt.

die schwimmende Verlegung

... Feder-Oberseiten. Diele an der Stirnseite ansetzen, dann die Längsseite mit Hammer und Zulage ... **3**

4 *... fugendicht zusammenklopfen. Herausquellenden Leim sofort mit einem feuchten Tuch wegwischen*

... und schneiden die Diele mit der Stichsäge von der Rückseite zu. Das Paßstück wird mit Hilfe eines Zugeisens ... **7**

8 *... fugendicht angeklopft. Das Zugeisen benötigt man auch zum Einsetzen der letzten Dielenreihe*

Tips & Tricks zur schwimmenden Verlegung

Wenn Sie mit dem Verlegen Ihres neuen Bodens an einer Wand mit Türöffnung oder gar einem breiteren Durchgang zum Nebenraum starten, können Sie sich das Ausrichten der ersten Reihe mit einer Anschlagschiene erleichtern (Bild 1). Dazu wird eine gerade Holzlatte so im Boden verdübelt, daß sie etwa 10 mm in den Raum hineinragt. Richtet man die Dielen nach der Schiene

1

aus, entsteht im weiteren Verlauf der ersten Reihe automatisch die erforderliche Dehnungsfuge zur Wand. Zum Schluß die Latte entfernen und eine eventuelle Lücke zum Bodenbelag des Nachbarraums mit einem Paßstück schließen. Dabei muß wieder

2

eine Dehnungsfuge berücksichtigen werden, die man später mit einer Metallschiene überdeckt (s. Seite 217).
An Türzargen haben Sie zwei Möglichkeiten: Entweder die Zarge mit einer Feinsäge bis knapp über dem neuen Belag kürzen oder den Boden einfach um die Zarge herumlegen. Dabei den Ausschnitt für die Dehnungsfuge nicht vergessen (Bild 2).
Diese müssen Sie z. B. auch rund um Treppenbefestigungen einplanen – wie auf Bild 3 zu sehen. Runde und größere Aussparungen wie diese lassen sich am genauesten mit

3

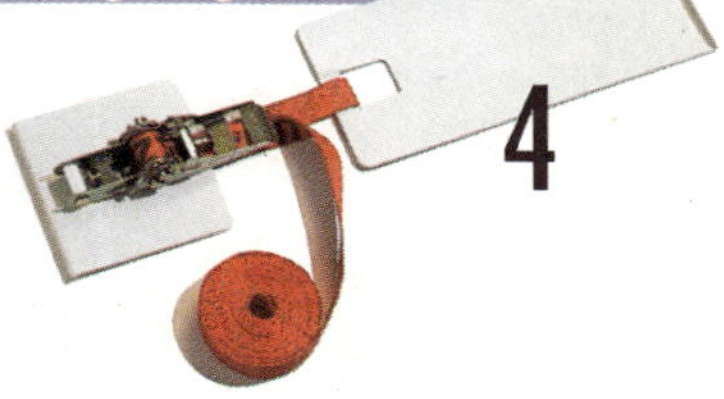

4

Hilfe einer Pappschablone zuschneiden. Ansonsten gilt die gleiche Devise wie bei Heizkörperbefestigungen: Verlegen Sie die betreffende Reihe am Hindernis beginnend zu den Wänden hin.

5

Ein Tip, der den Start wesentlich erleichtert: Frisch verleimte Reihen sollten Sie unbedingt fixieren, damit sie beim Zusammenklopfen der Dielen nicht wieder auseinandergehen. Man kann dazu Paketklebeband (Bild 5) oder Spanngurte (Bild 4) verwenden, die man mittlerweile auch in Baumärkten erhält.

So sparen Sie Hindernisse fachgerecht aus

Heizkörperbefestigungen, Rohrleitungen oder Treppenverankerungen, die aus dem Boden ragen, sind höchst unwillkommene Hindernisse – wenn man das Problem nicht fachmännisch von zwei Seiten „einkreist". Das bedeutet, man beginnt mit dem Verlegen der entsprechenden Reihe direkt an der Heizkörperbefestigung mit einem Paßstück. Dieses sollte so bemessen sein, daß die Aussparung die Befestigung umgreift – wie auf Bild 3 zu sehen – oder knapp davor endet. Im zweiten Fall muß die Aussparung in die Anschlußdiele gesägt werden. Beim Anreißen des Ausschnitts die Dehnungsfuge berücksichtigen. Wenn Sie umgekehrt arbeiten, das Hindernis also am Ende der Reihe liegt, müssen Sie das letzte Element vor der Befestigung in aller Regel kürzen und damit die Nut an der Stirnseite kappen. Dann hilft nur ein passender Scheibennutfräser, mit dem Sie eine neue Nut in das Element schneiden.

Die Breite der Aussparung auf der zweiten, unverleimt zusammengesteckten Diele ...

... markieren und auf das bereits zugeschnittene Anfangsstück der Reihe ...

... übertragen. Die Aussparung aussägen und das Paßstück verleimen

Untergründe vorbereiten

Laminat oder Parkett, das schwimmend verlegt wird, verlangt nach einem ebenen, trockenen und nicht zu harten Untergrund. Überprüfen Sie Ihren Fußboden deshalb als erstes mit Richtlatte und Wasserwaage auf größere Niveau-Differenzen. Betragen die Unebenheiten nicht mehr als etwa 2 mm auf zwei Metern Länge und 0,5 mm auf 20 cm Breite, reicht auf Estrichen, Fliesen, Spanplatten, Holzdielen oder PVC-Böden eine ca. 2 mm dicke trittschalldämmende Auflage. Sie kann z. B. aus Filz, PE-Schaumfolie, Wellpappe oder aus Rollenkork bestehen. Größere Unebenheiten egalisieren Sie am einfachsten mit selbstverlaufendem Fließspachtel, mit dem sich etwa 10 mm in einem Arbeitsgang ausgleichen lassen. Faserverstärkte Nivellierspachtel erlauben sogar Auftragsstärken bis zu 30 mm. Alternative ist eine Trockenschüttung. Der ideale Verlegeuntergrund ist übrigens ein vollflächig verklebter, kurzfloriger Teppichboden, wie z. B. ein Nadelfilz.

Bei ebenen Untergründen

1 *Weist der Boden keine größeren Unebenheiten auf, kann gleich die Trittschall-Dämmschicht ausgerollt …*

2 *… werden. Damit nichts verrutscht, werden die Bahnenstöße zweckmäßigerweise mit Klebeband fixiert*

Unebenheiten ausgleichen

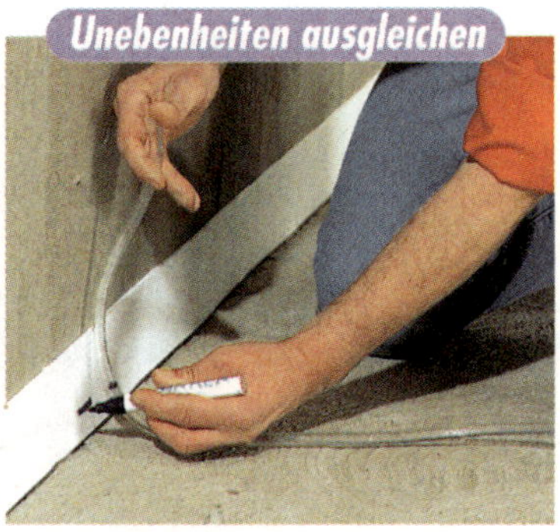

1 *Höhenunterschiede mit der Schlauchwaage ausnivellieren und auf dem Styropor-Randstreifen markieren*

2 *In einer Ecke beginnend, gießt man den angemischten Fließspachtel auf den grundierten Boden aus …*

Fotos: quick-mix

3 *… und unterstützt den Verlauf der flüssigen Mörtelmasse mit Hilfe eines Gummiwischers. Anschließend die …*

4 *… Blasen, die beim Anrühren entstehen, mit den harten Borsten eines Straßenbesens beseitigen*

Bei neuen Estrichen

Bei frischen Estrichen besteht die Gefahr, daß aufsteigende Baufeuchte den Parkett- oder Laminatboden schädigen könnte. Darum legt man in diesen Fällen unter der Trittschalldämmung eine PE-Folie vollflächig aus. Die überlappenden Folien-Bahnen verkleben und an den Wänden wannenartig hochführen. Die Ränder später bündig mit dem Holzboden abschneiden

Obligatorisch bei allen Belags-Arbeiten: die Überprüfung des Bodens auf Unebenheiten. Dabei sind Wasserwaage und Richtlatte unentbehrlich

Lösungen für Treppenstufen

Wir wollten einen Boden wie aus einem Guß: Auch die Treppe zwischen Eß- und Wohnbereich sollte deshalb einen Laminat-Belag erhalten. An sich kein Problem – wenn da nicht die gerundete Stufe gewesen wäre. Sie erforderte eine maßgeschneiderte Lösung. Der Belag für die Trittstufe war dabei die geringste Hürde: Drei Dielenreihen wurden verleimt und mit Gurtstraffern fixiert, bis der Leim ausgehärtet war. Dann übertrugen wir die Stufenkontur mittels Papier-Schablone auf die Rückseite und sägten sie aus. Im Prinzip die gleiche Vorgehensweise wie zur Aussparung der Stufe auf der unteren Verlegefläche (Bilder 2 und 3). Zum Anfertigen der Trittkante bedienten wir uns allerdings der Hilfe eines Profis: Wir brachten die

1 *Zum Verkleiden einer gerundeten Setzstufe braucht man flexible Materialien, z. B. HPL-Laminat oder Holzfurnierstreifen, die mit ...*

2 *... Kontaktkleber vollflächig verklebt werden. Für die Stufen-Aussparung auf der unteren Verlegefläche mehrere Reihen komplett ...*

3 *... verleimen und mit Gurten fixieren. Laminat-Platte umdrehen, die Stufenkontur mit Hilfe einer Schablone aufzeichnen und ...*

4 *... ausschneiden. Die vom Schreiner gefertigte Laminat-Trittstufe mit der gebogenen, vorderen Holzleiste wird in Silikonstreifen ...*

5 *... gebettet – ebenso wie die darüberliegende Stellstufe, die wir mit zugeschnittenen Laminat-Elementen ausgebildet haben. Als ...*

6 *... oberer Abschluß diente eine abgerundete, mit Silikon befestigte Holzleiste. Sie wurde mit Paketklebeband ca. 12 Stunden fixiert*

Alternative 1: Leimholz

1 *In der Blockstufe verschraubte Sperrholzbretter schaffen einen ebenen Untergrund für die spätere Verkleidung*

2 *Eine abschließend versiegelte Leimholzplatte dient als Trittstufe. Sie wird von oben versenkt verschraubt*

Laminatstufe zu einem Schreiner, der ihr mit einer gebogenen, massiven Buchenholzleiste einen trittsicheren und dekorativen Abschluß verlieh. Um die Optik einheitlich zu halten, wurde dann auch für die obere, gerade Trittkante eine Buchenholzleiste verwendet. Möglich gewesen wäre auch ein Metallprofil, wie auf dieser Seite unten vorgestellt. Als Verkleidung für die Setzstufe diente flexibles HPL-Laminat, das vollflächig verklebt wurde. Wenn Sie im Holzhandel kein passendes Laminat finden, sind Holzfurnierstreifen eine gute Alternative.
Eine mögliche Trittstufen-Alternative zeigen wir oben auf dieser Seite: eine massive, später mit Parkettlack versiegelte Leimholzplatte, die mit Hilfe des Forstnerbohrers und Holzstopfen – die man fertig im Baumarkt bekommt – unsichtbar verschraubt wurde. Wenn die Setzstufe nicht ausreichend eben und/oder tragfähig für eine Verklebung des Laminats oder Parketts ist, helfen gerade ausgerichtete, verschraubte Sperrholzplatten (s. Bilder 1 und 3). Die äußeren Kanten lassen sich später mit einer Winkelleiste überdecken.

3 *Die Stellstufe wird – wie im 1. Beispiel – mit aufgeklebten Laminat-Paßstücken ausgebildet*

Alternative 2: Treppen-Profile

In vielen Fällen können Sie Trittkanten und Treppenprofile ›von der Stange‹ einsetzen

Alternative 2 für gerade Trittkanten sind die links abgebildeten Metall-Schienen. Es gibt sie in unterschiedlichen Höhen – für Laminat-, Parkett-, Teppich- oder PVC-Treppenbeläge. Für Stufen, die nicht mitten in der Verlegefläche liegen, kommen auch die rechts daneben abgebildeten Massivholz-Elemente in Frage. Sie bieten sich allerdings eher zur Renovierung kompletter Treppen an. Bei einem Raum wie dem, den wir Ihnen hier vorstellen, hätte es Anschlußschwierigkeiten zur oberen Verlegfläche hin gegeben.

Diese Trittkanten-Schienen aus Aluminium gibt es – inklusive der vorderen Holzblenden – nicht nur für Laminat und Parkett, sondern auch für PVC und Teppichboden

Bei diesen Elementen handelt es sich um ein Treppen-Renovierungssystem. Es ist massiv in jeder gewünschten Holzart und als Laminat erhältlich

Massivparkett verkleben

Vollflächiges Verkleben mit dem Untergrund ist die klassische Art des Parkettlegens. Eine Technik, die dem Profi vorbehalten war – bevor es Klebeparkett auch fertig oberflächenbehandelt und in heimwerkergerechter Ausführung gab. Die Massivholz-Elemente sind mit Stärken ab 8 mm vergleichsweise dünn und haben deshalb dort Vorteile, wo die Aufbauhöhe begrenzt ist. Auch bei Fußbodenheizung geben viele Fachleute dem Klebeparkett den Vorzug gegenüber einem schwimmend verlegten Holzboden. Voraussetzung ist aber in jedem Fall ein absolut ebener, trockener und haftfähiger Untergrund, gleich, ob es sich um einen Zementestrich oder einen Spanplatten-Unterboden handelt.

Der Kleber muß auf den Untergrund abgestimmt sein. Richten Sie sich nach den Empfehlungen des Parkett-Herstellers. Auch ein verklebter Massivholzboden muß mit Abstand zur Wand verlegt werden, damit er sich nach Aufnahme der Kleberfeuchtigkeit ausdehnen kann, ohne zu wölben. Ganz wichtig: Klebeparkett keinesfalls zusätzlich an Nut und Feder verleimen.

Die klassische Art des Parkettlegens: das vollflächige Verkleben. Die nur etwa 8 mm dünnen Massivholz-Elemente dürfen nicht an Nut und Feder verleimt werden

1 Der Parkett-Kleber wird abschnittsweise aufgezahnt. Durch die vorgeschriebene Zahngröße ergibt sich die ...

2 ... Auftragsstärke automatisch. Element ins Kleberbett drücken und in die Nut- und Feder-Verbindung schieben

Abschlüsse und Übergänge

Dielenböden können noch so präzise verlegt sein – ohne den passenden ‚Rahmen' wirken sie nur halbfertig. Die rundum verlaufenden Fugen müssen abschließend mit geeigneten Mitteln und Maßnahmen kaschiert werden. Entlang der Wände bieten sich natürlich Sockelleisten an. Viele Hersteller führen sie passend zum Bodenbelag in ihrem Lieferprogramm. Sie werden entweder direkt in der Wand verschraubt oder unsichtbar durch Clips befestigt. Die seit kurzem in Baumärkten erhältlichen dauerelastischen Parkettfugenmassen in Holztönen eignen sich hervorragend zum Ausspritzen der Fugen an Heizkörperbefestigungen, runden Aussparungen oder um Türzargen herum. Zum Überdecken von Dehnungsfugen, z. B. in Türöffnungen oder in der Fläche, zur Niveau-Anpassung an andere Beläge oder als Randabschluß gibt es eine große Auswahl an Metallschienen, die gut aussehen und gleichzeitig die nötige Trittsicherheit gewährleisten.

Sockelleisten werden über Clips oder direkt in der Wand verdübelt. Im zweiten Fall die Sockelleisten vorbohren **1**

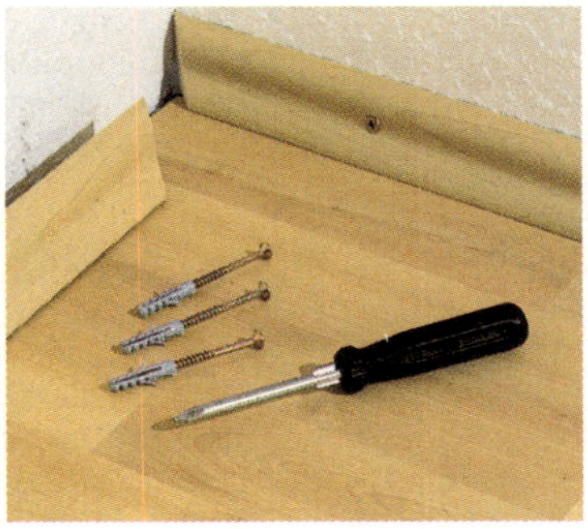

2 Wo keine Sockelleisten verlegt werden können, bietet sich dauerelastische Parkett-Fugenmasse im Holzton an

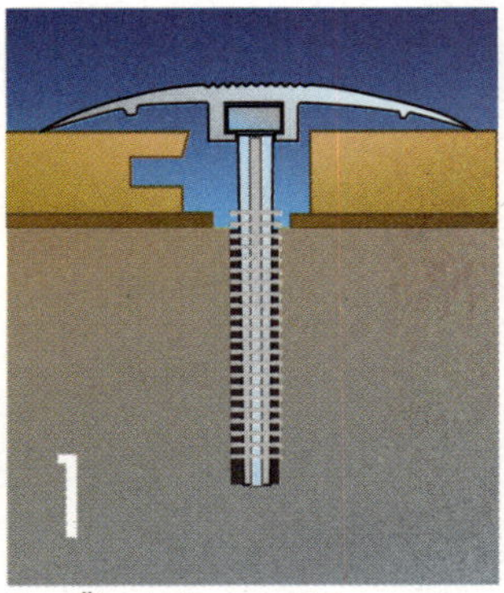

*Zum Überdecken von Dehnungsfugen (**1**), zur Niveau-Anpassung an benachbarte Beläge (**2**) oder als ...*

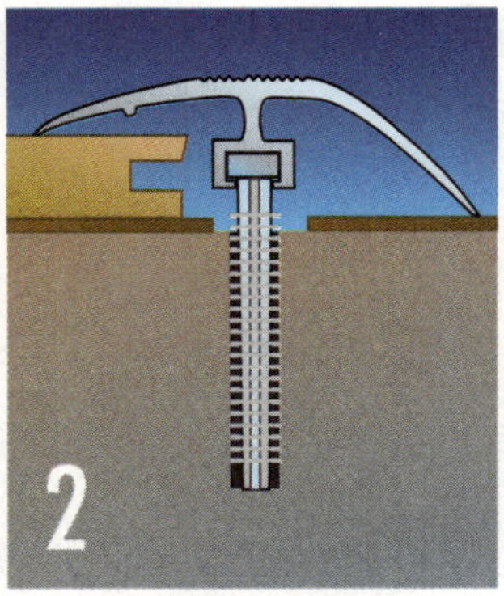

*... Randabschluß (**3**) bieten sich verschiedene Spezialschienen aus Metall an, die es in mehreren ...*

... metallischen Farbtönen gibt. Man schlägt sie mit Hammer und Zulage einfach in vorgebohrte Löcher ein

Schäden programmiert?

Zwei ehemals glatte Holzböden probten im letzten Winter plötzlich den ›Aufstand‹. Wir beauftragten einen Experten, der Sache auf den Grund zu gehen

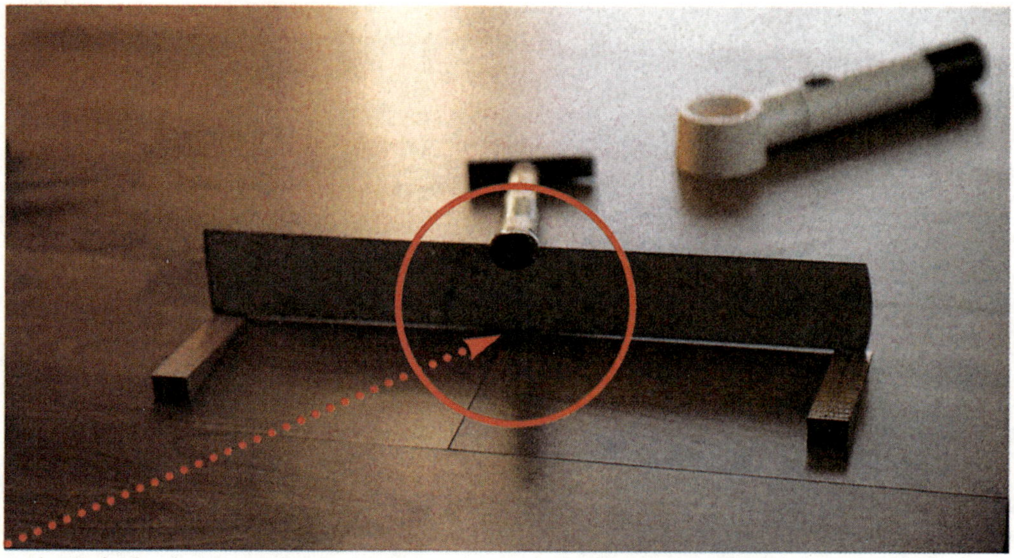

An den Kopfstößen der Laminat-Elemente konstatierte der Gutachter Schüsselungen von 0,5 bis 0,7 mm – mehr als das Doppelte dessen, was nach den allgemein anerkannten Regeln der Technik als materialspezifisch unvermeidbar gilt

Daß unser Gutachter in seiner Praxis bereits weitaus schlimmere Schadensbilder gesehen hatte, stimmte die betroffenen Bewohner auch nicht froher. Beide hatten im letzten Jahr über ihrem Heizestrich einen hochwertigen Holzfußboden verlegt: einen Laminat- und einen Parkettboden (jeweils ca. 80 DM/m²). Die Freude währte nicht lange: Im letzten, strengen Winter zeigten die Dielen vor allem im Gegenlicht deutliche konkave Wölbungen („Schüsselungen"), teilweise strebten die Fugen leicht auseinander. Was war passiert? Das vorgeschriebene Aufheizprotokoll des Estrichs vor und nach der Verlegung war genau eingehalten worden – und nun dies. Helmut Becker, Sachverständiger beim Institut für Fußbodenbau in Koblenz, kommt in seinem Gutachten zu einem eindeutigen Ergebnis: ein Schwinden des Holzes durch Abnahme seiner Eigenfeuchtigkeit. „Auslösefaktor ist das ungünstige Raumklima, insbesondere die gemessenen relativen Luftfeuchtigkeiten von weniger als 35%". Erforderlich wären 50 bis 65%. Das empfehlen auch einige – aber längst nicht alle – Hersteller in ihren Verlegeanleitungen. In keinem der uns vorliegenden Beipackzettel fanden wir aber den Hinweis, daß im Winter in normal beheizten Räumen relative Luftfeuchtigkeiten von 50 bis 65 % nur mit einem Befeuchtungsgerät auf Verdunstungsbasis zur erreichen sind. Dieses Wissen kann man beim Kunden nicht voraussetzen. Wir meinen: Hier tut Verbraucher-Aufklärung not. Ein Hersteller, der seinen Holzboden als fußbodenheizungstauglich zum Selbstverlegen verkauft, muß seine Kunden auch darüber informieren, daß die Qualität des verarbeiteten Produkts ohne die Zusatzinvestition in ein Befeuchtungsgerät nicht dauerhaft gewährleistet ist. Einen Trost allerdings hielt Helmut Becker für unsere Geschädigten bereit: „Erfahrungsgemäß gehen die Schüsselungen im Sommer etwa um 50% zurück." Das ist aber leider nur die Hälfte.

Helmut Becker mißt die relative Luftfeuchte des Raumes (rechts) und prüft die Breite der Fugen zwischen den Laminat-Elementen. Der öffentlich bestellte und vereidigte Berufssachverständige für Parkett, Estrich und Bodenbeläge ist Mitarbeiter des Instituts für Fußbodenbau Siegfried Heuer in Koblenz

Tips, die Sie beachten sollten

Wie kann man Schäden an Holzböden auf Heizestrichen weitestgehend vermeiden? Gutachter Helmut Becker weist auf die Punkte hin, die Sie beachten sollten:

- Die erforderliche relative Luftfeuchtigkeit ist im Winter nur mit einem Befeuchtungsgerät auf Verdunstungsbasis zu erreichen. (Anm. d. Red.: Verdunstungsgeräte, wie unten abgebildet, gibt es ab ca. 260 Mark)
- Gewährleisten Sie mit einem Maximal-Begrenzer an der Heizung, daß die Oberfläche des Bodens nicht wärmer als 25-27 °C wird.
- Auf Heizestrichen möglichst einen Holzbelag wählen, der vollflächig verklebt werden kann.
- Die ideale Raumtemperatur beträgt 18 bis 22 °C.
- keine Teppiche: Sie erhöhen die Oberflächentemperatur und fördern die Fugenbildung.
- Beachten Sie die Aufheizempfehlung des Fußbodenherstellers vor und nach der Verlegung.

Verlegeplatten aus Massivholz

Für den besonders rationellen Innenausbau gibt es jetzt ein neues Material, das die Vorzüge großformatiger Spanplatten mit den Eigenschaften echten Massivholzes verbindet. Die sogenannten Drei-Schicht-Verlegeplatten werden im Format 250 x 50 cm angeboten und besitzen ein umlaufendes Nut- und Feder-Profil. Sie sind für Wandverkleidungen und als Bodenbelag geeignet. Drei Holzarten stehen zur Auswahl: Fichte, Kiefer und kräftig gemaserte Lärche.
Auf Holzbalken nagelt oder schraubt man die freitragenden Platten verdeckt durch die Feder. Auf glatten Untergründen ist eine schwimmende Verlegung möglich.

Drei kreuzverleimte Massivholzschichten verleihen dem Material absolute Formstabilität. Für die Wandbekleidung gibt's die 19 bzw. 22 mm dicken Platten auch mit gefaster Kante

1 *Die aus drei Schichten verleimten Platten lassen sich schwimmend verlegen. Wie bei Fertigparkett wird wasserfester Leim in die Nut gegeben*

2 *Beim Zusammentreiben der Platten eine Zulage benutzen. Für die Oberflächenbehandlung können Sie Öle, Wachse, Lasuren oder Lack einsetzen*

1
2
3
4
5
6
7
8
9
10
11
12
13
14
15
16

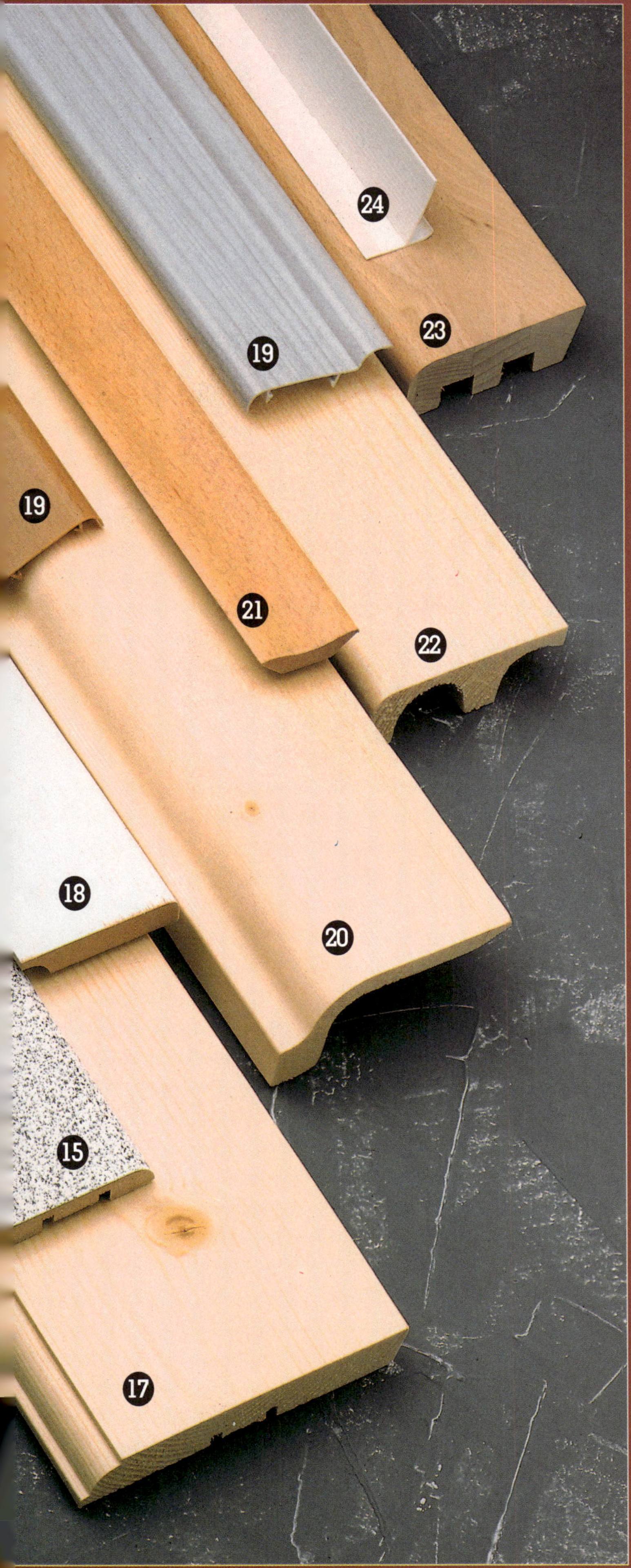

Fußleisten

Fuß-, Parkett- und Sockelleisten sind ausgesprochene Lückenfüller: Vor allem Holzböden arbeiten auch nach dem Verlegen und benötigen dafür eine Dehnungsfuge. Den entstehenden Spalt kaschieren diese Leisten. Viele eignen sich außerdem zur Aufnahme von Kabeln und Rohren. Schauen Sie doch mal rein!

1 *Lackierte Kiefern- bzw. Fichtenholz-Fußleiste mit rückseitigen Nuten für Befestigungen (Brügmann)*

2 *Profilleiste aus Furnier auf MDF – vorrätig sind u. a. die Furniere Eiche, Buche, Mahagoni (Kosche)*

3 *Parkett-Sockelleiste aus Massivholz mit Edelholzfurnier; z. B. Mahagoni, Esche, Ahorn (Döllken)*

4 *Sockelleiste mit Karnies (Kombination von Stab und Hohlkehle) aus Fichtenholz (Brügmann)*

5 *Vollholz-Parkettleiste; erhältlich u. a. Versionen aus Ahorn, Eiche, Erle, Esche, Ramin (Brügmann)*

6 *Parkett-Sockelleiste aus Fichtenholz mit Edelholzfurnier; 40 mm hoch und 22 mm dick (Brügmann)*

7 *Diese Steckfußleiste aus furnierummanteltem MDF wird – rückseitig – unsichtbar befestigt (Kosche)*

8 *Die Sockelleiste aus MDF mit Kork-Furnier ist der passende Rahmen für Kork-Parkett (Kosche)*

9 *Winkelleiste aus Limba mit Kiefer-Furnier; zur Abdeckung bei Paneelwänden u. ä. (Döllken)*

10 *Profilabschlußleisten aus Massivholz können nach Wunsch mit Lack o. ä. veredelt werden (Kosche)*

11 *Diese PVC-Sockelleiste besteht aus dem aufsteckbaren Deckprofil und ...*

12 *... dem in ebenso vielen Farben erhältlichen Trägerprofil (Döllken)*

13 *Einfache Fußleiste aus Tannenholz (hier mit Eichenfurnier): 13 mm dick, 60 mm hoch (Osmo)*

14 *Diese Holzleiste im Großvater-Stil (115 mm hoch, 19 mm stark) bietet sogar Raum für Kabel (Kosche)*

15 *MDF-Fußleiste mit Nuten zur Clip-Befestigung, von Dekorfolie (Graphit bzw. Granit) ummantelt (Osmo)*

16 *Folienumwickelte Steck-Sockelleiste aus MDF mit zweifarbigem Dekor fürs edle Ambiente (Kosche)*

17 *Rustikale Fußleiste aus astigem Fichtenholz, zur Montage mit Clips rückseitig profiliert (Osmo)*

18 *Fußleiste aus MDF mit bedrucktem, porig strukturiertem Kunststoffmantel in Holz-Optik (Kosche)*

19 *Farbige PVC-Klemmsockelleisten werden auf Clips fixiert und besitzen eine Kabelklemme (Döllken)*

20 *Die Rohrverkleidungsleiste kann starke Kabelstränge oder auch Heizungsrohre aufnehmen (Osmo)*

21 *Parkettleiste aus furniertem MDF (z. B. Eiche oder Kirschbaum); 10 mm hoch und 32 mm stark (Kosche)*

22 *In dieser Rohrverkleidungsleiste finden zwei bis zu 28 mm dicke Rohre separat Platz (Osmo)*

23 *Installationsleiste aus Buchenholz mit zwei rückseitigen Nuten (Lüghausen)*

24 *Renovierungs-Sockelleiste mit Selbstklebeband für Teppichstreifen (Döllken)*

Kapitel 10

Holzspielzeug

Spielzeug aus Kunststoff verliert – nach anfänglichem Boom – zunehmend an Bedeutung. Gefragt ist wieder ein natürliches Material: Holz! Wir bieten Ihnen in elf Themen eine Mischung an, die vom Tischspiel bis zum Gartenschiff reicht

INHALT

Für unsere Kleinen:

Kaufladen und Herd

Ein attraktives Kindermöbel für zwei Spielvarianten: Vorne wird eingekauft, hinten am Herd gebrutzelt

Über der Herdplatte eingeleimte Dübel dienen als Aufhänger für Topflappen und allerlei Küchengeräte

Spielsachen, mit denen die eigene Phantasie gefördert wird, haben bei Kindern auch – oder gerade – im Zeitalter der Elektronik Hochkonjunktur. Am meisten Spaß macht es eben immer noch, sich in Rollenspielen die Welt der Erwachsenen zu erobern. Der klassische Kaufmannsladen und die Kinderküche stellen daher Spielmöbel dar, mit denen Sie Ihren Kleinen die größte Freude bereiten können.

Da es in den meisten Kinderzimmern an Stellfläche mangelt, haben wir ein Funktionsmöbel konstruiert, das beide Spielvarianten platzsparend miteinander vereinigt. Sein Herzstück bilden zwei mit Klavierbändern an eine Mittelwand angeschlagene Regalkästen, die sich zu einem kompakten Schrank von etwa 40 x 40 cm Grundfläche zusammenklappen lassen. An der Rückseite dieser Mittelwand steht der Herd unserer Kinderküche.

Das vielseitige Spielmöbel besteht aus Leimholz- und Sperrholzplatten, die Sie nach den Maßen des Einkaufszettels entweder selbst zuschneiden oder sich vom Zuschnitt-Service Ihres Baumarkts oder Holzfachhändlers vorbereiten lassen. Der Zusammenbau bereitet auch weniger geübten Heimwerkern keine Probleme, denn die meisten Eckverbindungen werden nur stumpf verleimt. Alle Einzelheiten entnehmen Sie der Zeichnung auf Seite 225.

1 *Der Herdkorpus wird zusammengeleimt. 6-mm-Holzdübel verstärken die Verbindungen zwischen den Leimholzplatten*

2 *Die Herdklappe zunächst stumpf zusammensetzen. Dann den Rahmen durch eingeleimte Dübel verstärken. Überstände absägen*

3 *Auf die Innenseite der Herdklappe kleben Sie eine Acrylglasscheibe. Als zusätzliche Sicherung kleine Holzschrauben eindrehen*

4 *Die beiden hohen Regalkästen des Kaufladens können stumpf zusammengefügt werden. Feine Senkstifte stabilisieren dabei die Leimverbindungen*

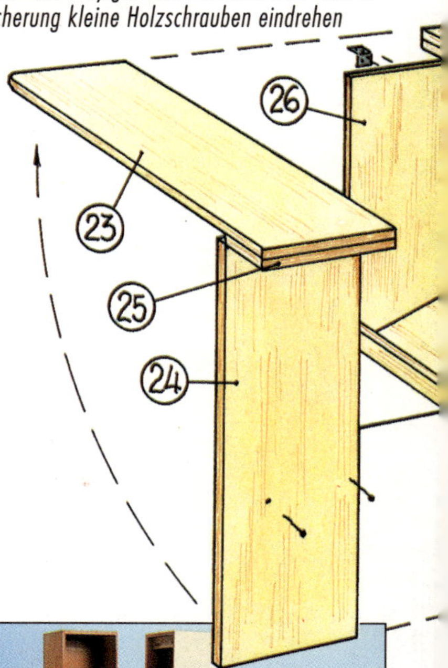

5 *Die Nagelköpfe treiben Sie mit einem Senker ins Holz. Dann die Löcher mit Holzkitt spachteln und die Flächen schleifen*

6 *Die abgerundete Oberkante der Rückwand sowie der Ausschnitt für den Herdkorpus lassen sich mit der Stichsäge sauber herstellen*

7 *Umweltschonender wasserverdünnbarer Acryl-Seidenglanzlack in freundlichen Tönen schützt die geschliffenen Holzoberflächen*

Die Herdrückseite dient als Regal des Kaufladens

Beginnen Sie am besten mit der Montage des Herds. Zwischen seine beiden Seitenwände werden die Kopf- und Bodenplatte geleimt. Um hier für ausreichende Stabilität der Verbindungen zu sorgen, sollten Sie an den langen Kanten je drei und an den kurzen je zwei 6 mm dicke Holzdübel als Verstärkung einsetzen. Die Zwischenwand und die zwei Böden des Herds im gleichen Arbeitsgang zwischen die Seitenteile leimen (Foto 1). Der vordere Boden dient später als Backblech, der hintere als Regalboden für den aufgeklappten Kaufladen. Die Sperrholzteile, aus denen der Rollkasten unter dem Herd besteht, werden ganz einfach stumpf miteinander verleimt. Fixieren Sie die Verbindungen mit ein paar dünnen Leistenstiften.

Nun verleimen Sie die Herdklappe (von innen eine Acrylglasscheibe aufkleben) und setzen die Herdplatte mit den runden Kochfeldern auf den Korpus. Die vorn angeleimte Blende wird mit fünf Schaltern bestückt, die Sie aus halben Holzkugeln und Dübelstangen herstellen. Oberhalb der Kochfläche kommt ein Ablagebord an die Rückwand des Kaufladens.

Nun geht es mit den beiden Regalkästen des Kaufladens weiter. Die vorbereiteten Sperrholzplatten stumpf verleimen und mit feinen Stiften zusätzlich fixieren. Die Nagelköpfe anschließend versenken und die entstandenen Löcher mit Holzkitt ausspachteln. In gleicher Weise entsteht das quer zwischen den hohen Kästen eingesetzte Regal-Element.

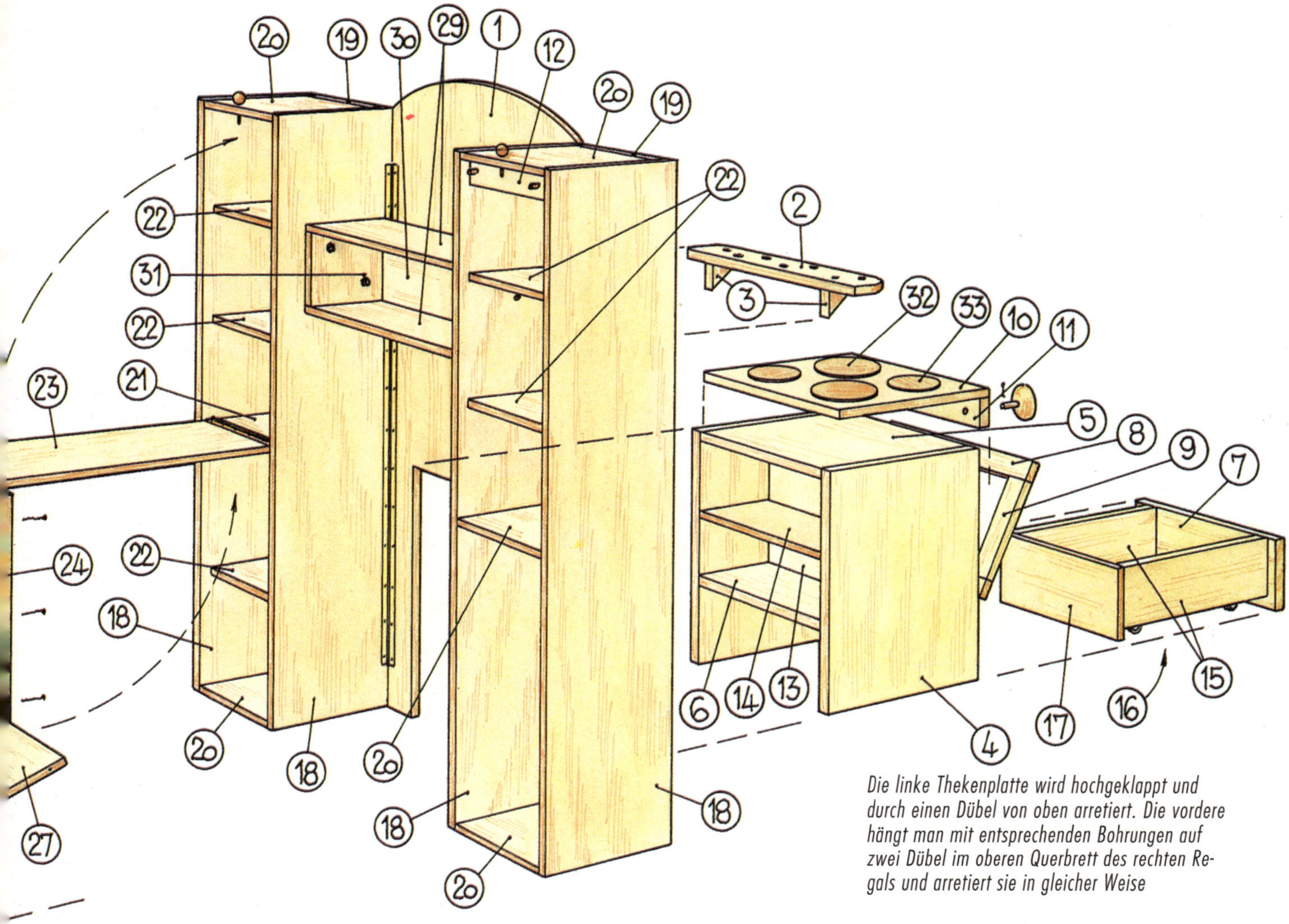

Die linke Thekenplatte wird hochgeklappt und durch einen Dübel von oben arretiert. Die vordere hängt man mit entsprechenden Bohrungen auf zwei Dübel im oberen Querbrett des rechten Regals und arretiert sie in gleicher Weise

EINKAUFSZETTEL

Pos.	Anz.	Bezeichnung	Maße in mm	Material
①	1	Rückwand	1180 x 400	Fichte-Leimholz 18 mm dick
②	1	Ablagebord	380 x 80	
③	2	Rippen	70 x 70	
④	2	Seitenwände	481 x 300	
⑤	1	Kopfplatte	300 x 284	
⑥	1	Bodenplatte	300 x 284	
⑦	1	Frontblende	320 x 150	
⑧	2	Rahmenbretter	320 x 30	
⑨	2	Rahmenbretter	185 x 30	
⑩	1	Herdplatte	320 x 300	MDF 19 mm dick
⑪	1	Plattenblende	320 x 53	
⑫	1	Querbrett	180 x 40	
⑬	1	Zwischenwand	285 x 284	Sperrholz 10 mm dick
⑭	2	Böden	284 x 140	
⑮	2	Seitenteile	290 x 129	
⑯	1	Bodenplatte	290 x 260	
⑰	1	Rückwand	280 x 150	

Pos.	Anz.	Bezeichnung	Maße in mm	Material
⑱	4	Seitenwände	1100 x 200	Sperrholz 10 mm dick
⑲	2	Rückwände	1100 x 180	
⑳	5	feste Böden	180 x 190	
㉑	1	Anschlagboden	180 x 160	
㉒	5	Einlegeböden	178 x 150	
㉓	2	Thekenplatten	582 x 175	
㉔	2	Stützplatten	483 x 175	
㉕	2	Anschlagplatten	95 x 175	
㉖	1	Verbindungsplatte	493 x 250	
㉗	1	Bodenplatte	400 x 120	
㉘	1	Plattenblende	400 x 60	
㉙	2	Bodenplatten	400 x 150	
㉚	1	Rückwand	380 x 130	
㉛	2	Seitenteile	400 x 130	
㉜	2	Kochplatten	80 ∅	
㉝	2	Kochplatten	110 ∅	

3 Holzkugeln (halbiert) ∅ 40 mm mit 8-mm-Dübelstangen und Splinten (Herdknöpfe); 1 Klavierband, geöffnet 20 mm, 282 mm lang; 1 Kette; 1 Magnetschnäpper (alle für Herdklappe); 4 starre Kastenrollen, Bauhöhe 28 mm (Herd-Rollkasten); 2 Möbelgriffe; 1 Acrylglasscheibe, 2 mm dick, 276 x 227 mm (Backofen); 2 Holzkugeln ∅ 20 mm mit 6-mm-Dübelstangen (Arretierung der Thekenplatten); Klavierband, geöffnet 20 mm: 2x 1000 mm lang (Verbindung Regale/Rückwand), 2x 175 mm lang (Fixierung Stützplatten); 1 Klavierband, geöffnet 32 mm, 175 mm lang mit Senkkopf-Gewindeschrauben M3 x 16 mm (Anschlag Thekenplatte); 1 Stuhlwinkel (Fixierung Theken- und Verbindungsplatte); 4 Senkkopf-Gewindeschrauben M4 x 25 mit Hutmuttern (Befestigung Verbindungsregal); Spanplatten-Schrauben; 3 Metallbügel für die Herd-Rückwand; Holzdübel (Herd-Rückwand und Querbrett); Holzleim.

Materialkosten rund 210 Mark.

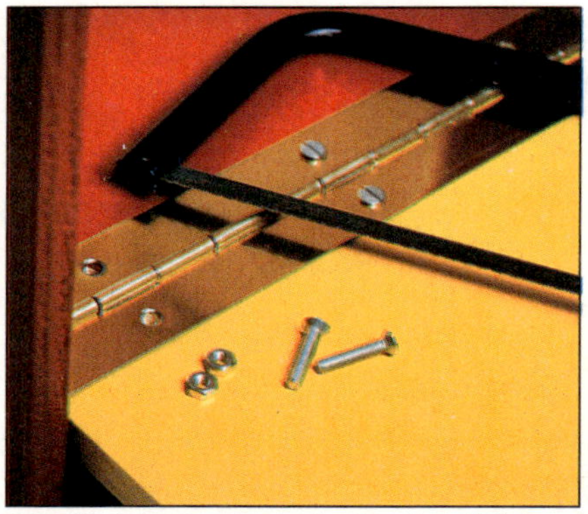

8 *Da Holzschrauben in den Regal- und Thekenplatten zu wenig Halt finden, sollte man die Scharniere mit Gewindeschrauben befestigen*

9 *Hier das Anschlagen der Regalkästen an die Rückwand. Ein Bohrschrauber erleichtert das Eindrehen der vielen Spanplattenschrauben*

10 *Sind die Thekenplatten eingehängt und durch die mit Knöpfen versehenen Dübel arretiert, klappen Sie die Regale gegen die Rückwand*

11 *So präsentiert sich die „Küchenseite" mit Herd, Rückwand und Ablagebord, wenn das Spielmöbel einmal nicht benutzt wird*

Zusammengeklappt benötigt unser Spielmöbel nur wenig Stellfläche

Zum Aufhängen werden Gewindeschrauben mit Hutmuttern durch die Seitenwände gesteckt, so daß man das Element vor dem Zusammenklappen des Kaufladens herausnehmen kann.
Nun fehlen noch die beiden Verkaufstheken. Sie besitzen zwei fest angeleimte Anschlagplatten und abklappbare Stützplatten. Die erste Theke wird mit Klavierband an einen Einlegeboden des linken Regals angeschlagen. Vorn ruht sie im ausgeklappten Zustand auf der Stützplatte sowie einer oben ausgeklinkten Verbindungsplatte. Auf dieser Verbindungsplatte liegt auch eine Seite der zweiten Theke auf. Als aussteifendes Querelement dient ein V-förmiges Ablagefach. □

Körbchen auf Rollen

Hier wird ein kuscheliger Teddybär zur Spazierfahrt eingeladen

Aus einem handelsüblichen Henkelkorb wird im Handumdrehen ein Zweiradwägelchen für Puppen, Teddys oder Blumen. Zuerst müssen Sie den Korb mit einer Sprühgrundierung und -farbe versehen. Dann die Achse (Dachlatte) mit den Bohrungen für die Schloßschrauben versehen. Den Besenstiel am unteren Ende in der Breite der Achse halbieren, die Schraubenlöcher zur Befestigung und für Griff und Stütze fertigen. Bevor Sie alles montieren, die Holzteile noch streichen.

Die Einzelteile zum Bau des Zweiradwägelchens auf einen Blick

Material:
1 Henkelkorb, ∅ ca. 200 mm; 1 Dachlatte (Achse), ca. 200 mm lang; 1 Besenstiel (Deichsel), 600 mm lang; 1 Rundstab, 150 mm lang, ∅ 6 mm; 1 Rundstab, 100 mm lang, ∅ 6 mm; 2 Schloßschrauben, 60 mm lang mit 2 Flügelmuttern; 2 Unterlegscheiben; 2 Speichenräder (vom alten Puppenwagen) ∅ 120-150 mm; Spanplatten-Schrauben, 30 und 60 mm lang.

Werkzeug:
Stichsäge; Bohrer

Materialkosten:
rund 25 Mark

Zum Spielen und Transportieren

Praktisches Gefährt

Wenn der »Fuhrpark« Ihres Nachwuchses erweitert werden soll, dann ist ein einfacher Handwagen wie dieser genau das Richtige

Sie haben die Wahl: Den Wagen können Sie bunt streichen oder nur mit Klarlack behandeln – in beiden Fällen aber sollten Sie wetterfeste Produkte verwenden

Die Einsatzmöglichkeiten unseres Ziehwägelchens sind sehr vielfältig. Ob beim Spielen im Sandkasten, zum Transport von allerlei Krimskrams oder auch zur Spazierfahrt mit Puppenkindern und Teddys – Kindern fällt dazu immer wieder etwas Neues ein.

Der kleine Spielwagen läßt sich ganz leicht nachbauen. Wenn Sie alle Einzelteile nach unseren Maßen zugeschnitten haben, geht es schon ans Zusammenbauen. Zuerst muß man Seiten- und Stirnbretter stumpf miteinander verleimen. Dieser Kasten und die Bodenplatte (innenliegend) werden anschließend mit Leim und Spanplatten-Schrauben verbunden. Der nächste Schritt ist das Anbringen der beiden Achslager unterhalb des Wagenkastens.

Deichsel und -lager werden mit dem 40-x-40-cm-Scharnier verbunden und unter dem Wagenkasten festgeschraubt. Nun muß man noch die Griffstange in Deichselbreite ausschneiden und befestigen. Zum Schluß die gummibereiften Holzräder (in Baumärkten erhältlich) mit den Scheiben an den Achslagern befestigen. □

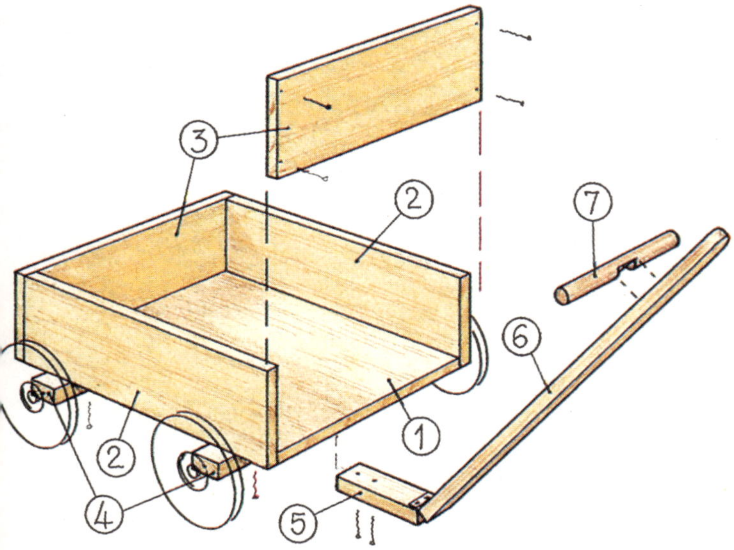

Alle Spanplatten-Schrauben versenken, damit keine Verletzungsgefahr besteht

EINKAUFSZETTEL

Pos.	Anz.	Bezeichnung	Maße in mm	Material
①	1	Bodenplatte	350 x 270	Kiefer massiv
②	2	Seitenbretter	350 x 110	12 mm dick
③	2	Stirnbretter	294 x 110	
④	2	Achslager	330 lang	Kiefer 40 x 20 mm
⑤	1	Deichsellager	120 lang	
⑥	1	Deichsel	500 lang	
⑦	1	Griffstange	200 lang	Kiefer ∅ 22 mm

4 gummibereifte Holzräder, ∅ 100 mm; 8 Scheiben (Radlagerung); 1 Scharnier, 40 x 40 mm (geöffnet); Spanplatten-Schrauben; wasserfester Holzleim.

Materialkosten rund 35 Mark

Schaukelpferd: Flottes Gespann

Doppelt hält besser

Lachen Sie nicht, aber bis Weihnachten sind es nur noch ein paar Monate. Warum uns das gerade jetzt einfällt? Nun, wir glauben, daß dieses ungewöhnliche Schaukelpferd auf dem Wunschzettel Ihrer Sprößlinge ganz oben stehen wird, sobald Sie Ihnen diese Bilder gezeigt haben

Versuchen Sie gar nicht erst, diese Geschichte vor Ihren Kindern zu verheimlichen. Das geht daneben. Irgendwann, irgendwie kommen sie doch dahinter: Der beste Freund Ihres Sohnes findet das Schaukelpferd unter dem Weihnachtsbaum, die Freundin Ihrer Tochter zeigt stolz ihr traumhaftes Geschenk. Gräßliche Vorstellung! Beugen Sie dem lieber vor. Machen Sie sich lieber gleich an die Arbeit. Fertigen Sie sich – unter Berücksichtigung der Fotos auf diesen Seiten, der Zeichnung (Seite 232), dem Einkaufszettel und natürlich mit Hilfe Ihrer Phantasie – möglichst originalgroße Skizzen aller Teile an. Diese Konturen übertragen Sie dann entsprechend auf die diversen Leimholzbretter und schneiden sie mit einer Stichsäge (evtl. Kurvenblatt eingespannt) aus.

Vor dem endgültigen Zusammenbau sind natürlich etliche Vorarbeiten notwendig. Einige davon haben wir in dem Kasten auf Seite 233 separat beschrieben. Grundsätzlich gilt für alle Teile, die zweifach und deckungsgleich herzustellen sind, daß sie in einem Arbeitsgang zugeschnitten werden sollten. Das reduziert einmal den nötigen Zeitaufwand und gewährleistet zum anderen eine optisch gelungene Ausgewogenheit.

Nach einer langen, lustigen Fotosession hat sich der kleine Malcolm den Feierabend redlich verdient

Alle Teile des Schaukelpferds (außer der Griffstange) bestehen aus 28 mm dickem Fichte-Leimholz. Wichtigstes Werkzeug: Stichsäge mit eingespanntem Kurvenblatt

Das Glück dieser Erde liegt wohl tatsächlich auf dem Rücken der Pferde. Das jedenfalls dachten wir, als Malcolm gleich mit einem rasanten Schaukelgalopp loslegte

1 *Nachdem die obere Kontur der Kufe nach Ihrem Entwurf zugeschnitten ist, markiert man mit einem Streichmaß die exakt parallel verlaufende untere Kufen-Silhouette*

2 *Durch das Übereinanderspannen beider Kufenhölzer haben Sie die Möglichkeit, diese Teile zeitsparend und genau symmetrisch in einem Arbeitsgang zuzuschneiden. Führen Sie die Stichsäge mit wenig Vorschub*

3 *Den buchstäblich letzten Schliff der Sägekanten erreichen Sie am besten mit einer stationären Schleifwalze. Führen Sie bei dieser Feinbehandlung die Werkstücke mit nur leichtem Anpreßdruck*

4 *Die Dübelverbindungen zwischen den Kufen und den Querverbindern müssen exakt passen, weil sonst die Schrägen an den acht Beinen nicht mit den Verbindern übereinstimmen*

Streichmaß und Dübelspitzen für die Präzision

Wichtig bei dieser Arbeitsweise ist sowohl das sichere Übereinanderspannen beider Werkstücke als auch das ruhige Führen der Stichsäge mit geringem Vorschub. So verhindern Sie weitestgehend, daß das Stichsägeblatt im unteren Bereich ‚wegläuft', zumal Sie mit einem Kurvenblatt arbeiten sollten. Falls Sie eine Pendelhub-Stichsäge für das Zuschneiden benutzen, verzichten Sie zumindest in den engen Kurven lieber auf den Pendelhub. Der Schnittverlauf ist sonst nicht mehr zufriedenstellend zu kontrollieren. Für lange Schweifungen mit großen Radien bringt das Pendeln jedoch Vorteile.

Sie haben einiges zu tragen: Die Kufen und die Querverbinder bilden die Grundlage für den Aufbau aller übrigen Teile

Die Montage

1 *Die Sitzplatte, deren obere Fläche wir der Kontur der beiden Korpusteile in diesem Bereich angepaßt haben, wird über eingeleimte Dübel stabil mit den Korpusteilen verbunden*

2 *Die beiden Korpusteile (hier ‚auf den Kopf' gestellt) werden zum einen durch die Sitzplatte und zum anderen durch das Fußbrett flächen-parallel stabilisiert*

Alle Außenkanten haben wir stark abgerundet

Sind doch einmal – unbeabsichtigt – Einschnitte in das Material geraten, können Sie immer noch versuchen, das Mißgeschick durch Schleifen zu kaschieren. Das funktioniert aber nur in begrenztem Umfang, ohne den optischen Eindruck zu beeinflussen.
Um jeglicher Verletzungsgefahr vorzubeugen, raten wir Ihnen, die Außenkanten aller Teile deutlich zu entschärfen. Am saubersten gelingt dies mit einer Oberfräse und eingespanntem Viertelstabfräser mit Anlaufring.
Auch die Behandlung der Oberflächen verlangt besonderes Augenmerk. Der Gebrauch von lösemittelhaltigen Produkten ist indiskutabel. Schließlich müssen Sie ja damit rechnen, daß ihr Kind das Schaukelpferd auch mit seinem Mund erkundet.
Wir haben uns für eine umweltfreundliche Behandlung mit Wachs entschieden, um die natürliche Holzstruktur zu erhalten. Dabei sollten Sie so vorgehen: Zunächst werden alle zugänglichen Flächen geschliffen und der Schleifstaub sorgfältig entfernt. Dann tragen Sie eine Schicht Schnellschliff- bzw. Einlaßgrund auf. Nach dem Trocknen ist ein gründlicher Zwischenschliff mit 220er Schleifpapier fällig. Dem gewissenhaften Entstauben folgt ein Pinselauftrag mit Flüssigwachs, der nach etwa vier bis fünf Stunden völlig

3 *Der Aufbau der Vorder- und Hinterbeine erfolgt schrittweise. Sie werden, von einer Seite ausgehend, zuerst mit den Querverbindern verdübelt und dann mit den Korpusteilen vollflächig verleimt*

Die Aussparungen in der Rückenlehne sind so bemessen, daß sich das Teil exakt an alle Konturen anpaßt, mit denen es in Berührung kommt. Die vielen Leimflächen sorgen für eine hohe Stabilität

4 *Bevor die Rückenlehne montiert wird, schlagen die Minuten des Exzenterschleifers: Er glättet eventuelle Unebenheiten zwischen der Sitzplatte und den beiden Korpusteilen*

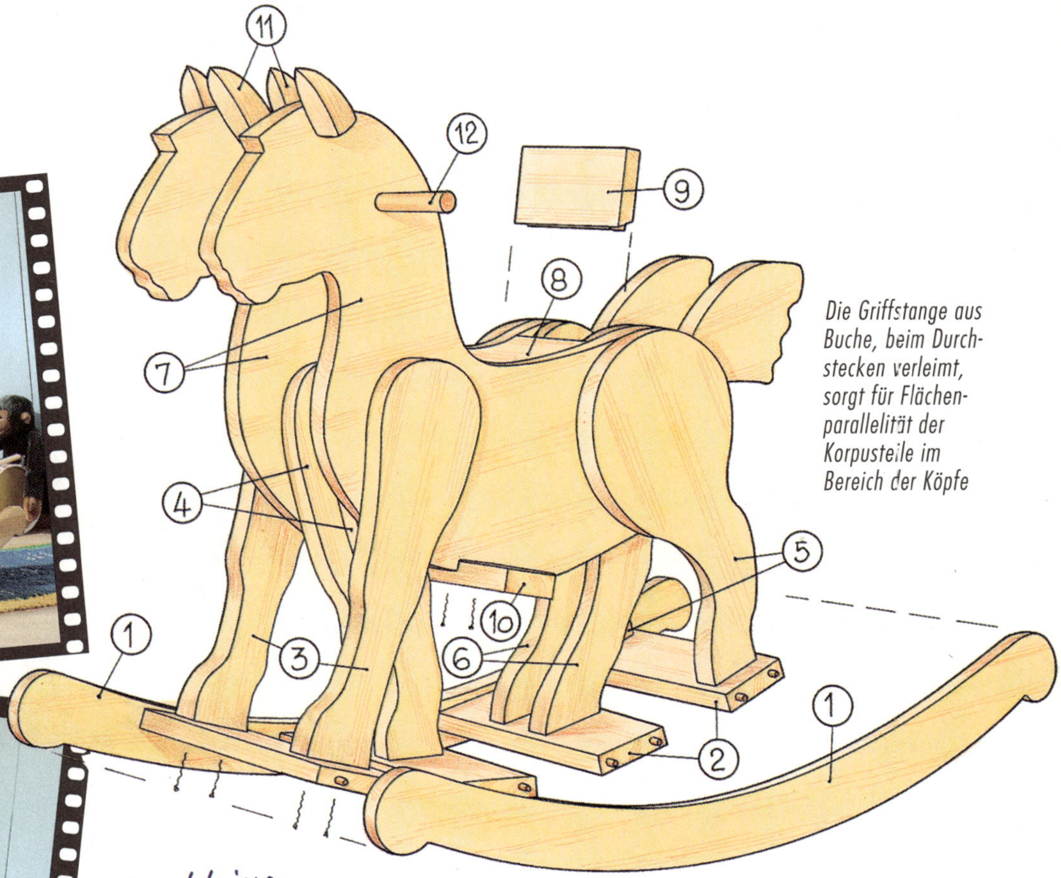

Die Griffstange aus Buche, beim Durchstecken verleimt, sorgt für Flächenparallelität der Korpusteile im Bereich der Köpfe

Eine kleine Verschnaufpause (oben) und Malcolm in Aktion

durchgetrocknet ist. Dies ist abhängig sowohl von der Dicke des Auftrags als auch von der Raumtemperatur. Das Wachs wird jetzt gebürstet (Tapezier- oder Wurzelbürste). Um einen ausreichenden Schutz der Oberfläche und darüber hinaus eine besondere Tiefenwirkung zu erzielen, sollten Sie den Wachsauftrag wiederholen und danach auch noch einmal bürsten. Wenn Sie die Oberflächen deckend in verschiedenen Farben gestalten wollen (was bei Massivholz eigentlich schade ist), achten Sie darauf, daß Sie ausschließlich speichelfeste Produkte verwenden.

Tja, und dann steht dieses Prachtexemplar von Schaukelpferd vor Ihnen. Zeit und Arbeit haben sich gelohnt. Jetzt denken Sie nur noch an die großen Kinderaugen. □

Weihnachten ist näher als man denkt

EINKAUFSZETTEL

Pos.	Anz.	Bezeichnung	Maße in mm	Material
①	2	Kufen	935 x 150	Fichte-Leimholz 28 mm dick
②	4	Querverbinder	250 x 90	
③	2	Vorderbeine	400 x 140	
④	2	Vorderbeine	410 x 140	
⑤	2	Hinterbeine	410 x 220	
⑥	2	Hinterbeine	440 x 220	
⑦	2	Korpusteile	830 x 480	
⑧	1	Sitzplatte	210 x 100	
⑨	1	Rückenlehne	156 x 100	
⑩	1	Fußbrett	300 x 60	
⑪	4	Ohren	90 x 40	
⑫	1	Griffstange	340 lang	Buche ∅20 mm

Umleimer (Trense/Geschirr); Spanplatten-Schrauben; Holzdübel ∅10 x 40 und ∅6 x 30 (Ohren); wasserfester Holzleim.

Materialkosten rund 180 Mark

Kontakte:
Holz: O. A. Lüghausen KG – 1001, Wilhelmstr. 146, 53721 Siegburg

Sitz, Beine & Korpus

Verschiedene Vorarbeiten sind erforderlich, um den Nachbau des Doppel-Schaukelpferds mit der eigentlichen Montage zum erfolgreichen Abschluß zu bringen. Wir haben die wichtigsten in den nebenstehenden Fotos festgehalten. Die Sitzplatte beispielsweise will an die Konturen der beiden Korpusteile angepaßt werden. Das geschieht mit Hobel und gebogenem, sehr scharfem Messer (A). Für das Glätten der geschweiften Sägeflächen benötigt man Schleifwalzen unterschiedlicher Durchmesser (B). Um die manchmal recht engen Konturen bewältigen zu können, ist der Einsatz eines Kurvenblattes in der Stichsäge unumgänglich (C). Die Verbindung zwischen den Ohren und einem Korpusteil wird durch je zwei Dübel unterstützt. Damit sitzen die Ohren auch beim wildesten Ritt fest genug, falls sie die Griffstange ersetzen sollten (D). Bevor der Nußbaum-Umleimer als Kopfgeschirr aufgebügelt wird, kommt ein Lötkolben mit relativ feiner Spitze zum Einsatz (E). Mit seiner Hilfe entstehen alle Linien, die das Gesicht modellieren.

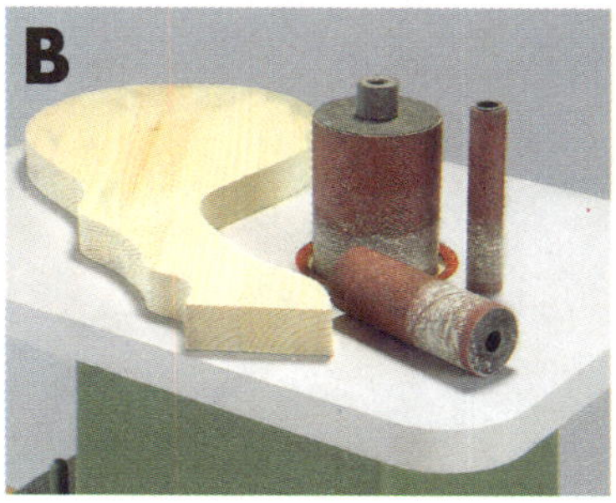

Das Kopfgeschirr unserer beiden Pferde besteht aus einem dunkleren Echtholz-Umleimer (beispielsweise Nußbaum), den man aufbügeln kann. Die Klebeverbindung ist relativ stabil und hält auch mal einem wilden Ritt stand

Umleimer

Die Verwendung von Umleimern als Verzierung (wie bei unserem Schaukelpferd) ist eher eine gelungene Zweckentfremdung. Ihre eigentliche Funktion besteht z.B. darin, Sägekanten von Holzwerkstoff-Platten (Tischler-, Spanplatten etc.) zu kaschieren. Anboten werden überwiegend Echtholz-Umleimer in verschiedenen Holzarten sowie Kunststoff-Umleimer in zahlreichen Farben und Dessins. Der weitaus größte Teil der offerierten Umleimer ist auf der Rückseite mit Schmelzkleber beschichtet.

Eine der Möglichkeiten, haftfähigen Umleimer aufzubringen: Durch das Erhitzen mit der Heißluft-Pistole verflüssigt sich der Kleber

Nach wie vor gibt es aber noch Umleimer, die – in der Regel mit Kontaktkleber – auf der Sägekante zu fixieren sind. Bei Plattendicken ab 30 mm empfiehlt sich die Verwendung solcher Produkte. Auch beispielsweise dann, wenn relativ 'dicke' Kunststoff-Umleimer zu verarbeiten sind.
Bedingt durch die Konstruktion des Werkstücks kann es auch vorkommen, daß Umleimer erst nach seiner Fertigstellung anzubringen sind. Der Einsatz von Heißluft-Gebläse oder Bügeleisen ist dann nicht mehr ratsam. Auch hier sind Umleimer, die Kontakt-Kleber benötigen, vorzuziehen.
Umleimer mit T-Profil werden mittlerweile nahezu ausschließlich in der Möbel-Industrie eingesetzt. Dabei erhält die Sägekante der Platte mittig eine Längsnut, in die der Steg des T-Profils gepreßt, geleimt oder geklebt wird. Verglichen mit Schmelzkleber-Umleimern sind diese Produkte wesentlich dicker und damit auch stabiler und widerstandsfähiger.

Schönes Holzspielzeug

SCHNELL wie die Feuerwehr

Auf solidem Fahrwerk ist dieser Feuerwehrwagen flugs zur Stelle – und die ausziehbare Leiter hilft bei der Rettung aus dem Dachstuhl der Puppenstube

Hier kommt das lang ersehnte Dienstfahrzeug für die Feuerwehr-Spielfiguren ins Kinderzimmer: Groß genug, um sie an den Ort kleiner und großer Katastrophen zu bringen, und mit gut einem halben Meter Länge im richtigen Maßstab für die spielerische Kombination mit Puppen und Tieren aus der Spielzeugkiste. Dazu stabil aus Fichtenleimholz gebaut, damit die Rettungstechnik nicht schon nach den ersten harten Einsätzen den weiteren Dienst versagt.
Um die Feuerwehr alarmbereit unterm Weihnachtsbaum stehen zu haben, müssen Sie keine großen Stationärmaschinen einsetzen: Ein einfacher Kreissägetisch und der Bohrständer genügen für den Bau, ein Führungstisch für die Stichsäge erleichtert die exakte Detailarbeit. Sollten Sie keine Dickenhobeleinrichtung

1 *Zuerst wird die Grundplatte auf Maß gesägt und mit Nuten für die drei Radachsen versehen. Damit die Räder leicht laufen, sollten Sie für die 10-mm-Achsen bis zu einem Millimeter Spielraum vorsehen*

2 *Danach wird die Grundplatte mit 18-mm-Fichtenleimholz aufgedoppelt. Über die Hinterachsen des Wagens wird noch eine zweite Platte geleimt*

3 *Die Teile des Führerhauses werden mit der Stichsäge aus 12-mm-Leimholz geschnitten. Da Leimholz dieser Stärke nicht angeboten wird, muß man es per Hobelmaschine selbst herstellen (lassen)*

4 *Mit der Oberfräse und einem Abrundfräser werden alle Kanten gleimäßig gerundet. Wenn Sie einen Fräser mit Anlaufring benutzen, gelingen auch die geschweiften Konturen in einem Arbeitsgang*

haben, um die für das Fahrerhaus erforderliche 12-mm-Leimholzplatte aus dem handelsüblichen 18-mm-Leimholz herzustellen, lassen Sie sich ein ausreichend großes Stück einfach beim Tischler hobeln. Mit unserer leicht hergestellten Schleifschablone kommt unser „LKW-Werk" zudem ohne Drehbank aus: Die Räder werden an einer Schleifhülse exakt rund geschliffen und mit der Oberfräse nachbearbeitet. Allerdings sollten Sie die Produktion des Fahrzeugs nicht auf die lange Bank schieben: Gönnen Sie sich die Muße, alle Einzelteile exakt anzufertigen. Und schließlich benötigt auch der (wasserfeste) Leim jeweils einige Stunden, um abzubinden – am besten über Nacht.
Eins ist sicher: Die Feuerwehr wird kaum einmal länger unbenutzt in der Ecke stehen! Weil trotz massiver Bauweise dabei die eine oder andere

Weiter auf Seite 239

RÄDER

1 *Die „Rohlinge" mit der Stichsäge aus 28-mm-Fichtenleimholz aussägen. Wenn Sie dann in das 10-mm-Sackloch für die Achse eine Dübelstange einsetzen, können Sie auf einem untergelegten Hilfsbrett mit passender Aussparung ...*

2 *... ganz leicht alle Unebenheiten herausschleifen. Am besten eignet sich für diese Arbeit eine Schleifhülse, die in die am Bohrständer betriebene Bohrmaschine gespannt wird*

3 *Auch die Räder werden jetzt mit dem Abrundfräser bearbeitet. Der eingesteckte Achsdübel sorgt auch dabei für besonders „runde" Ergebnisse*

4 *Damit das Rad möglichst echt aussieht, wird mit einem Hohlkehlfräser auf der Außenseite ein Ring eingefräst. Wieder wird der eingesetzte Dübel als Führung genutzt*

LEITER

1 Damit die Leiter ausgezogen werden kann, wird der später innenliegende (obere) Teil mit einem Falz als Führung versehen. Führen Sie die Leiste am Anschlag an der eingespannten Oberfräse vorbei

2 Die äußere Führung erhält eine passende Nut. Danach wird der Aufbau für die Leiter zugesägt und verleimt. Das Mittelstück besteht aus mehreren Brettchen

3 Nach dem Einleimen der Sprossen in die vorbereiteten Sacklöcher wird die fertige Leiter auf das bewegliche Mittelstück geleimt. Achten Sie auf einen strammen Sitz aller beweglichen Teile

Montage:

Nach Abschluß der Vorarbeiten ist die Endmontage beinahe ein Kinderspiel – allerdings sollten Sie zwischen den einzelnen Schritten etwas Geduld haben, bis der (wasserfeste) Holzleim abgebunden hat. Zuerst wird das Fahrerhaus – vorerst ohne Dach – sorgfältig verleimt. Erst dann kommt es an seinen Platz auf der Grundplatte und wird nach Trocknung feingeschliffen. Jetzt bauen Sie die Inneneinrichtung des Fahrerhauses ein, bevor das Dach ergänzt wird. Schließlich montieren Sie die Räder: Damit Achs- und Radbrüche leicht repariert werden können, fixieren Sie die Achsen mit 5 mm starken Sperrholzbrettchen. Schutzbleche, Lenker, Sitz, Auspuff und Kühlergrill sorgen erst für ein professionelles Outfit.

EINKAUFSZETTEL

Pos.	Anz.	Bezeichnung	Maße in mm	Material
①	1	Bodenplatte	470 x 150	Fichte-Leimholz 28 mm dick
②	6	Räder	100 B	
③	1	Heckstoßstange	210 x 32	
④	1	Auspuffblock	45 x 28	
⑤	1	Bodenplatte	470 x 150	Fichte-Leimholz 18 mm dick
⑥	1	Trägerplatte	205 x 150	
⑦	2	Schutzbleche	254 x 40	
⑧	1	Frontstoßstange	190 x 40	
⑨	2	Auftrittbalken	100 x 20	
⑩	2	Lafettenwände	140 x 100	
⑪	1	Lafettenlager	140 x 50	
⑫	1	Lafettenhalter	40 B	
⑬	1	Führerhausboden	150 x 116	
⑭	1	Führerhausfront	150 x 59	Fichte-Leimholz 12 mm dick *
⑮	2	Führerhausseiten	140 x 132	
⑯	1	F.hausrückwand	150 x 114	
⑰	1	Führerhausdach	184 x 130	
⑱	1	Kühlergrill	150 x 45	
⑲	2	Blaulicht-Aufsätze	20 ∅	
⑳	1	Trägerplatte	120 x 86	
㉑	2	Leiterholme	470 x 30	
㉒	2	Leiterholme	470 x 17	
㉓	3	Achshalterplatten	150 x 50	Sperrholz 6 mm dick
㉔	1	Distanzplatte	80 ∅	
㉕	3	Achsen	184 lang	Rundholz ∅ 10 mm
㉖	1	Auspuff	170 lang	
㉗	1	Lagerachse	86 lang	
㉘	1	Drehachse	70 lang	
㉙	16	Sprossen	74 lang	Rundholz ∅ 6 mm
㉚	16	Sprossen	54 lang	

* = gehobelt aus 18-mm-Fichte-Leimholz;

1 Lagerklotz 50 x 50 x 120 mm lang (Lager Ausziehleiter); Sitze (aus Restholz): je 1x 138 mm breit (Sitzbank Führerhaus) und 50 mm breit (Steuersitz Ausziehleiter); 1 Lenkrad mit -säule (nach Zeichnung); 1 Armaturenblock 25 x 25 x 48 mm lang; Spanlatten-Schrauben (Befestigung Achshalterplatten Pos. 23); wasserfester Holzleim. Materialkosten rund 50 Mark.

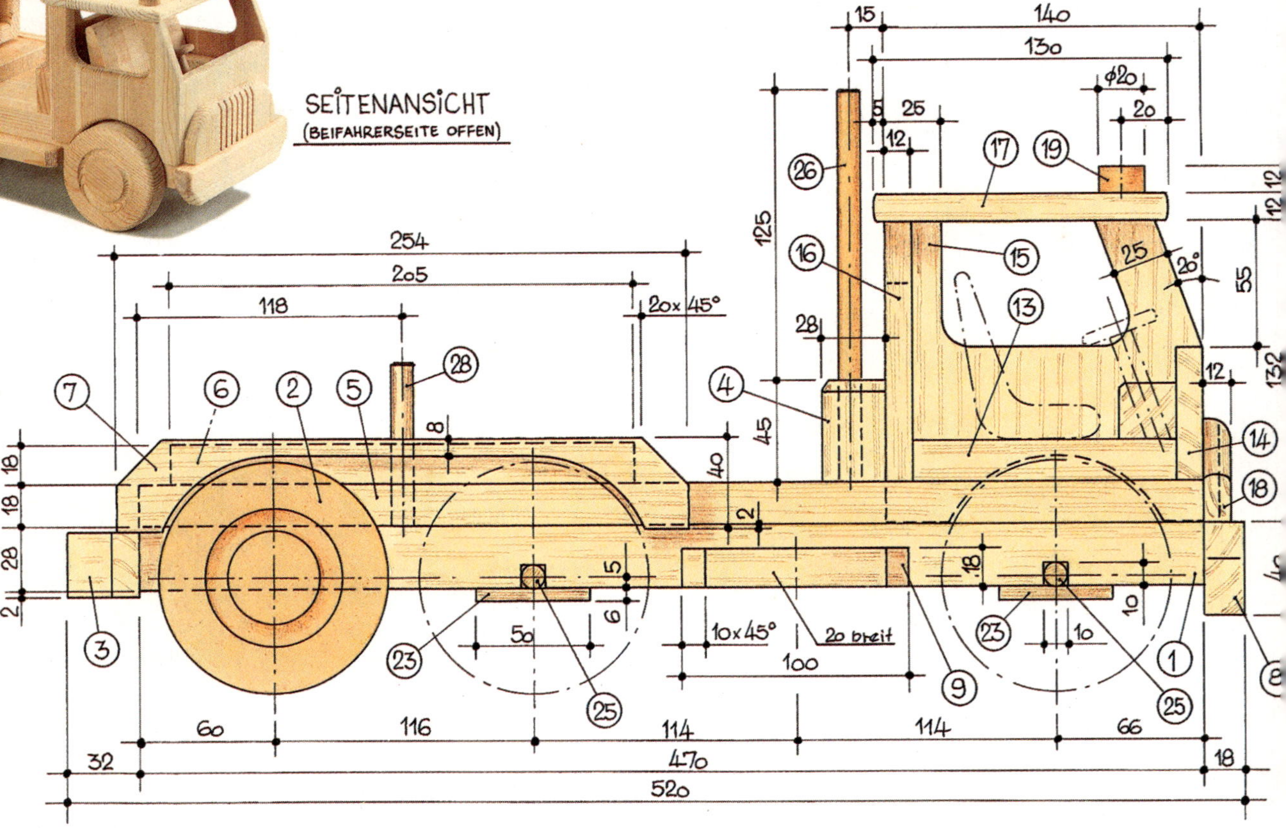

Das aufgedoppelte Chassis sorgt für eine robuste Basis. Alle Anbau-Teile sind entweder kompakt gebaut und fest an dieser Basis verleimt (Führerhaus) oder leicht austauschbar (Achsen, Räder, Leiter)

Mit ihrer stabilen Konstruktion aus Massivholz ist die Feuerwehr fit für den Dauereinsatz

Ansichten ohne Leiter – sie wird auf die leicht nach rechts versetzte Drehachse (28) geschoben und dort mit einer nur aufgesteckten Holzscheibe ohne Leim fixiert

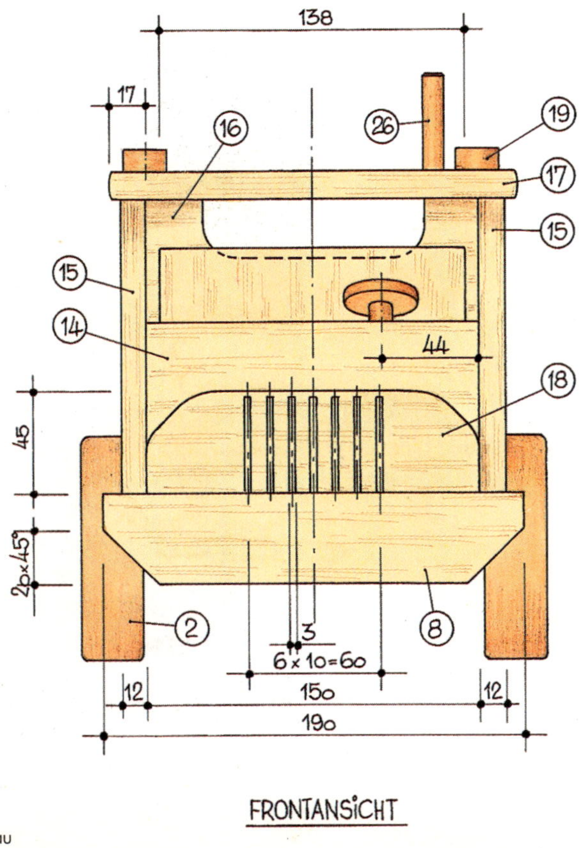

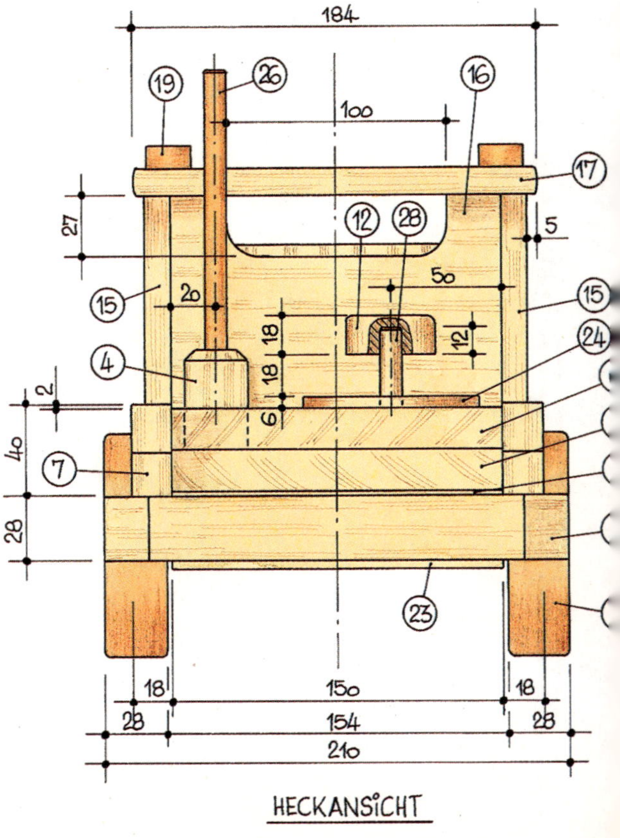

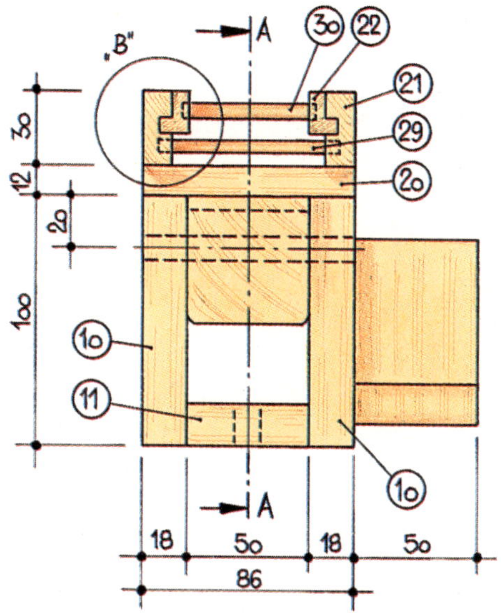

VORDERANSICHT

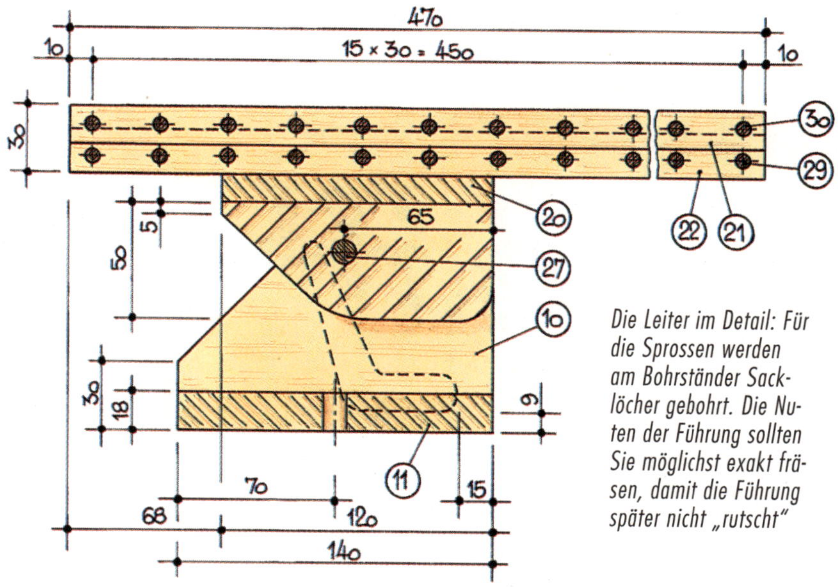

SCHNITT A÷A

Die Leiter im Detail: Für die Sprossen werden am Bohrständer Sacklöcher gebohrt. Die Nuten der Führung sollten Sie möglichst exakt fräsen, damit die Führung später nicht „rutscht"

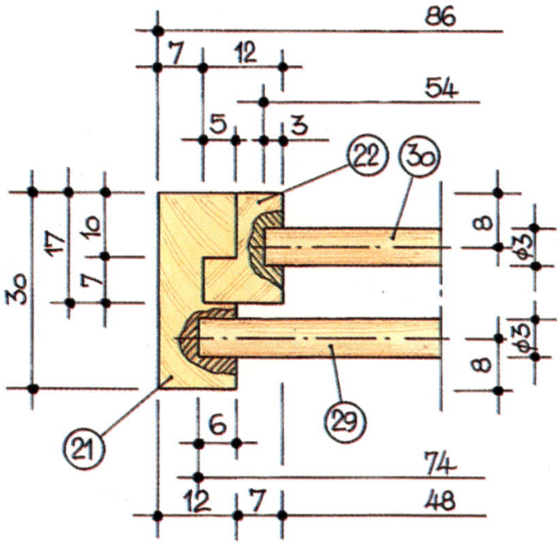

DETAIL „B"

So greifen der innere und äußere Teil der Leiter ineinander. Am besten passen Sie die Führung bei der Montage mit Schleifpapier an – zu lockeren Sitz korrigieren Sie zur Not mit farblosem Kerzenwachs

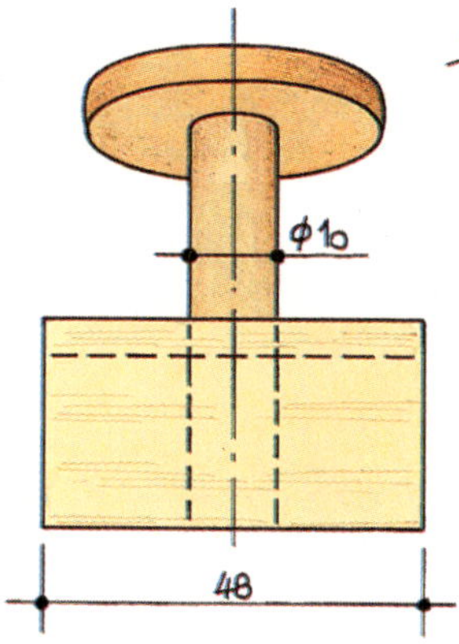

VORDERANSICHT

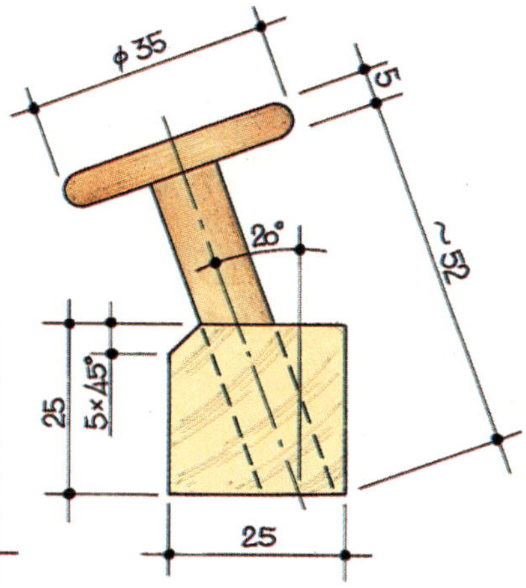

SEITENANSICHT

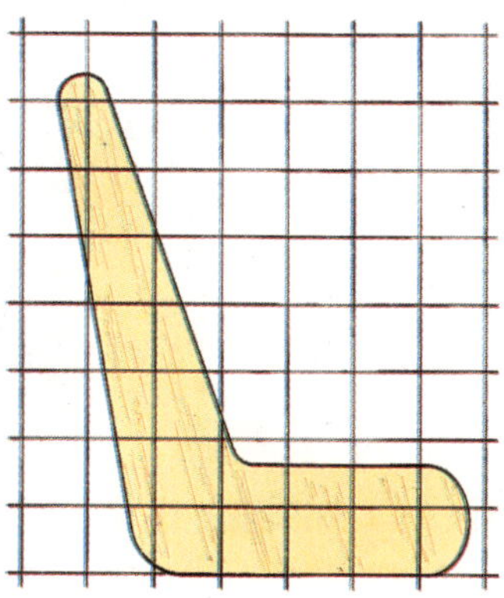

Der Bediensitz an der Leiter entsteht aus einem Holzstück. Für die Bank im Fahrerhaus können Sie auch mehrere Teile zusammenleimen

Panne nicht ausbleibt, haben wir das Gefährt möglichst servicefreundlich konstruiert: Was nicht stabil mit dem massiven Grundbrett verleimt werden konnte, ist abnehm- oder austauschbar.
Denken Sie zum Schluß auch an eine kindgerechte Oberflächenversiegelung mit einem ungiftigen Anstrich – wir wählten dafür Holz-Öl. Damit das Holz dabei nicht klebrig wird sollten Sie das überschüssige Öl jeweils etwa 20 Minuten nach dem Auftrag mit einem fusselfreien Lappen aufnehmen. Danach Vorsicht mit dem Lappen – sonst brennt's! □

Zur Oberflächenbehandlung an Kinderspielzeug nur ungiftige Produkte verwenden! Wir haben die Feuerwehr mehrfach mit Öl behandelt, die Räder erhielten zuvor einen Grundanstrich mit wasserlöslicher Lasur

Schaukelspaß nach Wikinger-Art

Schiff ahoi!

Schicken Sie Ihren Nachwuchs auf große Fahrt. Unsere Kinderwippe im Stil der alten nordischen Langschiffe sorgt dabei zur Freude der Kinder für kräftigen Seegang

Kinder lieben das Abenteuer. Sie träumen davon, wie die Wikinger über die Meere zu segeln, auf den Wellen auf und ab zu schaukeln. Kein Problem mit unserer ‚Schiff-Schaukel'.

Die Holzwippe ist schnell und ohne große Materialkosten (rund 230 Mark) nachzubauen. Der besondere Vorteil unseres Modells liegt in der variablen Mittelstütze. Sie läßt sich in der Höhe zwischen 35 und 50 cm verstellen. So kommen auch die Jüngsten zu ihrem Schaukel-Spaß.

Zur Sicherheit haben wir auf jeder Seite zwischen Träger und Balken einen Abstand von 50 mm eingeplant, denn auch wenn es mal etwas stürmischer auf dem Wikingerboot zugeht, soll sich die Besatzung nicht die Finger oder die Füße einklemmen.

Die Aufhängung ist so konstruiert, daß es keine Reibung zwischen den Holzteilen gibt: Eine Gewindestange sitzt in einem 19 mm langen Rohrstück aus Metall und ist an den Enden über Bolzen mit der

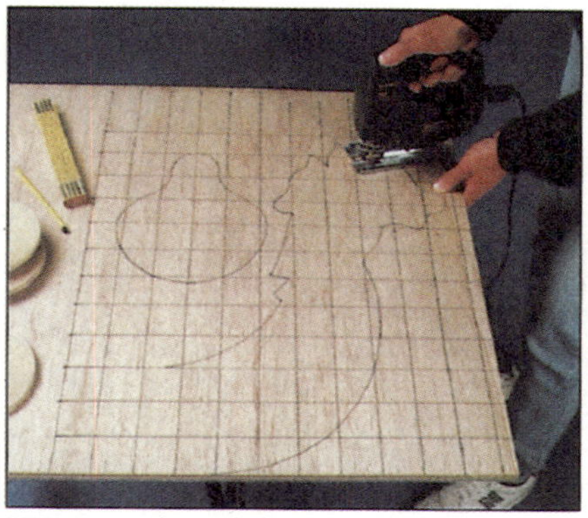

1 Zuerst die nach dem Raster auf die Sperrholzplatte übertragenen Drachenköpfe und Sitzflächen mit der Stichsäge ausschneiden

2 Anschließend beide Rumpfseiten mit den Distanzbrettern verschrauben und die Kopfplatten zwischen die Enden setzen

3 Um das Rohrstück für die Gewindestange zu fixieren, sollten Sie zwei Schrauben schräg durch die Rumpfseiten drehen

4 Jetzt Griffhalter und Griffe miteinander verschrauben und zusammen mit den Sitzplatten am Rumpf der Wippe befestigen

5 Danach die Abdeckplatte anbringen: Das passend geschnittene Sperrholz mit Leim und Nägeln auf den Rumpfkanten befestigen

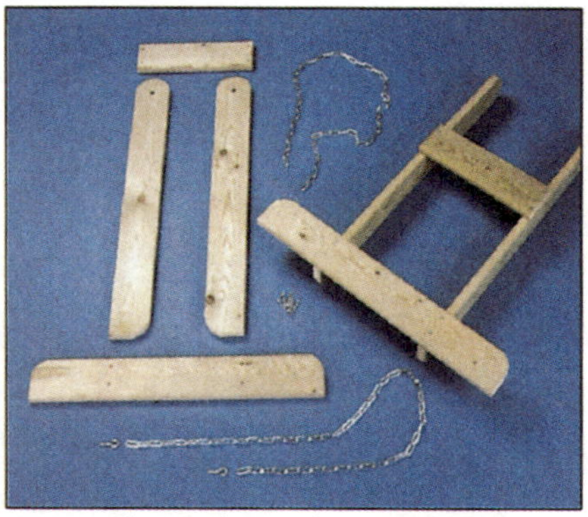

6 Für die Mittelstütze die Stützbretter oben halbkreisförmig abrunden. Die Ketten halten später beide Hälften am Boden zusammen

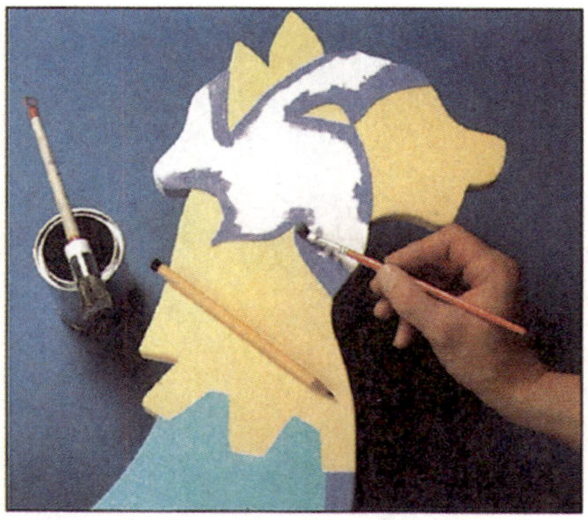

7 Vor dem Bemalen sollten Sie die Wippe grundieren. Die Farbe zwischen den einzelnen Arbeitsgängen gut abtrocknen lassen

8 Die fertige Wippe kann überall stehen, im Winter sogar in der Wohnung. Wichtig: Kinder beim Spielen nicht aus den Augen lassen

Mittelstütze verbunden. Vor dem Einbau sollten Sie etwas Schmierfett in das Rohr geben. Damit machen Sie die Wippe leichtgängiger.
Die Drachenköpfe an beiden Enden des Rumpfes haben wir beim 36-m-Langschiff von Wilhelm dem Eroberer aus dem Jahre 1066 abgeschaut. Sie können sie mit Hilfe der Rasterzeichnung (unten) auf die Sperrholzplatte übertragen. Ein Tip: Benutzen Sie die Drachenköpfe als Schablone, um die Rundungen an den Plankenenden aufzuzeichnen.
Wenn alle Rumpfteile miteinander verschraubt sind, können Sie das Schiffsdeck aufnageln. Es ist so stabil, daß die Kinder sicher darauf stehen oder balancieren können.
Um das Wikingerschiff komplett zu machen, fehlen zum Schluß nur noch die runden Holzschilde. Sie weisen einen Durchmesser von 140 mm auf und sollten so angebracht sein, daß sie etwa 15 mm über das Deck hinausragen.
Vor dem Stapellauf kommt Farbe ins Spiel. Ob Sie die Wippe grün, gelb und blau wie wir bemalen oder andere Töne wählen, ist egal – wichtig ist nur, daß Sie für Schiffsfahrten im Garten wetterfeste Farben verwenden. □

EINKAUFSZETTEL

Pos.	Anz.	Bezeichnung	Maße in mm	Material
①	2	Rumpfseiten	3500 lang	Kiefer 140 x 15 mm
②	2	Distanzbretter	120 lang	
③	2	Griffhalter	370 lang	Kiefer 70 x 30 mm
④	2	Griffe	180 lang	Ramin ∅ 22 mm
⑤	4	Stützbretter	750 lang	druckimprägnierte
⑥	2	Fußverbinder	650 lang	Kiefer 94 x 21 mm
⑦	2	Stützverbinder	319 lang	
⑧	2	Kopfplatten	600 x 550 *	Multiplex 15 mm
⑨	2	Sitzplatten	270 x 220 *	wasserfest verleimt
⑩	20	Schilde	∅ 140	Sperrholz 9 mm dick
⑪	1	Abdeckplatte	2144 x 152	wasserfest verleimt

1 verzinktes Stahlrohr, ∅ 19 x 230 mm; 1 Gewindestange M12 x 362 mm (Achse) mit 4 Skt.-Muttern M12 und 6 Scheiben für M12; 2 Ketten (verzinkt), ca. 1200 mm lang; 4 starke Schraubhaken; 8 Schloßschrauben M10 x 60; 4 Schloßschrauben M10 x 70; 12 Skt.-Muttern und 12 Scheiben für M10; 20 Skt.-Holzschrauben 6,0 x 25 mm; 20 Scheiben für M6; Spanplatten-Schrauben.

Materialkosten rund 230 Mark

* = Rohmaße, nach Raster-Zeichnung zuschneiden

Das Wikinger-Schiff ist im Original 350 cm lang. Die Rasterkästchen für Drachenköpfe und Sitzflächen entsprechen 50 x 50 mm

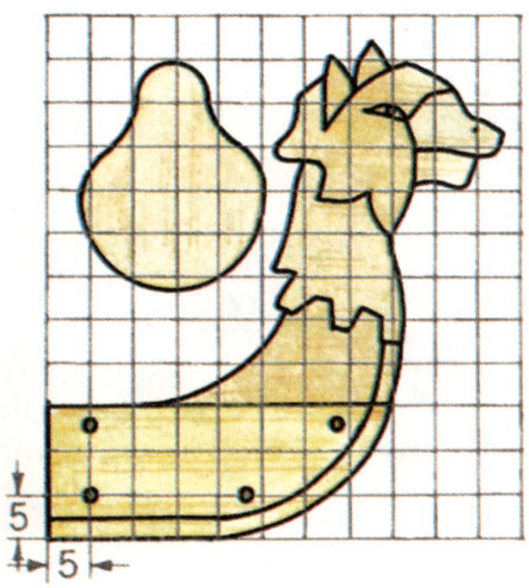

Die Muttern an der Gewindestange müssen auf beiden Seiten der Stütze fest angezogen sein

Jetzt geht's rund

Der Holzdübel gibt der Kugel Schwung, um durch den Führungskanal auf das Spielfeld zu gelangen. Von den Hindernissen abgelenkt, landet sie schließlich in einem Depot

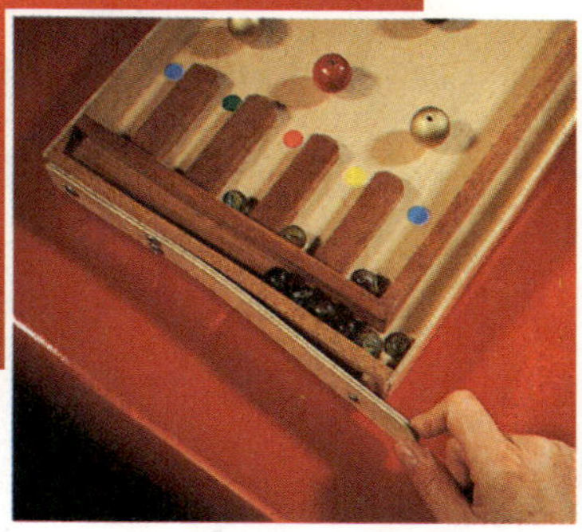

Trotz des einfachen Spielprinzips ist der Spaß nicht nur bei den Kleinen programmiert. Für den Bau können Sie Reststücke aus Ihrer Werkstatt verwenden. Die genauen Maße entnehmen Sie dem Einkaufszettel und der Zeichnung. Zuerst wird die Spielplatte abgerundet. Anschließend leimen und nageln Sie die Kantenleiste und die Umrandung aus Sperrholz an den Plattenrand. Die Umrandung muß vorsichtig gebogen werden, damit das Holz nicht bricht. Bringen Sie auf der rechten Seite der Kantenleiste ein 12 mm starkes Loch ein. Auf der linken Seite wird der Abzughebel mittels Leim und zwei Schrauben angebracht. An der Unterseite der Platte befestigen Sie die Bodenleiste, die für die nötige Schräglage sorgt. Für die Einteilung des Spielfeldes werden die Grund- und Führungsleisten auf Gehrung miteinander verbunden und auf die Platte geleimt. Dabei wird der Ablaufkeil eingepaßt. Lackieren Sie nun die Holzkugeln in verschiedenen Farben und kleben Sie die Federstücke ein. Dabei sollten Sie darauf achten, daß der Klebstoff den Lack nicht anlöst. Zum Schluß werden die Kugeln mit Zweikomponentenkleber auf das Spielfeld geklebt. Die richtigen Positionen gibt die Zeichnung vor. □

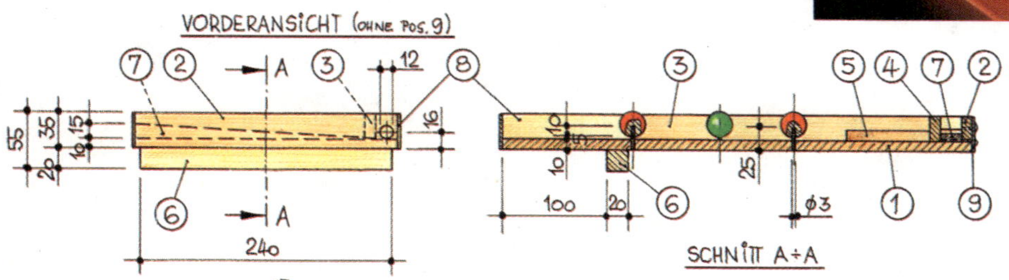

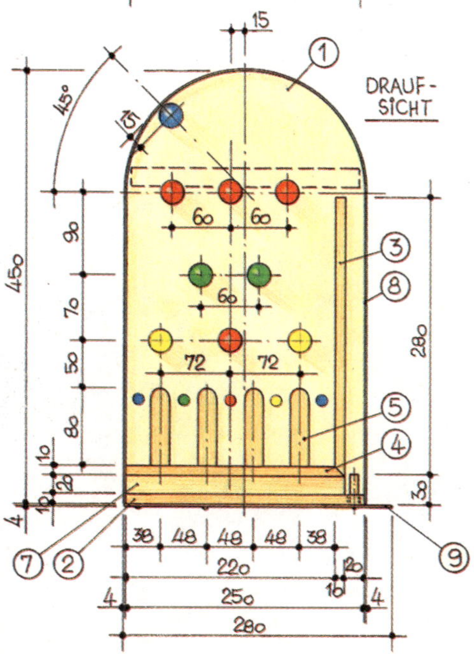

Die Spielregeln sind ganz einfach: Die Farben haben verschiedene Wertigkeit, und der Spieler, der mit seinen Kugeln die meisten Punkte geholt hat, gewinnt die Runde

EINKAUFSZETTEL

Pos.	Anz.	Bezeichnung	Maße in mm	Material
①	1	Spielplatte	450 x 250	Sperrholz 10 mm dick
②	1	Kantenleiste	250 lang	Massivholz 25 x 10 mm
③	1	Führungsleiste	280 lang	
④	1	Grundleiste	230 lang	
⑤	4	Flächenteiler	80 lang	Massivholz 20 x 10
⑥	1	Bodenleiste	240 lang	Massivholz 20 x 20
⑦	1	Ablaufkeil	230 lang	Massivholz 20 x 15
⑧	1	Umrandung	1060 x 35 *	Sperrholz 4 mm dick
⑨	1	Abzughebel	280 x 35	

* Länge bei Montage anpassen

9 Holzkugeln ∅25 (mit Sackloch-Bohrung ∅3 x 10 mm); 9 Federstücke ∅3 x 25 mm; Spanplatten-Schrauben; Nägel; 1 Holzdübel ∅10 x 30 mm; Zweikomponentenkleber; Holzleim.

Materialkosten rund 50 Mark

Schönes Holzspielzeug

Dieser Traktor ist ein Renner

Auch schwer beladen bewältigt dieser Schlepper spielend Teppichränder und Türschwellen. Mit großer Ladefläche ist er dann beim Aufräumen im Kinderzimmer behilflich

Chassis

1 *Zuerst schneiden Sie die Grundplatte zu und versehen sie mit einer Nut für die Hinterachse. Dabei mit der Kreissäge mehrere Schnitte setzen, bis (für eine 10-mm-Achse) die Breite knapp 11 mm beträgt*

2 *Der Motorblock wird aus drei Leimholzschichten hergestellt. Nach dem Abbinden schleifen Sie den Leimüberschuß ab*

Rechtzeitig zur Feldbestellung fährt dieses starke Gespann ins Kinderzimmer ein: Der bullige Traktor zieht einen geräumigen Hänger, auf dem sich Früchte, Bausteine oder auch fröhliche Puppen-Passagiere gleich gut befördern lassen.
Ihr kleines Traktoren-Werk benötigt dabei weder eine aufwendige Zulieferung noch stationäre Maschinen: Das verwendete Fichtenleimholz sowie ein paar Rundstäbe gibt's in jedem Baumarkt; Bohrmaschine, Kreis- und Stichsäge und die unentbehrliche Oberfräse warten sicher schon im Hobbykeller auf ihren Einsatz. Die Zinken für die Verbindung von Ladebrettern und Anhänger haben wir mit einer Zinkenfräs-Schablone hergestellt: Diese Verbindung sieht schön aus und ist sehr stabil. Da man die Schablone auch im Möbelbau gut gebrauchen kann, lohnt sich die

3 *Danach den Motorblock auf die Grundplatte leimen und die ganze Grundeinheit gründlich glattschleifen*

4 *Um dem Motorblock ein realistisches Aussehen zu geben, werden mit der Oberfräse und einem V-Nutfräser seitlich je drei Nuten eingefräst. Die Schutzhaube haben wir hier zur Verdeutlichung abgenommen*

Kabine

1 *Die Führerkabine wird aus 12-mm-Fichtenleimholz hergestellt. Da diese Materialstärke nicht handelsüblich ist, muß man ein ausreichend großes Brett von 18 mm auf 12 mm Stärke hobeln (lassen)*

2 *Nach dem Zuschnitt mit Stich- oder Dekupiersäge werden alle Kanten mit einem Abrundfräser gerundet. Empfehlenswert ist ein Fräskopf mit Kugellageranlaufring als Führungshilfe*

Anschaffung als sinnvolle Ergänzung der Oberfräse. Anstelle der Zinkenverbindung können Sie die Brettchen natürlich auch stumpf verbinden – allerdings sind dann Rund- oder Flachdübel zur Stabilisierung empfehlenswert.
Damit sie nicht zu klobig aussieht, haben wir die Fahrer-Kabine aus 12-mm-Leimholz gebaut. Diese Materialstärke gibt es allerdings nicht fertig im Handel; deshalb fahren Sie auf dem Rückweg vom Holzkauf am besten gleich bei einem Tischler vorbei, der Ihnen eine ausreichend große Platte mit seiner Dickenhobelmaschine auf diese Stärke bringt. Sollten Sie selbst über eine solche Maschine verfügen – um so besser.
Einige Bauschritte und vor allem die Fertigung der Räder kommen Ihnen vielleicht bekannt vor – der Traktor wurde passend zur Feuerwehr angefertigt, die wir im

3 *Verleimen Sie nun die Kabine zunächst ohne Dach – es kommt erst hinzu, nachdem die Inneneinrichtung ergänzt wurde*

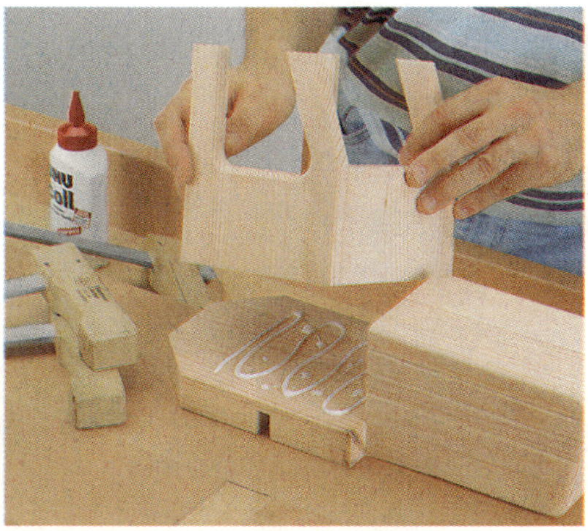

4 *Jetzt das komplette Führerhaus auf die Grundplatte leimen, die Naht nach dem Abbinden feinschleifen*

Montage

1 Die hintere Achse wird in der Grundplatte geführt und mit einem aufgeschraubten Sperrholzplättchen gesichert. Für die Vorderachse muß eine U-förmige Leiste unter den Motorblock geleimt werden

2 Schutzbleche, Lenker, Sitz und Schornstein werden aus Restholz gefertigt – sie geben dem Erscheinungsbild des Traktors den „letzten Schliff"

3 Die Seitenteile des Anhängers werden mit einer solchen Zinkeneinrichtung und der Oberfräse bearbeitet. Dadurch ergibt sich an den Eck-Verbindungen eine dekorative und haltbare Fingerzinkung

4 Verwenden Sie für die Oberflächenbehandlung ungiftige oder speichelfeste Produkte. Wir haben den Korpus zweimal geölt und die Räder zuvor mit farbiger Lasur gestrichen

Ihr Traktoren-Werk kommt ohne stationäre Maschinen mit einfachem Elektrowerkzeug aus

Buch (S. 234) vorgestellt haben. Damit Sie keine Drechselmaschine für die exakt runde Form der Räder benötigen, stellen Sie sich aus Restholz eine einfache Schleifschablone her, mit der Sie das Rad jeweils mit einem eingesteckten Achsdübel präzise an die Schleifrolle heranführen können. Diese Schablone leistet dann auch – versehen mit einer Bohrung für den Achsdübel – beim Einfräsen der Hohlkehle in die Radoberfläche gute Dienste.

Beim Bau von Kinderspielzeug sollten Sie zwei wichtige Regeln beachten: Alle Kanten und Ecken sollten gerundet werden, damit Verletzungen ausgeschlossen sind. Für diese Arbeit ist die Oberfräse mit einem Abrundfräser das ideale Werkzeug. Ist der Fräskopf mit einer kugelgelagerten Anlaufrolle ausgestattet, können Sie auch geschwungene Konturen leicht bearbeiten, indem Sie das Werkstück einfach an dieser Rolle entlang an der im Bohrständer fixierten Oberfräse vorbeiführen.

Außerdem ist es wichtig, für die Oberflächenbehandlung ungiftige und – je nach Alter des Kindes – speichelfeste Anstrichmittel zu wählen. Wir haben uns für eine farbige Lasur zum Hervorheben von Rädern und Auspuff und ein naturnahes Holzöl als Endbehandlung entschieden. Es gibt jedoch auch Farben, die speziell für die Verwendung auf Kinderspielzeug oder -möbeln geeignet sind und entsprechende Hinweise auf den Verpackungen tragen. Sie werden sehen: Der Traktor wird begeistert in Empfang genommen – und sicher auch gleich beladen! □

(Schnittzeichnungen und Einkaufsliste finden Sie auf den folgenden Seiten)

Räder:

Wenn Sie schon das Feuerwehrauto auf Seite 234 gebaut haben, kennen Sie diese Fertigungs-Schritte bereits: Zunächst werden die Rohlinge aus 28-mm-Leimholz ausgesägt und im Mittelpunkt mit einem 15 mm tiefen 10-mm-Loch für die Achse versehen. Damit die Räder später „rund laufen", werden sie an einer in die stationär betriebene Bohrmaschine eingespannten Schleifhülse rundgeschliffen. Als Arbeitshilfe stecken Sie einen Holzdübel in das Achsloch und führen den Dübel auf einer vorbereiteten Schleiflehre entlang, wie sie im oberen Bild zu sehen ist. Damit das Rad möglichst echt aussieht, wird mit dem Hohlkehlfräser eine umlaufende Nut gefräst. Nutzen Sie auch hier einen Dübel als Führung.

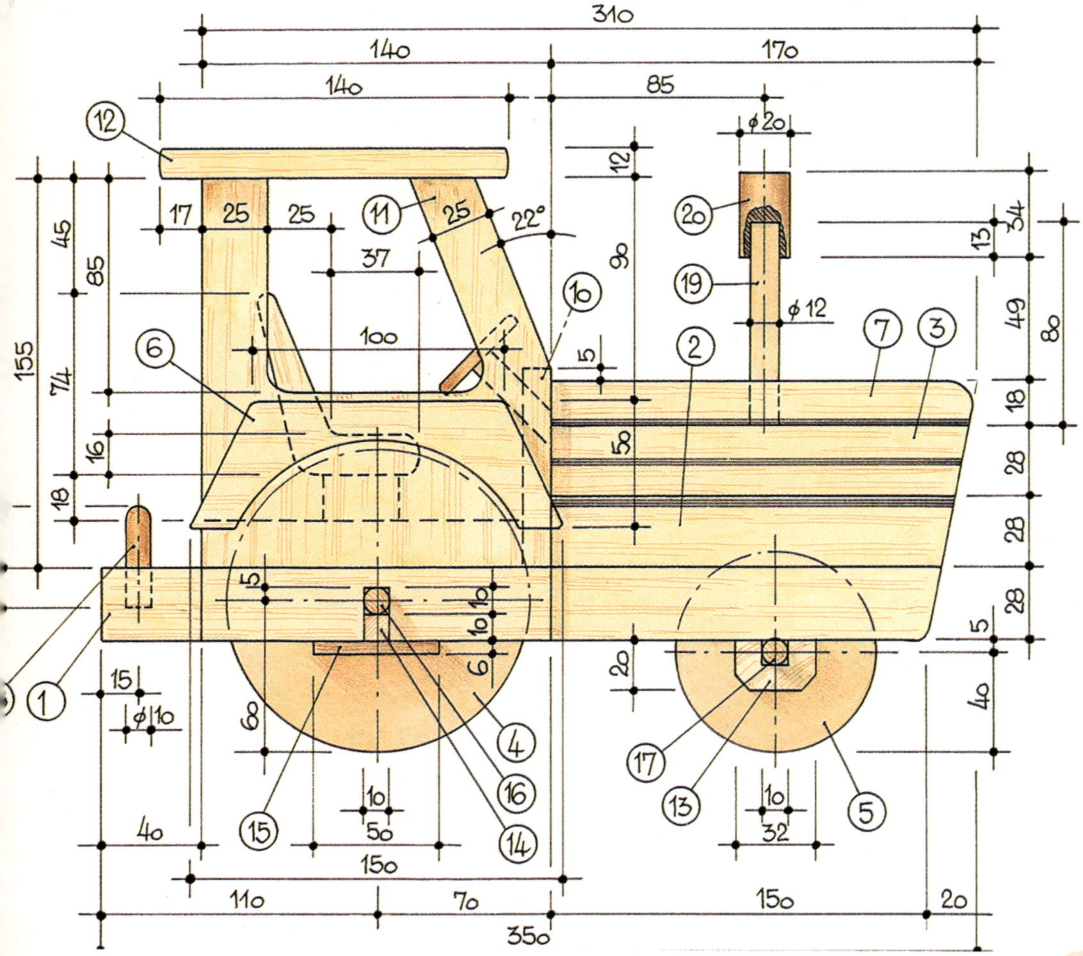

Die massive Bauweise macht unser Modell so robust wie das Vorbild

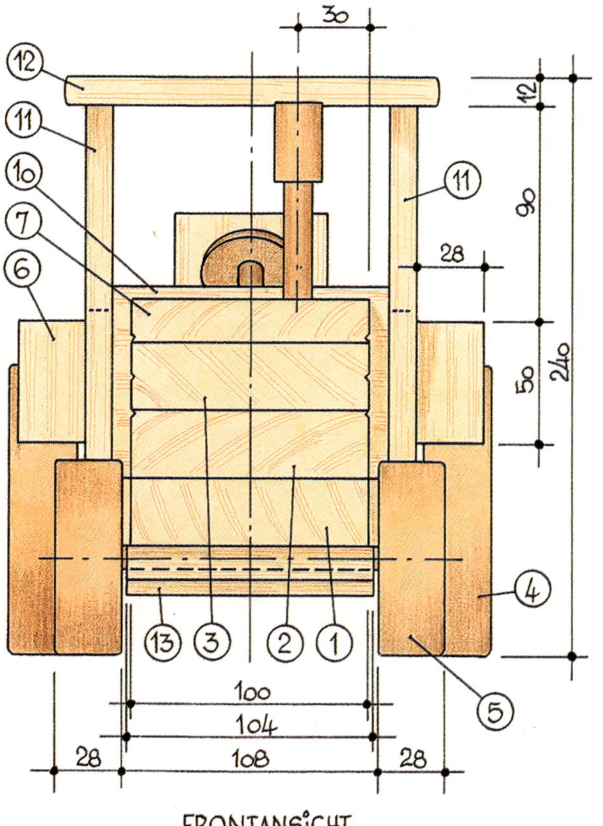

Damit Achs- und Radbrüche leicht repariert werden können, werden die Leisten unter den Radachsen nicht verleimt, sondern nur aufgeschraubt. Alle größeren Bauteile werden stumpf miteinander verleimt, Hängerkupplung, Auspuffrohr und Lenkradschaft werden jeweils eingelassen

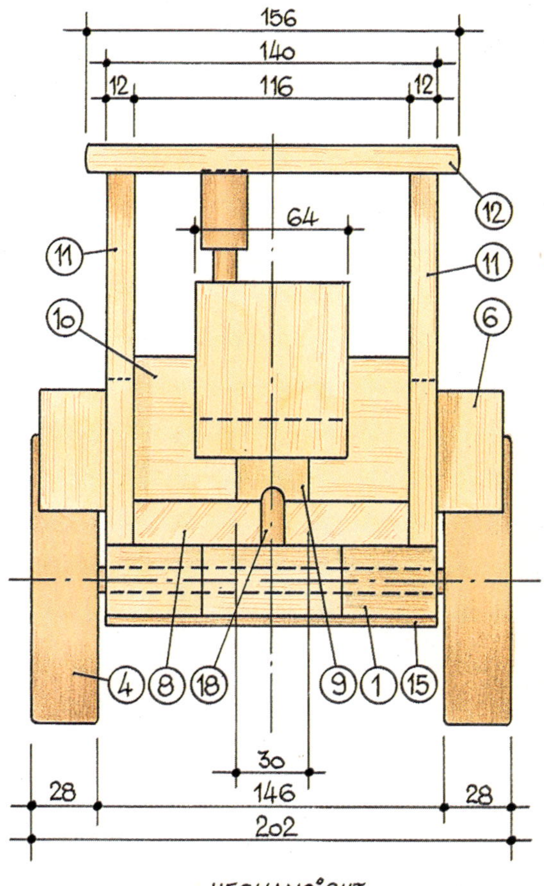

FRONTANSICHT

HECKANSICHT

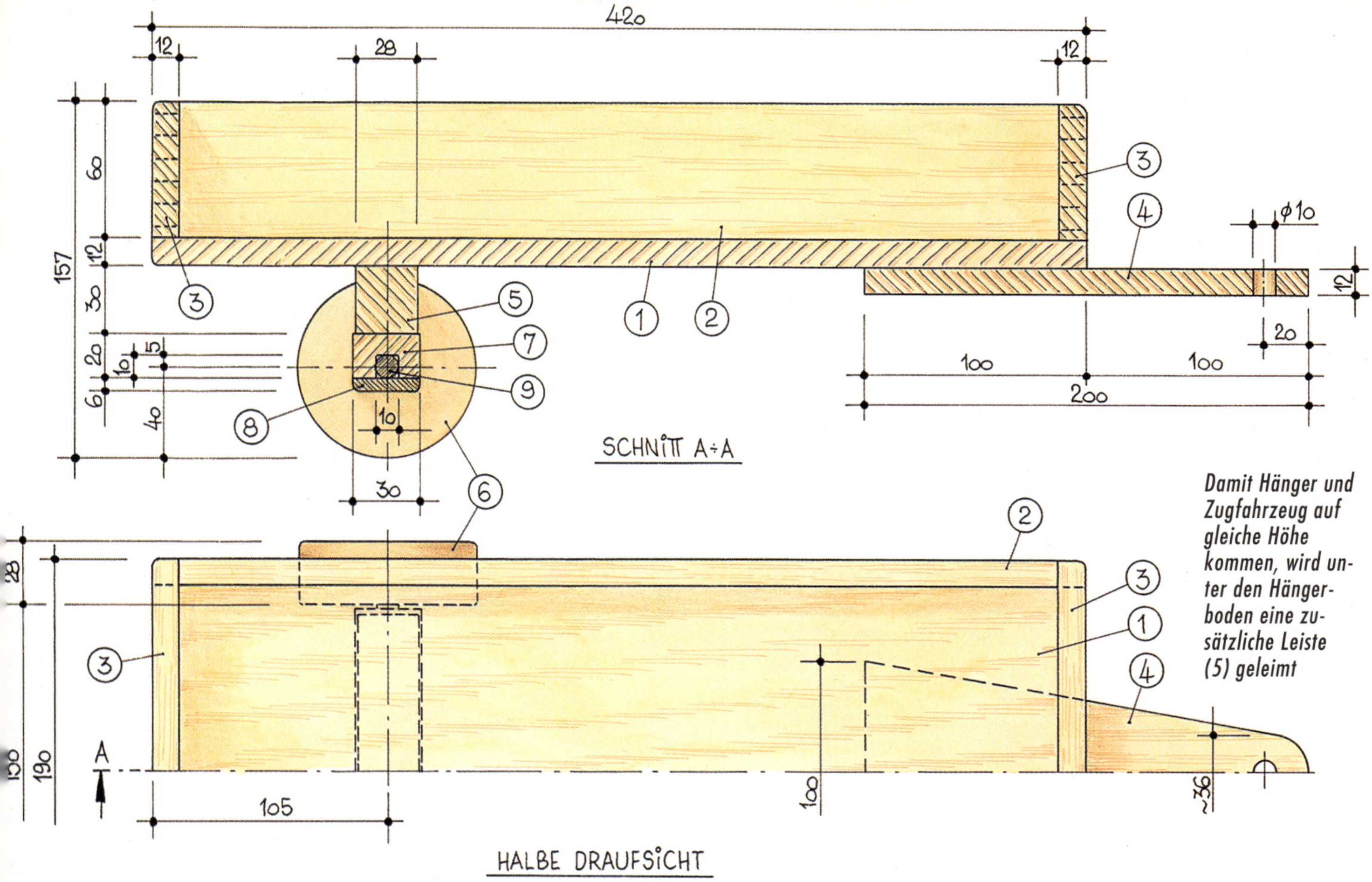

Damit Hänger und Zugfahrzeug auf gleiche Höhe kommen, wird unter den Hängerboden eine zusätzliche Leiste (5) geleimt

EINKAUFSZETTEL Anhänger

Pos.	Anz.	Bezeichnung	Maße in mm	Material
①	1	Bodenplatte	420 x 190	Fichte-Leimholz 12 mm dick *
②	2	Längswände	420 x 60	
③	2	Stirnwände	190 x 60	
④	1	Deichselplatte	200 x 100	
⑤	1	Distanzstück	140 x 30	Fichte-Leimholz 28 mm dick
⑥	2	Räder	80 ∅	
⑦	1	Achslager	146 lang	Fichte 30 x 20 mm
⑧	1	Achshalterplatte	146 x 50	Sperrholz 6 mm dick
⑨	1	Achse	180 lang	Rundholz ∅10 mm

* = gehobelt aus 18-mm-Fichte-Leimholz;

Spanplatten-Schrauben (Befestigung Deichselplatte, Pos. 4); wasserfester Holzleim.

Materialkosten rund 12 Mark

EINKAUFSZETTEL Traktor

Pos.	Anz.	Bezeichnung	Maße in mm	Material
①	1	Bodenplatte	350 x 140 *	Fichte-Leimholz 28 mm dick
②	1	Motorblockteil	170 x 100 *	
③	1	Motorblockteil	170 x 100 *	
④	2	Hinterräder	120 ∅	
⑤	2	Vorderräder	80 ∅	
⑥	2	Schutzbleche	150 x 50	
⑦	1	Motorblockteil	170 x 100*	Fichte-Leimholz 18 mm dick
⑧	1	Führerhausboden	128 x 116	
⑨	1	Sitzblock	30 x 30	
⑩	1	Führerhausfront	116 x 79	Fichte-Leimholz 12 mm dick**
⑪	2	Führerhausseiten	155 x 140	
⑫	1	Führerhausdach	156 x 140	
⑬	1	Vorderachshalter	104 lang	Fichte 32 x 20 mm
⑭	1	Distanzleiste	140 lang	Fichte 10 x 10 mm
⑮	1	Achshalterplatte	140 x 50	Sperrholz 6 mm dick
⑯	1	Hinterachse	176 lang	Rundstab ∅10 mm
⑰	1	Vorderachse	138 lang	
⑱	1	Kupplungsbolzen	40 lang	
⑲	1	Auspuff	80 lang	Rundstab ∅12 mm
⑳	1	Auspuffaufsatz	34 lang	Rundstab ∅20 mm

* = Längen bei Montage anpassen;

** = gehobelt aus 18-mm-Fichte-Leimholz;

1 Sitz (aus Restholz) 64 mm breit (Kontur nach Zeichnung); 1 Lenkrad ∅42 x 5 mm dick mit Lenksäule ∅10 x 45 mm lang (an Schräge anpassen); Spanplatten-Schrauben (Befestigung Achshalterplatte, Pos. 15); wasserfester Holzleim.

Materialkosten rund 30 Mark

Macht sich bei Bedarf ganz klein: Im Nu ist die tolle Kiste zusammengeklappt und demontiert

Klappbarer Bollerwagen

FLOH Kiste

Unser Bollerwagen hat's in sich: Er ist nicht nur eine knallbunte Wucht, die Kinderherzen höher schlagen läßt, sondern auch Einkaufswagen, Tieflader oder Strandkarre

Tja, das kann passieren: Trotz heldenhaften Einsatzes der kleinen Passagierin ist die große Apfelkiste ins Rutschen gekommen. Hat aber auch sein Gutes – wie man sieht.

Vor den Spaß mit der bunten und praktischen Kiste hat unser Tischler allerdings wie immer den Schweiß gesetzt, denn es gilt auch diesmal, einige knifflige Details zu meistern. Dafür kann der Wagen zusammengelegt mit heruntergelassener Rückwand als Tieflader für Länglich-Sperriges dienen. Und Deichsel sowie Hinter- und Vorderachse sind mit drei Muttern im Handumdrehen abgeschraubt und finden mit dem flach zusammengeklappten Paket aus Boden und Wänden noch Platz, selbst wenn der Kofferraum für den Badeausflug bereits gut gefüllt ist.

Bauen Sie den Bollerwagen Schritt für Schritt zusammen. Vor dem Lackieren wird er

1 Nach dem Plattenzuschnitt Kanten mit der Oberfräse samt Anschlag anfräsen und stark anfasen, damit sie in die U-Profile passen

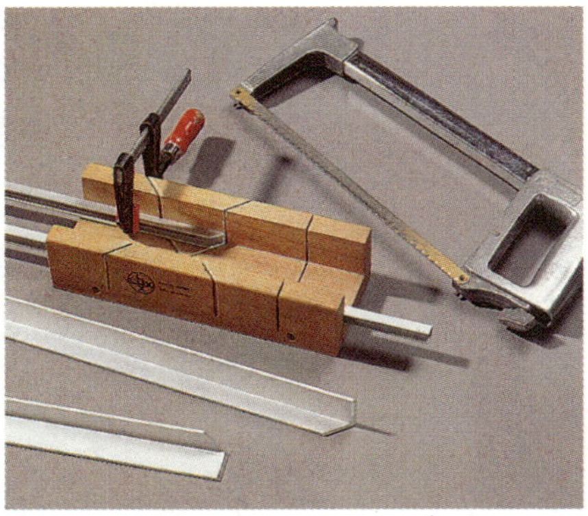

2 Dann werden die Aluprofile abgelängt, auf Gehrung geschnitten, die Löcher eingebohrt, versenkt und die Aussparungen eingebracht

3 Lassen Sie die Zugmuttern (anfeilen!) ein, und bohren Sie Schraubenlöcher in die Platten und die Außenseite der U-Profile

4 Alle Platten werden mit den präparierten Aluschienen und -leisten versehen (im Bild die stärkere Grundplatte mit dem L-Profil)

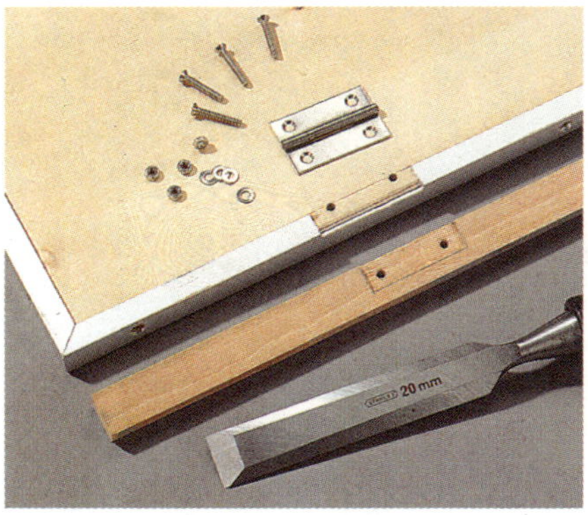

5 Falzen Sie die Abstandsleisten so, daß sie bündig mit dem L-Profil abschließen. Dann lassen Sie die Scharniere mit dem Beitel ein

6 Die Klötze des Deichsellagers werden von unten auf die Deichselplatte geschraubt und die Flachprofile als Gleitschienen montiert

7 Die Kerben im L-Profil nehmen die Scharniermuttern auf. Erst nach dem Lackieren die überstehenden Gewinde abtrennen und ...

wieder demontiert, die Aluleisten werden sorgfältig abgeklebt, da sie blank bleiben sollten. Danach erst bauen Sie ihn endgültig zusammen und trennen einige noch überstehende Schrauben ab.

Da die 9-mm-Multiplexplatten der Wagenwände nicht ohne weiteres in die handelsüblichen Aluminium-U-Profile passen, fräsen Sie die Platten an den Kanten zunächst von beiden Seiten um insgesamt einen Millimeter in Profiltiefe an. Die Profile sollten später stramm auf den Platten sitzen. Fasen Sie daher die Kanten noch zusätzlich an, damit sie trotzdem gut rutschen.

Dann geht's an die Vorbereitung der Aluteile. Wichtig sind die Aussparungen in den Profilen: In den U-Profilen sind die Winkel, aber auch die Scharniere an den Unterseiten der Wände eingelassen; die Stellen werden mit einer Metallsäge eingesägt und vorsichtig ausgebrochen. Und für die Muttern der Seitenwandbefestigung

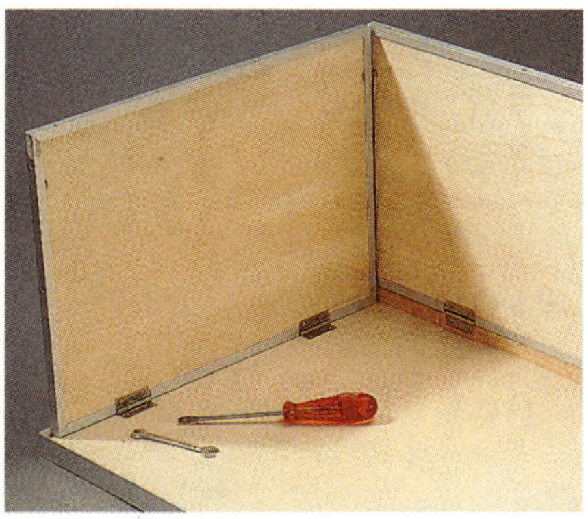

8 ... die Seitenwände endgültig an ihren Abstandsleisten sowie die Stirnwände direkt auf der Grundplatte festschrauben

Kinder-TAXI

Lackiert wird der Bollerwagen vor dem endgültigen Zusammenbau. Die Aluleisten sorfältig abkleben, da nur die Holzteile gestrichen werden

9 So verriegeln Anschlagwinkel und Schraubösen Stirn- und Seitenwände. Das Gewinde der Schrauböse mit einer Mutter begrenzen

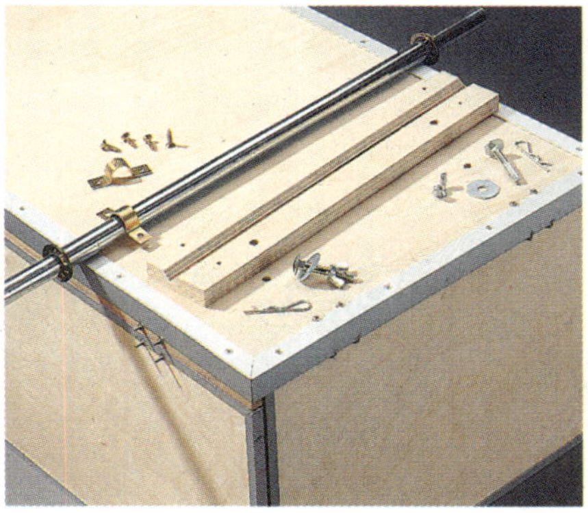

10 Fräsen Sie die V-Nut in das Hinterachslager ein und bohren die Löcher für die Schrauben. Achse mit Rohrschellen auf Lager befestigen

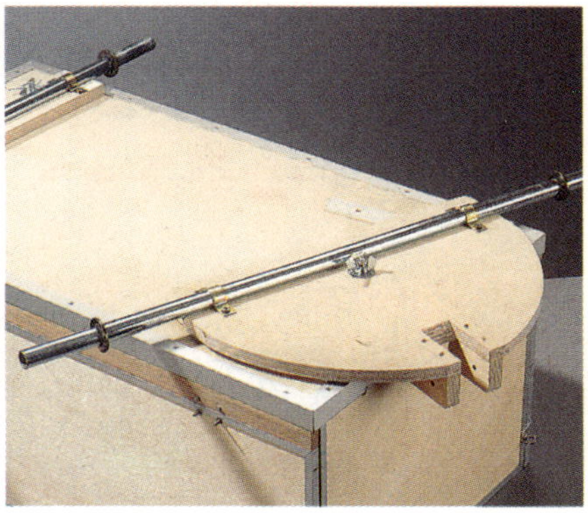

11 Die Vorderachse wird mit Rohrschellen auf der Deichselplatte befestigt. Schrauben Sie diese danach unter die Grundplatte

Die Deichsel mit Klappsperre ist aus Multiplex angefertigt. Sie können dafür auch Kiefer wählen, die Sperre als Extraklötzchen sägen und dann anschrauben

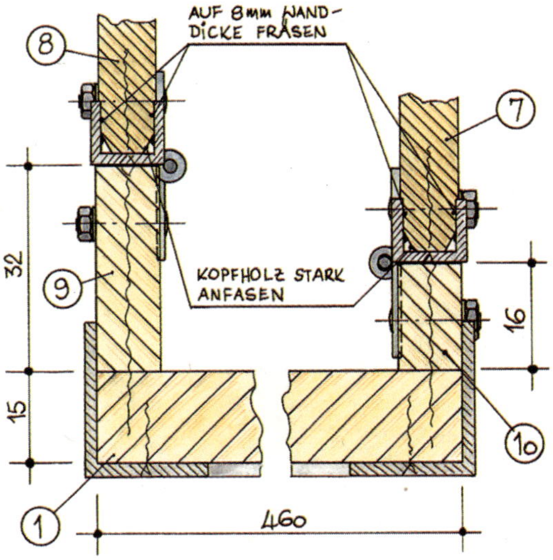

DETAIL AUS SCHNITT B÷B

feilen Sie in das Grundplatten-L-Profil halbrunde Aussparungen (siehe Bild 7). Sägen Sie auch bereits die vier Anschlagwinkel aus den Resten des L-Profils, versehen Sie sie mit den erforderlichen Bohrungen und arbeiten Sie sie mit der Feile nach. Mit ihnen werden später die Stirn- und Seitenwände verschraubt.

Die Schraubösen dieser Verriegelung werden in Zugmuttern gedreht, die in den Stirnwänden unter dem Aluprofil eingelassen sind – das ist sicherer als der vielleicht praktischere Verschluß mit einem Haken, der sich jedoch auf holpriger Strecke lösen kann. Lassen Sie die vier Zugmuttern mit dem Forstnerbohrer ein, und bohren Sie die für sie nötigen Löcher in die Stirnplatten und die Profilaußenseiten. Ihre exakte Plazierung sollten Sie vorher durch Anhalten genau festgelegt haben. Da die runden Zugmuttern ganz am Rand der Platten liegen, müssen Sie sie an einer Seite noch ein wenig geradefeilen.

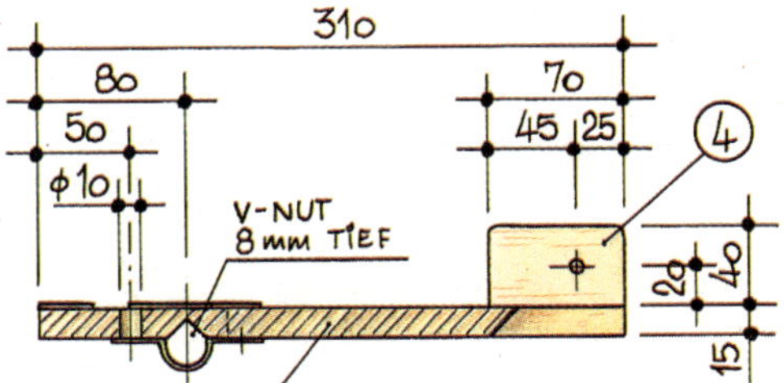

SCHNITT C÷C

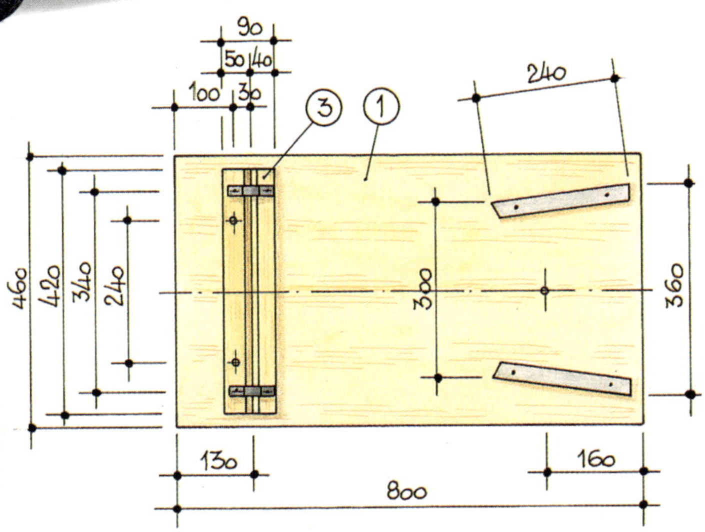

ANSICHT VON UNTEN
(OHNE KANTENWINKEL UND DEICHSELPLATTE)

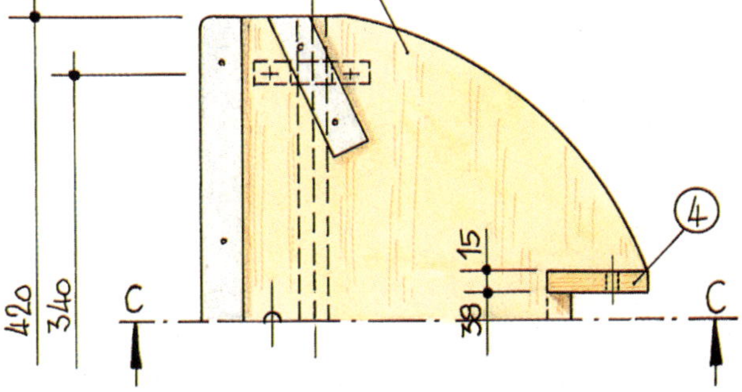

HALBE DRAUFSICHT

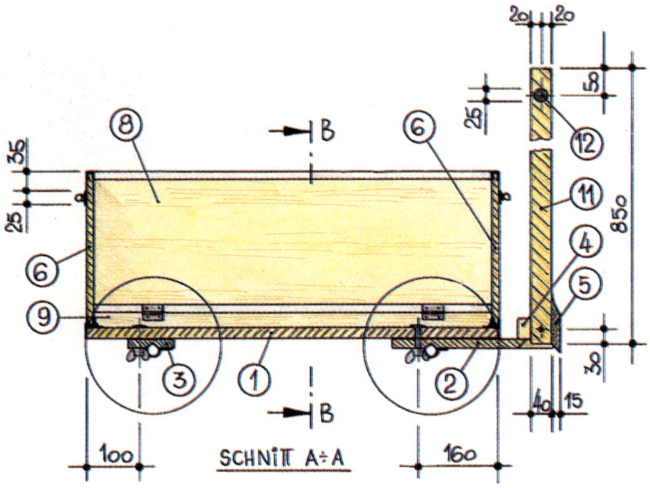

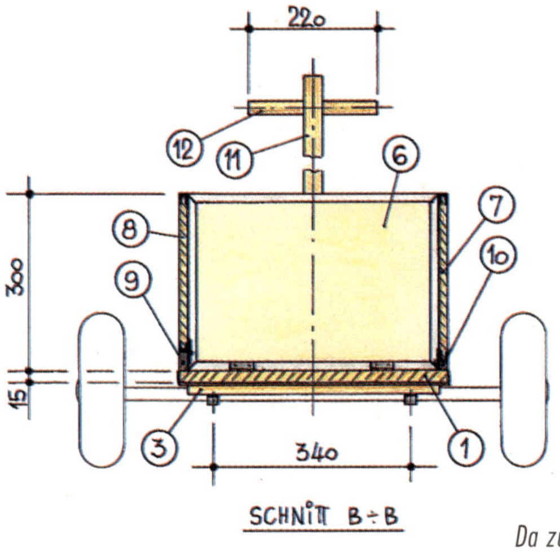

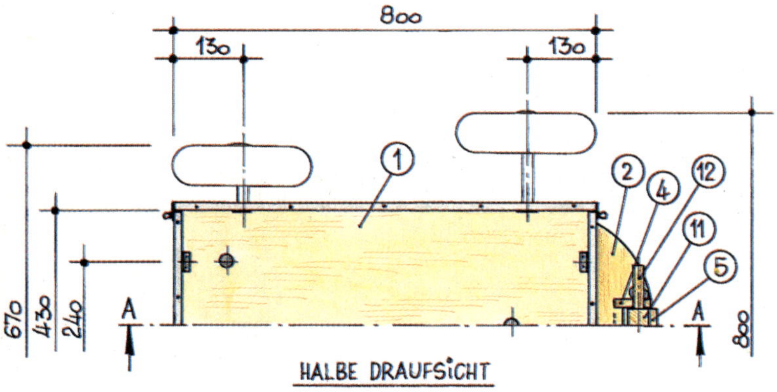

Da zugeklappt die Seitenwände auf den Stirnwänden und aufeinander liegen, sind Abstandsleisten unter den Seitenwänden erforderlich (Vorseite, obere Zeichnung). Die unterschiedliche Achsenlänge (links) garantiert Wendigkeit

Platz für den Großeinkauf und jede Menge Spaß auf dem Heimweg!

Kleiner Tip: Befestigen Sie später die Schrauböse mit dünner, fester Schnur direkt am Wagen, damit sie nicht verloren gehen und stets bei der Hand sind!
Die Deichsel ist mit einer Stoppmutter befestigt. Wir haben sie aus Multiplex gefertigt. Einfacher geht's mit Kiefernleisten. Die Klappsperre, die verhindert, daß die Deichsel auf den Boden fällt, läßt sich als Extraklötzchen zusägen und anschrauben.

Zu guter Letzt, nach dem Lackieren und dem endgültigen Zusammenbau, werden die überstehenden Schrauben-Enden der Scharniere (siehe Arbeitsschritt 7) mit der Trennscheibe entfernt und mit dem Schleifkopf nachgearbeitet, damit niemand daran hängen bleibt. Dieser Schritt ist erst jetzt sinnvoll, da das Zusammenschrauben mit bereits gekürzten Gewinden zu knifflig wäre. □

EINKAUFSZETTEL

Pos.	Anz.	Bezeichnung	Maße in mm	Material
①	1	Bodenplatte	800 x 460	Multiplex
②	1	Deichselplatte	420 x 310	15 mm dick
③	1	Hinterachslager	420 x 90	
④	2	Deichsellager	70 x 40	
⑤	1	Klappsperre	115 x 36	
⑥	2	Stirnwände	426 x 296	Multiplex
⑦	1	Seitenwand	795 x 280	9 mm dick
⑧	1	Seitenwand	795 x 264	
⑨	1	Abstandsleiste	800 lang	Kiefer 32 x 10 mm
⑩	1	Abstandsleiste	800 lang	Kiefer 16 x 10 mm
⑪	1	Deichsel	850 lang	Kiefer 40 x 36 mm*
⑫	1	Griffstange	220 lang	Kiefer 25 mm ∅
⑬	1	Sitzplatte	430 x 250	Sperrholz
⑭	2	Stützwände	230 x 140	10 mm dick
⑮	2	Eckverbinder	230 lang	Kiefer 20 x 20 mm

* = oder aus mehreren Lagen Multiplex

4 luftbereifte Laufräder, ∅260 x 75 mm dick, Achs-∅ 20 mm mit Montagematerial; 2 Achsen ∅20 mm, 800 und 670 mm lang; 4 Rohrschellen für 20-mm-Achsen; ca. 3 lfd. m Aluwinkel 25 x 20 x 2 mm; ca. 8 lfd. m Alu-U-Profil 12 x 10 x 2 mm; ca. 1,3 lfd. m Auflachprofil 30 x 3 mm; 8 Scharniere 40 x 30 mm geöffnet; 32 Linsenkopf-Gewindeschrauben M3 x 20 mm (Länge bei Montage anpassen) mit Scheiben und Muttern; 4 Schrauböse M4 mit Sechskant- und Zugmuttern; 4 Winkelstücke (aus Aluwinkel 25 x 20 x 2), 25 mm lang; 12 Linsenkopf-Gewindeschrauben M3 x 20 mm (Länge bei Montage anpassen) mit Scheiben und Muttern; 1 Schloßschraube M10 x 50 mm mit Karosseriescheibe und Flügelmutter (Drehpunkt Deichselplatte); 2 Schloßschrauben M8 x 50 mm mit Karosseriescheiben und Flügelmuttern (Hinterachslager); 1 Schloßschraube M6 x 80 mm mit Karosseriescheibe und Flügelmutter (Drehpunkt Deichsel); 3 Sicherungssplinte; Spanplatten-Schrauben; wasserfester Holzleim.

Materialkosten rund 350 Mark

Mit Holz, Glas und Sand

Dame-Spiel

Das attraktive Brett kommt mit einer Besonderheit einher: Das Innenleben besteht aus einem Gitterwerk, dessen Zwischenräume mit hellem bzw. mit Dispersionsfarbe eingefärbtem Quarzsand gefüllt sind

Besonders dekorativ: Als Spielsteine haben wir für das Dame-Brett unterschiedliche Muscheln verwendet, was auch gut zur Füllung aus Sand paßt. Spielfläche ist eine aufgeschraubte Platte aus kratzfestem Polycarbonbatglas

Der Nachbau des Damespiels ist einfach: Außer dem Sand werden nur eine 8-mm-Spanplatte, Gitter- und Randleisten aus Ramin und eine kratzfeste Kunstglasplatte benötigt.
Ehe Sie die Randleisten auf Gehrung schneiden, erhalten sie einen Falz zur Aufnahme der Glasplatte. Der obere Rand wird dann leicht gerundet. Nun die Randleisten mit Expreßleim versehen und gegen die Grundplatte leimen. Dann die Gitterleisten auf das Innenmaß des Spielbrettes ablängen. Die Abschnitte lasieren, bevor sie mit halbhohen Einschnitten in der Breite der Gitter versehen werden. So bleiben die späteren Leimstellen frei von Lasur. Die Leisten schneidet man mit einer Laub- oder Feinsäge aus. Ein Liniengitter (Bleistift) auf dem Grundbrett erleichtert das Einleimen: erst die Längsleisten, nach dem Abbinden die Querstreben. Anschließend noch einmal lasieren. Am nächsten Tag die Felder mit gefärbtem Sand füllen. Zum Schluß die Kunstglasplatte in den Falz legen und mit Schrauben befestigen. Damit die Schrauben nicht überstehen, die Bohrungen ansenken. □

Materialliste:

Spanplatte 8 mm dick: 1 Grundplatte, 696 x 696 mm;
Ramin 30 x 12 mm: 4 Randeinfassungen, 720 mm lang;
Ramin 19 x 8 mm: 14 Gitterleisten, 696 mm lang;
kratzfestes Polycarbonatglas, 3 mm dick: 1 Abdeckplatte, 711 x 711 mm
dazu:
16 Spanplatten-Schrauben 3,0 x 16 mm (Senkkopf); weißer und schwarzer Sand; Lasur; Holzleim.

Materialkosten: rund 60 Mark

1 *Zuerst müssen Sie die quadratische Grundplatte mit den auf Gehrung geschnittenen Randeinfassungen versehen*

2 *Die Linien zum Abtrennen der Felder zuerst mit Bleistift auf der Grundplatte markieren, dann die Gitterleisten einleimen*

3 *Erst wenn die Längsleisten abgebunden haben, werden die Querleisten eingeleimt. Überquellenden Leim gut abstreifen*

4 *Nach dem endgültigen Abbinden des Leims alle Holzteile lasieren und am nächsten Tag mit dem Einfüllen des Sandes beginnen*

Tret-Mobile aus Holz

Sperrholz in

Das erste Auto bleibt unvergessen – vor allem, wenn man bei Konstruktion und Lackierung dabei ist und schon vor der Einschulung das Steuer übernimmt!

Wie stark die individuelle Mobilität heute unsere Gesellschaft prägt, läßt sich nicht zuletzt in deutschen Kinderzimmern beobachten: Das Wort „Auto" gehört fast immer zu den ersten zehn Worten, die Kinder sprechen können, und Spielzeugautos sind im Kinderzimmer fortan unentbehrlich. Keine Frage, was schon vor dem ersten Schultag ganz oben auf der Wunschliste steht: Ein eigenes Auto. Da konnten auch wir nicht wiederstehen!

Die hier gezeigten Tretmobile folgen zwei Grundanforderungen: Sie sind ohne aufwendiges Werkzeug leicht auf dem Hof oder in der Garage zu bauen – und sie passen für Kinder von vier bis rund acht Jahren. Wie bei einem Dreirad haben wir einen simplen, fest mitlaufenden Tretkurbelantrieb gewählt – das reduziert den Konstruktionsaufwand erheblich, macht

SIMPLER ANTRIEB

Muskelkraft statt Batterie – Sie müssen kein Konstrukteur sein, um unser Auto zu bauen. Als Antriebseinheit nutzen Sie das Tretlager eines ausgedienten Kinderfahrrades, das Sie samt den Stümpfen des Rahmens mit der Metallsäge aus dem Rahmen schneiden. Das Fahrrad bekommen Sie z. B. beim Schrotthandel oder über eine Kleinanzeige

GUNG

Unsere flotten Flitzer sind als Alternative zur Seifenkiste für ebene Flächen gedacht: Statt der Schwerkraft sorgen hier Pedale für den nötigen Schwung

Wie einst im VW-Käfer befindet sich ein schmales Gepäckabteil im Heck – immerhin ist genügend Platz für Bordwerkzeug und „blinde Passagiere"

Vor und zurück in einem Gang – für flotte Fahrer gibt's eine Zusatz-Bremse

die Gefährte allerdings nicht sicher genug für Fahrbahnen mit großem Gefälle. Wer nicht gerade auf dem flachen Land wohnt, sollte daher unbedingt eine Zusatz-Bremse einbauen (siehe Seite 261), denn auch die Schnurlenkung ist nicht für höhere Geschwindigkeiten ausgelegt.

Als Basis für den Antrieb verwendeten wir das Tretlager eines ausgedienten Kinderfahrrades – ideal ist ein Modell mit 16-Zoll-Rädern. Falls kein verrostetes Rad auf Dachboden oder im Keller auf dieses Recycling wartet, sollten Sie bei Verwandten und Nachbarn fragen oder vielleicht eine Versteigerung des örtlichen Fundbüros besuchen – oft helfen auch eine Kleinanzeige oder ein Besuch auf dem Schrottplatz weiter.

Das komplette Tretlager wird samt Kettenblatt und Kurbeln mit einer Metallsäge aus dem Rahmen herausgesägt und am Chassis befestigt. Der mechanisch aufwendigste Teil des Antriebs wird also als „Komplett-Lösung" übernommen. Sollte das Tretlager schwergängig sein, nehmen Sie es auseinander, tauschen die Kugelringe aus und setzen es wieder zusammen. Bei Problemen hilft Ihnen sicher ein Fahrrad-Fachhändler.

Recycling von Alt-Teilen können Sie übrigens auch in bezug auf die Räder betreiben: Passende Speichenräder finden sich eventuell an einem alten Kinderwagen oder einer ansonsten unbrauchbar gewordenen Sportkarre. Sichern Sie sich dann auch drei passende Achsanschlüsse mit der Metallsäge. Alle übrigen notwendigen Teile können Sie mit unseren getrennten Listen „just in time" einkaufen. Im ersten Bauabschnitt wird zunächst das Chassis hergestellt.

Ganz wie im professionellen Automobilbau können auf dieser gemeinsamen „Plattform" unterschiedliche Modelle gefertigt werden. Vom Oldtimer bis zum Sportwagen – nichts ist unmöglich. Unsere beiden Vorschläge können Sie leicht noch weiter abwandeln.

1 *Zunächst verankern Sie das Tretlager am Mittelträger des Chassis. Dazu mit einem Flachfräsbohrer in Rohrstärke ein schräges Loch so durchbohren, daß später ...*

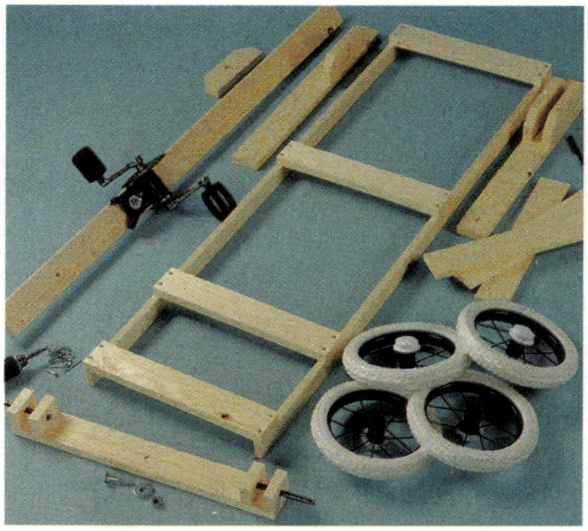

3 *Das gesamte Chassis wird in Rahmenbauweise aus Kiefern-Konstruktionsholz gefertigt und mit Spanplattenschrauben und wasserfestem Leim verbunden. Bohren Sie vor, damit das Holz nicht reißt*

2 ... die zuvor zum Hinterrad führenden Streben des Tretlagers flach auf dem Mittelträger aufliegen. Den Antrieb mit einer soliden Schloßschraube M10 am Träger befestigen

4 Die Vorderachse wird ebenfalls mit einer Schloßschraube am Chassis befestigt. Zwei Scheiben zwischen Mittelträger und Vorderachsträger gewährleisten später gute Lenkbarkeit

5 Ein rund 70 mm großes Kettenblatt (Fahrradladen) überträgt die Tretbewegung auf das rechte Hinterrad. Eine Gewindestange sorgt als „halbe Achse" für den notwendigen Kraftschluß

6 Das Zahnrad wird zwischen zwei großen Unterlegscheiben möglichst fest verschraubt und mit weiteren Muttern gegen Lockern gesichert. Falls möglich, nutzen Sie dafür Muttern mit Kunststoff-Sicherung

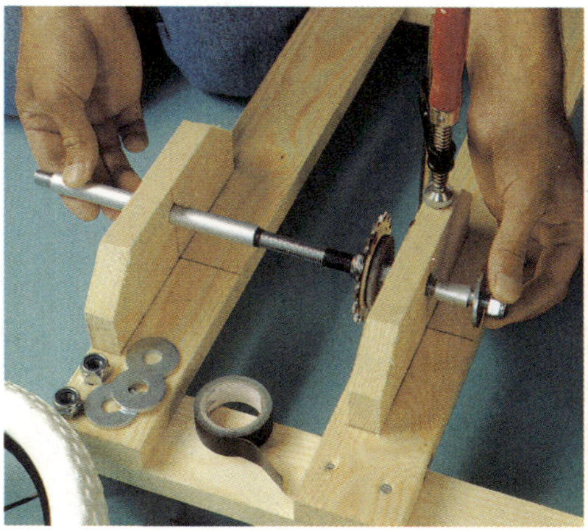

7 Um die Reibung gering zu halten, wird die Achse im Chassis in einem Metallrohr geführt. Schmieren Sie sie vor Montage mit Kugellagerfett und verschließen Sie die Rohrenden jeweils mit Unterlegscheiben

8 So muß der fertig montierte Radantrieb (von unten) aussehen. Bedenken Sie, daß alle Holzteile vor dem endgültigen Zusammenbau vorgestrichen und farbig lackiert werden sollten!

DAS CHASSIS

Ein Abdeckbrett dient als Kettenschutz. Falls vorhanden, deckt das angeschraubte alte Fahrrad-Schutzblech die Kette allerdings noch besser ab

EINKAUFSZETTEL

Pos.	Anz.	Bezeichnung	Maße in mm	Material
①	5	Querträger	420 lang	Kiefer 68 x 21 mm
②	2	Längsträger	610 lang	
③	1	Vorderachsträger	570 lang	
④	1	Mittelträger	1350 lang	
⑤	4	Achshalter	200 lang	
⑥	2	Längsträger	1350 lang	Kiefer 43 x 21 mm
⑦	4	Achshalter	68 lang	
⑧	2	Kettenschutzbretter	270 lang	Kiefer 91 x 21 mm
⑨	3	Sitzbretter	420 kang	Kiefer 68 x 15 mm
⑩	1	Lenksäule	510 lang	Kiefer ∅ 28 mm
⑪	1	Rückenlehne	415 x 350	Sperrholz
⑫	1	Lenkrad	190 x 190	12 mm dick
⑬	1	Kettenabdeckung	390 x 85	Sperrholz 6 mm dick

1 Stuhlwinkel 100 x 20 x 2 mm (Winkel an Lenksäulen-Neigung anpassen); 1 Tretlager kpl. (von altem Fahrrad); 1 Gewindestange M12 x 300 mm (Antriebsachse); 1 Kettenrad ca. 70 mm ∅; 1 Rohrstück ∅14 x 1 x 190 mm lang; 2 Scheiben ∅50 mm; 4 Scheiben ∅35 mm; 5 Sechskant-Muttern M12; 1 Fahrradkette ca. 1700 mm lang; 4 gummibereifte Speichenräder ∅250 mm kpl. mit Befestigungsmaterial; 3 Achsenstücke für Räder ∅12 x 150 mm lang; 2 Schloßschrauben M10 x 70 mm mit Scheiben und Sechskant-Muttern (Befestigung Tretlager und Drehlager Pos. 3); 4 große Schraubösen; 2 Scharniere 70 x 40 mm (geöffnet); ca. 800 mm Nylonseil; 2 Sechskant-Holzschrauben 6,0 x 45 mm (Befestigungen Lenkrad und Lenksäule); Spanplatten-Schrauben; wasserfester Holzleim.

Materialkosten rund 240 Mark

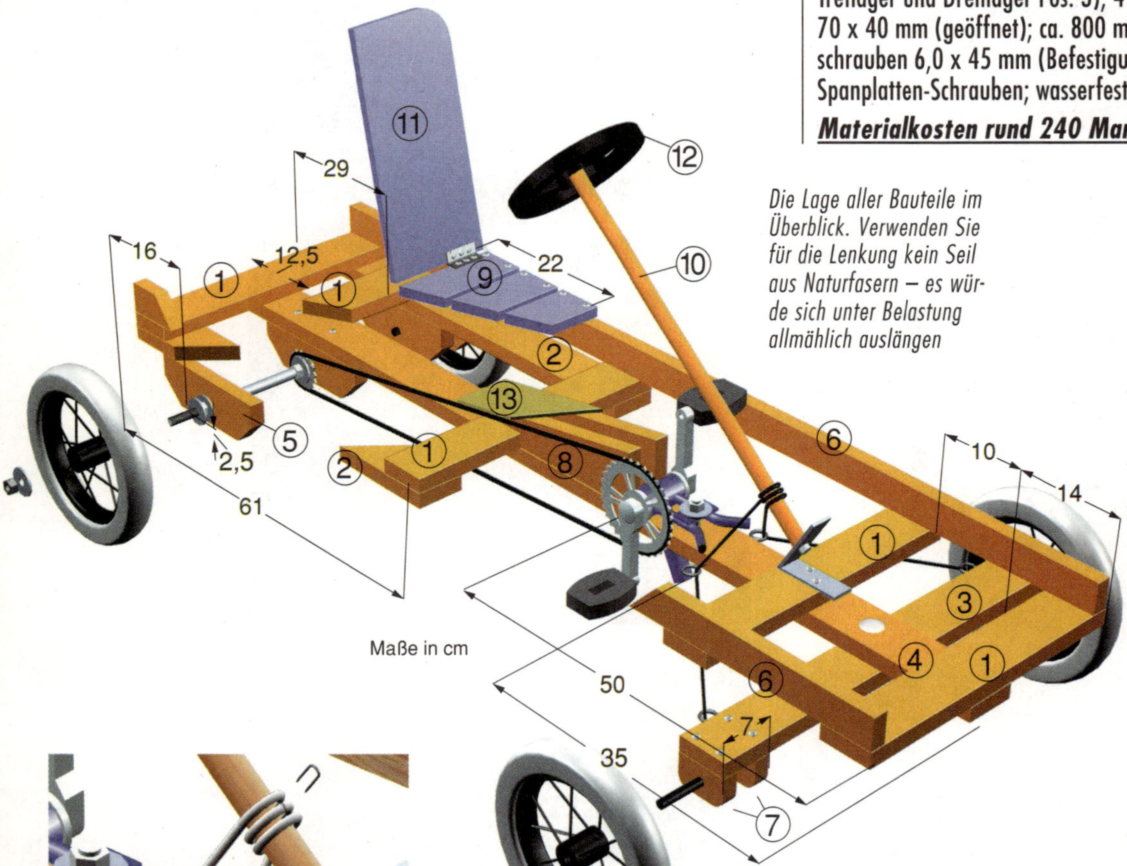

Die Lage aller Bauteile im Überblick. Verwenden Sie für die Lenkung kein Seil aus Naturfasern – es würde sich unter Belastung allmählich auslängen

Mehrere Seilwindungen um die Lenkstange erzeugen ausreichend Reibung, um die Vorderachse zu drehen

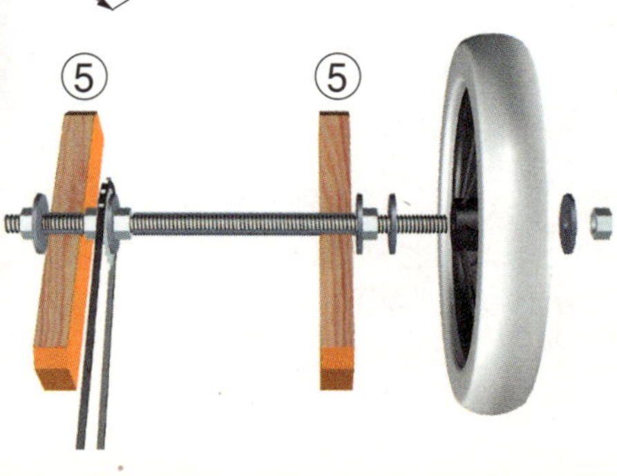

Das betrifft auch die Farbgebung, die schon bei der Fertigung des Chassis berücksichtigt werden sollte – später kommt man an einige Teile im Vorderbau nur noch schwer mit dem Pinsel heran. Um das Holz widerstandsfähig gegen Kratzer und gelegentliche Feuchtigkeit zu machen, sollten Sie Anstriche wählen, die für den Außenbereich geeignet und als „wetterfest" bezeichnet sind. Grundieren Sie unbedingt alle Holzteile, bevor Sie – nach einem Zwischenschliff – die Farben auftragen.

Die Kraftübertragung erfolgt nur über das rechte Hinterrad. Dieser Antrieb hält den mechanischen Aufwand klein und vermeidet, daß für die Kurvenfahrt ein Differential benötigt wird. Mit einer starr angetriebenen Hinterachse wären die benötigten Pedalkräfte zu groß, da die beiden Hinterräder ja einen unterschiedlich großen Radius abfahren und große Reibungskräfte auftreten würden.

Die mit der Tretkurbel erzeugte Kraft wird per Kette auf das hintere Ritzel übertragen, das auf eine M12-Gewindestange montiert wird.

DER AUFBAU

Bei der Ausgestaltung des Cockpits sind Ihrer Phantasie keine Grenzen gesetzt: Passende Ausrüstung gibt's in Fahrradläden oder im Auto-Zubehörhandel

Mit dem Größenverhältnis der beiden Kettenräder vorn und hinten können Sie die erzielbare Geschwindigkeit variieren und in gewissen Grenzen auch eine abweichende Dimensionierung der Räder ausgleichen: Je größer das vordere Kettenblatt an der Tretkurbel ist, desto größer sollten Sie auch das hintere Ritzel wählen – bei zu kleinem Ritzel würde das Auto zu schnell, zudem müßte man zu stark treten, um es überhaupt in Bewegung zu bringen.

Klar, daß ein schnittiges Fahrzeug auch zu zügiger Fahrweise animiert – deshalb sollten Sie die Tretautos am besten mit unserer Handbremse ausrüsten, die direkt auf das angetriebene rechte Hinterrad wirkt. Der Hebel aus Hartholz wird mit einer Schloßschraube am (mit einer innen angeleimten Zulage verstärkten) Aufbau befestigt. □

1 *Den Aufbau montieren Sie am besten Stück für Stück am fertigen Chassis. Beginnen Sie dabei mit den Seitenverkleidungen. Das Baumaterial Sperrholz sorgt dafür, daß der Wagen später kein Schwergewicht wird*

Maße in cm

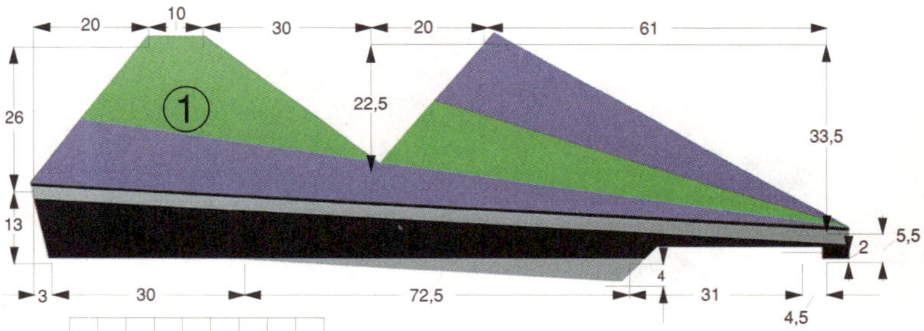

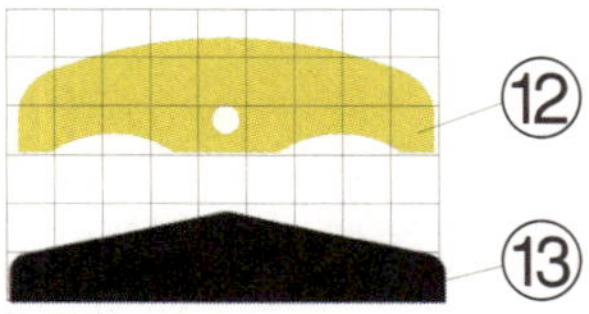

Ob Anklang an die Formel 1 oder klassische Vorbilder: Beide Varianten lassen sich leicht realisieren. Das Raster hilft Ihnen bei den Rundungen des Oldtimers (S. 262)

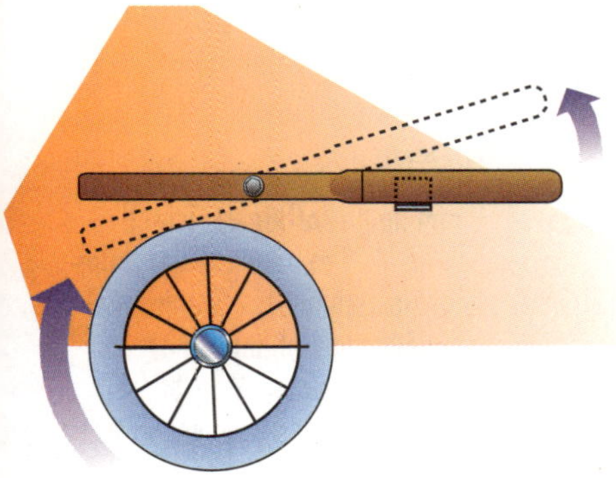

Zusatz-Bremse: Ein Hartholz-Stab wird am Griffende rundgeschliffen und (eventuell durch ein Alurohr als Abstandshalter) mit einer Schloßschraube seitlich am Aufbau befestigt. Ein kleiner Stuhlwinkel verhindert, daß der Hebel in der Ruheposition herunterfällt

Profi-Autobau: Zwei Modelle auf einer gemeinsamen Plattform. Sondermodelle gibt's nach Wunsch

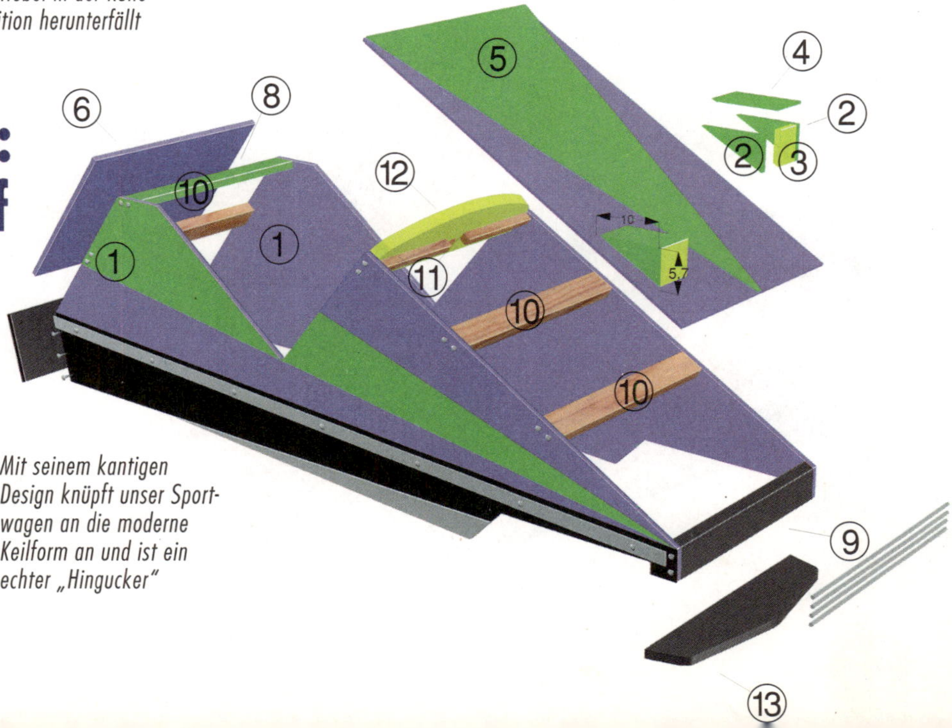

Mit seinem kantigen Design knüpft unser Sportwagen an die moderne Keilform an und ist ein echter „Hingucker"

2 *Sparen Sie nicht an Querverstrebungen, damit das Auto kleinere Rempeleien übersteht. Auf Airbag und Knautschzone mußten wir verzichten – als Zubehör können Sie die beschriebene Bremse (S. 261) nachrüsten*

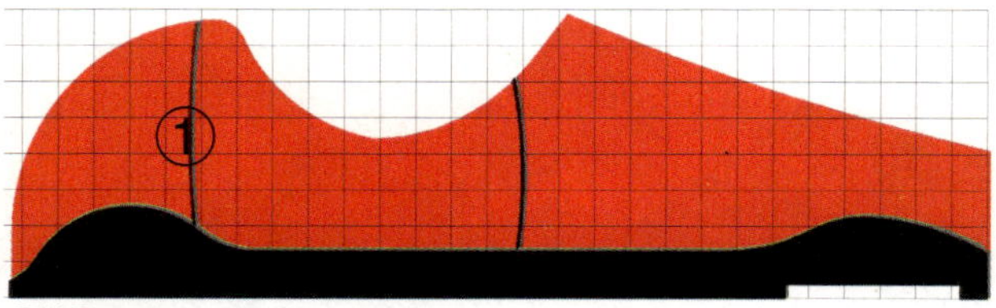

5 X 5 cm

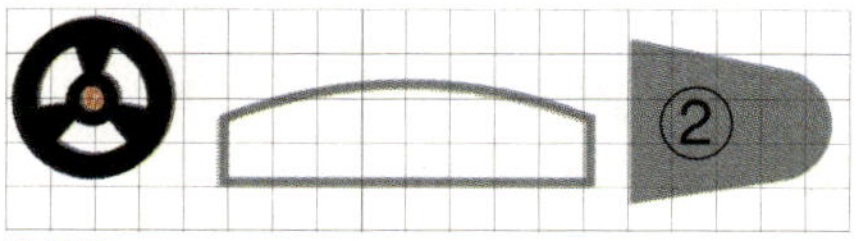

5 X 5 cm

Ein Lenkrad benötigen natürlich beide Modelle – es sollte nicht kleiner als rund 20 cm im Durchmesser sein – schließlich ist keine Servolenkung eingebaut

Montieren Sie das gebogene Heck erst am Schluß der Montage, das dünne Sperrholz läßt sich dann besser anpassen

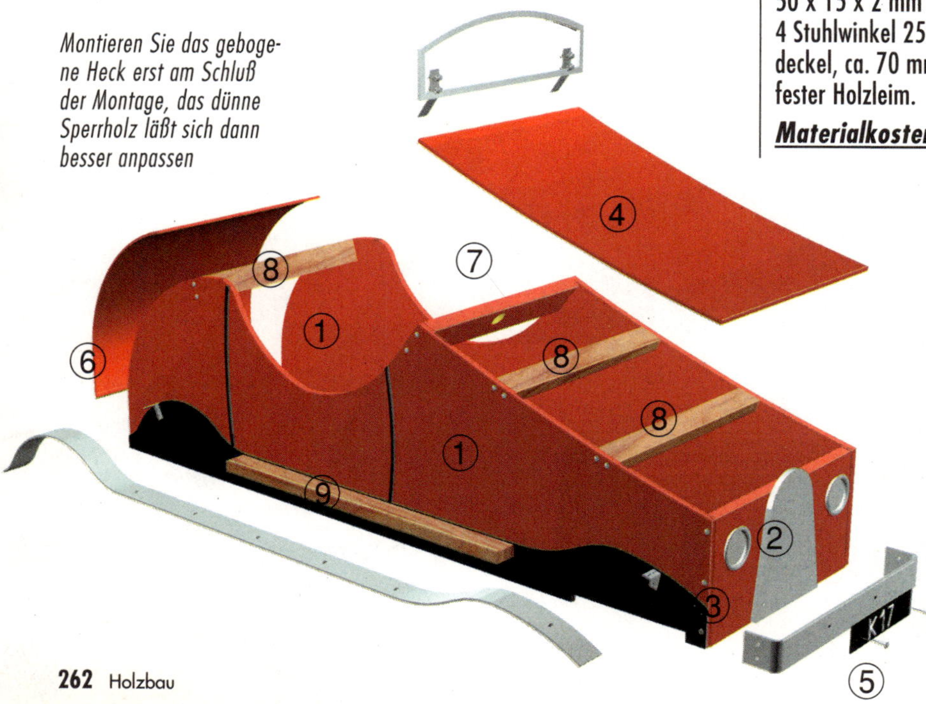

RENNWAGEN

EINKAUFSZETTEL

Pos.	Anz.	Bezeichnung	Maße in mm	Material
①	2	Seitenteile	1410 x 430	Sperrholz
②	4	Scheinwerferseiten	100 x 50	10 mm dick
③	2	Frontbrettchen	50 x 50	
④	2	Abdeckungen	100 x 70	Sperrholz
⑤	1	Motorhaube	700 x 440	6 mm dick
⑥	1	Heckplatte	440 x 340	
⑦	1	Heckplatte	420 x 146	Sperrholz
⑧	1	Querträger	420 x 50	15 mm dick
⑨	1	Querträger	420 x 65	
⑩	3	Querträger	420 lang	Kiefer 43 x 21 mm
⑪	2	Verstärkungsleisten	190 lang	Kiefer 21 x 21 mm
⑫	1	Armaturenbrett	420 x 120	Kiefer 15 mm dick
⑬	1	Spoiler	438 lang	Kiefer 91 x 21 mm

4 Alu-Rundstangen ∅10 x 438 mm lang (Kühlergrill); Alu-Flachprofil 30 x 3 mm: 2x Seiten-Zierleisten 1410 mm lang, 1 Heck-Stoßstange 438 mm lang; Spanplatten-Schrauben; wasserfester Holzleim.

Materialkosten (Aufbau) rund 130 Mark

LIMOUSINE

EINKAUFSZETTEL

Pos.	Anz.	Bezeichnung	Maße in mm	Material
①	2	Seitenteile	1365 x 390	Sperrholz
②	1	Kühlergrill	225 x 185	10 mm dick
③	1	Frontbrett	420 x 210	Sperrholz 15 mm
④	1	Motorhaube	640 x 440	Sperrholz
⑤	2	Kennzeichenbretter	225 x 50	6 mm dick
⑥	1	Heckplatte	500 x 440	Sperrholz 4 mm dick
⑦	1	Armaturenbrett	420 x 70	Kiefer 20 mm dick
⑧	3	Querträger	420 lang	Kiefer 43 x 21 mm
⑨	2	Trittleisten	690 lang	

Alu-Flachprofile 50 x 5 mm: 2x 1450 mm lang (Kotflügel), 1 Stoßstange 560 mm lang und 1 Heckstoßstange 438 mm lang; 1 Acrylglasplatte 4 mm dick, 438 x 120 mm (Windschutzscheibe); 2 Stuhlwinkel 50 x 15 x 2 mm (für Acrylscheibe, an Neigungwinkel anpassen); 4 Stuhlwinkel 25 x 15 x 2 mm (Befestigung Kotflügel); 2 Farbdosendeckel, ca. 70 mm ∅ (Scheinwerfer); Spanplatten-Schrauben; wasserfester Holzleim.

Materialkosten (Aufbau) rund 120 Mark

Kapitel 11

Balkon und Terrasse

Selten bekommt man die Gelegenheit, parkähnliche Gärten mit Objekten aus Holz zu gestalten. Meist stehen dazu mehr oder weniger große Balkone oder vielleicht eine Terrasse in einem Reihenhausgarten zur Verfügung

INHALT

Bunte Reihe

Wir haben etwas gegen triste Balkone und langweilige Terrassen: Unsere vielseitigen Blumenkübel zum Beispiel. Die können Sie ganz nach Ihrem Geschmack gestalten und kombinieren

Die Abstufung der Seitenbretter richtet sich nach Ihren Bedürfnissen

Ganz gleich, ob Sie viel Platz haben oder eher damit haushalten müssen: Durch die vielfältigen Kombinationsmöglichkeiten sind unsere Holzkübel fast überall einsetzbar und eignen sich gut zum Abgrenzen und Strukturieren von Gartenbereichen. Vor dem Bauen sollten Sie sich überlegen, wieviele Kästen Sie brauchen und in welcher Kombination sie stehen sollen. Danach richtet sich dann der Materialeinkauf. Nach dem Zuschneiden der Bretter und Leisten werden Löcher für die Schrauben mit einem Holzbohrer eingebracht. Nach dem Schleifen geht es an den Zusammenbau der Rahmen. Wer kein versierter Heimwerker ist, sollte hierfür besser die stumpfe Verbindung wählen. Schöner und sauberer ist allerdings die Gehrungsverbindung, wie wir sie in unserer Zeichnung zeigen. Es ist ratsam, den Kübel vor dem Lasieren aufzubauen, damit eventuelle Ungenauigkeiten vor dem Farbauftrag behoben werden können. Zum Schluß werden die fertigen Kübel mit einer stabilen Folie ausgeschlagen. Vergessen Sie nicht, Löcher hineinzustechen, durch die das Wasser abfließen kann. In unseren Kübeln kann man auch alte, unansehnliche Kästen verschwinden lassen, die dann schön bepflanzt zu neuen Ehren kommen. □

Der Bau unserer Pflanzkübel ist leicht nachzuvollziehen

1 *Zuerst erfolgt der Zuschnitt der Seiten- und Bodenbretter. Von Vorteil ist hierbei eine Handkreissäge*

2 *Mit dem Bandschleifer werden nun alle Schnittflächen sorgfältig geglättet*

3 *Nachdem der Rahmen montiert ist, schraubt man die Seiten- und anschließend die Bodenbretter an*

4 *Die Bretter bekommen einen zweimaligen farbigen Lasuranstrich, der das Holz vor der Witterung schützt*

Materialliste: Pflanzkübel

Fichte/Tanne 100 x 20 mm (gehobelt):

je Kübel 20 Seitenbretter, Längen abgestuft: 200, 250, 300, 350,oder 400 mm, Fugen 10 mm breit, Kombinationen nach Wunsch;

Fichte/Tanne 100 x 20 mm (gehobelt):

je Kübel 5 Bodenbretter, 535 mm lang, Fugen 7,5 mm breit;

Fichte/Tanne 40 x 20 mm (gehobelt):

je Kübel 8 Leisten,
bei Gehrungs-Verbindung
8 x 540 mm lang,
bei stumpfer Verbindung
4 x 540 mm lang und 4 x 500 mm lang;

dazu:
Folie zum Ausschlagen der Kübel;
Spanplatten-Schrauben.

Materialkosten zwischen rund 40 und 55 Mark
(je nach Gestaltung der Seitenwände)

Bücher, die Sie stets griffbereit haben möchten, sind in dem kleinen Bord gut aufgehoben

Schnell gebaut

Wand-Regal

Das praktische Kleinregal können Sie überall an die Wand schrauben. Als Material verwendeten wir Sperrholz in zwei verschiedenen Dicken. Das Material auf die angegebenen Maße zuschneiden. Die beiden Stirnwände und die Zwischenwand erhalten jeweils drei Ausklinkungen in der Größe des Längs-, Träger- und Führungsbrettes (dieses erhält zusätzlich eine 30 cm lange Öffnung zum Verschieben der Zwischenwand). Stirnwände mit der Bodenplatte verschrauben und die Bretter in die Aussparungen einsetzen. Nun die Griffscheibe und den Aufnahmering fertigen. Die Bohrung für den Gewindebolzen herstellen, die Zwischenwand einsetzen und den Schiebegriff montieren.

Die Zeichnung verdeutlicht die einfache Konstruktion des Regals

Materialliste:

Sperrholz, 10 mm dick: 2 Stirnwände, 250 x 180 mm; 1 Bodenplatte, 490 x 180 mm; 1 Längsbrett, 510 x 25 mm; 1 Trägerbrett, 510 x 40 mm; 1 Führungsbrett, 510 x 40 mm. Sperrholz, 8 mm dick: 1 Zwischenwand, 225 x 180 mm; 1 Griffscheibe, ∅ 60 mm; 1 Aufnahmering, ∅ 30/18 mm.

Dazu: 1 Gewindebolzen, M6 x 40 mm; 1 Sechskant-Mutter, M6 x 40 mm; Spanplatten-Schrauben; Holzleim.

Werkzeug: Stichsäge, Schraubendreher, Bohrmaschine **Materialkosten:** rund 15 Mark

Terrasse aus Zedernholz

Platz an der Sonne

Keine Sorge: Unsere individuelle Terrassen-Anlage hält jedem Wetter stand. Ob Sonne, Wind oder Regen – Zedernholz ist nahezu unverwüstlich

Vorher – nachher: Die Ecke hinter dem Haus bot sich für eine gemütliche Terrasse geradezu an

Die größte Sommerhitze ist vorbei – Zeit, um Pläne zu schmieden und vielleicht noch in dieser Saison zu realisieren. Zum Beispiel eine Holzterrasse. Die Vorteile liegen auf der Hand: In den meisten Fällen sind keine großen Erdarbeiten nötig, man braucht auch keine Bodenplatte oder Fundamente zu gießen. Die Balkenkonstruktion ruht auf Gehwegplatten. Das hat auch den Vorteil, daß die Trägerbalken keinen Erdkontakt bekommen und immer wieder gut abtrocknen können.

Für Trägerbalken und Bodenhölzer haben wir kanadische Rot-Zeder (Western Red Cedar) aus dem Osmo-Gard-Programm verwendet. Dieses sehr haltbare, witterungsbeständige Holz braucht keine Imprägnierung. Im Laufe der Jahre weicht die rötlichbraune Färbung unter dem Einfluß von Sonne, Wind und Regen einem leichten Silberton.

Wer den rötlichbraunen Charakter des Holzes erhalten möchte, kann es mit Osmo Color Einmal-Lasur oder Holzschutz-Lasur, am besten im Zederton, schützen. Durch seine Verzugsarmut und die natürlichen öligen Inhaltsstoffe eignet sich Rot-Zeder hervorragend als Gartenholz.

Direkter Erdkontakt ist jedoch zu vermeiden. So sollte man beispielsweise bei der Montage von Zäunen, Carports oder Pergolen Pfostenanker verwenden. Für Holzterrassen heißt das, auf eine

1 Nachdem der Untergrund mit Schotter begradigt ist, wird die Wandpfette direkt an die Hauswand gedübelt. Verwendet wurden ...

2 ... dafür Konstruktionshölzer (38 x 89 mm) aus Zeder natur und nichtrostende Sechskantholzschrauben 12 x 140 mm aus Edelstahl

3 Die auf passende Länge zugeschnittenen Balken (90 x 90 mm) befestigt man mit Hilfe von Winkeln an der Wandpfette

7 Bis die endgültige Größe von 600 x 385 cm erreicht ist, müssen 17 Trägerbalken verlegt werden. Hier nochmal das Fixieren der Laschen

8 Jetzt geht es ans Verschrauben der 26 x 140 mm messenden Bodenhölzer. Für die gesamte Terrassenfläche werden 60 Stück benötigt

9 Die Bodenhölzer werden vierfach verschraubt. Für ein regelmäßiges Fugenbild sorgt ein 5 mm dickes Distanzbrettchen aus Restholz

gute Drainage zu achten. Deshalb haben wir auf einem begradigten Unterbau aus verdichtetem Schotter zunächst im Mittenabstand von 60 cm Gehwegplatten verlegt und darauf die Träger mit seitlich angeschraubten Holzlaschen justiert. Die Wandpfette wird direkt an die Hauswand gedübelt. Zum Befestigen müssen auf jeden Fall Sechskant-Holzschrauben (12 x 140 mm) aus Edelstahl verwendet werden. Mit dem Fixieren der Bodenhölzer sollte man stets außen beginnen. Das sieht besser aus, und kleine Maßdifferenzen lassen sich leichter kaschieren. Der Längsstoß erfolgt immer mittig auf einem Trägerbalken, verschraubt wird vierfach. Die einzelnen Bodenhölzer verlegt der Fachmann im Wechselstoß, d. h. die Brettlängen sind so zu wählen, daß die Stöße nicht direkt nebeneinander liegen. So bekommt man ein ausgewogenes Bild. Eine umlaufende Kiesschüttung, Sichtschutz-Elemente und schöne Pflanzen runden das Ganze ab. □

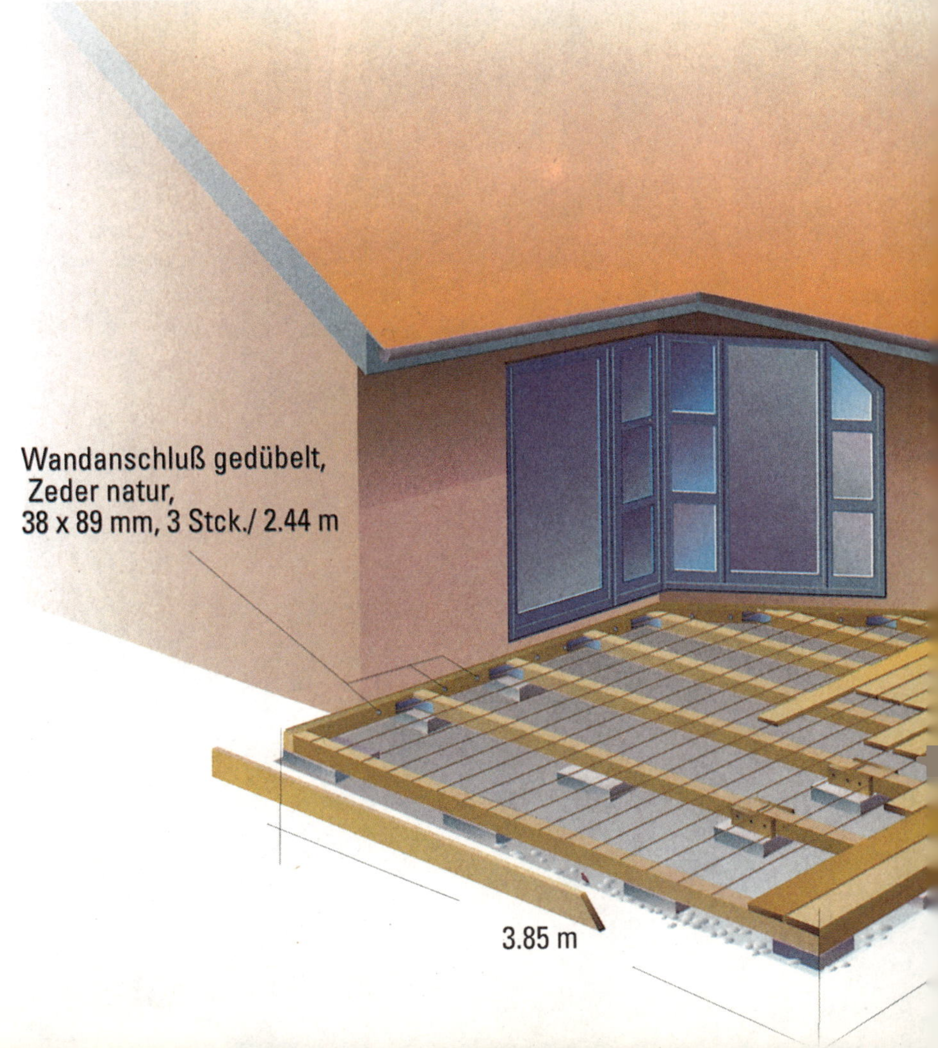

4 In Abständen von 60 cm werden die Trägerbalken verlegt. Die ‚Feineinstellung' erfolgt mit seitlich angeschraubten Holzlaschen, ...

5 ... die die Konstruktion auf den Gehwegplatten stützen. Das hat zudem den Vorteil, daß die Balken keinen Erdkontakt bekommen und ...

6 ... immer wieder abtrocknen können. Ausgerichtet wird alles mit der Wasserwaage. Auch zwischendurch zur Sicherheit kontrollieren

10 Aus optischen Gründen und um eventuelle Maßdifferenzen zu kaschieren, sollte man stets mit den äußeren Bodenhölzern beginnen

11 Der Fachmann verlegt die einzelnen Bodenhölzer im Wechselstoß. Hier wird gerade die Terrassenverblendung am Tragbalken fixiert

12 Mit Hilfe einer Handkreissäge und einer Führungsschiene schneidet man schließlich den Boden seitlich sauber ab. Fertig!

In der Regel braucht man keine Genehmigung

Meist wird bereits bei der Haus-Planung eine Terrasse vorgesehen, doch kann man sie durchaus auch nachträglich anbauen. Die günstigste Lage dafür ist an der Südseite zwischen Wohnzimmer und Garten. In der Regel braucht man für den Anbau einer nicht überdachten Terrasse keine Genehmigung; allerdings muß in den meisten Fällen ein Grenzabstand von 2 m eingehalten werden. Bevor Sie ein solches Projekt in Angriff nehmen, sollten Sie sich jedoch vorsichtshalber beim zuständigen Bauamt informieren und sich mit den Nachbarn absprechen – das erspart u. U. Kosten und Ärger.

Hier unsere Holzterrasse in der Übersicht. Angegeben ist die erforderliche Anzahl von Trägerbalken für den Wandanschluß und die Unterkonstruktion sowie die Anzahl der Bodenbretter mit den jeweiligen Abmessungen

Ein Hoch auf die neue Holzterrasse! Sichtschutz-Elemente aus dem Osmo-Programm schützen vor Einblicken von draußen

Dachgarten

Paradies auf dem Dach

Ein kleiner Garten Eden in luftiger Höhe – welch ein Traum! So manches nicht genutzte Flachdach bietet die Gelegenheit, ihn zu verwirklichen – ergreifen Sie sie

Siesta auf dem Dach. An lauen, warmen Sommer-Abenden wird das Bett einfach nach draußen gezogen

Jede Woche bekommen Blühpflanzen wie Oleander und Hängepetunien ihre Düngergaben

Die besten Einfälle und kreativen Ideen kommen in ungestörter Atmosphäre. Ein Dachgarten ist ideal dafür

Manchmal braucht man nur ein wenig Phantasie – und schon werden Träume wahr: Einschlafen unterm weiten Sternenhimmel beispielsweise, mit ungehindertem Blick auf leuchtende Sternschnuppen und Kometen – dazu muß man nicht erst in die Ferne reisen. An lauen Sommerabenden zieht Dagmar Stein zu Hause ihr Bett ins Freie. Ungestört von Blicken der Nachbarn macht sie es sich zwischen duftenden Petunien, Oleander und Geranien gemütlich. Obst und Früchte zum Naschen wachsen ihr fast in den Mund. Ein trauriges Flachdach – wie so viele seiner Art lange Zeit ungenutzt – hat sie mit wenig Aufwand in ein blühendes Dachgarten-Paradies verwandelt. Gut, daß beim Anbau gleich ein Ausgang nach draußen vorgesehen wurde. Günstig ist auch das Badezimmer nebenan. Von dort ließ sich leicht ein Wasseranschluß mit frostsicherem Hahn nach draußen legen. Das macht das Gießen der vielen Balkonkästen, Ampeln und Kübel bequem: Ein simples Balkon-Bewässerungs-System läßt das Wasser an allen Stellen geregelt tröpfeln. Jede Pflanze nimmt sich, was sie

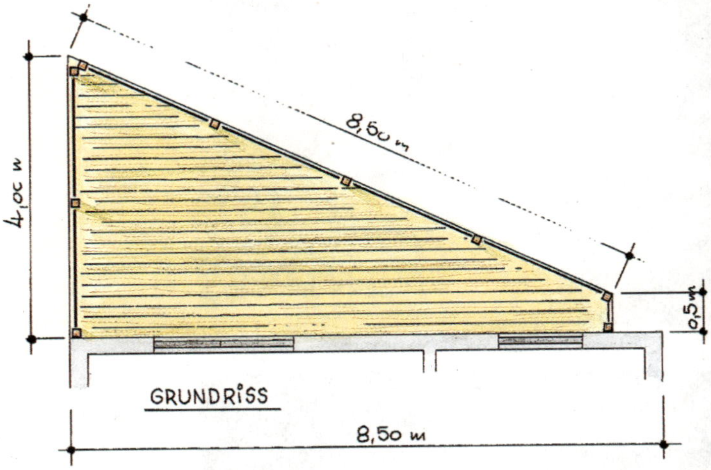

braucht, und die Gießkanne tritt nur zum Düngen in Aktion. Den üppigen Hängepetunien, den roten, schmackhaften Tomaten und Konsorten bekommt das Schwelgen im Überfluß sehr gut. Wind und gleißende Sonne verlangen bisweilen einige Schutz-Vorkehrungen, die sich jedoch mit Markise und Segeltuch ohne großes Aufheben realisieren lassen. Viel ungestörter Freizeitspaß steht dem gegenüber: weder lange Autofahrten noch Parkplatzsorgen, kein Streß, keine Extra-Kosten – Dagmar kann jede freie Minute zum ungestörten Lesen und Malen unter freiem Himmel nutzen. Maximal vier Meter ist das Dach breit. Wegen des dreieckigen Zuschnittes (siehe Grundriß oben) ist es nur teilweise gut zu nutzen. Was aber kein echtes Problem darstellt, denn die Kübel sind in gefälligen Gruppen rund um die Sitzmöbel angeordnet und gliedern so die Fläche. Die Dachhaut blieb unangetastet, sie wurde lediglich zur Sicherheit mit einer 1 mm dicken Teichfolie bedeckt. Hierauf liegt die Unterkonstruktion mit dem daran verschraubten Balkon-Geländer. Die Dachfläche hat ein leichtes Gefälle von ca 0,5 bis 1 Prozent. Optisch ist dies kaum wahrnehmbar, doch kann das Wasser ungehindert abfließen – Staunässe ist somit ausgeschlossen. Das Balkongeländer besteht aus gehobelten Fichte/Tanne-Hölzern, in die Gitter aus verzinktem Maschendraht eingelassen sind. Dafür wird mit der Oberfräse und einem Nutfräser rundum eine Nut eingebracht, den Maschendraht fixiert man mit Krampen. Die kompletten Gitterrahmen werden an den Pfosten aus druckimprägnier-

Damit die Dachhaut nicht leidet, bedeckt man sie mit einer stabilen Teichfolie. Diese w

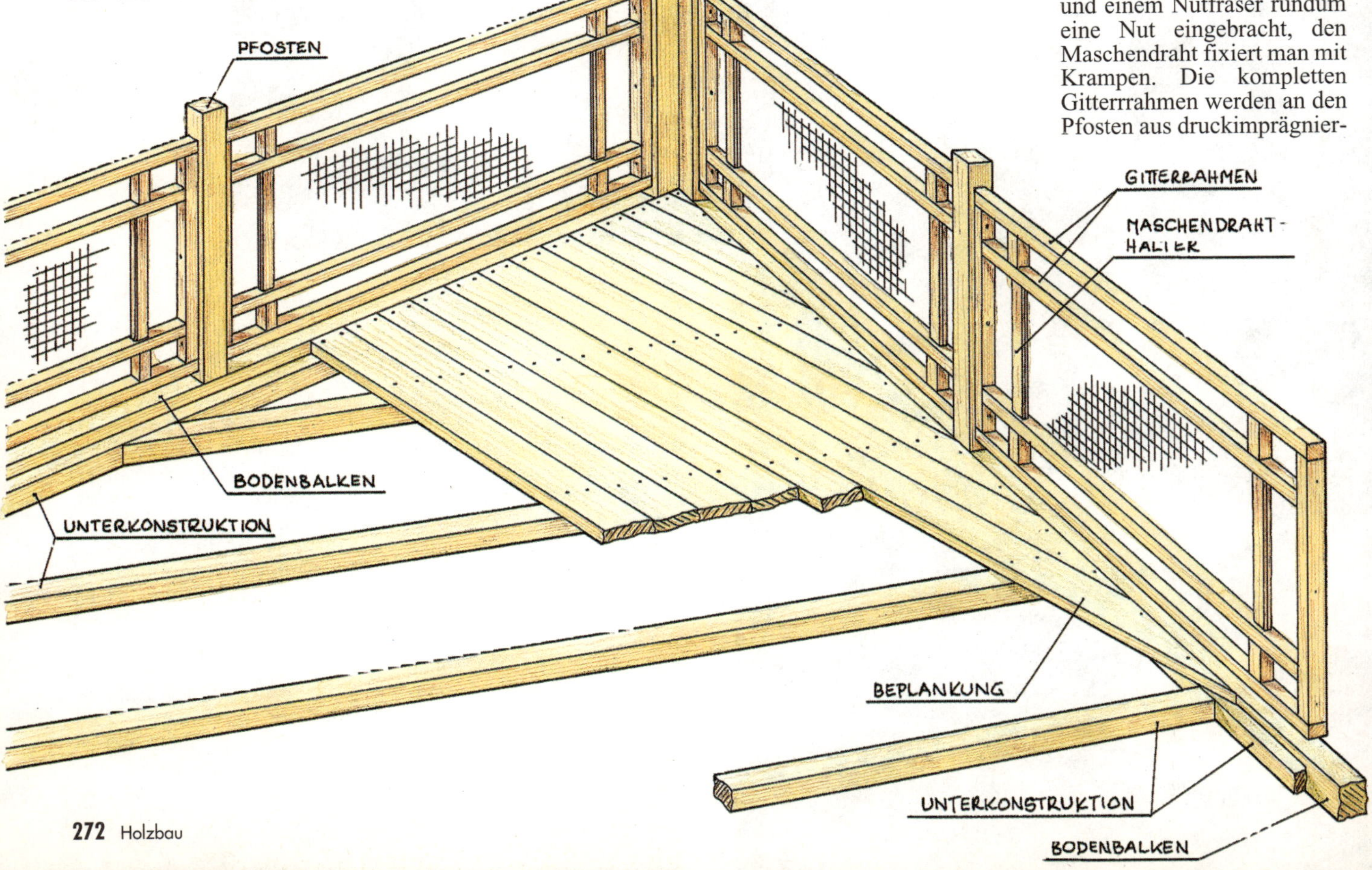

f Wunsch nach Maß geliefert

1 Zunächst werden die Bodenbalken am Mauerwerk verdübelt und verschraubt, dann paßt man die Unterkonstruktion an

2 Für die Beplankung haben wir kesseldruck-imprägnierte Kiefer-Bretter (140 x 26 mm) aus dem Baumarkt verwendet, zum Befestigen Spanplatten-Schrauben

3 Die Gitterrahmen bestehen aus gehobelten Kanthölzern (50 x 50 mm). Die Maschendrahtgitter sitzen in einer gefrästen Nut

4 Genaues Ausmessen, Zuschneiden und Ausrichten der Elemente sind Voraussetzung für die Stabilität der ganzen Konstruktion. Die beiden Rankgitter am Ende ...

ter Kiefer verschraubt, grundiert und zweimal mit wetterfestem Decklack gestrichen (Zwischenschliff). Bei großen Flächen empfiehlt es sich, das Balkongeländer mit zusätzlichen Streben zu stabilisieren, die im Boden verankert werden. Eine gelungene Lösung – die Konstruktion wirkt leicht und ist trotzdem stabil.

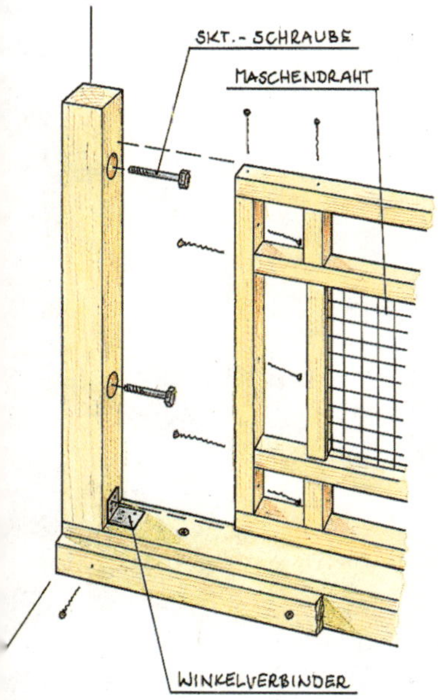

Winkelverbinder stabilisieren die Pfosten auf der Unterkonstruktion. Die Gitterrahmen werden verschraubt

Material:

Kesseldruckimprägnierte Kiefer

90 x 90 mm:	Bodenbalken, Pfosten
90 x 65 mm:	Unterkonstruktion
65 x 45 mm:	Unterkonstruktion
140 x 26 mm:	Beplankung

Fichte/Tanne (gehobelt)

50 x 50 mm:	Gitterrahmen
50 x 20 mm:	Maschendraht-Halter

dazu:
Maschendraht (verzinkt); Sechskant-Schrauben M12 x 100 mit Scheiben und Gewindedübeln; Winkelverbinder (verzinkt) 60 x 60 x 2 mm; Krampen (Fixierung Maschendraht); Spanplatten-Schrauben.

... der Terrasse sind für Kletterpflanzen vorgesehen und daher entsprechend höher. Passend zum Haus werden die Gitterrahmen mit wetterfester Farbe weiß gestrichen

Sessel, Bank und Kombitische

Nehmen Sie Pla

Eine fröhliche Runde: Oben ist der große rechteckige Tisch der Mittelpunkt, rechts die Kombination aus zwei halbrunden Teilen

Familienfeste und fröhliche ‚Gelage' im Freundeskreis sind eine feine Sache – ganz besonders im Freien. Nicht von ungefähr haben Bücher mit Titeln wie ‚Genießen im Garten' oder ‚Feste feiern mit Freunden' hohe Auflagen. Denn was gibt es Schöneres, als stundenlang nach Herzenslust zu schlemmen, sich die Köpfe heißzureden und das Leben zu genießen. Sicher macht das alles auch an einer improvisierten Tafel Spaß – schöner ist es jedoch, wenn jeder genügend Platz und Bewegungsfreiheit hat und das Ganze auch ein Bild ergibt. Mit unseren Kombitischen stehen Ihnen alle Möglichkeiten offen.

Wie die Zeichnungen unten verdeutlichen, können bis zu zwölf Personen an der fast vier Meter langen Tischkombination bequem Platz finden. Alle Modelle haben eine Breite von 85 cm und eine Höhe von 75 cm. Der große Rechtecktisch ist 160 cm lang, der kleine 80 cm und die beiden halbrunden je 79 cm. Dazu passend haben wir bequeme Ein- und Zweisitzer gebaut. Sie sind 75 cm tief und 76 bzw. 166 cm lang. Darauf passen vorgefertigte Polsterauflagen, die man im Gartenfachhandel findet, oder man schneidet Schaumstoffblöcke in den entsprechenden Abmessungen zu und überzieht sie beispielsweise mit Segeltuch oder Markisenstoff.

Praktisch sind die verstell- und umklappbaren Rückenlehnen. So brauchen die Möbel im Winter weniger Platz beim Einlagern. Denn draußen bleiben sollten sie auf keinen Fall. Zumindest dann nicht, wenn Sie die Gruppe aus preiswerter Fichte/Tanne fertigen. Auf jeden Fall sollte man sie vor Gebrauch mindestens zweimal mit Holzschutzlasur oder -farbe streichen. Bleiben die Möbel ganzjährig im Freien stehen, empfiehlt sich entweder Zedern- oder Lärchenholz – was die Angelegenheit allerdings ganz erheblich verteuert.

WIE MÖCHTEN SIE GERNE SITZEN?

Bis zu zwölf Personen können an der langen Tafel Platz finden – vorausgesetzt, Sie bauen wie wir einen großen und einen kleinen Rechtecktisch sowie zwei halbrunde Segmente. Sollen diese ein eigenständiges Leben führen, wird die Zweibeinstütze einfach durch eine dreibeinige ersetzt (Seite 279). Wer diese Kombinationsmöglichkeiten nicht braucht, wählt einfach zwischen Rechteck und Oval.

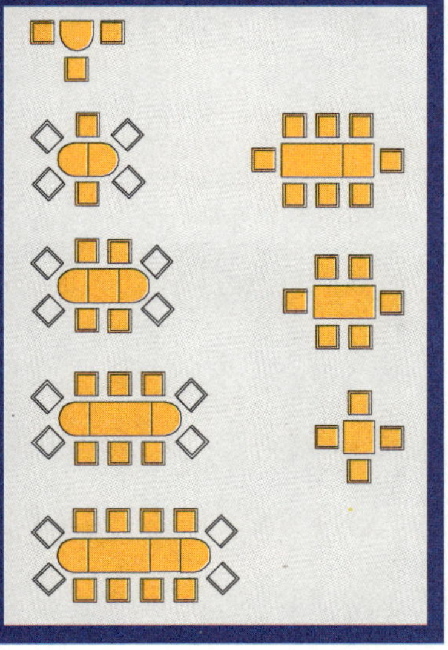

tz!

Soll die Tafel romantisch für zwei, familiär für vier oder gastfreundlich für sechs bis zwölf Personen gedeckt werden? Mit unseren variablen Tischen und den passenden Sitzmöbeln sind alle Kombinationen möglich

Polsterauflagen: Kettler

Zwei Dinge sind es, die sowohl den Ein- als auch den Zweisitzer auszeichnen: Die schlichte, geradlinige Form und die Tatsache, daß sich die Rückenlehnen zweifach verstellen lassen, was natürlich den Sitzkomfort erhöht. Daß sich die Möbel durch Umklappen der Rückenlehne platzsparend überwintern lassen, ist ein weiterer Vorteil. Die Konstruktion ist so simpel, daß sich auch Einsteiger daran versuchen können: Alle Teile werden miteinander verdübelt und verleimt. Da die Möbel im Freien stehen, versteht es sich von selbst, daß man wasserfesten Holzleim dafür verwenden muß. Sitzbrett- und Rückenzargen sind genutet und werden mit dem Viertelstabfräser abgerundet. Die Rükkenlehnen schlägt man mit jeweils zwei Scharnieren an.

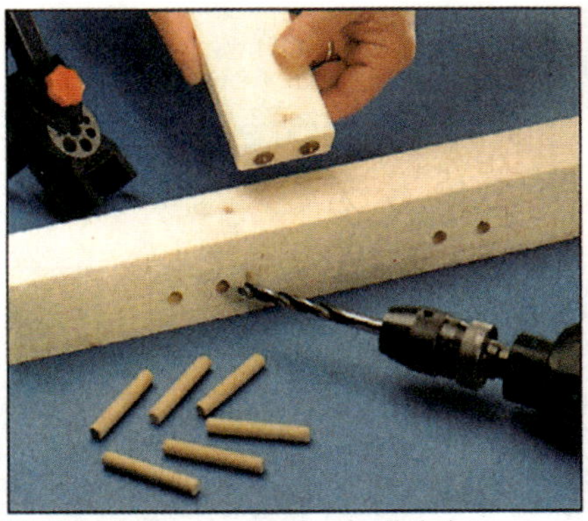

1 *Nach dem Zuschneiden der Teile laut Einkaufszettel werden zunächst sämtliche Dübellöcher markiert und gebohrt*

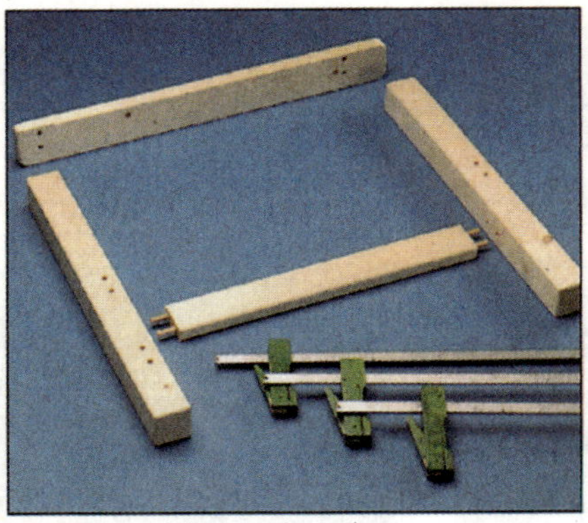

2 *Hier sind die einzelnen Elemente eines Seitenteils zu sehen. Die Holzdübel wurden bereits in die Querzargen eingeleimt*

6 *Mit dem Viertelstabfräser rundet man alle Kanten. Das läßt die Möbel gefälliger wirken und verringert die Verletzungsgefahr*

7 *Das Bohren der beiden Sitzbrettzargen. Diese werden jeweils zusammen mit Klemmzwingen fixiert und gleichzeitig durchbohrt*

Auf der 166 cm langen Bank finden bequem zwei bis drei Personen Platz. Mit Polsterauflagen läßt sich der Sitzkomfort noch wesentlich verbessern

3 Der komplette Korpus. Mit Hilfe langer Schraubzwingen werden Stollen und Querzargen winklig miteinander verleimt

4 Auf die hintere Längszarge nagelt man 20-mm-Halbrundleisten aus Ramin. Später rasten dort die Ausklinkungen ein (Foto 8)

5 Sitzbrett- und Rückenzargen werden genutet. Am einfachsten geht das mit Hilfe der eingespannten Oberfräse und einem Nutfräser

8 Hier ist bereits die Sitzbrettzarge in die Halbrundleiste eingeklinkt und das Scharnier zum Befestigen der Rückenlehne fixiert

9 Die Lehne wird montiert. Die Rückenbretter (8) finden in den genuteten Rückenzargen (5) Halt. Wasserfesten Holzleim verwenden

10 Zum Anschlagen der Rückenlehne leimt man je einen Holzdübel in die Innenseiten der beiden hinteren Stollen (1) ein

Der Einsitzer ist 76 cm breit, 75 cm tief und 94 cm hoch. Auch hierfür sind Polsterauflagen vorgesehen

EINKAUFSZETTEL

Pos.	Anz.	Bezeichnung	Maße in mm	Material
		Ein- u. Zweisitzer		
①	4	Stollen	620 lang	Fichte/Tanne (Fi/Ta) 60 x 60 mm
②	2	Armlehnen	720 lang	Fi/Ta 80 x 26 mm
③	2	Querzargen	525 lang	Fi/Ta 70 x 26 mm
④	2	Sitzbrettzargen	700 lang	Fi/Ta 60 x 26 mm
⑤	2	Rückenzargen	500 lang	
		nur Einsitzer		
⑥	3	Längszargen	600 lang	Fi/Ta 70 x 26 mm
⑦	1	Halbrundleiste	600 lang	Ramin ∅ 20 mm
⑧	6	Sitz-/Rückbretter	565 lang	Fi/Ta 140 x 26 mm
		nur Zweisitzer		
⑨	3	Längszargen	1500 lang	Fi/Ta 70 x 26 mm
⑩	1	Halbrundleiste	1500 lang	Ramin ∅ 20 mm
⑪	6	Sitz-/Rückbretter	1465 lang	Fi/Ta 140 x 26 mm

Scharniere 140 mm lang (2x pro Möbelstück); Spanplatten-Schrauben; Nägel; Holzdübel ∅ 10 x 40 mm; wasserfester Holzleim.

Materialkosten (Einsitzer) rund 90 Mark
Materialkosten (Zweisitzer) rund 140 Mark

Die ideale Ergänzung zum Zweisitzer und den beiden Einsitzern ist der große Rechtecktisch. Wird die kleine Verlängerung dazugestellt, können acht Personen bequem speisen. Da das Verlängerungsteil auf seinen zwei Beinen nicht alleine stehen kann, muß es mit dem großen Rechtecktisch oder den beiden Halbrunden verschraubt werden (Seite 280). Dafür sind entsprechende Bohrungen einzubringen (Zeichnung).

Zum Stabilisieren der Konstruktion dienen zwei 8-mm-Rundstäbe

1 *Auch die Eckverbindungen für den großen und den kleinen Rechtecktisch werden mit Holzleim und Holzdübeln hergestellt*

2 *Hier wird der kleine Tischrahmen auf Rechtwinkligkeit kontrolliert: Sind beide Diagonalen exakt gleich, betragen die Eckwinkel 90°*

3 *Das Befestigen der Auflagerleisten (4) und (5). Sie werden unter Leimzugabe mit den beiden Querrahmen (7) verschraubt*

Der große Rechtecktisch ist 160 cm lang, 85 cm breit und 75 cm hoch

Die kleine Tischverlängerung – sie kann nicht alleine stehen! – ist 80 cm lang

Zusammen ist die Tischkombination 240 cm lang

EINKAUFSZETTEL

Pos.	Anz.	Bezeichnung	Maße in mm	Material
		für beide Tische		
①	4(2)	Tischbeine	650 lang	Fichte/Tanne
②	2(1)	Querträger	790 lang	70 x 70 mm
③	2(1)	Querverbinder	420 lang	
④	6(6)	Auflagerleisten	130 lang	Fichte/Tanne
⑤	8(8)	Auflagerleisten	55 lang	26 x 26 mm
		großer Tisch		
⑥	2	Längsrahmen	1600 lang	Fichte/Tanne
⑦	2	Querrahmen	730 lang	60 x 60 mm
⑧	5	Tischbretter	1478 lang	Fi/Ta 135 x 26 mm
		kleiner Tisch		
⑨	2	Längsrahmen	800 lang	Fichte/Tanne
⑩	2	Querrahmen	730 lang	60 x 60 mm
⑪	5	Tischbretter	678 lang	Fi/Ta 135 x 26 mm
⑫	1	Aufnahmeklotz	80 lang	Buche 30 x 20 mm

Für den großen Tisch: 1 Längsverbinder Fi/Ta 70 x 70 x 870 lang (zwischen den Querverbindern); 2 Rundstäbe ∅ 8 x 750 mm (Länge bei Montage anpassen); 4 Schloßschrauben M8 x 130 mm; 6 Flügelmuttern M8 und 6 Scheiben; Spanplatten-Schrauben; Holzdübel ∅ 10 x 40 mm; wasserfester Holzleim.
Materialkosten rund 140 Mark.

Für den kleinen Tisch: 1 Rundstab ∅ 8 x 700 mm (Länge bei Montage anpassen); 1 Flügelmutter M8 und 1 Scheibe; 2 Senkkopf-Schrauben M8 x 30 mm; 2 Einschraubmuttern M8, DIN 7965; 2 Scharniere, geöffnet 60 x 45 mm; Spanplatten-Schrauben; Holzdübel ∅ 10 x 40 mm; wasserfester Holzleim. Materialkosten rund 70 Mark.

Klammerwerte in der Tabelle gelten für den kleinen Tisch

HALBRUNDER TISCH

Die Binsenweisheit ‚Zwei Halbe ergeben ein Ganzes' bewahrheitet sich auch hier. Die ovale Tischkombination (gr. Foto S. 274/275 und 280) besteht aus zwei halbrunden Teilen, die miteinander verschraubt werden. Fungiert ein Teil beispielsweise als Beistelltisch (kl. Foto auf S. 280), muß an Stelle der zweibeinigen die Dreibeinstütze montiert werden, damit der Tisch genügend Stabilität bekommt.

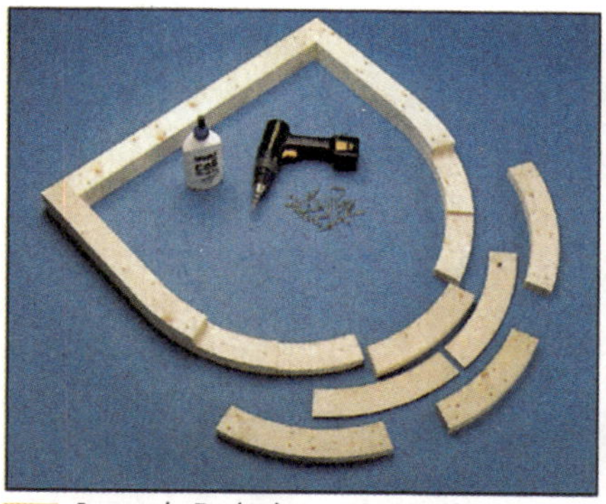

1 *Der ovale Tischrahmen (1:1-Zeichnung fertigen) wird aus einzelnen Holzlagen aufgebaut und unter Leimzugabe verschraubt*

2 *Anschließend muß die äußere Bogenkontur am Schleifteller sorgfältig nachgearbeitet werden. Zu empfehlen ist eine 120er-Körnung*

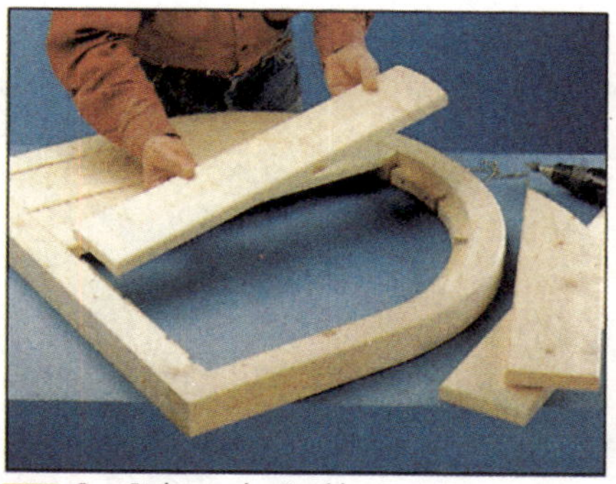

3 *Das Einlegen der Tischbretter. Sie müssen im Halbbogen der Kontur angepaßt werden. Der Querträger bildet den geraden Abschluß*

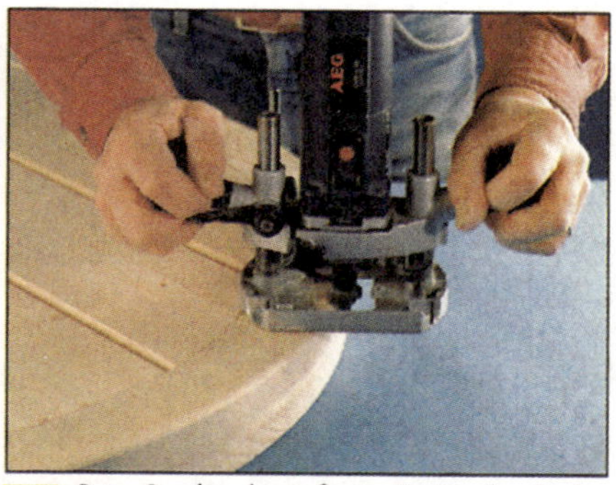

4 *Beim Runden der äußeren Kanten des Tischrahmens kommt wiederum die Oberfräse, bestückt mit einem Viertelstabfräser, zum Einsatz*

Wird der Halbrundtisch mit einem der anderen Tische kombiniert, genügt die Zweibeinstütze. Steht er allein, muß sie gegen die dreibeinige ausgetauscht werden

EINKAUFSZETTEL

Pos.	Anz.	Bezeichnung	Maße in mm	Material
		Halbrundtisch		
①	2	Tischbeine	650 lang	Fichte/Tanne
②	1	Querträger	790 lang	70 x 70 mm
③	1	Querverbinder	420 lang	
④	2	Rahmenbretter	730 lang	Fi/Ta 60 x 26 mm
⑤	1	Zwischenlage	850 lang	Sperrholz 8 mm dick
⑥	5	Tischbretter	670 lang	Fi/Ta 135 x 26 mm
		Dreibein-Stütze		
⑦	1	Schwenkbein	720 lang	Fichte/Tanne
⑧	2	Tischbeine	650 lang	70 x 70 mm
⑨	1	Schwenklager	570 lang	
⑩	2	Querverbinder	260 lang	
⑪	1	Querträger	790 lang	
⑫	1	Querverbinder	420 lang	

Für den Halbrundtisch: 1 Rundstab ∅ 8 x 700 mm (Länge bei Montage anpassen); 2 Schloßschrauben M8 x 130 mm; 3 Flügelmuttern M8 und 3 Scheiben; 1 Aufnahmeklotz, Buche 30 x 20 mm; 2 Senkkopf-Schrauben M8 x 30 mm; 2 Einschraubmuttern M8, DIN 7965; für den Halbbogen: Fichte/Tanne 26 mm dick (obere und untere Lage) und 8-mm-Sperrholz (für die Zwischenlage); Auflagerleisten für die Tischbretter, Fichte/Tanne 26 x 26 mm (im Halbbogen der Kontur anpassen); 2 Scharniere, geöffnet 60 x 45 mm; Spanplatten-Schrauben; Holzdübel ∅ 10 x 40 mm; wasserfester Holzleim. Materialkosten rund 80 Mark.

Für die Dreibeinstütze: 2 Scharniere, geöffnet 60 x 45 mm; Spanplatten-Schrauben; Holzdübel ∅ 10 x 40 mm; wasserfester Holzleim. Materialkosten rund 35 Mark.

STÜTZE

1 *Die Stützen sind bei allen Tischvarianten gleich. Für den großen Rechtecktisch benötigt man ...*

2 *... zwei, für den kleinen und den halbrunden jeweils eine. Oben die fertige Dreibeinstütze*

VERBINDUNGEN

Sollen zwei Elemente fest miteinander verbunden werden, fixiert man sie mit Schloßschrauben und Flügelmuttern (Foto 1). Bild 2 zeigt die Befestigung der Rundstäbe beim kleinen rechteckigen bzw. dem halbrunden Element mit Buche-Klötzchen, Senkkopfschrauben und Einschraubmuttern. Beim großen Rechtecktisch werden die beiden Rundstäbe direkt in den Tischrahmen eingelassen, wobei die Rundstäbe an den unteren Enden ein 2 cm langes Gewinde erhalten und mit Flügelmuttern fixiert werden. □

Dekorativ und praktisch: Das halbrunde Teil als Beistelltisch

Groß, größer, am größten ...

Tisch nach Maß: Durch die vielen Kombinationsmöglichkeiten ist fast jede individuelle Lösung möglich

Wirkungsvoll und praktisch:

Pflanzkästen als grüne Raumteiler

Jeweils vier Möbelrollen machen die Pflanzkästen mobil

Vor dem Bepflanzen den Kasten mit Teichfolie ausschlagen

Mit den geeigneten Gewächsen „aufgeforstet“, werden die beiden Pflanzkästen zu attraktiven Raumteilern

Zum Schluß die losen Abdeckbretter auf die Kästen legen

Mit unserer Bauidee läßt sich jeder Wohnraum positiv verändern. Wir haben hier zwei identische Kästen als Raumteiler eingesetzt, die nach Fertigstellung mit dekorativen Pflanzen bestückt wurden. Das schafft eine angenehme Atmosphäre und zugleich ein gutes Raumklima.

Wenn Sie mit dem Bau beginnen, müssen Sie zuerst den inneren Kasten aus 15-mm-Sperrholz anfertigen. Hierbei werden alle Teile unter Leimangabe mit Spanplatten-Schrauben verbunden. Anschließend wird der Kasten verbrettert. Sie beginnen mit den beiden schmalen Seiten, dann folgen die Längsseiten. Hierzu sind die Bretter einzeln aufzuleimen und zusätzlich mit versenkten Nägeln zu befestigen. Die oberen Bretter sollen dabei über dem Rand zwei Zentimeter hervorstehen, die unteren vier. Der Abstand zwischen den einzelnen Brettern beträgt jeweils acht Millimeter. Nun die versenkten Nägel beispachteln. Den Kasten und die Abdeckbretter gut schleifen und anschließend mit einem zweifachen Holzöl-Auftrag versehen. Zum Schluß die vier Möbelrollen montiern. Die Rollen heben den Kasten und werden vom untersten Brett verdeckt.

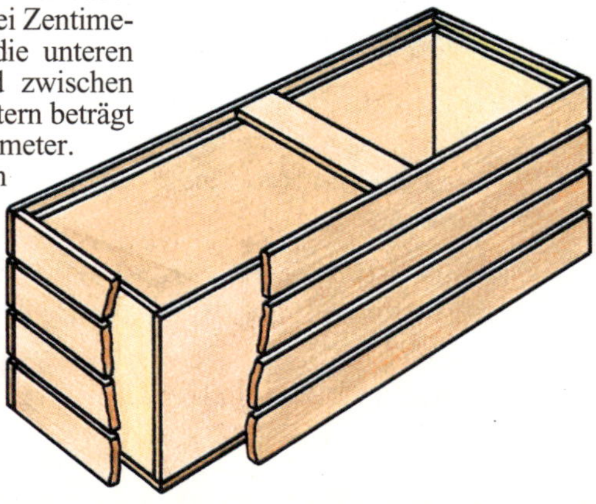

Material:
15-mm-Sperrholz: 2 Längswände, 968 x 317 mm; 2 Stirnwände, 338 x 317 mm; 1 Bodenplatte, 968 x 368 mm. Gehobelte Kieferbretter, 92 x 16 mm: 8 Längsbretter, 1000 mm lang; 8 Stirnbretter, 368 mm lang; Abdeckbretter, 366 mm lang (Anzahl nach Bedarf). 4 Möbelrollen, Bauhöhe 50 mm; Spanplatten-Schrauben; Nägel; Teichfolie zum Auskleiden; farbloses Holzöl für Außenanstrich; wasserfester Holzleim.

Werkzeug:
Stichsäge; Bohrmaschine; Kreuzschlitz-Schraubendreher; Schleifpapier

Materialkosten:
rund 150 Mark
(ohne Folie und Holzöl)

Blütenpracht im Dreieck

Unsere dreieckigen Kübel stellen eine hübsche Dekoration für Garten und Terrasse dar – viel Platz für Grünpflanzen und Blumen

Sie möchten Ihre sommerliche Pflanzenpracht nicht nur in Beeten und Rabatten sehen? Kein Problem: Mit unseren dreieckigen Kästen schaffen Sie kleine Blumeninseln, die sich überall aufstellen lassen und Ihren Garten verschönern.
Unsere hübschen Pflanzkübel sind sehr einfach herzustellen. Sie besitzen alle den gleichen Grundriß und sind in unterschiedlichen Höhen angelegt – so wirken sie besonders dekorativ Die drei Trägerleisten finden an den Innenseiten ihren Sitz, und die Pfosten verstärken die Ecken. Die Sperrholz-Bodenplatte erhält jeweils im Bereich der Pfosten eine Aussparung. □

Materialliste

Kesseldruckimprägnierte Kiefer:

*) Längsbretter, 95 x 20 mm, 960 mm lang
*) Längsbretter, 95 x 20 mm, 680 mm lang
*) Längsbretter, 95 x 20 mm, 660 mm lang

) 2 Eckpfosten, 45 x 45 mm, *) mm lang

2 Trägerleisten, 45 x 20 mm, 500 mm lang
1 Trägerleiste, 45 x 20 mm, 750 mm lang

*) = Anzahl richtet sich nach der gewünschten Größe
**) = 1 Pfosten diagonal längs aufgeschnitten
***) = Die Länge entspricht der Höhe der Seitenwände minus 20 mm

1 Bodenplatte (Dreieck), ca. 590 x 590 mm, wasserfest verleimtes Sperrholz, 10 mm dick; verzinkte Nägel

Materialkosten: kein Preisangabe möglich,da die Höhe individuell ist

Das Werkzeug und Zubehör für unsere Kästen: Stichsäge, Hammer, Schleifpapier

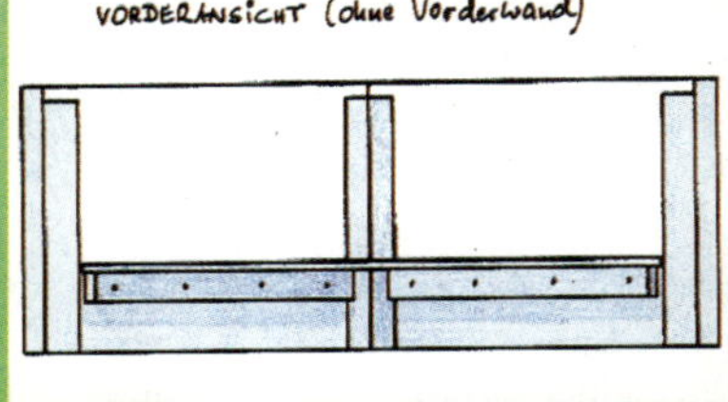

Gut erkennbar: der Sitz der Pfosten, Trägerleisten und der Bodenplatte

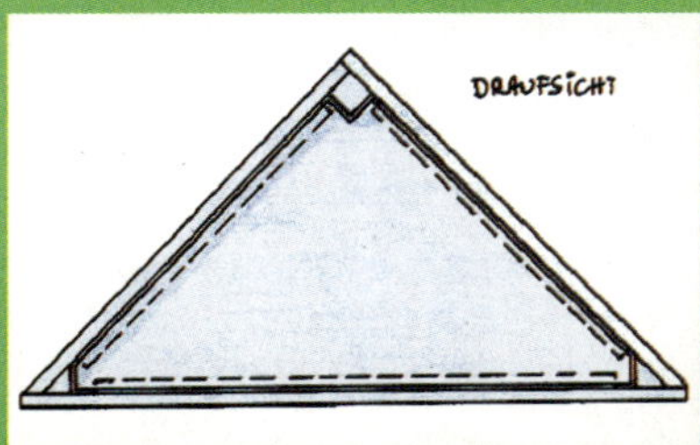

Die Bodenplatte auf den Trägerleisten mit verzinkten Nägeln befestigen

Kapitel 12

Ein Herz für Tiere

Der echte Tierliebhaber beschäftigt sich immer wieder mit dem Gedanken, seinen gefiederten oder kuscheligen Freunden eine möglichst komfortable Unterkunft zu bieten. Was wir hier vorstellen, können Sie nirgendwo kaufen

INHALT

Vogelhäuschen

Zimmer frei!

Die Vögel in Nachbars Garten werden vor Neid erblassen, wenn sie sehen, welch prachtvolle Unterkünfte Sie Ihren kleinen Mitbewohnern gebaut haben

Setzen Sie der Wohnungsnot in Ihrem Garten ein Ende: Wir zeigen Ihnen zwei hübsche Eigenheime für Ihre gefiederten Freunde. Der Bau der beiden Behausungen ist im Prinzip ähnlich. Das wasserfest verleimte Sperrholz wird mit der Stichsäge zugeschnitten. Orientieren Sie sich dabei an den nebenstehenden Zeichnungen. Nun werden die verschiedenen Öffnungen eingebracht. Das Loch in der einen Fassade können Sie wahlweise mit dem Forstner-Bohrer oder der Lochsäge einbringen. Wichtig hierbei ist der Durchmesser der

Montieren Sie gegebenenfalls einen geeigneten Katzenschutz unter Ihr Vogelhäuschen, sonst wird sich kein Vogel zum Nisten niederlassen

Materialliste:

wasserfest verleimtes Sperrholz, 10 mm dick

1 Bodenplatte 130 x 115 mm,
2 Giebelwände 200 x 150 mm
2 Seitenwände 125 x 115 mm
2 Dachplatten 180 x 145 mm;

dazu:
1 Holzdübel ∅ 8 x 40 mm; 2 Kamindreiecke, Kiefer 25 mm dick, 40 x 40 mm; Spanplatten-Schrauben; wasserfester Holzleim;

für die Giebel-Verzierungen: Kiefer, 25 x 10 mm.

Materialkosten:
rund 15 Mark

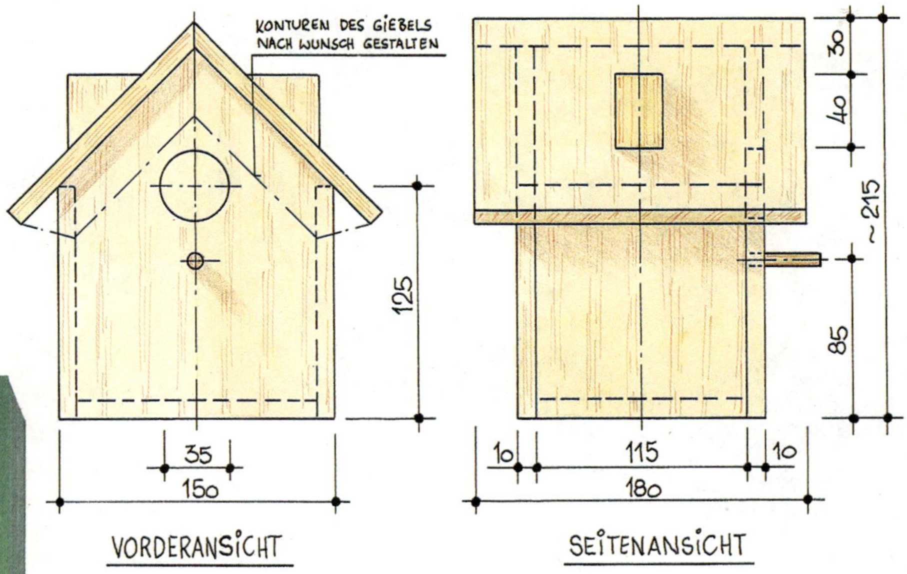

Das Einflugloch des oberen Hauses kann je nach Vogelart in der Größe variiert werden. Näheres kann Ihnen sicherlich ein Naturschutzverein in Ihrer Nähe mitteilen. Am besten stehen die beiden Vogelhäuser etwas geschütz, damit Regen und Kälte den Bewohnern nichts anhaben können

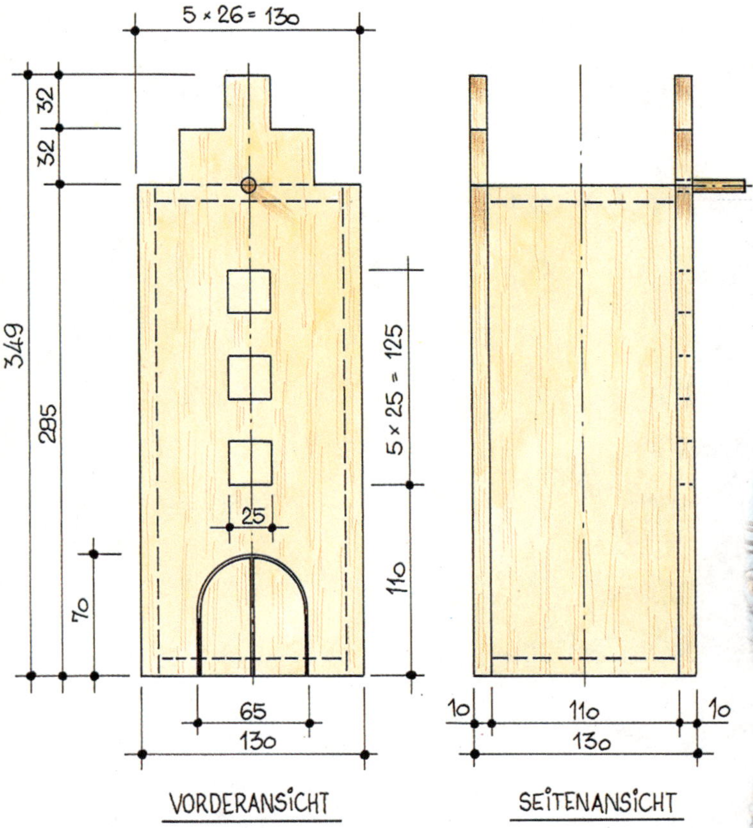

Materialliste:

wasserfest verleimtes Sperrholz, 10 mm dick

1 Bodenplatte 110 x 110 mm,
2 Giebelwände 350 x 130 mm,
2 Seitenwände 285 x 110 mm,
1 Dachplatte 110 x 110 mm;

dazu:
1 Holzdübel ∅ 8 x 40 mm; 2 Messing-Scharniere, 25 mm lang; wasserfester Holzleim.

Materialkosten:
rund 18 Mark

für die Stütze:
1 Rundstab ∅ 38 x 1300 mm (davon einseitig angespitzt 200 mm); 1 MDF-Platte 19 mm dick, 120 x 120 mm, (Rundstab wird bündig eingelassen und verleimt); wasserfester Holzleim.

Öffnung. Kohlmeisen und Haussperlinge brauchen einen Eingang von 32-35 mm, Blaumeisen dagegen nur einen von 26-28 mm Durchmesser. Alle Außenflächen und Kanten fein schleifen. Anschließend die Teile miteinander verleimen. Denken Sie daran, daß das Schrägdach zum Säubern des Innenraums abnehmbar sein sollte. Die Kamindreiecke werden durch einen Diagonalschnitt aus dem Stück Kiefernholz gefertigt und auf das Dach geleimt. Nach dem Trocknen können Sie den Häusern einen Fassadenanstrich geben. Achten Sie unbedingt auf die Verwendung von ungiftiger Farbe, wobei auch diese nur außen aufgetragen werden darf. Die beiden Torflügel werden mit den Messing-Scharnieren an der Front des hohen Hauses befestigt. Für den sicheren Stand im Garten sorgt die Stütze, die aus einer MDF-Platte und einem einseitig angespitzen Rundstab gefertigt wird. Die Stütze fest in den Boden klopfen, bis sie sicher steht, und das Vogelhäuschen mit der Plattform verschrauben. □

Komfortabler Kaninchenstall

Wohnmobil für flotte Hasen

Mobil sein ist angesagt – auch in Hasenkreisen. So zieht Bunny bei Sonnenschein raus auf die grüne Wiese, bei Schmuddelwetter bleibt er lieber unterm schützenden Dach – mal ebenerdig, mal in der obersten Etage. Mit unserem trag- und zerlegbaren Modell kein Problem

Eine Dachhälfte ist fest montiert, die andere beweglich. So ist der Käfig auch von oben gut zugänglich – praktisch beim Füttern und Säubern

Das Bauprinzip: Eine einfache Rahmenkonstruktion

Ein niedliches Kaninchen mit weichem, kuscheligem Fell, zum Schmusen und zum Liebhaben – welches Kind träumt nicht davon. Dieser Wunsch läßt sich recht leicht erfüllen, schwieriger wird es beim Zubehör. Die üblichen Ställe sind zwar meist funktionell, doch selten attraktiv. Anders unser Modell. Es ist nicht nur hübsch anzusehen, es erfüllt auch die verschiedensten Funktionen. So ist im Käfig ein Häuschen integriert, liebevoll bemalt und gestaltet, in das sich Bunny zur Siesta zurückziehen kann. Damit sowohl Häuschen als auch Käfig

1 Für den Stall den vorderen und hinteren Rahmen aus den Längsleisten (6), dem Mittelsteg (7) und den Querstreben (8) zusammensetzen. Für die Türen die Leisten (17), (18) und (19) verschrauben. Den Mittelsteg (29) ...

2 ... einsetzen. Jede Tür erhält vier Scharniere (50 x 40 mm). Dann die vier Eckstützen (1) am vorderen bzw. hinteren Rahmen fixieren. Die Leisten beim Verschrauben mit Zwingen befestigen

3 Zum Markieren der Ausschnitte in den Sparrenleisten (9) den vorgefertigten Rahmen so auflegen und mit Zwingen befestigen, daß der Abstand von der oberen Rahmenecke zum First 27 cm beträgt (siehe Zeichnung auf Seite 290)

4 Die Sparrenleisten (9) mit den Versteifungen (22) aus wasserfest verleimtem Sperrholz versehen und mit dem vorderen bzw. hinteren Rahmen verschrauben

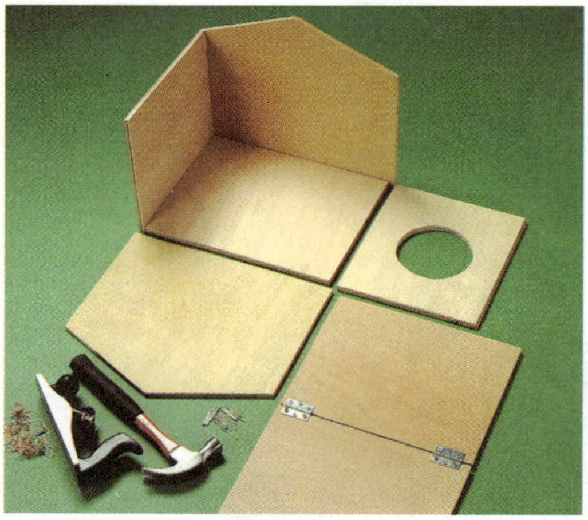

5 Das Häuschen besteht aus den Stirnseiten (25), den Seitenwänden (26), der Bodenplatte (27) und den Dachplatten (28). Letztere verbindet man mit Scharnieren. Eine Öffnung mit 15 cm ∅ einbringen

6 Das Untergestell aus den Teilen (1) bis (5) verleimen und verschrauben. Das Untergestell sollte etwas kleiner als der Käfig sein, so daß sich dieser über die vier Eckstützen schieben läßt. Diese stehen 40 mm über

7 Alle vorgefertigten Holzteile mit speichelfester Farbe streichen (Kaninchen knabbern gern). Den verzinkten Kaninchendraht ausschneiden und mit 15 mm langen verzinkten Krampen befestigen

Der Stall wird mit vier Kistenverschlüssen am Gitterrahmen befestigt. Dieser soll eventuelle Ausbruchsversuche verhindern

Ob drinnen oder draußen – das Exklusiv-Modell hat sich bewährt

8 Die Rückwand (23) am hinteren Rahmen befestigen und die vier Wände miteinander verschrauben. Dabei die Konstruktion mit Hilfe von Zwingen stabilisieren

9 Die Querstreben (10) unterm Dach befestigen und das Häuschen an die Rückwand des Stalls schrauben. Die Türen einhängen, alle Verschlüsse montieren und Acrylglasscheiben einsetzen

Eine Dachhälfte läßt sich hochklappen. So ist der Käfig gut zugänglich

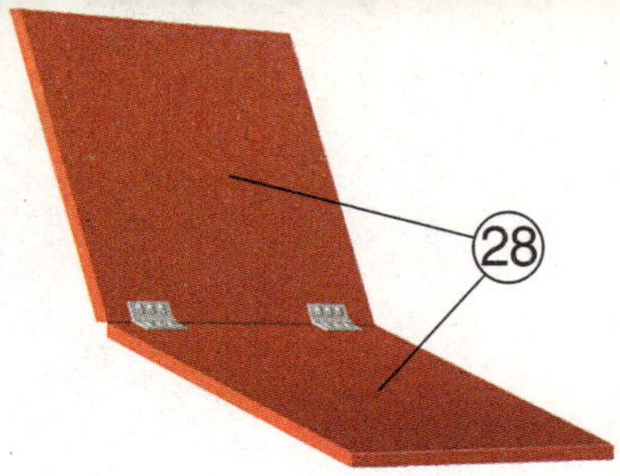

zum Füttern und Reinigen gut zugänglich sind, läßt sich bei beiden jeweils eine Dachhälfte hochklappen.
Der Käfig kann entweder auf ein separates Untergestell in Tischhöhe gestellt werden oder direkt auf den Rasen. In dem Fall verhindert ein Gitterrahmen auf dem Boden eventuelle Ausbruchsversuche. Das Untergestell bietet Platz für Heu und Stroh und was Kaninchen sonst so brauchen. Zum Reinigen läßt sich eine Klappleiste herunterkippen, so daß man die Bodenplatte leicht abkehren kann (Foto Seite 291).
Damit Häschen möglichst viel Ausblick und ‚seine' Familie möglichst viel Einblick hat, wird nur die Rückwand geschlossen, Front und Seiten bleiben offen. Lediglich Kaninchendraht hält das Tier in Zaum. Für seitlichen Windschutz sorgen zwei Acrylglasscheiben, die man bei Bedarf einsetzen und mit Knebelverschlüssen sichern kann. Diese Verschlüsse haben wir auch bei den Türen verwendet.
Für die Oberflächenbehandlung (vor dem Anbringen des Kaninchendrahts) am besten farbige Holzschutzlasur verwenden, in diesem Fall ein helles Grün. Um den leichten Patina-Effekt zu erzielen, haben wir es mit stark wasserverdünnter dunkelblauer Farbe überstrichen und sofort wieder mit einem Topfreiniger abgewischt. □

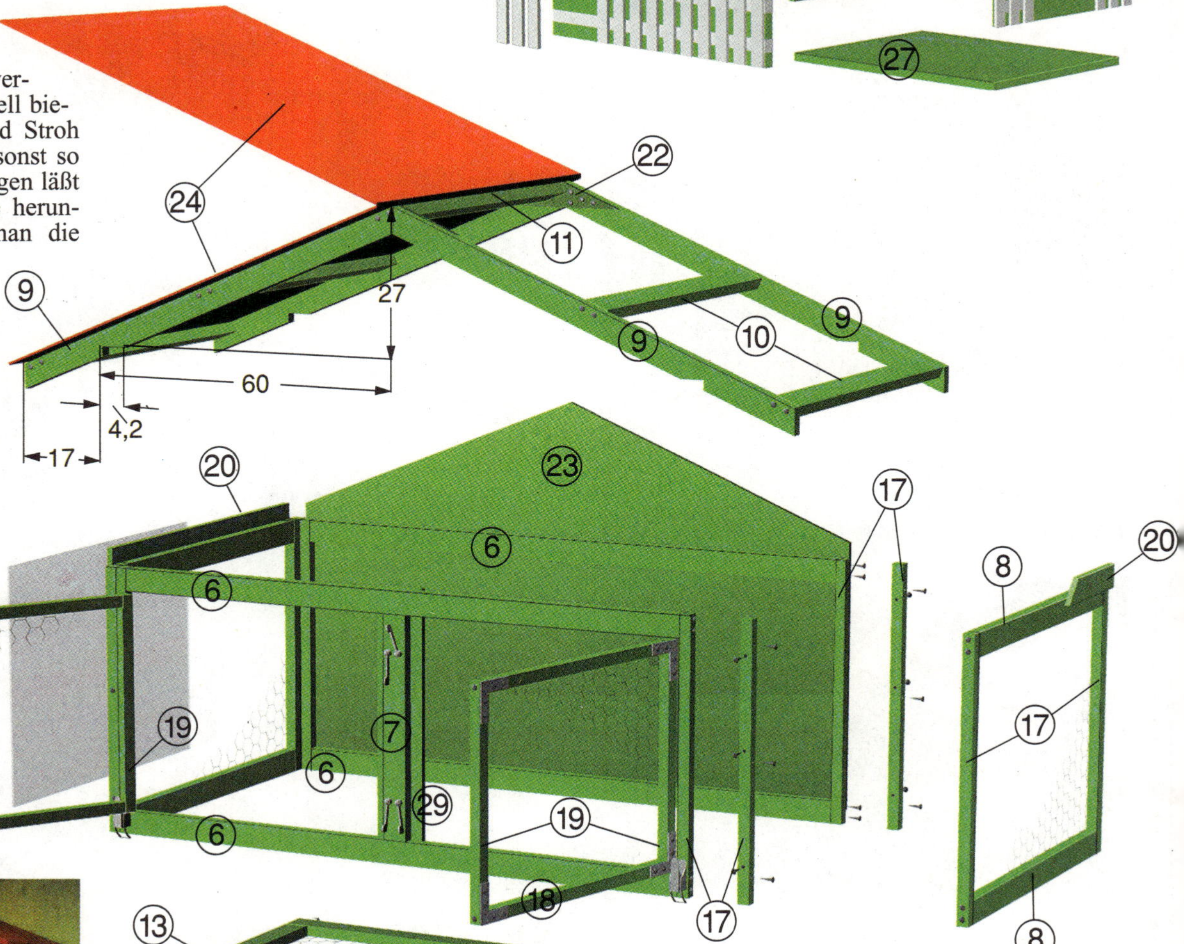

Die Zaunlatten sind aufgenagelt, Fenster und Schirm aufgemalt

Hier wird das Konstruktionsprinzip nochmals deutlich: Der Käfig wird lose auf das Untergestell gesetzt – er läßt sich bei Bedarf abnehmen und direkt auf den Boden setzen. In dem Fall ersetzt ein Gitterrahmen die Bodenplatte

Als Windschutz können Acrylglasscheiben vor die Seitenwände gesetzt werden

Zum Säubern das Klappbrett (4) herunterlassen und das Untergestell leicht kippen

EINKAUFSZETTEL

Pos.	Anz.	Bezeichnung	Maße in mm	Material
1	4	Eckstützen	750 lang	Kiefer 44 x 44 mm
2	4	Längsbretter	1198 lang	Kiefer 91 x 21 mm
3	3	Querbretter	656 lang	
4	1	Klappbrett	654 lang	Kiefer 68 x 21 mm
5	4	Querstreben	656 lang	Kiefer 44 x 21 mm
6	4	Längsleisten	1116 lang	
7	1	Mittelsteg	412 lang	
8	4	Querstreben	616 lang	
9	4	Sparrenleisten	860 lang	
10	4	Querstreben	658 lang	
11	1	Firstleiste	634 lang	
12	2	Rahmenleisten	1200 lang	
13	2	Rahmenleisten	612 lang	
14	2	Trägerleisten	1068 lang	Kiefer 21 x 21 mm
15	2	Trägerleisten	568 lang	
16	1	Scharnierleiste	656 lang	
17	12	Eck-/Rahmenleisten	500 lang	
18	4	Türrahmenleisten	484 lang	
19	4	Türrahmenleisten	402 lang	
20	2	Abschlußleisten	658 lang	Kiefer 44 x 15 mm
21	1	Bodenplatte	1156 x 656	Sperrholz 12 mm,
22	2	Versteifungen	235 x 50	wasserfest verleimt
23	1	Rückwand	1155 x 750	
24	2	Dachplatten	850 x 800	
25	2	Stirnseiten	420 x 355	
26	2	Seitenwände	300 x 270	
27	1	Bodenplatte	396 x 300	
28	2	Dachplatten	350 x 280	
29	1	Mittelsteg	500 x 90	Sperrholz 10 mm
30	29	Zaunlatten	110 x 19	Sperrholz 4 mm dick

2 Acrylglasscheiben 4 mm dick, 680 x 440 mm (seitlicher Windschutz); Scharniere 50 x 40 mm (geöffnet): 2x für Scharnierleisten, 4x für Türen und 2x für Dachplatten (Pos. 28); 3 Scharniere 120 x 20 mm (geöffnet) für Dachplatten (Pos. 24); 16 Kunststoff-Knebelverschlüsse (für Acrylglasscheiben, Türen und Scharnierleiste); 4 Kistenverschlüsse; 8 Flachwinkel 70 x 70 x 20 mm; Kaninchendraht, verzinkt, Maschengröße 1": 1x 1198 x 698 mm (Untergestell), 2x 658 x 500 mm (Seitenrahmen, 2x 526 x 402 (Türen), 1x 1200 x 700 mm (Bodenrahmen) und 1x 1158 x 314 mm (Giebeldreieck); verzinkte Spanplatten-Schrauben; verzinkte Nägel; verzinkte Krampen.

Materialkosten rund 400 Mark

Das Häuschen hat in etwa die gleiche Form wie der Käfig. Auch hier läßt sich eine Dachhälfte zum Füttern oder Saubermachen hochklappen

Attraktive Vogel-Residenz

Ein geräumiges Paradies für Ihre gefiederten Freunde: Hier können sie sich frei bewegen und finden außerdem geschützte Ruhezonen vor

Kanarienvögel und Wellensittiche werden häufig in zu kleinen Käfigen gehalten. Sehr viel wohler fühlen sie sich in einer geräumigen Voliere, in der sie sich frei bewegen und auch einmal zurückziehen können. Unser praktisches und zugleich dekoratives Vogelhaus bietet alle Vorzüge einer artgerechten Haltung. Zudem haben Sie auch noch die Möglichkeit, die Voliere bei schönem Sommerwetter nach draußen auf die Terrasse zu stellen.
Dabei sollten Sie aber darauf achten, den Käfig an einer windgeschützten Stelle zu plazieren, denn viele Vögel sind zugempfindlich. In diesem Zusammenhang ist es auch wichtig, daß sich im Käfig selbst ein Schutzgehäuse befindet – in unserem Fall ist die geschlossene Ruhezone im hinteren Teil des Daches untergebracht. Als weiterer wichtiger Aspekt ist zu beachten, daß sich der Käfig gut reinigen läßt. Deshalb wurde der Boden als Schublade ausgelegt, die man leicht herausziehen kann. Darunter befindet sich der Bodenrahmen mit Vogel-Maschendraht, damit die Tiere bei geöffneter Lade nicht davonfliegen.
Die beiden Türen auf der rechten Seite sind mit Scharnieren versehen und ermöglichen den Zugang zum gesamten Käfig. Darüber hinaus kann die komplette Rückseite der Voliere entfernt werden, zum Beispiel, wenn eine gründliche Reinigung notwendig ist oder wenn eine neue Stange angebracht werden soll. Als artgerechte Sitzstange verwenden wir einen großen, verzweigten Ast, den wir aus dem Wald geholt haben. Dieser Ast findet Halt,

Lesen Sie bitte weiter auf Seite 296

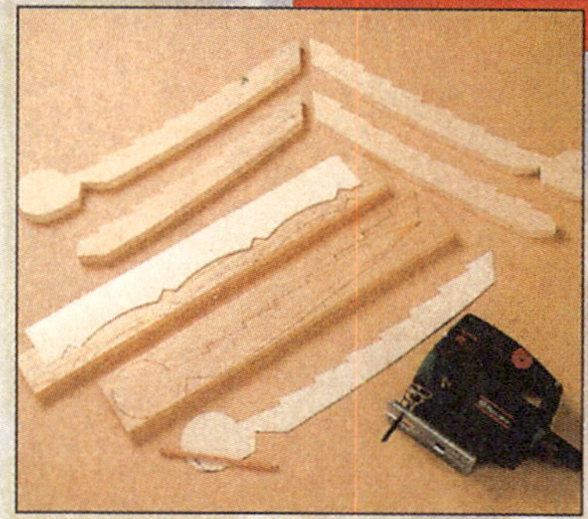

1 *Mit Schablonen die Formen von Dach-, Zwischensparren und Rahmenbrettern aufzeichnen, dann ausschneiden*

2 *Die einzelnen Zuschnitte jeweils zum Rahmenteil (s. Zeichnung, Einkaufszettel) auslegen. Leim angeben und ...*

3 *... mit Spanplatten-Schrauben verbinden. Die vier Eckleisten ebenfalls an Vorder- und Seitenrahmen befestigen*

4 *Dach- und Zwischensparren mit Flachwinkeln verbinden. Dann auf Vorder- und Hinterrahmen schrauben*

5 *Rück- und Zwischengiebel aus den Brettern montieren. Auf die ausgelegten Trägerleisten die Rückwandbretter nageln*

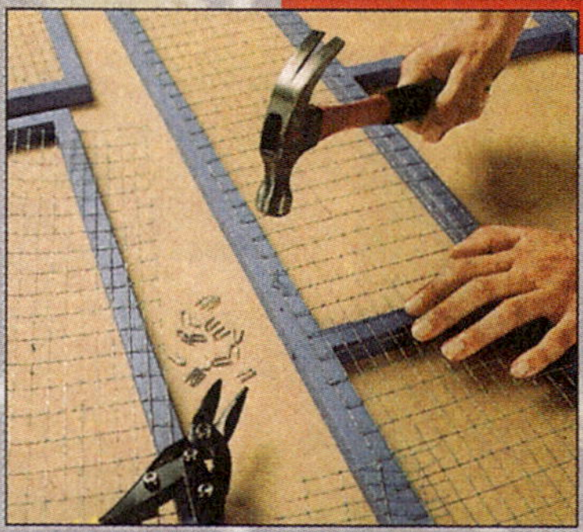

6 *Alle Teile grundieren und streichen. Maschendraht zuschneiden und auf den entsprechenden Teilen befestigen*

7 *Zuerst alle Rahmenecken mit Zwingen fixieren und durch die Eckleisten hindurch mit Schrauben montieren*

8

Die auf Maß geschnittenen Dachbodenbretter bis zum Sitz des Zwischengiebels unter Leimzugabe vernageln, ...

9

... dann den Zwischengiebel einsetzen und mit dem Rahmen fest verschrauben. Nun muß noch das Dach geschlossen ...

10

... werden. Die Bretter von unten nach oben aufnageln. Die letzten beiden Firstbretter auf Gehrung zuschneiden

11

Zum Schluß die komplette Rückwand einsetzen. Sie wird mit Kunststoff-Knebeln befestigt, so daß man sie jederzeit zum Säubern der Voliere wieder entfernen kann

Die Rückwand der Voliere besteht aus 21 Kieferbrettern, die durch Leim und Nägel mit den zwei Trägerleisten verbunden werden müssen

Ein Rasterkästchen für Dach- und Zwischensparren (Zeichnungen rechts und unten) mißt 50 x 25 mm. Die gepunktete Linie zeigt, wo die beiden Zwischensparren (17) enden

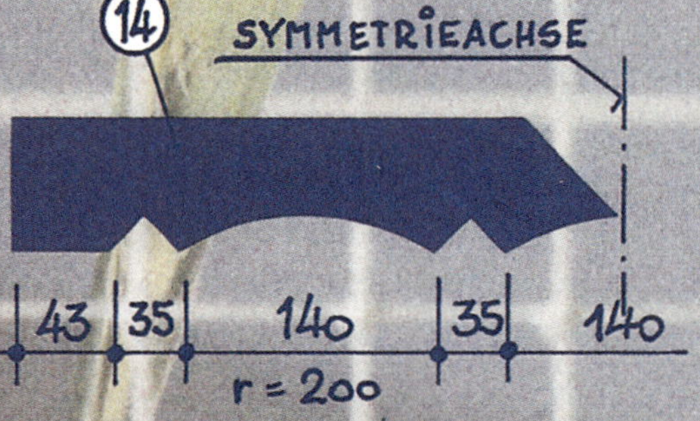

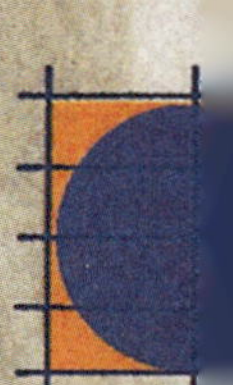

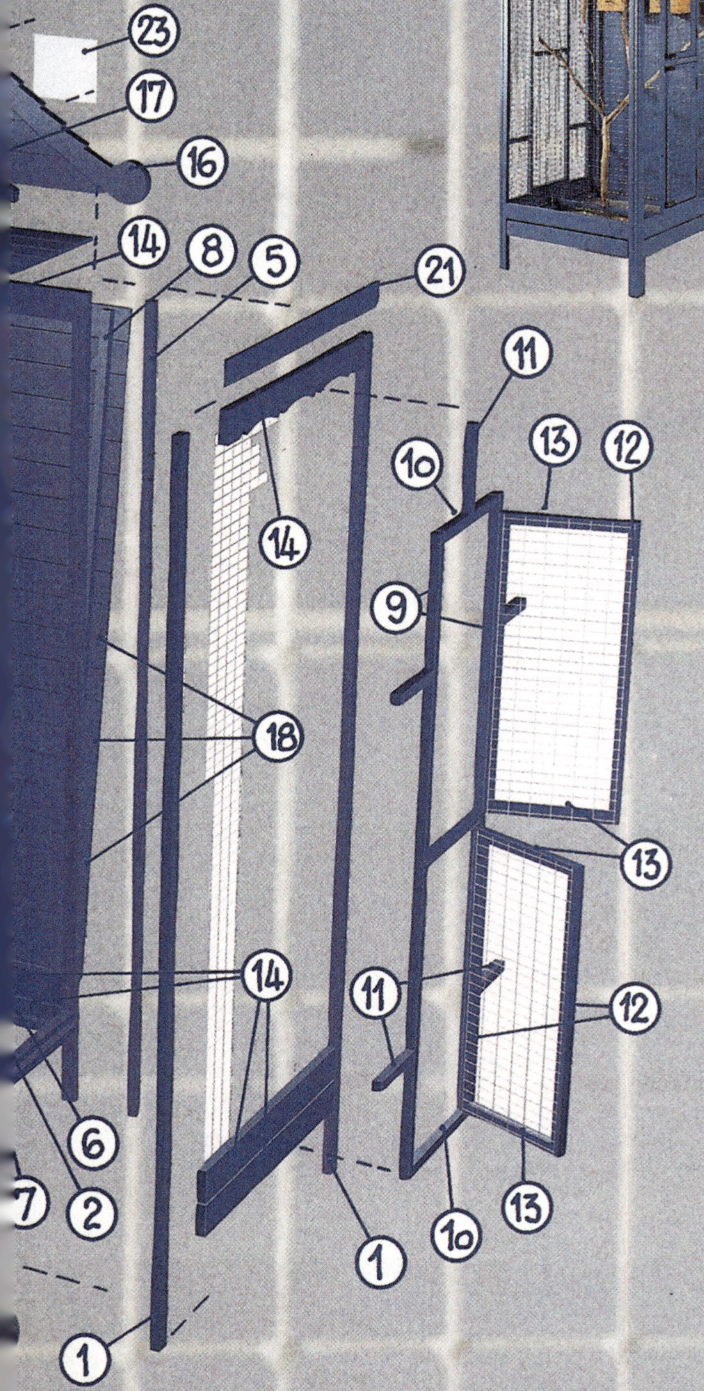

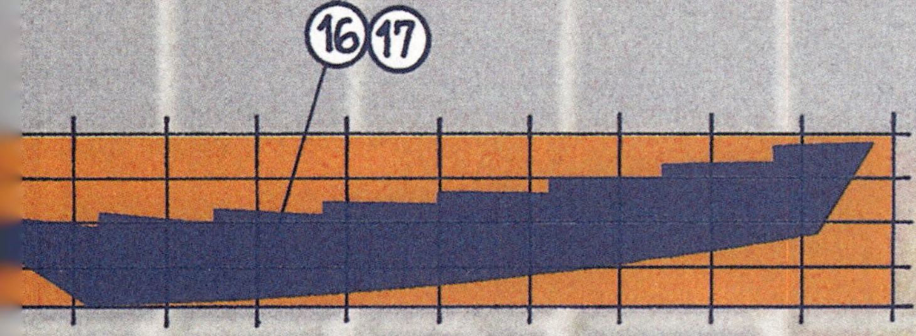

EINKAUFSZETTEL				
Pos.	**Anz.**	**Bezeichnung**	**Maße in mm**	**Material**
1	8	Rahmenleisten	1800 lang	Kiefer 27 x 21 mm
2	2	Führungsleisten	700 lang	
3	2	Seitenleisten	695 lang	
4	2	Front-/Rückleiste	600 lang	
5	4	Eckleisten	1800 lang	Kiefer 21 x 21 mm
6	2	Bodenleisten	700 lang	
7	4	Laufleisten	658 lang	
8	2	Trägerleisten	1435 lang	
9	4	Rahmenleisten	1295 lang	
10	6	Rahmenleisten	284 lang	
11	10	Distanzleisten	160 lang	
12	4	Rahmenleisten	605 lang	
13	4	Rahmenleisten	232 lang	
14	11	Rahmenbretter	646 lang	Kiefer 68 x 21 mm
15	1	Griffbrett	642 lang	
16	4	Dachsparren	600 lang	Kiefer 92 x 21 mm
17	2	Zwischensparren	500 lang*	
18	21	Rückwandbretter	700 lang	
19	5	Dachbodenbretter	700 lang	
20	16	Dachbretter	830 lang	
21	2	Traufenleisten	700 lang	Kiefer 33 x 9 mm
22	1	Schubladenboden	695 x 642	Hartfaser 3,2 mm
23	1	Fenster	200 x 150	Acryl 6 mm dick

ca. 4 lfd. m Kieferbretter 68 x 9 mm (Fenster- und Zwischengiebel); Vogelhaus-Maschendraht: 2x 1500 x 680 mm (Seiten und Türen), 1x 1850 x 680 mm (Frontseite), 1x 700 x 700 mm (Bodenrahmen); Krampen 12 mm lang; 3 Flachwinkel, beide Schenkel 100 mm lang; 4 Schieberiegel; 4 Scharniere (seitliche Türen); 4 kleine Kunststoff-Knebel (Acryl-Fenster); 8 große Kunststoff-Knebel (Rückwand); Spanplatten-Schrauben; verzinkte Nägel; wasserfester Holzleim.

Materialkosten rund 350 Mark

* endgültige Form bei Montage anpassen

Ein gut durchdachter Aufbau sorgt für artgerechte Tierhaltung

Praktisches Detail: Durch die beiden Seitentüren lassen sich die Vögel bequem mit Futter versorgen

Die Giebel-Schablone überträgt man auf das Holz. Dann mit der Dekupiersäge ausschneiden

Die beiden kleinen Nistkästen finden an der Rückwand der Voliere ihren Platz

Die passenden Nistkästen zur Voliere: Das Rastermaß für die Giebel beträgt 50 x 25 mm. Die Angaben gelten für einen Kasten

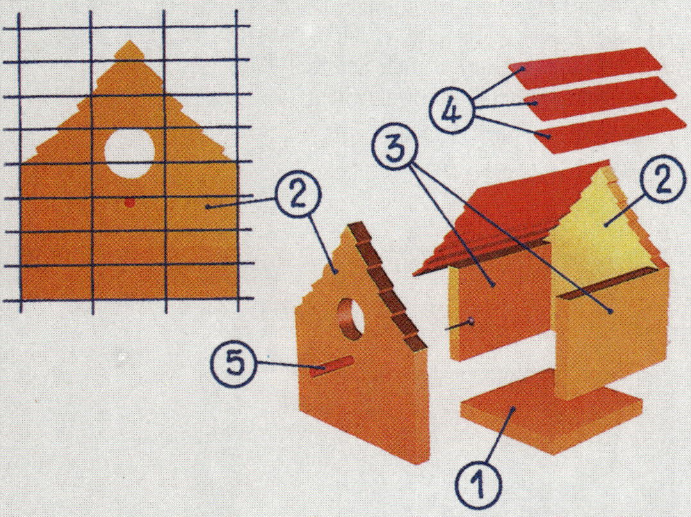

EINKAUFSZETTEL				
Pos.	Anz.	Bezeichnung	Maße in mm	Material
①	1	Bodenplatte	120 x 120	Kiefer massiv
②	2	Vorderstützen	184 x 150	15 mm dick
③	2	Armlehnen	120 x 90	
④	2	Versteifungen	180 lang	Kiefer 27 x 5 mm
⑤	4	Fußplättchen	40 lang	Kiefer ∅ 10 mm

verzinkte Nägel; wasserfester Holzleim.
Materialkosten rund 10 Mark

indem man ihn mit dem Querbalken verschraubt, der direkt oberhalb der Schublade durch den gesamten Innenraum der Voliere läuft. So kann man die Lade öffnen, ohne daß sich die Sitzstange mitbewegt.

Des weiteren muß es möglich sein, an die Schutzzone im hinteren Giebel heranzukommen. Zu diesem Zweck ist dort ein Giebelfenster eingelassen, das mit einer 6 mm dicken Acrylplatte verschlossen wird. Vier kleine Kunststoff-Knebel halten sie in Position. Zwei Nistkästen, an der durchgehenden Rückwand angebracht, machen die Vogel-Residenz komplett.

Zum Herstellen der gezackten Teile wie Dach- und Zwischensparren und der beiden Giebelwände des Nistkastens müssen Sie zuerst eine Papierschablone anfertigen, die dann auf das Holz übertragen wird. Dazu das angegebene Rastermaß von 50 x 25 mm auf dem Papier aufreißen und anschließend sorgfältig die Konturen einzeichnen. Diese dann auf das Holz durchpausen. Am besten lassen sich die Zacken mit einer Dekupier- oder Stichsäge ausschneiden. Position (14) in unserem Einkaufszettel bezeichnet die Rahmenbretter. Die drei, die den oberen Abschluß der Seiten- und des Vorderrahmens bilden, erhalten am unteren Rand Verzierungen. Unsere kleine Zeichnung auf Seite 294 unten zeigt Ihnen eine Hälfte der Verzierungen auf der Rahmenleiste, die Sie fortlaufend nach unserem Schema auch auf den Rest übertragen müssen.

Ein Tip zur Oberflächenbehandlung: In jedem Fall sollten die Grundierung und die Farbe wetterfest sein. Das ist nicht nur dann hilfreich, wenn die Voliere draußen steht, sondern auch bei einer gründlichen Reinigung. □

Rustikales Fachwerk und wetterfeste Sperrholzplatte ergeben den geschützten Platz zum Picken. Der Futtervorrat wird sicher und trocken im Körnerkamin untergebracht

Das Piepmatz-Restaurant

KORN-KAMMER

Eis und Schnee machen den Vögeln die Suche nach Nahrung bald wieder schwer. Zeigen Sie Herz, und bitten Sie zur Zwischenlandung mit Vollwertkost

Das Vogelfüttern im Winter ist eine interessante und schöne Möglichkeit, die Tiere zu beobachten und kennenzulernen. Das Standard-Speisenangebot im Futterschacht unserer Vogel-Schnellgaststätte, nämlich Kerne und Körner aller Art, schmeckt besonders Meisen, Dompfaffen, Kernbeißern, Zeisigen, Buchfinken, Sperlingen, Kleibern, Goldammern und Spechten. Beginnen sollten Sie mit dem Füttern allerdings wirklich erst im Winter. Sonst gefährden Sie das natürliche Verhalten der Vögel und schränken damit ihre Überlebensmöglichkeiten eher ein, als sie zu vergrößern. Wenn Sie diesen Rat befolgen, bleibt obendrein auch noch genügend Zeit, unser Körner-Automatenrestaurant in aller Ruhe nachzubauen.

Längen Sie zunächst alle Fachwerkstücke nach den Maßangaben auf der Materialliste ab. Dann schrägen Sie mit Hilfe der Gehrungslade die Senkrechten an. Auf diesen Schrägen werden später die Giebelleisten befestigt.

Hauptarbeit bei unserem Vogelhäuschen ist das Ausklinken der Leisten, die das Fachwerk bilden. Dafür sind Feinsäge und Stecheisen sowie Geschick und Geduld gefragt. Reißen Sie zunächst mit Streichmaß und Winkel die genauen Positionen der Ausklinkungen an. Dann sägen Sie jeweils die seitlichen Schnitte ein und arbeiten im nächsten Arbeitsgang das Holz dazwischen mit einem Stecheisen passender Breite vorsichtig heraus.

Sie können natürlich – sofern vorhanden – auch eine Dekupier- oder eine Bandsäge benutzen. Schneiden Sie damit zuerst die beiden Senkrechten ein, dann einen Bogen diagonal von der einen Seite oben zur anderen unten. Mit dem vierten Schnitt entfernen Sie schließlich das Reststück aus dem Winkel. Vor dem Einschalten Ihrer Säge sollten Sie allerdings noch einmal alle Leisten zusammenlegen, wie in Foto 3 auf der nächsten Seite gezeigt, um Verschnitt zu vermeiden.

Dann folgen die Löcher für die Verschraubung: Benutzen Sie den 3-mm-Bohrer samt Bohrständer. Mit dem Senker, auch Krauskopf genannt, versenken Sie die Schraubenköpfe. Beim Zusammenschrauben sollten Sie beachten: Die Schraubenköpfe gehören auf die Innenseiten – der Optik wegen.

Leimen Sie dann die Diagonalleisten der Giebelseiten ein. Benutzen Sie dafür unbedingt wasserfesten Leim! Die Schrägen werden erst bei der Montage genau eingepaßt. Mit Drahtstiften wird die Sperrholzseitenwand befestigt. Ihre ausgeklinkte Ecke (Foto 5 auf der nächsten Seite) nimmt später die untere Leiste der vorderen Längswand auf. Jetzt brauchen Sie nur noch die auf Gehrung geschnittenen Giebelleisten aufzuschrauben und mit Hilfe einer Spannklammer zusammenzupressen, und fertig ist eine Seitenwand. Nach dieser Übung geht Ihnen die zweite Seitenwand wahrscheinlich doppelt so leicht von der Hand!

1 *Vor dem Aussägen sollten Sie mit Hilfe von Streichmaß und Winkel alle Ausklinkungen der Fachwerkleisten ganz genau einzeichnen*

2 *Bohren Sie 3-mm-Löcher für die Verschraubung vor und versenken Sie sie. Bohrständer benutzen, damit sie senkrecht werden!*

3 *Mit wasserfestem Leim und Schrauben die Giebelseiten zusammenbauen. Kontrollieren Sie zuvor sämtliche Winkel!*

7 *Bauen Sie Vorder- und Rückwand zusammen. Die Maße von Leisten und Rückwandplatte finden Sie bei den Zeichnungen*

8 *Die Konstruktion des Futterschachtes. Er läßt sich von oben füllen. Der Deckel bleibt durch sein Eigengewicht auch bei Wind vor Ort*

9 *Richtfest gefällig? Bevor die Dachdecker kommen, wird der Futterkamin plaziert: Er ist in der Mitte direkt hinter der Firstleiste plaziert und wird von unten verschraubt*

Verbinden Sie danach die Giebelwände mit der flacheren Vorderseitenwand. Dann befestigen Sie die Rückwand, die Sie zuvor ebenfalls mit einer Sperrholzplatte verkleidet haben.
Bohren Sie die Nagellöcher in den Kaminseiten mit dem 1,5-mm-Bohrer vor, damit Sie beim Festnageln die schmalen Stirnseiten der angrenzenden Teile sicher treffen. Ist der Schacht fertig, wird er von hinten mittig vor der Firstleiste plaziert und von unten so befestigt, daß die Schrauben unterhalb des Rutschbrettes plaziert sind. Leimen Sie schließlich die Sperrholzplättchen des Schachtdeckels mit wasserfestem Leim aufeinander.

Kommen wir zum Dachdecken: Die beiden Dachplatten bestehen aus 4-mm-Sperrholz und werden auf First-, Giebel- und Traufleisten mit Drahtstiften fixiert. Sie stoßen am First stumpf aufeinander. Dadurch gerät die eine um vier Millimeter kürzer als die andere. Doch vorher müssen Sie noch den Ausschnitt für den Kamin einbringen. Sollte der Arbeitsbereich der Band- oder Dekupiersäge nicht groß genug sein, zeichnen Sie den Ausschnitt gleich auf beiden Seiten ein. Denn in diesem Fall müssen Sie die Platte für Schnitt 2 auf die andere Seite drehen. Sie könnten allerdings bei dieser Gelegenheit auch einmal wieder – sofern noch vorhanden – zur Laubsäge greifen. Überhaupt eignet sich das Vogelhaus gut dazu, Kindern die Holzbearbeitung in Handarbeit näherzubringen. Wenn ein Elternteil dabei hilft und Aufsicht führt, ist das für den Nachwuchs ein Riesenspaß. Passen Sie das fehlende Stück Dachplatte aus einem Rest ein.
Wir haben unser Vogelhaus mit Dachpappestreifen gedeckt. Die gibt's zum Ausbessern für den Hausgebrauch in kleinen Rollen im Baumarkt. Kostenpunkt: etwa sieben Mark. Schneiden Sie sich in den Maßen der Streifen aus einem Plattenrest eine Hilfsleiste aus Sperrholz zu. Mit Hilfe von deren Kanten und

4 Zu schnell? Wohin genau nun welche Ausklinkung? – Da hilft dieses Foto oder vielleicht ein selbstgefertigter Aufriß

5 Nun werden die Diagonalbalken eingesetzt, und die untere Etage der Seitenwände wird mit 4-mm-Sperrholz verkleidet

6 Zuletzt kommen die Giebelleisten dazu. Sie werden aufgeschraubt und oben mit einer Spannklammer zusammengepreßt

10 Die Kaminöffnung im Dach: Per Hand oder Maschine erst die Senkrechten, die Diagonale und dann das Restdreieck ausschneiden

11 Achten Sie darauf, daß Sie beim Aufnageln First-, Giebel- und Traufbalken treffen. Das Stück hinterm Kamin wird separat eingesetzt

12 Schneiden Sie mit Messer und Hilfsleiste die Dachpappestreifen für den Dachbelag zurecht. Er steht vorn und seitlich etwas über

Bevor Sie die ‚Dachpfannen' aus Dachpappe aufnageln, zeichnen Sie am besten die Oberkanten der einzelnen Lagen auf den Dachplatten ein

Alle Maße, alle Teile

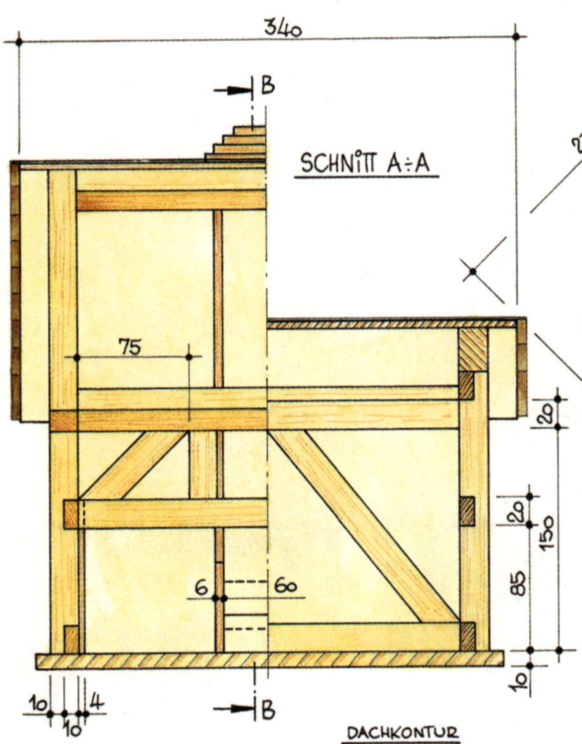

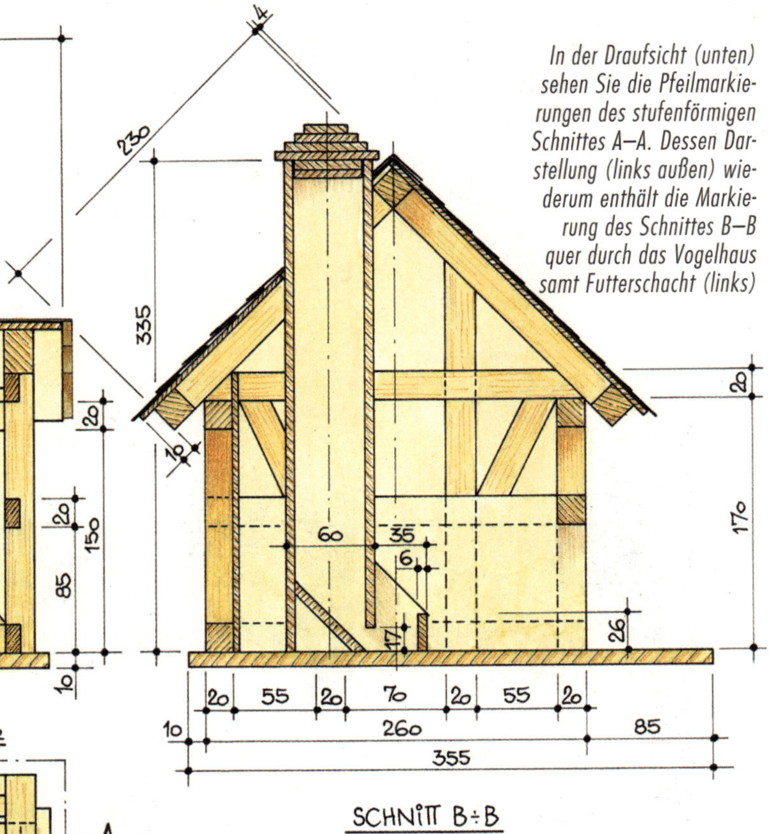

In der Draufsicht (unten) sehen Sie die Pfeilmarkierungen des stufenförmigen Schnittes A–A. Dessen Darstellung (links außen) wiederum enthält die Markierung des Schnittes B–B quer durch das Vogelhaus samt Futterschacht (links)

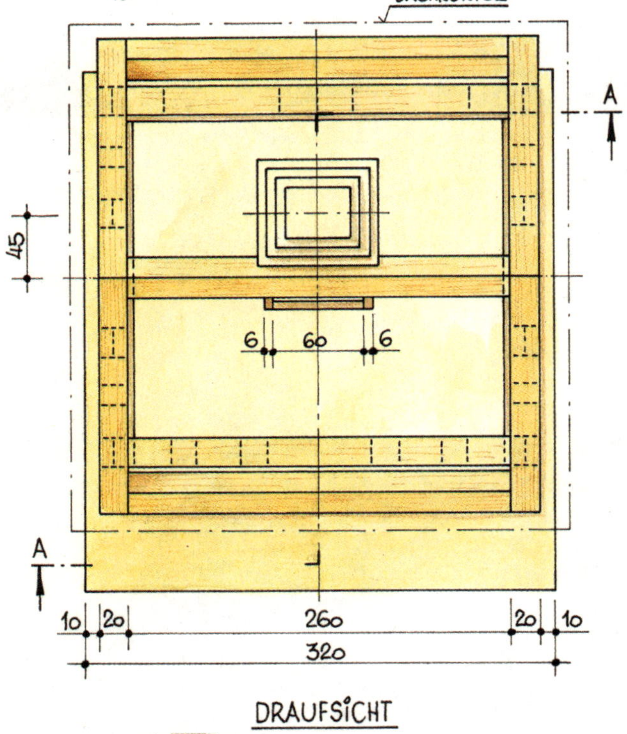

Materialliste

Sperrholz 10 mm dick:

1	Grundplatte	355 x 320 mm;

Sperrholz 6 mm dick:

2	Kaminseiten	335 x 95 mm,
1	Rückwand	335 x 60 mm,
1	Vorderwand	318 x 60 mm,
1	Rutschbrett (45°)	76 x 60 mm,
1	Trogbrett	60 x 26 mm,
2	Deckelbretter	59 x 47 mm,
1	Deckelbrett	82 x 70 mm,
1	Deckelbrett	68 x 56 mm,
1	Deckelbrett	54 x 42 mm,
1	Deckelbrett	40 x 28 mm;

Sperrholz 4 mm dick:

1	Dachplatte	340 x 244 mm,
1	Dachplatte	340 x 240 mm,
1	Rückwand	260 x 190 mm,
2	Seitenwände	236 x 105 mm;

Leiste 20 x 20 mm:

4	Eckstützen	170 mm lang,
1	Giebelstütze	265 mm lang,
6	Querträger (Giebel)	260 mm lang,
4	Schrägstreben	85 mm lang, *
2	Längsträger vorn	260 mm lang,
2	Stützen vorn	45 mm lang,
2	Schrägstreben vorn	85 mm lang, *
2	Längsträger hinten	260 mm lang,
2	Schrägstreben hinten	190 mm lang, *
3	First-/Traufleisten	260 mm lang,
4	Giebelleisten	230 mm lang;

* = Rohmaß, bei Montage einpassen;

dazu:
19 Dachpappestreifen 350 x 48 mm (davon einer mittig längs geknickt als Firstabdeckung); Spanplatten-Schrauben; Nägel; wasserfester Holzleim. Materialkosten rund 35 Mark.

einem Cutter lassen sich die Dachpappestreifen leicht und genau ausschneiden. Zeichnen Sie die Oberkanten der einzelnen Lagen auf den Dachplatten ein. Zu guter Letzt nageln Sie die Streifen unten beginnend an den Giebelleisten mit Blauköpfen fest. Schneiden Sie den Streifen für die Firstlage etwas breiter, und falten Sie ihn auf einer geraden Kante vor dem Aufnageln in Form. Beachten Sie, daß die Dachpappe an allen Seiten fünf Millimeter überkragen sollte, dann steht einer trockenen Malzeit von Piepmatz & Co. nichts mehr im Wege. □

Speisenkarte

Sonnenblumenkerne, Hanf, Mohn, Salatsamen, Apfel-, Birnen- und Melonenkerne, Hasel- und Walnüsse, Bucheckern, ungesalzene Erdnüsse, alle Unkrautsamen.

Falls Sie das Trockenfutterangebot erweitern möchten: Amseln, Drosseln oder Rotkehlchen lieben ein Fett-Kleie-Gemisch oder Haferflocken, Rosinen und andere getrockneten Beeren. Äpfel und Birnen wirken auf Amseln unwiderstehlich.

Und das bekommt den gefiederten Gästen nicht:

Salz, Speck, Wurst, Sauerteig, gekochte Kartoffeln oder Speiseabfälle.

Kapitel 13

Mobiliar für den Garten

Attraktive Gartenmöbel stehen sicher auf dem Wunschzettel eines jeden Terrassen- oder Gartenbesitzers. Manchmal macht aber der Geldbeutel einen Strich durch die Rechnung. Bei unseren Beispielen stehen die Chancen deutlich besser

INHALT

Nützlicher Geräte-Wagen

Garten-Kuli

So macht die Arbeit im Garten noch mehr Spaß, denn die ewige Suche nach dem richtigen Werkzeug hat nun ein Ende

Wieviel Zeit haben Sie schon damit verbracht, bei der Gartenarbeit Handschuhe, Scheren oder Dünger zu suchen? Viel zu viel? Dann ist unser Gefährt genau das richtige für Sie, denn das sorgt für Ordnung

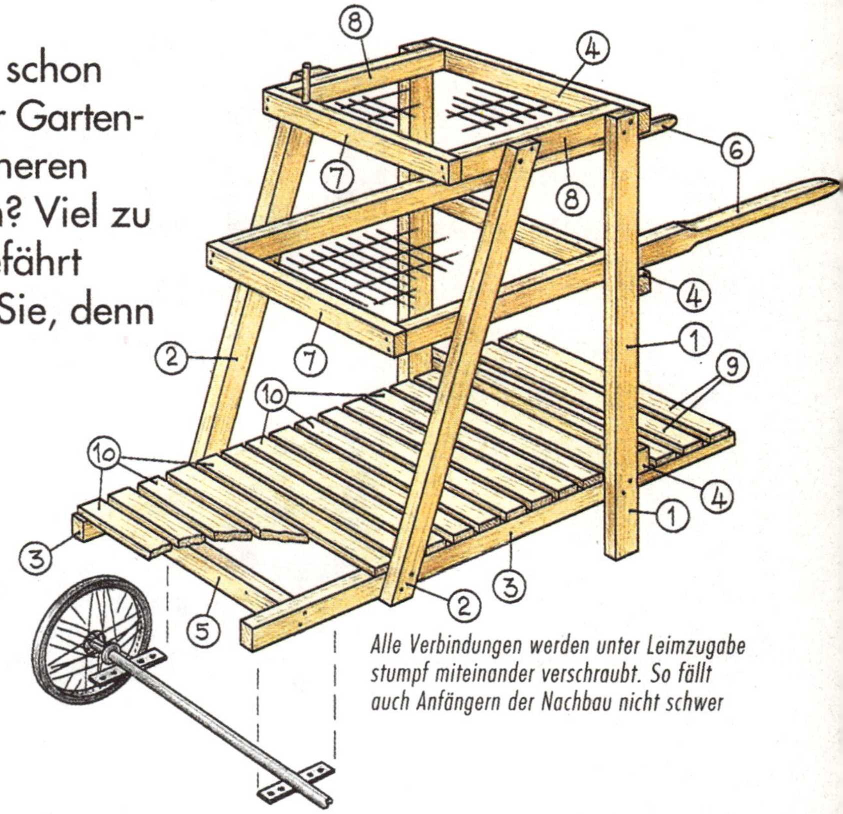

Alle Verbindungen werden unter Leimzugabe stumpf miteinander verschraubt. So fällt auch Anfängern der Nachbau nicht schwer

Frei nach dem Motto ‚Kleiner Aufwand, große Wirkung' haben wir uns an den Bau eines Garten-Wagens gegeben. Herausgekommen ist eine simple und funktionelle Konstruktion aus Holz und Draht, die zudem auch noch preisgünstig ist. Der Aufbau ist aus der Zeichnung ersichtlich und ganz einfach nachzuvollziehen. Zuerst wird die untere Stellfläche aus den Querbrettern (9) und (10), den Längsholmen (3) und der Querleiste (5) zusammengeschraubt. Nun werden die beiden Rahmen für den Maschendraht angefertigt. Achten Sie auf die Querleisten (4): Da mit ihnen die Verbindung zu den Stützen hergestellt wird, müssen sie auf beiden Seiten gleich weit überstehen. Nach der Fertigstellung der Rahmen wird der Maschendraht auf die Unterseiten getackert. Benutzen Sie hierfür am besten rostfreie Kupferklammern. Jetzt werden die Stützen (1) mit den drei Ablageflächen verschraubt. Zur Stabilisierung befestigt man die Stützstreben (2) schräg. Damit das Gefährt auch witterungsbeständig ist, müssen Sie es mit feinem Schmirgelpapier schleifen und anschließend mit Holzschutzlasur streichen. Dann wird die Achse an die Unterseite geschraubt. Auf unserer Zeichnung sehen Sie die genaue Position. Zum Schluß werden noch Befestigungen an der hinteren Seite auf den Querleisten angebracht. So können Sie problemlos auch Gartengeräte mit Stiel unterbringen. □

Ein Dübelholz fungiert als Rollenhalter. Praktisch ist die Trennvorrichtung, für die eine Klinge an den Rahmen geschraubt wurde

Wenn Sie etwas tiefer in die Tasche greifen wollen, sollten Sie statt Kiefer besser Red Cedar verarbeiten. Es ist von Natur aus witterungsbeständiger

EINKAUFSZETTEL

Pos.	Anz.	Bezeichnung	Maße in mm	Material
①	2	Stützen	850 lang	Kiefer 43 x 27 mm
②	2	Stützstreben	800 lang*	
③	2	Längsholme	850 lang	
④	3	Querleisten	454 lang	
⑤	1	Querleiste	346 lang	
⑥	2	Griffholme	900 lang	
⑦	2	Querleisten	400 lang	
⑧	2	Längsleisten	300 lang	
⑨	3	Querbretter	454 lang	Kiefer 43 x 15 mm
⑩	14	Querbretter	400 lang	

* Rohmaß, bei Montage anpassen

1 Dübelholz ∅12 x 95 mm; 2 Speichenräder ca. 200 mm ∅, kpl. mit Achse und Befestigungslaschen; Maschendraht (bei Montage anpassen); Tackerklammern (Fixierung Maschendraht); Spanplatten-Schrauben; wasserfester Holzleim.

Materialkosten rund 100 Mark

Tischlein streck dich

Im Handumdrehen – fast wie im Märchen – können Sie unsere einladende Bank nachbauen

Bei den Gebrüdern Grimm hat besagtes Tischlein, welches der Gesell vom Meister zum Abschied erhält, ‚gar kein besonderes Ansehen und ist von gewöhnlichem Holz', hat aber eine gute Eigenschaft: Spricht man die magischen Worte ‚Tischlein, deck dich', steht Gebratenes und Gesottenes nebst rotem Wein auf dem Tisch, daß einem das Herz lacht. Dies können wir Ihnen leider nicht versprechen, doch hat auch unser ‚Gesellenstück' durchaus seinen Reiz. Und das nicht nur optisch. Normalerweise ist es nämlich ‚nur' eine formschöne Gartenbank ‚von gewöhnlichem Holz', sprich Kiefer. Doch kennt man den Trick, läßt sich daraus mit wenigen Handgriffen ein Tischlein hervorzaubern. Und das geht so: Die Sitzfläche der Bank ist dreigeteilt, wobei sich das Mittelteil herausheben läßt. Dessen Sitzlatten sind quer zur Längsrichtung auf zwei Verbindungsbretter montiert. Mit dem vorderen Brett wird der Tischplattenhalter über Scharniere verbunden. Er klappt automatisch herab, wenn das Mittelteil angehoben wird.

Beim Anheben der Tischplatte klappen die Tischbeine herunter, und die beiden Führungsdübel an den Tischbeinen gleiten aus den Aussparungen

Hier die Montage eines Seitenteiles. Die Enden von Rückenstützen und Fußbrettern werden zum Viertelkreis abgerundet

Die beiden Längsträger (9) befestigt man von außen an den Seitenteilen. Zuvor die Kanten des vorderen Längsträgers abrunden

Die Trägerleisten (20) und (21) für die Sitzbefestigung am Rahmeninneren verschrauben. Die einzelnen Leisten zuerst vorbohren

Nun wird die Bank umgedreht, so daß die Beine nach oben zeigen. Die Sitzbretter mit Schraubzwingen fixieren und befestigen

5 Die Oberkante des Rückenbrettes und die Rückenleiste (10) seitlich runden. Rückenleisten an den Stützen (4) verschrauben

6 Für die Tischplatte die Sitzbretter (17) an den Verbindungsbrettern (16) befestigen. Tischbeine (14) und Querverbinder (15) ...

7 ... mit einem Scharnier an dem vorderen Verbindungsbrett fixieren. Die Position der Verbindungsbeschläge markieren. Die Löcher vorbohren

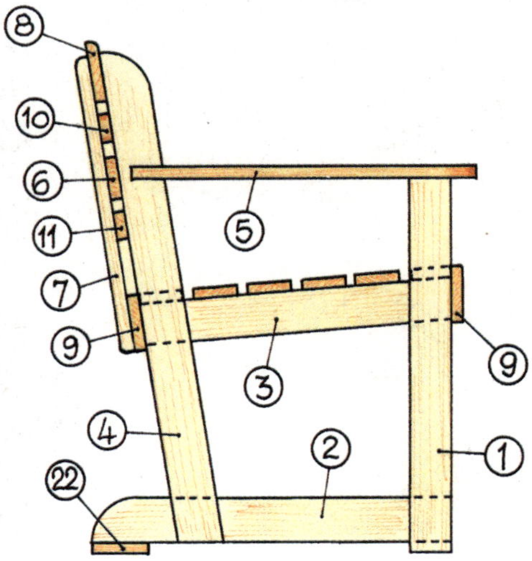

Seitenansicht: Deutlich zu erkennen sind die abgerundeten Fußbretter und Rückenstützen

In der Zeichnung links werden die Position und die Funktion des Tischeinsatzes nochmals deutlich

Im hinteren Längsträger (9) zwei weitere 8-mm-Löcher bohren. Bei eingesetzter Tischplatte dienen sie als Aufnahmen für die Schrauben

Die Tischplatte ist 52 x 49,5 cm groß – Platz genug für ein kleines Frühstück im Freien. Die Platte wird mit zwei Haken an der Rückenlehne befestigt

EINKAUFSZETTEL

Pos.	Anz.	Bezeichnung	Maße in mm	Material
1	2	Seitenstützen	590 lang	Kiefer 70 x 20 mm
2	2	Fußbretter	570 lang	
3	4	Querträger	500 lang	
4	2	Rückenstützen	795 lang	
5	2	Armlehnen	546 lang	
6	1	Rückenbrett	1617 lang	
7	2	Rückenstützen	475 lang	
8	1	Rückenbrett	1857 lang	Kiefer 90 x 20 mm
9	2	Längsträger	1617 lang	
10	1	Rückenleiste	1697 lang	Kiefer 45 x 20 mm
11	1	Rückenleiste	1617 lang	
12	2	Trägerleisten	525 lang	Kiefer 30 x 20 mm
13	2	Trägerleisten	480 lang	
14	2	Tischbeine	198 lang	
15	1	Querverbinder	460 lang	
16	2	Verbindungsbretter	520 lang	Kiefer 70 x 15 mm
17	6	Sitzbretter	495 lang	
18	4	Sitzbretter	525 lang	
19	8	Sitzbretter	546 lang	
20	4	Trägerleisten	495 lang	Kiefer 20 x 20 mm
21	4	Trägerleisten	441 lang	
22	2	Distanzleisten	90 lang	

2 Scharniere, geöffnet 20 x 70 mm; 2 Verbindungsbeschläge komplett; Spanplatten-Schrauben; 2 Holzdübel ∅ 8 x 40 mm; Holzleim. Materialkosten rund 190 Mark

Die Sitzbretter des Tischteils werden quer zu den übrigen angeordnet

Mit Verbindungsbeschlägen (Haken und Öse) läßt sich das Tischchen an der Rückenlehne befestigen und in Sekundenschnelle auf- oder zuklappen – ganz nach Bedarf. Wie die Gartenbank gebaut wird, zeigen die Arbeitsfotos Schritt für Schritt. Um Schraublöcher in der Sitzfläche zu vermeiden, werden 21x21-mm-Kanthölzer unter den beiden äußeren Sitzen angebracht, so daß man die Sitzlatten von unten verschrauben kann. Die übrigen Schraublöcher werden sauber verspachtelt. Nach der Montage kann die Bank grundiert, geschliffen und nach Belieben farbig lackiert werden. Möchte man sie im Naturholzton belassen, farblose Grundierung und Lasur verwenden. Soll die Bank auch den Winter über draußen bleiben, müssen Sie schon etwas tiefer in die Tasche greifen und statt Kiefernholz Rote Zeder, Lärchen- oder Teakholz verwenden. □

Modell im Maßstab 1:10

Wenn Sie sich vorab eine genaue Vorstellung Ihrer Sitzgruppe machen möchten, fertigen Sie einfach ein maßstabsgerechtes Modell an. Dafür eignen sich ca. 5 mm dicke angespitzte Zweige und Stecknadeln

Natur pur

Gartenmöbel aus Ästen

Sie könnten Bäume ausreißen? Das sollten Sie nur dann tun, wenn es sich nicht vermeiden läßt. Nutzen Sie die Energie lieber zum Möbelbau

Ab und an muß man auch im eigenen Garten dafür sorgen, daß die Bäume nicht in den Himmel wachsen – auch wenn es schwerfällt. Bei einer solchen Aktion fällt dann eine Menge Holz an, das sich gut nutzen läßt: als Kaminholz oder wie hier zum Bau von Gartenmöbeln. Wer kein Holz ‚vor der Hütten', sprich im eigenen Garten, hat, kann sich an die Forstverwaltung oder besser noch ans Gartenamt wenden. Im Zuge der Wald- bzw. Parkpflege fällt dort Schnittgut an, das man preiswert, wenn nicht gar umsonst bekommen kann. Oder Sie besorgen sich unbearbeitetes Fichtenholz beim Sägewerk. Eines gilt es auf jeden Fall zu beachten: Gehölze dürfen nur bis Ende März geschnitten werden, dann beginnt die Brutzeit der Vögel, und die sollte man nicht unnötig stören!

Das ist alles, was Sie brauchen: Äste und Zweige, Holzdübel, verzinkte Nägel und Spanplatten-Schrauben sowie das notwendige Werkzeug

1 Zunächst sämtliche störenden Seitenäste und -zweige nah am Stamm absägen. Verwenden Sie für die Sitzflächen und Armlehnen möglichst gerade Stücke

2 Zum Begradigen der Schnittstellen kann man entweder einen Hobel oder ein scharfes Messer benutzen

3 Übertragen Sie die wichtigsten Maße des Stuhls auf ein Brett, legen dann die Rücken- und Vorderstützen auf die Zeichnung und markieren die Länge der drei Querstreben

4 Mit einem 4-mm-Bohrer Löcher für die Holzdübel vorbohren, dann mit einem 22-mm-Bohrer 30 mm tief aufbohren

5 Die Äste entsprechend ablängen und deren Enden mit einem Messer oder Beitel anspitzen. Benutzen Sie den Beitel für die grobe Vorarbeit und das Messer für die Feinheiten

6 Rücken- und Vorderstützen wieder auf die Zeichnung legen und die Positionen der Bohrlöcher für die Holzdübel markieren. Die Löcher 30 mm tief bohren

Die Holzdübel einschlagen und die Stuhl- bzw. Bankenden verbinden. Die sechs Hölzer für die Sitzfläche zuschneiden und wiederum Löcher für die Dübel bohren

7

8

Als zusätzliche Sicherheit durch jede Verbindungsstelle einen verzinkten Nagel treiben

Legen Sie anhand der Zeichnung fest, wo die Löcher für die Längs-/Sitzhölzer liegen müssen und bohren Sie diese dann 30 mm tief

9

10

Hier wird gerade eine Querstrebe angebracht. Alle Verbindungsstellen mit verzinkten Nägeln sichern

Die Kreuzstreben ebenfalls mit Nägeln fixieren, wobei die unteren Kreuzenden vorn auf dem Rahmen sitzen, die oberen Enden hinten

11

Für die Bögen biegsame Zweige verwenden. Zuerst die beiden langen Hölzer fixieren

Stuhl und Bank werden nach demselben Prinzip gebaut

Für die abgebildeten Gartenmöbel läßt sich nahezu jede Holzart verwenden. Kommen Harthölzer wie Esche, Buche oder Ulme zum Einsatz, werden nicht so viele Kreuzstreben und Verstärkungen benötigt wie für weichere Holzarten, beispielsweise Fichte. Doch das läßt sich am fertigen Rahmen ausprobieren. Davon abgesehen können Sie natürlich auch verschiedene Holzarten kombinieren. Die Äste oder Stämme für den Rahmen sollten auf jeden Fall 40 bis 60 mm dick sein. Sie brauchen übrigens keine Hemmungen zu haben, auch knorrige Äste zu verwenden; diese geben den Möbeln ein natürliches, rustikales Aussehen. Für jedes Teil benötigt man nur wenige gleichförmige Stücke.

Wichtig ist allerdings, daß Sie für die Rückenstützen von Stuhl und Bank natürlich gekrümmte Stücke finden, die den notwendigen Neigungswinkel der Rückenlehne garantieren. Für die Tischplatte haben wir 25 mm dicke unbesäumte Schwarten verwendet; das sind sägerauhe Bretter, die nicht entrindet sind. Diese können Sie später entweder mit dem Handhobel glätten, was allerdings etwas handwerkliches Geschick voraussetzt, oder Sie glätten die Tischfläche mit dem Schwingschleifer. Das geht wesentlich schneller und einfacher und schließt Verletzungen durch Holzsplitter aus.

Ist das Problem der Materialbeschaffung erst einmal gelöst, geht es ans Vorbereiten der Hölzer. Das heißt, alle seitlichen Äste und Zweige müssen möglichst nah am Stamm entfernt werden. Das geschieht, je nach Dicke, mit einer Säge oder einem scharfen Messer. Zum Versäubern der Schnittstellen empfiehlt sich ein Hobel bzw. Messer. Für die Verbindungen werden 22-mm-Löcher gebohrt, das Astende wird angespitzt und ein Holzdübel eingeschlagen. In das Gegenstück bohrt man

Die Rückenlehne – ob von Stuhl oder Bank – wirkt filigran und ist dennoch stabil

Die Möbel werden mit Kreuzstreben stabilisiert

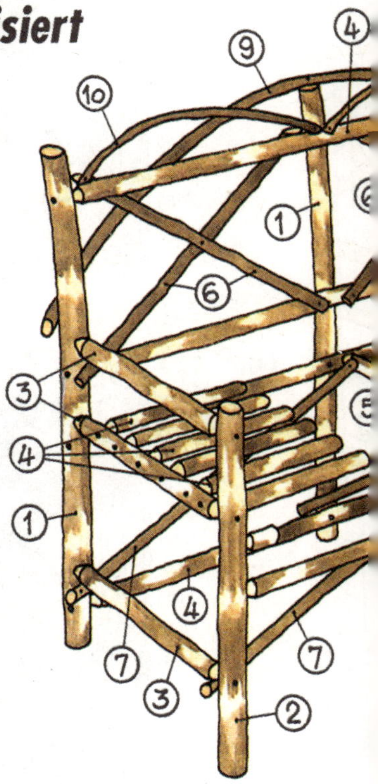

ebenfalls ein 22-mm-Loch und fügt die beiden Teile zusammen. Zur Sicherheit wird noch ein verzinkter Nagel durch die Lochverbindungen geschlagen. Sie werden feststellen, daß die Verbindungen einige Stunden nach dem Zusammenfügen stabiler sind, als sie zu Anfang waren. Ursache dafür sind die Holzdübel, die den Saft des frischen Holzes aufnehmen und sich ausdehnen. Überall dort, wo es auf besondere Stabilität ankommt, werden die Möbel mit gut fingerdicken Kreuzstreben verstärkt, die man einfach aufnagelt. Damit die Äste nicht splittern, bohrt man die Löcher für die Nägel mit einem dünnen Bohrer vor. Besonders stabil wird das Ganze, wenn Sie die Nägel auf der Rückseite umbiegen. Hübsch sieht es aus, wenn man beispielsweise die Rückenlehnen

12 Der Rahmen der Bank wird genauso zusammengefügt wie der des Stuhls, eben nur mit einem entsprechend größeren Zwischenteil

13 Zwei Stützkreuze an der Bankrückseite fixieren. Das lange Bogenholz auf die mittlere Rückenstütze, die Zweigenden auf die äußeren Rückenstützen nageln

14 Der Tisch: Seitenteile der Unterkonstruktion aufzeichnen, Hölzer auflegen und die Tischbeinlänge markieren. Mit Holzdübeln/Nägeln fixieren. Kreuzstreben befestigen

15 Die vorgefertigten Seitenteile mit den Längsstreben verbinden und die Kreuzstreben befestigen. Die Tischplatte mit den Auflagerleisten verschrauben und am Gestell fixieren

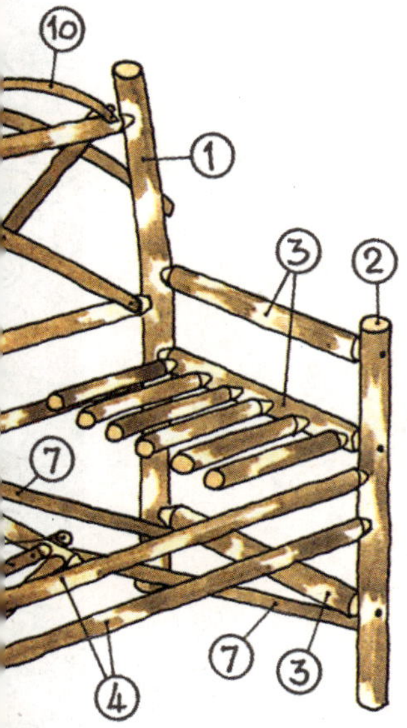

Holzdübel dienen zum Befestigen

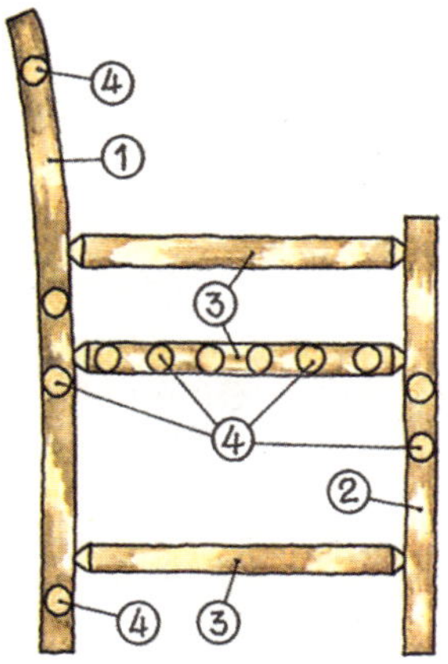

EINKAUFSZETTEL

Pos.	Anz.	Bezeichnung	Maße in mm	Material
①	2	Rückenstützen	950 lang	∅ 40 bis 60 mm
②	2	Vorderstützen	640 lang	
③	6	Querstreben	520 lang	
④	12	Längs-/Sitzhölzer	550 lang	
⑤	2	Kreuzstreben	650 lang *)	∅ ca. 20 mm
⑥	2	Bogenhölzer	750 lang *)	
⑦	1	Bogenholz	600 lang *)	

36 Holzdübel ∅ 22 x 60 mm; verzinkte Nägel.

*) = Zirka-Maße

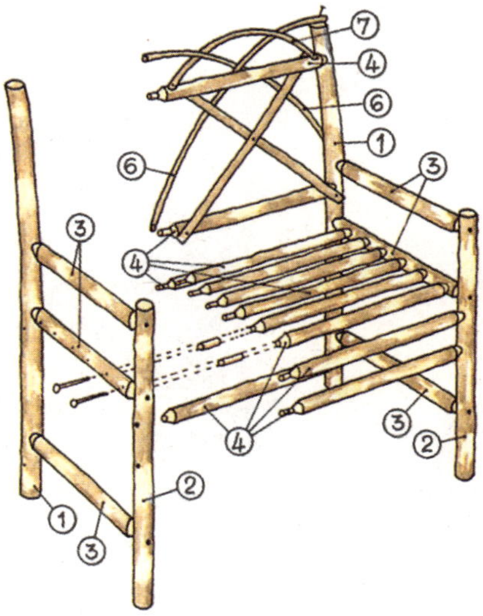

Für die Lochverbindungen müssen die Hölzer angespitzt werden

EINKAUFSZETTEL

Pos.	Anz.	Bezeichnung	Maße in mm	Material
①	3	Rückenstützen	950 lang	∅ 40 bis 60 mm
②	2	Vorderstützen	640 lang	
③	6	Querstreben	520 lang	
④	12	Längs-/Sitzhölzer	1300 lang	
⑤	1	Mittelstrebe	520 lang	
⑥	4	Kreuzstreben	750 lang *)	∅ ca. 20 mm
⑦	4	Diagonalstreben	750 lang *)	
⑧	2	Diagonalstreben	650 lang *)	
⑨	1	Bogenholz	1600 lang *)	
⑩	2	Bogenhölzer	700 lang *)	

38 Holzdübel ∅ 2 x 60 mm; verzinkte Nägel.

*) = Zirka-Maße

Die Tischplatte besteht aus unbesäumten Schwarten, die man von unten verschraubt

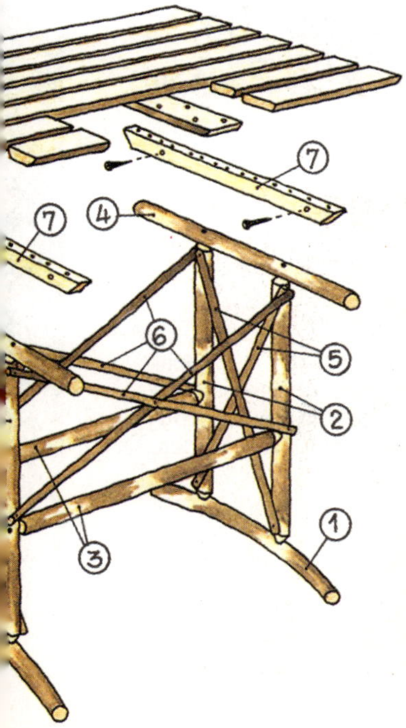

Schwarten für die Tischplatte

EINKAUFSZETTEL

Pos.	Anz.	Bezeichnung	Maße in mm	Material
①	2	Fußbögen	650 lang	∅ 40 bis 60 mm
②	4	Tischbeine	550 lang *)	
③	2	Längsstreben	700 lang	
④	2	Auflager	700 lang	
⑤	4	Kreuzstreben	650 lang *)	∅ ca. 20 mm
⑥	4	Kreuzstreben	950 lang *)	
⑦	2	Auflagerleisten	700 lang	Kiefer 40 x 20 mm

Für Tischplatte (1000 x 750 mm) und Verbindungsbrett: unbesäumte Schwarten, ca 100 x 25 mm; 12 Holzdübel ∅ 22 x 60 mm; verzinkte Nägel, Spanplatten-Schrauben.

*) = Zirka-Maße

mit gebogenen Ästen verziert. Nach Fertigstellung der Möbel sollten Sie diese möglichst nur mit einer farblosen Holzschutzlasur streichen, doch bieten sich auch Schwarz oder Braun und andere Erdtöne an. Allzu grelle, auffallende Farben passen weniger zum Stil der Naturmöbel.

Denkbar wäre auch, die Sitzgruppe um einen Hocker, eine Liege oder Beistelltische zu erweitern oder winzige Kindermöbel zu bauen. Das Konstruktionsprinzip bleibt immer dasselbe – und sicherlich auch der Spaß bei der Arbeit! □

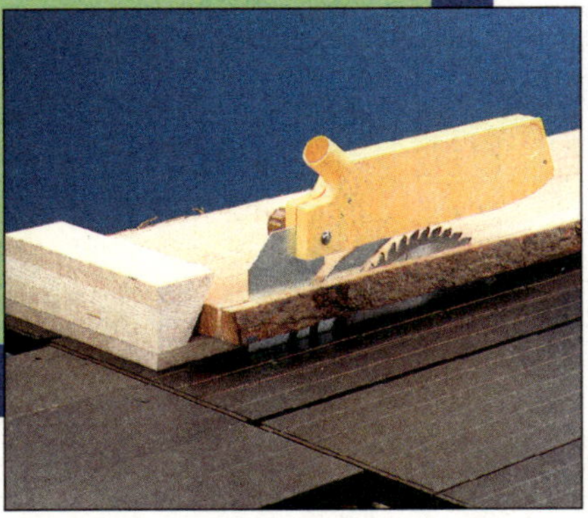

1 Bei einer Tischkreissäge mit Führungsnut ist ein gefahrloses Besäumen nur mit einem in der Nut geführten Besäumbrett möglich

2 Niemals frei Hand arbeiten, die Bohle könnte sonst hochschlagen (siehe Kasten auf Seite 316). Hier das Abrichten der Bohlen

3 Die Bretter werden nun auf Dicke gehobelt. Solche präzisen Arbeiten erfordern unbedingt stationäre Maschinen, andernfalls auf ...

4 ... 30-mm-Kiefer-Leimholz ausweichen. Zum Bohren des Schlitzes für die Zapfen die Bohrmaschine in einen Ständer einspannen

5 Mit der Kreissäge werden je zwei Einschnitte für die Zapfen eingebracht. Eine Zuführlade ist hierbei unbedingt erforderlich! (siehe ...

6 ... Kasten S. 316). Die Gefahr, daß das Werkstück wegkippt, besteht dann nicht mehr. Den mittigen Zapfen mit der Kreissäge absetzen

7 Die Nut-und-Feder-Verbindungen der Truhenseiten werden mit der Oberfräse hergestellt. In den Bohrständer spannen, an einer Leiste ...

8 ... bzw. einem Fräsanschlag vorbeiführen. In zwei Arbeitsgängen fräst man mit einem 6-mm-Scheibennutfräser eine 10-mm-Nut

Aus wetterfestem Lärchenholz

Solide Truhe

Jedes Jahr das gleiche Lied: Wohin mit den Auflagen für Gartenstühle und Liegen? Eine ideale Lösung ist die massive Kissentruhe, in der die Polster geschützt vor Wind und Wetter sind

Weder nächtliche Feuchtigkeit noch sommerliche Regengüsse können Polstern, Kissen, Plaids und Sonnenschirm in Zukunft noch etwas anhaben – vorausgesetzt, Sie verstauen sie in der eigens dafür konzipierten Gartentruhe aus wetterfester Lärche. Plaziert wird sie am besten in Hausnähe. Das gute Stück ist 132 cm lang,

9 So sieht eine Truhenseite vor dem Verleimen aus. Verleimt wird nur die Schlitz-und-Zapfen-Verbindung, die Nut-und-Feder-Verbindung ...

10 ... wird lediglich gesteckt – ohne Leim! Die beiden Seitenteile verbindet man nach dem Verleimen mit Flachdübeln untereinander

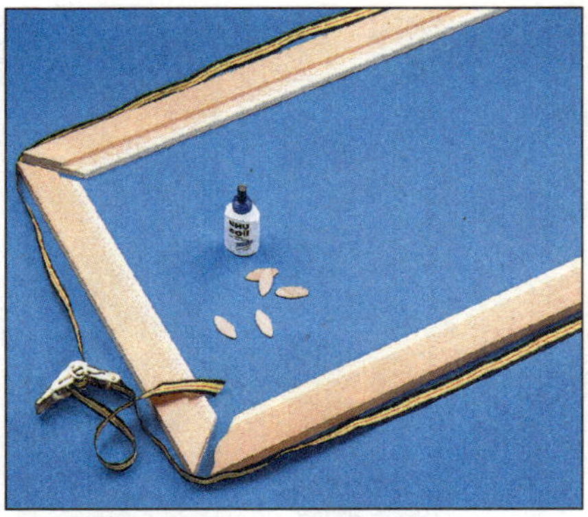

11 Auch den Sockel mit Flachdübeln verbinden. Nachdem er auf Gehrung geschnitten und gefalzt ist, Schlitze fräsen und verleimen

12 Der Runddeckel besteht aus neun Brettern, die alle um 4° abgeschrägt sind. Mit der Kreissäge Bretter am Anschlag vorbeiführen

13 Der Deckel wird in zwei Etappen verleimt. Zuerst die Bretter mit den spitzen Kanten gegeneinander legen und mit Klebeband fixieren

14 Das Ganze umdrehen, in die Fugen Leim geben. Die Bretter bogenförmig legen, umwickeln, trocknen lassen. Den Deckel erst ...

15 ... nach dem Verleimen auf Länge schneiden. In die Stirnkanten des Deckels 8-mm-Löcher bohren, Bohrpunkte auf das Stirnbrett ...

16 ... übertragen. Sind die beiden Stirnbretter verdübelt und verleimt, werden sie mit dem Deckel plangeschliffen (Exzenterschleifer)

17 Die Scharniere läßt man mit der Oberfräse und einem Nutfräser je zur Hälfte in Deckel und Seitenwand ein. Mit Stechbeitel nacharbeiten

je 70 cm breit bzw. hoch – und beileibe kein Leichtgewicht. Wer die Massivholztruhe öfter mal umstellen möchte, sollte deshalb am besten arretierbare Möbelrollen darunterschrauben und/oder Tragegriffe an den Seiten montieren. Wichtig ist, daß für die Verbindungen wasserfester Holzleim verwendet wird! Für die Oberflächenbehandlung empfiehlt sich eine leicht pigmentierte Lasur. Sie ermöglicht zum einen, daß das Holz atmen kann, zum anderen schützt die Pigmentierung

Die Zuführlade und das Besäumbrett

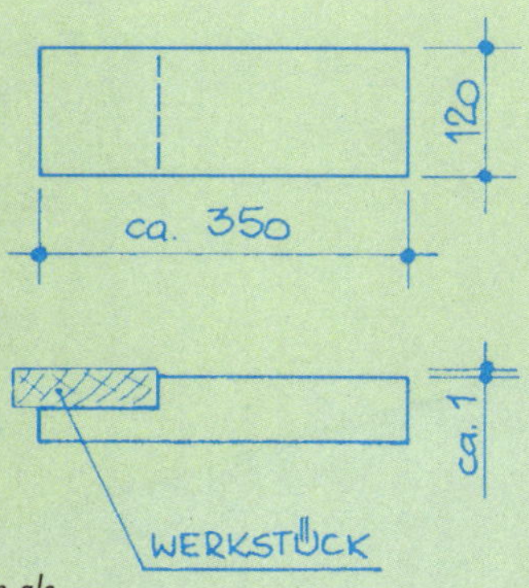

Die Ausklinktiefe an der Zuführlade (Foto 5) muß, um einen ausreichenden Druck auf das Werkstück ausüben zu können, ca. 1 mm geringer sein als die Dicke des Werkstückes

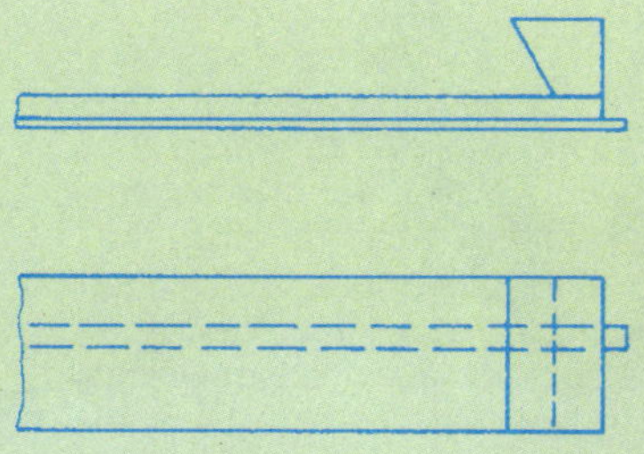

Das Werkstück wird in Schnittposition aufgelegt und unter den Klemmschuh des Besäumbrettes geschoben (Foto 1). Seitlich von der Besäumeinrichtung stehen Sie außerhalb des Gefahrenbereiches

18 *Hier das Befestigen der eingelassenen Scharniere. Als Schloß wird eine Sicherheits-Überfalle montiert, die auch als Griff zum ...*

19 *... Öffnen des Deckels dient. Die Schrauben liegen verdeckt hinter der Überfalle und sind nach Anbringen eines Sicherheitsschlosses ...*

20 *... nicht mehr zugänglich. Für die abschließende Oberflächenbehandlung sollte eine leicht pigmentierte Lasur verwendet werden*

vor UV-Strahlen bzw. dem Vergilben des Holzes. Wer die entsprechenden stationären Maschinen hat, kann die Truhe so wie hier aus unbesäumten Lärchenbohlen fertigen, andernfalls sollte man auf 30 mm dickes Kiefer-Leimholz ausweichen. Dann ist kein Abricht- bzw. Dickenhobeln nötig, allerdings verteuert das die Angelegenheit um rund 200 Mark. Doch lohnt sich der Aufwand auch in diesem Fall: Vergleichbare Produkte kosten im Handel das Drei- bis Vierfache. □

Einzelteile

Die oberen drei Ansichten zeigen die Teile (1) bis (6) jeweils als Längsseite und rechts daneben die dazugehörige Stirnseite. Die Ausbildung der Köpfe ist in den Positionsgruppen gleich; es unterscheiden sich aber die Längen. Unten sind die Teile (8) und (9) dargestellt – analog zu (1) bis (6). Eine zusätzliche Draufsicht zeigt die Anordnung der Langlöcher für die Zapfen

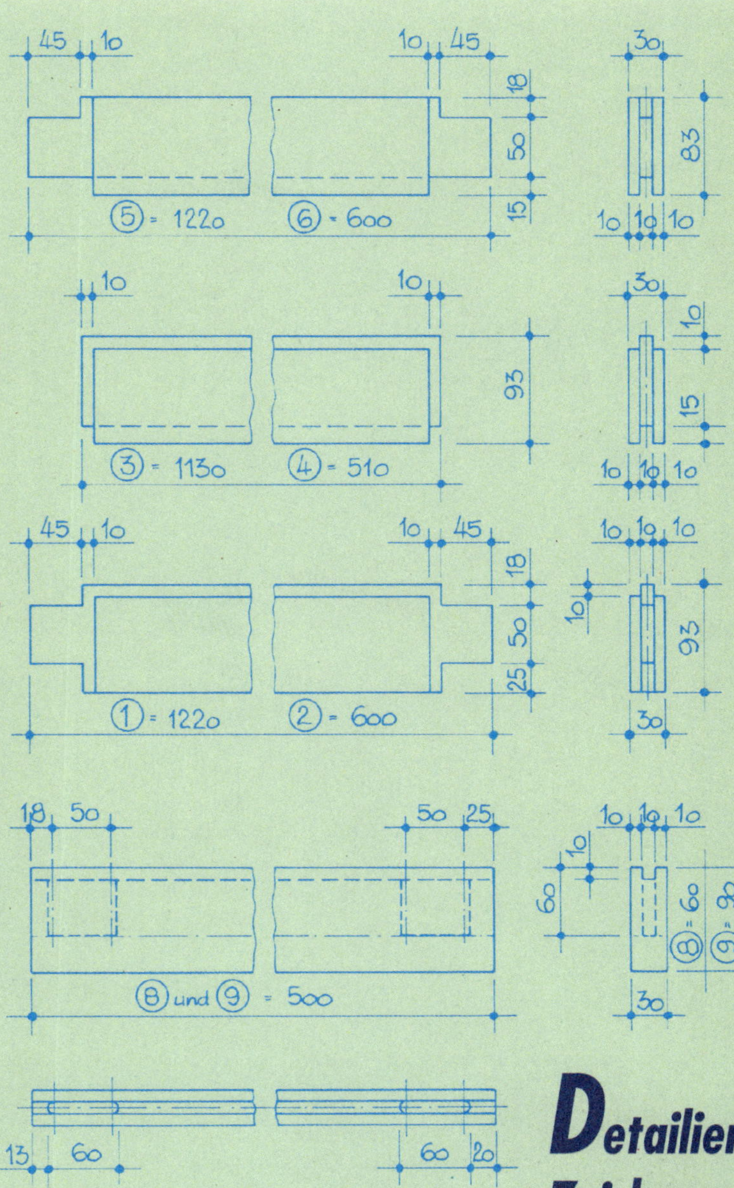

Detailierte Zeichnungen machen den Nachbau der Truhe zum Kinderspiel

EINKAUFSZETTEL

Pos.	Anz.	Bezeichnung	Maße in mm	Material
①	2	Längsbretter	1220 lang *)	Lärche 93 x 30 mm
②	2	Querbretter	600 lang *)	
③	8	Längsbretter	1130 lang *)	
④	8	Querbretter	510 lang *)	
⑤	2	Längsbretter	1220 lang *)	Lärche 83 x 30 mm
⑥	2	Querbretter	600 lang *)	
⑦	4	Eckbretter	500 lang	Lärche 90 x 30 mm
⑧	4	Eckbretter	500 lang	Lärche 60 x 30 mm
⑨	2	Längsbretter	1230 lang	Lärche 80 x 30 mm
⑩	9	Deckelbretter	1230 lang	Lärche 78 x 30 mm
⑪	2	Stirnbretter	670 x 170	Lärche 30 mm dick
⑫	2	Bodenbretter	1320 lang	Lärche 70 x 30 mm
⑬	2	Bodenbretter	700 lang	
⑭	1	Bodenplatte	1104 x 604	Multiplex 12 mm

3 Messing-Scharniere 100 x 50 mm (geöffnet); 1 Sicherheits-Überfalle 110 mm; Spanplatten-Schrauben; Flachdübel, Holzdübel; wasserfester Holzleim.

Materialkosten (abgerichtet aus Bohlen) rund 420 Mark
Materialkosten (aus Leimholz) rund 620 Mark *) Längen jeweils mit Zapfen bzw. Federn

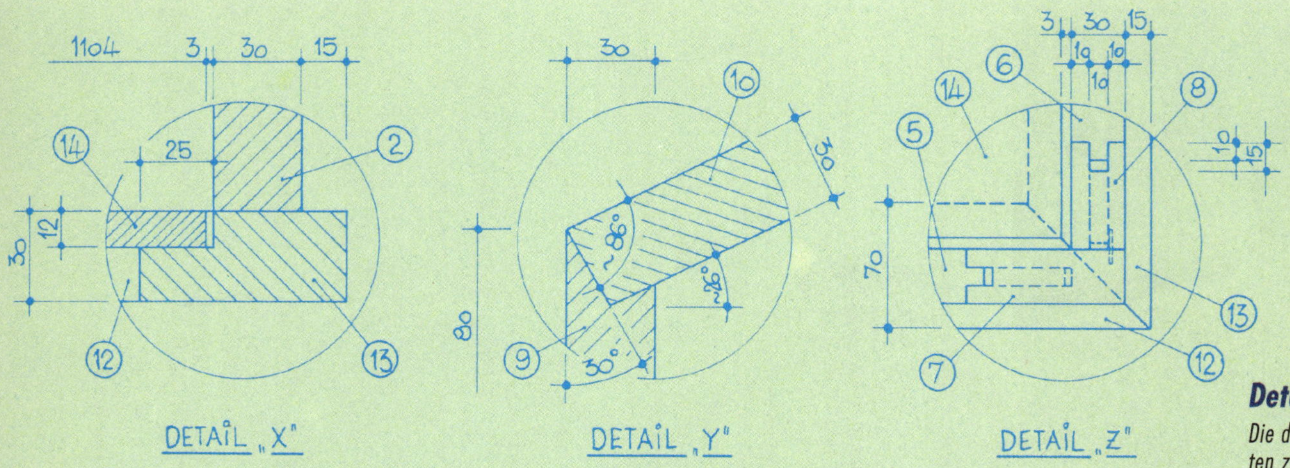

Details

Die drei Vignetten zeigen vergrößert wichtige Einzelheiten

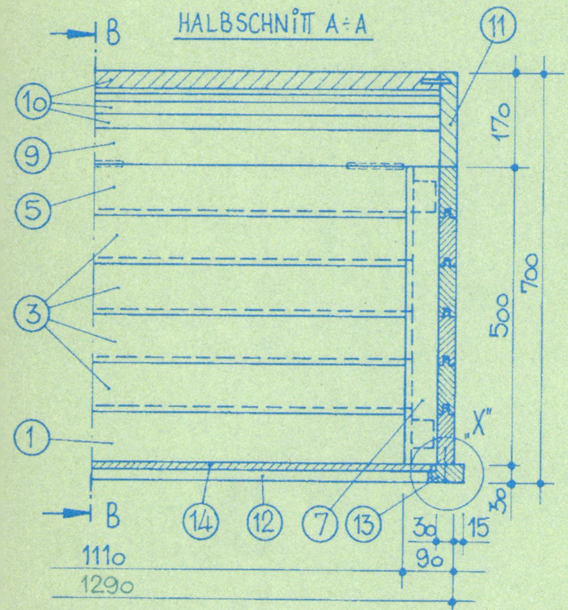

Gesamtansicht

Diese Ansichten und Schnitte verdeutlichen den gesamten Aufbau der Kissentruhe. Die Details X, Y und Z finden Sie am oberen Blattrand

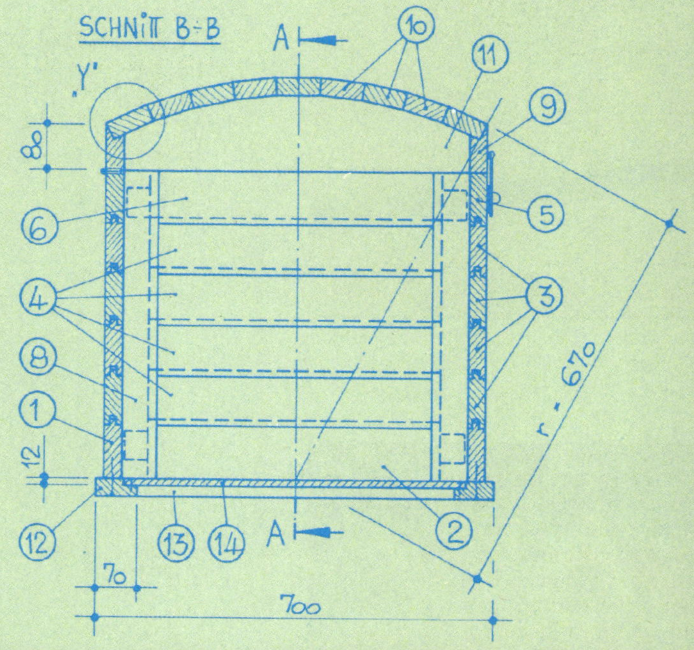

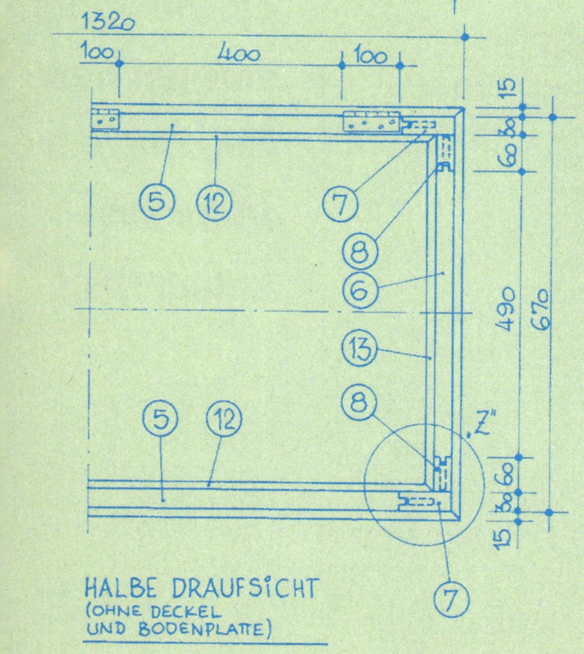

Doppelfunktion

Zur Aussaat, Aufzucht und Dekoration

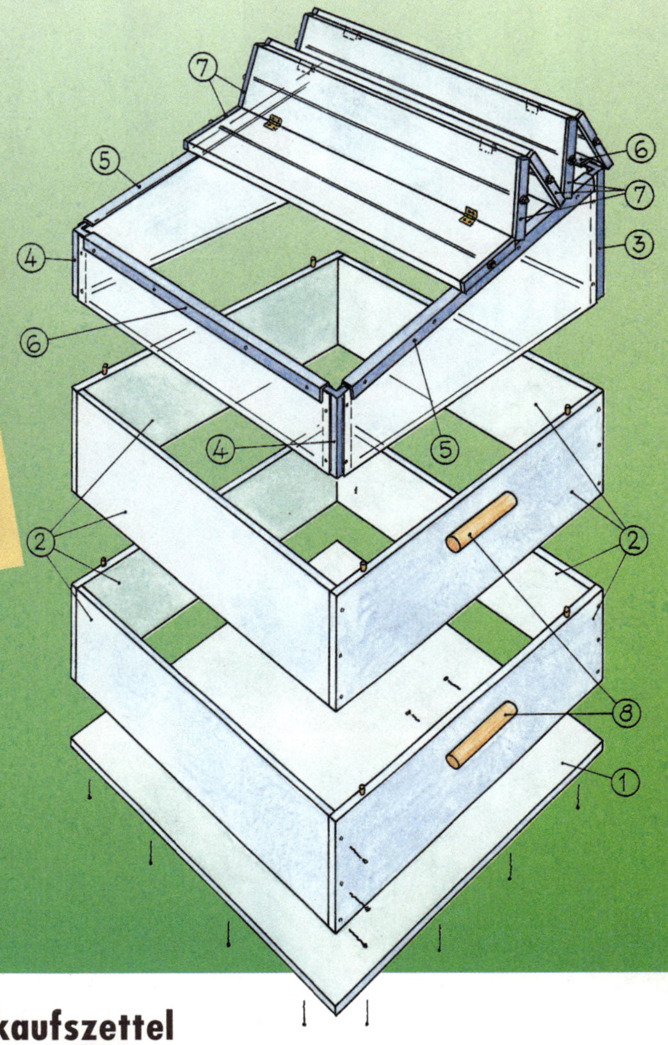

Geschützt vor Wind und Wetter wachsen in unserem Balkonbeet aus stapelbaren Rahmen Jungpflanzen und Sämlinge. Die einzelnen Teile eignen sich auch als Pflanzkasten oder konventionelles Frühbeet. Wasserfest verleimtes Sperrholz wird stumpf zum Rahmen verbunden und mit einem Boden versehen. Die Abdeckung besteht aus 16 mm dicken Stegdoppelplatten, die mit Winkelleisten eingefaßt werden. Wechselseitig angeschraubte Scharniere verbinden die Elemente der Abdeckung. Sie kann so leicht geöffnet und geschlossen werden. Die Kammern werden mit Leisten abgedichtet, die das Eindringen von Feuchtigkeit verhindern. □

Die einzeln gefertigten Teile des Pflanzkastens auf einen Blick

Der Kasten mit Boden und Plexi-Aufsatz wird hier zur Aussaat genutzt

Eine hübsche Bemalung mit wetterfesten Farben bietet sich an

Bei Bedarf läßt sich der Zierharmonika-Deckel leicht bewegen

Einkaufszettel

Pos.	Anz.	Bezeichnung	Maße in mm	Material
1	1	Bodenplatte	802 x 770	wasserfest verleimtes
2	8	Seitenwände	770 x 150	Sperrholz, 16 mm dick
3	2	Eckleisten	200 lang	Ramin 30 x30 mm
4	2	Eckleisten	100 lang	
5	2	Abdeckleisten	790 lang	Ramin 20 x 20 mm
6	2	Abdeckleisten	770 lang	
7	10	Stirnleisten	155 lang	Ramin 16 x 10 mm
8	4	Handgriffe	120 mm	Ramin ∅ 28 mm

Stegdoppelplatten, 16 mm dick: 2 x (Schräge) 770 x 200 mm, 1 x 770 x 200 mm, 1 x 770 x 100 mm, 5 x 800 x 155 mm;

5 Gewindestäbe M4 x 835 mm; je 10 Hutmuttern M4 und Scheiben; 10 Messingscharniere, 50 x 30 (geöffnet); verchromte Blechschrauben 2,0 x 12 mm; Messing-Blechschrauben 2,0 x 12 mm (für Scharniere); Spanplatten-Schrauben; 8 Holzdübel ∅ 8 x 20 mm; wasserfester Holzleim. Materialkosten (ohne Stegdoppelplatten) rund 85 Mark

Jugendstil in Lärche

Parkbank
mit Niveau

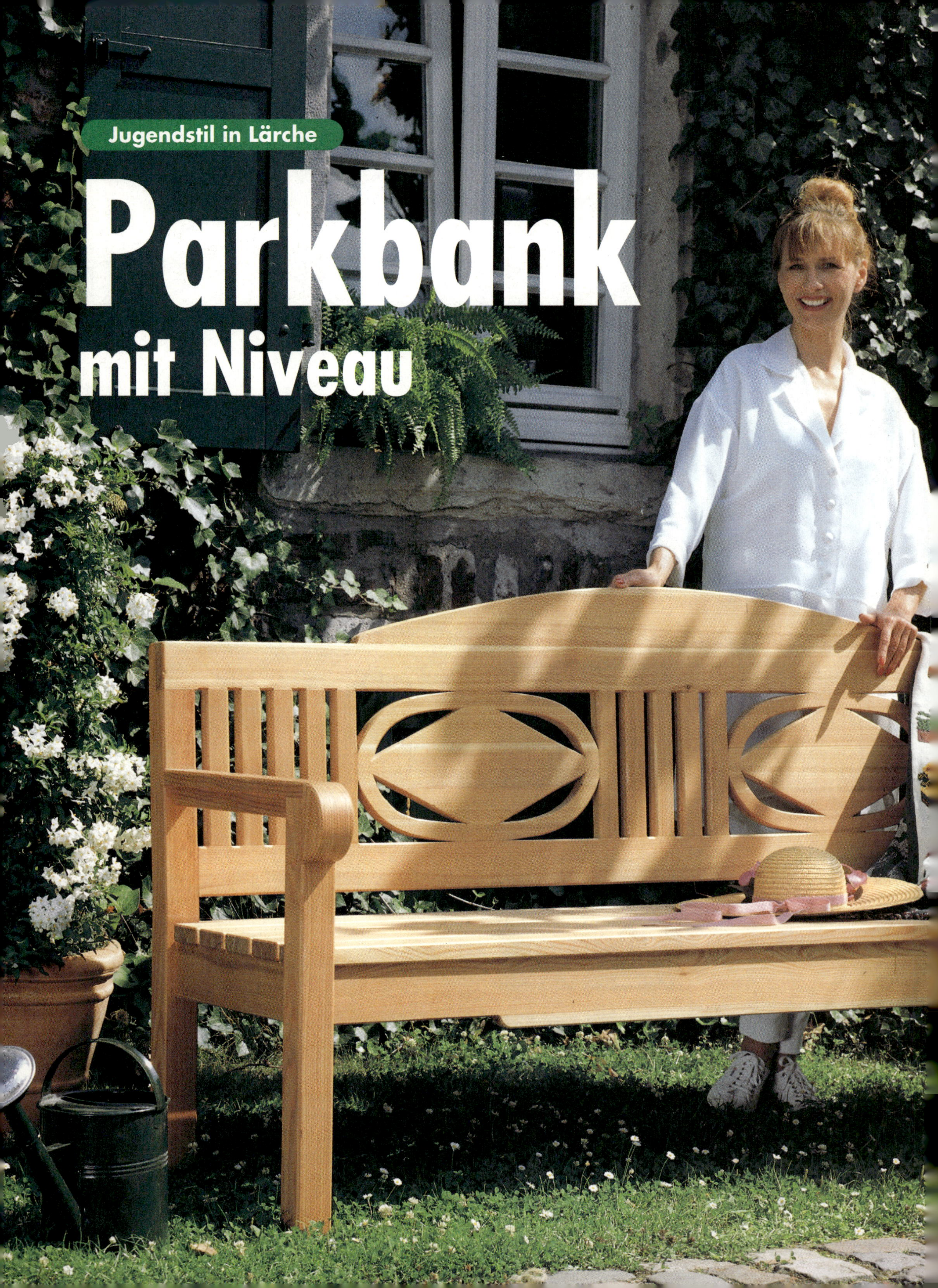

Plastikgartenmöbel mögen ihre Vorteile haben – eine Zierde sind sie nicht. Eine vornehme Note hingegen gibt diese noble Jugendstil-Parkbank auch Ihrem Garten. Sie brauchen sie bloß nachzubauen ...

Es war um die Jahrhundertwende, als hierzulande der Garten zur Erhohlung und Repräsentation entdeckt wurde. Die in der Mitte des vorigen Jahrhunderts einsetzende Industrialisierung hatte die Städte rasant wachsen lassen und sie in rauchende, stinkende und laute Moloche verwandelt. Fortschrittliche Stadtplaner, Architekten und Politiker bastelten an der Idee von der Gartenstadt mit einem Stückchen Land für Jedermann; für die Oberschicht wurde die Villa im Garten rasch zum Standard. Daß der Fortschritt und die moderne Technik wie Bahn und Auto, Telefon und Telegraf die Entfernungen rasch schrumpfen ließen, kam dieser Entwicklung natürlich entgegen.
Ebenfalls um diese Zeit begannen Künstler und Architekten, sich immer mehr in die Gartenplanung einzumischen. Sie verstanden den Garten nicht so sehr als ein Stück Natur, sondern als die Fortsetzung der Architektur im Freien, und planten ihn wie den Grundriß eines Hauses. Insbesondere die Künstler und Architekten des Jugendstils strebten mit ihrem umfassenden Gestaltungsanspruch immer häufiger das ‚Gesamtkunstwerk' an. Sie planten Mauern, Pergolen und Pavillons, und die Pflanzen, aber auch Keramiken und Skulpturen dienten dazu, die geometrische Härte der Anlage zu mildern. Da war es eigentlich ganz selbstverständlich, daß sich die Gestalter auch der Gartenmöbel annahmen. Diese wurden rasch zum unentbehrlichen Bestandteil der modernen Villa. Die Künstler

DIE VORBEREITUNG

Sollten Sie zu rohen Lärchenbohlen greifen, müssen Sie diese zunächst besäumen (Rinde mittels Kreissäge samt Besäumeinrichtung abtrennen, oben) und auf der Abricht-Dickenhobel-Maschine abrichten (plan- und rechtwinklig hobeln, Mitte) sowie dickenhobeln (die Bretter auf gleichmäßige Stärke bringen, unten)

Schrägen Sie als erstes für die Neigung der Rückenlehne die Rückenbeine (1) mit der Bandsäge ab

Schaffen Sie sich dieses Prunkstück für Ihren Garten

des Jugendstil sahen sie als kleine, tragbare Architekturen, die das stilistische Ambiente des Anwesens in ihrem Sinne vervollkommneten.
Um sie gebührend von der Natur abzusetzen und kontrastreich zur Geltung zu bringen, wurden die Gartenmöbel damals generell weiß lackiert. Im Plastikzeitalter hat sich unser Verhältnis zu Holz geändert: Lärche ist nicht nur ein sehr schönes, sondern auch äußerst haltbares Holz. Wir haben also für unser Modell zu Gunsten einer leicht pigmentierten Lasur auf den weißen Lack verzichtet. Auch die Lasur schützt das Holz vor Witterungseinflüssen, und die Pigmentierung der Lasur verhindert, daß der schöne Holzton durch die zerstörerischen UV-Strahlen der Sonne vergraut. Falls Sie die Bank in Weiß bevorzugen, empfehlen

1 Leimen Sie danach die beiden soeben abgeschnittenen Keile mit wasserfestem Holzleim jeweils mit der gehobelten Seite wieder auf die Rückenbeine. Das gibt den Rückenbeinen den Neigungswinkel für die Rückenlehne

2 Sobald der Leim getrocknet ist, bereiten Sie mit Bohrer und Bohrständer die benötigten Schlitze vor. Falls Sie nicht über eine Langlochbohrvorrichtung verfügen, arbeiten Sie die vorgebohrten Schlitze mit dem Stechbeitel nach

3 Fertigen Sie die Zapfen. Benutzen Sie dabei eine solche Zuführlade, um das Werkstück sicher üder das Sägeblatt zu führen. Sollte die Höhe Ihrer Werkstatt dafür nicht ausreichen, siehe unsere Tips auf Seite 323

4 Danach setzen Sie die zuvor ausgesägten Zapfen ab. Nutzen Sie dazu die Kreissäge mit Queranschlag. Dabei sollten Sie unbedingt darauf achten, daß das Sägeblatt nicht zu hoch eingestellt ist. Es darf die Zapfen nicht berühren!

wir Ihnen für den Nachbau das billigere Kiefernholz.
Lärche bekommen Sie beim Holzhändler nur in rohen Bohlen. Bevor es an das Zuschneiden und Zusammenbauen geht, sind daher einige Vorbereitungen nötig, die wir Ihnen auf Seite 321 zeigen.
Ganz gleich, ob weiß lackiert oder nur lasiert: Wichtig ist die handwerklich sorgfältige Fertigung, die die Voraussetzung für die Haltbarkeit und Langlebigkeit und damit für die anhaltende Freude an einem wertvollen massiven Gartenmöbel ist. Da kommt man um Schlitz und Zapfen für die meisten Verbindungen nicht herum. Dabei haben wir wie üblich zuerst die Schlitze und dann die Zapfen für die Verbindungen hergestellt. Das allerdings setzt bei einigen Teilen dieses fast zwei Meter breiten Paradestückes voraus, daß Ihre Werkstattdecke ausreichend hoch ist. Sollte das nicht der Fall sein: Tragen Sie Ihre Kreissäge, mit der Sie ja die Zapfen aussägen sollten, kurzerhand vor die Werkstatt. Zur Not können Sie zum Sägen der Zapfen auch die Bandsäge nutzen. Aber Achtung: In diesem Falle sollten Sie zuerst die Zapfen aussägen und dann erst die Schlitze paßgenau einbringen, da die Fertigungsgenauigkeit der Bandsäge nicht der einer Kreissäge entspricht!
In einigen Punkten des Nachbaus lassen wir Ihnen gerne die Wahl. So können Sie beispielsweise die Armlehnen und Versteifungen natürlich – anstatt sie aus zwei Leisten mit Drahtstiften und Leim zusammenzusetzen – auch aus einem Stück fertigen. Dazu

5 Unter den Armlehnen (7) ist eine Versteifung (8) angebracht, die am oberen Ende der Vorderbeine eingelassen wird. Setzen Sie zuerst die senkrechten Schnitte, bevor Sie die Aussparung diagonal herausarbeiten

8 Die Zierelemente bestehen aus 3 gleichgroßen Brettern, die zusammengeleimt werden. Zeichnen Sie die Umrisse auf und sägen Sie sie mit der Stichsäge aus

Eine noble Zierde: streng und trotzdem harmonisch

So leimen Sie die Rückenlehne – noch ohne die Rückenbeine – zusammen. Bitte nicht vergessen: Das Werkstück mit Zulagen vor Druckstellen von den Zwingen schützen!

6 *So ist das Seitenteil zusammengesetzt: Die meisten Verbindungen bestehen aus Schlitz und Zapfen. Nur das hintere Ende der Armlehne wird mit Holzdübeln befestigt. Verleimen Sie diese Teile mit wasserfestem Leim*

7 *Nach dem Trocknen leimen Sie die Holzklötze für die Zierabschlüsse an die Vorderbeine und spannen sie fest. Hat auch dort der Leim abgebunden, mit der Bandsäge runden und mittels Schwingschleifer den letzten Schliff geben*

Die Bestandteile der Rückenlehne sind mit Schlitz und Zapfen verbunden. Was Sie oben nicht sehen: Die Zierelemente sind mit Dübeln in Längszargen und Rückensprossen verankert (siehe Zeichnung)

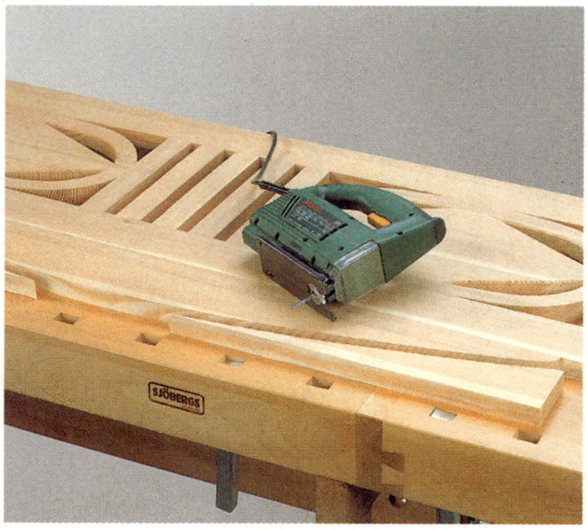

9 *Zu Zieraufsatz (15) und Zierleiste (18): Leimen Sie beides zunächst nur auf Länge geschnitten auf. Dann Rundungen mit der Stichsäge ausschneiden und die Kanten mit Schleifhülse, Band- oder Schwingschleifer feinschleifen*

10 *Erst ganz zum Schluß kommt das Finish. Lärche ist zwar widerstandsfähig, aber wir schlagen eine leicht pigmentierte Lasur vor. Sie bietet – anders als klare Lasuren – einen wirkungsvollen UV-Schutz, der das Holz schön erhält*

müssen Sie das Kantholz in mehreren Arbeitsschritten mit Hilfe von Bohrständer und Oberfräse samt Nutfräser falzen. In beiden Fällen greifen Sie für die saubere Verbindung mit der Rückenlehne deren Neigungswinkel mit einem Stellwinkel ab und übertragen ihn auf die Armlehne samt Versteifung. Da die Dübellöcher in den abgewinkelten Rückenbeinen senkrecht verlaufen, müssen sie leicht winklig in die Armlehne gebohrt werden. Nutzen Sie daher eine Dübellehre, um diese Winkel ganz genau nachzuvollziehen. Zuerst bohren Sie in die Armlehne. Stecken Sie Dübelfixe in die Löcher, um die Markierungen auf die Rückenbeine zu übertragen.

Um nicht den Rahmen zu sprengen, haben wir teilweise darauf verzichtet, gleiche Arbeitsvorgänge im Bild zu wiederholen. So zum Beispiel beim Anbringen und Aussägen von Zieraufsatz (Position 15, siehe Seite 325) und Zierleiste (18). Wir gehen auch davon aus, daß Sie die Viertelkreisrundungen der Zierleiste ohne gro0e Probleme realisieren können.

Bevor Sie alles zusammenbauen, bohren Sie noch die Dübellöcher für die Querzarge (5), die mit je zwei Holzdübeln in den Längszargen verankert wird. Danach schrauben Sie die sechs Trägerleisten auf, die die Auflageflächen für die Sitzbretter verbreitern. Schließlich sollten Sie alle Kanten mit Oberfräse und 45-Grad-Fräser ‚brechen'. Ein Kugellager ist dabei besonders an den geschwungenen Stellen hilfreich. Außerdem vermeiden

Bauen Sie sich Ihren Platz an der Sonne nach unserer Anleitung!

Sie so die häßlichen Brandspuren, die ein gewöhnlicher Anlaufstutzen oft hinterläßt. Ist der Leim nach dem Zusammensetzen von Rückenteil und Zargen sowie der Seitenteile trocken, können Sie die Sitzbretter auflegen. Verschrauben Sie sie von unten. Bohren Sie die Löcher jedoch vor und versenken Sie die Schrauben, damit später niemand hängenbleiben kann. Kleiner Tip für die Abstände der Sitzlatten zueinander: Schneiden Sie zwei Zehn-Millimeter-Klötzchen aus Holzresten zu und verwenden Sie diese als Abstandhalter beim Verschrauben. So ist immer alles schön parallel. Sollten Sie jetzt verständlicherweise so richtig Lust bekommen haben, Ihre Werkstatt zu entstauben und wieder auf Vordermann zu bringen, um rechtzeitig zur Gartensaison auf der Terrasse oder an einem lauschigen Plätzchen in Ihrem Garten für etwas (Jugend-)Stil zu sorgen, legen Sie einfach los. □

So zurren Sie Rücken- und Seitenteile sowie die Längszargen nach dem Verleimen mit einem Spanngurt fest

EINKAUFSZETTEL

Pos.	Anz.	Bezeichnung	Maße in mm	Material
①	2	Rückenbeine	910 x 60	Lärche massiv
②	2	Vorderbeine	675 x 60	60 mm dick
③	2	Zierabschlüsse	120 x 60	
④	2	Längszargen	1910 x 110	Lärche massiv
⑤	1	Querzarge	455 x 85	25 mm dick
⑥	2	Querzargen	490 x 110	
⑦	2	Armlehnen	511 x 60	
⑧	2	Versteifungen	509 x 30	
⑨	5	Sitzbretter	1970 x 70	
⑩	2	Trägerleisten	860 x 25	
⑪	2	Trägerleisten	435 x 25	
⑫	2	Trägerleisten	430 x 25	
⑬	1	Längszarge	1970 x 80	
⑭	1	Längszarge	1910 x 80	
⑮	1	Zieraufsatz	1250 x 110	
⑯	2	Zierelemente	485 x 260	
⑰	15	Rückensprossen	310 x 40	
⑱	1	Zierleiste	1250 x 25	

Holzdübel ∅ 10 x 40 mm; Spanplatten-Schrauben; wasserfester Holzleim.

Materialkosten rund 650 Mark

Sommerfrische

Praktische Idee: Tragen Sie den alten Liegestuhl nicht zum Sperrmüll – spendieren Sie ihm eine neue Sitzfläche!

Alte Liegestühle mit zerschlissenen oder unansehnlichen Stoffbahnen fristen meist ein trauriges Dasein in irgendeiner Ecke. Hier zeigen wir Ihnen, wie Sie ein altes Exemplar – statt es auszumustern – mit wenig Aufwand zum Schmuckstück machen können.
Zuerst müssen Sie einen Lattenrost fertigen. Die Enden der Halbrundstäbe an den Ecken leicht abrunden. Dann die Stäbe mit einem Abstand von 5 mm auf einem Arbeitstisch auslegen (Rundung nach unten). Die vier Gurtbänder auflegen und festtackern. Die überstehenden Gurtband-

So einfach geht's: Lattenrost und gepolsterte Auflage herstellen

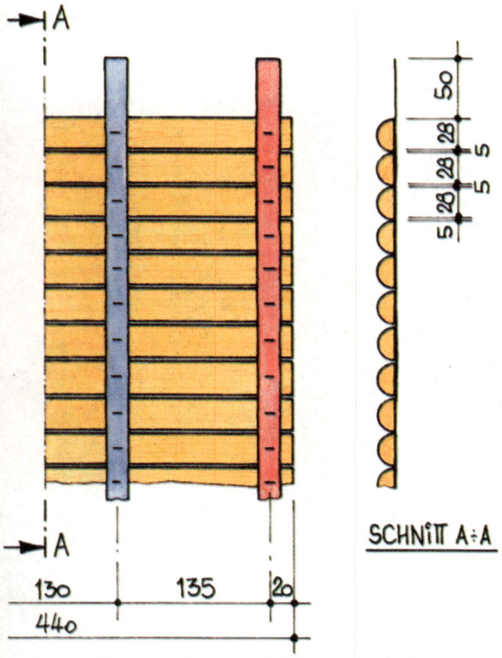

Gut zu erkennen: Die neue Holzlatten-Sitzfläche

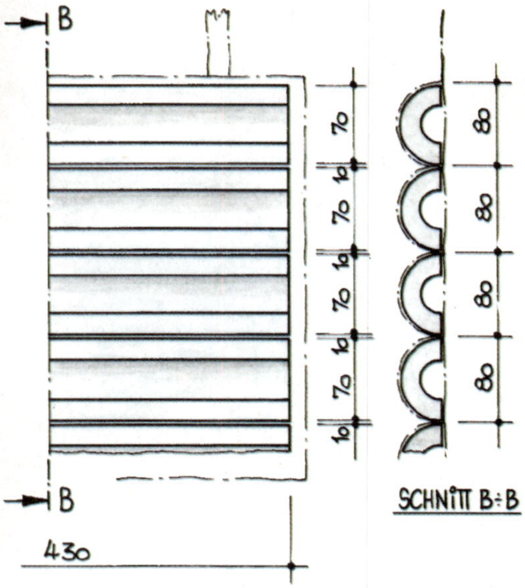

Die Auflage mit den Isolations-Manschetten

Materialliste

1 Norm-Liegestuhl ohne Bespannung; 37 Halbrundhölzer; ∅ 28 x 440 mm lang; 4 Gurtbänder (je zwei rot und blau), 1500 mm lang; Tackerklammern; 5 Isolationsmanschetten, ∅ 70 x 1000 mm lang, für die 17 Kammern jeweils längs halbieren und auf 430 mm schneiden. Baumwollstoff, 2100 x 900 mm

1 *Ein alter Liegestuhl kommt zu neuen Ehren: Den Stoffbezug nimmt man ab und entfernt die vorhandenen Nägel oder Klammern*

2 *Die Halbrundhölzer werden durch die vier bunten Gurtbänder gehalten, die Sie mit Tackerklammern von hinten an den Latten befestigen*

3 *In die fertige Liegestuhlauflage schiebt man zum Schluß die halbierten Isolationsmanschetten (43 cm lang) ein*

enden am oberen und unteren Querholm antackern (Foto 2). Für die Liegenauflage einen Stoffstreifen von 45 x 144 cm (Unterseite) und einen von 45 x 195 cm (Oberseite) zuschneiden und umsäumen. Beide Streifen an den Enden mit jeweils 2 Bändern zusammennähen. In einem Abstand von 8 cm (auf dem unteren Stoff) die Oberseite mit einer Zugabe von 3 cm aufsteppen (insgesamt 17 Kammern). □

Platz an der Sonne

GARTEN-Küche

Sommer, Sonne, draußen essen! Aber die ganze Arbeit soll drinnen in der Küche geschehen? Schluß damit! Wir holen Sie da raus und machen selbst die ungeliebte Küchenarbeit zum Freiluftspaß für alle

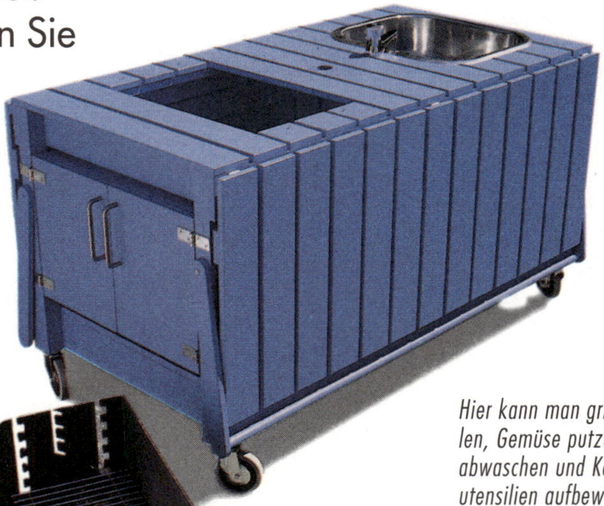

Hier kann man grillen, Gemüse putzen, abwaschen und Kochutensilien aufbewahren: unsere mobile Gartenküche. Ist die Saison vorbei, macht sie sich in Keller oder Garage ganz klein

Aber es geht nicht nur um die Küchenarbeit: Sind endlich alle am Eßtisch auf der Terrasse versammelt, fehlt garantiert wieder irgendeine entscheidende Kleinigkeit. Also auf, zurück ins Haus. Und hoffen, daß dann endlich alles da ist ... Mit anderen Worten: Tisch und Stühle allein reichen nicht aus, um Mahlzeiten im Freien wirklich zu genießen.

Unsere mobile Gartenküche bringt nicht nur Grill und Wasseranschluß mit, sondern auch einen Schrank für Geschirr und Besteck, Gewürze und Kochutensilien. Der Eßtisch zum Aufklappen bietet bis zu sechs Personen nicht nur einen Platz an der Sonne, sondern auch direkt am Herd. Da ist alles bestens beisammen, und die Küchenarbeit braucht garantiert nicht mehr als Prüfstein familiärer Solidarität herzuhalten.

Die ‚Küchendecke' bildet ein Marktschirm von 2,50 m Durchmesser. Er steht in zwei

Freiluftmahlzeit für bis zu sechs Personen: Das Geschirr paßt in den Schrank, die Küche ist in Griffweite

Warum Kartoffeln, Karotten & Co. erst ins Haus tragen? Bereiten Sie den Salat gleich draußen vor, während der Grill heiß wird

Ganz patent: Wasserversorgung mit dem Gartenschlauch. Zulauf und Abfluß werden mit einem Handgriff einfach nur gesteckt

Sommerspaß unterm Sonnenschirm: Tischlein-deck-dich auf der Terrasse

Löchern in der oberen und der unteren Ablagefläche. Da das Möbel schwer genug ist, um den Schirm zu halten, können Sie auf die Anschaffung des schweren Fußes verzichten. Der Grill, den wir verwendet haben, mißt 440 x 270 mm. Aber vielleicht paßt ja auch Ihr Gartengrill. Beim Aussägen der Öffnung müssen Sie jedenfalls einen Abstand von 15 bis 20 mm zwischen Grill und Tischbrettern berücksichtigen, dann besteht keine Gefahr, daß das Holz ankokelt, wenn der Grill heiß wird. Er wird mit vier Stuhlwinkeln, die mit Flachkopfschrauben und Muttern befestigt sind, in die Öffnung der Platte eingehängt und dort mit Schrauben in vieren der waagerechten

1 Rahmengestell aus Eckstützen (1) und Längs- (2) sowie Querbrettern (3) zusammenleimen und verschrauben. Markieren Sie auf den Trägerleisten (7) und (8) die Position der Ablagebretter (4)

2 Die vier Trägerleisten (7) an die Längsbretter (2) schrauben. Dann die Ablagebretter (4) aufschrauben. Schließlich die Trägerleisten (8) für Spüle und Grill passend darunterschrauben

3 Ablagebretter für die Spüle aussägen. Gegebenenfalls wie beim Grill die Ablagebretter zuerst passend sägen und dann aufschrauben (Bild 2). Löcher für Wasserinstallation und Sonnenschirm nicht vergessen!

4 Schwenkarme (9) abrunden, in jedes Ende ein Loch bohren und je zwei mit Stützstab (11) verbinden. Tisch etwas anheben, fertige Klappstütze auf dem Boden aufstellen und an die Eckstützen (1) schrauben

Die Freiluftversion auf Rollen: Kochinsel – mal ganz anders

Löcher fixiert. Drehen Sie die Schrauben jedoch nur so weit ein, daß Sie die Köpfe abkneifen können. Dann läßt sich der Grill einfach herausheben.

Ein wenig getrickst haben wir wegen des gleichen Abstands der Ablegebretter (4) unten und oben: Bei den zwölf unteren beträgt er jeweils genau 10 mm (Detailskizze auf Seite 332), die 13 oberen müßten rein rechnerisch je 0,8 mm enger liegen, damit das erste und das letzte bündig mit den Eckstützen abschließen. Unsere Lösung: Wir haben die äußeren Bretter etwas schmaler gehobelt. Natürlich können Sie auch oben einfach die Abstände verringern.

Wenn auch der Wasserhahn im Garten nur kaltes Wasser hergibt: Auf fließendes Warmwasser brauchen Sie nicht zu verzichten. Nehmen Sie für den Zulauf schwarzen 11-mm-Schlauch; liegt er in der Sonne, lassen sich schon mit einer Länge von 7,5 m in einer halben Stunde 10 l Wasser zum Spülen erwärmen. Den Abflußschlauch können Sie beim Gemüseputzen beispielsweise zum Wässern ins Blumenbeet legen, Spülwasser sollten Sie direkt in den Gully leiten.

Wir haben für die Installation ein Gartschlauchkupplungssystem gewählt, das nicht ganz billig ist. Aber die Verbindungen lassen sich später ganz einfach zusammenstecken und wieder trennen. Für Zulauf und Abfluß wird je ein Doppelnippel, also ein Rohrstück mit Gewinden an beiden Enden, in den unteren Querbalken geschoben. Die Anschlußstücke für den Wasserhahn werden dort aufgeschraubt. Sie können auch den Schlauch ohne Kupplungen direkt anschließen. Auf der unteren Ablage findet er dann eingerollt ausreichend Platz. □

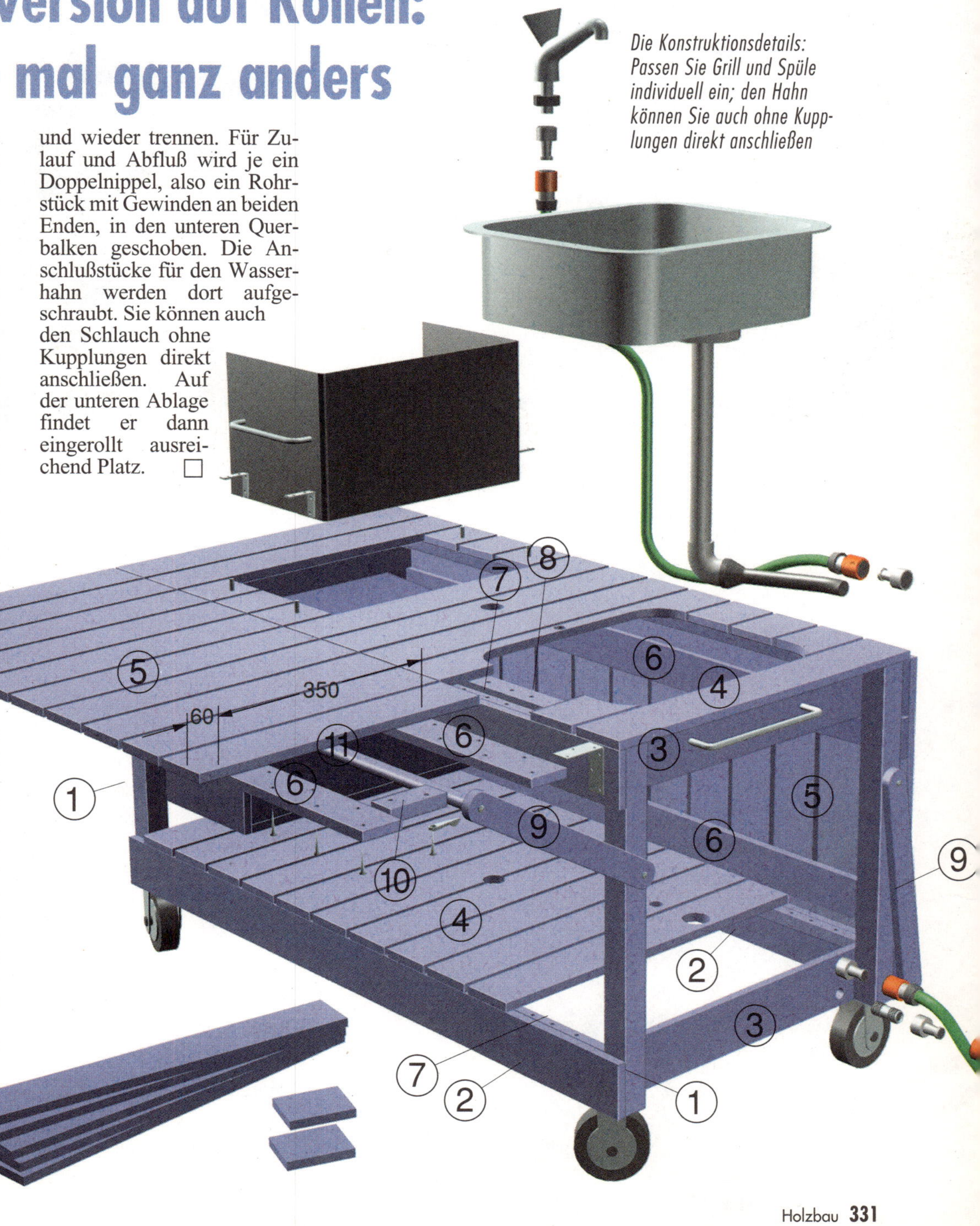

Die Konstruktionsdetails: Passen Sie Grill und Spüle individuell ein; den Hahn können Sie auch ohne Kupplungen direkt anschließen

5 *Tischklappen aus Träger- (6) und Klappenbrettern (5) zusammensetzen. Tisch umdrehen, Klappen anlegen und mit je drei Scharnieren verschrauben. Die Anschlagklötze (10) und die Plastiküberwürfe als Sicherung unterschrauben*

6 *Boden-, Deckplatte (12), Seitenwände (13) und Rückwand (14) als Kasten aufbauen; 4 cm über dem unteren Boden und um Türdicke zurückgesetzt zwischen den Eckstützen (1) befestigen und die Türen dort festschrauben*

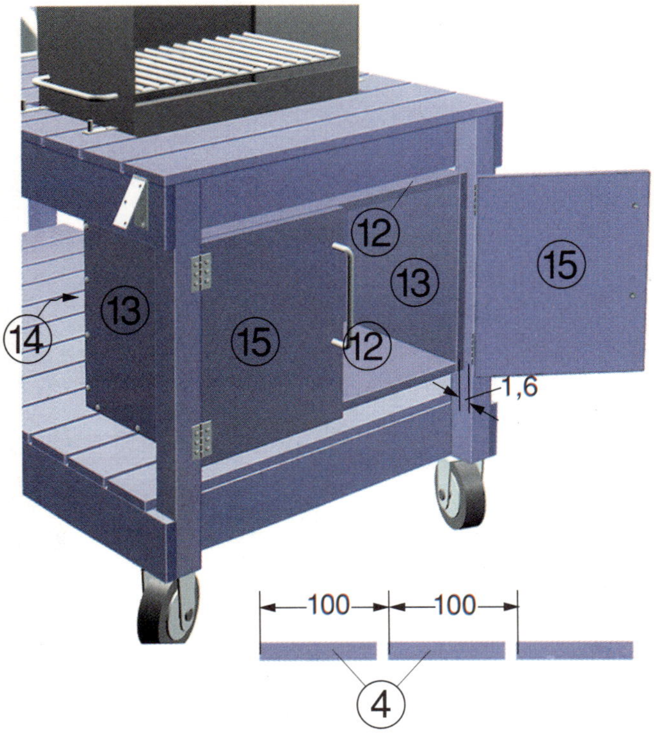

EINKAUFSZETTEL

Pos.	Anz.	Bezeichnung	Maße in mm	Material
①	4	Eckstützen	580 lang	Kiefer 45 x 45 mm
②	4	Längsbretter	1290 lang	Kiefer 90 x 15 mm
③	4	Querbretter	620 lang	
④	25	Ablagebretter	650 lang	
⑤	26	Klappenbretter	520 lang	
⑥	4	Trägerbretter	1290 lang	Kiefer 70 x 15 mm
⑦	4	Trägerleisten	1170 lang	Kiefer 20 x 20 mm
⑧	2	Trägerleisten	1170 lang	Kiefer 30 x 20 mm
⑨	4	Schwenkarme	410 lang	Kiefer 45 x 15 mm
⑩	4	Anschlagklötze	100 lang	Kiefer 45 x 20 mm
⑪	2	Stützstäbe	1300 lang	Kiefer ∅22 mm
⑫	2	Boden-/Deckplatte	500 x 320	Sperrholz 15 mm,
⑬	2	Seitenwände	330 x 320	wasserfest verleimt
⑭	1	Rückwand	500 x 300	
⑮	2	Türen	330 x 264	

4 Lenkrollen mit Anschraubplatte, Bauhöhe 125 mm; 2 Möbelgriffe; 1 Möbelgriff, ca. 250 mm lang (Handtuchhalter); 4 Stuhlwinkel 50 x 50 x 20 mm (Grillaufhängung); 4 Scharniere (Türen); 6 Scharniere (Klappen); 4 Überwürfe; Spanplattenschrauben; wasserfester Holzleim

Materialkosten rund 370 Mark

dazu: 1 Grill, ca. 450 x 300 mm; 1 Wasserhahn, 1 Spülbecken, ca. 460 x 400 mm mit allen erforderlichen Anschlüssen und Leitungen für Frischwasserzulauf und Abwasserentsorgung

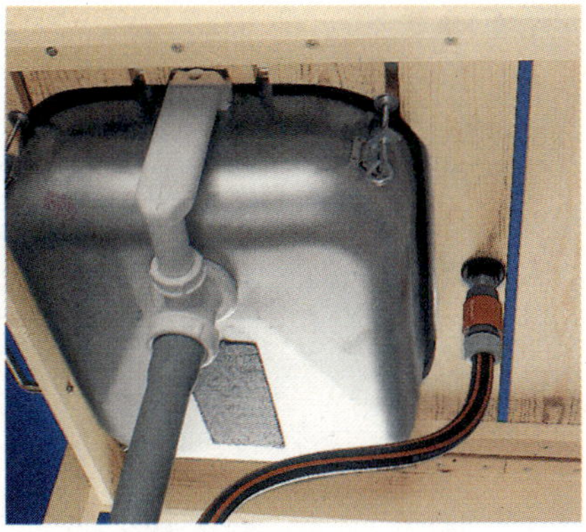

Das gerade Abflußrohr genügt – ein Syphon ist überflüssig! Der Wasserhahn wird über eine Kupplung vom Gartenschlauch versorgt

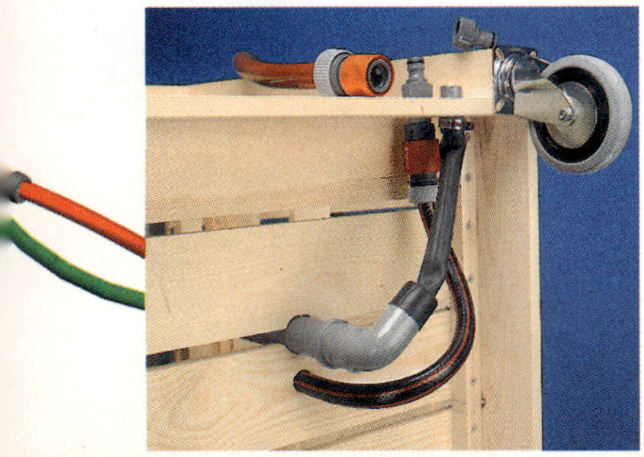

Improvisation mit Fahrradschlauch: die Verbindung vom Abflußknie (dort einfach aufrollen) zum Doppelnippel (mit Schlauchschelle befestigen)

Tischlein, deck dich!

Bier-, Wein- oder Sektgläser: Für alle ist kopfüber Platz

Partyspaß der leckeren Art: Auf drei Etagen präsentiert dieses praktische Möbel zum Tragen Ihren Gästen Köstliches zum Essen und Trinken samt den dazugehörigen Gläsern

Dieses Buffet ist ein Riesentablett mit drei Etagen: Es transportiert Essen und Trinken komplett zu den Gästen

Essen und Trinken hält nicht nur Leib und Seele zusammen, sondern auch jede Party. Nicht umsonst versammelt sich meist alles in der Küche – dort, wo der Nachschub in fester oder flüssiger Form immer in Reichweite ist. Warum diesen Schwerpunkt nicht einmal ins geräumigere Wohnzimmer verlegen? Oder in der nächsten Saison wieder in den Garten? Unser Partybuffet hilft Ihnen dabei auf elegante Weise: Es wird in der Küche mit Speis' und Trank beladen und dann

Bohrer, Stichsäge, Schrauber und Schwingschleifer: Dieses Quartett hilft beim Bauen

mitten in den Ort des Geschehens getragen. Komplett bestückt mit Gläsern, Besteck, Servietten und allem, was sonst noch so vonnöten ist. Es erspart also auch unnötiges Hin und Her beim Aufbauen des Buffets oder beim fälligen Getränkenachschub!

Unten ist Platz für zwei Getränkekisten. Damit Sie besser herankommen, hebt ein Längsträger sie vorne etwas an. Darüber befindet sich die Weinabteilung: Vorne liegen die Flaschen, an der vorderen Seite von einer Kontur- und hinten von einer Anschlagleiste sicher in Position gehalten, dahinter hängen die Gläser, mit den Stielen eingeschoben in Trägerleisten. Ganz oben schließlich können Sie auf einer geräumigen Fläche von 120 mal 50 Zentimetern Ihre Leckereien präsentieren.

Wir haben die Konstruktion möglichst einfach gehalten. Die Trage besteht fast ganz aus Dachlatten nur eines Formates, wie Sie dem Einkaufszettel auf der nächsten Seite entnehmen können. Und die benötigte Werkzeugausrüstung hält sich ebenfalls in Grenzen: Mit dem Schwingschleifer glätten Sie die sägerauhe Seite der gehobelten Dachlatten, den Bohrer mit Bohrständer brauchen Sie für die Handtuchhalter und zum Vorbohren, die Stichsäge zum Ausschneiden der Formteile (Griffe und Flaschenhalter) und den Akkuschrauber zum leichteren Verschrauben der vielen Verbindungen.

Beginnen Sie mit dem Ausschneiden der Formteile. Bauen Sie danach die drei Etagen zusammen, und versehen Sie die mittlere mit der Anschlagleiste und die obere von unten mit den Gläserhaltern. Dann geht's ans Zusammenbauen: Zuerst werden die unteren Aufdoppelungen mit Leim und Schrauben angebracht, dann wird die untere Etage mit den Beinen verbunden,

1 *Bringen Sie die benötigten Latten auf die richtige Länge. Spannen Sie sie zusammen, und schleifen Sie mit dem Schwingschleifer die sägerauhe Seite glatt. Die Kanten sollten Sie brechen*

4 *Bevor Sie die Griffbretter mit den Querträgern verschrauben, sollten Sie die Schnittkanten der Griffbretter mit Hobel und Schleifpapier brechen. Und vergessen Sie nicht, vorher die Rundhölzer einzuleimen!*

7 *An der Vorderseite setzen die mittleren Aufdoppelungen auf dem Längsträger auf, der später die Getränkekisten in die Schräglage hebt. Die Aufdoppelungen werden wie die unteren verleimt und verschraubt*

Montieren Sie die vier Stützen an die untere Etage. Legen Sie dazu einen Leistenrest unter, damit die recht sperrigen Teile richtig liegen

Der Pfiff bei unserem Buffet besteht natürlich darin, daß man es tragen kann. Das erfordert zwei kräftige Personen – vor allem, wenn es in der Küche bereits mit allen Getränken bestückt wird. Und es bedarf einiger Sicherungen für Flaschen und Gläser. Daher haben wir für die Flaschen eine Kontur- und eine Anschlagleiste montiert. Die ausgeschnittenen, angeschrägten Rundungen halten jede Weinflasche sicher in Position, und die Anschlagleiste sorgt dafür, daß sie nicht nach hinten wegrutschen kann. Die Pils- und Weingläser hängen an angeschrägten Trägerleisten auf der Rückseite unseres Partymöbels. Sollten Ihre Sektgläser nicht zu langstielig sein, können Sie übrigens auch diese unterbringen. Sie sollten das Buffet allerdings stets frei im Raum plazieren, damit alles gut zugänglich ist.

2 Fertigen Sie eine Schablone an – zum Beispiel aus dünner Sperrholzplatte oder Pappe –, und übertragen Sie deren Form auf die Latten. Sie wird mit der Stichsäge ausgeschnitten

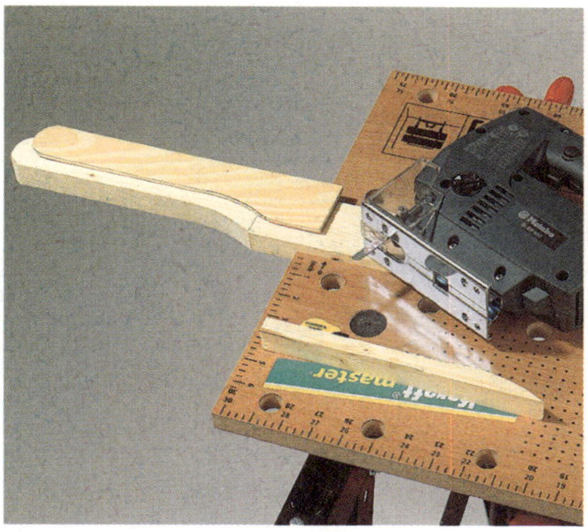

3 Mit dem Forstnerbohrer werden dann auf dem Bohrständer mit Tiefenanschlag die vier 10-mm-Löcher für die Handtuchstangen in die beiden Griffbretter gebohrt

5 Dann leimen und schrauben Sie die Rostleisten auf. Eine Hilfsleiste und Abstandsklötzchen sorgen für den exakt gleichmäßigen Sitz der Leisten. So werden auch die anderen Etagen zusammengebaut

6 Unsere Konstruktionsidee: Die Etagen liegen auf Aufdoppelungen an den Innenseiten der Stützen. Im Bild werden die für die untere Etage montiert. Zuvor schneiden Sie jeweils oben und unten einen 10°-Winkel ab

8 Hier sind die mittlere Etage und die oberen Aufdoppelungen bereits fix und fertig montiert. Nun fehlen nur noch die Konturleiste für die Flaschen und die obere Etage mit ihren Glasträgerleisten

9 Wir haben uns für farblose Holzlasur entschieden, um dem bunten Treiben auf dem Buffet keine Konkurrenz zu machen. Nach einem Zwischenschliff ein zweites Mal streichen!

So finden Flaschen und Gläser einen sicheren Platz

pannen Sie die Glasträgerleisten si-
her ein. Die Längsseiten werden mit
em Hobel im 45°-Winkel angeschrägt

Montieren Sie die Trägerleiste (10) unter die obere Etage. Glasträgerleisten mit Leim und Schrauben fixieren

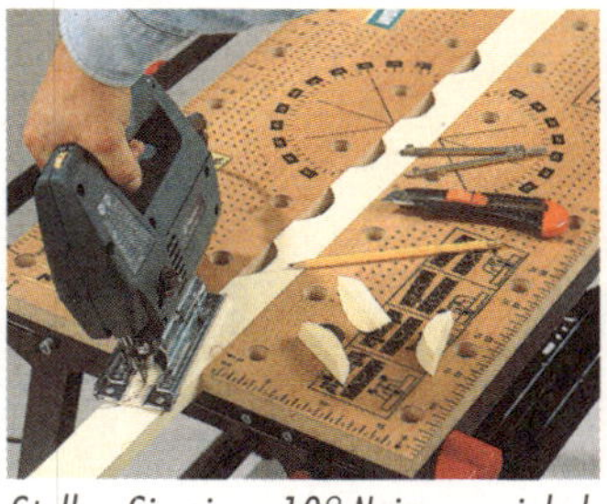

Stellen Sie einen 10°-Neigungswinkel an Ihrer Stichsäge ein, und schneiden Sie die Konturen für die Flaschen aus

Kontur- und Anschlagleiste mit Leim und Schrauben an den Vorderstützen und auf der mittleren Etage befestigen

So einfach ist unser Tischlein-deck-dich aufgebaut

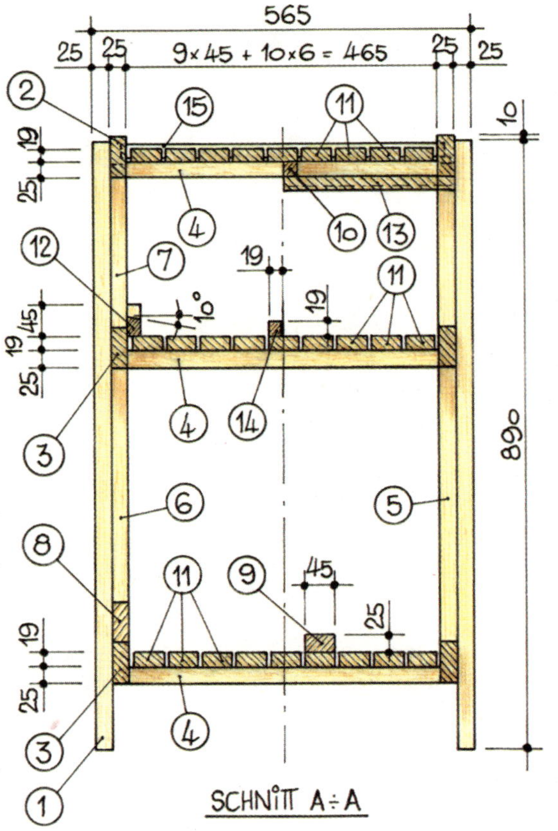

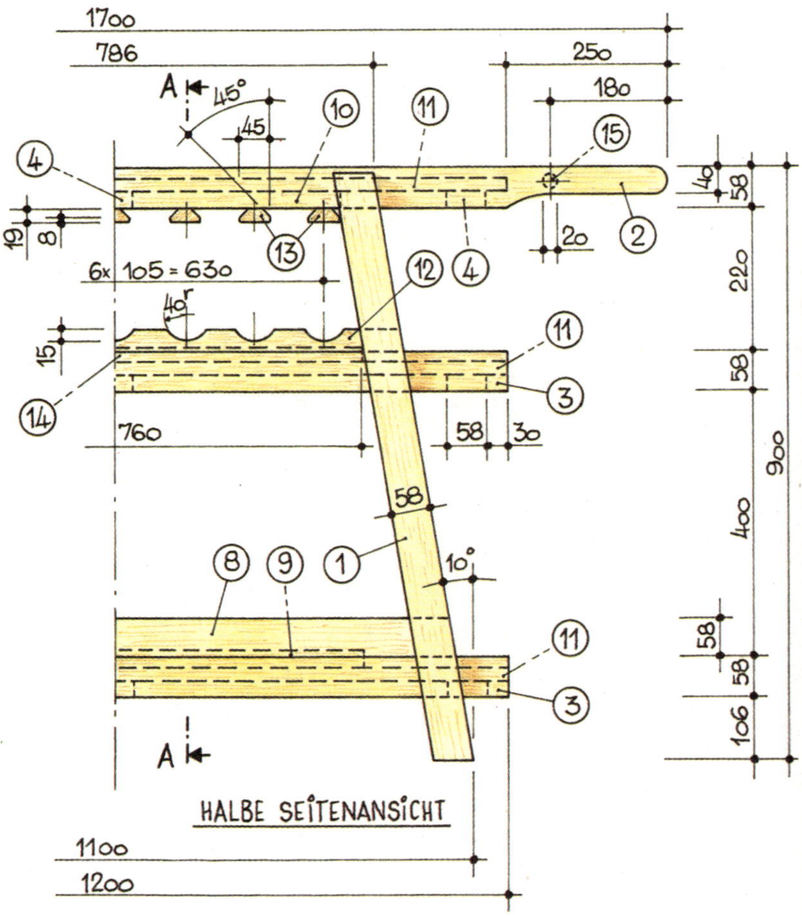

EINKAUFSZETTEL

Pos.	Anz.	Bezeichnung	Maße in mm	Material
①	4	Stützen	915 lang	Fichte/Tanne
②	2	Griffbretter	1700 lang	58 x 25 mm
③	4	Längsträger	1200 lang	
④	9	Querträger	465 lang	
⑤	2	Aufdoppelungen	416 lang	
⑥	2	Aufdoppelungen	357 lang	
⑦	4	Aufdoppelungen	233 lang	
⑧	1	Längsträger	1080 lang *	
⑨	1	Anschlagleiste	760 lang	45 mm breit
⑩	1	Trägerleiste	675 lang	22 mm breit
⑪	27	Rostleisten	1200 lang	Fichte/Tanne
⑫	1	Konturleiste	920 lang *	45 x 19 mm
⑬	7	Glasträgerleisten	257 lang	
⑭	1	Anschlagleiste	760 lang	19 mm breit
⑮	2	Rundhölzer	485 lang **	

* Rohmaße, Längen und Konturen bei Montage anpassen;
** auf jeder Seite 10 mm in Pos. 2 eingelassen;
Spanplatten-Schrauben; wasserfester Holzleim.

Materialkosten rund 110 Mark

der Längsträger für die Kästen befestigt, die mittleren Aufdoppelungen, die zweite Etage und die Konturleiste verleimt und verschraubt sowie zu guter Letzt die obere Etage aufgesetzt und befestigt.
Wir haben das Buffet zweimal mit farbloser Lasur gestrichen und zwischengeschliffen.

Aber denkbar ist natürlich auch – ganz ‚partylike' – ein bunter Anstrich.
Uns bleibt nur noch, Ihnen viele gelungene Partys mit unserem Tischlein-deck-dich zu wünschen. Und wenn alles vorbei ist, kann es wieder seine Rolle als Lagerregal im Keller übernehmen ... □

Bauen Sie die obere Etage fix und fertig zusammen, bevor Sie sie auf die oberen Aufdoppelungen legen und dort wie auch die anderen Etagen mit wasserfestem Leim und Schrauben befestigen

Doppeltes Vergnügen

Bei Sofas sind sie gang und gäbe, die kontaktfördernden Zweisitzer – warum nicht auch bei Liegestühlen?

Geteilte Freude ist doppelte Freude – auch in diesem Fall, wie man sieht. Die Idee, einen Liegestuhl für Zwei zu bauen, kam uns ganz spontan beim Konstruieren eines Zweisitzer-Sofas. Bis zur Ausführung war es dann nicht weit, vor allem deshalb nicht, weil sich das witzige Stück schnell und einfach realisieren ließ. Interessant ist auch der Preis: Das Gestell aus massivem Buchenholz kostet rund 120 Mark, für den Markisenstoff haben wir knapp 60 Mark bezahlt. Mit den billigen Einzel-Liegestühlen, die für ein paar Mark im Handel angeboten werden, aber nicht mehr als eine Saison durchstehen, hat unsere solide Konstruktion ganz sicher nichts gemein. Sie trägt mühelos ‚doppelte Lasten' – und das jahrelang. Wie Sie den Holzrahmen und die Bespannung anfertigen, zeigt

1 Zum Herstellen der Löcher für die Arretierungsschlitze wird der Forstnerbohrer in den Bohrständer eingespannt. Das Holzstück ...

2 ... vorne dient nur als Gegenlager, damit die Bohrung nicht ausfranst. Hier das Abschneiden der angezeichneten Ecke mit der Stichsäge

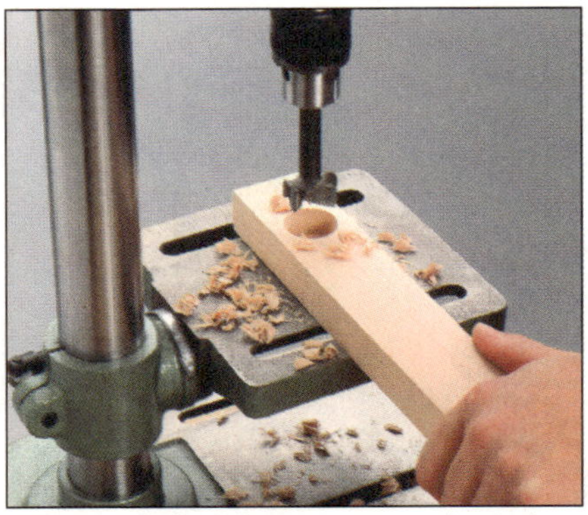

3 Zur Aufnahme der Querträger werden Sacklöcher in die Stützen eingebracht. Dabei muß man den Bohrständer so fixieren, daß alle ...

4 ... Bohrungen die gleiche Tiefe haben. Oben der hintere Ausschnitt in der Armlehne. Eine Schablone aus Sperrholz sorgt für Symmetrie

5 Die Schraubenköpfe für die Gelenkpunkte werden versenkt: Sacklöcher bohren, dann mit dem Holzbohrer (Zentrierspitze) durchbohren

6 Die Kanten von Trägern, Stützen und Armlehnen werden mit Hilfe der Oberfräse und einem eingespannten Viertelstabfräser abgerundet

7 Die Verbindung zwischen einem Längsträger (1) und dem Querverbinder (10) wird verleimt. In einem Arbeitsgang fixiert man ...

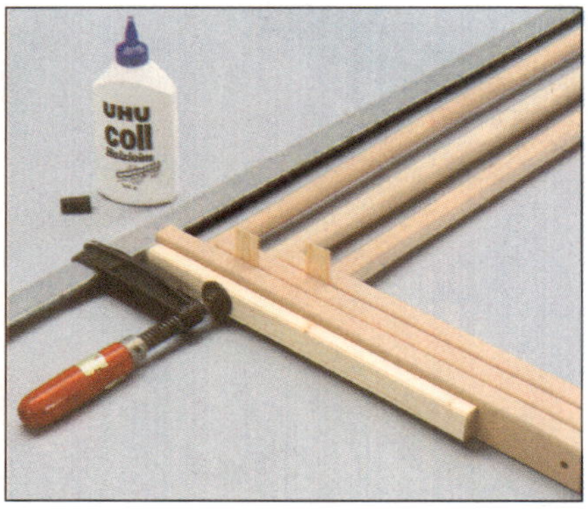

8 ... die Leimverbindungen bis zum Aushärten mit einer ausreichend langen Schraubzwinge. Dünne Zwischenlagen sorgen für den ...

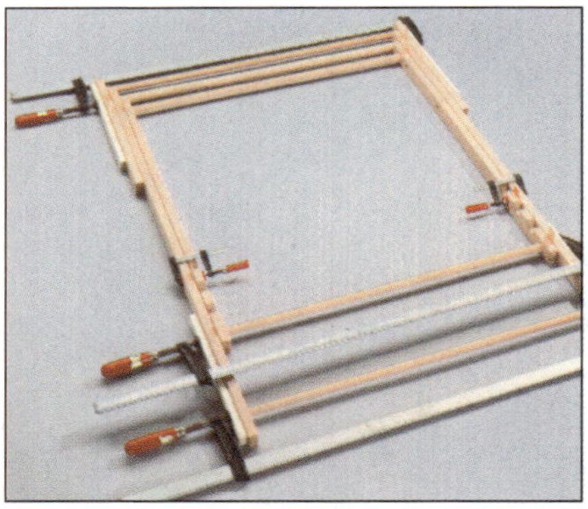

9 ... notwendigen Abstand zwischen den Bauteilen, um einen ‚reibungslosen Betrieb' zu gewährleisten. Oben das gesamte Gestell

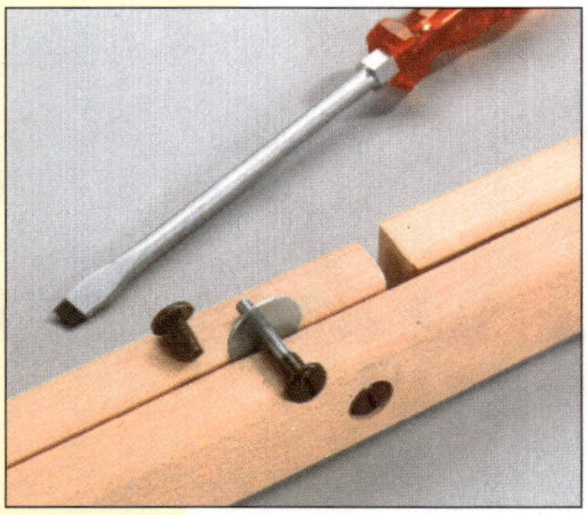

10 Die Abstände – beim Verleimen durch Zwischenlagen offen gehalten – werden bei der Montage für die Karosseriescheiben benötigt

11 Alle Gelenkpunkte sind mit Möbel-Verbindungsschrauben ausgeführt, nur die vorderen Gelenke an den Armlehnen mit Schloßschrauben ...

12 ... und selbstsichernden Hutmuttern. Letztere werden mit einem Steckschlüssel fixiert. Der Einsatz muß sich leicht drehen lassen

13 *Das komplette Holzgestell ist fertig – fehlt nur noch die Bespannung. Wir haben dafür einen robusten, wetterfesten Markisenstoff gewählt*

14 *Den Markisenstoff tackert man einfach am Holzrahmen fest. Die Klammern werden durch Überschlagen des Stoffes verdeckt*

15 *Das Fixieren des Markisenstoffs am oberen Querträger (6). Hier schlägt man kleine blaue Stahlnägel mit dem Hammer ein*

die Arbeitsfolge Schritt für Schritt. Die benötigten Materialien und deren Abmessungen finden Sie im Einkaufszettel. Die große Zeichnung rechts unten verdeutlicht den Aufbau des Buchenholzrahmens. Der Seitenansicht unten wiederum können Sie sowohl die genauen Positionen der Bohrungen entnehmen als auch die der Arretierungsschlitze zum Verstellen der Rückenlehne. Für die Oberflächenbehandlung des Holzrahmens sollten Sie unbedingt wetterfeste Lacke oder Lasuren verwenden und beim Grundieren und Streichen die Tips in der Zeichnungsmitte beherzigen – dann haben Sie mit Sicherheit lange Zeit Freude an diesem schönen Stück.

Für die Bespannung läßt sich außer Markisenstoff auch Segeltuch oder wasserabweisendes Kunstfasergewebe verwenden. Wer sie nicht selbst nähen möchte, kann die überbreite Stoffbahn entweder bei Raumausstattern oder in Markisen-Fachgeschäften nach Maß anfertigen lassen. □

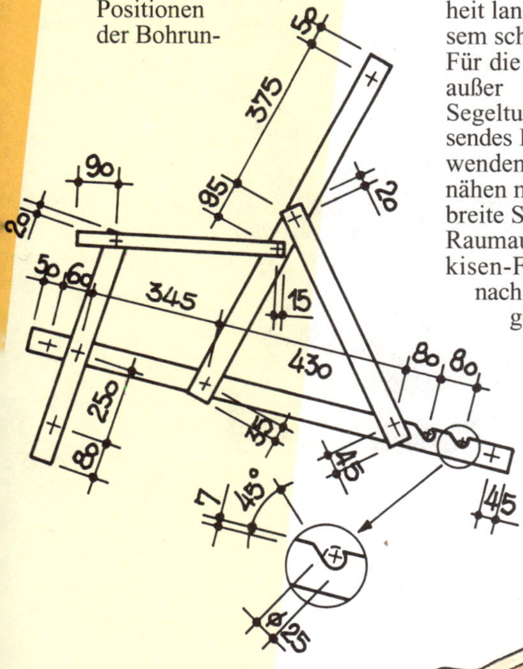

EINKAUFSZETTEL

Pos.	Anz.	Bezeichnung	Maße in mm	Material
①	2	Längsträger	1050 lang	Buche massiv 45 x 25 mm
②	2	Rückenstützen	860 lang	
③	2	Vorderstützen	530 lang	
④	2	Stützstreben	530 lang	
⑤	2	Armlehnen	470 lang	Buche massiv 60 x 20 mm
⑥	1	Querträger	948 lang	Buche ∅ 30 mm
⑦	1	Querträger	896 lang	
⑧	1	Querverbinder	1000 lang	Buche ∅ 25 mm
⑨	1	Querverbinder	948 lang	
⑩	1	Querverbinder	896 lang	

2 Schloßschrauben M6 x 80 mit Hutmuttern; 8 Möbelverbinder; 10 Karosseriescheiben für M6; Stahlnägel; Markisenstoff 1200 x 850 mm; wasserfester Holzleim.

Materialkosten (ohne Markisenstoff) rund 120 Mark

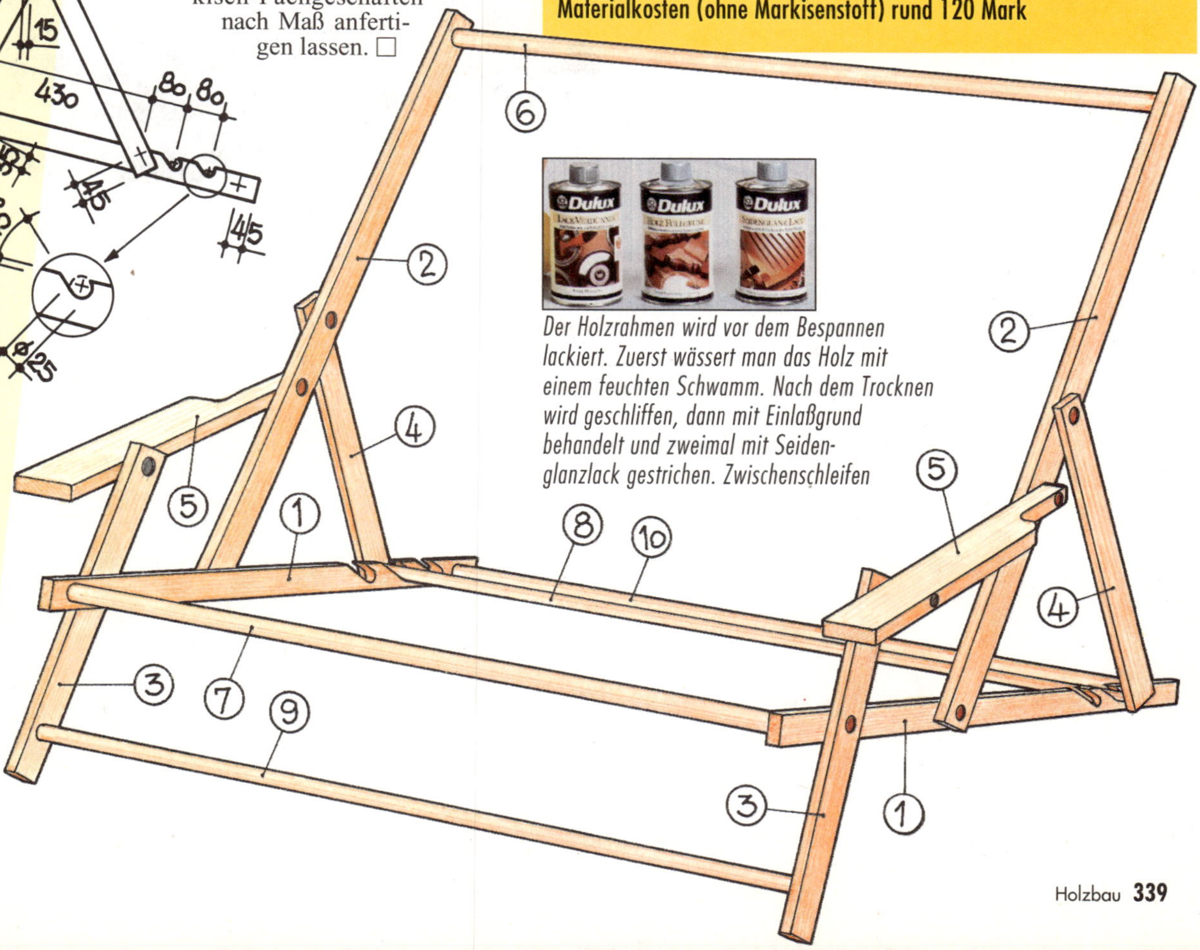

Der Holzrahmen wird vor dem Bespannen lackiert. Zuerst wässert man das Holz mit einem feuchten Schwamm. Nach dem Trocknen wird geschliffen, dann mit Einlaßgrund behandelt und zweimal mit Seidenglanzlack gestrichen. Zwischenschleifen

Kapitel 14

Holz im Garten

Holz kommt natürlich auch noch in anderer Funktion im Garten vor als nur bei Möbeln. Terrassenbeläge, Zaun- oder Sichtschutzelemente gehören beispielsweise dazu. Witterungsbedingte Schäden mindert konstruktiver Holzschutz

INHALT

Holz im Garten

konstruktiv schützen

Holz, das konstruktiv richtig verbaut wurde, kann Jahrhunderte überdauern, wie alte Stabkirchen und Bauernhäuser in Skandinavien zeigen. Wir zeigen, wie man die wichtigsten Grundsätze des baulichen Holzschutzes umsetzt

Direkten Kontakt mit Erdreich vermeiden

Abgerundete Stirnseiten begünstigen den Wasserablauf

Als natürlicher Werkstoff fügt sich Holz am besten in grüne Gartenlandschaften ein

Schnittkanten durch Abdeckungen schützen

Holzbauteile im Freien rundum belüften

Konstruktiver Holzschutz ist wieder aktuell

Die ebenso alten wie bewährten Techniken des baulichen Holzschutzes haben trotz chemischer Behandlungsmethoden nichts von ihrer Bedeutung eingebüßt. Im Gegenteil: Holzschutzmittelskandal und gestiegenes Umweltbewußtsein haben zu einem Umdenken geführt. Heute verfährt man nach der Devise: So viel Chemie wie eben nötig, aber so wenig wie möglich. Dennoch sind Imprägnierungen in manchen Fällen unentbehrlich. Eine Alternative dazu sind Anstrich-Systeme, ein sogenannter 'physikalischer Holzschutz'. Damit sind alle Anstriche gemeint, die auf der Holzoberfläche eine Schutzschicht gegen UV-Strahlen, Regen und mechanischen Abrieb bilden. Dazu gehören eigentlich alle außen einsetzbaren farbigen Anstrichmittel.

1. Von Natur aus widerstandsfähig

Dauerfeuchtes Holz ist der ideale Pilz-Nährboden

Kurzzeitige Feuchtigkeitsbelastungen verkraftet auch unbehandeltes Holz. Erst dauerhaft nasses Holz öffnet einer ganzen Reihe von Schädlingen Tür und Tor. Vor allem Pilze und Bakterien finden bei ständigen Holzfeuchten über 20% die optimalen Lebensbedingungen – angefangen vom vergleichsweise harmlosen Bläuepilz, der grau-schwarze Verfärbungen auf der Oberfläche von Nadelhölzern hervorruft, bis hin zu Braun- und Weißfäulepilzen, die das Holz durch Abbau der Zellwände zerstören.

Einige Holzarten sind von Natur aus resistenter als andere

Allerdings stellen einige Holzarten holzzerstörenden Schädlingen von Natur aus mehr Widerstand entgegen als andere – bei gleichem Feuchtgehalt. So daß sogar beim Hausbau durch den Einsatz bestimmter Holzarten (Tabelle 1.1) ein chemischer Holzschutz entfallen darf (nach DIN 68 800). Das als Bau- und Konstruktionsholz meist verwendete Fichtenholz ist, wie auch die Tanne, ungeschützt leider nur wenig resistent gegen Schädlingsbefall. Hier empfiehlt sich zumindest ein schützender Anstrich und häufige Kontrolle des Holzes. Etwas widerstandsfähiger sind Kiefer, insbesondere aber Douglasie und Lärche. Besonders unempfindlich gegen Feuchtigkeitsschäden sind von den einheimischen Hölzern vor allem Robinie

GK	Holzschutzmittel mit erforderl. Prüfprädikat	gleichwertige Holzart ohne Holzschutzmittel
1	Insektenbefall (Iv)	Kiefer: Splintholz unter 10%
2	Insekten (Iv), Pilze (P)	Kiefer, Lärche, Douglasie: splintfrei
3	Insekten (Iv), Pilze (P) Beregnungsschutz (W)	Red Cedar, Eiche: splintfrei
4	Insekten (Iv), Pilze (P), Beregnungsschutz(W), für Erd- und Wasserkontakt (E)	Teak, Afzelia, Robinie: splintfrei

1.1
Natürlicher Widerstand ersetzt Chemie: Der für die einzelnen Gefährdungsklassen (GK) vorgeschriebene Holzschutz kann bei Verwendung resistenterer Holzarten entfallen. GK 1 umfaßt tragende Teile im Innenbereich, GK 2 Außenbauteile ohne direkte Bewitterung, GK 3 Außenbauteile ohne und GK 4 Holzbauteile mit ständigem Erd- und Wasserkontakt

2.1. **Schnitt durch einen Baumstamm**

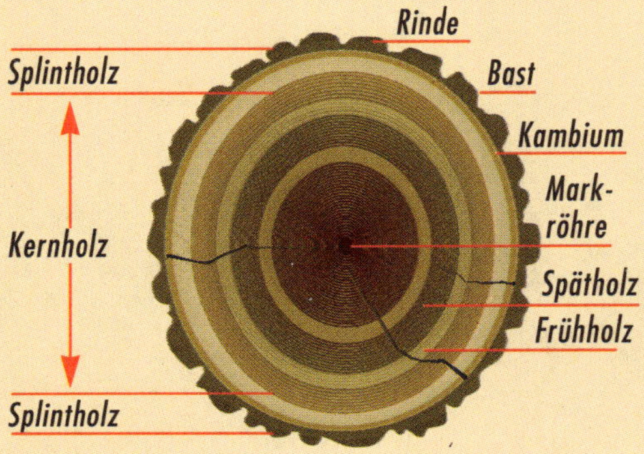

Tangentialschnitt (Fladerschnitt)

2.2.1

Schnittflächen

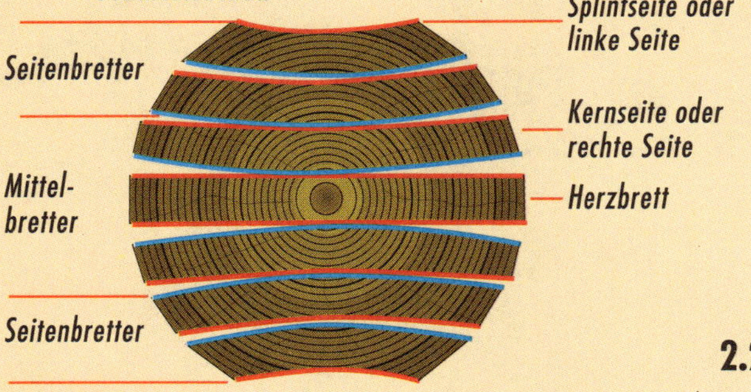

2.2.2

Schnittflächen und baulicher Holzschutz: Querschnitte, die das Hirnholz zeigen (2.1) müssen besonders gut vor Nässe geschützt werden. Seitenbretter baut man mit der Splintseite nach unten ein, z. B. bei Terrassen

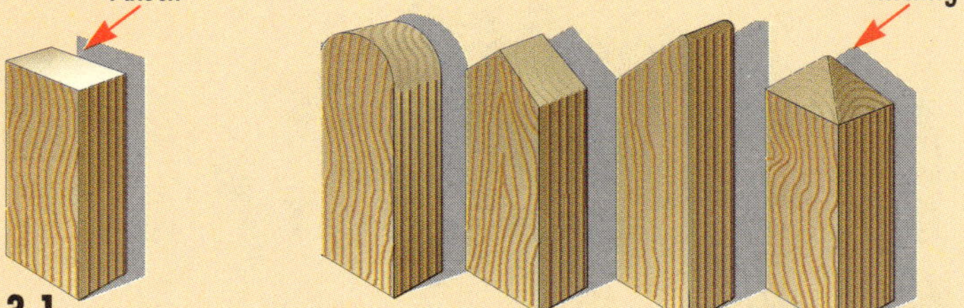

3.1
Hirnholzflächen schützen: Aufrecht stehende Hölzer im Freien, z. B. Zaunlatten, müssen am oberen Ende abgerundet oder abgeschrägt werden. Auch angefaste Kanten begünstigen den Ablauf von Regenwasser

3.2
Horizontale Flächen ausbilden: *Der aufgesetzte, beidseits abgeschrägte Handlauf läßt Wasser abfließen und schützt die Hirnseite der Geländerpfosten. Die Bank-Konstruktion zeigt, worauf es ankommt: Stets gilt es, nach oben zeigende, waagerechte (Wasserstau-)Schnittflächen zu vermeiden*

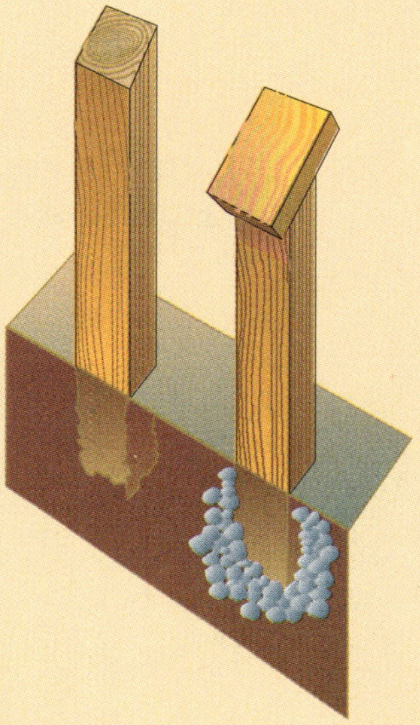

3.3
Holz im Erdreich: *Auch wenn das Holz kesseldruckimprägniert ist: Eine Kiesdrainage ist besser als wassserundurchlässiger Boden*

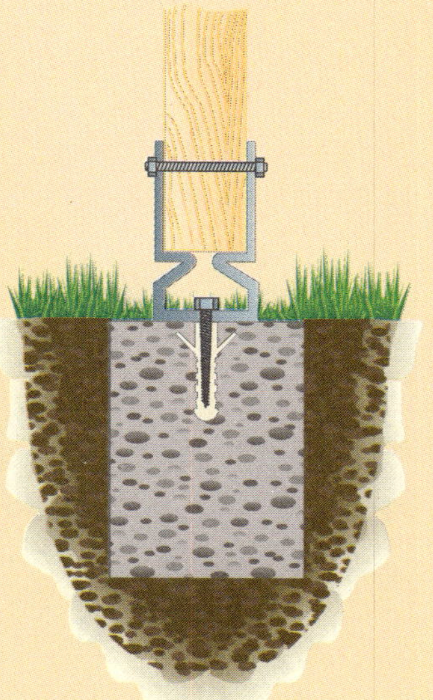

3.4
Metall-„Träger“: *In Beton verdübelte Metallschuhe vermeiden Erdkontakt und halten den Holzpfosten auch auf Spritzwasser-Abstand*

3.5
Holzterrasse: *Die Tragbalken – auch imprägnierte Hölzer – sollten auf Betonplatten oder wie hier auf einem wasserableitenden Kiesbett verlegt werden. Dielen bündig mit der Oberfläche verschrauben, nicht versenken*

und Eiche. Gleiches gilt für einige Tropenhölzer und Red Cedar. Der Nachteil der sehr resistenten Arten: Sie sind eigentlich zu wertvoll und teuer für den Einsatz als Bauholz im Garten .

2. Den Holzschnitt beachten

Auch die Berücksichtigung des Holzschnittes beim Einbau beeinflußt die Wirksamkeit baulichen Holzschutzes. Betrachtet man den Querschnitt eines Stammes (2.1), so sind die äußeren Jahresringe, das Splintholz, wesentlich weicher und anfälliger als das innere Kernholz. Zersägt man den Stamm in Längsrichtung (2.2.1), entstehen durch die verschiedenen Holzzonen Bretter mit unterschiedlichen Eigenschaften. Dies betrifft vor allem die für Holz typischen Formveränderungen bei Feuchtigkeitsschwankungen. Längshölzer verformen sich stets so, daß die dem Kernholz zugewandte Seite rund und die gegenüberliegende Splintholzseite hohl wird. Dieses Phänomen müssen Sie bei allen horizontal eingebauten Seitenbrettern berücksichtigen, z. B. bei Terrassendielen. Liegt die Splintseite oben, könnte sich in den entstehenden Mulden Wasser sammeln, das nur sehr langsam trocknet. Wölben sich die Dielen hingegen nach oben, kann das Wasser seitlich abfließen. Schneidet man einen Stamm quer durch, zeigt sich das sog. Hirnholz. Die Hirnholzseite nimmt Nässe wesentlich schneller auf als Längsholz und muß deshalb besonders geschützt werden.

3. Schutz durch richtiges Bauen

Wie man Hölzer allein durch die Art und Weise der Konstruktion langfristig schützt, läßt sich aus nur wenigen Grundregeln ganz einfach und logisch ableiten:
1. Nur trockenes Holz einbauen,
2. Wasser muß schnell abfließen, Staunässe verhindert werden,
3. Erdkontakt vermeiden,
4. Holz rundum belüften, damit Feuchtigkeit schnell verdunstet.
Wie man diese Regeln im Detail umsetzt, zeigen die Konstruktionsbeispiele auf diesen Seiten:

Kernholz ist widerstandsfähiger als das Splintholz

Holz verformt sich abhängig vom Verlauf der Jahresringe

Hirnholzflächen sind sehr nässeempfindlich

Grundregeln des baulichen Holzschutzes

Hirnholzflächen schützen

Nach oben gerichtete Hirnholzseiten an Holzpfosten oder Staketenzäunen müssen besonders geschützt sein, sonst sind Feuchteschäden programmiert (3.1.). Dazu schrägt oder rundet man die Enden ab, oder man schützt sie durch Pfostenkappen.

Erdkontakt vermeiden und aufsteigende Nässe absperren

Nur druckimprägnierte Hölzer überstehen eine Gründung im Erdreich über längere Zeit (3.3). Metallpfostenschuhe in vielen Ausführungen sind die bessere Alternative. Holzpfosten lassen sich so ohne Erdkontakt sicher und einfach verankern.

Die Tragbalken von Holzterrassen sollten entweder auf wasserableitenden Untergründen (Kiesbett) ausgelegt oder aufgestelzt (Betongehwegplatten) werden. Untergelegte Bitumenpappe verhindert dabei aufsteigende Feuchtigkeit. Da die Feuchtebelastung hier aber insgesamt doch recht hoch ist, empfiehlt sich ein chemischer Holzschutz.

Aussparungen und Nuten sollten nach unten zeigen

Das Bauprinzip der in 3.2 gezeigten Naturstamm-Bank läßt sich z. B. auch auf Pergola-Konstruktionen übertragen: Man sollte erforderliche Aussparungen im Holz wenn möglich im aufgesetzten, oberen Element vornehmen (s. auch Bild S. 341), damit kein Wasser in die Ritzen sickern kann, wo es nur sehr langsam verdunstet. Aus dem gleichen Grund verlegt man waagerechte Nut- und Federverkleidungen auch stets mit abwärts gerichteter Nut (3.9).

Bei senkrechten Verbretterungen Profil-Stirnseiten überdecken

Auch bei senkrechten Holzverbretterungen brauchen die schmalen Hirnholz-Stirnseiten einen Feuchteschutz, z. B. durch überstehende Dächer (3.7) und Fensterbänke. Wenn Sie mitten in der Fläche neue Bretter in Längsrichtung ansetzen müssen, sollten Sie die oberen Stirnseiten ebenfalls abdecken, z. B. mit einem Z-förmig gebogenem Metallblech, so daß sich über dem Profil eine Tropfkante bildet. In jedem Fall begünstigt ein Hinterschneiden der oberen und unteren Stirnseiten den Wasserablauf bei längs angeordneten Profilen (3.9).

Für gute Luftzirkulation sorgen

Sind Holzkonstruktionen naß geworden, sollen sie möglichst schnell wieder trocknen. Dies erreicht man durch die Hinterlüftung von Konstruktionen z. B. bei Fassadenverkleidungen und Terrassen. Durch eine funktionierende Luftzirkulation trocknet Wasser auch an den Rückseiten der Bretter gut ab. □

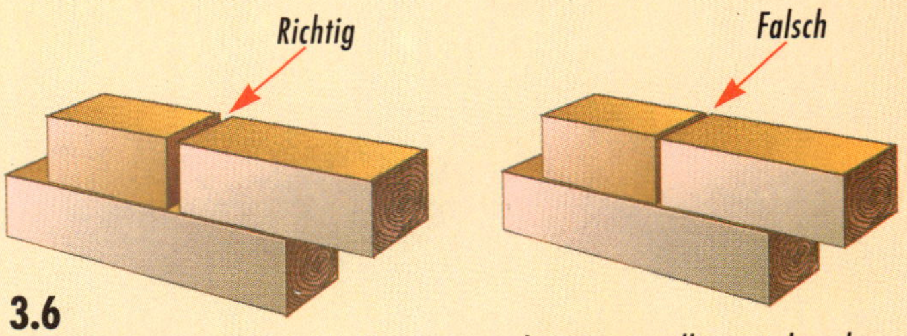

3.6
Luft lassen: *Werden Holzbalken aneinandergesetzt, sollte zwischen den empfindlichen Hirnholzflächen ein Zwischenraum bleiben, damit Luft zirkulieren und Wasser besser verdunsten kann. Auch die Terrassendielen aus Holz sollten zwecks Belüftung mit Zwischenraum verschraubt werden (3.5)*

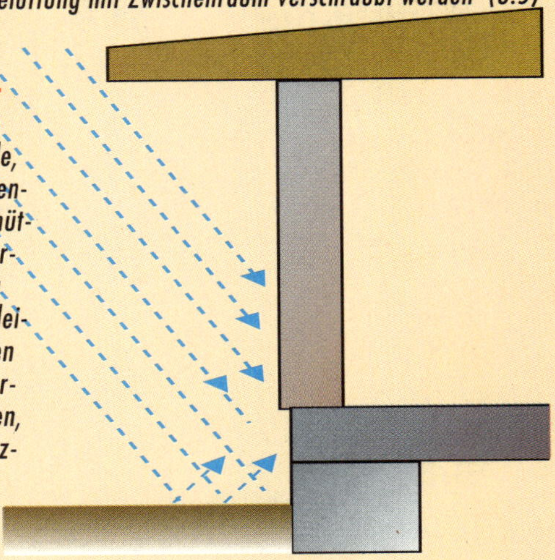

3.7
Holzfassaden konstruktiv schützen: *Große Dachüberstände, die den oberen Fassadenbereich vor Regen schützen, sind z. B. bei Gartenhäuschen leicht zu realisieren. Holzverkleidungen oder -fassaden sollten ca. 20 cm oberhalb des Bodens enden, um Nässe durch Spritzwasser zu vermeiden*

3.8
Holzverkleidungen hinterlüften: *Der durch Grund- und Traglattung entstehende Zwischenraum hinter den Holzprofilen darf unten und oben nicht verschlossen werden, damit Luft hinter der Verkleidung zirkulieren kann. Eventuelle Feuchtigkeit kann dadurch schneller abtrocknen*

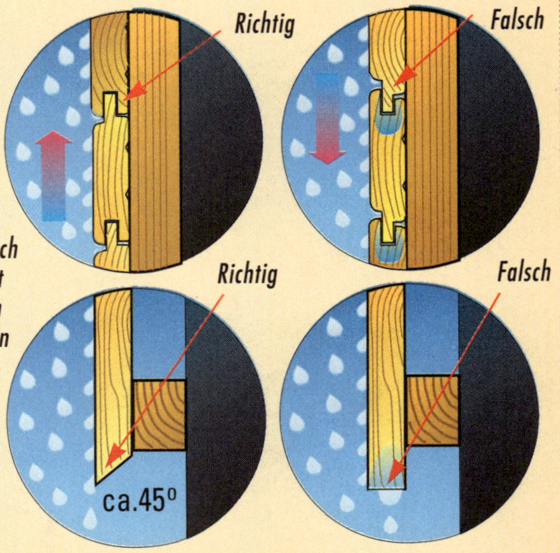

3.9
Detailarbeit: *Ob Holzfassaden oder andere vertikale Holzbauteile aus Nut- und Federbrettern – die Feder muß immer nach oben zeigen, damit sich kein Wasser in den Nuten sammeln kann. Hinterschneidet man die Stirn-Enden der Profile im 45°-Winkel, tropft Wasser besser ab*

Das praktische Regal für Garten und Terrasse läßt sich überall aufstellen

Pflanzen-Treppe

Unser hübsches Blumenregal ist genau das Richtige für ungenutzte Winkel auf der Terrasse oder dem Balkon. Es ist nicht schwierig nachzubauen und bequem an einem Nachmittag hergestellt.
Durch die beiden Treppen haben Sie genügend Stellfläche, um Ihre Topfpflanzen so ins Licht zu setzen, daß sie schön wachsen können.
Alle Stufen weisen eine Breite von 200 mm und eine Höhe von 160 mm auf. Die verbleibende freie Fläche in der Mitte des Verbindungsbrettes beträgt 300 mm. Alle Bretter müssen Sie nach den angegebenen Maßen mit der Stichsäge zuschneiden und mit Spanplatten-Schrauben stumpf verbinden. Dabei die Schraubenköpfe versenken und anschließend verspachteln. Die beiden Seitenteile erhalten jeweils am Boden eine Aussparung, die für bessere Standfestigkeit des Regals sorgt. Und noch eines sollten Sie bedenken: Wenn Ihr Regal den größten Teil des Jahres im Freien verbringt, muß es mit wetterfesten Produkten behandelt werden.

Material:
Gehobelte Kieferbretter, 195 x 21 mm: 1 Verbindungsbrett, 1450 mm lang; 2 Seitenbretter, 1000 mm lang; 6 Ablagebretter, 200 mm lang; 6 Stützbretter, 160 mm lang; Spanplatten-Schrauben.
Werkzeug:
Stichsäge; Schraubendreher
Materialkosten:
rund 60 Mark

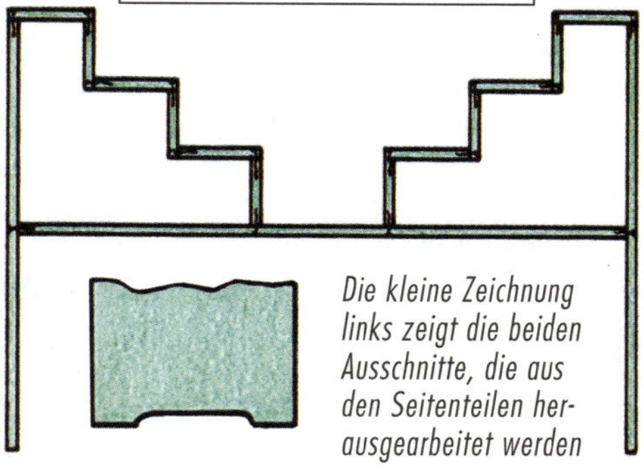

Die kleine Zeichnung links zeigt die beiden Ausschnitte, die aus den Seitenteilen herausgearbeitet werden

Sichtschutz für den Garten

Um ein Grundstück einzuzäunen, gibt es viele unterschiedliche Möglichkeiten. Unser Gartenzaun, hergestellt aus kesseldruckimprägniertem Holz, kommt gleich mit den dazu passenden Blumenkästen einher.
Die Zaunpfosten haben eine Länge von 2700 mm und sind 100 x 100 mm dick. Die Pfähle für die Pflanzkästen sind dagegen 700 mm lang und 80 x 80 mm dick. Die benötigte Menge an druckimprägniertem Material für Zaunpfosten und Beplankung richtet sich nach Ihrer Grundstücksgröße oder dem Areal, welches Sie einzäunen möchten. Die Zaunpfosten sollten jeweils mit einem Abstand von 180 Zentimetern gesetzt werden. Die Pfosten für die Pflanzkästen dagegen sollten nur einen Abstand von 90 Zentimetern haben. Zur zusätzlichen Stabilisierung wird an jedem Zaunpfosten und dem gegenüberliegenden Pflanzpfosten jeweils ein Querbrett befestigt. Nun kann die Beplankung erfolgen. Die Bretter versetzt annageln oder schrauben (siehe Zeichnung), so daß die Zwischenräume verdeckt werden. Zum Schluß müssen Sie die Pflanzkästen über die gesamte Länge von vorne verbrettern. Wer durch den Sichtschutz noch einen Ausblick haben möchte (auch Hunde schätzen diese Möglichkeit), kann einen Teil mit Maschendraht bestücken, wie auf unserem Foto zu sehen ist.

Zwei Fliegen mit einer Klappe: Der Zaun mit eingebauten Pflanzkästen

Die Zaun- und Pflanzkastenpfosten werden unten angespitzt – so lassen sie sich besser setzen

Material:
Kesseldruckimprägniertes Holz (Kiefer) oder Zeder: Zaunpfosten, 100 x 100, ca. 2700 mm lang; Pfosten für die Pflanzkästen ca. 80 x 80 mm, ca. 700 mm lang. Für die Beplankung: Bretter, ca. 125 x 25 mm, ca. 360 mm lang. Verzinkte Nägel oder Spanplatten-Schrauben.
Werkzeug:
Stichsäge; Hammer
Materialkosten:
Der Materialpreis richtet sich hier nach der benötigten Zaunlänge

Kaminholz-Unterstand:

Unter Dach und Fach

Haben Sie einen offenen Kamin im Haus? Dann können Sie sicher einen wettergeschützten Lagerplatz für Ihr Brennholz gebrauchen

Bei unserem Projekt wurden sogar zwei Fliegen mit einer Klappe geschlagen: Die große Terrasse sollte ohnehin aufgeteilt werden – da kam das kleine Bauwerk als Kaminholz-Unterstand gerade recht.
Bei der Standortwahl müssen Sie darauf achten, daß ein Ende des Unterstandes zur Stabilisierung an einer Wand festgedübelt werden sollte. Zuerst müssen Sie die Fundamente für die Mittelstützen mit Estrichbeton setzen und durchhärten lassen. Dann die Stützenschuhe anbringen und die Mittelpfosten festschrauben. Anschließend den Firstbalken montieren. An der ersten und zweiten Mittelstütze erhalten jeweils zwei Querträger ihren Sitz, an der dritten jedoch nur einer, der an die Wand gedübelt wird.
Nachdem die Sparrenauflager angebracht sind, werden die im Bereich der Auflager ausgeklinkten Sparren (siehe Zeichnung) oben auf Gehrung geschnitten. Dann die Sparren an das schon zuvor montierte Firstbrett setzen: Es muß der Höhe der Firstziegel entsprechen. Unter der Spitze quer angebrachte Zugplatten sorgen für zusätzlichen Halt. Die Dachlatten entsprechend zuschneiden und quer auf den Sparren anbringen. Hierbei müssen Sie sich nach der Größe der Dachziegel richten. Das Dreieck der Frontsichtblende aus den Bodenhölzern paßgenau zuschneiden und montieren. Nachdem diese Arbeiten erledigt sind, können Sie mit dem Auflegen der First- und Dachziegel beginnen. Zum Schluß den Giebelrand an der Frontseite mit einer Abdeckung schließen. An der Hauswandseite geschieht dies mit Leisten.
Zwei weitere Funktionen kann unsere Konstruktion überdies erfüllen: Wenn Sie

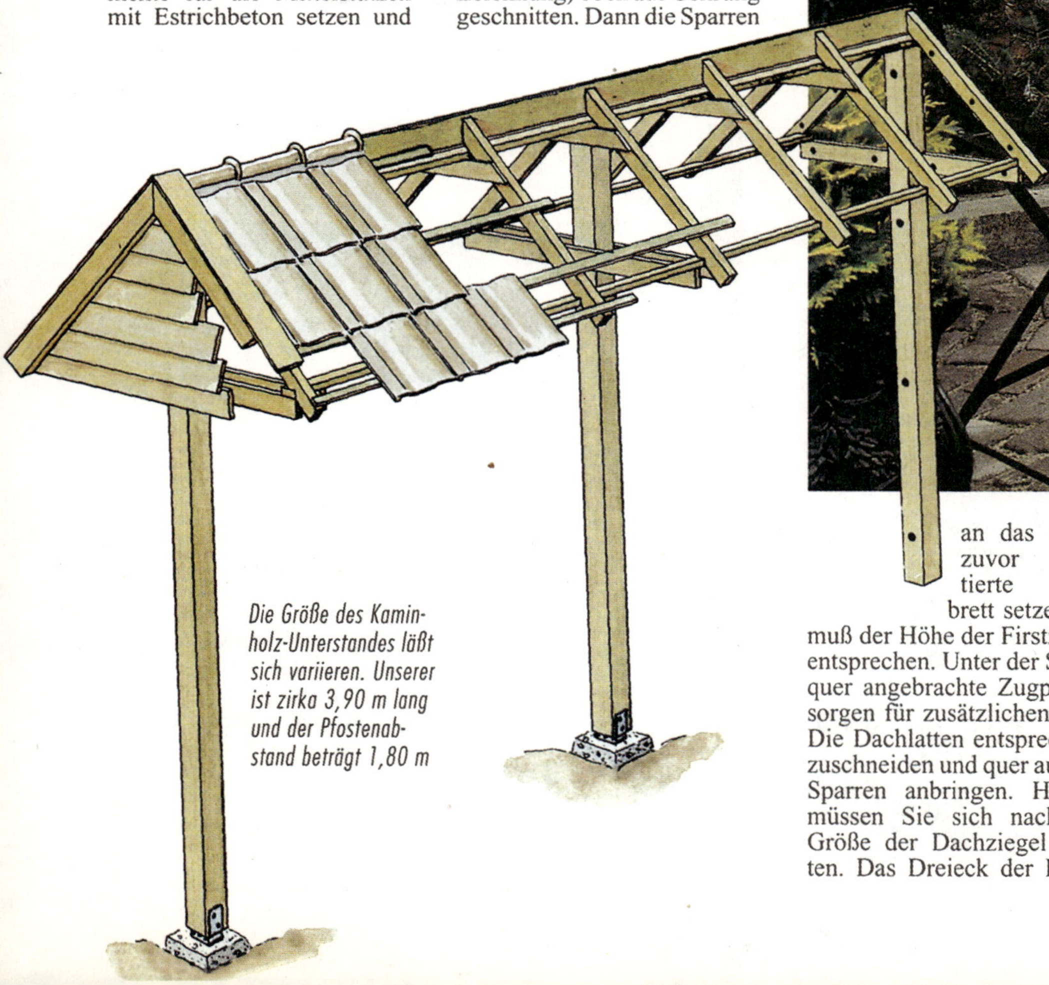

Die Größe des Kaminholz-Unterstandes läßt sich variieren. Unserer ist zirka 3,90 m lang und der Pfostenabstand beträgt 1,80 m

Detail von der Frontseite: Der Unterstand fügt sich gut ins Umfeld ein und faßt eine Menge Kaminholz

nicht den gesamten Unterstand mit Kaminholz füllen müssen, und zwischen die Pfosten Fertig-Zaunelemente setzen, kann ein Teil der bedachten Fläche beidseitig bei schlechtem Wetter als Sitzplatz dienen.
Bringen Sie die Elemente mit einer zusätzlichen Halte-Konstruktion nur auf einer Seite an, steht Ihnen die gesamte Tiefe des Unterstandes zur Verfügung. □

Wer die Zaun-Elemente noch mit Grün- und Blühpflanzen versehen möchte, setzt die Fertig-Elemente am besten nur auf eine Seite

Materialliste:

Wir verwendeten druckimprägnierte Kiefer.
Für eine Gesamtlänge von etwa 3,90 m werden benötigt:

Pfosten, 90 x 90 mm, 3,00 m lang (Mittelstützen);

Bodenholz, 120 x 21 mm, 3,90 m lang (Firstbrett);

Balken, 94 x 45 mm, 4,50 m lang (Firstbalken);

Bodenhölzer, 94 x 21 mm, 3,90 m lang (Querträger, Zugplatten);

vordere Dachabdeckung und vordere Sichtblende (Dreieck);

Konstruktionshölzer, 56 x 45 mm, 2,50 m lang (Sparrenauflager);

Konstruktionshölzer, 70 x 45 mm, 3,30 m lang (Sparren und Abdeckung für vordere Sichtblende, Dreieck).

Dazu:
ca. 32 lfd. m imprägnierte Dachlatten;
Schrauben und Dübel für die Verbindung zur Hauswand;
Stützenschuhe, 91 x 65 x 120 x 5 mm, mit Schrauben und Dübeln;
Estrichbeton für die Fundamente;
First- und Dachziegel, Mörtel

Materialkosten (ohne Ziegel und Fundamente) rund 450 Mark

HOLZ-Terrassen

Wem eine warme, wohnliche Anmutung wichtig ist, der wird wohl immer wieder Holz als Terrassenbelag wählen. Ob als Bodenbrett oder Rost, das Naturmaterial läßt sich kinderleicht verlegen und ist – je nach Holzart – haltbarer als vielfach angenommen

Terrassen aus Holz heizen sich an warmen Sommertagen kaum auf und sind bei kühlerem Wetter wärmer als andere Beläge. Optisch vermitteln sie ein Gefühl der Behaglichkeit: Barfußlaufen, Spielen, sich einfach mal hinsetzen – das Naturmaterial lädt geradezu ein, es anzufassen und zu fühlen. Soll die Freude an einem Terrassendeck aus Holz von Dauer sein, gilt es bei der Konstruktion einige Regeln zu beachten. Zunächst muß der Untergrund wasserdurchlässig sein – Staunässe, die für dauernde Durchfeuchtung sorgt, unbedingt vermeiden! Empfehlenswert ist eine Drainageschicht aus Kies. Um den direkten Erdkontakt der hölzernen Unterkonstruktion zu verhindern, setzt man die Lagerbalken auf Gehwegplatten, die im Sandbett ausgerichtet werden. Auf den Lagerhölzern verschraubt man – mit versetzten Stößen – die Bodendielen. Wichtig ist ein Abstand von ca. 5 mm zwischen den Brettern, damit sie sich bei Durchfeuchtung ausdehnen können.

Massive Holzroste prägen das Bild dieses idyllischen Wassergartens. Durch die verschiedenen Ebenen und Verlegerichtungen – gerade und fächerförmig – wird Spannung erzeugt

Nichts für Perfektionisten: Aus alten Eichenbrettern wurde diese unkonventionelle Holzterrasse mit integriertem Miniteich gefertigt

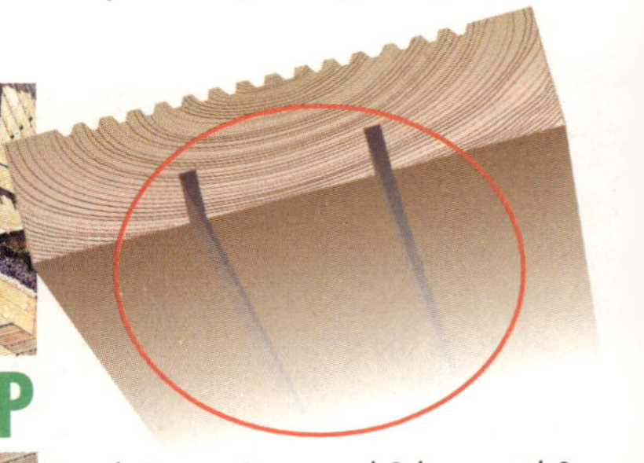

TIP

Durch Sonne, Regen und Schnee wird Gartenholz einseitig beansprucht. Spannungen bauen sich auf, die Bretter ‚schüsseln', d. h. sie wölben sich an der Unterseite. Versieht man sie von unten mit je zwei Entlastungsschnitten, bleiben sie formstabi

Neu auf dem Markt ist das Holzdeck-System ‚Villaggio' von OSMO. Ob versetzte Ebenen, Stufen oder integrierte Beete – alles läßt sich einfach realisieren

Die vorgefertigten massiven Holzroste im Rastermaß 123 x 123 cm gibt es in druckimprägniertem Kiefernholz oder in exklusivem Bangkirai. Die verschiedensten Verlegearten sind möglich (Zeichnungen unten)

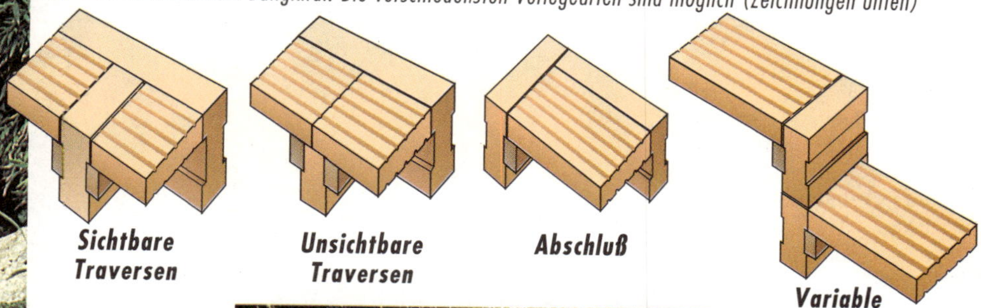

Eine gelungene Verbindung: Das moderne Ständerwerk mit der umlaufenden Holzterrasse schwebt scheinbar über der Wasserfläche

Kontakte:
Holzdeck-System ‚Villaggio' (oben):
OSMO Ostermann & Scheiwe
Postfach 6340,
48033 Münster,
✆ 0251/692-0

Terrassendeck (linke Seite u. r.):
PLUS
Hamil Rath oHG,
Scheffelstr. 17,
22301 Hamburg
✆ 040/27 81 81-0

So schön kann ein Hinterhof sein: Das formale Teichbecken wird von schlichten Holzdielen eingerahmt. Sie bilden einen wohltuenden Kontrast zum dunklen Grün der in Form geschnittenen Hecken und Sträucher – in Verbindung mit dem warmen Rot der Ziegelmauer ein harmonisches Bild

Praktische Tischchen

Für einen kühlen Drink bei entspannenden Stunden im sommerlichen Garten sind unsere Abstelltische genau das Richtige: Sie sind überall einsetzbar, da sie einfach in den Boden gesteckt werden.
Die Herstellung ist denkbar einfach: Tisch- und Unterplatte jeweils mit der Stichsäge ausschneiden. Den Erdspieß in gewünschter Länge fertigen und anschließend das untere Ende anspitzen. Alle Teile unter Leimangabe miteinander verschrauben.

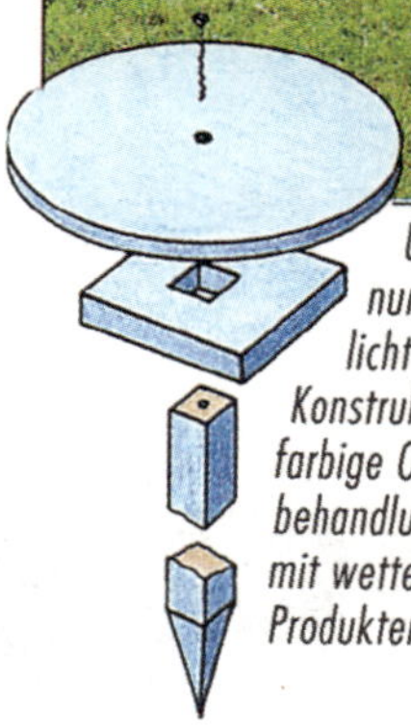

Unsere Zeichnung verdeutlicht die einfache Konstruktion. Eine farbige Oberflächenbehandlung sollte mit wetterfesten Produkten erfolgen

Material:
12-mm-Sperrholz: 1 Tischplatte, ∅ 260 mm. 21-mm-Multiplex: 1 Unterplatte, 160 x 160 mm. 40 x 40-mm-Kantholz: 1 Erdspieß, Länge nach Bedarf (für den in der Erde sitzenden Teil etwa 15-20 cm dazurechnen); Spanplatten-Schrauben; wasserfester Holzleim.

Werkzeug:
Stichsäge; Zirkel; Bohrer; Feile; Raspel; Schleifpapier

Materialkosten:
rund 20 Mark

Raus aus dem Beton!

Zweckmäßig sollte der Sandkasten sein, den man in den 60er Jahren angelegt hatte, dazu dauerhaft und schnell gebaut. All dies war er dann auch und abgrundhäßlich dazu – jedenfalls nach den Jahrzehnten, die seitdem ins Land gegangen waren; Beton wird eben mit der Zeit nicht schöner. Selbst als Beet konnte der Kasten – längst zweckentfremdet – nicht dauerhaft überzeugen, es mußte also etwas geschehen.

Der erste Gedanke: Das kahle Ding herausreißen. Diese Idee ließen wir rasch fallen, denn so unbefriedigend die Optik auch war, so stabil waren die Mauern auch nach etlichen Winterfrösten und Hitze-Perioden noch. Was man nicht verschwinden lassen kann, das kann man immer noch geschickt verpacken, so der zweite Gedanke. Und der war leicht in die Tat umzusetzen.

Bis zum Grund der Umfassung in etwa 70 cm Tiefe mußte der Kasten zunächst ausgeschachtet werden. Das war zwar beschwerlich, doch konnten wir dadurch eine so dicke Sandschicht einfüllen, daß wir uns über eine Drainage keine Gedanken machen mußten. Wenn Sie einen flacheren Sandkasten anlegen, sollten Sie dagegen zuunterst eine Schicht groben Kies einfüllen, laufen dann aber Gefahr, daß die lieben Kleinen beim Buddeln das Unterste zuoberst kehren und schließlich in einer Steinwüste spielen – auch kein Spaß.

Das weitere Vorgehen war recht einfach: An die Betonwände wurden zunächst

Vorher: Hier lud nun wirklich nichts mehr zum Spielen ein: Nackte Betonmauern verstärken den trostlosen Eindruck des lange nicht genutzten Sandkastens

Holz-Umrandungen statt der kalten, häßlichen Einfassung aus Beton: Da macht das Buddeln im Sand gleich nochmal soviel Spaß

Ist der Kasten erst einmal ausgeschachtet, wird der Rest zum Kinderspiel

Bis auf den Grund der Beton-Einfassung mußte der alte Sandkasten zunächst ausgeschachtet werden

Auf die Oberseite haben wir Abschnitte aus imprägnierten Dachlatten gedübelt

Je exakter Sie die längs verlaufenden Latten innen anbringen, desto einfacher treffen Sie sie später beim Anschrauben der Bretter

Mit einem Akkuschrauber haben Sie die Bretter aus Red Cedar rasch angebracht

Oben werden nun die auf Gehrung gesägten Deckbretter aufgelegt und ebenfalls verschraubt

So kommt man auch zum Ziel: Statt einer Oberfräse verwendeten wir Raspel und Schleifpapier zum Runden der Kanten

Beim Sandbedarf sollte man nicht zu knapp kalkulieren: Zweimal mußte der Kleinlaster fahren, um die Füllung heranzuschaffen

Red Cedar braucht zwar keinen Wetterschutz, eine Holzlasur erhält jedoch den angenehm rötlichen Farbton

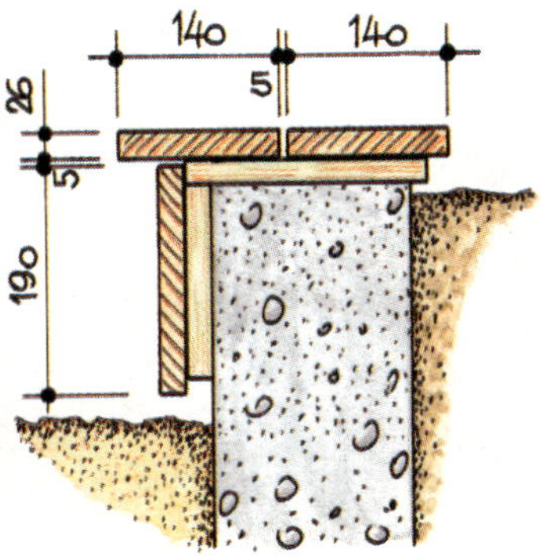

Hier der Aufbau der Verschalung. Der Holzbedarf richtet sich nach den Kasten-Maßen

Dachlatten gedübelt, auf denen wir dann Bretter aus Red Cedar verschraubten. Die Kanten haben wir gerundet und die Oberflächen mit einer Außenlasur behandelt.
So einfach können Sie natürlich ebenfalls zum Ziel kommen. Und zwar auch dann, wenn kein Betonkasten auf seine Wiederbelebung wartet. Mäuerchen sind schnell gegossen – allerdings sind die Ausschachtungsarbeiten etwas aufwendiger, da Sie rund um den Kasten Platz für die Verschalung brauchen.
Was man leicht unterschätzt, ist übrigens die Sandmenge, die hier einzufüllen ist. Sehen Sie von Beschaffungstouren auf eigene Faust lieber ab und lassen Sie nach dem zuvor berechneten Rauminhalt die entsprechenden Kubikmeter von einem Baustoffhändler ans Haus liefern. □

Mit wenig Geld, Zeit und Arbeit wird der Sandkasten wieder wie neu. Was wünscht man sich mehr?

SANDKASTEN

Red Cedar 190 x 26 mm

komplette senkrechte Beplankung

Red Cedar 140 x 26 mm

komplette waagerechte Beplankung

imprägnierte Dachlatten, ca. 40 x 20 mm

komplette Unterkonstruktion

dazu:

Spanplatten-Schrauben; Dübel.

Die Materialkosten richten sich nach der Größe der Anlage

Wo vorher eine häßliche Ecke war, entstand mit geringem Aufwand ein beliebter Treffpunkt für die Kinder der Nachbarschaft

Ein Geschenk für einen ganzen Kindergarten

Zuweilen werden wir von Lesern gefragt, was eigentlich mit unseren Werkstücken geschieht, wenn sie fotografiert und die Bauanleitungen in einem unserer Bücher veröffentlicht sind. An einem konkreten Fall können wie Ihnen diese Frage beantworten – an dem Sandkasten in Schiffsform, den wir im Buch 'Spielzeug selber bauen' vorgestellt haben. Die Idee dazu stammte von einem Leser, der einen großen Garten besaß und solch ein Schiff für seine Kinder gebaut hatte. Doch richtig große Gärten sind selten geworden. Also sahen wir uns eine ganze Weile nach einem geeigneten Standort für unser Exemplar um. Fündig wurden wir schließlich in einem Kindergarten im Rheinland, in dem behinderte und nichtbehinderte Kinder gemeinsam betreut werden. Wie groß die Freude über das neue Spielgerät war, sehen Sie auf den Fotos oben. Freuen konnte sich auch unser Werkstattleiter, der eine Menge Arbeit in dieses Projekt gesteckt hatte, das nun wohl noch jahrelang als faszinierendes Spielgerät für kleine Abenteurer dienen wird.

Dekoratives aus Holzresten

Hübsche Zaun

Farbig gestaltete Lattenzäune haben wir mit Dekorationen aus Holzresten versehen: allerlei Früchte, kleine Vögel oder große Buchstaben, die zeigen, wer hinter dem Zaun wohnt

Das alles können Sie mit einem alten Lattenzaun machen, der möglicherweise nur ein wenig neue Farbe braucht. Aber auch, wenn Ihnen für einen neuen Zaun Ideen fehlen, dann wird bei unseren Vorschlägen sicher einer sein, der für Sie wie geschaffen ist. Verschiedene Zaunprofile erhalten Sie in Bau- und Holzfachmärkten. Die Holzreste für Früchte und Vögel sollten zirka 18 mm, für die Buchstaben rund 12 mm dick sein. Die Rundhölzer, die den Zaun und die Verzierungen verbinden, haben einen Durchmesser von 3 bis 5 mm. Früchte, Vögel oder Buchstaben zeichnen Sie auf das entsprechende Holz auf und schneiden sie mit der Stichsäge aus. Zuerst die Kanten schleifen, dann alles weiß vorstreichen. Das Obst bunt färben und den Vögeln mit feinen Pinseln ein Federkleid, Augen und Schnabel anlegen. Die Buchstaben dagegen umranden Sie mit feinen schwarzen Strichen. Unbehandelte neue

Großbuchstaben in verschiedenen Abmessungen zieren die Zaunspitzen

Foto: R. Krieg/Garten Int.; Zaunprofile: OsmoGard

gäste

Eine fröhliche Vogelfamilie hat sich auf diesem geschwungenen Zaunelement eingefunden

Die Pinnwand im Landhausstil hat ihren eigenen Reiz: Hier kann jeder wichtige Termine hinterlassen oder auch einfach nur dekorative Dinge aufhängen

Ein hübsches Ziergitter auf der kleinen Fensterbank erinnert an Großmutters Zeiten. Dahinter verstecken sich mehrere Blumentöpfe

Zaunlatten grundiert man zuerst weiß und bringt dann großzügig mit breitem Pinsel den gewünschten Farbton auf. Bei allen Farben, die Sie verwenden, müssen Sie auf Wetterbeständigkeit achten.
Nachdem der Zaun sowie die Dekorationen durchgetrocknet sind, werden sie mittels der Rundhölzer verbunden.
Beim Pinnzaun für die Wohnung (Foto links) befestigt man die Zaunprofile durch zwei quer und eine diagonal aufgeschraubte Dachlatte, deren Maße sich nach der gewünschten Größe richten. Auch hier wird weiß grundiert und anschließend im gewählten Farbton lasiert.
Zaunkasten (unten): Für dieses Ziergitter können Sie ein altes Obstkistchen oder dünnes Sperrholz verwenden. Die Latten sollten 30 mm breit sein. Zuerst eine Schablone in der benötigten Größe herstellen, nach der Sie die Teile zusägen. Die Kanten schleifen. Am einfachsten geht das Zusammenbauen, wenn Sie die Latten auf dem Tisch anordnen, die Querstreben auflegen und zunächst die erste und die letzte Sprosse annageln. Dann arbeiten Sie sich bis zur Mitte vor. Überstehende Nagelenden abzwicken. □

Ideen für Wand, Tisch und Fensterbank

Ein ehemaliges Obstkistchen spielt auf diesem Tisch die Hauptrolle: Es wurde auseinandergenommen und zum Platzset für den Garten oder die Terrasse umfunktioniert

Register

Register